Verfassungsentwicklung in Europa

herausgegeben von

Hartmut Bauer, Peter M. Hube
und Karl-Peter Sommermann

2

ARTIBUS INGENUIS J·C·B·M· 1·8·0·1

Ferdinand Wollenschläger

Grundfreiheit ohne Markt

Die Herausbildung der Unionsbürgerschaft im unionsrechtlichen Freizügigkeitsregime

Mohr Siebeck

Ferdinand Wollenschläger, geboren 1976; Studium der Rechtswissenschaft in München und Oxford; 2006 Promotion; Akademischer Rat am Lehrstuhl für Öffentliches Recht und Staatsphilosophie der Ludwig-Maximilians-Universität München.

ISBN 978-3-16-155246-5
ISSN 1861-7301 (Verfassungsentwicklung in Europa)

Die Deutsche Nationalbibliothek verzeichnet diese Publikation in der Deutschen Nationalbibliographie; detaillierte bibliographische Daten sind im Internet über *http://dnb.d-nb.de* abrufbar.

Das Buch wurde von Hubert und Co. in Göttingen auf alterungsbeständiges Werkdruckpapier gedruckt und gebunden.

Meinen Eltern

Vorwort

Die Juristische Fakultät der Ludwig-Maximilians-Universität München hat die vorliegende Arbeit im Sommersemester 2006 als Dissertation angenommen. Rechtsprechung und Literatur befinden sich in dieser für die Drucklegung aktualisierten Fassung auf dem Stand von Anfang Dezember 2006.

Die Arbeit wird mit dem Fakultätspreis der Juristischen Fakultät der Ludwig-Maximilians-Universität München ausgezeichnet.

Zu Dank verpflichtet bin ich zuvörderst meinem Doktorvater und akademischem Lehrer, Professor Dr. Peter M. Huber, der diese Arbeit wie auch meinen wissenschaftlichen Werdegang nicht nur stets aktiv mit Rat und Tat unterstützt hat und unterstützt, sondern mir auch die hierzu unerlässlichen Freiräume großzügig gewährt.

Professor Dr. Rudolf Streinz möchte ich für die rasche Erstellung des Zweitgutachtens und hilfreiche Hinweise für die Überarbeitung der Dissertation danken. Zu danken ist darüber hinaus den Professoren Dr. Hartmut Bauer und Dr. Karl-Peter Sommermann sowie meinem Doktorvater, Professor Dr. Peter M. Huber, für die Aufnahme meiner Arbeit in die von ihnen herausgegebene Schriftenreihe „Verfassungsentwicklung in Europa". Dr. Franz-Peter Gillig und Ilse König haben die Arbeit seitens des Verlages Mohr Siebeck betreut.

Die Entstehung des Werkes begleitet, die Mühen des Korrekturlesens auf sich genommen und manche Anregung gegeben haben meine Eltern Michael und Sibylle, meine Brüder Bernward und Burkard, Kerstin Bold, Tobias Beuchert, Florian Erdle, Daniel Fröhlich und Korbinian Golla. Wertvolle Hinweise gab auch Professor Dr. Christoph Ohler.

Bedeutsame Anregungen verdankt die Arbeit des Weiteren einem Forschungsaufenthalt bei Professor Joseph H. H. Weiler am Jean Monnet Center for International and Regional Economic Law & Justice an der New York University im Sommer 2004. Ein besonderer Dank gilt auch Professor Dr. Christoph Schönberger, der mir durch die Überlassung des Manuskripts seiner Habilitationsschrift zur Unionsbürgerschaft und daran anknüpfende Gespräche wichtige Impulse gegeben hat.

Die Entstehung der Arbeit unterstützten Promotionsstipendien der Agnes-Ament-Stiftung sowie der Studienstiftung des deutschen Volkes. Großzügige Druckkostenzuschüsse des Bundesministeriums des Inneren und der Hans-Keller-Stiftung, einer Zustiftung zur Stiftung Maximilianeum, haben die Veröffentlichung dieser Arbeit ermöglicht.

Gewidmet sei diese Arbeit meinen Eltern. Sie haben nicht nur die Anfertigung meiner Dissertation, sondern meinen Lebensweg stets äußerst wohlwollend und aufopfernd unterstützt.

München, im Januar 2007 Ferdinand Wollenschläger

Inhaltsübersicht

Inhaltsverzeichnis

3. Teil
Freizügigkeit, Unionsbürgerschaft, Marktintegration
311

Abkürzungsverzeichnis

ABl.	Amtsblatt der EG/EU
AEMR	Allgemeine Erklärung der Menschenrechte
AJIL	American Journal of International Law
Am.J.Comp.L.	The American Journal of Comparative Law
AöR	Archiv des öffentlichen Rechts
Ariz. J. Int'l & Comp. L.	Arizona Journal of International and Comparative Law
Art.	Artikel
AusÜbsiedWOG	Gesetz über die Festlegung eines vorläufigen Wohnortes für Spätaussiedler
BayVGH	Bayerischer Verwaltungsgerichtshof
BB	Betriebs-Berater
Bd.	Band
BGBl.	Bundesgesetzblatt
BR-Drs	Drucksache des Bundesrats
BSG	Bundessozialgericht
CDE	Cahiers de droit européen
CJEL	Columbia Journal of European Law
C.L.J.	The Cambridge Law Journal
CML Rev.	Common Market Law Review
Comp. Lab. L. & Pol'y J.	Comparative Labor Law & Policy Journal
C/R	Christian Calliess und Matthias Ruffert (Hrsg.), Kommentar des Vertrages über die Europäische Union und des Vertrages zur Gründung der Europäischen Gemeinschaft – EUV/EGV –
C/R-VVE	Christian Calliess und Matthias Ruffert (Hrsg.), Verfassung der Europäischen Union. Kommentar der Grundlagenbestimmungen (Teil I)
CYELS	The Cambridge Yearbook of European Legal Studies
DÖV	Die Öffentliche Verwaltung
DUE	Il Diritto dell'Unione Europea
DVBl.	Deutsches Verwaltungsblatt
EBLR	European Business Law Review
ECLR	European Constitutional Law Review
EEA	Einheitliche Europäische Akte
EG	Europäische Gemeinschaft/Vertrag zur Gründung der Europäischen Gemeinschaft i.d.F. des Vertrages von Nizza
EGKS	Europäische Gemeinschaft für Kohle und Stahl
EGV	Vertrag zur Gründung der Europäischen Gemeinschaft i.d.F. des Vertrages von Maastricht
EJML	European Journal of Migration and Law
EK	Europäische Kommission
ELJ	European Law Journal
ELR	European Law Reporter
EL Rev.	European Law Review

EMRK	Europäische Konvention zum Schutz der Menschenrechte und Grundfreiheiten
EP	Europäisches Parlament
EPL	European Public Law
EU	Europäische Union/Vertrag über die Europäische Union i.d.F. des Vertrages von Nizza
EuG	Gericht erster Instanz
EuGH	Gerichtshof der Europäischen Gemeinschaften
EuGRZ	Europäische Grundrechte-Zeitschrift
EuGVÜ	EWG-Übereinkommen über die gerichtliche Zuständigkeit und die Vollstreckung gerichtlicher Entscheidungen in Zivil- und Handelssachen vom 27.9.1968
EuR	Europarecht
EuroAS	Informationsdienst Europäisches Arbeits- und Sozialrecht
EUV	Vertrag über die Europäische Union i.d.F. des Vertrages von Maastricht
EuZW	Europäische Zeitschrift für Wirtschaftsrecht
EWG	Europäische Wirtschaftsgemeinschaft
EWGV	Vertrag über die Europäische Wirtschaftsgemeinschaft
EWS	Europäisches Wirtschafts- und Steuerrecht
FIDE	Fédération Internationale pour le Droit Européen
Fn.	Fußnote
FR	Finanz-Rundschau
G	Gesetz
GA	Generalanwalt/Generalanwältin
GG	Grundgesetz für die Bundesrepublik Deutschland
G/H	Eberhard Grabitz und Meinhard Hilf (Hrsg.), Das Recht der Europäischen Union
GPR	Zeitschrift für Gemeinschaftsprivatrecht
GRC	Charta der Grundrechte der Europäischen Union
GTE	Hans von der Groeben, Jochen Thiesing und Claus-Dieter Ehlermann (Hrsg.), Kommentar zum EU-, EG-Vertrag
Harv. Int'l LJ	Harvard International Law Journal
HStR	Josef Isensee und Paul Kirchhof (Hrsg.), Handbuch des Staatsrechts der Bundesrepublik Deutschland
ibid.	ibidem
ICLQ	International and Comparative Law Quarterly
i.d.F.	in der Fassung
IGH	Internationaler Gerichtshof
IJCL	International Journal of Constitutional Law
InfAuslR	Informationsbrief Ausländerrecht
IPbpR	Internationaler Pakt über bürgerliche und politische Rechte
IPRax	Praxis des internationalen Privat- und Verfahrensrechts
IStR	Internationales Steuerrecht
JBl.	Juristische Blätter
JCMS	Journal of Common Market Studies
JDI	Journal du Droit International
J.T.D.E.	Journal des Tribunaux. Droit Européen
Jura	Juristische Ausbildung
JuS	Juristische Schulung

JZ	Juristenzeitung
KK-EMRK/GG	Rainer Grote und Thilo Marauhn (Hrsg.), Konkordanzkommentar zum europäischen und deutschen Grundrechtsschutz
KK-GRC	Peter J. Tettinger und Klaus Stern (Hrsg.), Kölner Gemeinschaftskommentar zur Europäischen Grundrechte-Charta
LIEI	Legal Issues of Economic Integration
LS	Leitsatz
M.J.E.C.L.	Maastricht Journal of European and Comparative Law
MLR	The Modern Law Review
NDV	Nachrichtendienst des Deutschen Vereins für Öffentliche und Private Fürsorge
NJ	Neue Justiz
NJW	Neue Juristische Wochenschrift
n.n.v.	noch nicht veröffentlicht
NVwZ	Neue Zeitschrift für Verwaltungsrecht
NZS	Neue Zeitschrift für Sozialrecht
PL	Public Law
RdC	Recueil des Cours
RDE	Rivista di Diritto Europeo
RdJB	Recht der Jugend und des Bildungswesens
RDUE	Revue du Droit de l'Union Européenne
Rev. crit. dr. i. p.	Revue critique de droit international privé
RGDIP	Revue générale de droit international public
Riv. Dir. Int.	Rivista Diritto Internazionale
Riv. int. dir. uomo	Rivista internazionale dei diritti dell'uomo
Riv. Ital. Dir. Pubbl. Comunitario	Rivista Italiana di Diritto Pubblico Comunitario
RIW	Recht der Internationalen Wirtschaft
RL	Richtlinie
RMC	Revue du Marché Commun et de l'Union Européenne
RMUE	Revue du Marché Unique Européen
Rn.	Randnummer(n)
Rs.	Rechtssache
RTDE	Revue trimestrielle du droit européen
S.	Seite
SJER	Schweizerisches Jahrbuch für Europarecht
SpS	Spiegelstrich
SZIER	Schweizerische Zeitschrift für internationales und europäisches Recht
UA	Unterabsatz
u.a.	unter anderem
v.	von/vom
Val. U. L. Rev.	Valparaiso University Law Review
Verb. Rs.	Verbundene Rechtssachen
vgl.	vergleiche
vM/K/S	Hermann von Mangoldt, Friedrich Klein und Christian Starck (Hrsg.), Kommentar zum Grundgesetz
VO	Verordnung
Vol.	Volume
VSSR	Vierteljahresschrift für Sozialrecht

VVDStRL	Veröffentlichungen der Vereinigung der Deutschen Staatsrechtslehrer
VVE	Vertrag über eine Verfassung für Europa
WissR	Wissenschaftsrecht
WVK	Wiener Konvention über das Recht der Verträge vom 23.5.1969
YEL	Yearbook of European Law
ZaöRV	Zeitschrift für ausländisches öffentliches Recht und Völkerrecht
ZAR	Zeitschrift für Ausländerrecht
ZESAR	Zeitschrift für Europäisches Sozial- und Arbeitsrecht
ZEuS	Zeitschrift für europarechtliche Studien
ZfRV	Zeitschrift für Rechtsvergleichung
ZIAS	Zeitschrift für ausländisches und internationales Arbeits- und Sozialrecht
ZP	Zusatzprotokoll
ZRP	Zeitschrift für Rechtspolitik

Einführung

Mit Gründung der Europäischen Union durch den am 1.11.1993 in Kraft getretenen Vertrag von Maastricht sollte der durch die Römischen Verträge aus dem Jahre 1957 eingeleitete Prozess der Integration Europas auf eine neue Stufe gehoben werden. Von dieser immer enger werdenden Union der Völker Europas zeugt die Einführung einer Unionsbürgerschaft, die allen Angehörigen der Mitgliedstaaten verliehen wurde.

Deren vage und diffuse Zielsetzung, den Schutz der Rechte und Interessen der Angehörigen der Mitgliedstaaten zu stärken (Art. 2 3. SpS EUV), die Kopplung mit Unionsbürgerrechten, die kaum über den *Acquis* hinauszugehen schienen, sowie der unschmeichelhaft ausfallende Vergleich mit der nationalen Staatsbürgerschaft führten schnell dazu, die Bedeutung der Unionsbürgerschaft eher im Symbolischen zu suchen, zumal sie auch in der Rechtsprechung des Gerichtshofs zunächst keine prominente Rolle spielte. „Mehr Schein als Sein“[1], “pie in the sky”[2], die Unionsbürgerschaft als “corporate rebranding; a new logo for the same old product”[3], als “weak institution; a pale shadow of its national counterpart”[4] lautete das nahezu *unisono* gefällte Urteil.[5] Nur ganz vereinzelt wurde das in ihr liegende Potential betont, etwa von *Christian Tomuschat*, nach dem ihre Einführung, „langfristig betrachtet, vielleicht die bedeutsamste Entscheidung der Maastrichter Regierungskonferenz, folgenschwerer noch als die Schaffung … des Euro“, war.[6]

---

[1] *J. Isensee*, EU – Mitgliedstaaten, 71 (93).

[2] *H. U. J. d'Oliveira*, European Citizenship, 126 (141, siehe auch 147: "a symbolic plaything without substantive content").

[3] *M. Bell*, Anti-discrimination law and the EU, 18.

[4] *T. Kostakopoulou*, Citizenship, identity and immigration, 66; *dies.*, CJEL 5 (1999), 389 (391).

[5] In diesem Sinne auch *U. Everling*, ZfRV 1992, 241 (248); *A. Follesdal*, 20 Law and Philosophy (2001), 313 (314 f.); *S. Kadelbach*, Staatsbürgerschaft – Unionsbürgerschaft – Weltbürgerschaft, 89 (98); *J. Monar*, Unionsbürgerschaft, 203 (213); *J.-D. Mouton*, La citoyenneté de l'Union, 3, 12, 18; *S. O'Leary*, 32 CML Rev. (1995), 519 (519 f.); *M. Pechstein*, in: Streinz, Art. 2 EUV, Rn. 12; *N. Prentoulis*, 7 ELJ (2001), 196 (197); *N. Reich*, 7 ELJ (2001), 4 (23); *J. H. H. Weiler*, Citizenship and Human Rights, 57 (68); *ders.*, RMUE 1996, 35 (36 ff.); *B. Wilkinson*, 1 EPL (1995), 417 (434 ff.).

[6] *C. Tomuschat*, Unionsbürgerschaft, 73 (74). Vgl. ferner *D. O'Keeffe*, Union Citizenship, 87 (106): "The importance of the TEU citizenship provisions lies not in their content but rather in the promise they hold out for the future"; *V. Sottili*, Contratto e impresa. Europa 1997, 710 (715, 719 ff.); *J. Verhoeven*, Annales de droit de Louvain 1993, 165.

Die weitere Entwicklung sollte die zuletzt genannte und nicht die vorherrschende Einschätzung bestätigen. Ende der 1990er Jahre begann der Europäische Gerichtshof nämlich, dieses Rechtsinstitut mit Leben auszufüllen. Dem allen Angehörigen der Mitgliedstaaten *qua* nationaler Staatsangehörigkeit gemeinen Status als Unionsbürger, den *Joseph H. H. Weiler* noch 1996 als "little more than a cynical exercise in public relations on the part of the High Contracting Parties"[7] bezeichnete, misst der EuGH plötzlich die Bestimmung bei, „der grundlegende Status der Angehörigen der Mitgliedstaaten zu sein“[8]. Im Hinblick auf diese Rechtsprechung wandelte sich auch die ursprünglich reservierte Einschätzung in der Literatur. Von einer „Gewährleistung von großer Tragweite“[9] ist nunmehr die Rede,[10] das Potential der Unionsbürgerschaft als "post-national membership"[11] sowie als Europäische Sozialbürgerschaft[12] wird ausgeleuchtet und der Status als Unionsbürger als einer der Gleichheit[13] und Freiheit[14] gedeutet.

Die diesen Anschauungswandel bewirkende Rechtsprechung des Gerichtshofs und deren weit reichende Konsequenzen für die Unionsrechtsordnung sollen im Mittelpunkt der vorliegenden Untersuchung stehen. Der Beitrag des EuGH besteht darin, den Gewährleistungsgehalt des unionsbürgerlichen Freizügigkeitsrechts entsprechend dem weiten Freizügigkeitsverständnis der

---

[7] *J. H. H. Weiler*, Citizenship and Human Rights, 57 (68); ähnlich *ders.*, RMUE 1996, 35 (36 ff.).

[8] Vgl. statt vieler EuGH, Rs. C-184/99, Slg. 2001, I-6193, Rn. 31 – Grzelczyk. Noch plastischer formuliert die französische Sprachfassung des Urteils: «le statut de citoyen de l'Union a vocation à être le statut fondamental des ressortissants des États membres».

[9] *D. H. Scheuing*, Freizügigkeit, 103 (104). Ähnlich *ders.*, EuR 2003, 744; *P. Häberle*, Europäische Verfassungslehre, 353 f.

[10] Vgl. des Weiteren statt vieler *B. Hofstötter*, SJER 2004, 267 (268 f.); *D. Martin*, EJML 2002, 136 (140); *S. O'Leary*, Solidarity and Citizenship Rights, 39 (40, 75); *C. Timmermans*, Lifting the Veil, 195 (197).

[11] Vgl. etwa den Titel von *J. Shaw*, Citizenship of the Union: "Citizenship of the Union: Towards Post-National Membership?" Siehe auch den Überblick bei *C. Schönberger*, Unionsbürger, 140 ff.

[12] Vgl. etwa *E. Eichenhofer*, Unionsbürgerschaft – Sozialbürgerschaft?, ZIAS 2003, 404; *C. Jacqueson*, Union citizenship and the Court of Justice: something new under the sun? Towards social citizenship, 27 EL Rev. (2002), 260; *C. Schönberger*, Die Unionsbürgerschaft als Sozialbürgerschaft ..., ZAR 2006, 226.

[13] Vgl. etwa *C. Closa*, A New Social Contract?, 5 f.; *ders.*, 32 CML Rev. (1995), 487 (505); *S. Douglas-Scott*, 18 YEL (1998), 29 (35); *ders.*, Constitutional Law of the EU, 485; *U. Haltern*, Schweizerische Zeitschrift für Politikwissenschaft 2005, 87 (101); *R. Höfler*, Aussenwirtschaft 2004, 303 (303, 311); *R. W. Davis*, 27 EL Rev. (2002), 121 (129 Fn. 45); *D. O'Keeffe*, Union Citizenship, 87 (102); *I. Pernice*, Verfassungsrechtliche Status, 177 (193 f.); *V. Sottili*, Contratto e impresa. Europa 1997, 710 (734 f.).

[14] GA *Jacobs*, in: EuGH, Rs. C-168/91, Slg. 1993, I-1191, Rn. 46 – Konstantinidis; *B. Hofstötter*, SJER 2004, 267 (276 f.); *N. Reich*/*S. Harbacevica*, 40 CML Rev. (2003), 615 (634 f.); *D. H. Scheuing*, EuR 2005, 162 (179).

Marktfreiheiten konzipiert und dieses damit in eine „Grundfreiheit ohne Markt" verwandelt zu haben (A.), eine Entwicklung, die angesichts der sich von den Anfängen der europäischen Integration an herausbildenden Europäischen Bürgerschaft im marktfreiheitlichen Freizügigkeitsregime nur auf den ersten Blick überrascht (B.). Diesen in vielerlei Hinsicht beschränkten Status als Europäischer Bürger *qua* Teilnahme am Gemeinsamen Markt vermochte die Unionsbürgerschaft, namentlich durch ihre Entfaltung in der Rechtsprechung des Gerichtshofs, fortzuentwickeln – angesichts mehrschichtiger Angehörigkeitsbeziehungen des Individuums im Mehrebenensystem EU allerdings nur in begrenztem Maße; genauso wenig nimmt eine sich an einer transnationalen Freizügigkeitsgewährleistung entfaltende Unionsbürgerschaft den Unionsbürger als Bürger der Union in Blick, womit die drängende Frage nach ihrem legitimatorischen Potential für die sich konstituierende supranationale Herrschaftsordnung ausgeblendet bleibt[15] (C.). Auf der Ebene des unionsrechtlichen Freizügigkeitsregimes gilt es schließlich, die Konsequenzen der plötzlichen Existenz einer jeglicher ökonomischer Zielsetzung entkleideten *lex generalis* zu den Marktfreiheiten zu untersuchen: Welche Bedeutung kann Letzteren sowohl als Normkategorie als auch mit Blick auf ihren Gewährleistungsgehalt überhaupt noch zukommen (D.)?

A. Die Rechtsprechung des Gerichtshofs zur Unionsbürgerschaft: Das unionsbürgerliche Freizügigkeitsrecht als Grundfreiheit ohne Markt

In seiner Rechtsprechung zur Unionsbürgerschaft, die mit dem Urteil in der Rs. María Martínez Sala vom 12.5.1998[16] ihren Anfang nahm und mittlerweile

---

[15] Vgl. etwa *W. Graf Vitzthum*, Staat der Staatengemeinschaft, 92 f.: „Wenn die EU mehr sein soll als eine normativ fixierte Funktionsstruktur, dann muss sie auch die Menschen ‚mitnehmen'. Das leistet sie bisher allenfalls in Ansätzen. Ist sie nicht gespalten in eine stählerne ökonomische Vorder- und demokratische Rückseite? Ist nicht das Verhältnis der (Unions-)Bürger zu ‚ihrer' EU primär ein Nicht-Verhältnis geblieben?" Siehe aber auch *P. Häberle*, Grundgesetz als Teilverfassung, 81 (88), der in der Unionsbürgerschaft eine Vorstufe zum Verfassungsvolk sieht, oder den dritten Bericht der EK über die Unionsbürgerschaft v. 7.9.2001, KOM (2001) 506 endg., S. 9, nach dem „[d]ie Unionsbürgerschaft … gleichzeitig Legitimationsquelle des europäischen Integrationsprozesses in Hinblick auf eine verstärkte Teilnahme der Bürger und grundlegendes Element für die Entstehung eines Gefühls der Zugehörigkeit der Bürger zur Europäischen Union, d. h. einer echten europäischen Identi-tät [, ist.]".

[16] EuGH, Rs. C-85/96, Slg. 1998, I-2691. Anfänglich bestand allerdings Unsicherheit, ob es sich nicht nur um eine nicht verallgemeinerungsfähige Einzelfallentscheidung handele, vgl. *S. Fries*/*J. Shaw*, 4 EPL (1998), 533 (558 f.).

in einer Vielzahl von Folgeentscheidungen[17] fortentwickelt wurde, hat der Gerichtshof nichts anderes gemacht, als das an der Spitze des Katalogs der Unionsbürgerrechte stehende allgemeine Freizügigkeitsrecht (Art. 18 EG) zu einer „Grundfreiheit ohne Markt" auszubauen. Dem Beleg dieser These, der dogmatischen Strukturierung der neu aufscheinenden Gewährleistung und einer Auseinandersetzung mit der ihre Herausbildung begleitenden heftigen Kritik gilt der zweite Teil der vorliegenden Untersuchung.

Eine der zentralen Neuerungen der Unionsbürgerschaft war die primärrechtliche Verankerung eines allein an diesen Status – und nicht mehr wie zuvor an die Entfaltung einer ökonomischen Aktivität – anknüpfenden Freizügigkeitsrechts. Dass dieses anfänglich genauso zurückhaltend wie die Unionsbürgerschaft bewertet wurde, verwundert angesichts seines Wortlautes nicht:

> Jeder Unionsbürger hat das Recht, sich im Hoheitsgebiet der Mitgliedstaaten vorbehaltlich der in diesem Vertrag und in den Durchführungsvorschriften vorgesehenen Beschränkungen und Bedingungen frei zu bewegen und aufzuhalten.

Mit seinem Verweis auf die primä–und sekundärrechtlich festgeschriebenen Schranken schien Art. 18 I EG nämlich als bloß deklaratorische Wiederholung des Freizügigkeits-*Acquis*. Letzterer gewährte bereits einen jedenfalls *ratione personae* lückenlosen Freizügigkeitsschutz. Die seit den Römischen Verträgen operierenden Marktfreiheiten verbürgten wirtschaftlich aktiven Personen einschließlich Touristen und Reisenden als Dienstleistungsempfänger Freizügigkeit, *praeter legem* entwickelte der Gerichtshof seit Beginn der 1980er Jahre ein ebenfalls primärrechtlich radiziertes Freizügigkeitsrecht für Studierende, und verbliebene Lücken hinsichtlich Nichterwerbstätiger schlossen die Anfang der 1990er Jahre in Kraft getretenen drei Aufenthaltsrichtlinien 90/364, 90/365 und 93/96. Zwar galten all diese Garantien nicht schrankenlos, wovon sowohl die Möglichkeit, aufenthaltsbeendende Maßnahmen aus Gründen der öffentlichen Ordnung, Sicherheit und Gesundheit zu ergreifen (*ordre-public*-Vorbehalt), als auch die nur für Nichterwerbstätige vorgesehenen ökonomischen Aufenthaltsvoraussetzungen zeugen. Ein Plus durch das allgemeine Freizügigkeitsrecht schien jedoch nicht erkennbar, da dieses die erwähnten

[17] EuGH, Rs. C-274/96, Slg. 1998, I-7637 – Bickel und Franz; Rs. C-184/99, Slg. 2001, I-6193 – Grzelczyk; Rs. C-378/97, Slg. 1999, I-6207 – Wijsenbeek; Rs. C-135/99, Slg. 2000, I-10409 – Elsen; Rs. C-224/98, Slg. 2002, I-6191 – D'Hoop; Rs. C-413/99, Slg. 2002, I-7091 – Baumbast und R; Rs. C-148/02, Slg. 2003, I-11613 – Avello; Rs. C-138/02, Slg. 2004, I-2703 – Collins; Rs. C-224/02, Slg. 2004, I-5763 – Pusa; Rs. C-456/02, Slg. 2004, I-7573 – Trojani; Rs. C-200/02, Slg. 2004, I-9925 – Chen/Zhu; Rs. C-209/03, Slg. 2005, I-2119 – Dany Bidar; Rs. C-403/03, Slg. 2005, I-6421 – Schempp; Rs. C-258/04, Slg. 2005, I-8275 – Ioannidis; Rs. C-96/04, Slg. 2006, I-3561 – Standesamt Niebüll; Rs. C-406/04, n.n.v. – De Cuyper; Rs. C-192/05, n.n.v. – Tas-Hagen; Rs. C-520/04, n.n.v. – Turpeinen. Schlussanträge liegen vor in den Rs. C-76/05 – Schwarz und C-318/05 – EK/Deutschland. Noch anhängig ist des Weiteren die Rs. C-152/05 – EK/Deutschland.

Schranken ja gerade in Bezug nahm. Zudem nährte das aus dem Vorbehalt in Art. 18 I EG geschlossene Fehlen eines eigenständigen Gewährleistungsgehalts dieser Norm Zweifel an deren unmittelbarer Anwendbarkeit. Vor diesem Hintergrund verständlich erscheint, wenn Art. 18 I EG in der Literatur als "paper declaration"[18] bezeichnet wurde und die Auswirkungen der Unionsbürgerschaft auf das unionsrechtliche Freizügigkeitsregime für gering erachtet wurden: "Union Citizenship may have 'constitutionalised' the Community law rights of free movement, but it has not added much that is substantially new to existing community law"[19].

Die weitere Entwicklung sollte diese Einschätzung jedoch nicht bestätigen, sondern das in einem unionsbürgerlichen Freizügigkeitsrecht liegende Potential verdeutlichen. Motor des Integrationsfortschritts war, wie auch bislang im Bereich des freien Personenverkehrs schon, der Gerichtshof. Die herausragende Rolle, die diesem bei der Konturierung der Unionsbürgerschaft zukommen müsse, hob Generalanwalt *Philippe Léger* in seinem Schlussantrag in der Rs. Boukhalfa hervor:

> Die Anerkennung einer [Unionsbürgerschaft] hat einen stark symbolischen Wert und stellt wahrscheinlich einen der herausragenden Teile der europäischen Konstruktion dar .... Zwar erfasst dieser Begriff in Wirklichkeit Aspekte, die durch die Entwicklung des Gemeinschaftsrechts bereits überwiegend verwirklicht worden sind, und stellt insoweit eine Konsolidierung des gemeinschaftlichen Besitzstandes dar. Es obliegt aber dem Gerichtshof, dem Begriff seine volle Bedeutung zu geben.[20]

Auch wenn dieser und weitere Anstöße seiner Generalanwälte zunächst verhallten,[21] nahm wenige Jahre später mit dem Urteil in der bereits eingangs erwähnten Rs. María Martínez Sala eine Rechtsprechungslinie ihren Anfang, die dem

---

[18] *D. Pollard*, Rights of Free Movement, 105 (116).

[19] *T. Kostakopoulou*, Citizenship, identity and immigration, 66. Ähnlich zurückhaltend *N. Bernard*, Multilevel Governance in the EU, 186 ff.; *S. Conrad*, Europäische Bürgerschaft, 5 (12 f.); *R. Feik*, Unionsbürgerschaft und Aufenthaltsrecht, 7 (21, 42); *H. G. Fischer*, EuZW 1992, 566 (568); *ders.*, Unionsbürgerschaft, 12; *S. Kadelbach*, Unionsbürgerrechte, Rn. 96; *P. Magnette*, Citoyenneté européenne, 162: «'la valeur ajoutée' de la citoyenneté de l'Union apparaît nulle jusqu'à présent»; *T.-L. Margue*, RMUE 1995, 97 (118); *J.-D. Mouton*, La citoyenneté de l'Union, 14; *D. O'Keeffe*, Union Citizenship, 87 (93 f.); *S. O'Leary*, 32 CML Rev. (1995), 519 (519 f.); *dies.*, Options for reform, 81 (92); *M. Pechstein*, in: Streinz, Art. 2 EUV, Rn. 12; *J. Shaw*, Citizenship of the Union, 245 (247); *dies.*, 3 EPL (1997), 413 (416 f.); *T. Stein*, Aufenthaltsrecht, 29 (30); *U. Villani*, Cittadinanza dell'UE, 1001 (1015); *J. H. H. Weiler*, RMUE 1996, 35 (39); *B. Wilkinson*, 1 EPL (1995), 417 (436). Siehe auch GA *La Pergola*, in: EuGH, Rs. C-356/98, Slg. 2000, I-2623, Rn. 57 – Kaba I. Auch heute noch zurückhaltend *T. Giegerich*, Unionsbürgerschaft, Rn. 48.

[20] Schlussantrag des GA *Léger*, in: EuGH, Rs. C-214/94, Slg. 1996, I-2253, Rn. 63 – Boukhalfa.

[21] Siehe neben dem bereits erwähnten Schlussantrag von GA *Léger* (Fn. 20) GA *La Pergola*, in: EuGH, Verb. Rs. C-4/95 und C-5/95, Slg. 1997, I-511, Rn. 51 – Stöber und Pereira, sowie in: Rs. C-131/95, Slg. 1997, I-1409, Rn. 15 – Huijbrechts.

unionsbürgerlichen Freizügigkeitsrecht, namentlich auch in Verbindung mit dem allgemeinen Diskriminierungsverbot (Art. 12 EG), einen nicht vorauszusehenden Gewährleistungsgehalt verlieh. Das Bemerkenswerte an dieser Rechtsprechung ist, dass sie nicht nur, wie Art. 18 EG bei unbefangener Lektüre nahe legen könnte, zu einer Aufwertung des Kernschutzgutes des Freizügigkeitsrechts führte, d.h. des Rechts, sich in einen anderen Mitgliedstaat zu begeben und dort aufzuhalten, das nunmehr allen Unionsbürgern als Ausfluss ihres Status als Unionsbürger primärrechtlich eingeräumt war. Vielmehr modellierte der Gerichtshof das unionsbürgerliche Freizügigkeitsrecht nach dem Vorbild des weiten Freizügigkeitsverständnisses der Personenverkehrsfreiheiten, das neben dem Recht auf grenzüberschreitende Fortbewegung und physische Präsenz im Aufnahmemitgliedstaat einen weit reichenden Anspruch auf Inländerbehandlung sowie Schutz vor sonstigen Mobilitätshindernissen umfasst.

Angesichts einer nicht immer kohärenten Rechtsprechung,[22] ihrer oft nur selektiven Wahrnehmung namentlich als Eintrittskarte zu den nationalen Sozialleistungssystemen und der der Rede von einem Status unionsbürgerlicher Gleichheit, Freiheit und Solidarität immanenten Gefahr einer undifferenzierten Überhöhung der Unionsbürgerschaft ist die zu erbringende Leistung zunächst einmal eine ordnende. Eine dogmatische Strukturierung der Rechtsprechung anhand der grundfreiheitlichen Gewährleistungstrias Fortbewegungs- und Aufenthaltsrecht – Anspruch auf Inländerbehandlung – Mobilitätsschutz jenseits des Gebots der Inländerbehandlung soll belegen, dass sich eine – von der Gewährleistungsstruktur her betrachtet – neue Grundfreiheit herausbildet, der es freilich am für diese Normkategorie zentralen Moment des Bezugs zu einer ökonomischen Aktivität mangelt: eben eine „Grundfreiheit ohne Markt". Die zu Tage tretenden Parallelen zur Entwicklung der Marktfreiheiten sind verblüffend, knapp 50 Jahre Dogmatik der Grundfreiheiten scheinen sich zu wiederholen: Ist Art. 18 I EG unmittelbar anwendbar? Wie weit reicht der Diskriminierungsschutz? Enthält Art. 18 I EG ein „Beschränkungsverbot"? Die anzustellende dogmatische Feinanalyse, die auch der Fortentwicklung des Freizügigkeits-*Acquis* durch die neue Aufenthaltsrichtlinie 2004/38 besondere Aufmerksamkeit schenken muss, dient gleichzeitig der Handhabbarmachung dieser Gewährleistung für die Rechtsanwendung.

Auseinanderzusetzen hat sich eine dogmatische Strukturierung der Rechtsprechung schließlich mit der gegen sie vorgebrachten Kritik. Nicht allenthalben wurden die Entscheidungen des EuGH nämlich als stimmige Entfaltung des Unionsbürgerstatus begrüßt, sondern zum einen ihre methodische Belastbarkeit hinterfragt und zum anderen durch sie hervorgerufene dramatische

---

[22] Siehe etwa *D. Martin*, EJML 2006, 231 (242), der knapp ein Jahrzehnt nach dem ersten Urteil des Gerichtshofs zur Unionsbürgerschaft, der Rs. Martínez Sala, immer noch feststellen muss: "Nowadays, only a handful of specialists can claim to be able to venture into a thorough analysis of the Court's rulings."

Konsequenzen für die Sozialleistungssysteme insbesondere der wohlhabenderen Mitgliedstaaten perhorresziert. Stellt also einmal der "activist judicial approach to citizenship and free movement"[23] des Gerichtshofs das „Ende rationaler Jurisprudenz" (*Kay Hailbronner*) dar?[24] Ist die Rechtsprechung des Gerichtshofs zur Unionsbürgerschaft zwar "A Big Step Forward for Union Citizens, but a Step Backwards for Legal Coherence" (*Denis Martin*)?[25] Eine Auseinandersetzung mit dem im Raum stehenden Einwand, dass der Gerichtshof mit seiner integrationsoffenen Vertragsauslegung die Grenzen richterlicher Rechtsfortbildung überschritten habe, erscheint umso dringlicher, als ein dem Grundsatz der begrenzten Einzelermächtigung widersprechendes Handeln der Gemeinschaftsorgane *ultra vires* das Integrationsprogramm des EG-Vertrages verlassen würde.[26] Des Weiteren birgt die Anerkennung eines Freizügigkeitsrechts für Nichterwerbstätige – der zentrale Aspekt der Rechtsprechung des EuGH zu Art. 18 I EG – die Gefahr, falsche, nämlich primär wohlfahrtsstaatlich motivierte, Wanderungsanreize zu setzen und so die Haushalte attraktiver, d.h. wohlhabender Zielstaaten mit großzügigen Sozialleistungssystemen zu überfordern.[27] Dieser Gefahr begegnete das zur Zeit der Einführung des Art. 18 I EG geltende Sekundärrecht dadurch, dass die ökonomische Selbstständigkeit Bedingung der Freizügigkeit Nichterwerbstägiger war. In der erwähnten Rechtsprechung relativierte der EuGH diese, wohlgemerkt auch von Art. 18 I EG in Bezug genommenen, ökonomischen Kautelen vor dem Hintergrund eines nunmehr als Unionsbürgerrecht konstitutionalisierten allgemeinen Freizügigkeitsrechts deutlich. Zudem statuierte er eine weit reichende Gleichbehandlungspflicht auch wirtschaftlich nicht aktiver Personen mit Inländern hinsichtlich des Zugangs zu sozialen Vergünstigungen. Bereits vor Inkrafttreten des Vertrages von Maastricht legte das Gemeinschaftsrecht den Mitgliedstaaten weitgehende Solidaritätspflichten auf. Diese waren nämlich verpflichtet, EWG-Ausländern genauso wie Inländern unabhängig von der Lage auf dem nationalen Arbeitsmarkt die Aufnahme einer Erwerbstätigkeit zu gestatten und EWG-ausländischen Erwerbstätigen alle sozialen Vergünstigungen, die auch inländischen Erwerbstätigen zustehen, zu gewähren. Immerhin fand dies seine Rechtfertigung im Beitrag wirtschaftlich aktiver Personen zur Produktivität im

---

[23] So *N. Reich/S. Harbacevica*, 40 CML Rev. (2003), 615 (627).

[24] *K. Hailbronner*, NJW 2004, 2185.

[25] *D. Martin*, EJML 2002, 136.

[26] Zu den Konsequenzen BVerfGE 75, 223 (240 ff.) – Kloppenburg; E 89, 155 (187 f.) – Maastricht; *I. Pernice*, in: Dreier, Art. 23, Rn. 27 ff.

[27] Die Gefahr des sog. „Sozialtourismus" betonen *H. Linhart/O. Adolph*, NDV 2004, 282 (285); *G. Meier*, EuZW 2001, 33; *M. Scheffer*, ZRP 2003, 55; *K. Strick*, NJW 2005, 2182 (2186 f.). Zurückhaltend dagegen *U. Becker*, ZESAR 2004, 496 (498); *K.-D. Borchardt*, EuZW 2001, 321; *M. Dougan*, CYELS 2001, 93 (107 f.); *A. P. van der Mei*, Free Movement, 149 f., 206 ff., 217 ff.; *C. Schönberger*, Unionsbürger, 354 f.; *P. von Wilmowsky*, ZaöRV 50 (1990), 231 (259).

Gastland. Schon nicht mehr ganz traf diese Marktlogik auf die ab Mitte der 1980er Jahre erfolgte partielle Einbeziehung von Dienstleistungsempfängern in den Kreis der Marktteilnehmer sowie das *praeter legem* entwickelte Freizügigkeitsrecht Studierender zu. Nunmehr scheint der endgültige Bruch vollzogen zu sein, da als alleinige Grundlage des Solidaritätsanspruchs die gemeinsame Zugehörigkeit von EU-Ausländer und Inländer zur Gemeinschaft der Unionsbürger fungiert. Wie gestaltet der Gerichtshof diesen Übergang von einem markt- zu einem unionsbürgerschaftlich basierten Solidaritätskonzept mit all seinen Gefahren? Fällt mit der Rechtsprechung zur Unionsbürgerschaft, die der Gemeinschaftsgesetzgeber bezeichnenderweise trotz heftigster Kritik seitens der Mitgliedstaaten in der neuen Aufenthaltsrichtlinie 2004/38 rezipiert hat, nun das „Damoklesschwert für die nationalen sozialen Sicherungssysteme"[28], oder gelingt es Gemeinschaftsgesetzgeber und EuGH, legitime Interessen der Mitgliedstaaten zu wahren und damit weder falsche Migrationsanreize zu setzen noch die Solidaritätspflichten zu überspannen?

B. Freizügigkeit und Europäische Bürgerschaft: Eine lange Geschichte

Dass sich die Unionsbürgerschaft in der Rechtsprechung des Gerichtshofs ausgerechnet unter dem Deckmantel einer ihres Marktbezuges verlustig gegangenen Grundfreiheit entfalten sollte, ist kein Zufall. Genauso wenig wie Freizügigkeit eine dem europäischen Integrationsprojekt vor der Einführung des allgemeinen Freizügigkeitsrechts durch den Vertrag von Maastricht fremde Gewährleistung war, genauso wenig waren Freizügigkeit und Bürgerschaft ein diesem unbekanntes Paar. Obgleich erst mit der Maastrichter Vertragsrevision im Jahr 1993 eine Unionsbürgerschaft als Rechtsinstitut Eingang in das Unionsrecht fand, identifizierte man von Anfang der europäischen Integration an embryonale Strukturen einer Europäischen Bürgerschaft im gemeinschaftsrechtlichen Freizügigkeitsregime. So qualifizierte der frühere Staatssekretär im Auswärtigen Amt und spätere Präsident der ersten Europäischen Kommission, *Walter Hallstein*, bereits in seiner am 28.4.1951 gehaltenen Rede zum *Schuman*-Plan die Freizügigkeit der Montan-Facharbeiter als Ausdruck des „Gedanken[s] einer gemeinsamen europäischen – fast hätte ich gesagt – ‚Staats'angehörigkeit in einer besonderen Ausprägung".[29] In der Frühphase der Europäischen Wirtschaftsgemeinschaft, im Jahr 1968, formulierte dann der damalige Vizepräsident der Europäischen Kommission, *Lionello Levi-Sandri*,

[28] *R. Höfler*, NVwZ 2002, 1206.

[29] *W. Hallstein*, Schuman-Plan, 18. Für die EGKS später auch *W. Maas*, 43 JCMS (2005), 1009 (1009 ff., 1021 f.).

dass die „Freizügigkeit der Personen etwas Höheres und Anspruchsvolleres als die bloße Beweglichkeit eines Produktionsfaktors [ist]. Sie ist vielmehr ein erster Keim, eine noch unvollkommene Gestalt des europäischen Bürgerrechts“[30]. Wie erklärt sich diese überraschende Deutung von Normen des Wirtschaftsvölkerrechts, mit denen – in den Worten des Spaak-Berichts – die transnationale „Zusammenlegung der Produktionsfaktoren“ Kapital und Arbeit bezweckt war?[31]

Anhaltspunkte für eine Beantwortung dieser Frage liefert die im ersten Teil der Arbeit zu unternehmende Analyse der Rechtsstellung der Angehörigen der Mitgliedstaaten, die diese *qua* gemeinschaftsrechtlicher Freizügigkeitsberechtigung genießen. Ziel der am 1.1.1958 gegründeten Europäischen Wirtschaftsgemeinschaft war die Integration der nationalen Teilmärkte zu einem Gemeinsamen Markt, der die transnationale Mobilität des Produktionsfaktors Arbeit voraussetzt. Um diese zu realisieren, sah der EWG-Vertrag den schrittweisen Abbau der Hemmnisse für den freien Personenverkehr von Arbeitnehmern und Selbstständigen vor. Die dem dienenden Personenverkehrsfreiheiten, die Arbeitnehmerfreizügigkeit und das Niederlassungsrecht, gewährleisten jedem Angehörigen der Mitgliedstaaten das Recht, überall in der Gemeinschaft eine selbstständige oder unselbstständige Erwerbstätigkeit unter gleichen Voraussetzungen wie Inländer aufzunehmen und auszuüben. Dieses war mit einem gesicherten Aufenthaltsrecht, einem weit reichenden Inländerbehandlungsanspruch sowie freiheitsrechtlichem Mobilitätsschutz verbunden. Doch mit dieser bloßen Deskription des Gewährleistungsgehalts der Personenverkehrsfreiheiten oder ihrer Umschreibung als Normen, die – so die in ständiger Rechtsprechung des EuGH verwendete Formel – „den Gemeinschaftsangehörigen die Ausübung von beruflichen Tätigkeiten aller Art im Gebiet der Gemeinschaft erleichtern [sollen] und ... solchen Maßnahmen entgegen[stehen], die die Gemeinschaftsangehörigen benachteiligen könnten, wenn sie eine Erwerbstä-

[30] Rede abgedruckt in EG-Bulletin 11/1968, S. 5 (6). Bereits zuvor sprach *U. Everling*, Niederlassungsrecht, 3, vom Diskriminierungsverbot als Keim eines allgemeinen Staatsbürgerrechts auf Gleichbehandlung. Ähnlich *F. Franz*, DVBl. 1965, 457 (461). Zu späteren Deutungen in diesem Sinne vgl. *T. Downes*, Market Citizenship, 93 (95 f.); *A. C. Evans*, MLR 45 (1982), 497; *ders.*, 32 AJCL (1984), 679 (689 ff., 714); *M. Everson*, Legacy of the Market Citizen, 73 (79); *P. Fischer*, Unionsbürgerschaft, 237 (245); *W. Kluth*, ZAR 2006, 1 (3); *W. Maas*, 43 JCMS (2005), 1009 (1009 ff., 1021 f.); *M. P. Maduro*, Europe's Social Self, 325 (332); *E. Meehan*, Citizenship and the EU, 7; *F. Menegazzi Munari*, Cittadinanza Europea, 101 ff.; *J.-D. Mouton*, La citoyenneté de l'Union, 3 ff.; *B. Nascimbene*, Trattamento dello straniero, 331 ff.; *T. Oppermann*, EG-Angehörigkeit, 713 (714 ff.); *R. Plender*, Incipient Form of Citizenship; *ders.*, 16 EBLR (2005), 559 (559 f.); *J. Shaw*, Citizenship of the Union, 245 (248); *B. Wilkinson*, 1 EPL (1995), 417. Vgl. ferner *R. Picard*, Unité par Intercitoyenneté.

[31] Vgl. Spaak-Bericht, 20. Zu diesem ausführlich unten, 1. Teil A. I.

tigkeit in einem anderen Mitgliedstaat ausüben wollen“[32], ist das für die vorliegende Untersuchung Entscheidende noch nicht getroffen. Der Blick ist vielmehr auf die sich als Konsequenz dieser gemeinschaftsrechtlichen Freizügigkeitsverbürgung ergebende Rechtsstellung zu richten, die in einer integrationsfreundlichen Rechtsprechung des Gerichtshofs kontinuierlich ausgebaut und für die der von *Hans Peter Ipsen* geprägte Begriff der „Marktbürgerschaft“[33] Synonym werden sollte. Als Freizügigkeitsberechtigte konnten die Angehörigen der Mitgliedstaaten eine Erstreckung traditionell Inländern vorbehaltener, zumindest aber vorbehaltbarer Rechte – wie das Aufenthaltsrecht, das Recht zur Aufnahme einer Erwerbstätigkeit oder die unbedingte Teilhabe an der nationalen Solidargemeinschaft – auf sie verlangen. Namentlich diese Öffnung der nationalen Staatsangehörigkeit erklärt die Rede von der Freizügigkeit als Frühform einer Europäischen Bürgerschaft. Mit gutem Grund sprach man allerdings nur von einer „unvollkommene[n] Gestalt des europäischen Bürgerrechts“[34] oder einer “incipient form of citizenship”[35]. Denn zum einen haben sich die Unterschiede von In- und EWG-Ausländern nicht gänzlich eingeebnet: Die Möglichkeit, EWG-Ausländer aus Gründen der öffentlichen Ordnung, Sicherheit und Gesundheit auszuweisen, zeugt hiervon genauso wie der gemeinschaftsrechtlich nicht zu beanstandende Ausschluss auch dauerhaft ansässiger EWG-Ausländer von der politischen Partizipation im Aufnahmemitgliedstaat und von einer beruflichen Betätigung, die mit der Ausübung hoheitlicher Funktionen verbunden war. Nicht übersehen werden darf zum anderen, dass gemeinschaftsrechtlich privilegiert – der Logik einer Wirtschaftsgemeinschaft entsprechend – nur Marktteilnehmer waren, eine Einschränkung, die allerdings von Anfang an durch eine abgeleitete Freizügigkeitsberechtigung der Familienangehörigen sowie ab Mitte der 1980er Jahre mit der Einbeziehung des Dienstleistungsempfängers in den Kreis der Marktteilnehmer und des *praeter legem* entwickelten Freizügigkeitsrechts Studierender gelockert, wiewohl nicht aufgegeben wurde.

---

[32] EuGH, Rs. C-464/02, Slg. 2005, I-7929, Rn. 34 – EK/Dänemark. Ähnlich auch Rs. 136/78, Slg. 1979, 437, Rn. 16 – Auer; Verb. Rs. 35/82 und 36/82, Slg. 1982, 3723, Rn. 15 – Morson; Rs. 143/87, Slg. 1988, 3877, Rn. 13 – Stanton; Rs. C-415/93, Slg. 1995, I-4921, Rn. 94 – Bosman; Verb. Rs. C-393/99 und C-394/99, Slg. 2002, I-2829, Rn. 47 – Hervein u.a.; Rs. C-232/01, Slg. 2003, I-11525, Rn. 15 – van Lent; Rs. C-387/01, Slg. 2004, I-4981, Rn. 52 – Weigel; Rs. C-185/04, Slg. 2006, I-1453, Rn. 14 – Öberg.

[33] Vgl. *H. P. Ipsen/G. Nicolaysen*, NJW 1964, 339 (340, Fn. 2).

[34] So die bereits erwähnte Rede des damaligen Vizepräsidenten der Europäischen Kommission, *Lionello Levi-Sandri*, abgedruckt in EG-Bulletin 11/1968, S. 5 (6).

[35] *R. Plender*, Incipient Form of Citizenship.

C. Die Unionsbürgerschaft

Entfaltet der Gerichtshof die Unionsbürgerschaft um die Achse des allgemeinen Freizügigkeitsrechts herum, knüpft er damit an die eben erörterte Herausbildung einer Europäischen Bürgerschaft in der grundfreiheitlich vermittelten Rechtsstellung der Angehörigen der Mitgliedstaaten an. Diese hat sich, wie erwähnt, in mancherlei Hinsicht als defizitär erwiesen, vergegenwärtigt man sich deren Fokussierung auf Marktteilnehmer und die versagte Gleichstellung von In- und EWG-Ausländern namentlich im Bereich politischer Rechte. Vermag die Neuradizierung des unionsrechtlichen Freizügigkeitsregimes in dem allein an die Inhaberschaft einer der Staatsangehörigkeiten der Mitgliedstaaten gekoppelten Status als Unionsbürger nunmehr, diese Defizite zu überwinden? *Prima facie* scheint dies nicht ausgeschlossen, erfassen Unionsbürgerschaft und unionsbürgerliches Freizügigkeitsrecht doch alle Angehörigen der Mitgliedstaaten und kennen damit weder In- noch EU-Ausländer, weder wirtschaftlich aktive noch inaktive Personen. Ganz in diesem Sinne wird die Unionsbürgerschaft in den Kontext der "normal political ideals that all members of a state should possess rights equally"[36] gestellt und betont, dass

> [l]a cittadinanza dell'Unione nasce con l'ambizione di elaborare uno *status* unitario, cui ineriscano specifichi diritti, al fine di superare la tradizionale impostazione secondo cui una persona rientra nell'ambito di applicazione del diritto comunitario in ragione dell'attività economica svolta, piuttosto che per un vincolo di appartenenza alla Comunità.[37]

Ebenfalls zum Ausdruck kommt ein solches Verständnis der Unionsbürgerschaft im Schlussantrag des Generalanwalts *Philippe Léger* in der Rs. Boukhalfa:

> Wenn man sämtliche Konsequenzen zieht, die mit dem Begriff [Unionsbürgerschaft] verbunden sind, müssen alle Unionsbürger unabhängig von ihrer Nationalität genau gleiche Rechte und Pflichten haben. In letzter Konsequenz soll dieser Begriff eine völlige Gleichstellung der Unionsbürger unabhängig von ihrer Nationalität ermöglichen. Diese Gleichstellung müsste in derselben Weise wirksam sein wie zwischen den Staatsangehörigen ein und desselben Staates.[38]

Aber kann der Status als Unionsbürger wirklich der in diesem Sinne „grundlegende Status der Angehörigen der Mitgliedstaaten" sein, in dem die gebrandmarkten Unterscheidungen aufgehen? Bereits ein Blick in die Vertragsvorschriften zur Unionsbürgerschaft mahnt zur Vorsicht. Gemäß Art. 17 I 3 EG ergänzt die Unionsbürgerschaft nämlich die nationale Staatsangehörigkeit nur, ersetzt sie aber nicht. Auch ist Teil der von Art. 6 III EU geschützten nationalen Identität der Mitgliedstaaten deren Personalhoheit und damit das exklusive Verhältnis von Heimatstaat und eigenen Staatsangehörigen. Schließlich inkorporiert das in Art. 18 I EG verankerte unionsbürgerliche Freizügigkeitsrecht

---

[36] *D. Pollard*, Rights of Free Movement, 105 (106).
[37] *A. Lang*, Diritto pubblico comparato ed europeo 2003, 848 (849).
[38] GA *Léger*, in: EuGH, Rs. C-214/94, Slg. 1996, I-2253, Rn. 63 – Boukhalfa.

jedenfalls seinem Wortlaut nach die der Freizügigkeit Nichterwerbstätiger sekundärrechtlich gesetzten Schranken und perpetuiert damit die im gemeinschaftsrechtlichen Freizügigkeitsregime angelegte Differenzierung zwischen wirtschaftlich aktiven und inaktiven Personen. Vor diesem Hintergrund mussten die in der Unionsbürgerschaft angelegten Universalisierungstendenzen – die Verallgemeinerung des Freizügigkeitsregimes *ratione personae* und die weitere Annäherung der Rechtsstellung von In- und EU-Ausländern – begrenzt bleiben. Dies wird die im dritten Teil unternommene, auf der dogmatischen Analyse der Rechtsprechung des zweiten Teils aufbauende Entfaltung des Unionsbürgerstatus als eines Status der Freizügigkeit, Gleichheit, Solidarität und Freiheit zeigen.

Auch in anderer Hinsicht erweist sich die sich in der Rechtsprechung herausbildende Unionsbürgerschaft als begrenzt: Wo nämlich bleibt, so mag man fragen, der Unionsbürger als Bürger der Union, also als (Legitimations-)Subjekt der sich konstituierenden supranationalen Herrschaftsordnung? Für diesen ist, so die einfache Antwort, in einer sich um die Achse einer auch weit verstandenen transnationalen Freizügigkeitsgewährleistung entwickelnden Unionsbürgerschaft kein Platz, da diese auf das Verhältnis des Einzelnen zu den Mitgliedstaaten beschränkt bleibt. Ihr vornehmstes Anliegen ist nämlich die Gleichstellung des ausländischen Unionsbürgers im Aufnahmemitgliedstaat.[39] Dies darf jedoch nicht dahin missverstanden werden, dass die Unionsbürgerschaft den Unionsbürger als Bürger der Union nicht im Blick hätte. Genauso wie die Stellung des Einzelnen gegenüber der supranationalen Ebene Element der sich in der Europäischen Wirtschaftsgemeinschaft teils schon herausbildenden, teils noch angemahnten Europäischen Bürgerschaft war, genauso gilt dies für die diese institutionalisierende Unionsbürgerschaft. Prominentester Ausdruck dieser Dimension der Unionsbürgerschaft ist die politische Partizipation des Unionsbürgers auf Unionsebene, also dessen Wahlrecht zum Europäischen Parlament. Diese verschiedenen Dimensionen, in denen die Unionsbürgerschaft zum Tragen kommt, zu isolieren, muss weitere Aufgabe der im dritten Teil angestellten Analyse der Unionsbürgerschaft sein. Bedingt durch den Fokus der Arbeit auf der rechtsprechungsinduzierten Fortentwicklung wird der Schwerpunkt dabei auf der horizontalen Dimension liegen, also

---

[39] Siehe *G. Davies*, Nationality Discrimination in the Internal Market, 197: "We should identify the real strength of citizenship not in itself, but in the economic articles it has moulded in its image". Kritisch *J. Monar*, Unionsbürgerschaft, 203 (212), da „diese Rechte noch nicht die klare und unmittelbare Verbindung zwischen dem Bürger und der Unionsebene [konstituieren], die nationale staatsbürgerliche Rechte gewöhnlich mit der nationalstaatlichen Ebene öffentlicher Autorität herstellen."; *N. Reich*, 7 ELJ (2001), 4 (23): "[C]itizenship has been a rather insignificant source of rights so far; it has been used to close certain gaps which an already-expanding case law left in the area of free movement. The truly important questions [charter of rights, position of third country nationals, interrelation between rights and duties] have not been answered, or rather, to some extent, not even been asked."

der durch die Unionsbürgerschaft vermittelten Rechtsstellung des Unionsbürgers in den einzelnen Mitgliedstaaten.[40]

D. Freizügigkeit im Kontext eines sich weitenden europäischen Integrationsprogrammes

Bislang unhinterfragt blieben die scheinbar paradoxe Kategorisierung des allgemeinen Freizügigkeitsrechts als „Grundfreiheit ohne Markt" sowie die Konsequenzen, die die Existenz einer solchen Gewährleistung für das unionsrechtliche Freizügigkeitsregime zeitigt.

Die Grundfreiheiten stehen, wie schon der für sie synonym verwendete Begriff der Marktfreiheiten unterstreicht, im Dienst der Marktintegration. Sie werden als Kern des Binnenmarktes (Art. 14 II EG),[41] als „rechtlich-normative Umsetzung eines Liberalisierungsprogramms, das auf den Zusammenschluss der nationalen Märkte der Mitgliedstaaten gerichtet ist"[42], angesehen. Plötzlich scheint mit dem in der Rechtsprechung des Gerichtshofs weit ausgelegten Art. 18 I EG eine dieser ökonomischen Zielsetzung entkleidete *lex generalis* zu den Marktfreiheiten auf: Weder die Eigenschaft als Erwerbstätiger noch der ökonomische Charakter der grenzüberschreitenden Migration sind Voraussetzung, um sich auf die unionsrechtliche Freizügigkeitsverbürgung zu berufen. Was bedeutet dies für die Normkategorie „Grundfreiheit", für die die wirtschaftliche Komponente zentrales Tatbestandsmerkmal war?[43] Muss diese Normkategorie in einer EU, in der nach *Armin von Bogdandy* der Gemeinsame Markt keine überzeugende Vision für die weitere Integration mehr darstellt,[44] möglicherweise als „eine Art Eierschale der EU-Evolution einfach abgelegt werden" (*Horst Dreier*)?[45] Oder ist es nicht vielmehr angezeigt, an der Normkategorie „Grund-

---

[40] Siehe zum Wahlrecht des Unionsbürgers zum Europäischen Parlament nun aber auch EuGH, Rs. C-145/04, n.n.v. – Spanien/Vereinigtes Königreich, und Rs. C-300/04, n.n.v. – Eman und Sevinger.

[41] *P. Behrens*, EuR 1992, 145; *L. Daniele*, 22 EL Rev. (1997), 191; *M. Eberhartinger*, EWS 1997, 43; *T. Kingreen/R. Störmer*, EuR 1998, 263 (266); *P.-C. Müller-Graff*, Grundfreiheiten und Gemeinschaftsgrundrechte, 1281 (1285 ff.); *P. Oliver*, Les quatre libertés et les droits fondamentaux, 355; *I. Pernice*, Grundrechtsgehalte, 125; *ders./F. Mayer*, in: G/H, nach Art. 6 EUV, Rn. 265; *R. Streinz*, Konvergenz der Grundfreiheiten, 199 (204).

[42] *P. Behrens*, EuR 1992, 145. Siehe auch *T. Körber*, Grundfreiheiten und Privatrecht, 74 ff.

[43] Vgl. etwa *A. Mühl*, Diskriminierung und Beschränkung, 119: „Die Grundfreiheiten sind als Wirtschaftsfreiheiten konzipiert".

[44] *A. von Bogdandy*, JZ 2001, 157 (170).

[45] *H. Dreier*, in: ders., Vorb., Rn. 49. Nach *J. Gebauer*, Grundfreiheiten, 218, sei „[f]ür die Grundfreiheiten ... nicht auszuschließen, dass Art. 39 EGV oder die Grundfreiheiten insgesamt unter dem Einfluss des Art. 18 Abs. 1 EGV ihre Funktion und Struktur verän-

freiheit" im Hinblick auf die für sie charakteristische Integrationsfunktion festzuhalten, deren Ausrichtung sich als Konsequenz eines eben nicht mehr nur auf ökonomische Aspekte beschränkten europäischen Integrationsprogrammes geweitet hat? Hier kann an die schon lange geführte Debatte um die Rechtsnatur der Grundfreiheiten angeknüpft werden.[46]

Unabhängig von der normtheoretischen Kategorisierung der Grundfreiheiten stellt sich die Frage, was materiell von den Marktfreiheiten angesichts ihrer Unterfütterung durch die *lex generalis* allgemeines Freizügigkeitsrecht bleibt. Sind diese zur Bedeutungslosigkeit verdammt, wie nicht nur *Gareth Davies* meint:

> [S]ince [Art. 18, 12 EG] are as broadly worded as the economic rights, the economic Treaty articles do become entirely superfluous. One may rely on them as a matter of *lex specialis* legal form, but the limits of their scope become entirely unimportant, since where they stop citizenship will pick up[?][47]

Nein, so die einfache Antwort hinsichtlich der praktischen Konsequenzen, jedenfalls noch nicht und solange nicht, wie das Freizügigkeitsrecht Nichterwerbstätiger hinter dem der marktfreiheitlich berechtigten ökonomisch aktiven Personen zurückbleibt, wovon sowohl die nur für Erstere geltenden ökonomischen Kautelen des Aufenthaltsrechts als auch der weiter reichende Solidaritätsanspruch Letzterer zeugen. Dessen ungeachtet stellt sich die konzeptionelle Frage nach der Konturierung der marktfreiheitlichen *leges speciales* angesichts der Existenz einer unionsbürgerlichen *lex generalis*. Die Marktfreiheiten haben im Laufe der Zeit an Randschärfe verloren, was zumindest auch der Tatsache geschuldet war, dass die Qualifikation einer Person als Erwerbstätiger oder die Qualifikation eines Sachverhalts als im Zusammenhang mit einer Erwerbstätigkeit stehend über die Teilhabe an den aus der gemeinschaftsrechtlichen Freizü-

---

dern". Auch *E. Spaventa*, 41 CML Rev. (2004), 743 (768 ff.), sieht die Rechtfertigung für neuere Entscheidungen des EuGH nicht mehr im Binnenmarktkonzept, sondern in der Unionsbürgerschaft. Vgl. ferner *S. Staeglich*, ZEuS 2003, 485, nach der man sich darauf einzustellen habe, dass die Freizügigkeitsvorschriften von der Unionsbürgerschaft „erheblich beeinflusst werden, bzw. sich evtl. sogar als überflüssig erweisen könnten".

[46] Umfassend dazu *J. Gebauer*, Grundfreiheiten, 264 ff. Vgl. ferner *A. Bleckmann*, Die Freiheiten des Gemeinsamen Marktes als Grundrechte, 665 (667); *A. von Bogdandy*, JZ 2001, 157 (165 f.); *J. Coppel/A. O'Neill*, 29 CML Rev. (1992), 669 (689 ff.); *O. Due/C. Gulmann*, Community Fundamental Rights, 405 (407 f.); *U. Everling*, Von der Freizügigkeit der Arbeitnehmer zum Europäischen Bürgerrecht, 81 (102); *G. C. Jonathan*, RMC 1978, 74 (78); *A. Mühl*, Diskriminierung und Beschränkung, 237 f.; *M. Nettesheim*, NVwZ 1996, 342 (345); *I. Pernice*, Grundrechtsgehalte, 125 ff.; *H.-W. Rengeling*, Freizügigkeit, 973 (983); *G. Schulz*, Freizügigkeit, 96 f.; *V. Skouris*, DÖV 2006, 89 (93); *R. Winkler*, Grundrechte der EU, 31 ff.

[47] *G. Davies*, Nationality Discrimination in the Internal Market, 189. Siehe auch *B. Wilkinson*, 1 EPL (1995), 417 (436), der auf die englische Entscheidung ex parte Vitale verweist, in der der Richter feststellte, dass Art. 18 EG verstanden als absolutes Freizügigkeitsrecht die Arbeitnehmerfreizügigkeit wertlos ("nugatory") mache.

gigkeitsverbürgung folgenden Segnungen, namentlich Aufenthaltsrecht und Inländerbehandlungsanspruch, entschied. Diese mochte die integrationsoffene Rechtsprechung des Gerichtshofs nur allzu ungern versagen. Überzeugt es aber, Personen, die lediglich zwölf Stunden pro Woche arbeiten und neben ihrem Lohn staatlicherseits auf eine Einkommensergänzung angewiesen sind, als Arbeitnehmer zu qualifizieren, mit all den damit verbundenen sozialrechtlichen Konsequenzen? Überzeugt es ferner, die erwerbstätigkeitsbezogen formulierten grundfreiheitlichen Diskriminierungsverbote als umfassenden Inländerbehandlungsanspruch zu verstehen, die Gleichbehandlung auch hinsichtlich der als Folgeerscheinung der Arbeitnehmerfreizügigkeit qualifizierten Registrierung von Sportbooten verbürgen? Überzeugt es schließlich, die Marktteilnahme in Gestalt des Erwerbs eines Metrotickets im EU-Ausland als Rechtfertigung für die Einbeziehung in das Sozialleistungssystem des Aufenthaltsstaats anzusehen? Vorschnell bejaht man dies und vergibt damit die Chance einer Neujustierung des Freizügigkeitsregimes, versteinert man den marktfreiheitlichen *Acquis* als *lex specialis*.

E. Gang der Untersuchung

Nach diesem sich an der Rechtsprechung des Gerichtshofs zur Unionsbürgerschaft entzündenden *tour d'horizon* nun zum Niederschlag des abgesteckten Rahmens in der vorliegenden Untersuchung. In einem ersten Teil gilt es, den beiden Entwicklungslinien unionsbürgerlicher Freizügigkeit nachzuspüren, nämlich zum einen dem in der Europäischen Wirtschaftsgemeinschaft operierenden, marktfreiheitlich dominierten Freizügigkeitsregime, zum anderen der Idee eines allgemeinen Freizügigkeitsrechts, dessen Realisierung seit Anfang der 1970er Jahre als Attribut einer Europäischen Bürgerschaft angemahnt wurde. Auf dieser Basis kann dann in einem zweiten Teil die Rechtsprechung des EuGH zur Unionsbürgerschaft als „Grundfreiheit ohne Markt" mit ihren drei Dimensionen Aufenthaltsrecht, Inländerbehandlungsanspruch und Mobilitätsschutz jenseits des Gebots der Inländerbehandlung dogmatisch strukturiert werden. Der dritte Teil führt schließlich marktfreiheitlichen und unionsbürgerlichen Freizügigkeits-*Acquis* zusammen: Einerseits soll der in der Rechtsprechung entfaltete Status als Unionsbürger als Fortsetzung der Rechtsstellung des grundfreiheitlich berechtigten „Marktbürgers" gedeutet werden, ohne allerdings den über die Bürgerschaft *qua* Freizügigkeit hinausgehenden Gehalt der Unionsbürgerschaft zu vernachlässigen; andererseits sind die Konsequenzen des plötzlichen Aufscheinens einer jeglichen ökonomischen Zielsetzung entkleideten *lex generalis* zu den Marktfreiheiten auf die Normkategorie „Grundfreiheit" und ihrer praktischen Bedeutung zu erörtern.

Ein letztes Wort gilt dem für diese Untersuchung zentralen Begriff der „Grundfreiheit". Unter diesem Oberbegriff werden herkömmlicherweise die Vorschriften über den freien Waren-, Personen-, Dienstleistungs- und Kapitalverkehr gefasst, also die Warenverkehrsfreiheit, die Arbeitnehmerfreizügigkeit, das Niederlassungsrecht Selbstständiger, die Dienstleistungsfreiheit sowie die Freiheiten des Kapital- und Zahlungsverkehrs.[48] Die vorliegende Untersuchung zieht ihrem Gegenstand entsprechend ausschließlich die Personenverkehrsfreiheiten in Betracht, eine allerdings uneinheitlich systematisierte Kategorie[49]. Hierunter fallen nicht nur die Arbeitnehmerfreizügigkeit und die Niederlassungsfreiheit, sondern auch die Warenverkehrs- und Dienstleistungsfreiheit, insoweit sie mit einer grenzüberschreitenden Bewegung von Personen verbunden sind.

---

[48] Vgl. nur *P. M. Huber*, Europäische Integration, § 17, Rn. 38 ff.; *R. Streinz*, Europarecht, Rn. 779 ff.

[49] Dazu *A. Mühl*, Diskriminierung und Beschränkung, 112 ff., insb. 119 ff.; *R. Streinz*, Europarecht, Rn. 781.

1. Teil

Entwicklungslinien unionsbürgerlicher Freizügigkeit

Freizügigkeit war zum Zeitpunkt der primärrechtlichen Verankerung eines an den Status als Unionsbürger geknüpften allgemeinen Freizügigkeitsrechts durch den am 1.11.1993 in Kraft getretenen Vertrag von Maastricht keine dem europäischen Integrationsprojekt fremde Gewährleistung, sondern einer von dessen Eckpfeilern. Zwei Traditionen, die die im Zuge der Gründung der Europäischen Union neu eingeführte unionsbürgerliche Freizügigkeitsverbürgung speisen, lassen sich in der Europäischen Wirtschaftsgemeinschaft identifizieren: zum einen die der für die wirtschaftliche Integration zentralen Marktfreiheiten, zum anderen die der Freizügigkeit als Attribut der im politischen Diskurs angemahnten Europäischen Bürgerschaft.

Kern des Gemeinsamen Marktes, dessen Realisierung das zentrale Integrationsziel der Europäischen Wirtschaftsgemeinschaft war, sind die Grundfreiheiten. Mit diesen sollte die Mobilität der Produktionsfaktoren innerhalb der Gemeinschaft sichergestellt werden. Um die nationalen Teilmärkte zu einem Gemeinsamen Markt zu integrieren, gewährleisten die Personenverkehrsfreiheiten jedem Angehörigen der Mitgliedstaaten das Recht, überall in der Gemeinschaft eine selbstständige oder unselbstständige Erwerbstätigkeit unter gleichen Voraussetzungen wie Inländer aufzunehmen. Damit verbunden waren ein gesichertes Aufenthaltsrecht im Aufnahmemitgliedstaat und ein beschäftigungsbezogener Inländerbehandlungsanspruch. Unter dem Mantel dieses grundfreiheitlichen Freizügigkeitsregimes sollte sich graduell und namentlich in einer mehr an Integrationsfortschritten denn am Wortlaut des Vertrages und den Vorstellungen der Vertragsparteien orientierten Rechtsprechung des Gerichtshofes eine besondere Rechtsstellung der transnational wirtschaftlich tätigen Angehörigen der Mitgliedstaaten, den später von *Hans Peter Ipsen* so genannten „Marktbürgern“[1], entwickeln. Diese geht weit über das hinaus, was die völkervertragliche Verpflichtung der ursprünglich sechs Mitgliedstaaten im EWG-Vertrag, den freien Personenverkehr schrittweise zu liberalisieren, vermuten ließ. Sie gab Anlass zur im dritten Teil noch näher aufzugreifenden Deutung der grundfreiheitlich vermittelten Rechtsstellung als Frühform einer Europäischen Bürgerschaft. Denn die Angehörigen der Mitgliedstaaten fanden sich als Subjekte einer neuen Rechtsordnung wieder, und sowohl die Staatsan-

[1] *H. P. Ipsen/G. Nicolaysen*, NJW 1964, 339 (340, Fn. 2).

gehörigkeit als auch die Grenzen zwischen den Mitgliedstaaten verloren zu Gunsten eines Status als unionsrechtlich Freizügigkeitsberechtigter an Bedeutung. Als Vehikel der Marktintegration vermittelten die Grundfreiheiten freilich eine nur begrenzte Rechtsstellung, was nicht nur der auf Marktteilnehmer begrenzte Begünstigtenkreis widerspiegelt, sondern auch die gemeinschaftsrechtlich nicht zu beanstandende Privilegierung eigener Staatsangehöriger hinsichtlich des Aufenthaltsrechts, politischer Partizipation und der Ausübung hoheitlicher Tätigkeiten. Mit der Mitte der 1980er Jahre erfolgten Anerkennung eines Freizügigkeitsrechts quasi jedermanns *qua* passiver Dienstleistungsfreiheit sowie der Einbeziehung Studierender in das gemeinschaftsrechtliche Freizügigkeitsregime machten sich jedoch, wenn auch beschränkte, Verallgemeinerungstendenzen bemerkbar.

Vom Europäischen Bürger war zudem nicht nur als marktfreiheitlich berechtigtem „Marktbürger" die Rede. Vielmehr wurde im politischen Diskurs seit dem Gipfel von Paris (1972) die Einführung einer Europäischen Bürgerschaft angemahnt, die als Ergänzung, mitunter sogar in ausdrücklicher Abgrenzung zum marktorientierten Integrationsprogramm der Europäischen Wirtschaftsgemeinschaft verstanden wurde, das maßgeblich durch die Grundfreiheiten geprägt war. Wenn auch die auf den Übergang von einer wirtschaftlichen zu einer Politischen Union zielenden, unter dem Banner eines „Europa der Bürger" erhobenen Forderungen weitgehend diffus blieben, war den verschiedenen Konzepten ein Anliegen gemein: Die Einführung eines allgemeinen – also jeden Europäer, nicht nur den Marktteilnehmer berechtigenden – Freizügigkeitsrechts. Stellen die Marktfreiheiten nämlich das wesentliche Instrument einer wirtschaftlichen Einigung Europas dar, so liegt in deren Verallgemeinerung *ratione personae* die eingeforderte Überwindung einer nur ökonomischen Integration. Bis ein allgemeines Freizügigkeitsrecht mit dem am 1.11.1993 in Kraft getretenen Vertrag von Maastricht Wirklichkeit wurde, mussten allerdings noch etwas mehr als zwei Jahrzehnte seit besagtem Gipfeltreffen von Paris vergehen. Weder ließ sich ein entsprechender, zehn Jahre kontrovers diskutierter Richtlinienentwurf der Europäischen Kommission aus dem Jahre 1979 realisieren, noch setzten sich Auffassungen durch, die ein allgemeines Freizügigkeitsrecht als Teil des mit der Einheitlichen Europäischen Akte vom 1.7.1987 eingeführten Binnenmarktziels begriffen. 1990 verabschiedete der Gemeinschaftsgesetzgeber schließlich drei Richtlinien, mit denen die *ratione personae* noch bestehenden Lücken im Freizügigkeitsschutz geschlossen wurden, ohne dass allerdings ein allgemeines Freizügigkeitsrecht als Ausdruck einer Europäischen Bürgerschaft geschaffen worden wäre.

In diesem ersten Teil sollen nun die beiden im unionsbürgerlichen Freizügigkeitsrecht zusammenlaufenden Entwicklungslinien näher betrachtet werden: zum einen die einer sich von ihrem ökonomischen Ursprungskontext graduell lösenden marktfreiheitlichen Freizügigkeit (A.), zum anderen die der Freizügigkeit als Kernelement der angemahnten Europäischen Bürgerschaft (B.).

A. Freizügigkeit in der Europäischen Wirtschaftsgemeinschaft

Freizügigkeit in der durch die Römischen Verträge am 1.1.1958 gegründeten Europäischen Wirtschaftsgemeinschaft war allen voran die aus den Personenverkehrsfreiheiten fließenden Gewährleistungen für Arbeitnehmer und Selbstständige. Ausgehend von dem ihnen zugrunde liegenden, primär ökonomisch orientierten Freizügigkeitskonzept, der „Faktormobilität", die allerdings von Anfang an im Dienst höherer Integrationsziele gesehen wurde (I.), sollen die Entwicklungslinien des grundfreiheitlichen Freizügigkeitsregimes aufgezeigt werden. Dabei liegt der Fokus auf der sich graduell herausbildenden Rechtsstellung der Angehörigen der Mitgliedstaaten *qua* grundfreiheitlicher Freizügigkeitsberechtigung und deren Grenzen (II.).

I. Historischer Ausgangspunkt: Marktintegration und Markttranszendenz

Bereits die Bezeichnung als „Marktfreiheiten" unterstreicht die primäre Zielsetzung der Grundfreiheiten, als Instrumente der Marktintegration die Mobilität der Produktionsfaktoren innerhalb der Europäischen Wirtschaftsgemeinschaft sicherzustellen (1.). Nicht übersehen werden darf jedoch, dass die Grundfreiheiten von Anfang an auch in einem markttranszendierenden Kontext, also im Dienst höherer Integrationsziele als der schnöden ökonomischen Integration des Kontinents, gesehen wurden (2.). Im Spannungsfeld zwischen diesen beiden schon früh identifizierbaren Polen sollte sich das gemeinschaftliche Freizügigkeitsregime entwickeln.

1. Die Grundfreiheiten als Instrument der Marktintegration

Aufgabe der durch die am 25.3.1957 unterzeichneten Römischen Verträge gegründeten Europäischen Wirtschaftsgemeinschaft war es, durch die Errichtung eines Gemeinsamen Marktes und die schrittweise Annäherung der Wirtschaftspolitik der Mitgliedstaaten eine harmonische Entwicklung des Wirtschaftslebens innerhalb der Gemeinschaft, eine beständige und ausgewogene Wirtschaftsausweitung, eine größere Stabilität, eine beschleunigte Hebung der Lebenshaltung und engere Beziehungen zwischen den Mitgliedstaaten zu fördern (Art. 2 EWGV).[2] Dieses Ziel der Marktintegration sollte nach Art. 3 lit. c EWGV unter anderem durch die Beseitigung der Hindernisse für den freien Personenverkehr gemäß den Bestimmungen des EWG-Vertrages erreicht werden. Das erste Kapitel des Titels III des EWG-Vertrages („Arbeitskräfte") sah insoweit Regelungen über die Freizügigkeit der Arbeitnehmer (Art. 48 ff. EWGV) vor, das zweite Kapitel Vorschriften über das Niederlassungsrecht der Selbstständigen (Art. 52 ff. EWGV).

Nicht nur die eben erwähnte – übrigens erst im (noch) nicht ratifizierten Vertrag über eine Verfassung für Europa geänderte[3] – Überschrift „Arbeitskräfte", sondern auch die Entstehungsgeschichte der Römischen Verträge verdeutlichen, dass diesen ein primär ökonomisch orientiertes Freizügigkeitskonzept zugrunde lag.[4] Ziel der Arbeitnehmerfreizügigkeit im Gemeinsamen Markt war, genauso wie durch die Waren- und Kapitalverkehrsfreiheit einen innergemeinschaftlichen Marktausgleich im Hinblick auf den Produktionsfaktor Arbeit zu ermöglichen. Arbeitslose aus strukturschwachen Gebieten mit Arbeitsplatzmangel (vor allem Italien) sollten die Möglichkeit erhalten, in Länder mit Arbeitskräftemangel (wie etwa die Bundesrepublik Deutschland) auszuwandern, um dort die Produktivität zu erhöhen.[5] Mit den die Arbeitnehmerfreizügigkeit flankierenden Maßnahmen wie der Schaffung eines Systems sozialer Sicherheit oder Nichtdiskriminierung im Hinblick auf Beschäftigung, Entlohnung und sonstige Arbeitsbedingungen sollte die Basis für eine optimale Allokation der Ressource Arbeitskraft geschaffen werden.[6] Genauso sollte Selbstständigen mittels der Niederlassungs- und Dienstleistungsfreiheit ermöglicht werden, sich an dem Ort niederzulassen, an dem die für sie günstigsten Standortbedingungen im Hinblick auf Produktionsfaktoren, Infrastruktur und

---

[2] Zur Entstehungsgeschichte des Begriffes „Gemeinsamer Markt" siehe *W. Pfeil*, Vorbilder und Entwicklung, 45 ff.

[3] Die Überschrift vor Art. III-133 VVE lautet nunmehr „Arbeitnehmer".

[4] Siehe auch *A. Evans*, Union Citizenship and the Equality Principle, 85 (87); *U. Everling*, Von der Freizügigkeit der Arbeitnehmer zum Europäischen Bürgerrecht, 81 (83); *P. Solbes Mira*, RMC 1991, 168; *D. O'Keeffe*, Trends in Free Movement, 263 (266); *U. K. Preuß*, Relevance of Citizenship, 11 (11 f.); *F. Schockweiler*, RMUE 1993, 11 (14 f.); *J. Verhoeven*, Annales de droit de Louvain 1993, 165 (175). Zum volkswirtschaftlichen Hintergrund siehe etwa *C. Barnard*, The Four Freedoms, 3 ff.

[5] Siehe die entsprechenden Erwägungen des Fachausschusses „Gemeinsamer Markt", der vom 20.7. bis 15.10.1955 im Rahmen des von der Messina-Konferenz eingesetzten Regierungsausschusses tagte, zusammengefasst bei *H. J. Küsters*, Gründung der EWG, 175 f. Vgl. im Kontext der EGKS *W. Maas*, 43 JCMS (2005), 1009 (1011 ff.).

[6] Siehe die in der zweiten Phase der zu den Römischen Verträgen führenden, am 26.6.1956 beginnenden Regierungsverhandlungen geäußerten Auffassungen, wiedergegeben bei *H. J. Küsters*, Gründung der EWG, 336, 359 f. Das Konzept der Faktormobilität relativiert *A. P. van der Mei*, Free Movement, 22 ff.

Kostenrelation anzutreffen waren, an dem sie also am produktivsten tätig werden konnten.[7]

Anschaulich zum Ausdruck kommt dieses primär ökonomisch ausgerichtete Freizügigkeitsverständnis – und zwar sowohl konzeptionell als auch im Vokabular – im 1956 vorgelegten Spaak-Bericht.[8] Dieser hielt die Ergebnisse des von der Außenministerkonferenz von Messina (1.6.1955) zur Vorbereitung des Gemeinsamen Marktes eingesetzten Regierungsausschusses unter Vorsitz von *Paul-Henri Spaak* fest und war wesentliche Grundlage[9] der zum Abschluss der Römischen Verträge führenden Regierungsverhandlungen. Der zu errichtende Gemeinsame Markt fordere, in den Worten des Spaak-Berichts, die „Nutzung bisher nicht eingesetzter Arbeitskräfte, nötigenfalls die Umstellung der Unternehmen und der Arbeitnehmer auf eine produktivere Wirtschaftstätigkeit"[10] sowie die „Freizügigkeit der Produktionsfaktoren selbst, des Kapitals und der Menschen"[11]. Die durch die Arbeitnehmerfreizügigkeit ermöglichte „Zusammenlegung der Produktionsfaktoren" sei der „wichtigste Beitrag des gemeinsamen Marktes zur Hebung des Lebensstandards"[12]. Qualifiziert wurde die Arbeitnehmerfreizügigkeit als Mittel zur Lösung des Problems der strukturellen Arbeitslosigkeit: Arbeitslose „wären nicht mehr eine finanzielle Last für ihre Länder, sondern würden beitragen zum weiteren wirtschaftlichen Fortschritt Europas"[13]. Diese Zielsetzung unterstreicht auch die Überschrift des der Freizügigkeit der Arbeitnehmer gewidmeten Abschnitts, die „Entwicklung und volle Nutzung der europäischen Produktivkräfte" lautet.[14] Deutlich wird auch, dass das heute weithin als grundrechtlicher Kern der Grundfreiheiten verstandene Diskriminierungsverbot ausländischer Arbeitnehmer ursprünglich dem Schutz der inländischen Beschäftigten diente. Indem den Arbeitgebern untersagt war, EWG-Ausländer zu ungünstigeren Bedingungen als Inländer anzustellen, sollten negative Folgen für die Beschäftigung von Inländern verhindert werden. Denn so würden keine Anreize für Arbeitgeber geschaffen, mehr Arbeitskräfte anzuwerben, als zur Besetzung freier Stellen notwendig seien,

---

[7] Siehe wiederum die bei *H. J. Küsters*, Gründung der EWG, 360 f., wiedergegebenen Auffassungen.

[8] Näher zum Spaak-Bericht *H. J. Küsters*, Gründung der EWG, 264 ff.; *W. Maas*, 43 JCMS (2005), 1009 (1019 f.).

[9] Dazu *P. M. Huber*, Europäische Integration, § 3, Rn. 14 f., sowie *H. J. Küsters*, Gründung der EWG, 268, der von „unverbindliche[r] Verbindlichkeit" spricht.

[10] Spaak-Bericht, 17 f.

[11] Spaak-Bericht, 18.

[12] Spaak-Bericht, 20.

[13] Spaak-Bericht, 20. Siehe auch ibid., 97.

[14] Überschrift vor Kapitel 3 des Titels III.

womit „jeder Druck auf das Lohnniveau vermieden" werde[15], ein Gedanke, der sich sogar in der frühen Rechtsprechung des EuGH wieder findet.[16]

2. *Die Grundfreiheiten in einem markttranszendierenden Kontext*

Trotz dieser vorwiegend ökonomischen Zielsetzung der Marktintegration darf allerdings nicht übersehen werden, dass diese von Anfang an auch in einem markttranszendieren Kontext gesehen wurde, als erster Schritt und Instrument einer Einigung Europas in Frieden und Freiheit.[17] In diesem Sinne unterstreicht die Präambel des EWG-Vertrages dessen Anliegen, „die Grundlagen für einen immer engeren Zusammenschluß der europäischen Völker zu schaffen" sowie durch den „Zusammenschluß [der] Wirtschaftskräfte Frieden und Freiheit zu wahren und zu festigen ...". Entsprechend wurde auch die Funktion der Grundfreiheiten gesehen, wovon etwa eine Rede des damaligen Vizepräsidenten der Europäischen Kommission, *Lionello Levi-Sandri*, aus dem Jahre 1968 zeugt. Dieser betonte, dass der freie Personenverkehr nicht nur wichtig sei, um die Mobilität auf dem Arbeitsmarkt zu sichern,

> sondern auch und vor allem im Hinblick auf das in der Präambel der Verträge klar umrissene Endziel der wirtschaftlichen Integration Europas, d.h. die höhere *politische Union*, die die Europäer unter allen Umständen anstreben müssen, wenn sie noch Träger und nicht nur Gegenstand des politischen und historischen Geschehens sein wollen. In dieser Sicht ist die Freizügigkeit der Personen etwas Höheres und Anspruchsvolleres als die bloße Beweglichkeit eines Produktionsfaktors. Sie ist vielmehr ein erster Keim, eine noch unvollkommene Gestalt des europäischen Bürgerrechts. Denn auf Gemeinschaftsebene sind alle Bürger der Mitgliedstaaten bei Ausübung der wichtigsten praktischen Tätigkeit des Menschen – der Arbeit – gleichgestellt und haben also die gleiche Rechtsstellung.[18]

---

[15] Spaak-Bericht, 95.

[16] Vgl. EuGH, Rs. 167/73, Slg. 1974, 359, Rn. 45/47 – EK/Frankreich: „[Art. 48 II EWGV] hat im übrigen nicht bloß den Zweck, in jedem Mitgliedstaat den Angehörigen der anderen Mitgliedstaaten gleichen Zugang zu Arbeitsplätzen zu verschaffen, sondern darüber hinaus auch, wie es dem in Artikel 117 des Vertrages gesteckten Ziel entspricht, Inländer vor den Nachteilen zu bewahren, die sich daraus ergeben können, dass Angehörige anderer Mitgliedstaaten ungünstigere Arbeitsbedingungen oder Entlohnung anbieten oder annehmen, als das geltende nationale Recht sie vorsieht, denn dergleichen anzubieten oder anzunehmen ist ebenfalls verboten."

[17] Siehe auch *U. Everling*, Niederlassungsrecht, 3 f.; *T. Gross*, EJML 2005, 145 (147); *M. Jeffery*, Comp. Lab. L. & Pol'y J. 23 (2001/02), 211 (211 ff.); *P. Leleux*, Free Movement of Persons, 385 (385 f.); *F. Schockweiler*, RMUE 1993, 11 (14 ff.). Zum zugrunde liegenden Menschenbild *J. Grunwald*, Der Mensch im Gemeinschaftsrecht, 15 (19 ff.). Die Faktormobilität als Kerngehalt der Grundfreiheiten betonen *S. O'Leary*, Free Movement, 382 ff., sowie *M. Seidel*, Dienstleistungsfreiheit, 117.

[18] Rede abgedruckt in EG-Bulletin 11/1968, S. 5 (6). Bereits zuvor sprach *U. Everling*, Niederlassungsrecht, 3, vom Diskriminierungsverbot als Keim eines allgemeinen Staatsbürgerrechts auf Gleichbehandlung. Zurückhaltender demgegenüber *S. Kadelbach*, Unionsbürgerschaft, 539 (551).

Ähnlich kontextualisierte im Übrigen bereits der frühere Staatssekretär im Auswärtigen Amt und spätere Präsident der ersten Europäischen Kommission, *Walter Hallstein*, in seiner am 28.4.1951 gehaltenen Rede zum *Schuman*-Plan die Freizügigkeit der Montan-Facharbeiter, nämlich als Ausdruck des „Gedanken[s] einer gemeinsamen europäischen – fast hätte ich gesagt – ‚Staats'angehörigkeit in einer besonderen Ausprägung".[19]

Ebenfalls früh nachweisen lässt sich, dass die von der Arbeitnehmerfreizügigkeit Gebrauch machende Person vom Gemeinschaftsrecht nicht in erster Linie als Mittel zum innergemeinschaftlichen Marktausgleich gesehen wurde. Vielmehr wurde ihr die Möglichkeit, in einem anderen Mitgliedstaat berufstätig zu sein, gerade auch zur freien Entfaltung ihrer Persönlichkeit eingeräumt, für die der Erwerbstätigkeit eine zentrale Rolle zukommt.[20] Als der Gemeinschaftsgesetzgeber durch Verabschiedung der VO 1612/68 vom 15.10.1968 die im EWG-Vertrag vorgesehene Übergangszeit zur vollständigen Herstellung der Arbeitnehmerfreizügigkeit von ursprünglich zwölf Jahren vorzeitig beendete und diese Grundfreiheit damit vollumfänglich realisierte,[21] qualifizierte er nämlich im dritten Erwägungsgrund der besagten VO 1612/68 die Arbeitnehmerfreizügigkeit als

---

[19] *W. Hallstein*, Schuman-Plan, 18.

[20] Vgl. auch *P. Pescatore*, 18 Am.J.Comp.L. (1970), 343 (349): "Basic to these diverse forms of freedom is a philosophy that is inspired by a regard for private initiative and the free development of the human person as far as economic and professional acitivities are concerned". Für ein entsprechendes Verständnis der Berufsfreiheit im deutschen Verfassungsrecht siehe etwa *G. Manssen*, in: vM/K/S, Art. 12, Rn. 4.

[21] Als Element des Gemeinsamen Marktes war die Arbeitnehmerfreizügigkeit innerhalb einer gestuften Übergangszeit von 12 Jahren nach Inkrafttreten der Römischen Verträge am 1.1.1958 zu verwirklichen (Art. 8 I, 48 I EWGV), also bis spätestens zum 31.12.1969. Erster Schritt auf dem Weg zur Herstellung der angestrebten vollen Freizügigkeit war die durch die RL 1513/61 flankierte VO Nr. 15, die das Freizügigkeitsrecht davon abhängig machte, dass für eine offene Stelle keine geeignete Arbeitskraft auf dem Arbeitsmarkt des Aufnahmemitgliedstaates verfügbar war (Art. 1). Von diesem Grundsatz ließ jedoch Art. 2 Ausnahmen bei besonderem Interesse am jeweiligen Arbeitnehmer zu. Das Recht, sich um eine tatsächlich angebotene Stelle zu bewerben, einschließlich beschränkbarer Ein- und Ausreiserechte räumte Art. 5 ein. Bereits nach zwei Jahren wurde mit dem Erlass der durch die RL 64/240 flankierten VO 38/64 die zweite Stufe erreicht. Nunmehr galt der Grundsatz, dass jeder Gemeinschaftsangehörige eine öffentlich angebotene Stelle in einem anderen Mitgliedstaat annehmen konnte (Art. 1). Von diesem Grundsatz ließ Art. 2 Ausnahmen bei einem regionalen oder sektoriellen Überangebot von Arbeitskräften zu, die gemäß Art. 3 ff. für bestimmte Arbeitnehmer jedoch nicht galten (z.B. Grenzarbeiter, Facharbeiter). In Anbetracht der beschleunigten Verwirklichung der Zollunion bereits am 1.7.1968 sollte auch die Arbeitnehmerfreizügigkeit als wesentliche Grundlage der Gemeinschaft vorzeitig vollends realisiert werden. Dies geschah mit Inkrafttreten der VO 1612/68 und der RL 68/360 vom 15.10.1968. Zur Entwicklung siehe *M. Boni*, Freizügigkeit und Integration; *H. von der Groeben*, Aufbaujahre, insb. 92 ff., 290 f.; *L. Jungmann*, Freizügigkeit von Arbeitnehmern, 16 ff.

Grundrecht der Arbeitnehmer und ihrer Familien; die Mobilität der Arbeitskräfte innerhalb der Gemeinschaft soll für den Arbeitnehmer eines der Mittel sein, die ihm die Möglichkeit einer Verbesserung der Lebens- und Arbeitsbedingungen garantieren und damit auch seinen sozialen Aufstieg erleichtern, wobei gleichzeitig der Bedarf der Wirtschaft der Mitgliedstaaten befriedigt wird.

II. Entwicklungslinien des grundfreiheitlichen Freizügigkeitsregimes

Die schon früh in den Marktfreiheiten identifizierten Keime eines Europäischen Bürgerrechts sind im Laufe der Zeit gesprossen. Dank kräftiger Düngung durch eine integrationsoffene Rechtsprechung des Gerichtshofs hat sich eine besondere Rechtsstellung der Angehörigen der Mitgliedstaaten *qua* gemeinschaftsrechtlicher Freizügigkeitsberechtigung herausgebildet, die Anlass zur im dritten Teil noch näher aufzugreifenden bürgerschaftlichen Deutung der Grundfreiheiten geben sollte (1.). Als Rechte der Teilnehmer des Gemeinsamen Marktes in einem Mehrebenensystem Europäische Wirtschaftsgemeinschaft war diese grundfreiheitlich vermittelte Rechtsstellung freilich in verschiedener Hinsicht begrenzt, das keimende Europäische Bürgerrecht mithin, wie bereits *Lionello Levi-Sandri* konstatierte, von unvollkommener Gestalt (2.).

1. Die sich herausbildende Rechtsstellung der Angehörigen der Mitgliedstaaten qua *gemeinschaftsrechtlicher Freizügigkeitsberechtigung*

Die Personenverkehrsfreiheiten vermitteln den Angehörigen der Mitgliedstaaten eine besondere Rechtsstellung, die weit über das hinausgeht, was die völkervertragliche Verpflichtung der ursprünglich sechs Mitgliedstaaten im EWG-Vertrag, den freien Personenverkehr schrittweise zu liberalisieren, vermuten ließ. Deren gradueller Herausbildung namentlich in der mehr an Integrationsfortschritten denn am Wortlaut des Vertrages und den Vorstellungen der Vertragsparteien orientierten Rechtsprechung des Gerichtshofes sei im Folgenden nachgespürt. Referenzgrundfreiheit ist dabei die Arbeitnehmerfreizügigkeit, der sowohl in der Rechtsprechung als auch im Sekundärrecht die prominenteste Rolle zukam.[22] Was aber sind nun die prägenden Momente dieser „besonderen" Rechtsstellung, die, was im dritten Teil der Untersuchung näher erörtert werden soll, als Frühform einer „Europäischen Bürgerschaft" gedeutet

[22] Siehe zur Entwicklung der Arbeitnehmerfreizügigkeit auch *P. Conlan*, Free Movement of Persons; *P. Dollat*, Libre circulation, 67 ff.; *A. C. Evans*, MLR 45 (1982), 497; *U. Everling*, Von der Freizügigkeit der Arbeitnehmer zum Europäischen Bürgerrecht, 81 (84 ff.); *M. Fallon*, Annales de droit de Louvain 1993, 235 (245 ff.); *H. Krück*, Grundfreiheiten: Vorstufe einer Unionsbürgerschaft, 133 (139 ff.); *A. Mattera*, DUE 1999, 431 (434 ff.); *D. O'Keeffe*, Trends in Free Movement, 263 (267 ff.); *A. Randelzhofer*, Marktbürgerschaft – Unionsbürgerschaft – Staatsbürgerschaft, 581 (586 f.); *S. Robin-Olivier*, Principe d'Égalité, 367 ff.; *F. Schockweiler*, RMUE 1993, 11 (16 ff.).

wurde? Zuerst einmal adelte die angesichts des wirtschaftsvölkerrechtlichen Ursprungs des Gemeinschaftsrechts überraschende Subjektivierung der Grundfreiheiten die Angehörigen der Mitgliedstaaten zu Subjekten einer neuen, ihnen gemeinsamen Rechtsordnung, des Gemeinschaftsrechts, die neben die nationalen Rechtsordnungen trat (a). Des Weiteren relativierten die Marktfreiheiten die Bedeutung der nationalen Staatsangehörigkeiten, indem sie erwerbstätigen EWG-Ausländern eine weitgehende Gleichstellung mit Inländern verbürgten (b). Genauso schwand für die Angehörigen der Mitgliedstaaten die Bedeutung der nationalen Grenzen, da die Marktfreiheiten mit ihrem über das Gebot der Inländerbehandlung hinausgehenden Gewährleistungsgehalt schließlich sowohl der Schlechterstellung transnationaler gegenüber rein inländischen Sachverhalten als auch unverhältnismäßigen Behinderungen der transnationalen Mobilität entgegenstehen (c).

a) Der Einzelne als Subjekt einer neuen Rechtsordnung: Die unmittelbare Anwendbarkeit der Personenverkehrsfreiheiten

Im EWG-Vertrag verpflichteten sich die ursprünglich sechs Mitgliedstaaten völkerrechtlich, die Freizügigkeit der Arbeitskräfte innerhalb einer Übergangsfrist schrittweise herzustellen, d.h. bestehende Zugangsschranken zu den nationalen Arbeitsmärkten für Angehörige der anderen Vertragsparteien abzubauen. Als völkervertragliche Verpflichtung diesen Inhalts zwischen den Mitgliedstaaten wäre die Arbeitnehmerfreizügigkeit jedoch nur unvollkommen charakterisiert. Ihre besondere Bedeutung resultiert vielmehr aus der ihr, wie auch den übrigen Grundfreiheiten, vom Gerichtshof zugesprochenen unmittelbaren Anwendbarkeit. Damit war dem Einzelnen nicht nur eine wirkmächtige Waffe gegen mitgliedstaatlichen Protektionismus in die Hand gegeben, sondern das Individuum gleichzeitig zum Rechtssubjekt in der durch die Römischen Verträge begründeten Gemeinschaftsrechtsordnung geadelt.[23] Dieses neben das nationale Recht tretende Gemeinschaftsrecht verbindet alle Angehörigen der Mitgliedstaaten, die es gleichermaßen berechtigt und verpflichtet.

Die Qualität als unmittelbar anwendbare Norm des Gemeinschaftsrechts attestierte der EuGH erstmals dem Verbot der Zölle und Abgaben gleicher Wirkung (Art. 25 EG) in der angesichts des wirtschaftsvölkerrechtlichen Ur-

---

[23] Die zentrale Bedeutung der darin liegenden Durchbrechung nationaler Souveränität für die Europäische Integration betonen *U. Everling*, ZfRV 1992, 241 (242 ff.), *R. Koslowski*, 32 JCMS (1994), 367 (379), und *E. A. Marias*, From Market to Union Citizen, 1 (3). Zurückhaltend hinsichtlich der Bedeutung für eine Europäische Bürgerschaft *J. H. H. Weiler*, To be a European Citizen, 324 (336 f.). Dazu ausführlich unten, 3. Teil A. I. 1. und 3. Teil A. I. 2. Die Subjektstellung des Einzelnen war auch anderweitig im EG-Vertrag angelegt, wie z.B. in den Handlungsformen „Verordnung" (Art. 249 II EG) oder „Entscheidung" (Art. 249 IV EG) sowie im Kartellrecht (siehe etwa Art. 81 II EG). Dazu *I. Pernice*, VVDStRL 60 (2001), 148 (169 f.).

sprungs des Gemeinschaftsrechts revolutionären Entscheidung van Gend und Loos vom 5.2.1963. In dieser erteilte er der Auffassung zahlreicher Mitgliedstaaten eine Absage, wonach sich das Verbot des Art. 25 EG – um „das von den Verfassern des Vertrages bewußt angestrebte System [nicht zu] zerstören" – nur an diese richte und erst der innerstaatlichen Transformation bedürfe, um Rechtswirkungen für den Einzelnen zu zeitigen.[24] Vielmehr weise der EWG-Vertrag dem Einzelnen, so der Gerichtshof, eine exponierte Rolle zu. Davon zeugten die auch an die Völker Europas gerichtete Präambel, die den Gemeinschaftsorganen eingeräumte Befugnis, rechtsverbindlich gegenüber den Angehörigen der Mitgliedstaaten zu handeln, deren Partizipationsmöglichkeiten über das Europäische Parlament sowie das Vorabentscheidungsverfahren, das die Möglichkeit des Einzelnen voraussetzt, sich vor nationalen Gerichten auf Gemeinschaftsrecht zu berufen. Damit könnten nicht nur die Vertragsparteien als aus dem EWG-Vertrag berechtigt und verpflichtet angesehen werden:

> Das Ziel des EWG-Vertrages ist die Schaffung eines Gemeinsamen Marktes, dessen Funktionieren die der Gemeinschaft angehörigen einzelnen unmittelbar betrifft; damit ist zugleich gesagt, dass dieser Vertrag mehr ist als ein Abkommen, das nur wechselseitige Verpflichtungen zwischen den vertragsschließenden Staaten begründet. ... die Gemeinschaft [stellt] eine neue Rechtsordnung des Völkerrechts dar ..., zu deren Gunsten die Staaten, wenn auch in begrenztem Rahmen, ihre Souveränitätsrechte eingeschränkt haben, eine Rechtsordnung, deren Rechtssubjekte nicht nur die Mitgliedstaaten, sondern auch die einzelnen sind.[25]

Somit könne sich jeder Einzelne auf alle „rechtlich vollkommenen" Normen des Gemeinschaftsrechts berufen. Dies sind solche, die wie Art. 25 EG ohne jede weitere Konkretisierung anwendbar und unbedingt sind, eine Handlungs- oder Unterlassungspflicht für die Mitgliedstaaten begründen, keine weiteren Vollzugsmaßnahmen erfordern und den Mitgliedstaaten keinen Ermessensspielraum lassen.[26] Dass dies auch auf die Arbeitnehmerfreizügigkeit zutreffe, diese also unmittelbar anwendbar ist, erkannte der EuGH dann in seinen Urteilen im Vertragsverletzungsverfahren gegen Frankreich vom 4.4.1974[27] sowie in der Rs. van Duyn vom 4.12.1974[28] an.[29]

---

[24] EuGH, Rs. 26/62, Slg. 1963, 3 (16 ff.) – van Gend en Loos. Zitat aus der Erklärung der niederländischen Regierung, ibid., 17.

[25] EuGH, Rs. 26/62, Slg. 1963, 3 (24 f.) – van Gend en Loos.

[26] EuGH, Rs. 26/62, Slg. 1963, 3 (24 f.) – van Gend en Loos. Bekräftigt in Gutachten 1/91, Slg. 1991, I-6079, Rn. 21 – EWR-Gutachten. Näher dazu *J. Gebauer*, Grundfreiheiten, 73 ff.; *P. M. Huber*, Europäische Integration, § 8, Rn. 9 ff.; *R. Streinz*, Europarecht, Rn. 407; *J. H. H. Weiler*, The Transformation of Europe, 10 (19 f.).

[27] EuGH, Rs. 167/73, Slg. 1974, 359, Rn. 35 ff. – EK/Frankreich.

[28] EuGH, Rs. 41/74, Slg. 1974, 1337, Rn. 4 ff. – van Duyn. Bekräftigt in Rs. 13/76, Slg. 1976, 1333, Rn. 20 – Donà. Dazu *N. Reich*, 3 ELJ (1997), 131 (132 f., 139 f.).

[29] Die unmittelbare Anwendbarkeit der Niederlassungsfreiheit bejahte der EuGH in der Rs. 2/74, Slg. 1974, 631, Rn. 3 ff. – Reyners.

Als unmittelbar anwendbare gemeinschaftsrechtliche Verbürgung haben die Marktfreiheiten am Vorrang des Gemeinschaftsrechts teil.[30] Effektiv abgesichert werden die den Angehörigen der Mitgliedstaaten verliehenen subjektiven Rechtspositionen durch das gemeinschaftsrechtliche Rechtsschutzsystem mit seinen Eckpunkten Klagemöglichkeit der Europäischen Kommission mittels des Vertragsverletzungsverfahrens, Vorlagemöglichkeit und -pflicht nationaler Gerichte im Rahmen des Vorabentscheidungsverfahrens sowie Haftung der Mitgliedstaaten für Verstöße gegen das Gemeinschaftsrecht.[31]

b) Der Bedeutungsverlust der nationalen Staatsangehörigkeit: Die Gleichstellung des EWG-Ausländers mit den Angehörigen des Aufnahmemitgliedstaates

Die Marktfreiheiten relativierten die Bedeutung der nationalen Staatsangehörigkeit, bedingten sie doch eine weit reichende Gleichstellung grundfreiheitlich freizügigkeitsberechtigter EWG-Ausländer mit den Angehörigen des Aufnahmemitgliedstaates. Genauso wie Inländer genießen EWG-ausländische Erwerbstätige zum einen ein Aufenthaltsrecht im Inland, das in der Rechtsprechung des Gerichtshofs kontinuierlich gefestigt wurde (aa). Zum anderen sichern die weit über ihren beschäftigungsbezogenen Wortlaut hinaus ausgelegten grundfreiheitlichen Diskriminierungsverbote eine nahezu umfassende, unbedingte und effektive Inländerbehandlung (bb).

aa) Die grundfreiheitliche Garantie eines gesicherten Aufenthaltsrechts

Die Ausübung einer Erwerbstätigkeit in einem anderen Mitgliedstaat setzt zunächst einmal voraus, sich dort überhaupt aufhalten zu dürfen, eine Rechtsposition, die für Ausländer weder nach dem Völkerrecht[32] noch dem nationalen Ausländerrecht eine Selbstverständlichkeit, vielmehr traditionell Privileg des Inländers ist. Die Arbeitnehmerfreizügigkeit in ihrer regelmäßig als „Begleitrecht" oder „Annexgewährleistung" umschriebenen[33] Mobilitätskomponente privilegiert den EWG-Ausländer demgegenüber, da sie ihm ein Aufenthaltsrecht im Zielstaat einräumt, das nur aus restriktiv gehandhabten Gründen der öffentlichen Ordnung, Sicherheit und Gesundheit beschränkt werden kann (*ordre-public*-Vorbehalt, Art. 39 III lit. c EG).[34] Gleiches gilt im Übrigen für

---

[30] EuGH, Rs. 26/62, Slg. 1963, 3 (25) – van Gend en Loos; Rs. 6/64, Slg. 1964, 1253 (1269 f.) – Costa/E.N.E.L.; *J. H. H. Weiler*, The Transformation of Europe, 10 (20 ff.).

[31] *J. H. H. Weiler*, The Transformation of Europe, 10 (26 ff.).

[32] Dazu näher unten, 2. Teil A. I. 2. e) aa).

[33] *U. Becker*, EuR 1999, 522 (523); *W. Kluth*, in: C/R, Art. 18, Rn. 1, 10; *ders.*, ZAR 2006, 1 (3); *H.-W. Rengeling*, Freizügigkeit, 973 (976, 992). Dieses Verständnis kritisiert *H. Toner*, 23 YEL (2004), 275 (294 f.) jedenfalls für die Arbeitnehmerfreizügigkeit, die ein Aufenthaltsrecht explizit beinhaltet (Art. 39 III lit. c EG).

[34] Zur Bewegungsfreiheit zwischen den Mitgliedstaaten vgl. Art. 2 f. der mittlerweile aufgehobenen (dazu Fn. 37) RL 68/360.

Selbstständige, deren Aufenthaltsrecht anders als im Rahmen der Arbeitnehmerfreizügigkeit zwar nicht ausdrücklich primärrechtlich normiert, jedoch als Annexgewährleistung von der Niederlassungsfreiheit mitumfasst ist.[35] Das Recht des EWG-ausländischen Arbeitnehmers, sich im Aufnahmemitgliedstaat aufzuhalten, um dort einer Erwerbstätigkeit nachzugehen, folgt unmittelbar aus Art. 39 III lit. c EG. Der gegen bloße Vorlage des Ausweises und einer Arbeitsbescheinigung zu erteilenden Aufenthaltserlaubnis[36] (Art. 4 I, II, III lit. a und b der mittlerweile aufgehobenen[37] RL 68/360) kommt damit ein bloß deklaratorischer Charakter zu, rechtsbegründend bleibt die primär- respektive sekundärrechtliche Gewährleistung.[38] *Mutatis mutandis* gilt dies auch für den *ordre-public*-Vorbehalt, der die Mitgliedstaaten lediglich ermächtigt, gegebenenfalls

---

[35] Sekundärrechtlich ausgestaltet wurde es in den mittlerweile aufgehobenen (dazu Fn. 37) RL 73/148, 75/34 sowie 75/35 und ist vom Gewährleistungsumfang mit der Arbeitnehmerfreizügigkeit vergleichbar.

[36] Ihr räumlicher Geltungsbereich ist auf das gesamte Hoheitsgebiet eines Mitgliedstaates zu erstrecken, Aufenthaltsverbote für Teile des Hoheitsgebiets sind damit nicht als ausländerrechtliche Maßnahmen, sondern nur unter den gleichen Voraussetzungen wie für eigene Staatsangehörige zulässig (EuGH, Rs. 36/75, Slg. 1975, 1219, Rn. 40 ff. – Rutili. Denkbar sind sie jedoch als milderes Mittel gegenüber einem zulässigen Verbot des Aufenthaltes im gesamten Hoheitsgebiet, Rs. C-100/01, Slg. 2002, I-10981, Rn. 37 ff. – Olazabal). Die Aufenthaltserlaubnis muss grundsätzlich für mindestens fünf Jahre erteilt werden (Art. 6 I RL 68/360), lediglich bei einer Beschäftigungsdauer von drei Monaten bis zu einem Jahr kann eine entsprechend beschränkte Aufenthaltserlaubnis erteilt werden (Art. 6 III RL 68/360. Zu kurzfristig Beschäftigten, Grenzgängern und Saisonarbeitnehmern vgl. Art. 8 RL 68/360). Weitere Bescheinigungen – wie ein Nachweis der Sozialversicherung – können nicht gefordert werden, vgl. Rs. 363/89, Slg. 1991, I-273, Rn. 19 ff. – Roux.

[37] Mit der am 29.4.2004 verabschiedeten neuen Aufenthaltsrichtlinie 2004/38 wurden die RL 64/221, 68/360, 72/194, 73/148, 75/34, 75/35, 90/364, 90/365 und 93/96 sowie die Art. 10 f. VO 1612/68 aufgehoben, mit der am 25.4.2006 verabschiedeten VO 635/2006 die zunächst fortgeltende VO 1251/70. Das Freizügigkeitsrecht aller Unionsbürger ist nunmehr in einem Rechtsakt – der RL 2004/38 – kodifiziert (zu dieser unten, 1. Teil B. IV. 4.). Die im Folgenden unternommene Analyse der Entwicklungslinien basiert auf den bis zum Inkrafttreten der RL 2004/38 bzw. der VO 635/2006 geltenden Vorschriften, weitet aber den Blick hin zu den Neuregelungen.

[38] EuGH, Rs. 8/77, Slg. 1977, 1495, Rn. 4, 8 – Sagulo u.a.; Rs. 157/79, Slg. 1980, 2171, Rn. 13 – Pieck; Rs. 249/86, Slg. 1989, 1263, Rn. 9 – EK/Deutschland; Rs. 363/89, Slg. 1991, I-273, Rn. 9, 12 – Roux; Rs. C-215/03, Slg. 2005, I-1215, Rn. 17 f. – Oulane. Hält der EU-Ausländer ausländerrechtliche Formalitäten nicht ein, so kann dies allein aufenthaltsbeendende Maßnahmen nicht rechtfertigen (Rs. 48/75, Slg. 1976, 497, Rn. 38 ff. – Royer; Rs. 157/79, Slg. 1980, 2171, Rn. 17 f. – Pieck); als Sanktionen kommen nur solche Maßnahmen in Betracht, die bei geringfügigen Vergehen von Inländern verhängt werden und die nicht so schwer sind, dass sie ein Hindernis für die Arbeitnehmerfreizügigkeit darstellen (vgl. Rs. 118/75, Slg. 1976, 1185, Rn. 21/22 – Watson und Belman; Rs. 8/77, Slg. 1977, 1495, Rn. 12 – Sagulo u.a.; Rs. 157/79, Slg. 1980, 2171, Rn. 19 – Pieck).

das Aufenthaltsrecht zu beenden, nicht aber steht und fällt dieses mit dem Nichtvorliegen unter den *ordre-public*-Vorbehalt zu subsumierender Gründe.[39]

Trotz der privilegierten aufenthaltsrechtlichen Position des EWG-ausländischen Arbeitnehmers spiegelt die Möglichkeit, dessen Aufenthaltsrecht gemäß Art. 39 III EG, Art. 10 RL 68/360 aus Gründen der öffentlichen Ordnung, Sicherheit und Gesundheit zu beschränken, die Stellung des Wanderarbeitnehmers als auch Ausländer wider. Die damit verbundene Ungleichbehandlung gegenüber Inländern ist deshalb gerechtfertigt, weil die Mitgliedstaaten eigenen Staatsangehörigen den Aufenthalt in ihrem Hoheitsgebiet nicht verwehren dürfen.[40] Allerdings handhabt der Gerichtshof den *ordre-public*-Vorbehalt sehr streng, der als Ausnahme vom „wesentlichen Grundsatz" der Arbeitnehmerfreizügigkeit eng auszulegen sei.[41] In den unmittelbar anwendbaren Art. 2 II, 3 I und II der zwischenzeitlich ebenfalls aufgehobenen[42] RL 64/221, die den *ordre-public*-Vorbehalt näher konkretisierte,[43] wird das Ermessen der Mitgliedstaaten bei der Entscheidung über aufenthaltsbeendende Maßnahmen gegenüber gemeinschaftsrechtlich Freizügigkeitsberechtigten beschränkt.[44] Ihnen gegenüber darf der *ordre-public*-Vorbehalt nur aus anderen als wirtschaftlichen Gründen aktualisiert werden (Art. 2 II RL 64/221). Maßgeblich ist das persönliche Verhalten des Betroffenen (Art. 3 I RL 64/221), womit generalpräventive Erwägungen – wie die der Abschreckungswirkung einer Ausweisung eines unerlaubt eine Waffe besitzenden Ausländers in Einwandererkreisen im Hinblick auf die zunehmende Gewalttätigkeit in Ballungsgebieten – eine aufenthaltsbeendende Maßnahme nicht rechtfertigen können.[45] Genauso wenig genügen strafrechtliche Verurteilungen allein als Ausweisungsgrund (Art. 3 II RL 64/221), vielmehr muss das ihnen zugrunde liegende persönliche Verhalten eine gegenwärtige Gefährdung der öffentlichen Ordnung darstellen.[46]

---

[39] EuGH, Rs. 48/75, Slg. 1976, 497, Rn. 28 ff. – Royer; Rs. 118/75, Slg. 1976, 1185, Rn. 20 – Watson und Belman; Rs. 157/79, Slg. 1980, 2171, Rn. 9 – Pieck.

[40] EuGH, Rs. 41/74, Slg. 1974, 1337, Rn. 21/23 – van Duyn; Verb. Rs. 115 und 116/81, Slg. 1982, 1665, Rn. 7 – Adoui und Cornuaille.

[41] EuGH, Rs. 41/74, Slg. 1974, 1337, Rn. 18/19 – van Duyn; Rs. 67/74, Slg. 1975, 297, Rn. 6 – Bonsignore; Rs. 36/75, Slg. 1975, 1219, Rn. 26/28 – Rutili; Rs. 30/77, Slg. 1977, 1999, Rn. 29/30, 33/35 – Bouchereau. Zur Inanspruchnahme der Definitionsmacht durch den EuGH siehe auch *B. Wilkinson*, 1 EPL (1995), 417 (422 ff.).

[42] Siehe Fn. 37.

[43] Zur RL 64/221 *D. Martin/E. Guild*, Free Movement, 105 ff.; *Á. C. Oliveira*, 39 CML Rev. (2002), 77 (106 ff.).

[44] Für Art. 3 I RL 64/221 explizit entschieden in EuGH, Rs. 41/74, Slg. 1974, 1337, Rn. 9 ff. – van Duyn. Die Argumentation ist auf Art. 2 II, 3 II RL 64/221 übertragbar.

[45] EuGH, Rs. 67/74, Slg. 1975, 297, Rn. 4 ff. – Bonsignore; Verb. Rs. 115 und 116/81, Slg. 1982, 1665, Rn. 11 – Adoui und Cornuaille; Rs. 249/86, Slg. 1989, 1263, Rn. 18 – EK/Deutschland.

[46] EuGH, Rs. 30/77, Slg. 1977, 1999, Rn. 25 ff. – Bouchereau. Unzulässig ist demnach eine automatische Ausweisung aufgrund der Verurteilung wegen bestimmter Delikte zu

Bei der Ausfüllung des Begriffes „öffentliche Ordnung" kommt den Mitgliedstaaten im Hinblick auf sich wandelnde Verhältnisse zwar ein Beurteilungsspielraum zu, eine einseitige Festlegung scheidet jedoch aus.[47] Jedenfalls muss eine tatsächliche und hinreichend schwerwiegende Gefährdung der öffentlichen Ordnung vorliegen,[48] wofür nicht jeder beliebige Gesetzesverstoß genügt, sondern ein „Grundinteresse der Gesellschaft" berührt sein muss.[49] Entsprechend des in Art. 8, 9, 10 und 11 EMRK sowie Art. 2 des 4. ZP EMRK zum Ausdruck kommenden allgemeinen Gedankens dürfen auf den gemeinschaftsrechtlichen *ordre-public*-Vorbehalt gestützte Maßnahmen nicht über das in einer demokratischen Gesellschaft Notwendige hinausgehen.[50] Einschränkungen der Freizügigkeit müssen darüber hinaus dem an Art. 8 EMRK angelehnten Gemeinschaftsgrundrecht auf Achtung des Familienlebens Rechnung tragen.[51]

Abschließend sei darauf hingewiesen, dass das Aufenthaltsrecht auch verfahrensrechtlich abgesichert ist. So sind dem Betroffenen die Ausweisungsgründe grundsätzlich mitzuteilen (Art. 6 RL 64/221), die Entscheidung ist zuzustellen und eine angemessene Ausreisefrist zu setzen (Art. 7 RL 64/221). Die Entscheidung muss mit Inländern gegen Verwaltungsakte zustehenden Rechtsbe-

---

bestimmten Strafen ohne Berücksichtigung des persönlichen Verhaltens des Täters ebenso wie eine auf einer entsprechenden Vermutungswirkung beruhende Regelausweisung (Verb. Rs. C-482/01 und 493/01, Slg. 2004, I-5257, Rn. 66 ff., 90 ff. – Orfanopoulos und Olivieri; Rs. C-441/02, Slg. 2006, I-3449, Rn. 32 ff. – EK/Deutschland).

[47] EuGH, Rs. 41/74, Slg. 1974, 1337, Rn. 18/19 – van Duyn; Rs. 36/75, Slg. 1975, 1219, Rn. 26/28 – Rutili; Rs. 30/77, Slg. 1977, 1999, Rn. 33/35 – Bouchereau.

[48] EuGH, Rs. 36/75, Slg. 1975, 1219, Rn. 26/28 – Rutili; Rs. 30/77, Slg. 1977, 1999, Rn. 33/35 – Bouchereau; Verb. Rs. 115 und 116/81, Slg. 1982, 1665, Rn. 8 – Adoui und Cornuaille; Rs. 249/86, Slg. 1989, 1263, Rn. 17 – EK/Deutschland; Verb. Rs. C-482/01 und 493/01, Slg. 2004, I-5257, Rn. 66 – Orfanopoulos und Olivieri. So reicht die Mitgliedschaft in einer als schädlich eingestuften, obgleich nicht verbotenen Organisation aus, um den Vorbehalt der öffentlichen Ordnung geltend zu machen. Dass Angehörigen des eigenen Mitgliedstaates eine Tätigkeit für diese Organisation mangels gesetzlichen Verbotes nicht verwehrt werden könne, sei als Folge der völkerrechtlichen Pflicht der Mitgliedstaaten, Einreise und Aufenthalt eigener Staatsangehöriger im eigenen Hoheitsgebiet nicht zu versagen, hinzunehmen (vgl. Rs. 41/74, Slg. 1974, 1337, Rn. 21/23 – van Duyn; Rs. C-100/01, Slg. 2002, I-10981, Rn. 40 – Olazabal). Nimmt der Aufnahmemitgliedstaat ein entsprechendes Verhalten eigener Staatsangehöriger jedoch hin, ohne Zwangs- oder andere tatsächliche und effektive Maßnahmen zur Bekämpfung zu ergreifen, ist ein Einschreiten gegenüber EU-Ausländern nicht gerechtfertigt (so EuGH, Verb. Rs. 115 und 116/81, Slg. 1982, 1665, Rn. 8 – Adoui und Cornuaille; Rs. 249/86, Slg. 1989, 1263, Rn. 19 – EK/Deutschland).

[49] EuGH, Rs. 30/77, Slg. 1977, 1999, Rn. 33/35 – Bouchereau; Verb. Rs. 115 und 116/81, Slg. 1982, 1665, Rn. 8 – Adoui und Cornuaille; Verb. Rs. C-482/01 und 493/01, Slg. 2004, I-5257, Rn. 66 – Orfanopoulos und Olivieri.

[50] EuGH, Rs. 36/75, Slg. 1975, 1219, Rn. 32 – Rutili.

[51] EuGH, Verb. Rs. C-482/01 und 493/01, Slg. 2004, I-5257, Rn. 97 f. – Orfanopoulos und Olivieri; Rs. C-441/02, Slg. 2006, I-3449, Rn. 107 ff. – EK/Deutschland.

helfen angegriffen werden können (Art. 8 RL 64/221), wobei ein Mindeststandard an prozessualen Garantien zu wahren ist (Art. 9 RL 64/221).[52]

bb) Das grundfreiheitliche Diskriminierungsverbot als Garant einer nahezu umfassenden, unbedingten und effektiven Inländerbehandlung

Wie das Aufenthaltsrecht für Ausländer auch ist die Möglichkeit, im Inland einer Erwerbstätigkeit nachzugehen, keine Ausländern nach nationalem oder internationalem Recht selbstverständlich zustehende Gewährleistung. Wiederum privilegiert die Arbeitnehmerfreizügigkeit EWG-Ausländer insoweit, da sie ihnen Inländerbehandlung hinsichtlich des Zugangs zu und der Ausübung einer Beschäftigung sichert. Doch darauf beschränkt sich der EWG-ausländischen Arbeitnehmern im Aufnahmemitgliedstaat zustehende Diskriminierungsschutz nicht,[53] den der Gerichtshof sehr weit verstanden hat. Zum einen ist eine Erweiterung des jedenfalls dem Wortlaut des Vertrages nach beschäftigungsbezogenen Inländerbehandlungsgebots zu einem umfassenden Gleichbehandlungsanspruch des Arbeitnehmers im Aufnahmemitgliedstaat zu konstatieren (1), der sich zudem als nahezu unbedingt erweist (2). Zum anderen hat der formal an das Unterscheidungskriterium der Staatsangehörigkeit anknüpfende Begriff der Diskriminierung selbst eine Erweiterung erfahren, um so den Anspruch auf Inländerbehandlung effektiv zu verwirklichen (3).[54]

---

[52] Zur verfahrensrechtlichen Dimension, auf die hier nicht näher eingegangen werden soll, siehe etwa EuGH, Rs. 36/75, Slg. 1975, 1219, Rn. 33 ff. – Rutili (allgemein); Rs. 48/75, Slg. 1976, 497, Rn. 52 ff. – Royer (sofortige Vollziehbarkeit); Rs. 30/77, Slg. 1977, 1999, Rn. 6 ff. – Bouchereau (Maßnahmecharakter gerichtlicher Empfehlungen); Rs. 98/79, Slg. 1980, 691 – Pecastaing (Art. 8 und 9 RL 64/221); Rs. 131/79, Slg. 1980, 1585 – Santillo (Art. 9 RL 64/221); Verb. Rs. 115 und 116/81, Slg. 1982, 1665, Rn. 13 ff. – Adoui und Cornuaille (Begründung, „zuständige Stelle" i.S.d. Art. 9 RL 64/221 und Verfahren vor ihr); Verb. Rs. 297/88 und C-197/89, Slg. 1990, 3763, Rn. 57 ff. – Dzodzi (Art. 8 und 9 RL 64/221); Rs. C-175/94, Slg. 1995, I-4253 – Gallagher (Art. 9 RL 64/221); Rs. C-357/98, Slg. 2000, I-9265, Rn. 26 ff. – Yiadom (Art. 8 und 9 RL 64/221); Verb. Rs. C-482/01 und 493/01, Slg. 2004, I-5257, Rn. 105 ff. – Orfanopoulos und Olivieri (Verfahren).

[53] Zur Entwicklung des völkerrechtlichen Diskriminierungsabbaus vgl. *E. Grabitz*, Europäisches Bürgerrecht, 14 ff.

[54] Die Tragweite der grundfreiheitlichen Diskriminierungsverbote unterstreicht daneben die – hier nicht weiter interessierende – Einbeziehung Privater in den Kreis der Verpflichteten (vgl. Art. 7 IV VO 1612/68), und zwar nicht nur bei Kollektivmaßnahmen (EuGH, Rs. 36/74, Slg. 1974, I-1405, Rn. 16 ff. – Walrave; Rs. 13/76, Slg. 1976, 1333, Rn. 17/18 – Donà; Rs. C-415/93, Slg. 1995, I-4921, Rn. 82 ff. – Bosman), sondern auch bei Individualarbeitsverträgen (Rs. C-281/98, Slg. 2000, I-4139, Rn. 29 ff. – Angonese, kritisch dazu *R. Streinz*, Europarecht, Rn. 837). Allgemein zur Drittwirkung der Grundfreiheiten *T. O. Ganten*, Drittwirkung der Grundfreiheiten; *R. Graber*, Drittwirkung der Grundfreiheiten; *M. Jaensch*, Drittwirkung der Grundfreiheiten; *K. Preedy*, Bindung Privater an Grundfreiheiten.

(1) Vom beschäftigungsbezogenen Diskriminierungsverbot zum umfassenden Inländerbehandlungsanspruch des Freizügigkeitsberechtigten

Gemäß Art. 39 II EG beinhaltet die Arbeitnehmerfreizügigkeit die Abschaffung jeder auf der Staatsangehörigkeit beruhenden unterschiedlichen Behandlung der Arbeitnehmer der Mitgliedstaaten in Bezug auf Beschäftigung, Entlohnung und sonstige Arbeitsbedingungen. Art. 39 III lit. c EG erwähnt das Recht, „sich in einem Mitgliedstaat aufzuhalten, um dort nach den für die Arbeitnehmer dieses Staates geltenden Rechts- und Verwaltungsvorschriften eine Beschäftigung auszuüben". Sekundärrechtlich konkretisiert wird dieser Gleichbehandlungsanspruch in der VO 1612/68, die ihn erstreckt auf die Stellensuche, den Zugang zu und die Ausübung einer Beschäftigung (Art. 1, 5 und 6), die Beschäftigungs- und Arbeitsbedingungen wie Entlohnung, Kündigung und berufliche Wiedereingliederung (Art. 7 I), soziale und steuerliche Vergünstigungen (Art. 7 II), die Inanspruchnahme von Berufsschulen und Umschulungszentren (Art. 7 III) sowie die Beschaffung einer Wohnung (Art. 9). Der Gerichtshof hat die gleichheitsrechtliche Position der Wanderarbeitnehmer nun nicht nur durch eine sehr weite Auslegung dieser normierten Gleichbehandlungsansprüche bedeutend ausgebaut, von der das Universum der als „soziale Vergünstigung" (Art. 7 II VO 1612/68) in der Rechtsprechung qualifizierten Materien zeugt (a). Vielmehr hat er diesen in der primär- und sekundärrechtlichen Regelung der Arbeitnehmerfreizügigkeit verankerten beschäftigungsbezogenen Diskriminierungsschutz nicht abschließend verstanden, sondern einen umfassenden Gleichbehandlungsanspruch des Arbeitnehmers im Aufnahmemitgliedstaat entwickelt (b).[55]

(a) Das Universum der „sozialen Vergünstigungen" (Art. 7 II VO 1612/68)

Nicht nur die systematische Stellung des Art. 7 II VO 1612/68 im Titel „Ausübung der Beschäftigung und Gleichbehandlung", sondern auch die fünfte Begründungserwägung der VO 1612/68 legen ein beschäftigungsbezogenes Verständnis des Begriffes „soziale Vergünstigung" nahe.[56] Diese hält fest:

> Damit das Recht auf Freizügigkeit nach objektiven Maßstäben in Freiheit und Menschenwürde wahrgenommen werden kann, muß sich die Gleichbehandlung tatsächlich und rechtlich auf alles erstrecken, was mit der eigentlichen Ausübung einer Tätigkeit im Lohn- oder Gehaltsverhältnis und mit der Beschaffung einer Wohnung im Zusammenhang steht …

---

[55] Vgl. auch *P. Magnette*, Citoyenneté européenne, 31. Zum Ausdehnungspotential der marktfreiheitlichen Diskriminierungsverbote bereits *U. Everling*, Niederlassungsrecht, 3 f. Art. 8 I 1 der 1961–1964 geltenden VO Nr. 15 sowie Art. 9 I 1 der 1964–1968 geltenden VO 38/64 (zu diesen Fn. 21) enthielen zwar ihrem Wortlaut nach einen umfassenden Gleichbehandlungsanspruch, die erste Begründungserwägung der Verordnungen und die systematische Stellung der erwähnten Normen sprechen jedoch für ein beschäftigungsbezogenes Gleichbehandlungsgebot.

[56] So auch *D. O'Keeffe*, 5 YEL (1985), 93 (95).

Ursprünglich teilte der Gerichtshof dieses Verständnis und forderte, dass der begehrte Vorteil in Zusammenhang mit der Beschäftigung stehen müsse, um dem Diskriminierungsverbot zu unterfallen.[57] In der Folgezeit hat der EuGH den Begriff „soziale Vergünstigung" indes weit ausgelegt, indem er ihn nicht auf mit der Arbeitnehmereigenschaft verbundene Leistungen beschränkt hat.[58] Vielmehr seien auch alle sonstigen Vergünstigungen erfasst, die es dem Wanderarbeitnehmer entsprechend der dritten Begründungserwägung der VO 1612/68 ermöglichen, seine Lebens- und Arbeitsbedingungen zu verbessern, und damit seinem sozialen Aufstieg dienen.[59] Gleichbehandlung könne also hinsichtlich derjenigen Vergünstigungen verlangt werden,

> die – ob sie an einen Arbeitsvertrag anknüpfen oder nicht – den inländischen Arbeitnehmern hauptsächlich wegen ihrer objektiven Arbeitnehmereigenschaft oder einfach wegen ihres Wohnorts im Inland gewährt werden und deren Ausdehnung auf die Arbeitnehmer, die Staatsangehörige eines anderen Mitgliedstaates sind, deshalb als geeignet erscheint, deren Mobilität innerhalb der Gemeinschaft zu erleichtern.[60]

Zwar wird mitunter noch wortlautorientiert der soziale Gesichtspunkt einer Leistung betont, indem darauf abgestellt wird, dass etwa die Ausbildungsförderung unter Berücksichtigung sozialer Kriterien, nämlich des Einkommens des Anspruchstellers, gewährt werde.[61] Andere Entscheidungen zeigen jedoch, dass der EuGH dies nicht einschränkend versteht. Als erfasst angesehen wurden nämlich neben Sozialleistungen wie der bereits erwähnten Ausbildungsförderung, Sozialhilfe[62] oder Fahrpreisermäßigungen der staatlichen Eisenbahngesellschaft für kinderreiche Familien[63] etwa das Recht, sich in seiner Heimatsprache

---

[57] EuGH, Rs. 76/72, Slg. 1973, 457, Rn. 6/10 – Michel S. In Rn. 17 betont der EuGH allerdings dann, dass es unschädlich sei, wenn die fragliche Vergünstigung nicht nur Arbeitnehmern eingeräumt wird.

[58] So ausdrücklich EuGH, Rs. 32/75, Slg. 1975, 1085, Rn. 10/13 – Cristini. Vgl. hierzu auch *E. Brinch Jørgensen*, Union Citizens, 269 ff.; *E. Ellis*, 40 CML Rev. (2003), 639 (642 ff.); *G. C. Jonathan*, RMC 1978, 74 (79 f.); *R. Lippert*, Gleichbehandlung, 68 ff.; *D. O'Keeffe*, Trends in Free Movement, 263 (267 ff.); *ders.*, 5 YEL (1985), 93; *S. Robin-Olivier*, Principe d'Égalité, 69 ff., 373 ff.; *K. Sieveking*, Freizügigkeit und soziale Sicherung, 483 (504 f.); *L. Trifone*, Diritto Comunitario e degli Scambi Internazionali 2005, 7 (15 ff.); *K. Winkel*, NJW 1975, 1057 (1059 f.). Restriktiv im Hinblick auf Grenzgänger GA *Geelhoed*, in: Rs. C-212/05, noch anhängig, Rn. 45 ff. – Hartmann.

[59] EuGH, Rs. 39/86, Slg. 1988, 3161, Rn. 20 – Lair.

[60] EuGH, Rs. 207/78, Slg. 1979, 2019, Rn. 22 – Even; Rs. 249/83, Slg. 1985, 973, Rn. 20 – Hoeckx; Rs. 261/83, Slg. 1984, 3199, Rn. 11 – Castelli; Rs. 122/84, Slg. 1985, 1027, Rn. 24 – Scrivener; Rs. 59/85, Slg. 1986, 1283, Rn. 26 – Reed; Rs. 39/86, Slg. 1988, 3161, Rn. 21 – Lair; Rs. C-57/96, Slg. 1997, I-6689, Rn. 39 – Meints.

[61] EuGH, Rs. 39/86, Slg. 1988, 3161, Rn. 23 – Lair. Ähnlich Rs. 65/81, Slg. 1982, 33, Rn. 13 – Reina.

[62] EuGH, Rs. 249/83, Slg. 1985, 973, Rn. 22 – Hoeckx; Rs. 122/84, Slg. 1985, 1027, Rn. 26 – Scrivener.

[63] EuGH, Rs. 32/75, Slg. 1975, 1085, Rn. 10/13 – Cristini.

vor Gericht zu verteidigen[64] oder eine Aufenthaltserlaubnis für drittstaatsangehörige Ehepartner[65]. Entscheidender Gesichtspunkt ist demnach, ob die begehrte Vergünstigung der Integration des Arbeitnehmers in den Aufnahmemitgliedstaat dient und damit zur Verwirklichung der Arbeitnehmerfreizügigkeit beiträgt.[66] Zurückhaltung zeigte der EuGH lediglich bei Vorteilen, die Ausdruck des geleisteten Wehr- und Kriegsdienstes sind.[67] Das hinter dieser Rechtsprechung stehende Integrationskonzept macht der Gerichtshof in der Rechtssache Matteucci explizit: Art. 7 II VO 1612/68 stelle

> einen allgemeinen Grundsatz auf, der allen Mitgliedstaaten im sozialen Bereich eine Verantwortung gegenüber allen in ihrem Hoheitsgebiet niedergelassenen Arbeitnehmern, die Staatsangehörige eines anderen Mitgliedstaates sind, auf dem Gebiet der Gleichbehandlung mit den inländischen Arbeitnehmern überträgt.[68]

(b) Die thematische Weite der primärrechtlichen Diskriminierungsverbote

Über die weite Auslegung des in Art. 7 II VO 1612/68 enthaltenen sekundärrechtlichen Diskriminierungsverbots hinaus hat der Gerichtshof die im Primär- und Sekundärrecht normierten beschäftigungsbezogenen Diskriminierungsverbote nicht als abschließende Kodifikation des Inländerbehandlungsanspruchs des Arbeitnehmers angesehen.[69] Vielmehr hat er im Ergebnis ein allein an die Ansässigkeit des Arbeitnehmers im Aufnahmemitgliedstaat geknüpftes Gebot

---

[64] EuGH, Rs. 137/84, Slg. 1985, 2681, Rn. 14 ff. – Mutsch.

[65] EuGH, Rs. 59/85, Slg. 1986, 1283, Rn. 24 ff. – Reed. Vgl. aber auch die Relativierung dieser Entscheidung durch die Rs. C-356/98, Slg. 2000, I-2623 – Kaba I. Kritisch dazu *S. Peers*, 26 EL Rev. (2001), 76.

[66] In diesem Sinne EuGH, Rs. 137/84, Slg. 1985, 2681, Rn. 16 – Mutsch; Rs. 59/85, Slg. 1986, 1283, Rn. 28 – Reed. Kritisch dazu *K. Hailbronner*, ZAR 1988, 3 (6). Zustimmend dagegen *R. Lippert*, Gleichbehandlung, 89.

[67] Ausgenommen hat der EuGH die Invalidenrente, da sie auf der nationalen Anerkennung für geleistete Kriegsdienste beruhe [Rs. 207/78, Slg. 1979, 2019, Rn. 23 f. – Even; ebenso Rs. C-386/02, Slg. 2004, I-8411, Rn. 19 – Baldinger. Als zwar im Ergebnis angemessen, jedoch systemfremd qualifiziert dies *C. Schönberger*, Unionsbürger, 414 f. Ähnlich *C. A. Ball*, 37 Harv. Int'l LJ (1996), 307 (355 f., Fn. 229)], sowie die Weiterzahlung von Beiträgen zu einer zusätzlichen Altersversorgung während des Wehrdienstes, da damit ein Nachteilsausgleich für die Ableistung des Wehrdienstes bezweckt sei. Eine Anrechnung des Wehrdienstes auf Sozialversicherungszeiten sei jedoch geboten (Rs. 15/69, Slg. 1969, 363, Rn. 4 ff. – Ugliola). Restriktiv im Kontext von Grenzgängern GA *Geelhoed*, in: Rs. C-212/05, noch anhängig, Rn. 56 ff. – Hartmann.

[68] EuGH, Rs. 235/87, Slg. 1988, 5589, Rn. 16 – Matteucci.

[69] Dieser Ansatz wird auch in EuGH, Rs. C-292/89, Slg. 1991, I-745, Rn. 13 – Antonissen deutlich, wonach auch Art. 48 III EWGV nicht abschließend zu verstehen sei, obwohl der Wortlaut hierfür keinerlei Anhaltspunkte bietet.

der Inländerbehandlung entwickelt,[70] wobei er mitunter auf das allgemeine Diskriminierungsverbot zurückgegriffen hat[71].

---

[70] Vgl. auch *M. Dony*, Discriminations, 45 (47); *A. P. van der Mei*, Free Movement, 34; *D. O'Keeffe*, Trends in Free Movement, 263 (272 f.); *T. Oppermann*, Europarecht, § 25, Rn. 4; *M. Pechstein/A. Bunk*, EuGRZ 1997, 547 (553): Grundfreiheiten auf Vollintegration gerichtet; *A. Randelzhofer/U. Forsthoff*, in: G/H, Art. 39, Rn. 134 ff.; *C. Schönberger*, Unionsbürger, 395 ff.; *J. Steiner*, 10 EL Rev. (1985), 21 (39). *B. Sundberg-Weitman*, Discrimination, 167 f., sieht hierin eine Erweiterung des ursprünglichen Diskriminierungskonzepts, das einer gesetzgeberischen Willensentscheidung bedürfe.

[71] Das Verhältnis von allgemeinem und besonderem Diskriminierungsverbot adressiert Art. 12 EG, der ausweislich seines Wortlautes „unbeschadet besonderer Bestimmungen dieses Vertrages" greift. Die dogmatische Bedeutung dieses Vorbehalts ist in der Rechtsprechung des EuGH ungeklärt [so auch *A. Mühl*, Diskriminierung und Beschränkung, 74; *M. Rossi*, EuR 2000, 197 (205 f.)]. Zwar lässt sich ihr entnehmen, dass der Gerichtshof die grundfreiheitlichen Diskriminierungsverbote als „Konkretisierungen" des allgemeinen Diskriminierungsverbotes begreift [vgl. etwa EuGH, Rs. 13/76, Slg. 1976, 1333, Rn. 7 – Donà; Rs. 90/76, Slg. 1977, 1091, Rn. 27 – Ameyde („Durchführung"); Rs. 8/77, Slg. 1977, 1495, Rn. 11 – Sagulo u.a.; Rs. 1/78, Slg. 1978, 1489, Rn. 8/9 – Kenny; Rs. 175/78, Slg. 1979, 1129, Rn. 9 – Saunders („Anwendung"); Rs. 186/87, Slg. 1989, 195, Rn. 14 – Cowan; Rs. C-177/94, Slg. 1996, I-161, Rn. 15, 19 – Perfili; Rs. C-334/94, Slg. 1996, I-1307, Rn. 13 – EK/Frankreich („umgesetzt"); Rs. C-203/98, Slg. 1999, I-4899, Rn. 15 – EK/Belgien; Rs. C-387/01, Slg. 2004, I-4981, Rn. 58 – Weigel („konkretisiert und durchgeführt")], methodische Konsequenzen sind mit dieser Aussage jedoch nicht verbunden. So prüft der EuGH in einigen Entscheidungen, nachdem er die Konkretisierung durch die Grundfreiheiten betont hat, den Sachverhalt konsequent an den Grundfreiheiten, bejaht im Ergebnis dann aber einen Verstoß sowohl gegen die Grundfreiheiten als auch gegen Art. 12 EG [Rs. 13/76, Slg. 1976, 1333, Rn. 7, 19, LS 1 – Donà; Rs. C-177/94, Slg. 1996, I-161, Rn. 15, 19 – Perfili; Rs. C-334/94, Slg. 1996, I-1307, Rn. 13 ff., 23 – EK/Frankreich; Rs. C-203/98, Slg. 1999, I-4899, Rn. 11, 15 – EK/Belgien; Rs. C-387/01, Slg. 2004, I-4981, Rn. 58 – Weigel (kein Verstoß)]. Schulmäßig ist dagegen das Vorgehen etwa in der Rs. Hubbard, in der der Gerichtshof nach der Prüfung an den Grundfreiheiten einen Verstoß auch nur gegen diese konstatiert (Rs. C-20/92, Slg. 1993, I-3777, Rn. 10, 15). In anderen Entscheidungen ist dagegen bereits der Prüfungsmaßstab unklar [Rs. 186/87, Slg. 1989, 195, Rn. 17 – Cowan (ein Verstoß wurde dann nur gegen das allgemeine Diskriminierungsverbot bejaht, vgl. Rn. 20, LS)]. Wiederum andere Urteile prüfen den Sachverhalt am allgemeinen Diskriminierungsverbot und erklären die zusätzliche Prüfung des Sachverhalts an den Grundfreiheiten für entbehrlich (Rs. C-92/92 und C-326/92, Slg. 1993, I-5145, Rn. 27 – Phil Collins u.a.; Rs. C-43/95, Slg. 1996, I-4661, Rn. 14 – Data Delecta; Rs. C-323/95, Slg. 1997, I-1711, Rn. 16 – Hayes). In jüngeren Entscheidungen betont der Gerichtshof zwar einerseits, dass das allgemeine Diskriminierungsverbot autonom nur auf Situationen angewandt werden könne, für die der Vertrag kein besonderes Diskriminierungsverbot vorsehe (Rs. 213/90, Slg. 1991, I-3507, Rn. 10 – ASTI; Rs. 379/92, Slg. 1994, I-3453, Rn. 18 – Peralta; Rs. C-131/96, Slg. 1997, I-3659, Rn. 10 – Mora Romero; Rs. C-411/98, Slg. 2000, I-8081, Rn. 39 – Ferlini; Rs. C-100/01, Slg. 2002, I-10981, Rn. 25 – Olazabal; Rs. C-289/02, Slg. 2003, I-15059, Rn. 25 f. – AMOK Verlags GmbH; Rs. C-387/01, Slg. 2004, I-4981, Rn. 57 – Weigel). Andere Entscheidungen verdeutlichen jedoch, dass das Vorgehen des EuGH weiterhin dogmatisch inkohärent ist (Rs. C-45/93, Slg. 1994, I-911, Rn. 10 – EK/Spanien; Rs. C-177/94, Slg. 1996, I-161, Rn. 15, 19 – Perfili; Rs. C-203/98, Slg. 1999, I-4899, Rn. 15 – EK/Belgien). Die Unsicherheiten bei der Bestimmung

Bereits 1977 formulierte der EuGH, dass das Gemeinschaftsrecht auf der Personenverkehrsfreizügigkeit und „– abgesehen von besonderen Ausnahmen – auf der generellen Anwendung des Grundsatzes der Inländerbehandlung beruht".[72]

---

des Verhältnisses von allgemeinem und speziellem Diskriminierungsverbot spiegeln sich in der Literatur wider. Einerseits wird vertreten, dass keine Spezialität der Grundfreiheiten anzunehmen sei, vielmehr auf Art. 12 EG zurückgegriffen werden könne, wenn diese den Sachverhalt nicht randscharf erfassen (so etwa *R. Streinz*, in: ders., Art. 12, Rn. 14: Art. 12 EG einschlägig, wenn Grundfreiheiten nicht konkret tatbestandlich betroffen, aber allgemein und unspezifisch behindert; ähnlich *M. Holoubek*, in: Schwarze, Art. 12, Rn. 11: Art. 12 EG dann anwendbar, „wenn nicht restlos klargestellt ist, daß eine besondere Bestimmung des Vertrages das in Art. 12 enthaltene Diskriminierungsverbot aus Gründen der Staatsangehörigkeit vollständig in ihrem Anwendungsbereich zur Geltung bringt"; siehe auch *B. Sundberg-Weitman*, Discrimination, 13 ff.). Andere Autoren qualifizieren dagegen die grundfreiheitlichen Diskriminierungsverbote als *leges speciales* gegenüber Art. 12 EG, relativieren ihre Aussage jedoch insofern, als sie Art. 12 EG als „Leitmotiv" bei der Auslegung des Spezialtatbestandes berücksichtigen [*A. Epiney*, in: C/R, Art. 12, Rn. 11 f.; *dies.*, Umgekehrte Diskriminierungen, 113 f.; *M. Rossi*, EuR 2000, 197 (205); *A. von Bogdandy*, in: G/H, Art. 12, Rn. 56; *M. Schweitzer*, Art. 12 EGV, 199 (200)]. Die Frage nach dem Verhältnis von allgemeinem und speziellen Diskriminierungsverboten darf nicht überbewertet werden. In der Sache führte sie nur dann zu unterschiedlichen Ergebnissen, qualifizierte man die speziellen Diskriminierungsverbote als Spezialtatbestände, die bestimmte Bereiche abschließend regeln. Ein solcher Ansatz ist allerdings weder in der Rechtsprechung des EuGH noch in der Literatur zu erkennen. Nicht nur hat der Gerichtshof die grundfreiheitlichen Diskriminierungsverbote zu umfassenden Gleichbehandlungsansprüchen ausgebaut, neben denen ein eigenständiger Anwendungsbereich des Art. 12 EG für die von ihnen erfassten Personen kaum Bedeutung hat. Vielmehr liegt seiner Rechtsprechung auch kein Verständnis des abschließenden Charakters von Spezialtatbeständen zugrunde, da er nach der Verneinung von Spezialtatbeständen ohne weiteres auf den allgemeineren Tatbestand rekurriert. Damit ist die Zuordnung zu Art. 12 EG oder den grundfreiheitlichen Diskriminierungsverboten im Ergebnis irrelevant. Auch die in der Literatur vertretenen Auffassungen erzielen beide dasselbe Ergebnis, indem sie sicherstellen, dass die grundfreiheitlich Freizügigkeitsberechtigten von einem umfassenden Diskriminierungsschutz profitieren – sei es durch einen ergänzenden Rekurs auf Art. 12 EG oder durch eine weite Auslegung der grundfreiheitlichen Diskriminierungsverbote in dessen Lichte. Den Gleichlauf in der Sache erreicht der EuGH auch, indem er betont, dass jeder Verstoß gegen ein grundfreiheitliches Diskriminierungsverbot zugleich ein Verstoß gegen das allgemeine Diskriminierungsverbot sei, respektive eine mit den Grundfreiheiten vereinbare Regelung nicht gegen Art. 12 EG verstoßen könne (Rs. 90/76, Slg. 1977, 1091, Rn. 27 – Ameyde; Rs. C-334/94, Slg. 1996, I-1307, Rn. 13 – EK/Frankreich. Vgl. auch Rs. 8/77, Slg. 1977, 1495, Rn. 11 – Sagulo u.a.; Rs. 1/78, Slg. 1978, 1489, Rn. 10/12 – Kenny). Die Wertung besonderer Diskriminierungsverbote hinsichtlich der Zulässigkeit respektive Unzulässigkeit von Ungleichbehandlungen (insbesondere der *ordre-public*-Vorbehalt oder die Bereichsausnahme zugunsten der öffentlichen Verwaltung), die diese tatbestandlich erfassen, kann also nicht durch einen Rückgriff auf Art. 12 EG überspielt werden (siehe etwa EuGH, Rs. 8/77, Slg. 1977, 1495, Rn. 11 – Sagulo u.a.; *M.-A. Reitmaier*, Inländerdiskriminierung, 72 ff.; *B. Sundberg-Weitman*, Discrimination, 13 ff.). Insoweit kann man von Spezialität im Sinne einer abschließenden Regelung sprechen.

[72] EuGH, Rs. 8/77, Slg. 1977, 1495, Rn. 12 – Sagulo u.a.

In der Rechtssache Mutsch führte der EuGH 1985 dann aus:

> [Es] ist darauf hinzuweisen, dass der die Rechtsstellung der Arbeitnehmer betreffende [Art. 39 EG] ebenfalls von der Ausdehnung der Inländerbehandlung auf diejenigen Staatsangehörigen aller anderen Mitgliedstaaten ausgeht, die sich rechtmäßig im Hoheitsgebiet eines anderen Mitgliedstaats aufhalten, um dort eine Tätigkeit als Arbeitnehmer auszuüben.[73]

Ganz in diesem Sinne hat der Gerichtshof in späteren Entscheidungen Aspekte des Privat- und Soziallebens wie etwa den Zugang zu Freizeiteinrichtungen in Gestalt der Registrierung von Sportbooten als Folgeerscheinung der Freizügigkeit am Diskriminierungsverbot des Art. 39 EG gemessen.[74]

Parallel hierzu entwickelte sich das Niederlassungsrecht Selbstständiger. Dieses gewährleistet nach dem Wortlaut des Art. 43 UA 2 EG lediglich die Aufnahme und Ausübung selbstständiger Erwerbstätigkeiten sowie die Unternehmensgründung und -leitung nach den Bestimmungen, die auch für die Angehörigen des Aufnahmemitgliedstaates gelten. Wie bei der Arbeitnehmerfreizügigkeit auch hat der Gerichtshof jedoch das tätigkeitsbezogene Diskriminierungsverbot zu einem Inländerbehandlungsgebot selbstständig Tätiger ausgebaut. Dieses erfasst nämlich nicht nur spezifisch die Berufstätigkeit regelnde Vorschriften, sondern auch solche, bei denen es „um die verschiedenen, für die Ausübung dieser Tätigkeiten nützlichen allgemeinen Befugnisse geht“ wie beispielsweise Immobilienerwerb, -nutzung und -verkauf oder den Zugang zu Sozialwohnungen und Immobilienkrediten.[75] Wenig überzeugend erscheint jedoch die stark marktorientierte Begründung, nach der auch eine Schlechterstellung im privaten Bereich einen Wettbewerbsnachteil gegenüber inländischen Konkurrenten darstellt[76]:

> Bei einer natürlichen Person setzt die Ausübung einer beruflichen Tätigkeit nicht nur die Möglichkeit voraus, ... Zugang zu Räumlichkeiten zu erhalten, von denen aus die Tätigkeit betrieben werden kann, sondern auch die Möglichkeit, eine Wohnung zu beziehen. Hieraus folgt, dass Beschränkungen, die in den wohnungsrechtlichen Vorschriften, die am Ort der Ausübung der Tätigkeit gelten, enthalten sind, die Ausübung der Tätigkeit behindern können. Um die vollständige Gleichheit im Wettbewerb zu sichern, ist es deshalb erforderlich, dass Angehörige eines Mitgliedstaats, die in einem anderen Mitgliedstaat eine selbständige Tätigkeit auszuüben wünschen, dort unter den gleichen Voraussetzungen eine Wohnung beziehen können wie ihre Mitbewerber, die Angehörige des letztgenannten Staates sind. Daher sind nicht nur Beschränkungen des Rechts auf Zugang zu Wohnungen, sondern auch sämtliche Beschränkungen des Rechts auf Inanspruchnahme der verschiedenen Vergünstigungen, die den

---

[73] EuGH, Rs. 137/84, Slg. 1985, 2681, Rn. 12 – Mutsch. Im Folgenden bleibt der Prüfungsmaßstab allerdings unklar, vgl. Rn. 13 ff.

[74] EuGH, Rs. C-334/94, Slg. 1996, I-1307, Rn. 20 ff. – EK/Frankreich; Rs. C-151/96, Slg. 1997, I-3327, Rn. 13 ff. – EK/Irland.

[75] EuGH, Rs. 305/87, Slg. 1989, 1461, Rn. 21 f. – EK/Griechenland; Rs. 63/86, Slg. 1988, 29, Rn. 14 ff. – EK/Italien.

[76] So auch *S. Robin-Olivier*, Principe d'Égalité, 379 f.

eigenen Staatsbürgern zur Milderung der damit verbundenen finanziellen Belastungen gewährt werden, als Behinderung der beruflichen Tätigkeit selbst anzusehen.[77]

Diese marktorientierte Sicht gab der Gerichtshof auch nicht auf, als er wenige Jahre später ein umfassendes Inländerbehandlungsgebot formulierte:

[Das Diskriminierungsv]erbot bezieht sich nicht nur auf besondere Vorschriften über die Ausübung beruflicher Tätigkeiten, es gilt auch ... für jede Beeinträchtigung der Ausübung selbständiger Tätigkeiten durch Angehörige anderer Mitgliedstaaten, die in einer unterschiedlichen Behandlung der Angehörigen anderer Mitgliedstaaten gegenüber Inländern besteht ...[78]

Zweifelsohne liegt dieser Rechtsprechung das berechtigte Anliegen zugrunde, Menschen, die unter Umständen ihr restliches Leben in einem anderen Mitgliedstaat verbringen und dort zum Wohlstand durch ihre Erwerbstätigkeit beitragen, die Gleichberechtigung nicht in einem über die Ausübung einer Erwerbstätigkeit hinausgehenden Kontext zu versagen. Die der ökonomischen Integration entsprechend beschäftigungsbezogen formulierten grundfreiheitlichen Diskriminierungsverbote werden damit freilich bis an ihre Grenze ausgedehnt und im Ergebnis wird ein allein an den Aufenthalt im Aufnahmemitgliedstaat geknüpfter Inländerbehandlungsanspruch begründet.

(2) Die Unbedingtheit des marktfreiheitlichen Inländerbehandlungsanspruchs

Nicht nur die tatbestandliche Weite der grundfreiheitlichen Diskriminierungsverbote zeugt vom hohen Grad der gemeinschaftsrechtlich gebotenen Gleichstellung von EWG-Ausländern und Inländern, sondern auch die Unbedingtheit des Inländerbehandlungsanspruchs. Marktfreiheitlich Freizügigkeitsberechtigte können eine nahezu absolute Solidarität mit den Angehörigen des Aufnahmemitgliedstaates beanspruchen. Den Mitgliedstaaten ist es nämlich verwehrt, beitragsunabhängige Sozialleistungsansprüche EWG-ausländischer Marktteilnehmer von einer hinreichenden Integration in den Aufnahmemitgliedstaat abhängig zu machen, gemessen etwa an einer bestimmten Aufenthaltsdauer.[79] Ökonomische Erwägungen können nämlich keine Beschränkung des grundfreiheitlichen Diskriminierungsschutzes rechtfertigen, da diese weder zur Aktualisierung des *ordre-public*-Vorbehalts taugen (vgl. Art. 2 II RL

---

[77] EuGH, Rs. 63/86, Slg. 1988, 29, Rn. 15 f. – EK/Italien.

[78] EuGH, Rs. C-111/91, Slg. 1993, I-817, Rn. 17 – EK/Luxemburg.

[79] Für Sozialhilfe EuGH, Rs. 249/83, Slg. 1985, 973, Rn. 23 ff. – Hoeckx; für die Garantie eines Mindesteinkommens Rs. C-299/01, Slg. 2002, I-5899, Rn. 12, 14 – EK/Luxemburg; für Mindesteinkommen im Alter Rs. 157/84, Slg. 1985, 1739, Rn. 24 – Frascogna; für Beihilfen für Behinderte Rs. C-326/90, Slg. 1992, I-5517 – EK/Belgien; für Erziehungsgeld – allerdings in einer Rückkehrerkonstellation – Rs. C-185/04, Slg. 2006, I-1453, Rn. 14 ff. – Öberg. Ein Mindestaufenthaltskriterium fordern dagegen *K. Hailbronner*, ZAR 1988, 3 (6); *F. Schockweiler*, RDE 1991, 3 (23 f.); *J. Steiner*, 10 EL Rev. (1985), 21 (41).

64/221) noch zwingende Gründe des Allgemeininteresses darstellen.[80] Ebenso wenig kann ein Mitgliedstaat geltend machen, er verfolge mit einer sozialen Vergünstigung bevölkerungspolitische Ziele bezüglich der eigenen Bevölkerung, was deren Erstreckung auf EWG-Ausländer ausschließe.[81] Diese vom Grundsatz der unbedingten Solidarität geprägte Rechtsprechung des EuGH mag *prima facie* überraschen, wie dies ein amerikanischer Beobachter im Kontext des gleichen Zugangs zu Sozialwohnungen formuliert:

> Despite the importance of the substantive social issues underlying the controversy before it, however, one is struck by the Court's unwillingness to even discuss the policy considerations that led the Italian government to offer housing benefits and subsidies to its own citizens. The Court, in its free movement of persons jurisprudence, has not explicitly balanced the Community's objectives against national priorities. Instead, the Court has apparently chosen to overlook the national priorities if they hinder "directly or indirectly, actually or potentially," the free movement of persons. The Court's reasoning then, is simple, straightforward, and without any doubt, highly integrationist.[82]

Die unbedingte Solidarität ist jedoch der Preis für den Beitrag des Erwerbstätigen zur Produktivität im Aufnahmemitgliedstaat. Die geringe innergemeinschaftliche Mobilität mag zudem dazu bewogen zu haben, eher Mobilitätsanreize zu setzen denn Konsequenzen einer Massenwanderung zu verhindern.[83]

(3) Effektiver Diskriminierungsschutz: Die Einbeziehung versteckter Diskriminierungen

Zur nicht nur formalen, sondern auch effektiven Sicherung der Inländerbehandlung hat der Gerichtshof dadurch beigetragen, dass er den Diskriminierungsbegriff weit fasste. Ihrem Wortlaut nach steht die Arbeitnehmerfreizügig-

---

[80] Vgl. auch EuGH, Rs. C-388/01, Slg. 2003, I-721, Rn. 19, 22 – EK/Italien; Rs. C-109/04, Slg. 2005, I-2421, Rn. 31 – Kranemann; Rs. C-185/04, Slg. 2006, I-1453, Rn. 21 – Öberg. Lediglich als *ultima ratio* hat der Gerichtshof anerkannt, für den Mitgliedstaat entstehende besondere finanzielle Lasten als Rechtfertigungsgrund zu berücksichtigen, wenn etwa im Bereich der sozialen Sicherheit eine Gefährdung des finanziellen Gleichgewichts der nationalen Sozialleistungssysteme abzuwehren ist (dazu Rs. C-120/95, Slg. 1998, I-1831 – Decker; Rs. C-158/96, Slg. 1998, I-1931 – Kohll; Rs. C-185/04, Slg. 2006, I-1453, Rn. 20 ff. – Öberg; Rs. C-208/05, n.n.v., Rn. 41 ff. – ITC, in den beiden zuletzt geannten Entscheidungen auch zu den Anforderungen an den Nachweis).

[81] EuGH, Rs. 65/81, Slg. 1982, 33, Rn. 14 f. – Reina. Bestätigt in Rs. C-185/96, Slg. 1998, I-6601, Rn. 33 f. – EK/Griechenland.

[82] *C. A. Ball*, 37 Harv. Int'l LJ (1996), 307 (358 f.).

[83] 2006 leben und arbeiten lediglich 1,5 % aller Unionsbürger in einem anderen Mitgliedstaat als dem ihrer Herkunft, eine Quote, die über die letzten drei Jahrzehnte konstant geblieben ist, vgl. http://ec.europa.eu/employment_social/workersmobility_2006/index.cfm?id_page_category=FF (26.5.2006). Siehe auch *C. Schönberger*, Unionsbürger, 354 f., sowie *ders.*, ZAR 2006, 226 (231), der an zuletzt genannter Stelle im Übrigen zutreffenderweise anmerkt, dass die Union die niedrige Mobilität nicht nur nicht garantieren könne, sondern diese vielmehr zu überwinden suche.

keit jeder auf der Staatsangehörigkeit beruhenden Ungleichbehandlung entgegen (Art. 39 II EG). Bereits in Art. 3 I UA 1 2. SpS VO 1612/68 kommt im Hinblick auf den Zugang zu einer Beschäftigung behindernde Maßnahmen der Mitgliedstaaten jedoch zum Ausdruck, dass insoweit nicht nur formal an das Unterscheidungskriterium der Staatsangehörigkeit anknüpfende (sog. „offene") Diskriminierungen der Arbeitnehmerfreizügigkeit entgegenstehen, sondern diese ebenfalls Maßnahmen verbietet, „die, ohne auf die Staatsangehörigkeit abzustellen, ausschließlich oder hauptsächlich bezwecken oder bewirken, daß Angehörige der übrigen Mitgliedstaaten von der angebotenen Stelle ferngehalten werden."

Erstmalig in der Rs. Sotgiu hat der Gerichtshof diesen sog. „versteckten" oder „verschleierten" Diskriminierungsbegriff allgemein seiner Rechtsprechung zu den primär- und sekundärrechtlich verankerten Diskriminierungsverboten zugrunde gelegt. Denn eine Einbeziehung verdeckter Diskriminierungen sei geboten, um die Wirksamkeit der Arbeitnehmerfreizügigkeit als eines der Grundprinzipien der Gemeinschaft sicherzustellen. Auch verdeutliche die fünfte Begründungserwägung der VO 1612/68, dass die Gleichbehandlung tatsächlich und rechtlich garantiert werden müsse.[84] In seinem Urteil in der Rs. O'Flynn vom 23.5.1996 nahm der Gerichtshof zum Begriff der versteckten Diskriminierung zusammenfassend Stellung:

Nach ständiger Rechtsprechung des Gerichtshofes verbietet der … Gleichbehandlungsgrundsatz nicht nur offene Diskriminierungen aufgrund der Staatsangehörigkeit, sondern auch alle versteckten Formen der Diskriminierung, die durch die Anwendung anderer Unterscheidungsmerkmale tatsächlich zu dem gleichen Ergebnis führen … Als mittelbar diskriminierend sind daher Voraussetzungen des nationalen Rechts anzusehen, die zwar unabhängig von der Staatsangehörigkeit gelten, aber im wesentlichen … oder ganz überwiegend … Wanderarbeitnehmer betreffen, sowie unterschiedslos geltende Voraussetzungen, die von inländischen Arbeitnehmern leichter zu erfüllen sind als von Wanderarbeitnehmern ... Eine mittelbare Diskriminierung ist auch in Voraussetzungen zu sehen, bei denen die Gefahr besteht, daß sie sich besonders zum Nachteil von Wanderarbeitnehmern auswirken.[85]

---

[84] EuGH, Rs. 152/73, Slg. 1974, 153, Rn. 11 – Sotgiu. Zum Begriff der indirekten Diskriminierung siehe *M. Benlolo*, Fondements juridiques de la citoyenneté européenne, 451 ff.; *G. Davies*, Nationality Discrimination in the Internal Market, 28 ff., 41 ff.; *N. Görlitz*, Mittelbare Diskriminierung; *A. Mühl*, Diskriminierung und Beschränkung, 103 ff., 325 ff.; *S. Plötscher*, Diskriminierung, 114 ff., 277 ff. Zur Problematik des weiten Diskriminierungsbegriffs im Hinblick auf den Grundsatz der Gewaltenteilung siehe *O. de Schutter*, Concept de Discrimination.

[85] EuGH, Rs. C-237/94, Slg. 1996, I-2617, Rn. 17 f. – O'Flynn. Vgl. auch Rs. 152/73, Slg. 1974, 153, Rn. 11 f. – Sotgiu; Rs. 41/84, Slg. 1986, 1, Rn. 23 f. – Pinna; Rs. 33/88, Slg. 1989, 1591, Rn. 11 f. – Allué I; Rs. 175/88, Slg. 1990, I-1779, Rn. 13 f. – Biehl; Rs. C-279/89, Slg. 1992, I-5785, Rn. 40 ff. – EK/Großbritannien; Rs. 27/91, Slg. 1991, 5531, Rn. 10 ff. – URSSAF; Verb. Rs. C-259/91, C-331/91 und C-332/91, Slg. 1993, I-4309, Rn. 10 ff. – Allué II; Rs. C-272/92, Slg. 1993, I-5185, Rn. 18 – Spotti; Rs. C-90/96, Slg. 1997, I-6527, Rn. 54 ff. – Petrie u.a.; Rs. C-356/98, Slg. 2000, I-2623, Rn. 27 ff. – Kaba I.

Entscheidend ist demnach, ob sich die nationale Regelung „ihrem Wesen nach eher auf Wanderarbeitnehmer als auf inländische Arbeitnehmer auswirken kann und folglich die Gefahr besteht, daß sie Wanderarbeitnehmer besonders benachteiligt“[86]. An den Nachweis einer solchen Gefahr stellt der Gerichtshof allerdings keine hohen Anforderungen. Denn er verzichtet auf eine Quantifizierung, womit nicht festgestellt werden muss, dass von der Norm tatsächlich ein wesentlich größerer Anteil der Wanderarbeitnehmer betroffen ist. Vielmehr genüge die Feststellung, dass die fragliche Norm „geeignet ist, eine solche Wirkung hervorzurufen“.[87] Musterbeispiel für ein versteckt diskriminierendes Merkmal ist der Wohnsitz im Inland oder an einem bestimmten Ort im Inland, da Gebietsfremde regelmäßig Ausländer sind.[88]

Mit der Erweiterung des Diskriminierungsbegriffes geht allerdings auch eine Erweiterung der Rechtfertigungsmöglichkeiten von Ungleichbehandlungen einher. Während offene Diskriminierungen nur über die ausdrücklich vertraglich vorgesehenen Ausnahmen gerechtfertigt werden können (Art. 39 III EG), also aus Gründen der öffentlichen Ordnung, Sicherheit oder Gesundheit,[89] genügen bei versteckten Diskriminierungen zwingende Gründe des Allgemeininteresses.[90] Eine mittelbare Ungleichbehandlung ist gerechtfertigt, wenn sie

> durch objektive, von der Staatsangehörigkeit der betroffenen Arbeitnehmer unabhängige Erwägungen gerechtfertigt [ist] und in einem angemessenen Verhältnis zu dem Zweck steh[t], der mit den nationalen Rechtsvorschriften zulässigerweise verfolgt wird.[91]

c) Der Bedeutungsverlust der Grenzen zwischen den Mitgliedstaaten: Mobilitätsschutz jenseits des Gebotes der Inländerbehandlung

Für den marktfreiheitlich Freizügigkeitsberechtigten relativiert wurde schließlich nicht bloß die Bedeutung der Staatsangehörigkeit, sondern auch die der Grenzen zwischen den Mitgliedstaaten. Hindernisse für den freien Personen-

---

[86] EuGH, Rs. C-237/94, Slg. 1996, I-2617, Rn. 18 – O'Flynn.

[87] EuGH, Rs. C-237/94, Slg. 1996, I-2617, Rn. 21 – O'Flynn.

[88] EuGH, Rs. C-388/01, Slg. 2003, I-721, Rn. 14 – EK/Italien. Dass das Erfordernis eines Wohnsitzes an einem *bestimmten* Ort im Inland auch sonstige Inländer betreffe, sei irrelevant (ebenso Rs. C-281/98, Slg. 2000, I-4139, Rn. 41 – Angonese). Vgl. ferner Rs. C-29/95, Slg. 1997, I-285, Rn. 16 ff. – Pastoors. Siehe aber auch – wenig überzeugend – Rs. 182/83, Slg. 1984, 3677, Rn. 10 – Fearon & Co. Zu weiteren Beispielen aus der Rechtsprechung siehe etwa Rs. 61/77, Slg. 1978, 417, Rn. 69 ff. – EK/Irland (bestimmte, im Inland kaum zum Fischfang verwendete Schiffsart) oder Rs. C-398/92, Slg. 1994, I-467, Rn. 15 f. – Mund und Fester (Ort der Vollstreckung eines Urteils).

[89] EuGH, Rs. C-388/01, Slg. 2003, I-721, Rn. 19 – EK/Italien; ferner Rs. 352/85, Slg. 1988, 2085, Rn. 32 f. – Bond van Adverteerders u.a.

[90] EuGH, Rs. C-237/94, Slg. 1996, I-2617, Rn. 19 – O'Flynn; Rs. C-388/01, Slg. 2003, I-721, Rn. 21 – EK/Italien.

[91] Vgl. statt vieler EuGH, Rs. C-237/94, Slg. 1996, I-2617, Rn. 19 – O'Flynn. Dazu ausführlich *S. Plötscher*, Diskriminierung, 122 ff.

verkehr resultieren nämlich nicht nur, wie sich im Laufe der Zeit zeigen sollte, aus einer Schlechterstellung EWG-ausländischer Erwerbstätiger gegenüber den Angehörigen des Aufnahmemitgliedstaates. Vielmehr haben sich im Kontext der Personenverkehrsfreiheiten namentlich die versagte Anerkennung im Ausland erworbener Qualifikationen im Inland sowie unterschiedslos anwendbare Belastungen der transnationalen Tätigkeitsverlagerung als Mobilitätshemmnisse erwiesen.[92] Wie weit jedoch der Gewährleistungsgehalt der Arbeitnehmerfreizügigkeit – wie auch der der übrigen Grundfreiheiten – jenseits des im vorangegangenen Abschnitt skizzierten Inländerbehandlungsgebotes reicht, ist trotz einer kaum noch zu überblickenden Rechtsprechung und einer bereits mehrere Jahrzehnte währenden intensiven Diskussion in der Literatur nach wie vor ungeklärt. Die ganz überwiegend am Begriffspaar Grundfreiheiten als reine „Diskriminierungs-" oder auch „Beschränkungsverbote" aufgehängte Kontroverse reflektiert das Spannungsfeld, das die dogmatische Strukturierung der Marktfreiheiten prägt: Einerseits stehen sie im Dienst des Binnenmarktzieles, möglichst umfassend Hindernisse für die Mobilität der Produktionsfaktoren zu beseitigen (Art. 3 I lit. c, 14 II EG), andererseits bestehen nach dem auf den Grundsätzen der begrenzten Einzelermächtigung (Art. 5 UA 1 EG) und der Subsidiarität (Art. 5 UA 2 EG) beruhenden EG-Vertrag nationale Kompetenzen insbesondere im Bereich der Wirtschafts-, Sozial- und Arbeitsmarktpolitik fort. Dieses föderale Element des Binnenmarktes, der gerade nicht auf der Geltung einheitlichen Rechts beruht,[93] darf nicht dadurch ausgehöhlt werden, dass tatbestandlich jede potentiell mobilitätshemmende nationale Regulierungsentscheidung erfassende Grundfreiheiten zu einem faktischen Harmonisierungszwang nach vom EuGH vorgegebenen Spielregeln führen, die Marktfreiheiten also zu einer unitarisierenden allgemeinen Wirtschaftsfreiheit mutieren. Das beschriebene Spannungsfeld löst die Rechtsprechung des Gerichtshofs,

---

[92] Ebenfalls in diesem Kontext zu nennen ist, aber ausgeklammert bleibt die für die Mobilität der Arbeitnehmer bedeutsame sozialversicherungsrechtliche Flankierung durch die VO 1408/71, mit der durch eine Koordinierung der Systeme der sozialen Sicherheit der Mitgliedstaaten mobilitätsbedingten negativen sozialversicherungsrechtlichen Konsequenzen entgegengewirkt werden soll. Die VO 1408/71 stellt sicher, dass die Versicherungszeiten zu- und abwandernder Arbeitnehmer sowie deren anspruchsberechtigter Familienangehöriger zusammengerechnet werden und Leistungen an in den Mitgliedstaaten wohnende Personen ausbezahlt werden. Vgl. näher *E. Eichenhofer*, ZIAS 2003, 404 (407 ff.); *M. Ferrera*, Towards an 'Open' Social Citizenship?, 11 (24 ff.); *M. Fuchs*, ZIAS 2003, 379; *C. Laske*, 30 CML Rev. (1993), 515; *D. Sindbjerg Martinsen*, Social Security Regulation; *dies.*, 43 JCMS (2005), 1027 (1029 ff.); *M. Moore*, 35 CML Rev. (1998), 409; *ders.*, 39 CML Rev. (2002), 807; *H. Verschueren*, RMUE 1996, 83 (91 ff.). Die VO 1408/71 wurde zwischenzeitlich durch die VO 883/2004 ersetzt, durch die das Koordinierungsregime modernisiert werden sollte, insbesondere im Hinblick auf dessen persönlichen und sachlichen Anwendungsbereich. Siehe dazu *F. Pennings*, The New Co-ordination Regulation, sowie die Beiträge in *F. Marhold*, Das neue Sozialrecht der EU.

[93] Zur föderalen Komponente etwa *A. Mühl*, Diskriminierung und Beschränkung, 133 ff.

die sich ein freiheitsrechtliches Verständnis der Grundfreiheiten zu Eigen gemacht hat, durch tatbestandliche Korrektive auf (aa), wohingegen die Teile der Literatur (bb), die diesem Ansatz nicht folgen, einen Ausgleich nur mittels einer gleichheitsrechtlichen Konzeption für möglich halten. Dem ist allerdings nicht zu folgen, vielmehr im Einklang mit dem überwiegenden Teil des Schrifttums und dem EuGH eine freiheitsrechtliche, wiewohl tatbestandlich restriktiv zu handhabende Komponente der Grundfreiheiten anzuerkennen (cc).

aa) Die Rechtsprechung des EuGH: Der Weg zum freiheitsrechtlichen Verständnis der Personenverkehrsfreiheiten

Während sich für die Warenverkehrsfreiheit schon früh ein freiheitsrechtliches Verständnis in der Rechtsprechung des EuGH abgezeichnet hat,[94] setzte dieser Prozess bei der Arbeitnehmerfreizügigkeit deutlich später ein. Dies mag an deren primär diskriminierungsrechtlichen Formulierung im EG-Vertrag liegen. So spricht zwar Art. 39 I EG als Umsetzung des in Art. 3 I lit. c EG verankerten Binnenmarktziels, Hindernisse für den freien Personenverkehr zu beseitigen, davon, dass die Arbeitnehmerfreizügigkeit innerhalb der Gemeinschaft gewährleistet sei. Die in den folgenden beiden Absätzen enthaltenen Konkreti-

---

[94] Zunächst fasste der EuGH den Schutzbereich der Warenverkehrsfreiheit in der Rs. 8/74, Slg. 1974, 837, Rn. 5 – Dassonville, sehr weit, wonach „jede Handelsregelung der Mitgliedstaaten, die geeignet ist, den innergemeinschaftlichen Handel unmittelbar oder mittelbar, tatsächlich oder potentiell zu behindern, ... als Maßnahme mit gleicher Wirkung wie eine mengenmäßige Beschränkung anzusehen [sei]". In der Rs. 120/78, Slg. 1979, 649, Rn. 8 – Cassis de Dijon, hieß es dann weiter, dass solange die Herstellung und Vermarktung eines Produktes nicht gemeinschaftsrechtlich harmonisiert sei, es den Mitgliedstaaten obliege, alle entsprechenden Vorschriften für ihr Hoheitsgebiet zu erlassen. „Hemmnisse für den Binnenhandel der Gemeinschaft, die sich aus den Unterschieden der nationalen Regelungen über die Vermarktung dieser Erzeugnisse ergeben, müssen hingenommen werden, soweit diese Bestimmungen notwendig sind, um zwingenden Erfordernissen gerecht zu werden ...". Der Gefahr der Mutation zu einer allgemeinen Wirtschaftsfreiheit begegnete der Gerichtshof in den Verb. Rs. C-267/91 und 268/91, Slg. 1993, I-6097, Rn. 16 – Keck und Mithouard, in denen er betonte, dass „entgegen der bisherigen Rechtsprechung die Anwendung nationaler Bestimmungen, die bestimmte Verkaufsmodalitäten beschränken oder verbieten, auf Erzeugnisse aus anderen Mitgliedstaaten nicht geeignet [sei], den Handel zwischen den Mitgliedstaaten im Sinne des Urteils Dassonville ... zu behindern, sofern diese Bestimmungen für alle betroffenen Wirtschaftsteilnehmer gelten, die ihre Tätigkeit im Inland ausüben, und sofern sie den Absatz der inländischen Erzeugnisse und der Erzeugnisse aus anderen Mitgliedstaaten rechtlich wie tatsächlich in der gleichen Weise berühren". Siehe zur Warenverkehrsfreiheit *S. Feiden*, Die „Keck"-Rechtsprechung im System der Grundfreiheiten, 9 ff.; *W. Frenz*, Europäische Grundfreiheiten, Rn. 794 ff.; *U. Haltern*, Europarecht, 533 ff.; *T. Körber*, Grundfreiheiten und Privatrecht, 115 ff.; *G. Marenco*, CDE 1984, 291; *F. C. Mayer*, EuR 2003, 793; *P. Oliver*, 36 CML Rev. (1999), 783; *N. N. Shuibhne*, 27 EL Rev. (2002), 408; *J. Snell*, Goods and Services, 31 ff., 227; *J. Steiner*, 29 CML Rev. (1992), 749; *S. Weatherill*, 33 CML Rev. (1996), 885; *ders.*, 36 CML Rev. (1999), 51; *J. H. H. Weiler*, Text and Context in the Free Movement of Goods.

sierungen betonen dann allerdings – vom Fortbewegungs- und Aufenthaltsrecht einmal abgesehen – den Aspekt der Inländerbehandlung (Art. 39 II, III lit. c EG).

Auf dem Weg zur Anerkennung eines auch freiheitsrechtlichen Verständnisses der Personenverkehrsfreiheiten können aus der Retrospektive drei Etappen identifiziert werden. Zunächst hat der Gerichtshof das Diskriminierungskonzept rein terminologisch überwunden, also Sachverhalte, die noch als versteckte Diskriminierung hätten begriffen werden können, aus einem freiheitsrechtlichen Blickwinkel betrachtet (1). Des Weiteren lassen sich eine Vielzahl von Fällen identifizieren, die sich – obgleich der EuGH wiederum auf den nichtdiskriminierenden Charakter der in Frage stehenden Maßnahme abhebt – noch gleichheitsrechtlich erklären lassen, wenn auch nur unter Erweiterung der verbotenen Differenzierungskriterien über die Staatsangehörigkeit hinaus (2). Den Diskriminierungsansatz zugunsten eines freiheitsrechtlichen Verständnisses der Grundfreiheiten schließlich hinter sich gelassen hat der Gerichtshof 1995 mit seinem Urteil in der Rs. Bosman (3). Bei der folgenden Betrachtung soll die Niederlassungsfreiheit miteinbezogen werden, da sich dort wegen der gemeinsamen Zielsetzung, Hindernisse für den freien Personenverkehr – einmal für Selbstständige, einmal für abhängig Beschäftigte – zu beseitigen (vgl. Art. 3 I lit. c, 14 II EG), strukturell ähnliche Fragen stellen, und auch der Gerichtshof die Gewährleistungen in seiner Rechtsprechung parallel versteht.[95] Außer Betracht bleibt die wegen ihres Produktbezuges der Warenverkehrsfreiheit nahe stehende Dienstleistungsfreiheit,[96] obgleich gewisse Parallelen auch hier unverkennbar sind.

(1) Die rein terminologische Überwindung des Diskriminierungskonzeptes

Ein erster Schritt auf dem Weg zu einem auch freiheitsrechtlichen Verständnis der Personenverkehrsfreiheiten war die rein terminologische Überwindung des Diskriminierungsansatzes. Diese lässt sich anhand der prominenten Kasuistik zur Pflicht der Mitgliedstaaten, durch Ausländer im Ausland erworbene Befähigungsnachweise anzuerkennen, die für die Ausübung eines Berufes im Inland

[95] Ausdrücklich betont etwa in EuGH, Rs. C-19/92, Slg. 1993, I-1663, Rn. 16 – Kraus; Rs. C-415/93, Slg. 1995, I-4921, Rn. 97 – Bosman. Siehe auch GA *Lenz*, in: Rs. C-415/93, Slg. 1995, I-4921, Rn. 165 – Bosman, sowie GA *Fennelly*, in: Rs. C-190/98, Slg. 2000, I-493, Fn. 20 – Graf.

[96] Für diese steht seit EuGH, Rs. C-76/90, Slg. 1991, I-4221, Rn. 12 – Säger, fest, dass sie „nicht nur die Beseitigung sämtlicher Diskriminierungen des Dienstleistungserbringers aufgrund seiner Staatsangehörigkeit, sondern auch die Aufhebung aller Beschränkungen – selbst wenn sie unterschiedslos für einheimische Dienstleistende wie für Dienstleistende anderer Mitgliedstaaten gelten – verlangt, wenn sie geeignet sind, die Tätigkeit des Dienstleistenden, der in einem anderen Mitgliedstaat ansässig ist und dort rechtmäßig ähnliche Dienstleistungen erbringt, zu unterbinden oder zu behindern". Dazu *S. Feiden*, Die „Keck"-Rechtsprechung im System der Grundfreiheiten, 121 ff.

notwendig oder zumindest förderlich waren, exemplifizieren. Waren EU-Ausländer betroffen,[97] so griff zwar noch theoretisch das Konzept der versteckten Diskriminierung als Erklärungsansatz. Denn das Erfordernis eines im Inland erworbenen Befähigungsnachweises ist, obgleich es nicht formal an die Staatsangehörigkeit anknüpft, geeignet, Ausländer gegenüber Inländern zu benachteiligen, da Ausländer typischerweise ihre Qualifikationen im Heimatstaat erworben haben.[98] Jedoch stellte der Gerichtshof bereits in dieser Konstellation nicht entscheidend auf den verschleiert diskriminierenden Charakter der nationalen Regelung ab, sondern prüfte die Sachverhalte unter dem Gesichtspunkt einer Beschränkung der Niederlassungsfreiheit.[99] In der 1991 entschiedenen Rs. Vlassopoulou unterstrich der Gerichtshof dann erstmals, dass auch nichtdiskriminierende Regelungen zu Befähigungsnachweisen an der Niederlassungsfreiheit zu messen sind:

> [N]ationale Qualifikationsvoraussetzungen, *selbst wenn sie ohne Diskriminierung aufgrund der Staatsangehörigkeit angewandt werden*, [können] sich dahin auswirken ..., daß sie die Staatsangehörigen der anderen Mitgliedstaaten in der Ausübung des ihnen durch [Art. 43 EG] gewährleisteten Niederlassungsrechts beeinträchtigen. Dies kann der Fall sein, wenn die fraglichen nationalen Vorschriften die von dem Betroffenen in einem anderen Mitgliedstaat bereits erworbenen Kenntnisse und Fähigkeiten unberücksichtigt lassen.[100]

Eine analog zu beurteilende Fallgruppe ist das Verbot der Doppelniederlassung, das ebenfalls als versteckte Diskriminierung konzeptionalisiert werden kann. Denn es sperrt bei bestehender Niederlassung des Berufsträgers in einem anderen Mitgliedstaat den Zugang zum Markt eines weiteren Mitgliedstaates. Wiederum zog der Gerichtshof jedoch einen freiheitsrechtlichen Ansatz vor. Er gestand den Mitgliedstaaten zwar zu, die Modalitäten der Berufsausübung in ihrem Hoheitsgebiet zu regeln, was jedoch nicht bedeute,

> daß einem Rechtsanwalt durch die Rechtsvorschriften eines Mitgliedstaats vorgeschrieben werden kann, im gesamten Gebiet der Gemeinschaft nur eine einzige Kanzlei zu unterhalten. Eine solche einschränkende Auslegung hätte nämlich zur Folge, dass ein Rechtsanwalt, der sich einmal in einem bestimmten Mitgliedstaat niedergelassen hat, die Freiheitsrechte des Vertrages

---

[97] So die Konstellation etwa in EuGH, Rs. 71/76, Slg. 1977, 765 – Thieffry; Rs. 11/77, Slg. 1977, 1199 – Patrick; Rs. C-340/89, Slg. 1991, I-2357 – Vlassopoulou. Für den Fall der Fahrerlaubnis siehe Rs. 16/78, Slg. 1978, 2293 – Choquet.

[98] So etwa auch GA *Mayras*, in: EuGH, Rs. 71/76, Slg. 1977, 765, 791 – Thieffry. Diese Interpretation auch für möglich erklären GA *Lenz*, in: Rs. C-415/93, Slg. 1995, I-4921, Rn. 186 – Bosman, und GA *Fennelly*, in: Rs. C-190/98, Slg. 2000, I-493, Rn. 26 – Graf.

[99] Siehe etwa EuGH, Rs. 71/76, Slg. 1977, 765, Rn. 19, 27 – Thieffry. Undeutlich Rs. 11/77, Slg. 1977, 1199, Rn. 16 ff. – Patrick.

[100] EuGH, Rs. C-340/89, Slg. 1991, I-2357, Rn. 15 – Vlassopoulou (Hervorhebung durch den Verfasser). Für den Bereich der Sozialversicherungspflicht siehe bereits Rs. 143/87, Slg. 1988, 3877, Rn. 9 ff. – Stanton.

zur Niederlassung in einem anderen Mitgliedstaat nur noch in Anspruch nehmen könnte, wenn er seine bereits bestehende Niederlassung aufgeben würde.[101]

In seiner Leitentscheidung, der Rs. Gebhard vom 30.11.1995, nahm der Gerichtshof zusammenfassend zur Zulässigkeit nationaler Regelungen, die die Aufnahme und Ausübung selbstständiger Tätigkeiten betreffen, Stellung. Streitgegenstand war, ob sich ein in Deutschland ausgebildeter und zugelassener Rechtsanwalt in Italien niederlassen dürfe, um dort unter Führung der Berufsbezeichnung „avvocato" in einer eigenen Kanzlei dauerhaft anwaltlich tätig zu werden. Der EuGH gestand den Mitgliedstaaten zu, aus Gründen des Allgemeininteresses „die Ausübung einer spezifischen Tätigkeit je nach Lage des Falles den Inhabern eines Diploms, Prüfungszeugnisses oder sonstigen Befähigungsnachweises, den Angehörigen eines bestimmten Berufsstandes oder den Personen, die einer bestimmten Ordnung oder Kontrolle unterliegen, vor[zu]behalten"[102]. Als Beschränkung der grundfreiheitlich gewährleisteten transnationalen beruflichen Betätigung sind diese vom Erwerbstätigen grundsätzlich zu erfüllenden Bedingungen jedoch auf ihre unionsrechtliche Rechtfertigung hin zu überprüfen:

> Aus der Rechtsprechung des Gerichtshofes ergibt sich ..., daß nationale Maßnahmen, die die Ausübung der durch den Vertrag garantierten grundlegenden Freiheiten behindern oder weniger attraktiv machen können, vier Voraussetzungen erfüllen müssen: Sie müssen in nichtdiskriminierender Weise angewandt werden, sie müssen aus zwingenden Gründen des Allgemeininteresses gerechtfertigt sein, sie müssen geeignet sein, die Verwirklichung des mit ihnen verfolgten Zieles zu gewährleisten, und sie dürfen nicht über das hinausgehen, was zur Erreichung dieses Zieles erforderlich ist.[103]

Damit war mittels einer verallgemeinerungsfähigen Formel der Anspruch formuliert, auch – zumindest nach Auffassung des Gerichtshofs – nichtdiskriminierende Regelungen, die die Ausübung und Aufnahme eines Berufes betreffen, anhand der Grundfreiheiten zu überprüfen.

(2) Die materielle Erweiterung des Diskriminierungsschutzes über das Gebot der Inländerbehandlung hinaus

Während sich die eben erörterten Sachverhalte, obgleich entgegen der Betonung des nichtdiskriminierenden Charakters der Maßnahmen in der Rechtsprechung des EuGH, noch mehr oder weniger überzeugend mit dem Konzept der versteckten Diskriminierung aufgrund der Staatsangehörigkeit erklären

---

[101] EuGH, Rs. 107/83, Slg. 1984, 2971, Rn. 17 f. – Klopp.

[102] EuGH, Rs. C-55/94, Slg. 1995, I-4165, Rn. 35 – Gebhard.

[103] EuGH, Rs. C-55/94, Slg. 1995, I-4165, Rn. 37 – Gebhard. Des Weiteren „dürfen die Mitgliedstaaten bei der Anwendung ihrer nationalen Vorschriften nicht die Kenntnisse und Qualifikationen außer acht lassen, die der Betroffene bereits in einem anderen Mitgliedstaat erworben hat ..." (ibid., Rn. 38).

lassen, da die Berufstätigkeit von Ausländern gegenüber der von Inländern faktisch erschwert war, erweiterte der Gerichtshof dieses Diskriminierungsverständnis in weiteren Urteilen. Manifest blieb zwar stets eine Ungleichbehandlung, diese beruhte jedoch nicht mehr auf dem Differenzierungskriterium der Staatsangehörigkeit, sondern auf einem anderen transnationalen Moment: der Ausübung des Freizügigkeitsrechts. Damit war auch Inländern die Möglichkeit eingeräumt, sich gegenüber ihrem Heimatstaat auf die Grundfreiheiten zu berufen und diesem die Schlechterstellung grenzüberschreitender Sachverhalte gegenüber rein inländischen zu versagen. Exemplifiziert werden kann dies wiederum anhand der Kasuistik zur Anerkennung von im EU-Ausland erworbenen akademischen Abschlüssen und sonstigen Befähigungsnachweisen, diesmal allerdings durch Inländer.[104]

Der EuGH betonte in einer Entscheidung aus dem Jahr 1979, dass „die Niederlassungsfreiheit durch die Anwendung des Grundsatzes der Inländergleichbehandlung allein nicht vollständig gewährleistet ist, da diese alle anderen Hindernisse außer denjenigen, die aus der fehlenden Staatsangehörigkeit des Aufnahmestaats entstehen, aufrechterhält ...“[105]. Die Grundfreiheiten wären, wie es in einer anderen Entscheidung desselben Jahres hieß,

> nicht voll verwirklicht, wenn die Mitgliedstaaten die Vergünstigung der gemeinschaftlichen Bestimmungen denjenigen ihrer Staatsangehörigen versagen dürften, die von den Erleichterungen auf dem Gebiet des Verkehrs und der Niederlassung Gebrauch gemacht haben und die dank dieser Erleichterungen ... berufliche Qualifikationen in einem anderen Mitgliedstaat als demjenigen erworben haben, dessen Staatsangehörigkeit sie besitzen.[106]

In der Rs. Kraus verallgemeinerte der Gerichtshof dann seine bislang zur Niederlassungsfreiheit getroffenen Aussagen für alle Personenverkehrsfreiheiten:

> Daher stehen die [Art. 39 und 43 EG] jeder nationalen Regelung über die Voraussetzungen für die Führung eines in einem anderen Mitgliedstaat erworbenen ergänzenden akademischen Grades entgegen, die zwar ohne Diskriminierung aus Gründen der Staatsangehörigkeit anwendbar ist, die aber geeignet ist, die Ausübung der durch den EWG-Vertrag garantierten grundlegenden Freiheiten durch die Gemeinschaftsangehörigen einschließlich der Staatsangehörigen des Mitgliedstaats, der die Regelung erlassen hat, zu behindern oder weniger attraktiv zu machen. Anders verhielte es sich nur, wenn mit einer solchen Regelung ein berechtigter

---

[104] EuGH, Rs. 115/78, Slg. 1979, 399 – Knoors; Rs. 136/78, Slg. 1979, 437 – Auer; Rs. 246/80, Slg 1981, 2311 – Broekmeulen; Rs. C-61/89, Slg. 1990, I-3551 – Bouchoucha; Rs. C-19/92, Slg. 1993, I-1663 – Kraus; Rs. C-285/01, Slg. 2003, I-8219 – Burbaud.

[105] EuGH, Rs. 136/78, Slg. 1979, 437, Rn. 21 – Auer.

[106] EuGH, Rs. 115/78, Slg. 1979, 399, Rn. 17 – Knoors; Rs. 246/80, Slg 1981, 2311, Rn. 20 – Broekmeulen: zwar zu einem sekundärrechtlichen Liberalisierungsakt, jedoch mit allgemeingültigen Aussagen zur Auslegung der Grundfreiheiten. Erweitert auf die Arbeitnehmerfreizügigkeit in Rs. C-19/92, Slg. 1993, I-1663, Rn. 16 – Kraus.

Zweck verfolgt würde, der mit dem EWG-Vertrag vereinbar und aus zwingenden Gründen des Allgemeininteresses gerechtfertigt wäre.[107]

Wiederum ist die nationale Regulierung also grundsätzlich hinzunehmen, jedoch behält sich der Gerichtshof die Kontrolle von deren Rechtfertigung aus zwingenden Gründen des Allgemeininteresses vor.

Die in der Rechtsprechung thematisierten Mobilitätshindernisse beschränkten sich freilich nicht auf die Anerkennung im Ausland erworbener Berufsqualifikationen. Willkürlich aus der reichen Kasuistik herausgegriffen sei etwa die gegen die Arbeitnehmerfreizügigkeit und Niederlassungsfreiheit verstoßende Regelung eines Mitgliedstaats, nach der Personen, die hauptberuflich einer unselbstständigen Erwerbstätigkeit in diesem nachgehen, von der Pflicht zur Entrichtung von Beiträgen zum System sozialer Sicherheit für Selbstständige befreit sind, diese Befreiung aber Personen versagt, die hauptberuflich eine unselbstständige Erwerbstätigkeit in einem anderen Mitgliedstaat ausüben.[108] Ein inländischer Arbeitnehmer wird des Weiteren an der Ausübung seines Freizügigkeitsrechts gehindert, wenn eine Regelung des nationalen Erziehungsgeldes dessen Gewährung von einer Mindestaufenthalts- und Mindestkrankenversicherungsdauer im Inland vor Geburt des Kindes abhängig macht, da ihm dann bei zu später Rückkehr aus dem Ausland die Vergünstigung versagt bleibt.[109] Unvereinbar mit der Arbeitnehmerfreizügigkeit ist ferner, die Erstattung von Reisekosten für Rechtsreferendare, die ihre „Station" im Ausland absolvieren, ungünstiger als bei einer Tätigkeit im Inland auszugestalten.[110]

(3) Die Anerkennung einer freiheitsrechtlichen Komponente: Die Entscheidung Bosman

Den im vorangehenden Abschnitt erörterten Entscheidungen ist gemein, dass sie nicht mehr unter Rekurs auf das EU-Ausländer schützende Verbot offener und versteckter Diskriminierungen erklärbar sind. Dennoch lassen sie sich konzeptionell, wenn auch entgegen der Betonung des nichtdiskriminierenden Charakters der Maßnahmen durch den EuGH, unter ein weiter gefasstes Diskriminierungsverbot subsumieren, das die Schlechterstellung transnationaler gegen-

---

[107] EuGH, Rs. C-19/92, Slg. 1993, I-1663, Rn. 32 – Kraus. Siehe auch Rs. C-61/89, Slg. 1990, I-3551, Rn. 14 f. – Bouchoucha; Rs. C-285/01, Slg. 2003, I-8219, Rn. 95 ff. – Burbaud.

[108] EuGH, Rs. 143/87, Slg. 1988, 3877, Rn. 9 ff. – Stanton. Als weiteres Beispiel nachteiliger sozialversicherungsrechtlicher Konsequenzen aufgrund der Tätigkeitsverlagerung ins Ausland mag die Rs. C-18/95, Slg. 1999, I-345, Rn. 39 ff. – Terhoeve, dienen. Siehe ferner im Hinblick auf die Rentenberechnung Rs. C-10/90, Slg. 1991, I-1119, insb. Rn. 23 – Masgio (mit nur auf den *ordre-public*-Vorbehalt gestützter Rechtfertigungsmöglichkeit, Rn. 24).

[109] EuGH, Rs. C-185/04, Slg. 2006, I-1453, Rn. 14 ff. – Öberg.

[110] EuGH, Rs. C-109/04, Slg. 2005, I-2421, Rn. 23 ff. – Kranemann. Siehe ferner Rs. C-232/01, Slg. 2003, I-11525 – van Lent; Rs. C-464/02, Slg. 2005, I-7929 – EK/Dänemark.

über inländischen Sachverhalten verbietet. Ob die Personenverkehrsfreiheiten auch einschlägig sind, wenn der Inlandssachverhalt genauso nachteilig wie der grenzüberschreitende behandelt wird, war lange Zeit umstritten. Auch heute noch wird dies – zumindest als rechtspolitisches Postulat – abgelehnt. Der Gerichtshof sah jedoch in seinem Grundsatzurteil in der Rs. Bosman vom 15.12.1995[111] auch in diesem Sinne nichtdiskriminierende Maßnahmen als von der Arbeitnehmerfreizügigkeit erfasst an. Diese hatte unter anderem die Vereinbarkeit von Transferregeln im Berufsfußball mit der Arbeitnehmerfreizügigkeit zum Gegenstand, nach denen der Wechsel eines Fußballspielers zu einem neuen Verein – sei es im In- oder Ausland – nur gegen Entrichtung einer Transferentschädigung an den bisherigen Verein möglich war. Der EuGH betonte, dass die

> Vertragsbestimmungen über die Freizügigkeit den Gemeinschaftsangehörigen die Ausübung jeder Art von Berufstätigkeit im Gebiet der Gemeinschaft erleichtern sollen und Maßnahmen entgegenstehen, die die Gemeinschaftsangehörigen benachteiligen könnten, wenn sie im Gebiet eines anderen Mitgliedstaats eine wirtschaftliche Tätigkeit ausüben wollen ... In diesem Zusammenhang haben die Staatsangehörigen der Mitgliedstaaten insbesondere das unmittelbar aus dem Vertrag abgeleitete Recht, ihr Herkunftsland zu verlassen, um sich zur Ausübung einer wirtschaftlichen Tätigkeit in das Gebiet eines anderen Mitgliedstaats zu begeben und sich dort aufzuhalten ... Bestimmungen, die einen Staatsangehörigen eines Mitgliedstaats daran hindern oder davon abhalten, sein Herkunftsland zu verlassen, um von seinem Recht auf Freizügigkeit Gebrauch zu machen, stellen daher Beeinträchtigungen dieser Freiheit dar, auch wenn sie unabhängig von der Staatsangehörigkeit der betroffenen Arbeitnehmer Anwendung finden.[112]

Dass die streitgegenständliche Regelung genauso die Freizügigkeit innerhalb des eigenen Mitgliedstaates beeinträchtige, ist irrelevant. Denn dies ändert nichts an einer Beeinträchtigung der transnationalen Mobilität.[113] Genauso wenig angezeigt sind tatbestandliche Einschränkungen – etwa analog zu den in der Rs. Keck vom Anwendungsbereich der Warenverkehrsfreiheit ausgenommenen Verkaufsmodalitäten[114] –, da die Transferregelung den Zugang zum Arbeitsmarkt eines anderen Mitgliedstaates unmittelbar beeinflusse.[115]

Problematisch an einer solchen tatbestandlichen Konturierung der Arbeitnehmerfreizügigkeit ist deren Weite. Unterfällt ihr jede Regelung, die einen Unionsbürger daran hindert oder davon abhält, von seinem Freizügigkeitsrecht Gebrauch zu machen, hat sich potentiell jede nationale berufsregelnde Maßnahme der Prüfung auf ihre unionsrechtliche Rechtfertigung aus zwingenden

---

[111] EuGH, Rs. C-415/93, Slg. 1995, I-4921, Rn. 94 ff. – Bosman. Eine vergleichbare Konstellation liegt der Rs. C-176/96, Slg. 2000, 2681 – Lehtonen, zu Grunde.

[112] EuGH, Rs. C-415/93, Slg. 1995, I-4921, Rn. 94 ff. – Bosman.

[113] EuGH, Rs. C-415/93, Slg. 1995, I-4921, Rn. 98 ff. – Bosman.

[114] Siehe dazu bereits oben, Fn. 94.

[115] EuGH, Rs. C-415/93, Slg. 1995, I-4921, Rn. 102 f. – Bosman. Deutlich insoweit auch die Verb. Rs. C-94/04 und 202/04, n.n.v., Rn. 58 – Cipolla u.a.

Gründen des Allgemeininteresses hin zu stellen.[116] In der Rs. Graf unternahm der Gerichtshof einen ersten Versuch, die Tragweite seiner Rechtsprechung einzuschränken. Auf dem Prüfstand des Art. 39 EG stand eine Regelung des österreichischen Angestelltengesetzes, nach der einem Angestellten der grundsätzlich bestehende Abfindungsanspruch unter anderem bei einer Eigenkündigung versagt wurde. Der hiervon betroffene Kläger griff diese Regelung mit dem Argument an, sie behindere seinen geplanten Arbeitsplatzwechsel nach Deutschland. Der Gerichtshof teilte diese Auffassung nicht. Zwar bestätigte er die oben zitierte Formel aus dem Urteil Bosman, unterstrich jedoch zum einen, dass eine Beeinträchtigung in diesem Sinne nur zu bejahen ist, wenn sie den Zugang des Arbeitnehmers zum Arbeitsmarkt beeinflusst. Zum anderen forderte der EuGH einen hinreichend engen Bezug zur Arbeitnehmerfreizügigkeit. *In casu* war ein Verstoß zu verneinen, da der Abfindungsanspruch nicht vom Entschluss, den Arbeitsplatz zu wechseln, abhing, sondern von der in der Zukunft liegenden, hypothetischen Beendigung des Arbeitsverhältnisses. Dieses Ereignis ist „jedoch zu ungewiß und wirkte zu indirekt, als daß ... [diese] Regelung ... die Freizügigkeit der Arbeitnehmer beeinträchtigen könnte".[117] Dass die der Rechtsprechung des EuGH zugrunde liegende Trennlinie jedoch nicht zwischen dem „Ob" und „Wie" der beruflichen Betätigung verläuft, verdeutlichen jüngere Entscheidungen. Danach kann eine Beeinträchtigung des Zugangs des Arbeitnehmers zum Arbeitsmarkt nämlich auch aus den Bedingungen der Ausübung einer Erwerbstätigkeit resultieren.[118]

Von limitierender Relevanz ist schließlich die bislang auf das Sozialversicherungs- und Steuerrecht beschränkte, gleichwohl verallgemeinerungsfähige Rechtsprechung zum Gebot, die (Sozialversicherungs- bzw. Steuer-)Rechtsordnung des Aufnahmemitgliedstaates mit all ihren Vor- und Nachteilen hinneh-

---

[116] Dies betont GA *Fennelly*, in: EuGH, Rs. C-190/98, Slg. 2000, I-493, Rn. 29 ff. – Graf.

[117] EuGH, Rs. C-190/98, Slg. 2000, I-493, Rn. 18 ff. – Graf. Kritisch zu dieser Schlussfolgerung *M. R. Deckert/W. Schroeder*, JZ 2001, 88 (89). Mit einer vergleichbaren Argumentation verneinte der Gerichtshof eine Beschränkung der Niederlassungsfreiheit durch das Verkaufsverbot an Sonn- und Feiertagen, siehe Verb. Rs. C-418 bis 421/93, C-460 bis 462/93, C-464/93, C-9 bis 11/94, C-14/94, C-15/94, C-23/94, C-24/94 und C-332/94, Slg. 1996, I-2975, Rn. 32: Denn „die beschränkenden Wirkungen, die [das Verbot] für die Niederlassungsfreiheit haben könnte, [sind] zu ungewiß und zu mittelbar ..., als daß die in ihr aufgestellte Verpflichtung als geeignet angesehen werden könnte, diese Freiheit zu behindern". Zur analogen Argumentation im Rahmen der Warenverkehrsfreiheit siehe etwa Rs. 69/88, Slg. 1990, I-583, Rn. 11 – Krantz; Rs. C-93/92, Slg. 1993, I-5009, Rn. 12 – CMC Motorradcenter; Rs. C-379/92, Slg. 1994, I-3453, Rn. 24 – Peralta; Rs. C-266/96, Slg. 1998, I-3949, Rn. 31 – Corsica Ferries. GA *Fennelly*, in: Rs. C-190/98, Slg. 2000, I-493, Rn. 32 – Graf, plädiert zudem für eine auch beweisrechtliche Lösung.

[118] EuGH, Rs. C-464/02, Slg. 2005, I-7929, Rn. 34 ff. – EK/Dänemark. Ähnlich für einzelne Bedingungen des Arbeitsvertrages, allerdings in einer unter den weiten Diskriminierungsbegriff subsumierbaren Konstellation Rs. C-232/01, Slg. 2003, I-11525, Rn. 21 – van Lent; ferner Verb. Rs. C-94/04 und 202/04, n.n.v., Rn. 58 – Cipolla u.a.

men zu müssen, sofern diese nichtdiskriminierend ausgestaltet ist. In einem wegen der fortbestehenden nationalen Kompetenzen nicht auf der Geltung einheitlichen Rechts beruhenden Binnenmarkt können Unterschiede in den nationalen Rechtsordnungen, die den Umzug – also die Ausübung des Freizügigkeitsrechts im Sinne der Rechtsprechung – mehr oder weniger attraktiv machen, nicht als Beschränkung der Personenfreizügigkeit erfasst werden, da dies Ausdruck nationaler Regelungsautonomie ist:

Der Vertrag garantiert einem Erwerbstätigen jedoch nicht, dass die Verlagerung seiner Tätigkeiten in einen anderen Mitgliedstaat als denjenigen, in dem er bis dahin wohnte, hinsichtlich der Besteuerung neutral ist. Aufgrund der Unterschiede im Steuerrecht der Mitgliedstaaten kann eine solche Verlagerung für den Erwerbstätigen je nach Einzelfall Vor- oder Nachteile in Bezug auf die mittelbare Besteuerung haben. Folglich verstößt ein eventueller Nachteil im Vergleich zu der Situation, in der der Erwerbstätige seine Tätigkeiten vor der Verlagerung ausübte, grundsätzlich nicht gegen Artikel 39 EG, sofern diese Rechtsvorschriften den betreffenden Erwerbstätigen gegenüber den Personen, die ihnen bereits zuvor unterlagen, nicht benachteiligen ...[119]

Dies darf natürlich dann nicht gelten, wenn die betreffende nationale Regelung den Zugang zum Arbeitsmarkt des Aufnahmemitgliedstaates beeinträchtigt, eine Abgrenzung, die im Einzelfall freilich schwierig sein kann.

(4) Fazit

Zusammenfassend lässt sich festhalten, dass der Gerichtshof die Personenverkehrsfreiheiten nicht ausschließlich als Diskriminierungsverbote versteht. Zwar war es konzeptionell, obgleich entgegen der Terminologie der Entscheidungen noch möglich, frühere Entscheidungen als Anwendungsfall zunächst eines Verbotes der verdeckten Diskriminierung aufgrund der Staatsangehörigkeit zu deuten, dann als Erweiterung des Diskriminierungsverbotes auf die Schlechterstellung transnationaler Sachverhalte gegenüber inländischen. Mit den Entscheidungen Bosman, Lehtonen und Graf steht jedoch fest, dass auch nichtdiskriminierende Maßnahmen grundsätzlich nicht von einer Prüfung an den Grundfreiheiten ausgenommen sind. Wie der Gerichtshof der beschriebenen Gefahr einer uferlosen Ausdehnung der Grundfreiheiten begegnet, ist noch nicht mit hinreichender Sicherheit absehbar. Jedenfalls betonte er, dass die Beeinträchtigung Einfluss auf den Zugang zu einer Beschäftigung haben müsse, was allerdings auch aus den Modalitäten der Ausübung der Beschäftigung resultieren könne. Des Weiteren dürfe das Hindernis die Arbeitnehmerfreizügigkeit nicht zu ungewiss und indirekt treffen. Grundsätzlich nicht als Beschränkung zu qualifizieren sind schließlich steuer- und sozialversicherungs-

[119] EuGH, Rs. C-387/01, Slg. 2004, I-4981, Rn. 55 – Weigel. Siehe ferner für das Steuerrecht, allerdings zu Art. 18 I EG, Rs. C-365/02, Slg. 2004, I-7183, Rn. 34 – Lindfors; Rs. C-403/03, Slg. 2005, I-6421, Rn. 45 – Schempp, sowie für das Sozialversicherungsrecht Verb. Rs. C-393/99 und C-394/99, Slg. 2002, I-2829, Rn. 51 – Hervein u.a.

rechtliche Umfeldregelungen des Aufnahmemitgliedstaates, die für den Betroffenen zwar ungünstig sind, jedoch in nichtdiskriminierender Weise angewandt werden, und die nicht den Zugang zum Arbeitsmarkt des Aufnahmemitgliedstaates beeinträchtigen.

bb) Die Kontroverse in der Literatur

In der Literatur besteht Einigkeit, dass nicht jede nationale Maßnahme, die die Ausübung des Freizügigkeitsrechts weniger attraktiv machen könnte, vom Schutzbereich der Grundfreiheiten erfasst sein darf. Denn andernfalls mutierten diese entgegen ihrer Zielsetzung, spezifisch grenzüberschreitende Handels- und Mobilitätshemmnisse zu beseitigen, zu einer allgemeinen Wirtschaftsfreiheit, die regulatorische Entscheidungen der Mitgliedstaaten weitgehend auf den Prüfstand des Unionsrechts stellt.[120] Dies gefährdet den Standortwettbewerb und stellt nationale Präferenzen in Frage.[121] Uneinigkeit besteht jedoch, wie dieses Anliegen realisiert werden kann. Es stehen sich im Wesentlichen zwei Ansichten gegenüber: Einerseits werden die Grundfreiheiten auf – allerdings weit verstandene – Diskriminierungsverbote reduziert, die die Schlechterstellung transnationaler gegenüber rein inländischen Sachverhalten verbieten (1). Die überwiegend vertretene Gegenauffassung sieht demgegenüber in Einklang mit der eben skizzierten Rechtsprechung des Gerichtshofs auch nichtdiskriminierende Mobilitätshindernisse als grundsätzlich vom Schutzbereich der Grundfreiheiten erfasst an und versucht der Gefahr der uferlosen Ausdehnung des Anwendungsbereichs durch den Rekurs auf unterschiedliche tatbestandliche Korrektive zu begegnen (2).

(1) Die Grundfreiheiten als reine Diskriminierungsverbote?

Eine starke Mindermeinung, die im deutschen Schrifttum jüngst insbesondere durch die Arbeiten von *Kingreen* Auftrieb erfahren hat, möchte die Grundfreiheiten ausschließlich als Diskriminierungsverbote verstanden wissen.[122] Syste-

---

[120] Siehe etwa *M. Möstl*, EuR 2002, 318 (328 ff.). Zusammenfassend zu den insoweit vorgebrachten Argumenten *C. Hilson*, 24 EL Rev. (1999), 445 (453 ff.).

[121] Siehe etwa *J. Snell*, Goods and Services, 227.

[122] *N. Bernard*, 45 ICLQ (1996), 82; *J. Bröhmer*, in: C/R, Art. 43, Rn. 32; *C. Calliess*, ZaöRV 64 (2004), 665 (665 f.); *G. Davies*, Nationality Discrimination in the Internal Market; *H. D. Jarass*, Grundfreiheiten als Grundgleichheiten; *ders.*, EuR 1995, 202 (216 ff.) – später allerdings aufgegeben, siehe *ders.*, EuR 2000, 705 (711 f.); *ders.*, A Unified Approach to the Fundamental Freedoms, 141 (146 ff.); *T. Kingreen*, Grundfreiheiten, 631; *ders.*, Sozialstaatsprinzip im europäischen Verfassungsverbund, 354 ff.; *ders.*, Struktur der Grundfreiheiten; *ders.*, EuGRZ 2004, 570 (575); *G. Marenco*, CDE 1984, 291 – mit Schwerpunkt auf der Warenverkehrsfreiheit; *J. Snell*, Goods and Services – für die Waren- und Dienstleistungsfreiheit. Siehe auch *J. Gebauer*, Grundfreiheiten, 105 ff., 350, der die Grundfreiheiten als Diskriminierungsverbote versteht und die nicht zu verneinende freiheitsrechtliche Komponente einer

matische und teleologische Vorgaben des EG-Vertrages verlangten, die Marktfreiheiten nicht als Instrument der allgemeinen Deregulierung mitgliedstaatlicher Wirtschafts- und Sozialvorschriften zu konzeptionalisieren, sondern deren Anwendungsbereich auf spezifisch die transnationale Mobilität beeinträchtigende Maßnahmen zu beschränken. Ein solches spezifisch transnationales Handelshemmnis läge nur dann vor, wenn ein grenzüberschreitender Sachverhalt gegenüber einem rein inländischen schlechter gestellt werde. Bei allen Unterschieden im Detail liegen dem gleichheitsrechtlichen Verständnis der Grundfreiheiten im Wesentlichen folgende teleologische und systematische Erwägungen zugrunde: Die Grundfreiheiten zielten darauf ab, nationalen Protektionismus zu verhindern.[123] Als Attribut föderal gegliederter Mehrebenensysteme komme diesen subjektiv-öffentlichen Mehrebenennormen die Aufgabe zu, der föderalismusimmanenten Gefahr entgegenzuwirken, dass die Gliedstaaten eigenen Angehörigen Wettbewerbsvorteile einräumen („*föderale Gefährdungslage*").[124] Des Weiteren könne nur durch ein gleichheitsrechtliches Verständnis kompetentiellen Vorgaben auf horizontaler und vertikaler Ebene Rechnung getragen werden.[125] Im Verhältnis der Union zu den Mitgliedstaaten sei das Spannungsverhältnis zwischen transnationaler Marktfreiheit und den bei den Mitgliedstaaten verbliebenen Regelungskompetenzen durch eine systematisch-teleologische Auslegung aufzulösen. Die Unterschiedlichkeit der Rechtsordnungen stelle eine notwendige Konsequenz aus den bei den Mitgliedstaaten verbliebenen Kompetenzen dar. Ein Verständnis der Grundfreiheiten als transnationale Wirtschaftsfreiheit, die allen Beeinträchtigungen grenzüberschreitender wirtschaftlicher Aktivitäten entgegensteht, vernachlässige die im Grundsatz der begrenzten Einzelermächtigung (Art. 5 UA 1 EG) sowie im Subsidiaritätsprinzip (Art. 5 UA 2 EG) zum Ausdruck kommende Primärzuständigkeit der Mitgliedstaaten zugunsten der transnationalen Marktintegration. Auf horizontaler Ebene, also im Verhältnis des Gerichtshofs zum Gemeinschaftsgesetzgeber, sei das Mandat des Letzteren zur Gestaltung der Wirtschafts- und Sozialordnung zu berücksichtigen.[126]

Die Einbeziehung nichtdiskriminierender Maßnahmen sei zudem zwei gewichtigen Einwänden ausgesetzt. Zum einen dem der mangelnden Rechtssicherheit, da eine Definition der Beschränkung nicht eindeutig und befriedi-

---

grundrechtlichen Funktion zuordnet, die der Gerichtshof fälschlicherweise den Grundfreiheiten entnimmt.

[123] So *G. Marenco*, CDE 1984, 291 (316 f.), mit Schwerpunkt auf der Warenverkehrsfreiheit.

[124] *T. Kingreen*, Grundfreiheiten, 631 (645 ff.).

[125] Diesen Schluss hält *A. Mühl*, Diskriminierung und Beschränkung, 158 f., 168, für nicht zwingend.

[126] *G. Davies*, Nationality Discrimination in the Internal Market, 89 ff., 114 f.; *T. Kingreen*, Struktur der Grundfreiheiten, 82 ff. (zusammenfassend 115 ff.); *J. Snell*, Goods and Services, 33 f., 45 ff.

gend möglich sei.[127] Schwer verständlich sei zum anderen, warum vom Freiheitsschutz nur grenzüberschreitende Transaktionen erfasst sein sollten, nicht aber rein inländische Sachverhalte, was zweierlei Recht schaffe und der Idee der gleichen Freiheit widerspreche.[128] Schließlich bestehe für die Einbeziehung unterschiedslos wirkender Maßnahmen auch hinsichtlich des Rechtsschutzes kein Bedürfnis. Denn deren Rechtfertigung könne sowohl auf nationaler wie auch auf gemeinschaftlicher Ebene anhand der jeweils anwendbaren Grundrechte überprüft werden.[129]

(2) Die Grundfreiheiten sind auch Freiheitsrechte

Zu Recht geht das überwiegende Schrifttum jedoch davon aus, dass sich der Gewährleistungsgehalt der Grundfreiheiten nicht in einem – auch weit verstandenen – materiellen Diskriminierungsverbot erschöpft, sondern auch eine freiheitsrechtliche Komponente umfasst.[130]

---

[127] *G. Davies*, Nationality Discrimination in the Internal Market, 103 f.

[128] *T. Kingreen*, Grundfreiheiten, 631 (660); *ders.*, Struktur der Grundfreiheiten, 116. Ähnlich *H. D. Jarass*, EuR 2000, 705 (711).

[129] *T. Kingreen*, Struktur der Grundfreiheiten, 117.

[130] So etwa *U. Becker*, Arbeitnehmerfreizügigkeit, Rn. 41 ff.; *A. Biondi*, 19 YEL (1999/2000), 469 (480 ff.); *A. Bleckmann*, Die Freiheiten des Gemeinsamen Marktes als Grundrechte, 665 (675); *W. Brechmann*, in: C/R, Art. 39, Rn. 50; *A. Brigola*, Grundfreiheiten, 77 ff.; *C. D. Classen*, EWS 1995, 97 (104 f.); *ders.*, EuR 2004, 416; *M. R. Deckert/W. Schroeder*, JZ 2001, 88 (89 ff.); *O. Due/C. Gulmann*, Restrictions à la libre circulation intracommunautaire, 377 (378 f.); *M. Eberhartinger*, EWS 1997, 43 (48); *D. Ehlers*, Jura 2001, 266 (269 ff.); *ders.*, Allgemeine Lehren, Rn. 24 f.; *W. Frenz*, Europäische Grundfreiheiten, Rn. 415 ff., 432 f., 456, 1445 ff.; *J. Heyer*, Arbeitnehmerfreizügigkeit, 193 ff.; *H. D. Jarass*, EuR 2000, 705 (711 f.); *ders.*, A Unified Approach to the Fundamental Freedoms, 141 (146 ff.); *T. Körber*, Grundfreiheiten und Privatrecht, 261 ff.; *M. P. Maduro*, Harmony and Dissonance in Free Movement, 41 (63 ff.); *M. Nettesheim*, NVwZ 1996, 342; *D. O'Keeffe/A. F. Bavasso*, Four Freedoms, one Market and National Competence, 541 (545 ff.); *P. Oliver/W.-H. Roth*, 41 CML Rev. (2004), 407 (415 f.); *S. Plötscher*, Diskriminierung, 295 ff.; *A. Randelzhofer/U. Forsthoff*, in: G/H, Art. 39, Rn. 164 ff.; *S. Robin-Olivier*, Principe d'Égalité, 251 ff.; *R. Streinz*, Konvergenz der Grundfreiheiten, 199 (207 ff.); *C. Tietje*, Niederlassungsfreiheit, Rn. 52 ff.; *H. Toner*, 23 YEL (2004), 275 (280 ff.); *C. Walter*, Geschichte und Entwicklung der Europäischen Grundrechte und Grundfreiheiten, Rn. 39 ff.; *S. Weatherill*, 33 CML Rev. (1996), 885 (901); *R. C. A. White*, Workers, establishment, and services in the EU, 261 ff.; *U. Wölker/G. Grill*, in: von der Groeben/Schwarze, Art. 39, Rn. 6, 19 ff.; *M. Zuleeg*, Grundfreiheiten im Wandel, 1717 (1722 ff.). Im Ergebnis ähnlich, jedoch die Kategorien Diskriminierungs- und Beschränkungsverbot als für die Bestimmung des Anwendungsbereichs nur bedingt tauglich ablehnend *T. Eilmansberger*, JBl. 1999, 345 (347 ff.); *S. Feiden*, Die „Keck"-Rechtsprechung im System der Grundfreiheiten, 249 ff.; *P.-C. Müller-Graff*, in: Streinz, Art. 43, Rn. 57 ff. Siehe ferner *M. Hoffmann*, Grundfreiheiten als koordinationsrechtliche und gleichheitsrechtliche Abwehrrechte, 39 ff., der den Gewährleistungsgehalt jenseits des Diskriminierungsverbotes als Verbot des Eingriffs in die Position, keiner jurisdiktionswidrigen Belastung durch Verkehrsfähigkeitsvorschriften des Zielstaates respektive Verkehrsteilnahme-

Zuzustimmen ist zwar dem Grundanliegen der Vertreter des Diskriminierungsansatzes, die Grundfreiheiten nicht zu einer der allgemeinen Wirtschaftsfreiheit vergleichbaren Deregulierungsnorm auszubauen und damit den regulatorischen Spielraum der Mitgliedstaaten unangemessen zu beschneiden. Der daraus resultierende faktische Harmonisierungszwang widerspräche einer föderal gegliederten, auf dem Subsidiaritätsprinzip (Art. 5 UA 2 EG) beruhenden Union, der keine umfassende Regelungskompetenz für das Wirtschafts- und Sozialleben eingeräumt wurde.[131] Daraus jedoch zu schließen, die Grundfreiheiten seien ausschließlich gleichheitsrechtlich zu verstehen, ist weder zwingend[132] noch gerechtfertigt. Nicht nur vermag dieser Ansatz nicht, die Rechtsprechung des Gerichtshofs vollständig zu erklären,[133] sondern verkennt auch die bereits im Wortlaut der Grundfreiheiten angelegte freiheitsrechtliche Komponente (vgl. etwa Art. 39 I, III lit. c; 43 UA 1 S. 1 EG).[134] Genauso wenig Rechnung getragen wird dem durch die Personenverkehrsfreiheiten zu realisierenden Binnenmarktziel der Gemeinschaft, Hindernisse für den freien Personenverkehr zu beseitigen (Art. 3 I lit. c, 14 II EG). Dass solche nur in Diskriminierungen bestehen können, ist weder tatsächlich zutreffend noch normativ durch den EG-Vertrag vorgegeben.[135] Missliche Konsequenz eines ausschließlich gleichheitsrechtlichen Verständnisses der Grundfreiheiten ist zudem, das Diskriminierungsverbot weit über das Differenzierungskriterium der Staatsangehörigkeit und diese vertretende Kriterien hinaus ausdehnen zu müssen. Dies bedingt nicht nur eine Unschärfe des Diskriminierungsbegriffes,[136] sondern sieht sich dem Einwand ausgesetzt, dass unionsrechtlich allein

---

vorschriften des Herkunftsstaates zu unterliegen, definiert. Für die Bejahung einer beschränkungsrechtlichen Dimension auch im internationalen Wirtschaftsrecht vgl. *F. Ortino*, From 'non-discrimination' to 'reasonableness', insb. 49 ff.

[131] *A. Biondi*, 19 YEL (1999/2000), 469 (488 ff.); *C. D. Classen*, EWS 1995, 97 (104 f.); *M. Eberhartinger*, EWS 1997, 43 (49); *C. Ranacher*, ZfRV 2001, 95 (98 f.); *R. Streinz*, Konvergenz der Grundfreiheiten, 199 (211 f.).

[132] Ebenso *A. Mühl*, Diskriminierung und Beschränkung, 230 f.

[133] Dies betonen *C. D. Classen*, EWS 1995, 97 (103); *A. Mühl*, Diskriminierung und Beschränkung, 231; *S. Plötscher*, Diskriminierung, 151 f.; *S. Robin-Olivier*, Principe d'Égalité, 303; *E. Spaventa*, 41 CML Rev. (2004), 743 (747); *R. Streinz*, Konvergenz der Grundfreiheiten, 199 (209 f.). In dieser Rechtsprechung kein verallgemeinerungsfähiges Prinzip zu erkennen – so aber *G. Davies*, Nationality Discrimination in the Internal Market, 73 ff., 89 –, vermag dagegen nicht zu überzeugen.

[134] *D. Ehlers*, Jura 2001, 266 (270); *A. Mühl*, Diskriminierung und Beschränkung, 231.

[135] Dies betonen *C. Barnard*, 26 EL Rev. (2001), 35 (54 f.); *D. Ehlers*, Jura 2001, 266 (270); *R. Streinz*, Konvergenz der Grundfreiheiten, 199 (208 f.). Allgemein für eine Auslegung der Grundfreiheiten im Lichte der übergeordneten Vertragsziele *A. Bleckmann*, Die Freiheiten des Gemeinsamen Marktes als Grundrechte, 665 (669 f.).

[136] *A. Mühl*, Diskriminierung und Beschränkung, 231 f.

das Differenzierungskriterium der Staatsangehörigkeit verpönt ist[137]. Ein rein gleichheitsrechtliches Verständnis der Grundfreiheiten ist schließlich auch nicht deshalb indiziert, um die Reichweite der Grundfreiheiten gemäß den dargelegten systematisch-teleologischen Vorgaben zu gestalten. Denn diesen kann auch durch eine restriktive Handhabung des freiheitsrechtlichen Tatbestandes Rechnung getragen werden.

cc) Der Gewährleistungsgehalt der Grundfreiheiten jenseits des Inländerbehandlungsgebotes

Mit der Rechtsprechung des Gerichtshofs und dem überwiegenden Schrifttum ist demnach davon auszugehen, dass die Personenverkehrsfreiheiten nicht nur Schutz vor unmittelbaren und mittelbaren Diskriminierungen aufgrund der Staatsangehörigkeit gewährleisten, sondern darüber hinaus einen freiheitsrechtlichen Gehalt aufweisen. Dieses Verständnis der Grundfreiheiten führt angesichts des weiten Diskriminierungsbegriffs, den die Gegenauffassung vertritt, allerdings nur dann zu unterschiedlichen Ergebnissen, wenn inländischer und grenzüberschreitender Sachverhalt von einer nationalen Maßnahme gleichermaßen nachteilig betroffen sind. Aufbauend auf den Rs. Bosman, Lehtonen und Graf lassen sich die Grundfreiheiten tatbestandlich zunächst grob umreißen als Verbot aller nationalen Maßnahmen, die die Ausübung des Freizügigkeitsrechts behindern oder weniger attraktiv machen. Mehr als eine erste Annäherung stellt diese Formel allerdings noch nicht dar. Denn der Begriff der Beeinträchtigung des Freizügigkeitsrechts muss noch konturiert werden, um ihn nicht nur praktisch handhabbar, sondern auch im Einklang mit den systematisch-teleologischen Vorgaben des EG-Vertrages zu gestalten.[138]

Hierfür mangelt es nicht an Vorschlägen aus der Literatur. Zum einen wird entsprechend dem Verständnis der Grundfreiheiten als Marktzugangsrechte zwischen dem „Ob" der wirtschaftlichen Betätigung und dem „Wie" (Ausübungs- oder Aufenthaltsmodalitäten) differenziert und nur Ersteres als vom Schutzbereich erfasst angesehen.[139] Diese Differenzierung überzeugt jedoch nicht, da sie die Schwere der jeweiligen Beeinträchtigung außer Acht lässt und

---

[137] Diese Beschränkung des gemeinschaftsrechtlichen Diskriminierungsbegriffes betont auch *M. Pechstein*, JZ 2005, 943.

[138] Für ein weites Verständnis des Tatbestands und einen Schutz nationaler Regelungskompetenz auf Rechtfertigungsebene dagegen *C. Koenig/U. Steiner*, NJW 2002, 3583 (3585); *C. Tietje*, Niederlassungsfreiheit, Rn. 54 f.

[139] *W. Brechmann*, in: C/R, Art. 39, Rn. 50; *D. Ehlers*, Jura 2001, 482 (485); *T. Körber*, Grundfreiheiten und Privatrecht, 274 f.; *J. Mischo*, Restrictions à la liberté d'établissement, 445 (458 ff.); *A. Mühl*, Diskriminierung und Beschränkung, 340 ff.; *C. Ranacher*, ZfRV 2001, 95 (107); *S. Robin-Olivier*, Principe d'Égalité, 290 f.; *R. Streinz*, Konvergenz der Grundfreiheiten, 199 (211 f.). Wohl auch *H. D. Jarass*, EuR 2000, 705 (712); GA *Lenz*, in: EuGH, Rs. C-415/93, Slg. 1995, I-4921, Rn. 205, 210 – Bosman.

die Existenz stark belastender Ausübungsregeln verkennt,[140] was im Übrigen auch der Gerichtshof jüngst anerkannte[141]. Überzeugender erscheint es vielmehr, eine uferlose Ausdehnung der Grundfreiheiten durch eine eng freizügigkeitsbezogene Konturierung des Tatbestandes zu erreichen. Mithin ist zum einen danach zu fragen, ob ein direkter Eingriff in das Recht, sich in einen anderen Mitgliedstaat zu begeben, um dort eine Erwerbstätigkeit auszuüben, vorliegt, d.h. in dessen Kernbereich.[142] Dies ist für Regelungen zu bejahen, die die Ein- respektive Ausreise, das Aufenthaltsrecht im Aufnahmemitgliedstaat, den Zu- und Wegzug oder die Tätigkeitsverlagerung (Zugang zum Arbeitsmarkt) als solche beeinträchtigen. Für diese Fallgruppe kann nicht nur die Rs. Bosman als Beispiel angeführt werden, vielmehr lässt sich hier auch der in der Literatur vertretene weite Diskriminierungsansatz fruchtbar machen. Denn behandelt der Mitgliedstaat einen grenzüberschreitenden Sachverhalt ungünstiger als einen vergleichbaren nationalen, so ist regelmäßig von einer direkten Beeinträchtigung der Tätigkeitsverlagerung auszugehen.[143] Alternativ[144] kann eine Beeinträchtigung des Freizügigkeitsrechts auch aus der besonderen Intensi-

---

[140] *C. Barnard*, 26 EL Rev. (2001), 35 (58); *U. Becker*, Arbeitnehmerfreizügigkeit, Rn. 43; *C. Costello*, 27 LIEI (2000), 267 (273 ff.); *M. Eberhartinger*, EWS 1997, 43 (49); *U. Everling*, Wirtschaftsfreiheit, 11 (20); *W. Frenz*, Europäische Grundfreiheiten, Rn. 417, 1457; *M. P. Maduro*, Harmony and Dissonance in Free Movement, 41 (64 f.); *J. Tiedje/P. Troberg*, in: von der Groeben/Schwarze, Art. 43, Rn. 103.

[141] EuGH, Rs. C-464/02, Slg. 2005, I-7929, Rn. 34 ff. – EK/Dänemark. Vgl. ferner Rs. 197/84, Slg. 1985, 1819, Rn. 16 – Steinhauser; Rs. C-19/92, Slg. 1993, I-1663, Rn. 23 – Kraus; Verb. Rs. C-94/04 und 202/04, n.n.v., Rn. 55 ff. – Cipolla u.a.

[142] *T. Eilmansberger*, JBl. 1999, 345 (355 ff.); *H. D. Jarass*, EuR 2000, 705 (711 f.); *ders.*, A Unified Approach to the Fundamental Freedoms, 141 (146 ff.). Für das Erfordernis einer spezifisch zugangserschwerenden Beeinträchtigung *A. Randelzhofer/U. Forsthoff*, in: G/H, vor Art. 39–55, Rn. 117, Art. 39, Rn. 167. Ähnlich *W. Frenz*, Europäische Grundfreiheiten, Rn. 1453 ff.: sichere und direkte Behinderung des Marktzugangs.

[143] So auch *Á. C. Oliveira*, 39 CML Rev. (2002), 77 (91 f.).

[144] Eine alternative Kombination beider Kriterien befürwortet auch *H. Toner*, 23 YEL (2004), 275 (297, siehe auch 283 ff.): "Any measure which has direct or substantial (possibly exclusionary) effect … is incompatible with the Treaty unless objectively justified by imperative reasons of public interest". Für eine kumulative Anwendung beider Kriterien dagegen *S. Weatherill*, 33 CML Rev. (1996), 885 (896 f.): measures which "prevent or impose a direct and substantial impediment of access to the market in another Member State". Ebenso in Anlehnung an GA *Fennelly* in der Rs. Graf *A. Biondi*, 19 YEL (1999/2000), 469 (488 ff.). Im Ergebnis ähnlich wie hier aufgrund einer Fallgruppenbildung *T. Eilmansberger*, JBl. 1999, 345 (359 f.); *S. Feiden*, Die „Keck"-Rechtsprechung im System der Grundfreiheiten, 179 ff., 249 ff. Ausschließlich auf die Schwere stellen ab *M. Franzen*, in: Streinz, Art. 39, Rn. 92, nach dem eine verbotene Marktzugangsbeschränkung jede innerstaatliche Regelung sei, „die den Wechsel zu einem anderen (EU-ausländischen) Arbeitgeber verbietet oder tatsächlich unmöglich macht"; *C. Ranacher*, ZfRV 2001, 95 (105 ff.): Spürbarkeitsprüfung.

tät des Eingriffs in das Freizügigkeitsrecht resultieren.[145] Umfeldregelungen – wie etwa die Höhe der Einkommensteuer – sind damit in Einklang mit der Rechtsprechung des Gerichtshofs regelmäßig nicht erfasst, da sie weder direkt den Zugang zum Arbeitsmarkt beeinträchtigen noch von hinreichend schwerem Gewicht sein dürften.

Demnach ist die marktfreiheitlich vermittelte Rechtsstellung schließlich dadurch gekennzeichnet, dass sich für die freizügigkeitsberechtigten Angehörigen der Mitgliedstaaten nicht nur die Bedeutung der Staatsangehörigkeit, sondern auch die der nationalen Grenzen relativiert hat. Die Grundfreiheiten stehen nämlich in ihrer freiheitsrechtlichen Dimension zum einen der Schlechterstellung transnationaler gegenüber rein inländischen Sachverhalten entgegen, womit es unerheblich wird, wo innerhalb der Gemeinschaft sich bestimmte Sachverhalte verwirklichen, etwa der Erwerb einer beruflichen Qualifikation. Zum anderen darf die transnationale Mobilität weder direkten noch schweren Behinderungen ausgesetzt sein.

2. Die Begrenztheit des grundfreiheitlichen Freizügigkeitsregimes

Die Marktfreiheiten sind in einem Mehrebenensystem Europäische Wirtschaftsgemeinschaft wirkende Rechte der Teilnehmer des Gemeinsamen Marktes. Dies bedingt die in mehrfacher Hinsicht beschränkte Rechtsstellung, die den Angehörigen der Mitgliedstaaten grundfreiheitlich vermittelt wird und ein keimendes Europäisches Bürgerrecht unvollkommen erscheinen lässt. Begünstigt sind nämlich einmal nur Marktteilnehmer, also wirtschaftlich aktive Personen, ein, wie sich allerdings herausstellen sollte, schillernder Personenkreis (a). In einer supranationalen Gemeinschaft, in der den Mitgliedstaaten nach wie vor eine dominante Rolle zukommt, verlor auch das exklusive Verhältnis des Einzelnen zu seinem Mitgliedstaat, die Staatsangehörigkeit, nicht ihre grundlegende Bedeutung. Dies dokumentieren die *ratione materiae* bestehenden Grenzen des Inländerbehandlungsanspruchs von EWG-Ausländern (b). Begrenzt sind die marktfreiheitlich eingeräumten Gewährleistungen schließlich durch ihren freizügigkeitsakzessorischen Charakter: Zum Tragen kommen sie nämlich nur in anderen Mitgliedstaaten respektive im Heimatmitgliedstaat im Zusammenhang mit der Ausübung des Freizügigkeitsrechts (c).

---

[145] Eine Anerkennung dieses Kriteriums in der Rs. Graf sehen *C. Barnard*, 26 EL Rev. (2001), 35 (52); *dies.*, The Four Freedoms, 239 f.; *T. Kingreen*, Grundfreiheiten, 631 (661). Es wird befürwortet von *C. Barnard*, The Four Freedoms, 239 f., als alleiniges Kriterium dagegen abgelehnt von *H. D. Jarass*, Grundfreiheiten als Grundgleichheiten, 593 (602); *A. Mühl*, Diskriminierung und Beschränkung, 322 ff.; *T. Kingreen*, Grundfreiheiten, 631 (661 f.); *ders.*, Struktur der Grundfreiheiten, 83 f.; *E. Spaventa*, 41 CML Rev. (2004), 743 (758), unter Verweis auf die mangelnden Anhaltspunkte im Wortlaut, die damit einhergehende Rechtsunsicherheit sowie eine mögliche Relativierung des Schutzes.

a) Die Freizügigkeit des Marktteilnehmers und ihre graduelle Verallgemeinerung

Die gemeinschaftsrechtlich vorgezeichnete Zielsetzung der Personenverkehrsfreiheiten, durch die Beseitigung von Hindernissen für den freien Personenverkehr einen Beitrag zur Errichtung des Gemeinsamen Marktes zu leisten (Art. 2, 3 lit. c. EWGV), determiniert deren persönlichen Anwendungsbereich. Ein der Marktintegration verpflichtetes Freizügigkeitsregime berechtigt nämlich nur diejenigen, die durch ihre transnationale Erwerbstätigkeit einen Beitrag zur Errichtung des Gemeinsamen Marktes leisten, wie dies bei Wanderarbeitnehmern und im Ausland tätigen Selbstständigen der Fall ist. Diese beiden Personengruppen hat der Gerichtshof weit gefasst, ohne jedoch die ökonomischen Konturen marktfreiheitlicher Freizügigkeit preiszugeben (aa). Der Konnex von Freizügigkeit und wirtschaftlicher Aktivität wurde ab Mitte der 1980er Jahre jedoch anderweitig bedeutend gelockert (bb): Zum einen hat die Anerkennung der passiven Dienstleistungsfreiheit, also die Bejahung eines Freizügigkeitsrechts *qua* bloßer Inanspruchnahme von Dienstleistungen im EWG-Ausland, die Reichweite der Marktfreiheiten *ratione personae* geradezu verallgemeinert (1). Mit der rechtsfortbildenden Schöpfung eines Freizügigkeitsrechts Studierender hat der EuGH zum anderen eine Personengruppe in das gemeinschaftsrechtliche Freizügigkeitsregime einbezogen, die nur noch ganz schwache Berührungspunkte mit einer wirtschaftlichen Aktivität aufweist (2). Preis der Ausdehnung war jedoch beidesmal eine hinter der Arbeitnehmer- und Niederlassungsfreiheit zurückbleibende Rechtsstellung.

aa) Erwerbstätige als primär Freizügigkeitsberechtigte

Der Gerichtshof hat den Kreis der als Arbeitnehmer freizügigkeitsberechtigten Personen, wie oft und zu Recht betont wird, weit gezogen, ohne allerdings das ökonomische Freizügigkeitskonzept preiszugeben.[146] So kennzeichnet seine Rechtsprechung zum Begriff des Arbeitnehmers allen voran das Bemühen, der Arbeitnehmerfreizügigkeit gegenüber mitgliedstaatlichen Widerständen zum Durchbruch zu verhelfen. Dies gelang insbesondere durch die Inanspruchnahme der Definitionsmacht über den Arbeitnehmerbegriff und dessen weite

[146] *Mutatis mutandis* lassen sich die entwickelten Grundsätze auch auf das Niederlassungsrecht Selbstständiger übertragen. Im Hinblick auf das größere Anschauungsmaterial bei der Arbeitnehmerfreizügigkeit richtet sich der Blick jedoch primär auf diese. Sogar die dem grenzüberschreitenden Handel mit Produkten dienende Warenverkehrsfreiheit hat der Gerichtshof in den Dienst des freien Personenverkehrs gestellt: Sie verbürge nämlich Verbrauchern, sich in einen anderen Mitgliedstaat zu begeben, um dort zu denselben Bedingungen wie Einheimische einzukaufen (EuGH, Rs. 362/88, Slg. 1990, 667, Rn. 8 – GB-Inno-BM). Analog dazu ist das Recht des Verkäufers zu bejahen, sich zu Verkaufszwecken in einen anderen Mitgliedstaat zu begeben. Damit garantiert die Warenverkehrsfreiheit als Annex die Mobilität der am transnationalen Warenhandel Beteiligten einschließlich eines Anspruchs auf Inländerbehandlung.

Auslegung (1) sowie durch die zurückhaltende Qualifikation von Tätigkeiten als im ausgenommenen Bereich der öffentlichen Verwaltung (Art. 39 IV EG) oder als außerhalb des Wirtschaftslebens liegend (2). Die Weite der Arbeitnehmerfreizügigkeit dokumentiert ferner die Einbeziehung von noch nicht und nicht mehr im Erwerbsleben stehenden Personen, die im Hinblick auf das primär ökonomisch orientierte Freizügigkeitsregime allerdings nicht voraussetzungs- und schrankenlos erfolgte (3). In den Kreis der Freizügigkeitsberechtigten miteinbezogen sind schließlich die Familienangehörigen des Wanderarbeitnehmers, denen ebenfalls ein umfassender Integrationsanspruch zuteil wurde (4).

(1) Der Begriff des Arbeitnehmers: Inanspruchnahme der Definitionsmacht durch den EuGH und weites Verständnis

Der Gerichtshof hat den Kreis der als Arbeitnehmer freizügigkeitsberechtigten Personen sehr weit gezogen. Schon früh unterstrich er, dass der Begriff des Arbeitnehmers ein gemeinschaftsrechtlicher und im Interesse der einheitlichen Anwendung des Gemeinschaftsrechts autonom auszulegen sei.[147] Damit nahm der EuGH die Definitionsmacht für sich in Anspruch und erteilte mitgliedstaatlichen Versuchen, den persönlichen Anwendungsbereich der Arbeitnehmerfreizügigkeit in Anlehnung an nationale Kategorien einschränkend zu bestimmen, eine Absage.[148] Auch betonte er, dass der Begriff des Arbeitnehmers, da er die Reichweite einer Grundfreiheit, also eines der Grundprinzipien der Gemeinschaft, festlege, weit auszulegen sei.[149] Diesen Auslegungsgrundsatz hat der EuGH auf die grundfreiheitlichen Berechtigungen insgesamt erstreckt, die weit, Ausnahmen davon dagegen eng zu fassen seien.[150]

Nach ständiger Rechtsprechung des Gerichtshofs ist als Arbeitnehmer jede Person zu qualifizieren,[151] die „während einer bestimmten Zeit für einen ande-

---

[147] EuGH, Rs. 75/63, Slg. 1964, 381 (396) – Unger; Rs. 53/81, Slg. 1982, 1035, Rn. 10 ff. – Levin; Rs. 66/85, Slg. 1986, 2121, Rn. 16 – Lawrie-Blum.

[148] *G. F. Mancini*, Free Movement of Workers, 67 (68), spricht von einem "hermeneutic monopoly" des EuGH. Siehe ferner *P. Pescatore*, Objectifs de la communauté comme principes d'interprétation, 325 (354 f.). Zur Rolle der nationalen Gerichtsbarkeit bei der Anwendung der Freizügigkeitsbestimmungen vgl. *A. Arnull/F. G. Jacobs*, Applying the Common Rules.

[149] EuGH, Rs. 53/81, Slg. 1982, 1035, Rn. 13 – Levin; Rs. 66/85, Slg. 1986, 2121, Rn. 16 – Lawrie-Blum.

[150] Vgl. statt vieler EuGH, Verb. Rs. C-482/01 und 493/01, Slg. 2004, I-5257, Rn. 64 – Orfanopoulos und Olivieri.

[151] Dem Gemeinschaftsrecht liegt allerdings kein einheitlicher Begriff des Arbeitnehmers zugrunde. Die der Koordinierung der Systeme der sozialen Sicherheit dienende VO 1408/71 (zu deren zwischenzeitlicher Ersetzung durch die VO 883/2004 Fn. 92) rekurriert im Hinblick auf deren besondere Erfordernisse auf eine von Art. 39 EG, VO 1612/68 abweichende Definition des Arbeitnehmers (Art. 1 lit. a VO 1408/71. Vgl. hierzu EuGH, Rs. C-85/96, Slg. 1998, I-2691, Rn. 31, 36 – Martínez Sala, sowie *N. Colneric*, Begriff des Arbeitnehmers, 385).

ren nach dessen Weisung Leistungen erbringt, für die … [sie] als Gegenleistung eine Vergütung erhält"[152]. Zwar betont der EuGH einerseits, dass der Grundsatz der Arbeitnehmerfreizügigkeit begrifflich und nach seiner systematischen Stellung im Vertrag nur im Wirtschaftsleben stehende Personen erfasse und daher die Ausübung einer tatsächlichen und echten Tätigkeit voraussetze. Diese dürfe keinen so geringen Umfang haben, dass sie als völlig untergeordnet und unwesentlich anzusehen sei.[153] Andererseits sind die an Produktivität, Vergütung und Arbeitszeit gestellten Mindestvoraussetzungen jedoch gering.[154] Dies verdeutlichen die Einbeziehung von Praktikanten[155] und Teilzeitbeschäftigten mit einer Arbeitsleistung von nur zwölf Stunden pro Woche[156] sowie der Verzicht auf ein bestimmtes Mindesteinkommen, und zwar auch dann, wenn der Arbeitnehmer neben seinem Lohn über keine sonstigen Einkünfte verfügt oder gar staatlicherseits auf eine Einkommensergänzung angewiesen ist.[157] Ein Mindesteinkommen in Anlehnung an das nationale Existenzminimum festzulegen, widerspricht nach Auffassung des Gerichtshofs der gebotenen autonomen Auslegung. Auch liege dem Unionsrecht kein bestimmter Arbeitnehmertyp zu Grunde, ökonomisch bedeutend sei vielmehr auch eine Teilzeitbeschäftigung unabhängig von der Einkommenshöhe. Für irrelevant erklärt wurden ferner Quelle[158] und Art[159] der Vergütung sowie Kontext[160] und Motiv[161] der Arbeitsleistung.

---

[152] Siehe etwa EuGH, Rs. 66/85, Slg. 1986, 2121, Rn. 17 – Lawrie-Blum; Rs. C-85/96, Slg. 1998, I-2691, Rn. 32 – Martínez Sala; Rs. C-413/01, Slg. 2003, I-13187, Rn. 24 – Ninni-Orasche.

[153] EuGH, Rs. 53/81, Slg. 1982, 1035, Rn. 16, 21 – Levin; Rs. 344/87, Slg. 1989, 1621, Rn. 13 – Bettray.

[154] Dadurch gelingt es dem Gerichtshof, der Heterogenität der Arbeitswirklichkeit Rechnung zu tragen, dies allerdings nur um den Preis von Abgrenzungsschwierigkeiten. Siehe dazu ausführlich GA *Geelhoed*, in: EuGH, Rs. C-456/02, Slg. 2004, I-7573, Rn. 25 ff. – Trojani.

[155] EuGH, Rs. C-3/90, Slg. 1992, I-1071, Rn. 15 f. – Bernini; Rs. 27/91, Slg. 1991, 5531, Rn. 8 – URSSAF.

[156] EuGH, Rs. 139/85, Slg. 1986, 1741, Rn. 11 f. – Kempf; Rs. C-317/93, Slg. 1995, I-4625, Rn. 19 – Nolte. Siehe ferner Rs. C-444/93, Slg. 1995, I-4741, Rn. 18 – Menger und Scheffel.

[157] EuGH, Rs. 53/81, Slg. 1982, 1035, Rn. 11 ff. – Levin; Rs. 139/85, Slg. 1986, 1741, Rn. 13 ff. – Kempf; Rs. C-317/93, Slg. 1995, I-4625, Rn. 19 – Nolte; Rs. C-10/05, Slg. 2006, I-3145, Rn. 22 – Mattern.

[158] Für eine aus öffentlichen Mitteln stammende Vergütung im Rahmen eines Wiedereingliederungsprojektes EuGH, Rs. 344/87, Slg. 1989, 1621, Rn. 15 – Bettray; Rs. C-1/97, Slg. 1998, I-7747, Rn. 28 – Birden.

[159] Im Kontext einer Tätigkeit als Klempner für eine Religionsgemeinschaft Dritten gegenüber, die von dieser in Form von Sachleistungen und einem Taschengeld vergütet wird, EuGH, Rs. 196/87, Slg. 1988, 6159, Rn. 16 f. – Steymann.

[160] Für in einem Wiedereingliederungsprogramm Beschäftigte EuGH, Rs. C-1/97, Slg. 1998, I-7747, Rn. 31 – Birden; Rs. C-456/02, Slg. 2004, I-7573, Rn. 19 ff. – Trojani. Ein Gegenbeispiel stellt allerdings die Rs. 344/87, Slg. 1989, 1621 – Bettray dar: Keine tatsächli-

Auch wenn hierin ein in Randbereichen großzügiges Verständnis der Arbeitnehmerfreizügigkeit zum Ausdruck kommt, ist dies mehr als Reaktion auf die Vielgestaltigkeit des Arbeitslebens zu verstehen denn als Aufgabe eines ökonomisch orientierten Freizügigkeitskonzeptes.[162] Denn mit dem stets betonten Erfordernis einer „tatsächlichen und effektiven" Tätigkeit hat der EuGH Behörden und Gerichten der Mitgliedstaaten ein Instrument an die Hand gegeben, zum Schein eingegangene Arbeitsverhältnisse, um insbesondere von den mit der Arbeitnehmerstellung verbundenen sozialen Vergünstigungen zu profitieren, aus der Arbeitnehmerfreizügigkeit herauszufiltern.[163]

(2) Das enge Verständnis der nicht erfassten Bereiche

Der Gerichtshof war bestrebt, die nicht vom Regime der Arbeitnehmerfreizügigkeit erfassten Bereiche eng zu konzeptionalisieren. Davon zeugt nicht nur dessen Rechtsprechung zur Bereichsausnahme des Art. 39 IV EG, sondern auch sein Verständnis des „Wirtschaftslebens", in dem sich Arbeitsverhältnisse realisieren können.

Gemäß Art. 39 IV EG sind die Vorschriften über die Arbeitnehmerfreizügigkeit nicht auf eine Beschäftigung in der öffentlichen Verwaltung anwendbar.[164] Diese Bereichsausnahme hat der Gerichtshof eng ausgelegt: Als Ausnahme vom Grundsatz der Freizügigkeit sei sie auf das unbedingt Erforderliche zu beschränken.[165] Trotz des bereichsbezogenen Wortlautes und der einen Umkehrschluss rechtfertigenden tätigkeitsbezogenen Formulierung in Art. 45 UA 1 EG verbiete die einheitliche und effektive Anwendung des Gemein-

---

che und echte Beschäftigung bei einer Maßnahme der Arbeitsbeschaffung für einen Drogenabhängigen, der aus in seiner Person liegenden Gründen auf unbestimmte Dauer keine Arbeitsleistungen unter normalen Bedingungen erbringen konnte, und bei der die Wiederherstellung der Arbeitsfähigkeit des Betroffenen im Vordergrund stünde sowie die Tätigkeit auf die Fähigkeiten des Betroffenen zugeschnitten würde und nicht diese für seine Arbeit maßgeblich waren. In den Rs. Trojani und Birden wurde diese Entscheidung jedoch relativiert.

[161] EuGH, Rs. 53/81, Slg. 1982, 1035, Rn. 20 ff. – Levin. Sogar die Migration in einen anderen Mitgliedstaat, um später als grundfreiheitlich Freizügigkeitsberechtigter in den Heimatstaat zurückzukehren, reiche aus, vgl. Rs. C-109/01, Slg. 2003, I-9607, Rn. 55 ff. – Akrich.

[162] So auch die Analyse von GA *Geelhoed*, in: EuGH, Rs. C-456/02, Slg. 2004, I-7573, Rn. 25 ff. – Trojani.

[163] So auch *A. P. van der Mei*, Fear for 'Social Tourism', 107 (110 f.); *ders.*, Free Movement, 130 f.; *ders.*, Ariz. J. Int'l & Comp. L. 18 (2001), 803 (835 f.).

[164] Ausführlich hierzu *U. Battis*, Öffentliche Verwaltung; *J. E. Beenen*, Access to Public Service Employment, insb. 71 ff.; *J. Handoll*, Free Movement, 235 ff.; *M. Henssler/M. Kilian*, EuR 2005, 192; *A. Mattera*, RMUE 1993, 47 (92 ff.); *D. O'Keeffe*, Public Service Exception; *T. Schotten*, Zugang zum öffentlichen Dienst; *R. C. A. White*, Workers, establishment, and services in the EU, 79 ff.; *B. Wilkinson*, 1 EPL (1995), 417 (425 ff.).

[165] EuGH, Rs. 66/85, Slg. 1986, 2121, Rn. 26 – Lawrie-Blum; Rs. 225/85, Slg. 1987, 2625, Rn. 7 – EK/Italien; Rs. C-405/01, Slg. 2003, I-10391, Rn. 41 – Colegio de Oficiales.

schaftsrechts, eine institutionelle Betrachtung anzustellen, die auf die mitgliedstaatliche Einordnung der Stelle als Teil der öffentlichen Verwaltung abhebt. Geboten sei vielmehr eine funktionelle Qualifikation.[166] Ausgenommen sind demnach diejenigen Stellen, „die eine unmittelbare oder mittelbare Teilnahme an der Ausübung hoheitlicher Befugnisse und an der Wahrnehmung solcher Aufgaben mit sich bringen, die auf die Wahrung der allgemeinen Belange des Staates oder anderer öffentlicher Körperschaften gerichtet sind"[167]. Solche Tätigkeiten setzten nämlich eine besondere Verbundenheit des Beschäftigten mit dem Staat und eine Gegenseitigkeit von Rechten und Pflichten voraus, die auf der Staatsangehörigkeit beruhen.[168] Der rechtlichen Qualifikation des Arbeitsverhältnisses kommt dabei sowohl hinsichtlich dessen Rechtsnatur als auch des Status des Beschäftigten keine Bedeutung zu, da ansonsten die Mitgliedstaaten die Reichweite der Bereichsausnahme bestimmen könnten.[169] Auch ist es unschädlich, wenn die Tätigkeit, wie bei Kapitänen oder Lehrern, nur unregelmäßig und zu einem unerheblichen Teil mit der Ausübung hoheitlicher Befugnisse verbunden ist.[170] Die Bereichsausnahme greift schließlich nur hinsichtlich des Zugangs zu einer Beschäftigung in der öffentlichen Verwaltung. Hat ein Mitgliedstaat den EU-Ausländer in diesem Sektor beschäftigt, so kann er ihm die Vergünstigungen der Arbeitnehmerfreizügigkeit wie etwa den Gleichbehandlungsanspruch nicht unter Berufung auf Art. 39 IV EG vorenthalten.[171]

---

[166] EuGH, Rs. 149/79, Slg. 1980, 3881, Rn. 11 ff. – EK/Belgien I. Dass eine Beschäftigung bei einer juristischen Person des Privatrechts, wie in der Rs. C-283/99, Slg. 2001, I-4363, Rn. 25 – EK/Italien entschieden, aufgabenunabhängig ausscheide, da diese nicht zur öffentlichen Verwaltung gehörten, steht in offensichtlichem Widerspruch zur Ablehnung der institutionellen Betrachtung, zumal der Gerichtshof noch zwischen dem bereichsbezogenen Art. 39 IV EG und dem tätigkeitsbezogenen Art. 45 UA 1 EG differenziert. Unter Zitat dieser Rechtsprechung ist der EuGH in einer späteren Entscheidung allerdings zum gegenteiligen Ergebnis gekommen, vgl. Rs. C-405/01, Slg. 2003, I-10391, Rn. 41 einerseits, Rn. 43 andererseits – Colegio de Oficiales.

[167] EuGH, Rs. 149/79, Slg. 1980, 3881, Rn. 10 – EK/Belgien I. Vgl. auch Rs. 149/79, Slg. 1982, 1845, Rn. 7 – EK/Belgien II; Rs. 307/84, Slg. 1986, 1725, Rn. 12 – EK/Frankreich; Rs. 66/85, Slg. 1986, 2121, Rn. 27 – Lawrie-Blum; Rs. C-47/02, Slg. 2003, I-10477, Rn. 58 – Anker u.a.

[168] EuGH, Rs. 149/79, Slg. 1980, 3881, Rn. 10 – EK/Belgien I.

[169] EuGH, Rs. 152/73, Slg. 1974, 153, Rn. 5 – Sotgiu; Rs. 307/84, Slg. 1986, 1725, Rn. 11 – EK/Frankreich; Rs. 66/85, Slg. 1986, 2121, Rn. 26 – Lawrie-Blum.

[170] Für Kapitäne EuGH, Rs. C-405/01, Slg. 2003, I-10391, Rn. 44 – Colegio de Oficiales; Rs. C-47/02, Slg. 2003, I-10477, Rn. 63 – Anker u.a. Für Lehrer Rs. 66/85, Slg. 1986, 2121, Rn. 27 f. – Lawrie-Blum: Benotung und Entscheidung über die Versetzung von Schülern nur untergeordnete Ausübung hoheitlicher Befugnisse.

[171] EuGH, Rs. 152/73, Slg. 1974, 153, Rn. 4 – Sotgiu; Rs. C-195/98, Slg. 2000, I-10497, Rn. 37 – Österreichischer Gewerkschaftsbund.

Erwerbstätig zu sein impliziert schließlich, Teil des Wirtschaftslebens zu sein. Treten neben das Motiv der Gewinnerzielung andere Momente, kann die Zuordnung zur Arbeitnehmerfreizügigkeit problematisch sein. Der Rechtsprechung des Gerichtshofs liegt jedoch ein weites Verständnis des „Wirtschaftslebens" zugrunde: Auch Bereiche wie Sport, Kultur, Kirchen, Religionsgemeinschaften oder karitative Einrichtungen sind prinzipiell erfasst und damit in diesen tätige Personen Arbeitnehmer.[172]

(3) Noch nicht und nicht mehr im Erwerbsleben stehende Personen als Begünstigte der Arbeitnehmerfreizügigkeit

Dass die aktuelle Ausübung einer unselbstständigen Erwerbstätigkeit keine zwingende Voraussetzung dafür ist, um von den Vergünstigungen der Arbeitnehmerfreizügigkeit zu profitieren, unterstreicht die Reichweite des mit der Arbeitnehmerfreizügigkeit verbundenen Integrationsanspruches: Angehörige anderer Mitgliedstaaten sind nämlich nicht nur solange willkommen, wie sie durch den Einsatz ihrer Arbeitskraft einen Beitrag zum Wohlstand im Aufnahmemitgliedstaat generieren, sondern auch als Arbeitsuchende, Arbeitslose, Arbeitsunfähige, Rentner und sich Fortbildende.[173] Allen darin zum Ausdruck kommenden humanitär-sozialen Erwägungen zum Trotz spiegelt sich das primär ökonomisch ausgerichtete Freizügigkeitskonzept jedoch auch in der Rechtsstellung dieser noch nicht respektive nicht mehr im Erwerbsleben stehende Personen insofern wider, als deren Einbeziehung nur unter eingeschränkten Voraussetzungen erfolgt. So bleibt der Freizügigkeitsschutz Arbeitsuchender hinter dem des Arbeitnehmers zurück (a), setzt der Fortbestand des Arbeitnehmerstatus bei Arbeitslosigkeit (b), Arbeitsunfähigkeit (c) und Eintritt in den Ruhestand (d) grundsätzlich eine gewisse Mindestarbeitsleistung im Aufnahmemitgliedstaat voraus, und besteht ein Fortbildungsanspruch grundsätzlich nur bei einer Konnexität von früherer Berufstätigkeit und Weiterbildung (e).

---

[172] Für den Sport: EuGH, Rs. 36/74, Slg. 1974, I-1405, Rn. 4/10 – Walrave; Rs. 13/76, Slg. 1976, 1333, Rn. 12/13 – Dona; Rs. C-415/93, Slg. 1995, I-4921, Rn. 73 – Bosman. Für Religionsgemeinschaften: Rs. 41/74, Slg. 1974, 1337 – van Duyn; Rs. 196/87, Slg. 1988, 6159, Rn. 11 f. – Steymann.

[173] Siehe dazu allgemein EuGH, Rs. C-85/96, Slg. 1998, I-2691, Rn. 32 – Martínez Sala: „Mit der Beendigung des Arbeitsverhältnisses verliert der Betroffene grundsätzlich die Arbeitnehmereigenschaft, wobei jedoch ... diese Eigenschaft ... bestimmte Folgewirkungen haben kann". Nach 17 Jahren Abwesenheit im Aufnahmemitgliedstaat besteht allerdings kein Zusammenhang mehr zwischen einer früheren Tätigkeit und der späteren Arbeitsuche, vgl. Rs. C-138/02, Slg. 2004, I-2703, Rn. 28 – Collins.

(a) Vorwirkungen des Arbeitnehmerstatus: Die Arbeitsuche

Das primär marktfreiheitlich-ökonomisch geprägte Freizügigkeitsregime in der Europäischen Wirtschaftsgemeinschaft spiegelte sich in der janusköpfigen Rechtsstellung Arbeitsuchender im Aufnahmemitgliedstaat wider: Als nur, aber auch potentielle Akteure des Gemeinsamen Marktes genossen sie zwar ein grundfreiheitliches Aufenthaltsrecht, jedoch bloß einen beschränkten Anspruch auf Gleichbehandlung mit Inländern.[174] Rechnung zu tragen war ferner der Gefahr falscher Migrationsanreize, die eine großzügige Handhabung des Aufenthaltsrechts und des Inländerbehandlungsanspruchs namentlich im sozialen Bereich hervorruft.

Art. 39 III lit. a und b EG räumen Arbeitsuchenden das Recht ein, sich im Hoheitsgebiet der Mitgliedstaaten frei zu bewegen, um sich um tatsächlich angebotene Stellen zu bewerben. Entgegen dem engen Wortlaut setzt das Freizügigkeitsrecht nach Auffassung des EuGH jedoch kein konkretes Stellenangebot voraus, sondern umfasst auch die Arbeitsuche.[175] Wie lange ein damit verbundenes Aufenthaltsrecht besteht, ist nicht ausdrücklich geregelt. Für die Beantwortung dieser Frage hat der Gerichtshof einer Erklärung des Rates im Zusammenhang mit der Annahme der VO 1612/68 und der mittlerweile aufgehobenen[176] RL 68/360, nach der das Aufenthaltsrecht für mindestens drei Monate eingeräumt werden müsse, falls der Arbeitsuchende nicht vorher unterstützungsbedürftig werde, keine Bedeutung beigemessen. Denn sie habe keinen Niederschlag in den entsprechenden Bestimmungen gefunden. Auch könne der auf einen Umkehrschluss zu Art. 39 III lit. c EG gestützten generellen Ablehnung eines Aufenthaltsrechts für Arbeitsuchende nicht gefolgt werden, da dem Freizügigkeitsrecht zwecks Arbeitsuche sonst seine praktische Wirksamkeit genommen werde. Angemessen sei vielmehr ein Zeitraum von sechs Monaten, es sei denn, der Betroffene erbringe den Nachweis, er suche mit begründeter Aussicht auf Erfolg weiterhin Arbeit.[177]

---

[174] Zur Rechtsstellung Arbeitsuchender im Unionsrecht vgl. *M. Dougan*, CYELS 2001, 93 (93 ff.); *F. Wollenschläger*, EuZW 2005, 665 (665 ff.).

[175] Vgl. EuGH, Rs. C-292/89, Slg. 1991, I-745 – Antonissen; Rs. C-171/91, Slg. 1993, I-2925 – Tsiotras. Diese Auffassung teilten bereits die Mitgliedstaaten in der im Folgenden erwähnten Erklärung. Sie kommt auch in Art. 69 I VO 1408/71 zum Ausdruck. Dazu *A. C. Evans*, MLR 45 (1982), 497 (504). Die neue Aufenthaltsrichtlinie 2004/38 (zu dieser unten, 1. Teil B. IV. 4.) verwendet nun auch den Begriff „Arbeitsuche" (siehe z.B. Art. 14 IV lit. b RL 2004/38).

[176] Zur zwischenzeitlichen Aufhebung dieser Richtlinie und Neuregelung durch die RL 2004/38 Fn. 37.

[177] EuGH, Rs. C-292/89, Slg. 1991, I-745, Rn. 17 ff. – Antonissen; Rs. C-171/91, Slg. 1993, I-2925, Rn. 13 f. – Tsiotras. Siehe dazu auch *G. Schulz*, Freizügigkeit, 124 ff. Die neue Aufenthaltsrichtlinie 2004/38 (zu dieser unten, 1. Teil B. IV. 4.) weicht mit einer Halbierung der 6-Monatsfrist geringfügig vom *Acquis* ab, obgleich deren neunter Erwägungsgrund dessen Kodifizierung nahe legt. Ein voraussetzungsloses Aufenthaltsrecht Arbeitsuchender besteht

Als (noch) Nichterwerbstätiger profitiert der Arbeitsuchende dagegen nur von einem gegenüber Arbeitnehmern reduzierten diskriminierungsrechtlichen Schutz. Denn hinsichtlich des mit Inländern gleichberechtigten Zugangs zu Sozialleistungen waren Arbeitsuchende anders als beim Aufenthaltsrecht nicht Arbeitnehmern, sondern sonstigen Nichterwerbstätigen gleichgestellt. Die das grundfreiheitliche Diskriminierungsverbot des Art. 39 II EG konkretisierenden Art. 2 und 5 der VO 1612/68 räumten Arbeitsuchenden zwar einen Gleichbehandlungsanspruch bezüglich des Zugangs zu einer Beschäftigung – etwa in Form der Unterstützung durch die örtlichen Arbeitsämter – ein. Der in Art. 7 II derselben Verordnung verankerte Anspruch auf die gleichen steuerlichen und sozialen Vergünstigungen wie Inländer war jedoch auf Arbeitnehmer, also auf bereits eine Beschäftigung ausübende Personen, beschränkt. Diese Differenzierung zwischen Arbeitsuchenden und Arbeitnehmern folgt nicht nur aus dem Wortlaut der genannten Artikel, sondern war auch in der Systematik der Verordnung angelegt: Deren Titel I, der die Artikel 2 und 5 enthält, regelt den „Zugang zur Beschäftigung", der Titel II, in dem sich Artikel 7 findet, ist dagegen mit „Ausübung der Beschäftigung und Gleichbehandlung" überschrieben. Dementsprechend verneinte der Gerichtshof in der Rs. Lebon einen Gleichbehandlungsanspruch EWG-ausländischer Arbeitsuchender hinsichtlich sozialer Vergünstigungen wie etwa Sozialhilfe.[178]

(b) Die Fortwirkung des Arbeitnehmerstatus bei Arbeitslosigkeit

Ereilt den Arbeitnehmer der Schicksalsschlag unfreiwillige Arbeitslosigkeit, kann er als Preis seiner vorangegangen Erwerbstätigkeit im Aufnahmemitgliedstaat Solidarität durch dessen Angehörige beanspruchen. Wurde ein Arbeitnehmer unfreiwillig arbeitslos, so konnte ihm allein deswegen seine für jeweils mindestens fünf Jahre zu erteilende (Art. 6 I lit. b RL 68/360) Aufenthaltserlaubnis nicht nachträglich entzogen werden (Art. 7 I RL 68/360).[179] Des Wei-

---

nunmehr – wie das sonstiger Nichterwerbstätiger auch – für lediglich drei Monate (dazu unten, 2. Teil A. III. 2. b. aa); im Anschluss daran muss der arbeitsuchende Unionsbürger nachweisen, dass er weiterhin Arbeit sucht und eine begründete Aussicht hat, eingestellt zu werden, um Ausweisungsschutz bei Mittellosigkeit zu genießen (Art. 14 IV lit. b RL 2004/38).

[178] EuGH, Rs. 316/85, Slg. 1987, 2811, Rn. 25 ff. – Lebon. Kritisch *M. Dougan*, CYELS 2001, 93 (98 ff.). Dieser Rechtslage entspricht auch die neue Aufenthaltsrichtlinie 2004/38 (zu dieser unten, 1. Teil B. IV. 4.), die einen Inländerbehandlungsanspruch Arbeitsuchender hinsichtlich Sozialhilfe für den Zeitraum ausschließt, in dem Arbeitsuchende ein voraussetzungsloses Aufenthaltsrecht bzw. Ausweisungsschutz bei Mittellosigkeit genießen (Art. 24 II RL 2004/38). Angesichts der Entscheidungen des EuGH in den Rs. C-138/02, Slg. 2004, I-2703 – Collins, und C-258/04, Slg. 2005, I-8275 – Ioannidis, kann hieran jedoch nicht mehr unbesehen festgehalten werden, vgl. ausführlich unten, 2. Teil B. III. 3. e) aa) (2) (c).

[179] Art. 7 III lit. b der neuen, die RL 68/360 ersetzenden Freizügigkeitsrichtlinie 2004/38 (zu dieser unten, 1. Teil B. IV. 4.) sieht nunmehr den Fortbestand der Arbeitnehmereigenschaft im Falle von Arbeitslosigkeit vor, wenn der Unionsbürger sich dem zuständigen Ar-

teren bestimmte Art. 7 II RL 68/360, dass bei der *ersten* Verlängerung die Gültigkeitsdauer der Aufenthaltserlaubnis auf zwölf Monate beschränkt werden kann, wenn der Arbeitnehmer länger als zwölf aufeinander folgende Monate unfreiwillig arbeitslos ist. Ob daraus mit Teilen der Literatur zu schließen ist, dass ab einer Beschäftigungsdauer von vier Jahren und einem Tag das Aufenthaltsrecht bei unfreiwilliger Arbeitslosigkeit unabhängig von Weiterbeschäftigungsbemühungen und -aussichten unbegrenzt fortbesteht, ist umstritten.[180] Entgegengehalten wird dem, dass so einerseits unfreiwillig und freiwillig arbeitslos Gewordene in ungerechtfertigter Weise ungleich behandelt würden, andererseits die mit der Arbeitnehmereigenschaft verbundenen Vergünstigungen, namentlich der Gleichbehandlungsanspruch im sozialen Bereich (Art. 7 II VO 1612/68), unangemessen, insbesondere zeitlich unbegrenzt, ausgedehnt würden. Deshalb sei sowohl im Falle des freiwilligen wie auch unfreiwilligen Verlustes des Arbeitsplatzes für den Fortbestand der Arbeitnehmereigenschaft zu fordern, dass der Betreffende ernsthaft und nicht ohne Aussicht auf Erfolg Arbeit sucht, wobei analog Art. 7 II RL 68/360 ab einer Dauer der Arbeitslosigkeit von zwei Jahren von einem Verlust der Arbeitnehmereigenschaft auszugehen ist.[181] Dem zu folgen bedeutete jedoch, dass gemessen an ihrer Aufenthaltsdauer stark in den Aufnahmemitgliedstaat integrierte Personen Aufenthaltsrecht und Diskriminierungsschutz verlieren könnten. Deshalb ist es vorzugswürdig, von einem Fortbestand auszugehen, was auch im Hinblick auf das nach zwei Jahren Arbeitsdauer entstehende Verbleiberecht dauerhaft arbeitsun-

beitsamt zur Verfügung stellt und er mindestens 12 Monate beschäftigt war. Gleiches gilt – allerdings nur für mindestens sechs Monate – gemäß Art. 7 III lit. c RL 2004/38 bei einer geringeren Arbeitsdauer oder im Anschluss an einen auf weniger als 12 Monate befristeten Arbeitsvertrag. Da Art. 7 III RL 2004/38 den Fortbestand der Arbeitnehmereigenschaft bei Arbeitslosigkeit ausdrücklich auf Art. 7 I lit. a RL 2004/38, also das Aufenthaltsrecht, bezieht, ist fraglich, ob der Arbeitslose auch als Arbeitnehmer i.S.d. Art. 7 II VO 1612/68, also hinsichtlich des gleichen Zugangs zu Inländern gewährten sozialen Vergünstigungen, angesehen werden kann; besteht ein Aufenthaltsrecht nach der RL 2004/38, so greift jedoch jedenfalls der Inländerbehandlungsanspruch des Art. 24 RL 2004/38.

[180] So *D. Martin/E. Guild*, Free Movement, 176 (unter 8.182); *J.-H. Strunz*, Freizügigkeit in der EU, 182. Ablehnend *J. Heyer*, Arbeitnehmerfreizügigkeit, 34 f.; *A. Randelzhofer/ U. Forsthoff*, in: G/H, Art. 39, Rn. 47 f.

[181] So *A. Randelzhofer/U. Forsthoff*, in: G/H, Art. 39, Rn. 47 f. (keine Auswirkungen jedoch für das Aufenthaltsrecht). Zustimmend *W. Frenz*, Europäische Grundfreiheiten, Rn. 1256. Vgl. auch EuGH, Rs. C-171/95, Slg. 1997, I-329, Rn. 41 f. – Tetik, allerdings für nach dem Assoziierungsabkommen EWG-Türkei Freizügigkeitsberechtigte, wonach der Betreffende „alle Formalitäten erfüllt [haben muss], die im betreffenden Mitgliedstaat gegebenenfalls vorgeschrieben sind, z.B. indem er sich als Arbeitsuchender meldet und der Arbeitsverwaltung dieses Mitgliedstaats während des dort vorgeschriebenen Zeitraums zur Verfügung steht“. Wiederum anders *J. Heyer*, Arbeitnehmerfreizügigkeit, 34, der die Versagung der Verlängerung für möglich hält.

fähig gewordener Personen[182] systematisch stimmig erscheint. Dies gilt entsprechend dem Wortlaut der Bestimmung und trotz der für eine Gleichbehandlung vorgebrachten Argumente jedoch nicht im Falle freiwilliger Arbeitslosigkeit, da andernfalls ein systematischer Widerspruch zum Verbleiberecht aus dem Erwerbsleben aufgrund Erreichens des Rentenalters ausgeschiedener Personen entstünde, das bejahendenfalls nämlich hinfällig würde.

Solange von einem Fortbestand der Arbeitnehmereigenschaft auszugehen ist, kommt der Arbeitslose in den Genuss aller auch Inländern gewährten sozialen und steuerlichen Vergünstigungen wie etwa Sozialhilfe.[183] Der arbeitslos Gewordene kann ferner auch bei Verlassen des Aufnahmemitgliedstaates gemäß Art. 7 II VO 1612/68 Gleichbehandlung hinsichtlich solcher sozialer Vergünstigungen verlangen, deren Gewährung vom vorherigen Bestand einer kürzlich beendeten Beschäftigung abhängig ist, weil die Leistung dann in untrennbarem Zusammenhang mit der Arbeitnehmereigenschaft des Berechtigten steht.[184]

(c) Die Fortwirkung des Arbeitnehmerstatus bei Arbeitsunfähigkeit

Solidarität im Aufnahmemitgliedstaat kann der EWG-ausländische Arbeitnehmer auch dann beanspruchen, wenn er seine Arbeitskraft verliert, und zwar unter im Vergleich zur unfreiwilligen Arbeitslosigkeit erleichterten Voraussetzungen. Die vorübergehende Arbeitsunfähigkeit aufgrund von Krankheit oder eines Unfalls berechtigte den Aufnahmemitgliedstaat nicht, dem Arbeitnehmer allein deswegen seine Aufenthaltserlaubnis zu entziehen (Art. 7 I RL 68/360).[185] Musste ein Arbeitnehmer aufgrund dauernder Arbeitsunfähigkeit seine Beschäftigung aufgeben und hatte er sich im Aufnahmemitgliedstaat seit mindestens zwei Jahren ständig aufgehalten, so war er gemäß Art. 1, 2 I lit. b der zwischenzeitlich aufgehobenen VO 1251/70 verbleibeberechtigt.[186] Das Erfordernis eines Mindestaufenthaltes galt darüber hinaus nicht,

---

[182] Zur Rechtsstellung Arbeitsunfähiger sogleich unten, 1. Teil A. II. 2. a) aa) (3) (c).

[183] EuGH, Rs. 249/83, Slg. 1985, 973, Rn. 17 ff. – Hoeckx; Rs. 122/84, Slg. 1985, 1027, Rn. 22 ff. – Scrivener. In beiden Entscheidungen wurde die Arbeitnehmereigenschaft des Anspruchstellers trotz bestehender Arbeitslosigkeit jedoch nicht problematisiert.

[184] EuGH, Rs. C-57/96, Slg. 1997, I-6689, Rn. 40 ff. – Meints. Vgl. auch Rs. C-35/97, Slg. 1998, I-5325 – EK/Frankreich.

[185] Art. 7 III lit. a der neuen, die RL 68/360 ersetzenden Freizügigkeitsrichtlinie 2004/38 (zu dieser unten, 1. Teil B. IV. 4.) sieht nunmehr generell den Fortbestand der Arbeitnehmereigenschaft im Falle von vorübergehender Arbeitsunfähigkeit vor. Für den Inländerbehandlungsanspruch des vorübergehend Arbeitsunfähigen gilt das zu dem des Arbeitslosen in Fn. 179 Gesagte.

[186] Angesichts des mit der RL 2004/38 (zu dieser unten, 1. Teil B. IV. 4.) eingeführten Daueraufenthaltsrechts [zu diesem unten, 2. Teil, A. III. 2. b) cc) und A. IV. 4. d) cc)] erschien die separate Normierung eines Verbleiberechts entbehrlich. Deshalb wurde die VO 1251/70 mit Wirkung vom 30.4.2006 durch die VO 635/2006 aufgehoben. Das Daueraufenthaltsrecht wird regelmäßig nach fünfjährigem ununterbrochenen Aufenthalt erworben

wenn die dauernde Arbeitsunfähigkeit durch einen Arbeitsunfall oder eine Berufskrankheit ausgelöst wurde, die einen Rentenanspruch zu Lasten eines Trägers des Aufnahmemitgliedstaates begründen, sowie, wenn der Ehegatte des Arbeitnehmers die Staatsangehörigkeit des Aufnahmemitgliedstaates besaß oder sie durch Eheschließung mit dem Arbeitnehmer verloren hatte (Art. 2 I 2 VO 1251/70).[187] Erstreckt auf die Verbleibeberechtigten wurde nach Art. 7 VO 1251/70 der in der VO 1612/68 verankerte Gleichbehandlungsanspruch, so dass auch der Diskriminierungsschutz nach Beendigung der Erwerbstätigkeit verbürgt war.[188]

(d) Die Fortwirkung des Arbeitnehmerstatus bei Eintritt in den Ruhestand

Bei Erreichen des Rentenalters kann der EWG-ausländische Arbeitnehmer regelmäßig auf einen längeren Aufenthalt im Aufnahmemitgliedstaat zurückblicken, hat dort vielleicht sogar seinen Lebensmittelpunkt gefunden. Dieses Band wird trotz Aufgabe der Erwerbstätigkeit nicht getrennt. Nach den Erwägungsgründen der zwischenzeitlich aufgehobenen[189] VO 1251/70 folgt aus dem Aufenthaltsrecht eines Arbeitnehmers zwangsläufig das in Art. 48 III lit. d EWGV anerkannte Recht, nach Ende der Beschäftigung im Aufnahmemitgliedstaat zu verbleiben. Dieses wurde in der VO 1251/70 konkretisiert. Verbleibeberechtigt waren danach Arbeitnehmer, die das gesetzliche Rentenalter erreicht haben, im Aufnahmemitgliedstaat in den letzten 12 Monaten eine Beschäftigung ausgeübt und sich dort seit mindestens drei Jahren ständig aufgehalten haben (Art. 1, 2 I lit. a VO 1251/70).[190] Diese zeitlichen Voraussetzungen galten nicht, wenn der Ehegatte des Arbeitnehmers die Staatsangehörigkeit des Aufnahmemitgliedstaates besaß oder sie durch Eheschließung mit

(Art. 16 RL 2004/38); Art. 17 RL 2004/38 sieht jedoch für aus dem Erwerbsleben ausgeschiedene Personen demgegenüber erleichterte, mit der bisherigen Regelung der VO 1251/70 vergleichbare Erwerbsvoraussetzungen vor.

[187] Auch führt die Inhaftierung eines Wanderarbeitnehmers nicht zum Verlust des Arbeitnehmerstatus, so es ihm gelingt, in einem angemessenen Zeitraum nach Haftentlassung wieder eine Beschäftigung zu finden, vgl. EuGH, Verb. Rs. C-482/01 und 493/01, Slg. 2004, I-5257, Rn. 50 – Orfanopoulos und Olivieri. Siehe auch Rs. C-340/97, Slg. 2000, I-957, Rn. 40 ff. – Nazli.

[188] Nach Aufhebung der VO 1251/70 durch die VO 635/2006 (siehe Fn. 186) bestimmt sich der Inländerbehandlungsanspruch nunmehr nach Art. 24 RL 2004/38 (zu diesem unten, 2. Teil, B. III.).

[189] Zur Aufhebung und Neuregelung siehe die Fn. 186 (Aufenthaltsrecht) und 188 (Inländerbehandlungsanspruch).

[190] Übte ein Arbeitnehmer im Anschluss an eine mindestens dreijährige Beschäftigung und bei ständigem Aufenthalt in einem Mitgliedstaat eine Beschäftigung in einem anderen Mitgliedstaat aus und behielt er den Wohnsitz im ersten Mitgliedstaat bei, wohin er zumindest einmal in der Woche zurückkehrte, so war er ebenfalls im ersten Mitgliedstaat verbleibeberechtigt (Art. 1, 2 I lit. c VO 1251/70).

dem Arbeitnehmer verloren hatte (Art. 2 I 2 VO 1251/70). Art. 7 VO 1251/70 erstreckte schließlich den in der VO 1612/68 verankerten Gleichbehandlungsanspruch auf die nach der VO 1251/70 Verbleibeberechtigten.

(e) Die Fortwirkung des Arbeitnehmerstatus bei Fortbildung

Ihre konzeptionell weit reichendste Ausdehnung erfahren hat die Arbeitnehmerfreizügigkeit hinsichtlich der Fortwirkung des Arbeitnehmerstatus bei einer Weiterbildung im Anschluss an die Ausübung einer Erwerbstätigkeit.[191] Die Aufgabe der Berufstätigkeit, um eine Vollzeitausbildung einschließlich eines Studiums aufzunehmen, zieht nämlich unabhängig von der vorangegangenen Beschäftigungsdauer nicht zwingend den Verlust der Arbeitnehmereigenschaft nach sich, womit insbesondere Inländerbehandlung hinsichtlich der Ausbildungs- und Studienförderung nicht mehr unionsrechtlich geboten wäre. Als Korrektiv greifen lediglich ein Konnexitätserfordernis zwischen der früheren Beschäftigung und der ins Auge gefassten Weiterbildung sowie ein Missbrauchsvorbehalt.

Für den Gerichtshof folgt die nicht ausdrücklich angeordnete Fortwirkung des Arbeitnehmerstatus aus einer Gesamtschau der Vorschriften über die Arbeitnehmerfreizügigkeit. Wanderarbeitnehmern eingeräumte Rechte hängen nämlich nicht zwingend vom Bestand einer Beschäftigung ab, was die eben erörterte Rechtsstellung Arbeitsuchender, aus dem Erwerbsleben ausgeschiedener Personen sowie Arbeitsloser genauso zeige wie das in Art. 7 I und III VO 1612/68 enthaltene Gleichbehandlungsgebot hinsichtlich beruflicher Wiedereingliederung, Wiedereinstellung und des Besuchs von Berufsschulen sowie Umschulungszentren. Um von einer Fortwirkung auszugehen, müsse allerdings ein Zusammenhang[192] zwischen der früheren Berufstätigkeit und der

---

[191] Ausführlich dazu, insbesondere auch im Hinblick auf die Rechtslage in Deutschland, *S. Armbrecht*, Ausbildungsförderung; *S. Bode*, Europarechtliche Gleichbehandlungsansprüche Studierender, 150 ff. Problematisch kann die Konstellation sein, wenn die Person gleichzeitig arbeitet und studiert. Die Qualifikation hat dann nach dem Schwerpunkt des Aufenthalts zu erfolgen, vgl. *S. Bode*, Europarechtliche Gleichbehandlungsansprüche Studierender, 148 ff. Die in diesem Abschnitt skizzierte Rechtsprechung des EuGH wird in Art. 7 III lit. d der neuen Freizügigkeitsrichtlinie 2004/38 (zu dieser unten, 1. Teil B. IV. 4.) jedenfalls partiell kodifiziert. Dieser sieht die Aufrechterhaltung der Erwerbstätigeneigenschaft bei Aufnahme einer Berufsausbildung vor, wenn zwischen der Ausbildung und der früheren Tätigkeit ein Zusammenhang besteht. Letzteres ist entbehrlich, wenn der Betroffene seinen Arbeitsplatz unfreiwillig verloren hat. Für den Inländerbehandlungsanspruch des sich Fortbildenden gilt das zu dem des Arbeitslosen in Fn. 179 Gesagte.

[192] Ob ein Zusammenhang besteht, erschließe Art und Verschiedenheit der ausgeübten Tätigkeiten sowie die Dauer der Unterbrechung zwischen Beschäftigungsende und Studienbeginn, vgl. EuGH, Rs. C-3/90, Slg. 1992, I-1071, Rn. 19 – Bernini. Von einem Zusammenhang könne man nicht mehr sprechen, wenn das Arbeitsverhältnis gegenüber dem Studium von untergeordneter Bedeutung sei, da es nur im Hinblick auf das spätere Studium begründet

angestrebten Weiterbildung bestehen. Letzteres sei lediglich im Falle der unfreiwilligen Arbeitslosigkeit[193] verzichtbar, da dann der Arbeitsmarkt die Umschulung auf ein anderes Berufsfeld erforderlich mache. Diese Auslegung der Arbeitnehmerfreizügigkeit entspreche schließlich den gewandelten Verhältnissen im Arbeitsleben, in dem eine kontinuierliche Berufstätigkeit seltener werde und Ausbildung, Umschulungen oder Wiedereingliederungsmaßnahmen häufiger würden.[194]

Eine bestimmte Mindestdauer der Beschäftigung könnten die Mitgliedstaaten nicht verlangen, begrenzt werde die Fortwirkung jedoch durch einen Missbrauchsvorbehalt, der greift, wenn sich anhand objektiver Merkmale nachweisen lässt, dass jemand eine sehr kurze Berufstätigkeit in einem anderen Mitgliedstaat nur deshalb ausübt, um in den Genuss der Studienförderung zu kommen.[195]

Der unionsrechtliche Gleichbehandlungsanspruch umfasst insbesondere Studienbeihilfen, die eine soziale Vergünstigung i.S.d. Art. 7 II VO 1612/68 darstellen. Nicht aber dürfe aus Art. 7 III VO 1612/68, der Gleichbehandlung hinsichtlich des Zugangs zu Berufsschulen und Umschulungszentren gewährt, *e contrario* geschlossen werden, dass hierunter nicht subsumierbare Fortbildungsmaßnahmen nicht von Art. 7 II VO 1612/68 erfasst seien.[196] Studienförderung sei unter den genannten Voraussetzungen auch für ein Studium im Ausland – einschließlich des Heimatstaates – zu gewähren.[197]

(4) Die Rechtsstellung der Familienangehörigen des Arbeitnehmers

Der auf eine umfassende Integration des Wanderarbeitnehmers angelegte Ansatz der Arbeitnehmerfreizügigkeit zeigt sich auch an der Rechtsstellung seiner Familienangehörigen, wie sie sekundärrechtlich und durch die Recht-

---

wurde, vgl. Rs. 197/86, Slg. 1988, 3205, Rn. 24 ff. – Brown, in der die Einstellung für acht Monate nur im Hinblick auf eine spätere Zulassung zum Studium erfolgte.

[193] Eine unfreiwillige Arbeitslosigkeit könne je nach Einzelfall auch bei Ende eines von vornherein befristeten Arbeitsvertrages vorliegen, vgl. dazu EuGH, Rs. C-413/01, Slg. 2003, I-13187, Rn. 41 ff. – Ninni-Orasche.

[194] EuGH, Rs. 39/86, Slg. 1988, 3161, Rn. 29 ff. – Lair. Bestätigt in Rs. C-357/89, Slg. 1992, I-1027, Rn. 20 ff. – Raulin; Rs. C-3/90, Slg. 1992, I-1071, Rn. 18 ff. – Bernini; Rs. C-413/01, Slg. 2003, I-13187, Rn. 34 f. – Ninni-Orasche. Präzisiert in Rs. C-57/96, Slg. 1997, I-6689, Rn. 41 – Meints, wonach ein Zusammenhang zwischen der begehrten Leistung und der Arbeitnehmereigenschaft des Anspruchstellers bestehen müsse.

[195] EuGH, Rs. 39/86, Slg. 1988, 3161, Rn. 40 ff. – Lair; Rs. C-413/01, Slg. 2003, I-13187, Rn. 36 – Ninni-Orasche.

[196] EuGH, Rs. 39/86, Slg. 1988, 3161, Rn. 22 ff. – Lair.

[197] EuGH, Rs. C-3/90, Slg. 1992, I-1071, Rn. 20 – Bernini; Rs. 235/87, Slg. 1988, 5589, Rn. 11 f. – Matteucci.

sprechung des EuGH ausgestaltet wurde.[198] Schon im fünften Erwägungsgrund der die Freizügigkeit am Ende der Übergangszeit voll herstellenden VO 1612/68 wird der Zusammenhang zwischen der Freizügigkeit des Arbeitnehmers und dem Recht seiner Familienangehörigen, ihn zu begleiten und bestmöglich in die Gesellschaft des Aufnahmemitgliedstaates integriert zu werden, unterstrichen. Eingeräumt werden diese Rechte nicht nur, um optimale Rahmenbedingungen für die Erwerbstätigkeit des Wanderarbeitnehmers zu schaffen, sondern auch im Hinblick auf dessen Persönlichkeit und die fundamentale Bedeutung seiner Integration und die seiner Familie in den Aufnahmemitgliedstaat[199]:

> Damit das Recht auf Freizügigkeit nach objektiven Maßstäben in Freiheit und Menschenwürde wahrgenommen werden kann, … müssen alle Hindernisse beseitigt werden, die sich der Mobilität der Arbeitnehmer entgegenstellen, insbesondere in bezug auf das Recht des Arbeitnehmers, seine Familie nachkommen zu lassen, und die Bedingungen für die Integration seiner Familie im Aufnahmeland.

Dieser umfassende Integrationsanspruch ist grundrechtlich unterfüttert, nämlich im Hinblick auf das an Art. 8 EMRK angelehnte Gemeinschaftsgrundrecht auf Achtung des Familienlebens, in dessen Lichte der Gerichtshof die VO 1612/68 auslegt.[200] Wie dem Arbeitnehmer auch sind seinen Familienmitgliedern ein allerdings vom Arbeitnehmer abgeleitetes Aufenthalts- und Verbleiberecht (a), die Möglichkeit, eine Erwerbstätigkeit auszuüben, sowie ein in der Rechtsprechung kontinuierlich erweiterter Inländerbehandlungsanspruch (b) garantiert.

---

[198] Mit der am 29.4.2004 verabschiedeten neuen Aufenthaltsrichtlinie 2004/38 wurden u.a. die die Rechtsstellung Familienangehöriger betreffenden Art. 10 f. VO 1612/68 aufgehoben und die Rechtsstellung Familienangehöriger neu geregelt (zur RL 2004/38 allgemein unten, 1. Teil B. IV. 4). Die RL 2004/38 hat den Schutz drittstaatsangehöriger Familienmitglieder für die Fälle, dass der Unionsbürger verstirbt, aus dem Aufnahmemitgliedstaat wegzieht, die Ehe geschieden oder aufgehoben oder die eingetragene Partnerschaft beendet wird, deutlich verbessert. Deren Aufenthaltsrecht erhalten nämlich die Art. 12 II, III und 13 II RL 2004/38 unter den dort näher spezifizierten Voraussetzungen – insbesondere hinsichtlich einer Mindestaufenthalts- und Mindestehedauer – ausschließlich auf persönlicher Grundlage. Unter den erleichterten Voraussetzungen der Art. 12 I und 13 I RL 2004/38 greift die Lockerung der Akzessorietät auch für gemeinschaftsangehörige Familienmitglieder [zum Aufenthaltsrecht näher unten, 2. Teil A. III. 1. b)]. Ein genereller Inländerbehandlungsanspruch findet sich nunmehr in Art. 24 I 2 RL 2004/38 [zu diesem unten, 2. Teil B. III. 3. f)].

[199] In diesem Sinne auch EuGH, Rs. 249/86, Slg. 1989, 1263, Rn. 11 – EK/Deutschland. Siehe auch *S. Robin-Olivier*, Principe d'Égalité, 380 ff.

[200] Vgl. etwa EuGH, Rs. 249/86, Slg. 1989, 1263, Rn. 10 – EK/Deutschland; Rs. C-413/99, Slg. 2002, I-7091, Rn. 72 – Baumbast und R. Zur Bedeutung bei aufenthaltsbeendenden Maßnahmen Rs. C-441/02, Slg. 2006, I-3449, Rn. 107 ff. – EK/Deutschland.

(a) Das Aufenthalts- und Verbleiberecht der Familienangehörigen des Wanderarbeitnehmers

Gemäß des zwischenzeitlich aufgehobenen[201] Art. 10 I VO 1612/68 waren unabhängig von ihrer Staatsangehörigkeit aufenthaltsberechtigt der Ehegatte des Arbeitnehmers[202] sowie die Verwandten des Arbeitnehmers in absteigender Linie, die noch keine 21 Jahre alt sind oder denen Unterhalt gewährt wird. Ebenso erfasst waren Verwandte des Arbeitnehmers und seines Ehegatten in aufsteigender Linie, denen Unterhalt gewährt wird.[203] Das den Familienangehörigen eingeräumte Aufenthaltsrecht war allerdings insofern beschränkt, als es vom Wanderarbeitnehmer abgeleitet ist: Endete etwa durch Scheidung das rechtliche Band zu diesem, verlor der Ehegatte seine Rechte als Familienangehöriger.[204] Des Weiteren profitierten beim erwerbstätigen Arbeitnehmer wohnende Familienangehörige auch vom diesem eingeräumten Verbleiberecht, wobei ihre abgeleitete Berechtigung nicht mit dem Tod des Arbeitnehmers erlosch (Art. 3 I 1 der zwischenzeitlich aufgehobenen[205] VO 1251/70).[206] Auch wenn der Arbeitnehmer starb, bevor er ein Verbleiberecht nach der VO 1251/70 erworben hatte, wurde die Akzessorietät unter bestimmten Voraussetzungen durchbrochen: Familienangehörige durften im Aufnahmemitgliedstaat verbleiben, wenn der Arbeitnehmer sich zu seinem Todeszeitpunkt seit mindestens zwei Jahren dort ständig aufgehalten hatte,[207] infolge eines

---

[201] Siehe Fn. 198.

[202] Eine Erstreckung auf den Lebenspartner lehnte der EuGH mangels gemeineuropäischen Anschauungswandels ab, vgl. Rs. 59/85, Slg. 1986, 1283, Rn. 8 ff. – Reed.

[203] Begünstigt war der Nachzug sonstiger Familienangehöriger, denen der Arbeitnehmer Unterhalt gewährt oder mit denen er im Herkunftsland in häuslicher Gemeinschaft lebt, vgl. Art. 10 II VO 1612/68.

[204] *N. Blake*, Familiy Life, 7 (8), spricht vom "Adjectival Status of Familiy Members". Getrennt lebende, aber noch nicht geschiedene Ehegatten sind allerdings weiterhin freizügigkeitsberechtigt, vgl. EuGH, Rs. 267/83, Slg. 1985, 567, Rn. 20 – Diatta. Weitere Ausnahmen sieht Art. 12 VO 1612/68 für Kinder des Wanderarbeitnehmers vor. Auch leitet der Gerichtshof ein Aufenthaltsrecht von Personen, die die Sorge für aufgrund von Art. 12 VO 1612/68 aufenthaltsberechtigten Kindern ausüben, aus dieser Vorschrift ab, da ansonsten das Aufenthaltsrecht des Kindes entwertet würde, vgl. Rs. C-413/99, Slg. 2002, I-7091, Rn. 68 ff. – Baumbast und R. Dazu *B. Hofstötter*, SJER 2004, 267 (279 ff.); *U. Hühn*, ELR 2002, 358 (360 ff.); kritisch *S. Bode*, EuZW 2002, 767 (767 f.). In der Rs. C-10/05, Slg. 2006, I-3145, Rn. 25 – Mattern, spricht der EuGH davon, dass das Recht der Familienangehörigen des Wanderarbeitnehmers, eine Erwerbstätigkeit auszuüben (Art. 11 VO 1612/68), dessen Freizügigkeitsrecht „diene".

[205] Zur Aufhebung und Neureglung siehe die Fn. 186 (Aufenthaltsrecht) und 188 (Inländerbehandlungsanspruch).

[206] Näher *G. Schulz*, Freizügigkeit, 207 ff. Auch verbleibeberechtigte Familienangehörige profitierten gemäß Art. 7 VO 1251/70 vom in der VO 1612/68 verankerten Gleichbehandlungsanspruch.

[207] Dieser zweijährige Aufenthalt muss dem Todeszeitpunkt unmittelbar vorausgehen, vgl. EuGH, Rs. C-257/00, Slg. 2003, I-153 – Givane.

Arbeitsunfalls oder einer Berufskrankheit gestorben war oder wenn sein überlebender Ehegatte die Staatsangehörigkeit des Aufnahmemitgliedstaates besaß oder diese durch Eheschließung mit dem Arbeitnehmer verloren hatte (Art. 3 II VO 1251/70).

(b) Ausübung einer Erwerbstätigkeit und Gleichbehandlung

Gemäß dem zwischenzeitlich ebenfalls aufgehobenen[208] Art. 11 VO 1612/68 waren auch drittstaatsangehörige Ehegatten und Kinder des Wanderarbeitnehmers zur Aufnahme einer Erwerbstätigkeit im Aufnahmemitgliedstaat berechtigt,[209] auch wenn sie nicht (mehr) beim Wanderarbeitnehmer wohnten.[210] Ausdrücklich eingeräumt ist Kindern der Wanderarbeitnehmer des Weiteren ein Gleichbehandlungsanspruch hinsichtlich der Teilnahme am allgemeinen Unterricht sowie der Lehrlings- und Berufsausbildung (Art. 12 VO 1612/68), den der Gerichtshof weit ausgelegt hat: Gleiche Teilnahme bedeute nicht nur gleiche Zulassungsbedingungen zum allgemeinen Unterricht, der im Übrigen auch ein Hochschulstudium umfasst,[211] sondern auch den gleichen Zugang zu Studienbeihilfen. Denn dies diene der Integration der Kinder in das soziale Leben des Aufnahmemitgliedstaates.[212] Selbst wenn der Wanderarbeitnehmer zwischenzeitlich aus dem Aufnahmemitgliedstaat weggezogen ist, besteht der Gleichbehandlungsanspruch des dort verbliebenen Kindes fort.[213] Dies gilt, auch wenn die vorangehenden Art. 10 und 11 VO 1612/68 enger gefasst waren, unabhängig vom Alter des Kindes.[214] Ebenfalls über den Wortlaut ausgedehnt hat der Gerichtshof Art. 12 VO 1612/68 im Hinblick auf Wiedereingliederungsmaßnahmen behinderter Kinder von Wanderarbeitnehmern. Interessant ist diese Entscheidung deshalb, weil der EuGH seine weniger am Wortlaut der Verordnung denn am Ziel, das Freizügigkeitsrecht möglichst umfassend zu realisieren, orientierte Auslegung expliziert:

---

[208] Siehe Fn. 198.

[209] Vgl. hierzu EuGH, Rs. 131/85, Slg. 1986, 1573 – Gül; Rs. C-10/05, Slg. 2006, I-3145, Rn. 15 ff. – Mattern.

[210] EuGH, Rs. 267/83, Slg. 1985, 567, Rn. 18 ff. – Diatta.

[211] EuGH, Verb. Rs. 389 und 390/87, Slg. 1989, 723, Rn. 27 ff. – Echternach und Moritz; Rs. C-308/89, Slg. 1990, I-4185, Rn. 10 ff. – di Leo; Rs. C-7/94, Slg. 1995, I-1031, Rn. 24 – Gaal.

[212] EuGH, Rs. 9/74, Slg. 1974, 773, Rn. 4 – Casagrande; Rs. 68/74, Slg. 1975, 109, Rn. 5/7 – Alaimo; Verb. Rs. 389 und 390/87, Slg. 1989, 723, Rn. 27 ff. – Echternach und Moritz; Rs. C-308/89, Slg. 1990, I-4185, Rn. 10 ff. – di Leo; Rs. C-7/94, Slg. 1995, I-1031, Rn. 19 – Gaal.

[213] Dass der Aufenthalt des Kindes für eine gewisse Zeit unterbrochen war, ist unschädlich (EuGH, Verb. Rs. 389 und 390/87, Slg. 1989, 723, Rn. 20 ff. – Echternach und Moritz); das Kind muss jedoch zu irgendeinem Zeitpunkt mit dem Arbeitnehmer im Aufnahmemitgliedstaat gewohnt haben (Rs. 197/86, Slg. 1988, 3205, Rn. 29 ff. – Brown).

[214] EuGH, Rs. C-7/94, Slg. 1995, I-1031, Rn. 20 ff. – Gaal.

Die Tatsache, dass der oben zitierte Artikel 12 die für solche Kinder vorgesehenen Ausbildungsmaßnahmen nicht ausdrücklich aufführt, kann nicht als Beweis für den Willen gedeutet werden, diese Maßnahmen vom Anwendungsbereich der Verordnung auszuschließen; sie ist mit der Schwierigkeit zu erklären, alle Fälle, namentlich auch die nur ausnahmsweise vorkommenden, erschöpfend aufzuführen, für welche die Gleichstellung der Angehörigen aller Mitgliedstaaten gewährleistet werden muss, damit das Recht auf Freizügigkeit voll ausgeübt werden kann.[215]

Diesen Ansatz unterstreicht auch die Entwicklung eines weit reichenden Inländerbehandlungsanspruchs der Familienangehörigen des Wanderarbeitnehmers in der Rechtsprechung des Gerichtshofs. Anfangs noch lehnte er zwar einen über Art. 12 VO 1612/68 hinausgehenden Gleichbehandlungsanspruch ab, da sowohl der Wortlaut des Art. 7 VO 1612/68 als auch deren Systematik dagegen sprächen. Denn der Rechtsstellung Familienangehöriger sei Titel III (Art. 10–12) gewidmet, der sich auf die eben erörterten Rechte beschränke, aber keinen weitergehenden Inländerbehandlungsanspruch enthalte.[216] In Folgeentscheidungen gab der EuGH diese Rechtsprechung jedoch durch eine extensive Auslegung des Art. 7 II VO 1612/68 auf, womit Gleichbehandlung auch hinsichtlich sonstiger Sozialleistungen zu Gunsten Familienangehöriger gefordert werden konnte: Unterstützt der Wanderarbeitnehmer den betreffenden Familienangehörigen, so stellten sich nämlich diesem gewährte Vergünstigungen zugleich als eigene dar, womit eine soziale Vergünstigung für den Arbeitnehmer selbst vorliege, die unstreitig von Art. 7 II VO 1612/68 erfasst ist.[217] Später hat der EuGH weitergehend entschieden, dass sich auch das Kind selbst auf Art. 7 II VO 1612/68 berufen könne, wenn ihm der Anspruch unmittelbar eingeräumt werde, da auch dann eine soziale Vergünstigung für den Wanderarbeitnehmer zu bejahen sei.[218] Die Reichweite der dem Aufnahmemitgliedstaat auferlegten Verantwortung zeigt sich auch daran, dass diesem im Hinblick auf die gebotene Integration der Familienangehörigen untersagt ist, danach zu differenzieren, ob das eine Vergünstigung beanspruchende Kind im Aufnahmemitgliedstaat wohnt. Damit ist der Aufnahmemitgliedstaat beispielsweise zur Förderung eines im Ausland absolvierten Studiums verpflichtet.[219]

---

[215] EuGH, Rs. 76/72, Slg. 1973, 457, Rn. 12/15 – Michel S.

[216] EuGH, Rs. 76/72, Slg. 1973, 457, Rn. 6/10 – Michel S.

[217] EuGH, Rs. 94/84, Slg. 1985, 1873, Rn. 24 – Deak; Rs. 316/85, Slg. 1987, 2811, Rn. 13 – Lebon; Rs. C-3/90, Slg. 1992, I-1071, Rn. 25 – Bernini. Für einen drittstaatsangehörigen Ehegatten ablehnend dagegen Rs. C-243/91, Slg. 1992, I-4401, Rn. 10 f. – Taghavi.

[218] EuGH, Rs. C-3/90, Slg. 1992, I-1071, Rn. 26 – Bernini.

[219] EuGH, Rs. C-3/90, Slg. 1992, I-1071, Rn. 28 – Bernini. Zum Antragszeitpunkt muss sich der Arbeitnehmer allerdings noch im Aufnahmemitgliedstaat aufhalten (Rs. C-33/99, Slg. 2001, I-2415, Rn. 39 ff. – Fahmi und Amado); die Staatsangehörigkeit des Kindes ist dagegen irrelevant (Rs. C-310/91, Slg. 1993, I-3011, Rn. 24 f. – Schmid).

bb) Die graduelle Verallgemeinerung des gemeinschaftsrechtlichen Freizügigkeitsregimes

Im Mittelpunkt des in der Europäischen Wirtschaftsgemeinschaft operierenden Freizügigkeitsregimes standen zunächst Arbeitnehmer und Selbstständige, also Marktteilnehmer. Ab Mitte der 1980er Jahre setzten jedoch zwei Entwicklungen ein, die den Konnex von Freizügigkeit und Erwerbstätigkeit entscheidend lockerten. Zum einen schien eine neue Kategorie von Marktteilnehmern am gemeinschaftsrechtlichen Horizont auf: Empfänger von Dienstleistungen (1). Zum anderen bezog der Gerichtshof Studierende in das gemeinschaftsrechtliche Freizügigkeitsregime ein – ein bloß noch sehr schwache Berührungspunkte mit einer wirtschaftlichen Aktivität aufweisender Personenkreis (2). Die Rechtsstellung dieser Personengruppen blieb jedoch, wie sich dies schon bei den noch nicht, derzeit nicht und nicht mehr im Erwerbsleben stehenden Freizügigkeitsberechtigten zeigte, hinter der von selbstständig und unselbstständig Tätigen zurück.

(1) Der Dienstleistungsempfänger als „neuer" Marktteilnehmer: Erste Schritte zur Verallgemeinerung des marktfreiheitlichen Freizügigkeitsregimes

Eine Lockerung des ökonomischen Bezuges ist mit der allmählichen Anerkennung der passiven Dienstleistungsfreiheit verbunden, die das marktfreiheitliche Freizügigkeitsregime auf einen Großteil der sich grenzüberschreitend Fortbewegenden ausgedehnt hat. Da Regelungsgegenstand der Dienstleistungsfreiheit die Erbringung unkörperlicher Leistungen ist und der EWG-Vertrag sie sogar systematisch vom freien Personenverkehr trennt (vgl. Art. 3 lit. c EWGV), mag es *prima facie* verwundern, ihr eine besondere Bedeutung für die Fortentwicklung des Freizügigkeitsrechts zu attestieren. Diese resultiert nicht primär daraus, dass der freie Dienstleistungsverkehr ein Aufenthaltsrecht am ausländischen Leistungsort impliziert, das – wie bei der Niederlassungsfreiheit auch – zwar nicht ausdrücklich primärrechtlich verankert, aber als Annex erfasst ist und in der RL 73/148 näher ausgestaltet war[220]. Hervorzuheben ist vielmehr der Aspekt der passiven Dienstleistungsfreiheit, nämlich das mit einem Inländerbehandlungsanspruch verbundene Recht, sich in einen anderen Mitgliedstaat zu begeben, um dort – auch wirtschaftlich noch so unbedeutende – Dienstleistungen zu empfangen. Gleichbedeutend war dies mit einer Verallgemeinerung des Freizügigkeitskonzepts.

Die passive Dienstleistungsfreiheit war im Gegensatz zum Recht des Dienstleistenden, vorübergehend in einem anderen Mitgliedstaat tätig zu werden (aktive Dienstleistungsfreiheit), vertraglich nicht explizit normiert (vgl. Art.

---

[220] Zur zwischenzeitlichen Aufhebung der RL 73/184 oben, Fn. 37; zur Neuregelung in der RL 2004/38 unten, 2. Teil A. III. 2. und IV.

60 UA 3 EWGV), von Anfang an jedoch im Grundsatz anerkannt.[221] Problematisch war jedoch folgende Konsequenz dieser Gewährleistung: Da sich (fast) jeder Aufenthalt in einem anderen Mitgliedstaat als Inanspruchnahme oder zumindest Serie einer Inanspruchnahme von Dienstleistungen konzipieren lässt, ließe sich so ein grundfreiheitlich geschütztes – und damit insbesondere von den vorhandenen Existenzmitteln des Begünstigten unabhängiges – allgemeines Aufenthaltsrecht konstruieren. Da die passive Dienstleistungsfreiheit nicht nur vom Wortlaut des Art. 59 EWGV nicht erfasst sei, sondern auch nach der Systematik des Vertrages nur bestimmten Gruppen von Marktteilnehmern Freizügigkeitsrechte eingeräumt seien, ein allgemeines Aufenthaltsrecht diese Kategorisierung also hinfällig mache, wurde diese Auslegung mitunter abgelehnt:

Wenn aber diese Bestimmung weit ausgelegt wird, so daß sie alle umfaßt, die Empfänger von einer Dienstleistung sein können (der Dienstleistungsbegriff ist bekanntlich ein Auffangbegriff, der alle selbständigen Tätigkeiten im tertiären Sektor umfaßt), wird praktisch das Recht auf Freizügigkeit auf alle Bürger der Mitgliedstaaten ausgedehnt, da jeder tatsächlich oder potentiell Empfänger von Dienstleistungen ist. Dies entspricht weder dem Wortlaut noch dem System des Vertrages, der die Freizügigkeit für bestimmte Gruppen von Marktteilnehmern vorsieht.[222]

Der Gerichtshof sah jedoch nach anfänglichem Zögern[223] den Aufenthalt von Touristen, Studien- und Geschäftsreisenden in einem anderen Mitgliedstaat als von Art. 59 EWGV erfasst an.[224] Mag bei einer medizinischen Behandlung im

---

[221] Vgl. EG-Gesamtbericht 3/1960, S. 109 ff., sowie Art. 1 I lit. a RL 64/220. Dies hebt auch *U. Everling*, Von der Freizügigkeit der Arbeitnehmer zum Europäischen Bürgerrecht, 81 (93 f.) hervor. Einen gegenüber der aktiven Dienstleistungsfreiheit untergeordneten Charakter betont *M. Seidel*, Dienstleistungsfreiheit, 113 (120 ff.).

[222] GA *Trabucchi*, in: EuGH, Rs. 118/75, Slg. 1976, 1185, 1203 – Watson und Belman. Ebenso die britische und italienische Regierung in diesem Verfahren (S. 1192) sowie GA *Capotorti*, in: Rs. 66/77, Slg. 1977, 2311, unter 3. – Kuyken; *R. Riegel*, NJW 1978, 468. Auch die EK reagierte zunächst ablehnend, vgl. deren Antwort vom 26.11.1969 auf die schriftliche Anfrage Nr. 277/69 von Herrn Vredeling, ABl. C 159 vom 12.12.1969, S. 1 ff. Anders dann deren Stellungnahme in der Rs. 118/75, Slg. 1976, 1185 (1193) – Watson und Belman, sowie deren Antworten vom 30.6.1975 auf die schriftliche Anfrage von Herrn Hansen, ABl. C 242 vom 22.10.1975, S. 4, und vom 30.7.1979 auf die schriftliche Anfrage von Herrn Hoffmann, ABl. C 214 vom 27.8.1979, S. 31 f., die jedoch Demonstranten ausnahmen. In der Antwort der EK vom 18.5.1988 auf die schriftliche Anfrage Nr. 2372/87 von Frau Marijke van Hemeldonck, ABl. C 303 vom 28.11.1987, S. 36, wies die EK ferner darauf hin, dass Touristen nicht mangels ausreichender Geldmittel die Einreise verweigert werden könne. Zur Diskussion in der Literatur zusammenfassend *S. Völker*, Passive Dienstleistungsfreiheit, 64 ff.

[223] Trotz einer entsprechenden Vorlage des GA *Trabucchi* ging der EuGH in der Rs. 118/75, Slg. 1976, 1185 – Watson und Belman, hierauf nicht ein. Kritisch insoweit *C. Tomuschat*, CDE 1977, 97 (101 f.).

[224] EuGH, Verb. Rs. 286/82 und 26/83, Slg. 1984, 377, Rn. 12 ff. – Luisi und Carbone. Ebenso Rs. C-186/87, Slg. 1989, 195, Rn. 15 – Cowan; Rs. C-348/96, Slg. 1999, I-11, Rn.

Ausland das Interesse des Dienstleistungsempfängers an der konkreten Leistung noch im Vordergrund stehen, so ist die Motivation des Touristen oder Geschäftsreisenden, von seinem Freizügigkeitsrecht Gebrauch zu machen, regelmäßig nicht primär konkret dienstleistungsbezogen.[225] Umso weniger der Aufenthalt damit von der Entgegennahme einer konkreten Dienstleistung geprägt war, umso stärker lockerte sich das Band von Freizügigkeit und ökonomischer Aktivität. Preis für diese Verallgemeinerung war allerdings eine Beschränkung des Aufenthaltsrechts *ratione temporis*. So betonte der Gerichtshof in Folgeentscheidungen, dass die Dienstleistungsfreiheit nicht für Personen gelte, die ihren Hauptaufenthalt in einem anderen Mitgliedstaat nähmen, um dort auf unbestimmte Dauer Dienstleistungen zu erbringen oder zu empfangen. Denn sie umfasse keine ohne absehbare Beschränkung ausgeübte Tätigkeit.[226] Nicht in jedem Einzelfall leicht handhabbares Abgrenzungskriterium ist also der vorübergehende Charakter – nicht aber eine bestimmte Dauer[227] – des Aufenthalts.[228] Da der EuGH auch keine passive Niederlassungsfreiheit anerkannte, war noch kein allgemeines Freizügigkeitsrecht unter dem Deckmantel der Marktfreiheiten geschaffen.

Parallel zur Rechtsprechung zur Niederlassungsfreiheit hat der Gerichtshof das in Art. 50 UA 3 EG normierte dienstleistungsbezogene Diskriminierungsverbot zu einem Inländerbehandlungsgebot des Dienstleistenden ausgebaut.[229] Zudem hat er entgegen dem Wortlaut des Art. 50 UA 3 EG dieses weit ausgelegte Diskriminierungsverbot nicht auf die aktive Dienstleistungsfreiheit beschränkt, sondern den Leistungsempfänger einbezogen. Reisende sind also nicht nur bei der Inanspruchnahme von Dienstleistungen wie etwa einem

16 – Calfa; Rs. C-215/03, Slg. 2005, I-1215, Rn. 37 – Oulane. Zur Rechtsstellung des Touristen im Unionsrecht allgemein *E. Tichadou*, ZEuS 2002, 299.

[225] Vgl. *S. Völker*, Passive Dienstleistungsfreiheit, 50 ff.

[226] EuGH, Rs. 196/87, Slg. 1988, 6159, Rn. 16 f. – Steymann. Bestätigt in Rs. C-200/02, Slg. 2004, I-9925, Rn. 22 – Chen/Zhu. Ebenso *H. G. Fischer*, Unionsbürgerschaft, 3; *G. Schulz*, Freizügigkeit, 144 f. Weiter *G. F. Mancini*, 26 CML Rev. (1989), 595 (608).

[227] Dass mit einer zunehmenden Dauer der grenzüberschreitende Charakter und damit die Berufungsmöglichkeit auf Art. 59 f. EG verloren ginge, betont dagegen *M. Seidel*, Dienstleistungsfreiheit, 113 (121 f.).

[228] Zusätzlich plädiert *S. Völker*, Passive Dienstleistungsfreiheit, 168 ff., für ein finales Abgrenzungskriterium dahin, dass der Dienstleistungsempfänger sich in der Absicht, eine bestimmte Art von Dienstleistungen (die über die alltägliche Lebensgestaltung hinausgehen) entgegenzunehmen, in den Aufnahmemitgliedstaat begeben müsse. Dagegen *G. Schulz*, Freizügigkeit, 145 f. Strittig ist zudem, ob eine ex-post- oder ex-ante-Betrachtung zu erfolgen habe. Letzteres favorisiert GA *Lenz*, in: EuGH, Rs. C-186/87, Slg. 1989, 195, Rn. 28 ff. – Cowan; differenzierend demgegenüber *G. Schulz*, Freizügigkeit, 147; *S. Völker*, Passive Dienstleistungsfreiheit, 170 f.

[229] EuGH, Rs. 63/86, Slg. 1988, 29, Rn. 18 f. – EK/Italien.

Museumsbesuch genauso wie Inländer zu behandeln,[230] sondern profitieren auch *qua* ihrer Stellung als freizügigkeitsberechtigte Dienstleistungsempfänger von einem weit reichenden Inländerbehandlungsanspruch. So bejahte der EuGH etwa einen aus der passiven Dienstleistungsfreiheit folgenden Gleichbehandlungsanspruch hinsichtlich Leistungen nach dem Opferentschädigungsgesetz für den in der Pariser Metro überfallenen englischen Touristen *Cowan*.[231] Damit wird die gemeinschaftsrechtlich gebotene Solidarität auf eine mit dem Aufnahmemitgliedstaat nur schwach verbundene Personengruppe erstreckt.[232] Dem Einwand der französischen Regierung, dass die Sozialleistungsberechtigung als Ausdruck nationaler Solidarität eine engere Verbindung mit dem Aufnahmemitgliedstaat voraussetze, folgte der EuGH nicht:

> Garantiert nämlich das Gemeinschaftsrecht einer natürlichen Person die Freiheit, sich in einen anderen Mitgliedstaat zu begeben, so ist zwingende Folge dieser Freizügigkeit, daß Leib und Leben dieser Person in dem betreffenden Mitgliedstaat in gleicher Weise geschützt sind, wie dies bei den eigenen Staatsangehörigen und den in diesem Staat wohnhaften Personen der Fall ist. ... Der Umstand, daß die fragliche Entschädigung aus der Staatskasse finanziert wird, kann an dem System des Schutzes der vom EWG-Vertrag garantierten Rechte nichts ändern.[233]

Wie einschränkend auch immer man die tatbestandlichen Grenzen dieses aus der passiven Dienstleistungsfreiheit folgenden Inländerbehandlungsanspruchs zieht,[234] unübersehbar ist jedenfalls, dass der Bezug zu einer Erwerbstätigkeit –

---

[230] EuGH, Rs. C-45/93, Slg. 1994, I-911, Rn. 10 – EK/Spanien; Rs. C-388/01, Slg. 2003, I-721 – EK/Italien. Kritisch dazu *G. Davies*, 11 ELJ (2005), 43.

[231] EuGH, Rs. C-186/87, Slg. 1989, 195, Rn. 17 f. – Cowan.

[232] Kritisch *F. Schockweiler*, RDE 1991, 3 (23 f.), der eine Mindestaufenthaltsvoraussetzung für legitim erachtet.

[233] EuGH, Rs. C-186/87, Slg. 1989, 195, Rn. 17 f. – Cowan. Ausführlich zur Rechtfertigungsproblematik GA *Lenz*, ibid., Rn. 48 ff., der ergänzend darauf hinweist, dass die Opferentschädigung keine klassische Sozialleistung sei (Rn. 52). Auch im Fall des ermäßigten Zugangs zu Museen ließ der EuGH nicht gelten, dass diese aus dem nationalen Steueraufkommen finanziert würden, siehe Rs. C-388/01, Slg. 2003, I-721, Rn. 23 f. – EK/Italien. *A. von Bogdandy*, in: G/H, Art. 6 EGV, Rn. 23, bezeichnet den Grundsatz „nationaler Solidarität" als diffuses Argument.

[234] Wie weit dieser Gleichbehandlungsanspruch reicht, ist in der Rechtsprechung des EuGH im Grundsatz ungeklärt und in der Literatur umstritten. Teils wird eine gegenständliche Beschränkung postuliert – so etwa *A. von Bogdandy*, G/H, Art. 12, Rn. 42 („Konnexität"); *M. Dougan/E. Spaventa*, New Models of Social Solidarity in the EU, 181 (196 f.); *P. Garrone*, Libre Circulation, 120 –, teils von einem umfassenden Inländerbehandlungsanspruch ausgegangen, vgl. *J. Handoll*, Free Movement, 161 (Rn. 5.167); *S. O'Leary*, Equal Treatment, 105 (112 f.); *F. Schockweiler*, RDE 1991, 3 (22 f.). In den Verb. Rs. C-92/92 und C-326/92, Slg. 1993, I-5145, Rn. 32 – Phil Collins u.a. formuliert der EuGH unter Verweis auf die Rs. Cowan: „[Art. 12 EG] verlangt ... die vollständige Gleichbehandlung von Personen, die sich in einer gemeinschaftsrechtlich geregelten Situation befinden, mit den Angehörigen des betreffenden Mitgliedstaats". Siehe ferner GA *Jacobs*, in: EuGH, Rs. C-274/96, Slg. 1998, I-7637, Rn. 19 – Bickel und Franz: „In der Rechtssache Cowan bestand der einzige Zusammenhang mit dem Gemeinschaftsrecht darin, daß das Geschehen in die Zeit fiel, in der Herr Cowan sich

wie bei den übrigen Personenverkehrsfreiheiten auch – schwach ist, das Anknüpfungsmoment vielmehr der Aufenthalt in einem anderen Mitgliedstaat ist. In diesem Sinne stellte *Koen Lenaerts* fest: «[M]ême lorsqu'il demeure limité à l'exercise des libertés économiques garanties par le Traité C.E.E., le principe de non-discrimination en raison de la nationalité debouche, en fait, sur une protection du citoyen communautaire en tant que tel.»[235]

(2) Die Einbeziehung Studierender in das gemeinschaftsrechtliche Freizügigkeitsregime

Die Analyse der Personenverkehrsfreiheiten hob als Kern der Freizügigkeitsgewährleistung wirtschaftlich aktiver Personen drei Aspekte heraus, nämlich Bewegungsfreiheit zwischen den Mitgliedstaaten einschließlich eines Aufenthaltsrechts im Zielstaat, einen Anspruch auf Inländerbehandlung sowie den Schutz vor sonstigen spezifischen Beeinträchtigungen der transnationalen Mobilität. Entlang dieser Freizügigkeitslogik entwickelte der Gerichtshof über den Hebel des in Art. 12 EG verankerten allgemeinen Diskriminierungsverbotes seit Beginn der 1980er Jahre eine „kleine Grundfreiheit", die nicht marktfreiheitlich freizügigkeitsberechtigten Studierenden[236] zu einem Aufenthaltsrecht sowie einem im Umfang allerdings beschränkten Diskriminierungsschutz verhalf.[237] Damit war ein weiterer erheblicher Schritt weg von einem ausschließlich Teilnehmer des Gemeinsamen Marktes berechtigenden Freizügigkeitskonzept vollzogen, auch wenn eine ökonomische Rechtfertigung mitunter, freilich wenig überzeugend, im Studium als Schlüssel zu einer späteren Marktteilnahme gesehen wurde.[238]

---

als Dienstleistungsempfänger in Frankreich aufhielt. Mit seiner Entscheidung, daß dies ausreichte, um das Diskriminierungsverbot auszulösen, bewirkte der Gerichtshof im Ergebnis, daß jeder, der sein Recht zur Einreise in einen anderen Mitgliedstaat ausübt, unter den Schutz des Artikels [12] fällt".

[235] *K. Lenaerts*, CDE 1991, 3 (28). Vgl. Auch *D. O'Keeffe*, Trends in Free Movement, 263 (270 f.): "It establishes for every Community national travelling within the Community access to the protection of Community law, and in particular to the principle of non-discrimination on the ground of nationality. ... The case is a bridge to a Community bill of rights ...".

[236] Siehe hierzu allgemein *S. Armbrecht*, Ausbildungsförderung; *S. Bode*, Europarechtliche Gleichbehandlungsansprüche Studierender; *W. Cremer*, WissR 2003, 128; *M. Dougan*, 42 CML Rev. (2005), 943; *K. Hailbronner*, JuS 1991, 9; *K. Lenaerts*, 31 CML Rev. (1994), 7; *A. P. van der Mei*, Free Movement, 333 ff.; *S. O'Leary*, Evolving Concept, 147 ff.; *N. Reich*, Bürgerrechte in der EU, 189 ff.

[237] Des Weiteren entwickelte der Gerichtshof sogar einen Diskriminierungsschutz jenseits des Gebotes der Inländerbehandlung (Anerkennung von im Ausland durch einen Inländer erworbenen Diplomen), allerdings unter dem Deckmantel der Arbeitnehmerfreizügigkeit, vgl. EuGH, Rs. C-19/92, Slg. 1993, I-1663 – Kraus.

[238] Den Aspekt der Vorwirkung im Hinblick auf eine spätere Berufstätigkeit betonen EuGH, Rs. 293/83, Slg. 1985, 593, Rn. 23 f. – Gravier; Rs. 242/87, Slg. 1989, 1425, Rn.

Zumindest das Studium an einer öffentlichen oder im Wesentlichen aus öffentlichen Mitteln finanzierten Hochschule, sei es auch kostenpflichtig, ließ sich nicht mehr als von den Grundfreiheiten erfasster Teil des Wirtschaftslebens einordnen. Für eine Qualifikation als Dienstleistung i.S.d. Art. 49 EG fehlt es nämlich an der Entgeltlichkeit des im Rahmen des nationalen Bildungssystems erteilten Unterrichts. Mit diesem übe der Staat nämlich keine Erwerbstätigkeit aus, sondern erfülle seinen sozialen, kulturellen und bildungspolitischen Auftrag gegenüber seinen Bürgern. Daran ändere auch die etwaige Erhebung von Studiengebühren nichts, zumal der Unterricht in der Regel aus dem Staatshaushalt finanziert werde.[239] Anders zu beurteilen sei nach dem EuGH allerdings der entgeltliche Unterricht an Hochschulen, die im Wesentlichen aus privaten Mitteln finanziert werden, da diese eine entgeltliche Leistung anböten.[240] Damit genießen dort Studierende das mit dem Status als Dienstleistungsempfänger verbundene Aufenthaltsrecht und einen entsprechenden Diskriminierungsschutz[241].

Für nicht grundfreiheitlich freizügigkeitsberechtigte Studierende an öffentlichen Hochschulen entwickelte der Gerichtshof rechtsfortbildend schrittweise einen strukturell vergleichbaren Schutz: zunächst in gleichheitsrechtlicher Hinsicht, indem der EuGH in den Rs. Forcheri, Gravier und Blaizot das allgemeine Diskriminierungsverbot (Art. 12 EG) trotz bloß schwacher gemeinschaftsrechtlicher Anknüpfungspunkte auf den Zugang zum und die Teilnahme am Unterricht im Bildungswesen und in der Lehrlingsausbildung erstreckte. Zwar bestünden insoweit keine Gemeinschaftskompetenzen, dennoch liege dieser Sachverhalt nicht außerhalb des Gemeinschaftsrechts: So gebe erstens der auf Art. 128 EWGV gestützte Beschluss des Rates über die Aufstellung allgemeiner Grundsätze für die Durchführung einer Gemeinsamen Politik der Berufsausbildung[242] das Ziel vor, im Interesse der Arbeitnehmerfreizügigkeit

29 – EK/Rat; *M. J. Garot*, Citoyenneté de l'Union, 85; *S. Kadelbach*, Unionsbürgerschaft, 539 (552); *H. Lichtenberg*, Freizügigkeit und Bildungswesen in der EG, 1269 (1284 f.). Von einer Flankierung sprechen *E. Klein*/*A. Haratsch*, JuS 1995, 7 (11). Ähnlich *P. von Wilmowsky*, ZaöRV 50 (1990), 231 (244). Zurückhaltend *A. Randelzhofer*, Marktbürgerschaft – Unionsbürgerschaft – Staatsbürgerschaft, 581 (589).

[239] EuGH, Rs. 263/86, Slg. 1988, 5365, Rn. 14 ff. – Humbel; Rs. C-109/92, Slg. 1993, I-6447, Rn. 15 f. – Wirth. Zustimmend *S. Bode*, Europarechtliche Gleichbehandlungsansprüche Studierender, 157 f.

[240] EuGH, Rs. C-109/92, Slg. 1993, I-6447, Rn. 17 – Wirth. Diese Differenzierung kritisiert *P. von Wilmowsky*, ZaöRV 50 (1990), 231 (262 f.). Siehe dazu auch den Schlussantrag von GA *Stix-Hackl*, in: Rs. C-76/05, noch anhängig, Rn. 28 ff. – Schwarz.

[241] Dessen Reichweite – insbesondere im Hinblick auf Studienbeihilfen – ist indes umstritten, siehe dazu *S. Bode*, Europarechtliche Gleichbehandlungsansprüche Studierender, 160 ff., mit Hinweis auf die aus der Einbeziehung von Studienbeihilfen resultierende Ungleichbehandlung von Studierenden an öffentlichen und privaten Hochschulen.

[242] Beschluss 63/266 vom 2.4.1963, ABl. 1963, S. 1338.

eine angemessene berufliche Aus- und Fortbildung zu erreichen.[243] Zweitens existierten gemeinschaftsrechtliche Regelungen für den Bildungssektor, wie die – wenn auch tatbestandlich nicht einschlägigen – Art. 7 II, 12 VO 1612/68 und Art. 128 EWGV zeigten. Drittens bestehe ein Zusammenhang zwischen einer Berufsausbildung und der späteren, von den Grundfreiheiten geschützten wirtschaftlichen Betätigung.[244] In der Rs. Blaizot erstreckte der Gerichtshof diese berufsbildungsbezogene Rechtsprechung dann auf den gleichen Zugang zu einem Hochschulstudium.[245]

Dieser *praeter legem* entwickelte Diskriminierungsschutz begründet weit reichende Solidaritätspflichten, indem den Mitgliedstaaten verwehrt wird, Kapazitätsgrenzen für EU-ausländische Studierende festzulegen oder von diesen höhere Einschreibe- respektive Studiengebühren als von Inländern zu verlangen. Die aus dem zu erwartenden erhöhten Zustrom ausländischer Studierender resultierenden finanziellen Konsequenzen für inländische Hochschulen seien kein legitimer Rechtfertigungsgrund für Zugangsbeschränkungen.[246] Die Mitgliedstaaten haben demnach das nationale Hochschulsystem für EU-

---

[243] EuGH, Rs. 152/82, Slg. 1983, 2323, Rn. 13 ff. – Forcheri.

[244] EuGH, Rs. 293/83, Slg. 1985, 593, Rn. 19 ff. – Gravier. Siehe auch Rs. 42/87, Slg. 1988, 5445, Rn. 7 ff. – EK/Belgien. Der Zusammenhang von Berufsausbildung und Freizügigkeit wird auch betont in Rs. 242/87, Slg. 1989, 1425, Rn. 29 – EK/Rat. Kritisch zu dieser Rechtsprechung, insbesondere im Hinblick auf die schwach ausgeprägte Gemeinschaftszuständigkeit im Bildungswesen, *S. Bode*, Europarechtliche Gleichbehandlungsansprüche Studierender, 262 ff.; *T. C. Hartley*, CDE 1989, 325; *A. de Moor*, 48 MLR (1985), 452 (454 ff.); *J. Steiner*, 10 EL Rev. (1985), 348 (352).

[245] EuGH, Rs. 24/86, Slg. 1988, 379, Rn. 16 ff. – Blaizot: „…[W]eder die Bestimmungen des EWG-Vertrages, insbesondere nicht Artikel 128, noch die mit diesen Bestimmungen verfolgten Ziele, insbesondere im Bereich der Freizügigkeit, [liefern] Anhaltspunkte für eine Begrenzung des Begriffs der Berufsausbildung in der Weise …, daß jedes Universitätsstudium davon ausgeschlossen wäre. In allen Mitgliedstaaten wird davon ausgegangen, daß bestimmte Universitätsstudien die Studenten durch die Vermittlung bestimmter Kenntnisse und Fähigkeiten auf Hochschulniveau gerade auf bestimmte spätere berufliche Tätigkeiten vorbereiten sollen. … Zu der weiteren Frage, ob ein Universitätsstudium auf eine Qualifikation für einen bestimmten Beruf … vorbereitet …, ist festzustellen, daß dies nicht nur dann der Fall ist, wenn der Studienabschluß die unmittelbare Qualifikation zur Ausübung eines bestimmten Berufs …, d[er] eine solche Qualifikation voraussetz[t], verleiht, sondern auch insoweit, als dieses Studium besondere Fähigkeiten vermittelt, d.h. wenn der Student für die Ausübung eines Berufs … der erworbenen Kenntnisse bedarf … Hochschulstudiengänge erfüllen im allgemeinen diese Voraussetzungen. Etwas anderes gilt nur für bestimmte besondere Studiengänge, die sich aufgrund ihrer Eigenart an Personen richten, die eher ihre Allgemeinkenntnisse vertiefen wollen als daß sie einen Zugang zum Berufsleben anstrebten." Kritisch zu diesem weiten Verständnis der Berufsausbildung *S. Bode*, Europarechtliche Gleichbehandlungsansprüche Studierender, 40 ff.

[246] EuGH, Rs. 24/86, Slg. 1988, 379, Rn. 22 f. – Blaizot. Ein jüngeres Beispiel bietet die kontrovers aufgenommene Rs. C-147/03, Slg. 2005, I-5969 – EK/Österreich; siehe ferner die Rs. C-65/03, Slg. 2004, I-6427 – EK/Belgien.

Ausländer genauso wie für Inländer zu öffnen, ohne dass sie Inländer bevorzugen könnten, etwa weil die Hochschulen vorwiegend aus dem nationalen Steueraufkommen finanziert werden.[247] Zu diesem tragen während ihres Aufenthaltes allerdings auch ausländische Studierende bei.

In einem zweiten Schritt, in der Rs. Raulin, leitete der Gerichtshof als „logische Folge" des in der Rs. Gravier entwickelten, auf Art. 7, 128 EWGV gestützten gleichen Zugangs zu einer Berufsausbildung ein entsprechendes Aufenthaltsrecht her, da das Zugangsrecht sonst entwertet würde.[248] Begrifflich genauso zwingend erscheinen dessen Schranken: Das Aufenthaltsrecht ist „auf das beschränkt ..., was erforderlich ist, damit der Betroffene eine Berufsausbildung absolvieren kann", also auf die Dauer der konkreten Ausbildung; darüber hinaus – so der EuGH ohne weitere Begründung – könne „das Aufenthaltsrecht von Voraussetzungen abhängig gemacht werden, die sich aus den berechtigten Interessen des Mitgliedstaats ergeben, wie z. B. die Deckung der Kosten für Lebensunterhalt und Krankenversicherung, für die das Verbot der Diskriminierung beim Zugang zur Berufsausbildung nicht gilt".[249] Diese zuletzt genannten Schranken verdeutlichen, dass der Gerichtshof trotz der von ihm betriebenen integrationsoffenen Rechtsfortbildung auch rechtspolitisch motivierte Zurückhaltung gegenüber den Mitgliedstaaten walten lässt, um die Akzeptanz seiner Rechtsprechung nicht zu gefährden.

Davon zeugt schließlich auch die mangelnde Bereitschaft des Gerichtshofs, den Diskriminierungsschutz Studierender genauso weit reichend wie den grundfreiheitlich Freizügigkeitsberechtigter zu gestalten: In den Rs. Lair, Brown und Wirth lehnte der EuGH nämlich dessen Ausdehnung auf Studienbeihilfen wie Stipendien oder Studentendarlehen ab. Zwar könne Gleichbehandlung im Hinblick auf die Bezuschussung von Einschreibe- und anderen mit dem Zugang zum Unterricht verbundenen Gebühren – wie insbesondere Studiengebühren – verlangt werden, da diese den in den Anwendungsbereich des Gemeinschaftsrechts i.S.d. Art. 7 EWGV fallenden Zugang zu Hochschulen beträfen. Nicht erfasst sei allerdings die Förderung des Lebensunterhalts. Denn diese unterfalle einmal dem Bereich der Bildungspolitik, für die als solche keine Gemeinschaftskompetenzen bestünden, zum anderen dem der Sozialpolitik, für die nur begrenzt Zuständigkeiten auf Gemeinschaftsebene gegeben seien.[250] Zwingend war diese Differenzierung angesichts des weiten Verständnisses des Anwendungsbereichs des Gemeinschaftsrechts nicht, zumal

---

[247] Aus rechtspolitischen Erwägungen kritisch *N. Green/T. C. Hartley/J. A. Usher*, Legal Foundations, 190 ff.

[248] EuGH, Rs. C-357/89, Slg. 1992, I-1027, Rn. 30 ff. – Raulin. Zustimmend *E. Klein/A. Haratsch*, DÖV 1994, 133 (134).

[249] EuGH, Rs. C-357/89, Slg. 1992, I-1027, Rn. 38 ff. – Raulin.

[250] EuGH, Rs. 39/86, Slg. 1988, 3161, Rn. 14 f. – Lair; Rs. 197/86, Slg. 1988, 3205, Rn. 18 – Brown; Rs. C-109/92, Slg. 1993, I-6447, Rn. 25 – Wirth.

für diesen kompetentielle Erwägungen in der Rechtsprechung des EuGH keine entscheidende Rolle spielten. Im Vordergrund dürfte eher, genauso wie beim Aufenthaltsrecht, das rechtspolitische Motiv gestanden haben, die Solidarität zwischen den Mitgliedstaaten hinsichtlich der sehr mobilen Gruppe der Studierenden nicht zu überspannen.[251]

b) Der zur nationalen Staatsangehörigkeit nur komplementäre Charakter der grundfreiheitlich vermittelten Rechtsstellung

Die marktfreiheitlich vermittelte Rechtsposition hat den Status des EWG-Ausländers an den des Inländers angenähert und damit die Bedeutung der nationalen Staatsangehörigkeit als Voraussetzung für die Inhaberschaft bestimmter Rechte relativiert. Hiervon zeugen sowohl das gefestigte grundfreiheitliche Aufenthaltsrecht als auch der weit verstandene, nahezu unbedingte und effektive Inländerbehandlungsanspruch. Deren Grenzen verdeutlichen allerdings, dass auch in der supranationalen Europäischen Wirtschaftsgemeinschaft der in der Staatsangehörigkeit zum Ausdruck kommenden Bindung des Einzelnen an seinen Heimatmitgliedstaat exklusiver Charakter zukommt.

So unterstreicht die Existenz des *ordre-public*-Vorbehalts, ein Instrument des traditionellen Ausländerrechts, dass der Aufenthalt von EWG-Ausländern anderen Regeln als der von Inländern folgt, auch wenn diese Schranke restriktiv gehandhabt wird. Genauso kennt das Gebot der Inländerbehandlung, das namentlich im sozialen Bereich eine umfassende Gleichstellung von EWG-Ausländern und Inländern verlangt, Grenzen *ratione materiae*. Diese kommen vornehmlich im Bereich politischer Rechte zum Tragen. So erstreckt sich der Gleichbehandlungsanspruch des EWG-Ausländers zum einen nicht auf den Zugang zu einer Beschäftigung, die mit der Ausübung hoheitlicher Gewalt verbunden ist (Art. 39 IV, 45 UA 1 EG). Denn eine solche setze, so der EuGH, eine besondere Verbundenheit des Beschäftigten mit dem Staat und eine Gegenseitigkeit von Rechten und Pflichten voraus, die nur die nationale Staatsangehörigkeit vermitteln könne.[252] Zum anderen sind selbst dauerhaft in einem anderen Mitgliedstaat niedergelassene EWG-Ausländer von der politischen Partizipation ausgeschlossen. Zwar wäre es konstruktiv ohne weiteres

---

[251] Kritisch zu dieser Differenzierung *S. Bode*, Europarechtliche Gleichbehandlungsansprüche Studierender, 267 f.; *A. von Bogdandy*, in: G/H, Art. 6 EGV, Rn. 41; *N. Green/T. C. Hartley/J. A. Usher*, Legal Foundations, 143: "paradox, based on policy rather than legal principle"; *T. C. Hartley*, CDE 1989, 325 (335); *C. Jacqueson*, 27 EL Rev. (2002), 260 (273 Fn. 66); *A. P. van der Mei*, EJML 2005, 203 (207 f.); *S. O'Leary*, Equal Treatment, 105 (120 f.); *D. H. Scheuing*, Freizügigkeit, 103 (138); *ders.*, EuR 2003, 744 (776, 785 f.); *P. von Wilmowsky*, ZaöRV 50 (1990), 231 (243 ff.). Zustimmend dagegen *G. Schulz*, Freizügigkeit, 166 ff.

[252] EuGH, Rs. 149/79, Slg. 1980, 3881, Rn. 10 – EK/Belgien I. Näher dazu oben, 1. Teil A. II. 2. a) aa) (2).

möglich, die von beschäftigungsbezogenen zu generellen Gleichbehandlungsansprüchen mutierten grundfreiheitlichen Diskriminierungsverbote auch auf das Wahlrecht zu erstrecken, dessen Versagung also als Hindernis für die Freizügigkeit zu qualifizieren.[253] Jedoch besteht Konsens, dass eng mit der nationalen Staatsangehörigkeit verknüpfte Rechtspositionen vom Inländerbehandlungsanspruch ausgenommen sind.[254] Denn Staat und Staatsangehörige verbinde ein besonderes Verhältnis, das sich in der exklusiven Gewährung bestimmter Rechte manifestiere, die folglich nicht auf Angehörige anderer Staaten erstreckt werden könnten.[255]

Dies zeigt, dass der grundfreiheitlich vermittelten Rechtsstellung der Angehörigen der Mitgliedstaaten ein gegenüber der nationalen Staatsangehörigkeit nur komplementärer Charakter zukommt.

c) Die Freizügigkeitsakzessorietät der grundfreiheitlich vermittelten Rechtsstellung

Abgesehen von den erörterten *ratione personae* und *materiae* bestehenden Grenzen setzt schließlich der Charakter der Personenverkehrsfreiheiten als transnationales Freizügigkeitsrecht der durch sie vermittelten Rechtsstellung Schranken. Diese folgen zum einen daraus, dass die Grundfreiheiten primär Hindernisse mitgliedstaatlicherseits im Blick haben, die einer transnationalen Erwerbstätigkeit entgegenstehen.[256] Damit ist ihre Bedeutung auf horizontaler

---

[253] Ganz in diesem Sinne hält der dritte Erwägungsgrund der Kommunalwahl-RL 94/80 für das allerdings erst später im Zuge der Unionsbürgerschaft eingeführte Kommunalwahlrecht für EU-Ausländer lapidar fest: „Das in [Art. 19 I EG] vorgesehene aktive und passive Wahlrecht bei den Kommunalwahlen im Wohnsitzmitgliedstaat stellt eine Anwendung des Grundsatzes der Gleichheit und Nichtdiskriminierung zwischen in- und ausländischen Unionsbürgern sowie eine Ergänzung des in [Art. 18 I EG] festgeschriebenen Rechts auf Freizügigkeit und freien Aufenthalt dar". Für die Gleichstellung bezüglich des aktiven und passiven Wahlrechts zum Europäischen Parlament wird identisch argumentiert, vgl. 3. Erwägungsgrund RL 93/109.

[254] *R. W. Davis*, 27 EL Rev. (2002), 121 (123 f.); *K. Doehring*, ZEuS 2001, 395 (399); *P. Garrone*, SZIER 1993, 251 (267); *K. Hailbronner*, ZaöRV 64 (2004), 603 (615); *N. Kotalakidis*, Unionsbürgerschaft, 156 ff. („Kernbereich der vom nationalen Staatsbürgerstatus erfaßten Rechte"); *I. Pernice*, Verfassungsrechtliche Status, 177 (187): Ausnahme der „Privilegien des Staatsbürgers, die aus der von der Unionsverfassung anerkannten, ja strukturell vorausgesetzten Staatlichkeit der Mitgliedstaaten resultieren"; *D. H. Scheuing*, Freizügigkeit, 103 (139); *C. Tomuschat*, 37 CML Rev. (2000), 449 (457). Vgl. ferner *K. Doehring*, VVDStRL 32 (1974), 7 (34 ff.); *J. Isensee*, VVDStRL 32 (1974), 49 (91 ff.). Siehe aber auch *G. Ress*, JuS 1992, 985 (987), nach dem ein Europa der Bürger auch Diskriminierungen im staatsbürgerlich-politischen Bereich verbiete.

[255] *N. Kotalakidis*, Unionsbürgerschaft, 157.

[256] Die Bindung auch der Union an die Grundfreiheiten ist umstritten. Diese bejahen etwa *S. Magiera*, Der Rechtsstatus der Unionsbürger, 429 (435); *I. Pernice*, Grundrechtsgehalte, 142 ff.; *H.-W. Rengeling*, Freizügigkeit, 973 (982 f.). Ablehnend dagegen etwa *T. Kingreen*,

Ebene, also im Verhältnis des Einzelnen zu den Mitgliedstaaten, nicht aber gegenüber der Gemeinschaft zu suchen. Dies limitiert das Potential eines auf ihnen fußenden Bürgerstatus, wie im dritten Teil noch näher zu erörtern sein wird. Zum anderen bedingt die Freizügigkeitsakzessorietät der grundfreiheitlichen Verbürgungen das Phänomen der sog. Inländerdiskriminierung. Da die Grundfreiheiten tatbestandlich einen grenzüberschreitenden ökonomischen Bezug voraussetzen, kann sich der nicht transnational tätige Inländer im Heimatstaat nicht auf diese berufen, wohingegen sich der EWG-ausländische Marktteilnehmer dort *qua* Marktteilnahme im EWG-Ausland in einer potentiell von den Marktfreiheiten erfassten Situation befindet. Somit können sich Inländer in einer gegenüber EWG-Ausländern benachteiligten Position wiederfinden, da Letzteren bestimmte nationale Regelungen wegen ihres Verstoßes gegen die auch freiheitsrechtlich verstandenen Marktfreiheiten nicht entgegengehalten werden können. An deren Anwendbarkeit gegenüber Inländern in rein internen Sachverhalten ändert dies wegen des bloßen Anwendungsvorrangs des Unionsrechts nichts.[257] Diese Ungleichbehandlung ist der grundfreiheitlich vermittelten Rechtsstellung immanent.

Am Rande angemerkt sei schließlich, dass die Marktfreiheiten in ihrer gleichheitsrechtlichen Dimension „nur" auf Teilhabe ausgerichtet sind. Das auf dem Prinzip der Nichtdiskriminierung beruhende Integrationskonzept ist also insofern beschränkt, als es den Status des Freizügigkeitsberechtigten nicht mit eigenen Rechten ausstattet, sondern nur derivativ Partizipation an Inländern eingeräumten Rechten ermöglicht.[258]

III. Zwischenbilanz: Eckpfeiler grundfreiheitlicher Freizügigkeit

Im Zentrum der Europäischen Wirtschaftsgemeinschaft stand die Errichtung eines Gemeinsamen Marktes. Um die nationalen Teilmärkte zu einem solchen zu integrieren, musste namentlich die gemeinschaftsweite Mobilität des Produktionsfaktors Arbeit sichergestellt werden. Deshalb verpflichteten sich die ursprünglich sechs Mitgliedstaaten im EWG-Vertrag, den freien Personenverkehr schrittweise zu liberalisieren. Diese völkerrechtliche Verpflichtung sollte sich als folgenreich erweisen.

EuGRZ 2004, 570 (575 f.). Im Verhältnis der Union zum Einzelnen ist jedenfalls nicht deren besondere Bedeutung zu suchen.

[257] Zum Problem der Inländerbehandlung etwa *M. Benlolo*, Fondements juridiques de la citoyenneté européenne, 473 ff.; *A. Epiney*, Umgekehrte Diskriminierungen, 99 f.; *C. Greenwood*, 7 YEL (1987), 185 (193 ff.); *R. Hernu*, Égalité et Non-Discrimination, 78 ff.; *A. Mühl*, Diskriminierung und Beschränkung, 107 ff.; *N. N. Shuibhne*, 39 CML Rev. (2002), 731.

[258] Vgl. insoweit *T. Kingreen*, Struktur der Grundfreiheiten, 190 ff.; *D. O'Keeffe*, Trends in Free Movement, 263 (269); *S. O'Leary*, Social Dimension, 156 (161 ff.).

Vordergründig bezwecken die in der Rechtsprechung des Gerichtshofs zu subjektiven Rechten ausgebauten Personenverkehrsfreiheiten, um die vom Gerichtshof in ständiger Rechtsprechung verwendete Formel aufzugreifen, „den Gemeinschaftsangehörigen die Ausübung von beruflichen Tätigkeiten aller Art im Gebiet der Gemeinschaft [zu] erleichtern und stehen solchen Maßnahmen entgegen, die die Gemeinschaftsangehörigen benachteiligen könnten, wenn sie eine Erwerbstätigkeit in einem anderen Mitgliedstaat ausüben wollen"[259]. Jedem Angehörigen der Mitgliedstaaten ist demnach das Recht verbürgt, überall in der Gemeinschaft eine selbstständige oder unselbstständige Erwerbstätigkeit unter gleichen Voraussetzungen wie Inländer aufzunehmen und auszuüben. Dies impliziert ein gesichertes Aufenthaltsrecht, einen weit reichenden Inländerbehandlungsanspruch sowie freiheitsrechtlichen Mobilitätsschutz. Von besonderem Interesse für die vorliegende Untersuchung ist die aus der gemeinschaftsrechtlichen Freizügigkeitsverbürgung resultierende Rechtsstellung, die sich im Laufe der Zeit namentlich in einer mehr an Integrationsfortschritten denn am Wortlaut des Vertrages und den Vorstellungen der Vertragsparteien orientierten Rechtsprechung des Gerichtshofes herausgebildet hat und die der von *Hans Peter Ipsen* eingeführte Begriff des „Marktbürgers"[260] auf den Punkt bringt. Die Angehörigen der Mitgliedstaaten fanden sich als Subjekte einer sie über die nationalen Grenzen hinweg verbindenden Rechtsordnung wieder; sowohl die Staatsangehörigkeit als auch die Grenzen zwischen den Mitgliedstaaten verloren zu Gunsten eines Status als gemeinschaftsrechtlich Freizügigkeitsberechtigter an Bedeutung.

Die Relativierung der nationalen Staatsangehörigkeit resultiert aus der grundfreiheitlich gebotenen weit reichenden Gleichstellung des Freizügigkeitsberechtigten mit Inländern, die der Gerichtshof kontinuierlich ausgebaut hat. EWG-Ausländer waren aus dem allgemeinen Ausländerrecht herausgehoben, indem ihnen ein gesichertes Aufenthaltsrecht sowie die Möglichkeit eingeräumt war, unter gleichen Voraussetzungen wie Inländer eine Berufstätigkeit auszuüben. Wie die Existenz des *ordre-public*-Vorbehalts und der Bereichsausnahme für eine Beschäftigung in der öffentlichen Verwaltung aber zeigen, war die Gleichstellung nicht schrankenlos. Der als Arbeitnehmer respektive Selbstständiger Aufenthaltsberechtigte sowie dessen Familienangehörige genießen im Aufnahmemitgliedstaat einen Anspruch auf nahezu umfassende Integration und nahezu unbedingte Solidarität. Zum einen hat der Gerichtshof das Dis-

---

[259] EuGH, Rs. C-464/02, Slg. 2005, I-7929, Rn. 34 – EK/Dänemark. Ähnlich auch Rs. 136/78, Slg. 1979, 437, Rn. 16 – Auer; Verb. Rs. 35/82 und 36/82, Slg. 1982, 3723, Rn. 15 – Morson; Rs. 143/87, Slg. 1988, 3877, Rn. 13 – Stanton; Rs. C-415/93, Slg. 1995, I-4921, Rn. 94 – Bosman; Verb. Rs. C-393/99 und C-394/99, Slg. 2002, I-2829, Rn. 47 – Hervein u.a.; Rs. C-232/01, Slg. 2003, I-11525, Rn. 15 – van Lent; Rs. C-387/01, Slg. 2004, I-4981, Rn. 52 – Weigel; Rs. C-185/04, Slg. 2006, I-1453, Rn. 14 – Öberg.

[260] *H. P. Ipsen/G. Nicolaysen*, NJW 1964, 339 (340, Fn. 2).

kriminierungsverbot nicht nur, wie dies der Wortlaut und die Systematik des Primär- und Sekundärrechts hätten nahe legen können, auf den Zugang zur und die Ausübung der Erwerbstätigkeit beschränkt, sondern einen thematisch grundsätzlich unbeschränkten Inländerbehandlungsanspruch des Freizügigkeitsberechtigten geschaffen, sieht man einmal von politischen Rechten ab. Leitgedanke war insoweit die bestmögliche Integration des Wanderarbeitnehmers in den Aufnahmemitgliedstaat. Es hätte allerdings auch verwundert, Menschen, die unter Umständen ihr restliches Leben in einem anderen Mitgliedstaat verbringen, Gleichberechtigung mit Inländern zu versagen. Je mehr der Bezug des Gleichbehandlungsanspruchs zum Erwerbsleben aufgegeben wurde, desto mehr näherte sich dieser aber einer an die Person des Erwerbstätigen angeknüpften Verbürgung, für die eine Erklärung als Recht des Marktteilnehmers *qua* Marktteilnahme an Überzeugungskraft verlor. Zum anderen postuliert die Diskriminierungsrechtsprechung des EuGH im Bereich sozialer Leistungen eine nahezu unbedingte Solidarität der Angehörigen des Aufnahmemitgliedstaates mit Wanderarbeitnehmern und Selbstständigen. Denn diesem ist es versagt, EWG-Ausländern Sozialleistungsansprüche unter Berufung auf den Gedanken nationaler Solidarität vorzuenthalten. Ebenfalls unmöglich ist es, deren Gewährung von einer gewissen Integration in den Aufnahmemitgliedstaat, gemessen etwa an einer bestimmten Aufenthaltsdauer, abhängig zu machen. Diese unbedingte Solidarität ist der Preis für den Beitrag des Erwerbstätigen zur Produktivität im Aufnahmemitgliedstaat. Die geringe innergemeinschaftliche Mobilität mag zudem dazu bewogen haben, eher Mobilitätsanreize zu setzen denn Konsequenzen einer Massenwanderung zu verhindern. Restriktive Momente zeigen sich dennoch, wovon die Nichtanerkennung von Scheinarbeitsverhältnissen, der Ausschluss Arbeitsuchender vom gleichen Zugang zu Sozialleistungen oder die für Studierende *praeter legem* entwickelten ökonomischen Aufenthaltsvoraussetzungen zeugen.

Neben der Bedeutung der Staatsangehörigkeit hat die marktfreiheitlich vermittelte Rechtsstellung auch die der nationalen Grenzen relativiert. In ihrer freiheitsrechtlichen Dimension stehen die Personenverkehrsfreiheiten nämlich zum einen der Schlechterstellung transnationaler gegenüber rein inländischen Sachverhalten entgegen, womit es unerheblich wird, wo innerhalb der Gemeinschaft sich bestimmte Sachverhalte verwirklichen, etwa der Erwerb einer beruflichen Qualifikation. Zum anderen verbieten die Grundfreiheiten direkte und schwere Behinderungen der transnationalen Mobilität.

Da die Grundfreiheiten in dem Mehrebenensystem Europäische Wirtschaftsgemeinschaft wirkende Rechte der Teilnehmer des Gemeinsamen Marktes sind, ist die durch sie vermittelte Rechtsstellung in mehrfacher Hinsicht beschränkt. Neben den bereits erwähnten Grenzen des Inländerbehandlungsanspruchs *ratione materiae*, die Ausdruck des allen Relativierungen zum Trotz nach wie vor exklusiven Verhältnisses des Staatsangehörigen zu seinem Heimatstaat sind, muss der auf Marktteilnehmer beschränkte Kreis der Begünstigten genannt werden. Freizügigkeit im Gemeinsamen Markt ist allen voran die wirtschaftlich aktiver Personen, eine im Primär- und Sekundärrecht sowie seiner Auslegung durch den Gerichtshof zwar weit gefasste, wenn auch nicht ihrer ökonomischen Konturen verlustig gegangene Gruppe.[261] Deutliche Verallgemeinerungstendenzen sind allerdings ab Mitte der 1980er Jahre mit der Anerkennung der passiven Dienstleistungsfreiheit und eines Freizügigkeitsrechts Studierender zu konstatieren. Mag zwar etwa bei einer medizinischen Behandlung im Ausland das Interesse des Dienstleistungsempfängers an der konkreten Leistung noch im Vordergrund stehen, so ist die Motivation des Touristen oder Geschäftsreisenden, von seinem Freizügigkeitsrecht Gebrauch zu machen, regelmäßig nicht primär konkret dienstleistungsbezogen. Mit dieser Rechtsprechung wurde das grundfreiheitliche Freizügigkeitsregime auf einen Großteil der sich grenzüberschreitend Fortbewegenden ausgedehnt. Nicht übersehen werden darf allerdings, dass kein ständiger Aufenthalt im Aufnahmemitgliedstaat unter Berufung auf die passive Dienstleistungsfreiheit begründet werden kann, ein allgemeines Freizügigkeitsrecht unter deren Deckmantel also nicht geschaffen wurde. Mit der Anerkennung auch einer gleichheitsrechtlichen Komponente der passiven Dienstleistungsfreiheit erfuhr schließlich auch der Anwendungsbereich des Diskriminierungsverbotes eine bedeutende Erweiterung. Solidarität können damit auch nur vorübergehend mit dem Aufnahmemitgliedstaat in Berührung kommende Personen wie Touristen als Dienstleistungsempfänger einfordern. Nur noch ganz schwache Berührungspunkte mit einer wirtschaftlichen Aktivität weist schließlich die vom EuGH geschaffene „kleine Grundfreiheit" Studierender auf, für deren Entwicklung zudem nur ganz schwache Anhaltspunkte im Vertrag bestanden. Die Einbeziehung dieser Gruppe von Nichterwerbstätigen korrelierte allerdings mit einem schwächeren Diskriminierungsschutz. Studierenden gegenüber, bei denen der Binnenmarktbezug allenfalls im Hinblick auf ihre spätere Wanderarbeitnehmereigenschaft hergestellt werden kann, ist die Solidarität beschränkt: Dass der Aufnahmemitgliedstaat sein Hochschulsystem aus dem nationalen Steueraufkommen finanziert, berechtigt ihn zwar nicht, Kapazitätsgrenzen für EG-Ausländer einzuführen oder von diesen anders als von Inländern Studiengebühren (oder höhere als von Inländern) zu verlangen. Weiterhin ist er zur Gleichbehandlung hinsichtlich der Gewährung von Beihilfen, um Studiengebühren zu finanzieren, verpflichtet. Jedoch erstreckt sich die Gleichbehandlungspflicht nicht auf Zuwendungen, die die Lebenshaltungskosten der Studierenden decken sollen. Nichtsdestoweniger werden hier den Mitgliedstaaten weitgehende Solidaritätspflich-

---

[261] So attestieren auch ein weites, aber im genannten Sinne beschränktes Konzept *D. O'Keeffe*, Trends in Free Movement, 263 (272 f.); *S. O'Leary*, Social Dimension, 156 (158 ff.); *A. Randelzhofer*, Marktbürgerschaft – Unionsbürgerschaft – Staatsbürgerschaft, 581 (587).

ten – man denke an die Kosten eines medizinischen oder naturwissenschaftlichen Studienplatzes auch ohne zusätzliche Ausbildungsförderung – auferlegt.

Ein *qua* Freizügigkeitsverbürgung vermittelter Status der Angehörigen der Mitgliedstaaten kommt schließlich, dies sei im Hinblick auf die in den Grundfreiheiten identifizierten, im dritten Teil noch näher zu analysierenden Elemente einer Europäischen Bürgerschaft festgehalten, primär im Verhältnis des Einzelnen zu den Mitgliedstaaten zum Tragen, nicht aber in dem zum Europäischen Gemeinwesen. Als Inländerbehandlungsgebot ist dem Einzelnen zudem nur Teilhabe, nicht aber ein Mindestbestand an Rechten garantiert; schließlich greift die freiheitsrechtliche Dimension der Grundfreiheiten nur freizügigkeitsakzessorisch.

B. Freizügigkeit als Element der zu realisierenden Europäischen Bürgerschaft

Freizügigkeit blieb im Kontext der europäischen Integration nicht bloß die schlagwortartige Umschreibung für die zum geltenden Gemeinschaftsrecht zählenden und im Dienst der Realisierung des Gemeinsamen Marktes stehenden grundfreiheitlichen Verbürgungen. Vielmehr war von Freizügigkeit auch im Zusammenhang mit der angemahnten Europäischen Bürgerschaft die Rede. Seit Beginn der 1970er Jahre traten verstärkt Bestrebungen hin zu einer Politischen Union auf die politische Agenda, die sich als Komplettierung, mitunter auch in ausdrücklicher Abgrenzung zur marktfreiheitlich determinierten wirtschaftlichen Integration verstanden. Der angestrebte Integrationsfortschritt fand Ausdruck in Forderungen nach der Verwirklichung eines „Europa der Bürger", ein Konzept, unter dessen Banner verschiedenste Integrationsdefizite angeprangert und unterschiedlichste Perspektiven für mögliche Fortentwicklungen aufgezeigt wurden, womit es weitgehend diffus blieb. Immerhin aber war einem allgemeinen, also einem allen Angehörigen der Mitgliedstaaten zustehenden und von einer wirtschaftlichen Betätigung unabhängigen Freizügigkeitsrecht eine zentrale Rolle zugedacht: Stellen die Marktfreiheiten nämlich das wesentliche Instrument einer wirtschaftlichen Einigung Europas dar, so liegt in deren Verallgemeinerung die Überwindung einer nur ökonomischen Integration.

Einleitend sei das als Attribut eines „Europa der Bürger" zu verwirklichende allgemeine Freizügigkeitsrecht in den Kontext der historischen Entwicklung dieser Idee[262] gestellt (I.): Welcher Stellenwert kam dem allgemeinen Freizügig-

---

[262] Zur historischen Entwicklung siehe etwa *S. Conrad*, Bürger Europas, 200 (200 ff.); *J. Handoll*, Free Movement, 269 ff.; *W. Hummer*, Grundrechte, 60 (75 ff.); *B. Laubach*, Bürgerrechte für Ausländer in der EU, 44 ff.; *V. Lippolis*, Cittadinanza Europea, 11 ff.; *B. Nascimbene*, Trattamento dello straniero, 490 ff.; *J. Pomoell*, EU Citizenship in Focus,

keitsrecht in einem „Europa der Bürger" zu, welche Konzepte waren mit diesem entstehungsgeschichtlich verbunden, welche – auch heute noch zu Tage tretenden – Konfliktlinien begleiteten dessen Einführung? Realisiert werden sollte es jedoch erst nach mehreren primär- und sekundärrechtlichen Anläufen (II.) mit dem am 1.11.1993 in Kraft getretenen Vertrag von Maastricht, mit dem es als Unionsbürgerrecht in Art. 8a EGV (heutiger Art. 18 EG) Eingang in das Primärrecht fand (III.). Ein abschließender Ausblick auf die Fortschreibung des Freizügigkeits-*Acquis* nach der Maastrichter Vertragsrevision rundet die Betrachtungen ab (IV.).

I. Die Idee des „Europa der Bürger" in seiner historischen Entwicklung von der Gipfelkonferenz in Den Haag (1969) bis zur Regierungskonferenz von Maastricht (1992)

1. Die historische Entwicklung eines „Europa der Bürger" von der Gipfelkonferenz in Den Haag (1969) zur Regierungskonferenz von Maastricht (1992)

a) Die Geburt der Idee eines „Europa der Bürger" – Die Gipfeltreffen von Den Haag (Dezember 1969) und Paris (Oktober 1972) sowie die Erklärung zum Europäischen Selbstverständnis vom 14.12.1973

Angesichts der fortschreitenden Verwirklichung des Gemeinsamen Marktes stand seit Ende der 1960er Jahre die Frage nach der über die Marktintegration hinausgehenden politischen Finalität des europäischen Einigungsprojektes wieder verstärkt auf der politischen Agenda. Als Leitlinie für die Zukunft bekräftigten die Staats- und Regierungschefs auf der Gipfelkonferenz in Den Haag am 1. und 2.12.1969 ihren „Glauben an die politischen Zielsetzungen, die der Gemeinschaft ihren ganzen Sinn und ihre Tragweite verleihen, ... ihre Entschlossenheit, dieses Unterfangen zu Ende zu führen und ... ihr Vertrauen auf den schließlichen Erfolg ihrer Bemühungen".[263] Konkrete Fortschritte in Richtung einer „Politischen Union" wurden allerdings nicht erzielt, wie die Europäische Kommission bemängelte.[264] Der politische Wille zur Abkehr von einer reinen Wirtschaftsgemeinschaft zeigte sich erneut auf der ersten Gipfelkonferenz der damals auf neun Mitglieder erweiterten Gemeinschaft vom 19. bis 21.10.1972 in Paris. In der Abschlusserklärung bekräftigten die Mitglied-

---

13 ff.; *M. Reddig*, Bürger jenseits des Staates?, 34 ff.; *H. Rothfuchs*, Personenverkehrsfreiheiten, 137 ff.; *M. Sica*, Cittadinanza europea, 13 ff.; *A. Wiener*, Developing Practice of 'European' Citizenship, 387 (400 ff.); ausführlich *dies.*, European Citizenship Practice, 61 ff.

[263] Vgl. Schlusskommuniqué der Konferenz, EG-Gesamtbericht 3/1969, S. 527 ff. (unter 4.).

[264] Vgl. Presseerklärung der Kommission zum Gipfel vom 5.12.1969, EG-Gesamtbericht 3/1969, S. 530 f.

staaten ihren Willen, die Entwicklung der Gemeinschaft u.a. „auf Demokratie, Meinungsfreiheit, Freizügigkeit von Personen und Ideen" zu gründen. Ferner wurde betont, dass dem europäischen Geiste entsprechend den nichtmateriellen Werten und Gütern besondere Aufmerksamkeit beizumessen sei, damit der Fortschritt wirklich im Dienst des Menschen stehe.[265] Erstmalig in diesem Kontext wurde auf dem Gipfeltreffen der Gedanke eines „Europa der Bürger" artikuliert: Der italienische Ministerpräsident *Giulio Andreotti* sprach sich nämlich für die Schaffung eines „europäischen Bürgerrechts" aus. In Ergänzung zu ihrer bisherigen Staatsangehörigkeit sollten die Angehörigen der Mitgliedstaaten zusätzlich eine europäische erhalten und nach einer gewissen Aufenthaltsdauer bestimmte politische Rechte wie das Kommunalwahlrecht genießen.[266] Bereits kurz zuvor, im April 1972, kündigte der damalige Präsident der Europäischen Kommission, *Sicco Mansholt*, im Europäischen Parlament an, auf der Pariser Gipfelkonferenz die Einführung einer Europäischen Bürgerschaft vorzuschlagen, die ein Freizügigkeitsrecht für alle Bürger der Mitgliedstaaten sowie das Kommunalwahlrecht umfasse.[267] Einen weiteren Beitrag zur Gemeinschaftsbildung auf europäischer Ebene sollte die Erklärung der Mitgliedstaaten zum Selbstverständnis Europas vom 14.12.1973 leisten. Als Grundelemente einer europäischen Identität nannte sie die Grundsätze der repräsentativen Demokratie, der Rechtsstaatlichkeit, der sozialen Gerechtigkeit, die das Ziel des wirtschaftlichen Fortschrittes ist, sowie die Achtung der Menschenrechte.[268]

b) Erste Konkretisierungen der Idee des „Europa der Bürger"

aa) Initiativen des Rates: Das Gipfeltreffen von Paris (Dezember 1974) und der Bericht Leo Tindemans *über die Europäische Union vom 29.12.1975*

Einen ersten Anlauf, die Idee eines „Europa der Bürger" in die Tat umzusetzen, unternahmen die Regierungschefs der Mitgliedstaaten anlässlich eines weiteren Gipfeltreffens in Paris am 9. und 10.12.1974. Auf diesem beschlossen sie, eine Arbeitsgruppe einzusetzen, die erörtern sollte, unter welchen Voraussetzungen den Bürgern der damals neun Mitgliedstaaten „besondere Rechte" in ihrer Eigenschaft als Angehörige der Gemeinschaft zuerkannt werden könnten.[269] Diese auf eine italienische Initiative zur Einführung einer europäischen Staats-

---

[265] Vgl. Nr. (1) und (3) der Abschlusserklärung, EG-Gesamtbericht 6/1972, S. 7 f.

[266] Vgl. die Rede *Giulio Andreottis* auf der Gipfelkonferenz von Paris, abgedruckt im EG-Bulletin 11/1972, S. 46 (49). Auch der belgische Ministerpräsident *Gaston Eyskens* befürwortete entsprechende politische Partizipationsmöglichkeiten, vgl. dessen Rede auf der Gipfelkonferenz, ebenfalls abgedruckt im EG-Bulletin 11/1972, S. 39 (41).

[267] Zitiert bei *A. C. Evans*, MLR 45 (1982), 497 (505); EP-Protokoll 1972/73, Nr. 149, S. 107.

[268] EG-Gesamtbericht 7/1973, S. 500.

[269] Siehe Nr. 11 des Kommuniqués, EG-Gesamtbericht 8/1974, S. 337 ff., sowie EG-Bulletin 12/1974, S. 9. Dazu *A. Lhoest*, RMC 1975, 431.

bürgerschaft zurückgehende[270] Arbeitsgruppe schlug ein allgemeines Aufenthaltsrecht vor.[271]

Des Weiteren wurde der belgische Premierminister *Leo Tindemans* beauftragt, die mögliche Gestalt einer zukünftigen „Europäischen Union" zu skizzieren. Einem „Europa der Bürger" maß er in dieser – so sein Bericht über die Europäische Union vom 29.12.1975[272] – eine zentrale Rolle bei: Durch konkrete Maßnahmen müsse die europäische Integration im täglichen Leben des Einzelnen erfahrbar sein. Neben der Sozialpolitik dienten diesem Ziel der Schutz der Rechte des Einzelnen durch die Gemeinschaftsrechtsordnung überall dort, wo dieser von den Mitgliedstaaten nicht mehr adäquat gewährleistet werden könne wie in den Bereichen des Rechtsschutzes gegenüber dem Handeln der Union (Grundrechte und Zugang zu Gerichten), des Verbraucher- sowie des Umweltschutzes.[273] Daneben müsse in einem „Europa der Bürger" das Zusammengehörigkeitsgefühl unter den Europäern gestärkt werden, indem äußere, für den Einzelnen erlebbare Zeichen der europäischen Solidarität gesetzt würden. Dazu rechnete *Tindemans* neben zu fördernden Verflechtungen im Bildungs- und Rundfunkwesen die Freizügigkeit der Personen. Diese sei durch die Abschaffung von Personenkontrollen, die Verbesserung der Verkehrsinfrastruktur und eine erleichterte Kostenerstattung für Heilbehandlungen im Ausland zu flankieren.[274] Denn

> [w]enn sich die Europäer erst einmal innerhalb der Union frei bewegen, sich ungehindert miteinander in Verbindung setzen und gegebenenfalls ärztlich behandeln lassen können, ohne daß die nationalen Grenzen Hindernisse darstellen, die zu dem der Entfernung hinzukommen, dann wird die Europäische Union für sie greifbare Wirklichkeit.[275]

bb) Der Bericht der Europäischen Kommission über das „Europa der Bürger" vom 3.7.1975

Die Initiative des Rates nahm die Europäische Kommission zum Anlass, das „Europa der Bürger" auch auf ihre Agenda zu setzen. Sie erarbeitete einen am 3.7.1975 vorgelegten Bericht zu diesem Thema. Dessen Schwerpunkt lag auf dem neuen Begriff der „besonderen Rechte", die den Bürgern der neun Mitgliedstaaten in ihrer Eigenschaft als Angehörige der Gemeinschaft zuerkannt

---

[270] Siehe Ausführungen der EK in ihrem Bericht über das „Europa der Bürger" vom 3.7.1975, EG-Bulletin, Beilage 7/1975, S. 28 (unter 2.2.4.).

[271] Siehe *L. Jungmann*, Freizügigkeit von Arbeitnehmern, 113 f., unter Verweis auf EG-Dok. 8475/80.

[272] EG-Bulletin, Beilage 1/1976. Siehe dazu die zahlreichen Beiträge in *H. Schneider/W. Wessels*, Tindemans-Bericht. Speziell zum Abschnitt „Europa der Bürger" siehe *E. Grabitz*, Europa der Bürger, 167 ff., und *P. Magnette*, Citoyenneté européenne, 110 ff.

[273] Siehe EG-Bulletin, Beilage 1/1976, S. 13 f. (unter B. 4.).

[274] Ibid., S. 30 f. (unter B.).

[275] Ibid., S. 30 (unter B. 1).

werden könnten.[276] Hierunter seien Bürger- und politische Rechte wie das aktive und passive Wahlrecht sowie das Recht auf Zugang zu öffentlichen Ämtern zu fassen. Ausdrücklich ausgeklammert hat die Kommission solche Rechte, die auch Inländern nicht zustehen, die Ausländern allgemein verbürgt sind sowie solche, die das geltende Gemeinschaftsrecht den Angehörigen der Mitgliedstaaten bereits einräumt. Zu Letzteren zähle der Anspruch auf Gleichbehandlung mit Inländern auf wirtschaftlichem und sozialem Gebiet. Dieser knüpfe zwar an eine Erwerbstätigkeit an, der Bezug zu einer wirtschaftlichen Aktivität sei jedoch in zeitlicher (Verbleiberecht) und persönlicher (Familienangehörige) Hinsicht bereits gelockert. Zudem sei jeder Angehörige eines Mitgliedstaates, der sich in einen anderen Mitgliedstaat begibt, dort wenigstens Dienstleistungsempfänger, so dass das Gemeinschaftsrecht – notfalls unter Rückgriff auf die Vertragsabrundungskompetenz des heutigen Art. 308 EG – erlaubt, jedem Inländerbehandlung hinsichtlich wirtschaftlicher und sozialer Rechte sowie das Recht auf Einreise und Aufenthalt einzuräumen.[277] Zu prüfen sei jedoch, inwieweit diese Rechte dadurch besser geschützt werden können, dass sie dem Einzelnen nicht mehr als Angehörigem eines Mitgliedstaates, sondern als europäischem Staatsbürger zuerkannt werden.[278] Betont hat die Kommission schließlich, dass die Einräumung „besonderer Rechte" im Zusammenhang mit der Idee einer künftigen europäischen Staatsangehörigkeit respektive -bürgerschaft zu sehen sei.[279] Eine solche beinhalte zwei Elemente: Zum einen – und dies unterscheide sie vom Konzept „besonderer Rechte" – bedeute sie Teilhabe auf supranationaler Ebene, zum anderen fordere sie wie die einzuräumenden „besonderen Rechte" die Gleichstellung der Bürger eines Mitgliedstaates mit denen der anderen hinsichtlich öffentlicher Freiheiten, des Aufenthaltsrechtes etc., sei es unmittelbar oder nach einer gewissen Aufenthaltsdauer im Aufnahmemitgliedstaat.[280]

cc) Die Position des Europäischen Parlamentes: Die Entschließungen zur Europäischen Union vom 10.7.1975 und zur Zuerkennung besonderer Rechte an die Bürger der EG vom 16.11.1977

Das „Europa der Bürger" war auch in den Augen des Europäischen Parlamentes ein wichtiger Bestandteil der zu schaffenden Europäischen Union. In seiner Entschließung zur Europäischen Union vom 10.7.1975 forderte es, eine „Charta der Bürgerrechte der Europäischen Gemeinschaft" auszuarbeiten. Denn so könne „den Bürgern der Gemeinschaft das Gefühl einer Schicksalsgemein-

[276] Vgl. EG-Bulletin, Beilage 7/1975, S. 23 ff.
[277] Ibid., S. 26 f. (unter 2.2., 2.2.1. und 2.2.2.).
[278] Ibid., S. 28 (unter 2.3.).
[279] Ibid., S. 31 (unter 3.4.).
[280] Ibid., S. 33 (Anhang 2).

schaft" vermittelt werden.[281] Den Katalog der einzuräumenden Bürgerrechte konkretisierte das Europäische Parlament – auch in Reaktion auf die Vorstöße des Rates und der Europäischen Kommission – in seiner Entschließung zur Zuerkennung „besonderer Rechte" für die Bürger der EG vom 16.11.1977.[282] Diese umfangreiche „Wunschliste" umfasste neben dem Aufenthaltsrecht für alle Gemeinschaftsbürger politische Rechte auf nationaler Ebene wie das aktive und passive Wahlrecht unter je nach Ebene gestaffelten Voraussetzungen oder den bereits im *Tindemans*-Bericht geforderten Individualrechtsschutz durch den Europäischen Gerichtshof. Festzuhalten ist schließlich die Verbindung des Bürgerstatus mit einem Gleichbehandlungsanspruch im Aufnahmemitgliedstaat: Gegebenenfalls nach einer gewissen Aufenthaltsdauer sollten die Angehörigen anderer Mitgliedstaaten den Bürgern des Aufnahmemitgliedstaates gleichgestellt werden bei der Wahrnehmung von Rechten und beim Zugang zu Ämtern und Funktionen im beruflichen, sozialen und wirtschaftlichen Bereich.

c) Fortentwicklung in den 1980er Jahren

aa) Der Spinelli-*Vertragsentwurf des Europäischen Parlamentes zur Gründung der EU (1984)*

Einen wichtigen Ansatz zur Institutionalisierung einer europäischen Bürgerschaft lieferte der vom Abgeordneten *Altiero Spinelli* initiierte, unter seinem Vorsitz vom institutionellen Ausschuss des Europäischen Parlaments ausgearbeitete und am 14.2.1984 vom Plenum angenommene Entwurf eines Vertrages zur Gründung der Europäischen Union.[283] Denn dieser sah in Art. 3 eine Unionsbürgerschaft als Status der Angehörigen der Mitgliedstaaten vor, die im Vorentwurf des Parlaments lediglich in der Präambel Aufnahme gefunden hatte[284]:

> Die Bürger der Mitgliedstaaten sind als solche Bürger der Union. Die Unionsbürgerschaft ist an die Staatsangehörigkeit eines Mitgliedstaats gebunden; sie kann nicht selbständig erworben oder verloren werden. Die Unionsbürger nehmen am politischen Leben der Union in den durch diesen Vertrag vorgesehenen Formen teil, genießen die ihnen durch die Rechtsordnung der Union zuerkannten Rechte und unterliegen den Normen dieser Rechtsordnung.

Der pauschale Verweis auf die in der Unionsrechtsordnung anerkannten Rechte zeigt, dass an die Unionsbürgerschaft keine „neuen" Unionsbürgerrechte geknüpft waren. Ihre Bedeutung wurde deshalb weniger im rechtlichen als im

---

[281] Vgl. ABl. C 179 vom 6.8.1975, S. 30.

[282] Vgl. ABl. C 299 vom 12.12.1977, S. 26. Entschließung auch abgedruckt in EuGRZ 1978, 202 f. Dazu *R. Bieber*, EuGRZ 1978, 203.

[283] ABl. C 77 vom 19.3.1984, S. 33. Zu seiner Entstehung siehe *F. Capotorti/M. Hilf/ F. Jacobs/J.-P. Jacqué*, EU-Kommentar, 26 ff.

[284] Siehe Entschließung des Europäischen Parlaments zum Inhalt des Vorentwurfs eines Vertrages zur Gründung der Europäischen Union, ABl. C 277 vom 17.10.1983, S. 95.

politischen Bereich gesehen.[285] Mit der in Art. 46 vorgesehenen Koordinierung einzelstaatlicher Rechtsvorschriften im Hinblick auf die Schaffung eines einheitlichen Rechtsraums sollte das Zugehörigkeitsgefühl der Bürger zur Union gestärkt werden. Art. 47 I räumte der Union die ausschließliche Zuständigkeit für die Personenfreizügigkeit ein. Aufgrund von Liberalisierungsprogrammen sollte binnen zwei Jahren nach Inkrafttreten des Vertrages der freie Personenverkehr verwirklicht werden, insbesondere durch die Abschaffung der Personenkontrollen an den Binnengrenzen (Art. 47 II und III). Ob Art. 47 auch die nicht ökonomisch motivierte Freizügigkeit erfasst, ist unklar. Dagegen spricht dessen systematische Stellung im Titel „Wirtschaftspolitik“ und seine Überschrift „Binnenmarkt und Freizügigkeit“. Andererseits erfassen die Liberalisierungsmaßnahmen explizit die Abschaffung der Grenzkontrollen, ein nicht auf die wirtschaftliche Freizügigkeit beschränktes und beschränkbares Ziel.[286]

bb) Der Europäische Rat von Fontainebleau (25. und 26.6.1984) und die Berichte des von diesem eingesetzten Ad-hoc-Ausschusses für das Europa der Bürger

Nach dem feierlichen Bekenntnis zu einer Politischen Union auf dem Gipfeltreffen der Staats- und Regierungschefs in Stuttgart am 19.6.1983[287] setzte der am 25. und 26.6.1984 in Fontainebleau tagende Europäische Rat einen Ad-hoc-Ausschuss ein, der Maßnahmen erörtern sollte, die die Identität der Gemeinschaft gegenüber den europäischen Bürgern stärken, um so deren Erwartungen an die Gemeinschaft zu erfüllen.[288]

Der von *Pietro Adonnino* geleitete Ausschuss legte dem am 29. und 30.3.1985 in Brüssel tagenden Europäischen Rat einen ersten Bericht zu wichtigen Themen in Zusammenhang mit dem „Europa der Bürger“ vor.[289] Dazu zählte neben dem freien Warenverkehr, Verwaltungsformalitäten für den Verkehr in Grenzgebieten sowie der Ausweitung der Arbeits- und Aufenthaltsmöglichkeiten die Freizügigkeit für die Gemeinschaftsbürger. Die zu treffenden Maßnahmen sollten für die Bürger unmittelbar Bedeutung haben und Vorteile für deren tägliches Leben bieten. Unter der Rubrik „Rechte der Bürger der Gemeinschaft“ wurden Defizite des grundfreiheitlichen Freizügigkeits-*Acquis*

---

[285] Vgl. *F. Capotorti/M. Hilf/F. Jacobs/J.-P. Jacqué*, EU-Kommentar, 48.

[286] Deshalb gehen *F. Capotorti/M. Hilf/F. Jacobs/J.-P. Jacqué*, EU-Kommentar, 172, von einem weiten Freizügigkeitsverständnis aus.

[287] Vgl. die „Feierliche Deklaration zur Europäischen Union“, EG-Bulletin 6/1983, S. 26 ff. Deren Nr. 1.1 lautet: „Die Staats- und Regierungschefs bekräftigen ihre Verpflichtung, zu einem immer engeren Zusammenschluss der Völker und Mitgliedstaaten der Europäischen Gemeinschaft voranzuschreiten; sie tun dies im Bewußtsein einer Schicksalsgemeinschaft und in dem Willen, die europäische Identität zu behaupten.“

[288] EG-Bulletin, 6/1984, S. 11 f.

[289] EG-Bulletin, Beilage 7/1985. Dazu *P. Magnette*, Citoyenneté européenne, 113 ff.

behandelt.[290] Da auch das allgemeine Aufenthaltsrecht wesentlicher Bestandteil der Freizügigkeit sei, wurde ein baldiger Abschluss der Beratungen über die bereits 1979 vorgelegte allgemeine Aufenthaltsrichtlinie[291] angemahnt. Nicht wirtschaftlich aktive Gemeinschaftsangehörige sollten allerdings nur dann in den Genuss des Freizügigkeitsrechts kommen, wenn sie über hinreichende Existenzmittel und einen umfassenden Krankenversicherungsschutz verfügen. Denn der nicht erwerbstätige EG-Ausländer dürfe „im Aufnahmemitgliedstaat nicht in unvertretbarer Weise der Öffentlichkeit zur Last fallen".[292]

Einen zweiten und abschließenden Bericht legte der Ausschuss dem Europäischen Rat von Mailand (28. und 29.6.1985) vor, dessen Schwerpunkt die „besonderen Bürgerrechte" waren. Diese umfassten politische Rechte, und zwar sowohl auf Ebene der Gemeinschaft als auch auf Ebene der Mitgliedstaaten, Anhörungsrechte bei grenzüberschreitenden Vorhaben sowie konsularischen Schutz gegenüber Drittstaaten. Das Freizügigkeitsrecht wurde im zweiten Bericht allerdings nicht als „besonderes Bürgerrecht" genannt.[293]

cc) Die Mitteilung der Europäischen Kommission zum Europa der Bürger vom 24.6.1988

In ihrer Mitteilung zum Europa der Bürger[294] befasste sich die Europäische Kommission mit der Entwicklung eines Bewusstseins der europäischen Identität, dem Zusammenhang zwischen dem durch die Einheitliche Europäische Akte eingeführten Binnenmarktziel und dem Europa der Bürger sowie mit weiteren zu realisierenden Maßnahmen. Das Ziel eines „Europa ohne Grenzen" verleihe dem „Europa der Bürger" eine neue Dimension, die Fortschritte im Hinblick auf den Abbau der Grenzkontrollen und der Freizügigkeit – sowohl für wirtschaftlich Tätige als auch für nicht Erwerbstätige – verlange. Das Freizügigkeitsrecht wurde sowohl als Bestandteil des „Europa der Bürger" als auch des Binnenmarktes qualifiziert. Darüber hinaus verlange ein „Europa der Bürger" Maßnahmen, die dem Bürger verbesserte Kenntnisnahmemöglichkeiten sowie die Durchsetzung der ihm vom Gemeinschaftsrecht eingeräumten Rechte ermöglichen. Explizit als Bürgerrechte genannt wurden zum einen politische Rechte wie das vorgeschlagene Kommunalwahlrecht im Aufnahmemitgliedstaat, zum anderen dem europäischen Bürger in den Gemeinschaftsverträgen eingeräumte spezifische Rechte wie das Freizügigkeitsrecht, der Gleichbehandlungsgrundsatz zwischen Männern und Frauen oder der Verbraucher-

---

[290] EG-Bulletin, Beilage 7/1985, S. 13 f.

[291] Zu dieser näher unten, 1. Teil B. II. 1.

[292] EG-Bulletin, Beilage 7/1985, S. 14 f. Kritisch zu Rahmenbedingungen und Ergebnissen des Ausschusses *B. Janssen*, Integration 1985, 165.

[293] EG-Bulletin, Beilage 7/1985, S. 19 ff.

[294] KOM (88) 331 endg., EG-Bulletin, Beilage 2/88.

schutz. Unter dem Aspekt „Charta der Bürgerrechte" wurde schließlich ein zu schaffender Grundrechtskatalog thematisiert.[295]

dd) Der Erasmus-Beschluss des Rats vom 15.6.1987: Das „Europa der Bürger" als rechtsverbindliches Ziel der Gemeinschaft

Das „Europa der Bürger" fand erstmals Eingang in einen Rechtsakt der Europäischen Gemeinschaften im Beschluss des Rates vom 15.6.1987 über ein gemeinschaftliches Aktionsprogramm zur Förderung der Mobilität von Hochschulstudenten (ERASMUS).[296] In dessen Art. 2 (iv) wird festgehalten, dass das Erasmus-Programm bezwecke, das Zusammenwirken der Bürger der einzelnen Mitgliedstaaten mit dem Ziel zu verstärken, den Begriff eines „Europa der Bürger" zu festigen. Dieser Beschluss wurde von der Kommission aus Kompetenzgründen vor dem Gerichtshof angegriffen. Sie machte unter anderem geltend, dass das erwähnte Ziel des Art. 2 (iv) über den gemeinschaftlich gesteckten Rahmen der Berufsausbildung hinausginge. Der EuGH teilte diese Auffassung nicht und qualifizierte das Europa der Bürger als eines der Ziele der Gemeinschaft:

> Wie der Gerichtshof bereits festgestellt hat, besteht zum einen ein enger Zusammenhang zwischen der gemeinsamen Berufsbildungspolitik und der Freizügigkeit .... Zum anderen kann das durchaus legitime Ziel, daß sich die Entwicklung einer gemeinsamen Politik in den Rahmen der allgemeinen Ziele der Gemeinschaft, darunter desjenigen der Verwirklichung eines Europas der Bürger, einfügen soll, nicht zu einer Veränderung der geeigneten Rechtsgrundlage für Handlungen führen, die objektiv zu der fraglichen gemeinsamen Politik gehören.[297]

2. Fazit: Die Idee eines „Europa der Bürger"

Der kurze Abriss der historischen Entwicklung der Idee des „Europa der Bürger" zeigt, dass diese im Zusammenhang mit der angestrebten Fortentwicklung des europäischen Integrationsprojektes von einer wirtschaftlichen hin zu einer Politischen Union geboren wurde. Mit der vorzeitigen Vollendung der Zollunion und der vollständigen Realisierung der Freizügigkeit der Arbeitnehmer waren trotz aller Umsetzungsdefizite wesentliche Elemente der wirtschaftlichen Integration Europas Ende der 1960er Jahre erreicht. Damit rückte – ungeachtet aller noch zu erzielenden Fortschritte auf dem Gemeinsamen Markt – die Frage nach der Finalität des europäischen Integrationsprojektes wieder in verstärktem Maße auf die politische Agenda. Bestrebungen seit Beginn der 1970er Jahre hin zu einer „Politischen Union", die sich als Fortführung und in Abgrenzung zu einer rein wirtschaftlichen Integration verstanden, bildeten so

[295] Ibid., S. 18 ff., 26 f.

[296] ABl. L 166 vom 25.6.1987, S. 20.

[297] EuGH, Rs. 242/87, Slg. 1989, 1425, Rn. 29 – EK/Rat.

den Entstehungskontext der Idee eines „Europa der Bürger" – ein schillernder Begriff, wie die Folgezeit verdeutlicht.

Im politischen Diskurs wurde diese Idee unter verschiedenen Schlagworten debattiert.[298] Angemahnt wurde die Realisierung eines „Europa der Bürger"[299], die Einführung einer „Europäischen Staatsbürgerschaft"[300], seit dem *Spinelli*-Entwurf auch bezeichnet als „Unionsbürgerschaft"[301], die Verleihung „besonderer Rechte" für Bürger der Mitgliedstaaten als Angehörige der Gemeinschaft"[302] oder die Verabschiedung einer „Charta der Bürgerrechte"[303]. Durch Maßnahmen, die die europäische Integration im täglichen Leben der Bürger erfahrbar machen, sollte ein „bürgernahes Europa" geschaffen, die Identität der EU den Bürgern gegenüber gestärkt und so deren Akzeptanz erhöht sowie das Zusammengehörigkeitsgefühl der Europäer untereinander gefördert werden.[304] Was ein bürgerschaftlich strukturiertes Europa ausmache, wurde in der Regel nicht abstrakt definiert.[305] Vielmehr wurden meist verschiedene Maßnahmen aufgezählt, die im Zusammenhang mit einem „Europa der Bürger" zu realisieren seien.[306] Eine Ausnahme bildete lediglich der Bericht der Europäischen Kom-

---

[298] Kritisch zur konzeptlosen Verwendung *D. O'Keeffe*, Union Citizenship, 87; *H. U. J. d'Oliveira*, European Citizenship, 126; *ders.*, Union Citizenship, 58.

[299] So der Titel des Berichts der EK vom 3.7.1975, EG-Bulletin, Beilage 7/1975, S. 23 ff., und der Bericht *Tindemans* über die EU vom 29.12.1975, EG-Bulletin, Beilage 1/1976.

[300] So etwa der italienische Ministerpräsident *Giulio Andreotti* in seiner Rede auf der Gipfelkonferenz von Paris (Oktober 1972), abgedruckt im EG-Bulletin 11/1972, S. 46 (49), und entsprechende Vorschläge der italienischen Delegation zur Vorbereitung des Gipfels von Paris (Dezember 1974), vgl. EG-Bulletin, Beilage 7/1975, S. 28 (unter 2.2.4.). Im Bericht der EK über das „Europa der Bürger" vom 3.7.1975 wird sie von „besonderen Rechten" abgegrenzt, vgl. EG-Bulletin, Beilage 7/1975, S. 33 (Anhang 2).

[301] Art. 3 des *Spinelli*-Vertragsentwurfs zur Gründung der EU (1984), ABl. C 77 vom 19.3.1984, S. 33.

[302] So der Name der vom Gipfel von Paris (Dezember 1974) eingesetzten Arbeitsgruppe, vgl. Nr. 11 des Kommuniqués, EG-Gesamtbericht 8/1974, S. 337 ff., sowie EG-Bulletin 12/1974, S. 9, und der Titel der Entschließung des EP vom 16.11.1977, vgl. ABl. C 299 vom 12.12.1977, S. 26. Siehe auch den Bericht der EK über das „Europa der Bürger" vom 3.7.1975, EG-Bulletin, Beilage 7/1975, S. 23 ff.

[303] Vgl. Entschließung des EP zur EU vom 10.7.1975, ABl. C 179 vom 6.8.1975, S. 30.

[304] Bericht *Tindemans* über die EU vom 29.12.1975, EG-Bulletin, Beilage 1/1976, S. 29; Entschließung des EP zur EU vom 10.7.1975, ABl. C 179 vom 6.8.1975, S. 30; Bericht des *Adonnino*-Ausschusses, EG-Bulletin, Beilage 7/1985, S. 13 ff.

[305] Zu den Schwierigkeiten einer Definition siehe auch *R. Bieber*, EuGRZ 1978, 203 (205); *W. Hummer*, Grundrechte, 79 ff.; *D. Nickel/R. Bieber*, EuGRZ 1979, 21 (insb. 23).

[306] Vgl. etwa den Bericht *Tindemans* über die EU vom 29.12.1975, EG-Bulletin, Beilage 1/1976; Entschließung des EP zur Zuerkennung besonderer Rechte an die Bürger der EG vom 16.11.1977, ABl. C 299 vom 12.12.1977, S. 26; Bericht des *Adonnino*-Ausschusses, EG-Bulletin, Beilage 7/1985, S. 13 ff.; Mitteilung der EK zum Europa der Bürger vom 24.6.1988, KOM (88) 331 endg., EG-Bulletin, Beilage 2/88. Kritisch zum Vorgehen *Tindemans*, der „Wichtiges mit Unwichtigem, Essentialia der Verfassungsordnung mit politisch Wünschba-

mission über das „Europa der Bürger" vom 3.7.1975, der sich begrifflich den „besonderen Rechten" näherte, die den Bürgern der Mitgliedstaaten in ihrer Eigenschaft als Angehörige der Gemeinschaft zuerkannt werden könnten.[307]

Generell wurde eine Europäische Bürgerschaft als wesentlicher Bestandteil der zu schaffenden „politischen" Europäischen Union qualifiziert. Realisiert werden sollte sie durch einen bunten Strauß an Maßnahmen, die, mitunter als Reaktion auf Integrationsdefizite, dem Einzelnen eine prominentere Rolle im Kontext der europäischen Integration verleihen sollten. Bereits hier deuten sich die unterschiedlichen, im dritten Teil noch näher aufzugreifenden Dimensionen der Europäischen Bürgerschaft an. In Blick genommen wurde der Europäische Bürger einmal als Teil eines auf politischer Partizipation, Akzeptanz, Bürgernähe und Transparenz fußenden Europäischen Gemeinwesens. Des Weiteren sollten die die gemeinschaftsrechtlich vermittelte Stellung des Europäers gegenüber den Mitgliedstaaten maßgeblich prägenden ökonomischen Grundfreiheiten – einem allgemeinen Bürgerstatus gemäß – *ratione personae* verallgemeinert und insbesondere im Hinblick auf politische Rechte *ratione materiae* verbreitert werden.[308] Schließlich galt es, dem Schutz der Rechte und Interessen des Europäischen Bürgers im europäischen Integrationsprojekt verstärkt Rechnung zu tragen. Dies spiegelte sich in Forderungen nach der Verabschiedung eines Grundrechtskataloges oder nach der Einführung einer Individualklagemöglichkeit vor dem Europäischen Gerichtshof wider: «Le citoyen à la une de l'Europe»[309].

Dem allgemeinen Freizügigkeitsrecht selbst kam eine prominente Rolle im „Europa der Bürger" zu.[310] Im *Tindemans*-Bericht wurde sein instrumenteller Wert für die Stärkung des Zusammengehörigkeitsgefühls der Europäer betont, der insbesondere auch aus den die Freizügigkeit flankierenden Maßnahmen wie der Abschaffung der Grenzkontrollen resultiere.[311] Die Europäische Kommission ordnete in ihrem Bericht über das „Europa der Bürger" das Freizügigkeits-

---

rem" vermische, *E. Grabitz*, Europa der Bürger, 171. Siehe ferner *U. Haltern*, Europarecht und das Politische, 429.

[307] Vgl. EG-Bulletin, Beilage 7/1975, S. 23 ff.

[308] Vgl. etwa den Bericht *Tindemans* über die EU vom 29.12.1975, EG-Bulletin, Beilage 1/1976; Entschließung des EP zur Zuerkennung besonderer Rechte an die Bürger der EG vom 16.11.1977, ABl. C 299 vom 12.12.1977, S. 26; Bericht des *Adonnino*-Ausschusses, EG-Bulletin, Beilage 7/1985, S. 13 ff.; Mitteilung der EK zum Europa der Bürger vom 24.6.1988, KOM (88) 331 endg., EG-Bulletin, Beilage 2/88.

[309] So der Titel eines Beitrages von *A. Lhoest*, RMC 1975, 431, zu ersten Schritten hin zu einem Europa der Bürger.

[310] Vgl. etwa die Entschließung des EP zur Zuerkennung besonderer Rechte an die Bürger der EG vom 16.11.1977, ABl. C 299 vom 12.12.1977, S. 26; Bericht des *Adonnino*-Ausschusses, EG-Bulletin, Beilage 7/1985, S. 13 ff.; Mitteilung der EK zum Europa der Bürger vom 24.6.1988, KOM (88) 331 endg., EG-Bulletin, Beilage 2/88.

[311] EG-Bulletin, Beilage 1/1976, S. 30.

recht zwar nicht als „besonderes Recht" ein, da es den Angehörigen der Mitgliedstaaten bereits aufgrund des geltenden Gemeinschaftsrechts zustünde respektive sich auf dieser Grundlage realisieren lasse. Die Kommission fügte jedoch hinzu, dass zu prüfen sei, inwieweit das Freizügigkeitsrecht besser geschützt werden könne, wenn es dem Einzelnen nicht mehr bloß als Angehörigem eines Mitgliedstaates, sondern als europäischem Staatsbürger zuerkannt werde – eine Einschätzung, die sich knapp 30 Jahre später bewahrheiten sollte. Mit der Einführung einer Europäischen Staatsbürgerschaft sei – so die Kommission – eine automatische Gleichstellung mit Inländern hinsichtlich des Aufenthaltsrechts verbunden.[312] Im *Spinelli*-Entwurf fand sich dann allerdings kein exponiertes allgemeines Freizügigkeitsrecht; der die Unionsbürgerschaft statuierende Art. 3 verwies lediglich pauschal auf die in der Unionsrechtsordnung festgelegten Rechte.

II. Erste Schritte auf dem Weg zum allgemeinen Aufenthaltsrecht

Von Anfang an war, dies hat der historische Abriss gezeigt, die Idee eines „Europa der Bürger" von der Forderung begleitet, das im Wesentlichen wirtschaftlich aktiven Personen vorbehaltene Freizügigkeitsrecht auf Nichterwerbstätige auszudehnen und es so – einem gemeinsamen Bürgerstatus aller Angehörigen der Gemeinschaft entsprechend – in eine Berechtigung für jedermann zu verwandeln. Ob ein allgemeines Freizügigkeitsrecht jedoch überhaupt auf der Grundlage der bestehenden Gemeinschaftsverträge realisierbar war, wurde von Anfang an bezweifelt. Weiterhin fürchteten die Mitgliedstaaten negative Konsequenzen für ihre nationalen Sozialsysteme, die aus der unbeschränkten Mobilität auch Nichterwerbstätiger resultieren können. Dieser Hintergrund verdeutlicht, warum ein von der Kommission 1979 initiierter erster Anlauf scheiterte (1.). Keine Fortschritte in dieser Hinsicht brachte auch das durch die Einheitliche Europäische Akte eingeführte Binnenmarktziel. Denn die Auffassung, dass der Binnenmarkt ein von einer Erwerbstätigkeit losgelöstes, allgemeines Aufenthaltsrecht impliziere, vermag nicht zu überzeugen (2.). Erst 1990 gelang es, die Lücken im Freizügigkeitsschutz zu schließen. Das Freizügigkeitsrecht wurde jedoch nicht mehr als allgemeines konzipiert, sondern es wurden drei auf Nichterwerbstätige beschränkte und nach freizügigkeitsberechtigten Personengruppen differenzierende Richtlinien erlassen, die zudem ökonomische Aufenthaltsvoraussetzungen vorsahen (3.).

---

[312] Bericht der EK über das „Europa der Bürger" vom 3.7.1975, EG-Bulletin, Beilage 7/1975, S. 23 ff.

1. Die gescheiterte erste Richtlinie über das Aufenthaltsrecht

Am 31.7.1979 unterbreitete die Europäische Kommission einen Vorschlag für eine Richtlinie, mit der das Freizügigkeitsrecht auch auf Nichterwerbstätige und deren Familienangehörige ausgedehnt werden sollte.[313] Denn erst wenn auch diese von ihm profitieren könnten, sei der in Art. 3 lit. c EWGV als Grundlage der Gemeinschaft verankerte freie Personenverkehr vollständig verwirklicht. Konzeptionell war mit der im Kontext der Zuerkennung besonderer Rechte an die Bürger der Gemeinschaft stehenden Initiative jedoch nicht bloß eine Erweiterung des Aufenthaltsrechts bezweckt, sondern eine neue Radizierung. Denn von nun an sollte es den „Angehörigen der Mitgliedstaaten nicht mehr in ihrer Eigenschaft als Wirtschaftssubjekte, sondern ihrer Eigenschaft als Bürger der Mitgliedstaaten“ zustehen.[314]

Da der EWG-Vertrag Befugnisse, dieses dem immer engeren Zusammenschluss der europäischen Völker dienende Ziel zu verwirklichen, nur für die wirtschaftlich motivierte Migration vorsah, musste die Kommission ihren Entwurf auf die Vertragsabrundungskompetenz des heutigen Art. 308 EG stützen. Vom persönlichen Anwendungsbereich der Richtlinie erfasst waren nur aufgrund anderer Gemeinschaftsrechtsakte nicht freizügigkeitsberechtigte Angehörige eines Mitgliedstaates sowie bestimmte Familienangehörige unabhängig von deren Staatsangehörigkeit (Art. 1)[315]. Diese bloß subsidiäre Anwendbarkeit der Richtlinie verdeutlicht, dass es sich noch um keine einheitliche Kodifikation des Freizügigkeitsrechts aller Gemeinschaftsangehörigen handelte. Darüber hinaus erlaubte Art. 4 II den Mitgliedstaaten, das Aufenthaltsrecht vom Nachweis ausreichender Existenzmittel abhängig zu machen.

Das Europäische Parlament begrüßte den Entwurf als ersten Schritt hin zu einem „Europäischen Bürger“, bemängelte aber u.a. das Erfordernis ausreichender Existenzmittel wegen der zu erwartenden sozial diskriminierenden Praktiken. Der aus einer unterschiedlichen Höhe der Sozialhilfe in den einzelnen Mitgliedstaaten resultierenden Gefahr primär wohlfahrtsstaatlich motivierter Wanderungsbewegungen sei anderweitig zu begegnen. Des Weiteren sollte den Mitgliedstaaten empfohlen werden, den Freizügigkeits-*Acquis* auch auf in ihrem Hoheitsgebiet ansässige Drittstaatsangehörige zu erstrecken.[316] In ihrem

---

[313] Vorschlag für eine Richtlinie des Rates über das Aufenthaltsrecht der Staatsangehörigen der Mitgliedstaaten im Hoheitsgebiet eines anderen Mitgliedstaates, ABl. C 207 vom 17.8.1979, S. 14. Zur Richtlinie siehe *H. C. Taschner*, Free Movement, 427 (428 ff.).

[314] EG-Gesamtbericht 13/1979, S. 98.

[315] Im Änderungsvorschlag der Kommission vom 22.10.1980, ABl. C 292 vom 11.11.1980, S. 3, wurde der Kreis der aufenthaltsberechtigten Familienangehörigen nochmals weiter gefasst.

[316] ABl. C 117 vom 17.4.1980, S. 48.

daraufhin geänderten Vorschlag vom 1.7.1980[317] hielt die Kommission aufgrund mitgliedstaatlicherseits geäußerter Bedenken im Grundsatz an den ökonomischen Aufenthaltsvoraussetzungen fest. Ausgenommen davon waren lediglich über 18 Jahre alte Studierende im Hinblick auf die vorübergehende Natur ihres Aufenthaltes (Art. 4 II n. F.). Da die Kommission selbst die befürchteten Bevölkerungsbewegungen für unwahrscheinlich hielt, schlug sie vor, sechs Jahre nach Bekanntgabe der Richtlinie einen Bericht über die Anwendung der ökonomischen Aufenthaltsvoraussetzungen vorzulegen und dem Rat gegebenenfalls zu empfehlen, diese nicht mehr anzuwenden (Art. 10 n. F.). Die Mitgliedstaaten reagierten auf den Richtlinienvorschlag vor dem Hintergrund insgesamt zunehmender Einwanderung jedoch negativ.[318] So wies etwa der deutsche Bundesrat darauf hin, dass zum einen keine Gemeinschaftskompetenz für den Erlass der Richtlinie gegeben sei. Denn das in Art. 3 lit. c EWGV verankerte Ziel des freien Personenverkehrs umfasse nur die wirtschaftlich motivierte Freizügigkeit, was bereits aus dessen Wortlaut „nach Maßgabe des Vertrages" – also einem Verweis auf die Grundfreiheiten – folge.[319] Zum anderen seien die Belastungen für die nationalen Sozialsysteme nicht überblickbar, so dass es sich empfehle, erst diese aneinander anzugleichen. Beanstandet wurde ferner die Aufgabe der ökonomischen Aufenthaltsvoraussetzungen für Studierende.[320] Schließlich wurde im Rat der Kreis der freizügigkeitsberechtigten Familienangehörigen für zu weit erachtet.[321] In einem weiteren Änderungsvorschlag vom 6.6.1985 nahm die Kommission dann Studierende vom Anwendungsbereich der Richtlinie aus,[322] bevor sie ihren Vorschlag am 3.5.1989 – insbesondere angesichts der bestrittenen Gemeinschaftskompetenz[323] – ganz zurückzog.[324]

---

[317] ABl. C 188 vom 25.7.1980, S. 10. Zur Motivation der Kommission vgl. auch BR-Drs 460/80.

[318] Vgl. *H. C. Taschner*, Free Movement, 427 (431).

[319] Anders *A. Durand*, EL Rev. 1979, 3 (6 ff.), der die Art. 48–66 EWGV als nicht erschöpfende Regelung der Personenverkehrsfreiheit sieht.

[320] Vgl. BR-Drs 460/80; KOM (88) 331 endg., EG-Bulletin, Beilage 2/88, S. 21, sowie die Antwort des Rates auf die schriftliche Anfrage des Abgeordneten Vandemeulebroucke, ABl. C 130 vom 28.5.1986, S. 48. Diese Bedenken teilt *L. Jungmann*, Freizügigkeit von Arbeitnehmern, 113 ff.

[321] *H. C. Taschner*, Free Movement, 427 (431 f.).

[322] ABl. C 171 vom 10.7.1985, S. 8.

[323] EG-Bulletin, 5/1989, S. 14 (unter 2.1.2.); *P. van Nuffel*, RMUE 1991, 89 (94).

[324] EG-Bulletin, 5/1989, S. 14 (unter 2.1.2.). Ferner wurden auch die dem Rat gemachten Zugeständnisse mittlerweile als für zu weitgehend erachtet, vgl. *H. C. Taschner*, Free Movement, 427 (432 f.).

2. Die Einheitliche Europäische Akte vom 1.7.1987: Noch kein allgemeines Aufenthaltsrecht im Binnenmarkt

Mit der Einführung des Integrationsziels „Binnenmarkt" durch die Einheitliche Europäische Akte vom 1.7.1987 war die Erwartung verbunden, die primär wirtschaftlich ausgerichtete Integrationsstufe „Gemeinsamer Markt" zu überwinden. In diesem konnte sich ein von einer wirtschaftlichen Betätigung losgelöstes Freizügigkeitsrecht nicht durchsetzen (a). Doch auch das neue Gemeinschaftsziel „Binnenmarkt" führte zu keiner Ausdehnung des Freizügigkeitsrechts auf Nichterwerbstätige (b).

a) Die wirtschaftlich determinierte Freizügigkeit im Gemeinsamen Markt

Das Integrationsziel der Europäischen Wirtschaftsgemeinschaft, einen Gemeinsamen Markt zu errichten (Art. 2 EWGV), sollte gemäß Art. 3 lit. c EWGV u.a. durch die Beseitigung der Hindernisse für den freien Personen- und Dienstleistungsverkehr zwischen den Mitgliedstaaten nach Maßgabe des EWGV erfolgen. Insoweit sah dieser in den Art. 48 ff. die Freizügigkeit der Arbeitnehmer, in den Art. 52 ff. das Niederlassungsrecht der selbstständig Tätigen und in den Art. 59 ff. die Dienstleistungsfreiheit vor. Das aus diesen Vorschriften folgende Recht, sich in einen anderen Mitgliedstaat zu begeben und sich dort aufzuhalten, hing also von einer entsprechenden wirtschaftlichen Betätigung des Freizügigkeitswilligen ab. Im Hinblick auf die Anerkennung der passiven Dienstleistungsfreiheit, die auch dem Dienstleistungsempfänger ein Aufenthaltsrecht einräumt, wurde vertreten, dass jeder Angehörige eines Mitgliedstaates nunmehr freizügigkeitsberechtigt sei. Denn diesem komme im Aufnahmemitgliedstaat jedenfalls der Status als Leistungsempfänger zu.[325] Diese Auffassung war freilich nicht unumstritten und wurde insbesondere von den Mitgliedstaaten nicht geteilt.[326] Auch der EuGH trat ihr entgegen: Die Dienstleistungsfreiheit gelte nicht für Personen, die ihren Hauptaufenthalt in einem anderen Mitgliedstaat nähmen, um dort auf unbestimmte Dauer Dienstleistungen zu erbringen oder zu empfangen. Denn sie umfasse keine ohne absehbare Beschränkung ausgeübte Tätigkeit.[327]

---

[325] Vgl. Ausführungen der Kommission in ihrem Bericht über das „Europa der Bürger" vom 3.7.1975, EG-Bulletin, Beilage 7/1975, S. 26 f. (unter 2.2., 2.2.1. und 2.2.2.). Notfalls sei dieses Freizügigkeitsrecht über Artikel 235 EWGV zu realisieren, was ein entsprechendes Vertragsziel impliziert. Noch weiter *A. Durand*, EL Rev. 1979, 3 (11 f.), der Art. 3 lit. c EWGV ein allgemeines, wenn auch nicht schrankenloses Freizügigkeitsrecht entnimmt.

[326] Dazu bereits oben, 1. Teil B. II. 1.

[327] EuGH, Rs. 196/87, Slg. 1988, 6159, Rn. 16 f. – Steymann. Bestätigt in Rs. C-200/02, Slg. 2004, I-9925, Rn. 22 – Chen/Zhu. Siehe auch oben, 1. Teil A. II. 2. a) bb) (1).

b) Keine Verallgemeinerung des Freizügigkeitsregimes als Ziel des Binnenmarktes

Ein wichtiger Schritt auf dem Weg zur Europäischen Union war die am 1.7.1987 in Kraft getretene Einheitliche Europäische Akte,[328] in der dieses Integrationsziel erstmals vertraglich verankert wurde. Deren Art. 1 I lautete: „Die Europäischen Gemeinschaften und die Europäische Politische Zusammenarbeit verfolgen das Ziel, gemeinsam zu konkreten Fortschritten auf dem Wege zur Europäischen Union beizutragen".[329] Der EWG-Vertrag wurde durch die Einheitliche Europäische Akte um das Konzept des Binnenmarktes ergänzt, den die Gemeinschaft bis zum 31.12.1992 verwirklichen sollte (Art. 8a I EWGV).[330] Der Binnenmarkt wurde definiert als „Raum ohne Binnengrenzen, in dem der freie Verkehr von Waren, Personen, Dienstleistungen und Kapital gemäß den Bestimmungen dieses Vertrages gewährleistet ist" (Art. 8a II EWGV).

Die Kommission beabsichtigte, durch das Binnenmarktkonzept – einem „Raum ohne Grenzen" – die primär wirtschaftlich ausgerichtete Integrationsstufe „Gemeinsamer Markt" zu überwinden.[331] So sollte ihr ursprünglicher Definitionsvorschlag, der von einem Raum ohne Grenzen sprach, in dem sich Personen zu denselben Bedingungen wie in einem Mitgliedstaat bewegen können, klarstellen, dass auch wirtschaftlich nicht aktive Personen freizügigkeitsberechtigt waren. Diese – in den Augen der Mitgliedstaaten – Erweiterung des Freizügigkeitsrechts wurde von ihnen abgelehnt und in die Vertrag gewordene Definition ausdrücklich der Bezug auf die Bestimmungen des Vertrages eingefügt.[332] Ob der Einheitlichen Europäischen Akte jedoch ein solches eingeschränktes Freizügigkeitskonzept zugrunde liegt, wurde in der Literatur bezweifelt.[333] Denn mit dieser habe sich die Finalität des europäischen Einigungswer-

---

[328] Zur EEA vgl. *C. D. Ehlermann*, 24 CML Rev. (1987), 361; *N. Forwood/M. Clough*, 11 EL Rev. (1986), 383; *H.-J. Glaesner*, Einheitliche Europäische Akte; *E. Grabitz*, Integration 1986, 95; *D. Martin/E. Guild*, Free Movement, 90 ff.; *P. Pescatore*, EuR 1986, 153; *H.-E. Scharrer*, Integration 1986, 108.

[329] Auch in der Präambel wurde betont, dass die Hohen Vertragsparteien vom Willen geleitet sind, „das von den Verträgen zur Gründung der Europäischen Gemeinschaften ausgehende Werk weiterzuführen und die Gesamtheit der Beziehungen ... in eine Europäische Union umzuwandeln".

[330] In einer Erklärung zu Artikel 8a des EWGV wiesen die Mitgliedstaaten allerdings darauf hin, dass trotz ihres politischen Willens zur Verwirklichung des Binnenmarktes keine automatische rechtliche Wirkung mit dem Datum 31.12.1992 verknüpft sei.

[331] Vgl. *C. D. Ehlermann*, 24 CML Rev. (1987), 361 (367) – im Annex (405 ff.) sind die verschiedenen Formulierungsvorschläge der Europäischen Kommission abgedruckt.

[332] Vgl. *C. D. Ehlermann*, 24 CML Rev. (1987), 361 (367).

[333] Vgl. *E. Grabitz*, Integration 1986, 95 (97 ff.). Ihm zustimmend *S. Benjes*, Personenverkehrsfreiheiten, 155 ff.; *C. D. Ehlermann*, 24 CML Rev. (1987), 361 (367); *G. Schulz*, Freizügigkeit, 58 f.; *J.-H. Strunz*, Freizügigkeit in der EU, 32 ff. Ebenso *W. Kahl*, in: C/R, Art. 14, Rn. 11 f., 21 mit Verweis auf den Wortlaut „Personen" und „Raum ohne Binnengrenzen"; *F. Menegazzi Munari*, Cittadinanza Europea, 116; *J. Pipkorn/A. Bardenhewer-Rating/H. C.*

kes fundamental verändert: Vertraglich verankertes Ziel sei nunmehr die umfassende Europäische Union, nicht mehr bloß die „Summe der Einzelziele der Teilintegration, wie sie [etwa] ... umschrieben werden mit ‚Errichtung des Gemeinsamen Marktes' ..."[334]. Anders als dieser nach den Einzelvorschriften des EWGV zu konkretisierende (vgl. Art. 2, 3 EWGV) und damit persönlich und sachlich begrenzte Begriff sei der Binnenmarkt als Ziel abstrakt definiert und damit persönlich umfassend zu verstehen. Auch müsse mit der neuen Begrifflichkeit nach dem Willen der Vertragsparteien eine neue Bedeutung verbunden sein. Dem auf die Initiative des Rates eingefügten Bezug auf die Bestimmungen des Vertrages in Art. 8a II EWGV wurde demgegenüber keine einschränkende Bedeutung beigemessen. Ein solches Verständnis der Personenfreizügigkeit in dem durch die Einheitliche Europäische Akte konstituierten Binnenmarkt ist aber abzulehnen, da nicht nur der Wille der Vertragsparteien dem entgegensteht, sondern Gegenteiliges vor allem in der Definition des Binnenmarktes in Art. 8a II EWGV durch den Bezug auf die Bestimmungen des Vertrages hinreichend deutlich zum Ausdruck kommt. An dem ökonomischen Bezug der Personenverkehrsfreiheit hatte sich damit (noch) nichts geändert.[335]

3. Der zweite Anlauf: Die Aufenthaltsrichtlinien 90/364, 90/365 und 90/366

a) Entstehungskontext

Nach dem Scheitern ihres ersten Anlaufs, ein allgemeines Freizügigkeitsrecht einzuführen, legte die Kommission am 26.6.1989 drei Richtlinienentwürfe vor,[336] deren persönlicher Anwendungsbereich nach der freizügigkeitsberechtigten Personengruppe differenzierte. Es handelte sich um den Vorschlag für eine Richtlinie des Rates über das Aufenthaltsrecht der Studenten,[337] über das

---

Taschner, in: von der Groeben/Schwarze, Art. 14, Rn. 7 ff., 39 ff. Vorsichtig *U. Everling*, Von der Freizügigkeit der Arbeitnehmer zum Europäischen Bürgerrecht, 81 (97), unter Verweis auf das Weißbuch der EK, deren Formulierungsvorschlag sich allerdings – wie erwähnt – nicht durchsetzen konnte; *K. Hailbronner*, JuS 1991, 9; *S. Weatherill*, 26 CML Rev. (1989), 563 (580). Bereits vor Einführung der EEA *A. Durand*, EL Rev. 1979, 3 (11 f.).

[334] *E. Grabitz*, Integration 1986, 95 (97).

[335] So auch *A. von Bogdandy*, in: G/H, Art. 14, Rn. 7; *H.-J. Glaesner*, Einheitliche Europäische Akte, 9 (16 f.); *V. Sottili*, Contratto e impresa. Europa 1997, 710 (720); *U. Villani*, Cittadinanza dell'UE, 1001 (1012). Interessant ist, dass die EK auch noch 1999 in ihrem Bericht betreffend die Durchführung der Richtlinien 90/364, 90/365 und 93/96 (Aufenthaltsrecht) vom 17.3.1999, KOM (1999) 127 endg., S. 4, hinsichtlich der damaligen Rechtslage herausstellt, dass die Beschränkung des freien Personenverkehrs auf Erwerbstätige „nicht völlig in Einklang" mit dem Ziel des freien Personenverkehrs (Art. 3 I lit. c EG) stünde.

[336] Zum Entstehungshintergrund siehe *P. van Nuffel*, RMUE 1991, 89; *H. C. Taschner*, Free Movement, 427 (432 ff.).

[337] ABl. C 191 vom 28.7.1989, S. 2.

Aufenthaltsrecht der aus dem Erwerbsleben ausgeschiedenen Arbeitnehmer und der selbstständig Erwerbstätigen[338] sowie über das Aufenthaltsrecht[339].

Primärrechtlicher Hintergrund war wiederum das in Art. 3 lit. c EWGV verankerte Ziel, die Hindernisse für den freien Personenverkehr zu beseitigen, und der mit der EEA eingeführte, bis zum 31.12.1992 zu realisierende Binnenmarkt, ein Raum ohne Binnengrenzen, in dem die Freizügigkeit gewährleistet ist. Aufbauend auf den vom EuGH entwickelten Anspruch auf diskriminierungsfreien Zugang zu Bildungseinrichtungen[340] räumte der auf das allgemeine Diskriminierungsverbot (Art. 7 II EWGV) gestützte erste Richtlinienvorschlag krankenversicherten Studenten einschließlich bestimmter Familienangehöriger (Ehegatte, unterhaltsberechtigte Kinder) ein Aufenthaltsrecht ein. Aufgrund des nur temporären Aufenthaltes verzichtete die Kommission auf den Nachweis angemessener Unterhaltsmittel, räumte dem Aufnahmemitgliedstaat aber bei Zahlung von Sozialhilfe an den Studierenden ein Rückgriffsrecht gegen den Herkunftsmitgliedstaat ein (Art. 1 III). Der auf die Art. 49 und 54 EWGV gestützte zweite Vorschlag verbürgte aus dem Erwerbsleben ausgeschiedenen Arbeitnehmern und Selbstständigen sowie deren Familienangehörigen ein Freizügigkeitsrecht, sofern diese krankenversichert und durch den Bezug einer Rente ökonomisch abgesichert waren. Hervorzuheben ist, dass jeder früher in der Gemeinschaft Erwerbstätige freizügigkeitsberechtigt war, also nicht nur der zuvor in einem anderen Mitgliedstaat Tätige. Der dritte, auf Art. 100 EWGV gestützte[341] Vorschlag erfasste schließlich alle nicht aufgrund sonstiger Vorschriften des Gemeinschaftsrechts freizügigkeitsberechtigte Personen einschließlich deren Familienangehöriger. Aufenthaltsvoraussetzung war Krankenversicherungsschutz sowie ausreichende Existenzmittel, so dass die Berechtigten nicht der Sozialhilfe des Aufnahmemitgliedstaates zur Last fallen.

Wiederum wurde also kein allgemeines Freizügigkeitsrecht für alle Bürger der Gemeinschaft geschaffen, wie der der Kommissionsinitiative im Grundsatz zustimmende Wirtschafts- und Sozialausschuss zutreffend bemängelte.[342] Auch das Europäische Parlament, das am 13.12.1989 die Richtlinien mit zahlreichen Änderungsvorschlägen billigte, wollte neben einem auf Lebenspartner erweiterten Begriff des Familienangehörigen in den Erwägungsgründen aufgenommen wissen, dass die Richtlinien einen ersten Schritt in Richtung auf die Gewährleistung des Aufenthaltsrechts überall in der Gemeinschaft für alle Bürger der Mitgliedstaaten darstellten.[343] Daraufhin legte die Europäische Kommission am

---

338 ABl. C 191 vom 28.7.1989, S. 3.

339 ABl. C 191 vom 28.7.1989, S. 5.

340 Dazu ausführlich oben, 1. Teil A. II. 2. a) bb) (2).

341 Zur Kompetenzfrage siehe *R. Kampf*, EuR 1990, 393 (398 ff.); *P. van Nuffel*, RMUE 1991, 89 (94 ff.).

342 ABl. C 329 vom 30.12.1989, S. 25.

343 ABl. C 15 vom 22.1.1990, S. 70, 74, 78.

21.12.1989 überarbeitete Richtlinienvorschläge vor[344] und der Rat gelangte am 21. und 22.12.1989 zu einer politischen Einigung über den Inhalt der drei Richtlinien,[345] die am 28.6.1990 verabschiedet wurden.

b) Wesentlicher Regelungsgehalt

Mit den drei spätestens bis zum 30.6.1992 umzusetzenden Richtlinien wurden die noch bestehenden Lücken im Freizügigkeitsrecht für Angehörige der Mitgliedstaaten, wenn auch nur auf sekundärrechtlicher Basis, geschlossen. Durch die Kopplung des Aufenthaltsrechts Nichterwerbstätiger an die Voraussetzung hinreichender Existenzmittel und eines adäquaten Krankenversicherungsschutzes (jeweilige Art. 1 der RL 90/364, 90/365 und 90/366) sollte sichergestellt werden, dass die Aufenthaltsberechtigten, wie in den Erwägungsgründen betont wird, die „öffentlichen Finanzen des Aufnahmemitgliedstaates nicht über Gebühr belasten". Werden diese Voraussetzungen nicht mehr erfüllt, erlischt das Aufenthaltsrecht (Art. 3 RL 90/364 und 90/365; Art. 4 RL 90/366). Die Richtlinien über das allgemeine Aufenthaltsrecht und das für aus dem Erwerbsleben ausgeschiedene Personen wurden im Wesentlichen entsprechend dem oben dargestellten Kommissionsvorschlag erlassen. Lediglich die Studenten-Richtlinie wurde, anders als von der Europäischen Kommission vorgeschlagen, nicht auf Art. 7 II EWGV, sondern Art. 235 EWGV gestützt. Auch wurde die im Kommissionsvorschlag enthaltene Idee der Verrechnung von Sozialhilfe im Bedürftigkeitsfalle nicht aufgegriffen, sondern verlangt, dass der Studierende durch eine Erklärung oder sonstige gleichwertige Mittel glaubhaft macht, über hinreichende Existenzmittel zu verfügen. Hinsichtlich der Anforderungen an den Nachweis war diese Richtlinie also großzügiger als die beiden anderen konzipiert.[346] Diese Privilegierung von Studierenden erklärt sich insbesondere durch den vorübergehenden Charakter ihres Aufenthalts und der entsprechend zeitlich begrenzten Aufenthaltserlaubnis, was die Gefahr der Inanspruchnahme von Sozialhilfe minimiere. Auch sei es schwierig, Existenzmittel aus einer studierendentypischen Nebentätigkeit nachzuweisen.[347] Enger gefasst war dagegen der in der Studentenrichtlinie verwendete Begriff des Familienangehörigen (vgl. Art. 1 RL 90/366 gegenüber Art. 1 II RL 90/364 und RL 90/365).

---

[344] ABl. C 26 vom 3.2.1990, S. 15, 19, 22.

[345] EG-Gesamtbericht 23/1989, S. 137.

[346] Die Frage ausreichender Existenzmittel stand im Mittelpunkt der Kontroversen um die Studentenrichtlinie, die im Rat schließlich unter Rückgriff auf die Kompromissformel „Glaubhaftmachung" beigelegt wurden – ein Begriff, der nach *H. C. Taschner*, Free Movement, 427 (433 ff.), zum Fremdwort für die englische und französische Delegation wurde.

[347] Siehe dazu EuGH, Rs. C-424/98, Slg. 2000, I-4001, Rn. 40, 44 ff.

c) Der Streit um die Rechtsgrundlage der „Studentenrichtlinie"

In der Rs. Raulin hatte der EuGH entschieden, dass aus dem von Art. 7, 128 EWGV garantierten gleichen Zugang zu einer Berufsausbildung ein entsprechendes Aufenthaltsrecht folge, da das Zugangsrecht sonst entwertet würde.[348] Deshalb hatte die Kommission ihren Vorschlag auch nicht auf Art. 235 EWGV, sondern auf Art. 7 II EWGV gestützt, der Maßnahmen zur Regelung des Diskriminierungsverbotes umfasste. Der Rat folgte dem nicht, sondern stützte die RL 90/366, wie im Übrigen auch die beiden anderen, auf Art. 235 EWGV, da die von dieser Rechtsgrundlage geforderte Einstimmigkeit ohnehin vorlag, respektive um – so jedenfalls *H. C. Taschner*[349] – keinen Präzedenzfall für die Anwendung des Art. 7 II EWGV zu schaffen.[350] Da das Europäische Parlament im Rahmen von Art. 235 EWGV nur angehört werden muss, bei Art. 7 II EWGV jedoch das Verfahren der Zusammenarbeit vorgesehen war, erhob es Nichtigkeitsklage. Dieser gab der EuGH unter Verweis auf die erwähnte Radizierung des Aufenthaltsrechts in der Rs. Raulin statt.[351] Daraufhin erließ der Gemeinschaftsgesetzgeber die inhaltlich identische RL 93/96 zur Regelung des Aufenthaltsrechts der Studenten.

III. Die Verankerung des allgemeinen Freizügigkeitsrechts als Element der „Unionsbürgerschaft" im Vertrag von Maastricht

Eingang in das Primärrecht fanden Teile der Idee des „Europa der Bürger" schließlich mit dem Vertrag von Maastricht zur Gründung der Europäischen Union.[352] Im zweiten Teil des EG-Vertrages wurde die Unionsbürgerschaft verankert, die bereits im *Spinelli*-Entwurf Erwähnung fand. Anders als dort wurden an sie jedoch konkrete Rechte geknüpft, u.a. das im heutigen Art. 18 EG enthaltene Recht aller Unionsbürger, sich im Hoheitsgebiet der Mitgliedstaaten frei zu bewegen und aufzuhalten. Dem Entstehungskontext des Instituts

---

[348] EuGH, Rs. C-357/89, Slg. 1992, I-1027, Rn. 30 ff. – Raulin. Dazu bereits oben, 1. Teil A. II. 2. a) bb) (2).

[349] *H. C. Taschner*, Free Movement, 427 (434). Auch musste so das EP nicht erneut angehört werden.

[350] Zum Streit über die richtige Rechtsgrundlage siehe auch *R. Kampf*, EuR 1990, 393 (398 ff.).

[351] EuGH, Rs. C-295/90, Slg. 1992, I-4193, Rn. 11 ff. – EP/Rat.

[352] Ausführlich dazu *C. Closa*, 29 CML Rev. (1992), 1137 (1153 ff.); *J. Handoll*, Free Movement, 274 ff.; *V. Lippolis*, Cittadinanza Europea, 15 ff.; *P. Magnette*, Citoyenneté européenne, 123 ff.; *E. A. Marias*, From Market to Union Citizen, 1 (5 ff.); *S. O'Leary*, Evolving Concept, 23 ff.; *E. Pérez Vera*, Citoyenneté de l'UE, 243 (325 ff.); *A. Wiener*, Developing Practice of 'European' Citizenship, 387 (407 ff.); ausführlich *dies.*, European Citizenship Practice, 211 ff.

der Unionsbürgerschaft auf dem Weg zur (1.) und im Laufe der (2.) Regierungskonferenz sowie deren schließlichem Gehalt (3.) sei im Folgenden nachgespürt. Letzterer bleibt insofern fragmentarisch, als die als Unionsbürgerrechte aufgeführten Verbürgungen hinter den im Zuge eines „Europa der Bürger" erhobenen Forderungen zurückblieben (4.).

1. Auf dem Weg zur Regierungskonferenz

Das Europäische Parlament kritisierte in seiner Entschließung zur Regierungskonferenz vom 14.3.1990[353] die äußerst bescheidenen Fortschritte, die das „Europa der Bürger" bislang gemacht habe, und führte diese Defizite auf dessen fehlende vertragliche Verankerung zurück. Es forderte, diese Thematik in die Tagesordnung der geplanten, bislang nur auf die Wirtschafts- und Währungsunion fokussierten Regierungskonferenz aufzunehmen. Eine gemeinsame Bürgerschaft wurde dann in der Resolution zur Regierungskonferenz vom 11.7.1990[354] als wichtiges Element der zu verwirklichenden Politischen Union qualifiziert. Sie sei in die Verträge aufzunehmen und durch Maßnahmen wie das Kommunal- und Europawahlrecht im Wohnsitzmitgliedstaat inhaltlich zu entwickeln.[355] Entsprechende Vorstöße kamen auch von Seiten verschiedener nationaler Regierungen. Die belgische etwa sah in ihrem Memorandum vom 19.3.1990[356], mit dem ein Anstoß zur Entwicklung der Europäischen Gemeinschaft hin zu einer Politischen Union gegeben werden sollte, das „Europa der Bürger" als Mittel, dem Demokratiedefizit entgegenzuwirken. Die Personenfreizügigkeit im Binnenmarkt sei dabei ein wesentlicher Bestandteil. Auch die griechische Regierung forderte in ihrem die Entwicklung der EWG hin zu einer Politischen Union betreffenden Memorandum vom 15.5.1990[357], ein „Europa der Bürger" zu schaffen, um das Zusammengehörigkeitsgefühl der Bürger der Gemeinschaft zu stärken: Eine Europabürgerschaft, der Solidaritätsgedanke, das Kommunal- und Europawahlrecht im Wohnsitzmitgliedstaat sowie ein Menschenrechtskatalog sollten in den Gemeinschaftsvertrag aufgenommen werden.[358]

Diesen Forderungen verschloss sich die durch Beschluss der Staats- und Regierungschefs auf der Tagung des Europäischen Rates in Dublin am 25. und

[353] ABl. C 96 vom 17.4.1990, S. 114 (insbesondere S. 116, unter E.).

[354] ABl. C 231 vom 17.9.1990, S. 97 (Martin II Bericht). Auch abgedruckt bei *F. Laursen/S. Vanhoonacker*, Intergovernmental Conference, 282 ff.

[355] Ibid. (unter 3. und 19.).

[356] Memorandum abgedruckt bei *F. Laursen/S. Vanhoonacker*, Intergovernmental Conference, 269 ff.

[357] Memorandum abgedruckt bei *F. Laursen/S. Vanhoonacker*, Intergovernmental Conference, 277 ff.

[358] Ibid., 280 (unter 5.).

26.6.1990[359] eingesetzte Regierungskonferenz zur Vertiefung der Politischen Union der Gemeinschaft nicht, die mit der Tagung des Europäischen Rates in Rom am 14. und 15.12.1990 ihre Arbeit aufnahm.[360] So sollte der Thematik „Europabürgerschaft" besondere Beachtung geschenkt werden, namentlich wie diese inhaltlich ausgefüllt werden könne durch staatsbürgerliche (Wahlrecht zum Europäischen Parlament und auf kommunaler Ebene), soziale und wirtschaftliche Rechte (Freizügigkeit unabhängig von einer wirtschaftlichen Betätigung sowie Chancengleichheit und Gleichbehandlung für alle Gemeinschaftsbürger), diplomatischen und konsularischen Schutz sowie die Einrichtung eines Ombudsmannes.

2. Die Unionsbürgerschaft in den Verhandlungen

Bereits in ihrer Note "The Road to European Citizenship" vom 24.9.1990 schlug die spanische Regierung vor,[361] eine Europabürgerschaft einzuführen. Denn in einer sich politisch verstehenden Union müsse dem Einzelnen eine zentrale Rolle zukommen. Der entwicklungsoffen auszugestaltende, neben die nationale Staatsbürgerschaft tretende „status civitatis" müsse solche Rechte und Pflichten des Europabürgers umfassen, die aus dem privilegierten Ausländer des EWG-Vertrages einen Unionsbürger machen. Als wesentliche Bestandteile einer Unionsbürgerschaft wurden zum einen besondere grundlegende Rechte für den Europabürger gefordert wie ein allgemeines Freizügigkeitsrecht sowie politische Partizipationsmöglichkeiten am Aufenthaltsort in Gestalt politischer Grundrechte und des Wahlrechts. Zum anderen seien mit dem Ausbau der Politischen Union zusammenhängende Rechte, d.h. diplomatischer und konsularischer Schutz sowie der Wehrdienst, zu regeln und die Institution eines Ombudsmannes zu schaffen. Diesen Vorschlag setzte die spanische Delegation in einem Vertragsentwurf vom 21.2.1991 um.[362] Nach dessen Art. 1 II sollten die Unionsbürger die im Vertrag vorgesehenen Rechte und Pflichten genießen. In Art. 5 wurde die Unionsbürgerschaft mit einem Diskriminierungsverbot aus Gründen der Staatsangehörigkeit verbunden, das im Anwendungsbereich des Vertrages greifen sollte. Art. 6 I sah ein Freizügigkeitsrecht vor, dessen Modali-

---

[359] Schlussfolgerungen des Europäischen Rates abgedruckt bei *R. Corbett*, Treaty of Maastricht, 98.

[360] Zu den Ergebnissen des Europäischen Rates vgl. *R. Corbett*, Treaty of Maastricht, 101 ff.; EuZW 1991, 281 f.; *F. Laursen/S. Vanhoonacker*, Intergovernmental Conference, 318 ff.

[361] Vorschlag abgedruckt bei *R. Corbett*, Treaty of Maastricht, 156 ff.; *F. Laursen/S. Vanhoonacker*, Intergovernmental Conference, 328 ff.; *E. A. Marias*, Citizenship, 145 ff. Siehe dazu auch die Erläuterungen des damaligen spanischen Europa-Staatssekretärs *P. Solbes Mira*, RMC 1991, 168.

[362] Entwurf abgedruckt bei *F. Laursen/S. Vanhoonacker*, Intergovernmental Conference, 325 ff.; *E. A. Marias*, Citizenship, 141 ff.

täten in einem der qualifizierten Mehrheit unterliegenden Sekundärrechtsakt festgelegt werden sollten (Art. 10).

Die Europäische Kommission begrüßte, genauso wie der deutsche Bundeskanzler *Helmut Kohl* und der französische Staatspräsident *François Mitterand*[363], den Vorschlag der spanischen Regierung, eine Europabürgerschaft einzuführen.[364] Ihre Grundlage müssten die in der EMRK verankerten Menschenrechte, in den Vertrag aufzunehmende Bürgerrechte wie das allgemeine Freizügigkeitsrecht, das Wahlrecht zum Europäischen Parlament und auf kommunaler Ebene sowie – als Perspektive – die Definition von bürgerlichen, sozialen und wirtschaftlichen Rechten und Pflichten des Einzelnen sein.[365] Ein erster Entwurf der Kommission des vor die Grundfreiheiten einzufügenden Titels „Unionsbürgerschaft"[366] sah unter anderem ein Diskriminierungsverbot im Anwendungsbereich des Vertrages (Art. X3) und ein Freizügigkeitsrecht (Art. X4 – dieses galt nicht im Falle des Entzugs vor Verpflichtungen im Heimatstaat oder einem anderen Mitgliedstaat) vor. Schließlich müsse eines der Ziele der Union die allmähliche Gleichbehandlung aller Unionsbürger sein (Art. X11, i).

Weitere mitgliedstaatliche Memoranden folgten: Die dänische Regierung schlug vor, die soziale Dimension der Politischen Union zu stärken.[367] Diese sah sie allerdings bloß als integralen Bestandteil des Binnenmarktes, dessen Vorteile unter Festschreibung grundlegender Rechte der Arbeitnehmer verteilt werden sollten.[368] Um die demokratische Basis der Union sowie die Solidarität zwischen den Gemeinschaftsbürgern zu stärken, regte sie u.a. ein Kommunal- und Europawahlrecht im Wohnsitzmitgliedstaat an.[369] Ein spezifisch dem Thema „Europa der Bürger" gewidmeter Abschnitt findet sich jedoch nicht. Dagegen qualifizierte die portugiesische – ebenso wie zuvor die spanische – Regierung in ihrem Memorandum vom 30.11.1990[370] die Europäische Bürgerschaft als wesentlichen Bestandteil einer Politischen Union, der im Vertrag verankert werden müsse. Inhaltlich müsse sie mit dem Freizügigkeitsrecht, dem

---

[363] Vgl. deren Brief an den damaligen Ratsvorsitzenden *Giulio Andreotti* vom 6.12.1990, abgedruckt bei *F. Laursen/S. Vanhoonacker*, Intergovernmental Conference, 313 f.

[364] Vgl. die förmliche Stellungnahme der EK zur Vertragsänderung vom 21.10.1990, EG-Bulletin 2/1991, S. 81 ff. (83 f.). Auch abgedruckt bei *R. Corbett*, Treaty of Maastricht, 165 ff. (unter III.2.).

[365] Ähnlich auch Bericht der Italienischen Präsidentschaft vom 16.11.1990, abgedruckt bei *R. Corbett*, Treaty of Maastricht, 191 ff. (unter 3.).

[366] EG-Bulletin, Beilage 2/1991, S. 85 ff. Auch abgedruckt bei *R. Corbett*, Treaty of Maastricht, 232 ff.; *E. A. Marias*, Citizenship, 151 ff.

[367] Memorandum vom 4.10.1990 abgedruckt bei *F. Laursen/S. Vanhoonacker*, Intergovernmental Conference, 293 ff.

[368] Ibid., 295 (unter A. II. 1.).

[369] Ibid., 297 (unter A. IV. 8.).

[370] Memorandum abgedruckt bei *F. Laursen/S. Vanhoonacker*, Intergovernmental Conference, 304 ff.

Kommunal- und Europawahlrecht im Wohnsitzmitgliedstaat sowie konsularischem und diplomatischem Schutz gefüllt werden.[371]

In einem „Non-paper" vom 12.4.1991 legte die Luxemburger Präsidentschaft einen Vertragsentwurf vor,[372] in dessen zweiten Teil die Unionsbürgerschaft ausgestaltet wurde. Sie umfasste u.a. ein Freizügigkeitsrecht für alle Unionsbürger (Art. B I). Dieses bedurfte wie im spanischen Vorschlag allerdings einer – im Rat einstimmigen – sekundärrechtlichen Umsetzung. Dabei sollten die aus der Inanspruchnahme des Freizügigkeitsrechts resultierenden Lasten – insbesondere im Bereich der sozialen Sicherheit – fair zwischen den Mitgliedstaaten verteilt werden (Art. B II, F). Ein Diskriminierungsverbot war nicht mit der Unionsbürgerschaft verbunden, wohl aber ein Verweis auf die im Vertrag vorgesehenen Rechte und Pflichten. Die Kommission stimmte dem Entwurf der Luxemburger Präsidentschaft zu, forderte aber die Einbeziehung eines Diskriminierungsverbotes.[373] Das Europäische Parlament hielt den Vertragsentwurf dagegen für nicht weitgehend genug, da er sich darauf beschränke, Teilrechte einzuführen, aber keinen umfassenden Unionsbürgerstatus kodifiziere.[374] Dieser beinhalte insbesondere einen umfassenden Menschenrechtsschutz und die Einräumung von Bürgerrechten wie das kommunale Wahlrecht. Das vorgeschlagene, diskriminierungsrechtlich abgesicherte Freizügigkeitsrecht stelle nur einen Ausschnitt aus den einzuräumenden Rechten dar. Wiederum war es Anliegen des Europäischen Parlamentes, auch in der Gemeinschaft lebende Drittstaatsangehörige nicht auszuschließen. Wenn auch für einen Übergangszeitraum eine Akzessorietät des Unionsbürgerstatus zur nationalen Staatsbürgerschaft anerkannt werden könne, so sei die Unionsbürgerschaft doch autonom zu bestimmen. Bereits zuvor hatte das Europäische Parlament[375] angeregt, eine Erklärung der Grundrechte und Grundfreiheiten in den Unionsvertrag aufzunehmen. Diese sollte alle Personen innerhalb des Geltungsbereichs des Gemeinschaftsrechts schützen (Art. 8 D I EU-V). Gewährleistet waren u.a. die Rechtsgleichheit im Anwendungsbereich des Gemeinschaftsrechts (Art. 3 I der Erklärung), ein allgemeines Verbot der Diskriminierung aufgrund der Staatsangehörigkeit (Art. 3 III) sowie das Freizügigkeitsrecht (Art. 8). In einer weiteren Resolution vom 21.11.1991[376] wies das Europäische Parlament darauf hin, dass wesentliches Element der Unionsbürgerschaft das politische Verhältnis des Einzelnen zur Union sei, und unterbreitete einen konkreten Entwurf zu

---

371 Ibid., 305 (unter 1.1.).

372 Entwurf abgedruckt bei *R. Corbett*, Treaty of Maastricht, 267 ff.

373 Vgl. Änderungsvorschläge der Kommission, abgedruckt bei *R. Corbett*, Treaty of Maastricht, 289 ff.

374 Vgl. Entschließung des Europäischen Parlamentes zur Unionsbürgerschaft vom 14.6.1991, ABl. C 183 vom 15.7.1991, S. 473.

375 Vgl. Entschließung des Europäischen Parlaments zu den Regierungskonferenzen vom 22.11.1990, ABl. C 324 vom 24.12.1990, S. 219.

376 ABl. C 326 vom 16.12.1991, S. 205.

dessen Ausgestaltung. Dieser sah u.a. eine Unionskompetenz für die Definition einheitlicher Bedingungen für den Erwerb und Verlust der Staatsbürgerschaft der Mitgliedstaaten vor. Das Freizügigkeitsrecht wurde Unionsbürgern und ihren Familienangehörigen eingeräumt. Des Weiteren waren das Recht, gleichberechtigt mit den Bürgern des Aufnahmemitgliedstaates jede legitime Tätigkeit auszuüben, vorgesehen, sowie die Gleichheit vor dem Gesetz.[377]

3. Die Unionsbürgerschaft im Vertrag von Maastricht

Ihre Vertrag gewordene Gestalt erhielt die Unionsbürgerschaft im Vertragsentwurf der Luxemburger Präsidentschaft vom 18.6.1991[378], den der endgültige Entwurf der niederländischen Präsidentschaft aufgriff. Im luxemburger Vorschlag war das Freizügigkeitsrecht unter den Vorbehalt der im Vertrag und in den Durchführungsvorschriften enthaltenen Bedingungen gestellt (Teil 2, Art. B, I). In Art. B II wurde eine Ermächtigungsgrundlage für Rechtsakte, die die Ausübung des Freizügigkeitsrechts erleichtern, eingefügt. Ein Diskriminierungsverbot wurde wiederum nicht aufgenommen.[379] Auf dem Gipfel in Maastricht selbst nahmen die Staats- und Regierungschefs keine Veränderungen mehr an den Regelungen zur Unionsbürgerschaft vor.[380]

Gemäß Art. 8 I EGV wurde eine Unionsbürgerschaft – wohlgemerkt im EG-, nicht aber im EU-Vertrag[381] – eingeführt, die jeder Angehörige eines Mitgliedstaates besitzt. Mit ihr sollte der Schutz der Interessen und Rechte der

---

[377] Das Europäische Parlament hat diese Forderungen in der Folgezeit weiter verfolgt, vgl. die Entschließung zur Funktionsweise des Vertrages über die Europäische Union im Hinblick auf die Regierungskonferenz 1996 – Verwirklichung und Entwicklung der Union, ABl. C 151 vom 19.6.1995, S. 56 (unter D.).

[378] Entwurf abgedruckt bei *R. Corbett*, Treaty of Maastricht, 293 ff.; *F. Laursen/S. Vanhoonacker*, Intergovernmental Conference, 358 ff.

[379] Ähnlich lautete der Entwurf der niederländischen Präsidentschaft vom 24.9.1991, abgedruckt bei *R. Corbett*, Treaty of Maastricht, 329 ff. In einem weiteren Entwurf vom 8.11.1991 findet sich der Verweis auf die in diesem Vertrag und den Durchführungsbestimmungen vorgesehenen Bedingungen und Beschränkungen, vgl. Entwurf abgedruckt bei *R. Corbett*, Treaty of Maastricht, 348 ff.

[380] Vgl. *F. Laursen/S. Vanhoonacker*, Intergovernmental Conference, 429 ff.

[381] In dessen Präambel bringen die Vertragsparteien allerdings ihre Entschlossenheit zum Ausdruck, eine gemeinsame Staatsangehörigkeit für die Staatsangehörigen ihrer Länder einzuführen. Ferner findet sich ein Hinweis auf die Unionsbürgerschaft in den Zielbestimmungen (Art. 2 UA 1 3. SpS EU). Die Verankerung im EG-Vertrag ließ die mit der Unionsbürgerschaft verbundenen Rechte freilich an den Segnungen des Gemeinschaftsrechts teilhaben wie etwa der unmittelbaren Anwendbarkeit oder dem Rechtsschutz im Rahmen des Vorabentscheidungsverfahrens, siehe *C. Blumann*, Citoyenneté européenne et droits fondamentaux, 265 (270); *H. G. Fischer*, EuZW 1992, 566 (567); *P. Fischer*, Unionsbürgerschaft, 237 (244 f.); *Y. Hangartner*, Bürgerrecht der EU, 695 (696); *U. Villani*, Cittadinanza dell'UE, 1001 (1006).

Angehörigen der Mitgliedstaaten verstärkt werden (Art. B I 3. SpS EUV).[382] Art. 8 II EGV bestimmt, dass die Unionsbürger die im EGV vorgesehenen Rechte und Pflichten haben. An der Spitze der Unionsbürgerrechte findet sich das allgemeine Freizügigkeitsrecht (Art. 8a EGV):

(1) Jeder Unionsbürger hat das Recht, sich im Hoheitsgebiet der Mitgliedstaaten vorbehaltlich der in diesem Vertrag und in den Durchführungsvorschriften vorgesehenen Beschränkungen und Bedingungen frei zu bewegen und aufzuhalten.

(2) Der Rat kann Vorschriften erlassen, mit denen die Ausübung der Rechte nach Absatz 1 erleichtert wird; sofern in diesem Vertrag nichts anderes bestimmt ist, beschließt er einstimmig auf Vorschlag der Kommission und mit Zustimmung des Europäischen Parlaments.

Weiterhin wurden jedem Unionsbürger das aktive und passive Wahlrecht auf kommunaler Ebene (Art. 8b I EGV) sowie zum Europäischen Parlament (Art. 8b II EGV) im Aufnahmemitgliedstaat eingeräumt. Vorgesehen waren ferner das Recht auf diplomatischen Schutz (Art. 8c EGV), das Petitionsrecht zum Europäischen Parlament (Art. 8d UA 1 EGV) und das Beschwerderecht beim Bürgerbeauftragten (Art. 8d UA 2 EGV). Gemäß Art. 8e UA 1 EGV wurde die Kommission verpflichtet, in regelmäßigen Abständen über die Entwicklung der Unionsbürgerschaft zu berichten.[383] Ein dynamisches Element kommt in Art. 8e UA 2 EGV zum Ausdruck. Diese Evolutivklausel ermächtigt den Rat, einstimmig auf Vorschlag der Kommission und nach Anhörung des Europäischen Parlaments Bestimmungen zu erlassen, die die in dem Katalog der Art. 8a bis d EGV enthaltenen Unionsbürgerrechte ergänzen und die er den Mitgliedstaaten zur Annahme gemäß ihren verfassungsrechtlichen Vorschriften empfiehlt. Normiert wurde also ein gegenüber Art. 48 EU vereinfachtes Vertragsergänzungsverfahren.

4. Der fragmentarische Charakter der institutionalisierten Unionsbürgerschaft

Angesichts der Ausgestaltung der Unionsbürgerschaft in den (heutigen) Art. 17 ff. EG verwundert es nicht, dass diese als „Torso" bezeichnet wurde.[384]

---

[382] Daran angelehnt formulierte die EK in ihrem zweiten Bericht über die Unionsbürgerschaft vom 27.5.1997, KOM (1997) 230 endg., S. 2 und 6: „Hinter der … Unionsbürgerschaft … steht der Gedanke, den Prozess der europäischen Integration für den einzelnen Bürger dadurch sichtbarer zu machen, daß seine Möglichkeiten der Einflussnahme erweitert und seine individuellen Rechte besser geschützt werden und der Gedanke einer europäischen Identität gefördert wird."

[383] Bislang liegen vier Berichte der EK über die Unionsbürgerschaft vor, der erste Bericht über die Unionsbürgerschaft vom 21.12.1993, KOM (1993) 702 endg., der zweite Bericht vom 27.5.1997, KOM (1997) 230 endg., der dritte Bericht vom 7.9.2001, KOM (2001) 506 endg., und der vierte Bericht vom 26.10.2004, KOM (2004) 695 endg.

[384] *M. Hilf*, EuR 1997, 347 (357). Ihm folgend *M. Pelzner*, Unionsbürgerschaft und soziale Rechte, 6. Ähnlich *D. O'Keeffe*/*M. Horspool*, The Irish Jurist XXXI (1996), 145 (146 f.); *M. Pechstein*, in: Streinz, Art. 2 EUV, Rn. 12. Die mangelnde Stringenz und Kohärenz der

Nicht nur wurden zahlreiche im Zuge der Realisierung der Idee eines „Europa der Bürger" erhobenen Forderungen nicht aufgegriffen, sondern findet vor allem die Stellung des Unionsbürgers gegenüber der Union nur am Rande Erwähnung. Die Entwicklung des „Europa der Bürger" ist jedoch noch kein abgeschlossener Prozess. Das Potential für Fortentwicklungen ist im System der Verträge selbst angelegt. Erinnert sei an die Evolutivklausel des Art. 22 UA 2 EG. Diese ermächtigt den Rat, einstimmig auf Vorschlag der Kommission und nach Anhörung des Europäischen Parlamentes Bestimmungen zu erlassen, die die in dem Katalog der Art. 18–21 EG enthaltenen Unionsbürgerrechte ergänzen und den Mitgliedstaaten zur Ratifizierung empfohlen werden. Als Illustration mögen die insoweit erhobenen Forderungen des Europäischen Parlamentes dienen, mit denen dem Konzept der EU-Bürgerschaft mehr Inhalt verliehen werden soll.[385] Dies zeigt, dass die „Unionsbürgerschaft" nach wie vor Projektionsfläche für über den *Acquis* hinausgehende integrationspolitische Forderungen ist, wie etwa nach dem Beitritt der Union zur EMRK, der Entwicklung politischer Bürgerrechte unter anderem durch Maßnahmen zur Erleichterung der Teilnahme am politischen Leben eines Mitgliedstaats für die in diesem Staat wohnhaften Unionsbürger oder eine klare Ablehnung sämtlicher Formen der Diskriminierung. Schließlich werden Elemente der Unionsbürgerschaft auch jenseits des Kataloges der Art. 17 ff. EG identifiziert. Als Beispiel mag das Grünbuch der Europäischen Kommission zu Dienstleistungen von allgemeinem Interesse dienen. In diesem wird der Bogen zur Unionsbürgerschaft, die im Grünbuch sogar zur „europäischen Staatsbürgerschaft" geadelt wurde, geschlagen:

> Da diese Leistungen Rechte widerspiegeln, die die Bürger Europas in Anspruch nehmen können und sie Gelegenheit für den Dialog mit den Behörden im Rahmen des verantwor-

---

Unionsbürgerrechte beklagen auch *M. Nettesheim*, Integration 2003, 428 (429), und *S. O'Leary*, Reform of Union Citizenship, 81 (84). Positiv *C. Blumann*, Citoyenneté européenne – Espoir et désillusion, 3 (5 f.); *P. Solbes Mira*, RMC 1991, 168 (169): «La citoyenneté communautaire doit donc être comprise comme un concept dynamique. Dans la mésure où l'Union politique se consolide et se renforce, il est logique que la citoyenneté communautaire prenne un sens de plus en plus large».

[385] Siehe die Entschließung des Europäischen Parlaments zur Funktionsweise des Vertrages über die Europäische Union im Hinblick auf die Regierungskonferenz 1996 – Verwirklichung und Entwicklung der Union, ABl. C 151 vom 19.6.1995, S. 56. Vgl. ferner die Definition der Unionsbürgerschaft als „querschnittartiges Konzept der europäischen Integrationspolitik" durch den Ausschuss der Regionen in dessen Stellungnahme zum Thema „Unionsbürgerschaft" vom 17.2.2000, ABl. C 156 vom 6.6.2000, S. 12. Zu unter dem Schlagwort Europäische Bürgerschaft erhobenen Forderungen siehe auch *J.-M. Acker* u.a., Citoyenneté Européenne, 324 (364 ff.); *J. H. H. Weiler*, 22 EL Rev. (1997), 150; *ders.*, Identity and Differentity, 1 (18 ff.); *ders.*, To be a European Citizen, 324 (348 ff.).

tungsvollen Regierens in Europa bieten, stellen die Dienstleistungen von allgemeinem Interesse darüber hinaus einen Pfeiler der europäischen Staatsbürgerschaft dar.[386]

*IV. Entwicklungen im Freizügigkeits-*Acquis *nach Maastricht*

Die Entwicklung des Freizügigkeits-*Acquis* ist mit der Verankerung als Unionsbürgerrecht im Vertrag von Maastricht nicht stehen geblieben. Während die Änderungen auf primärrechtlicher Ebene – einschließlich den in der Grundrechtecharta und dem Verfassungsvertrag vorgesehenen – als marginal bezeichnet werden können, verdient auf sekundärrechtlicher Ebene die Konsolidierung und Fortentwicklung des *Acquis* durch die neue Freizügigkeitsrichtlinie 2004/38/EG vom 29.4.2004 besondere Hervorhebung.

1. Die Verträge von Amsterdam und Nizza

Der Vertrag von Amsterdam brachte keine wesentlichen Änderungen im Bereich der Unionsbürgerschaft.[387] Art. 17 I EG wurde lediglich ein klarstellender dritter Satz angefügt, der unterstreicht, dass die Unionsbürgerschaft die nationale Staatsbürgerschaft ergänzt, aber nicht ersetzt. Weiterhin erfolgte der Übergang zum Mitentscheidungsverfahren bei der in Art. 18 II EG enthaltenen Rechtsetzungsermächtigung für Vorschriften, die Erleichterungen des allgemeinen Freizügigkeitsrechts betreffen. Durch den am 1.2.2003 in Kraft getretenen Vertrag von Nizza wurde diese wiederum geändert. Der von der Regierungskonferenz angestrebte Übergang zu Mehrheitsentscheidungen wurde auch hier vollzogen. Realisieren ließ sich dies jedoch nur durch eine deutliche Beschränkung des Anwendungsbereichs. So schließt der auf Initiative Dänemarks[388] neu eingefügte Absatz 3 Vorschriften betreffend Pässe, Personalausweise, Aufenthaltstitel oder diesen gleichgestellte Dokumente sowie die Materien soziale Sicherheit und sozialer Schutz als Regelungsgegenstand aus. Auch wurde die Schwelle, um Sekundärrechtsakte gemäß Art. 18 II EG zu erlassen, im Sinne einer Subsidiarität verschärft: „Erscheint zur Erreichung dieses Ziels ein Tätigwerden der Gemeinschaft erforderlich und sieht dieser Vertrag hierfür

---

[386] KOM (2003) 270 endg., S. 3. Den hergestellten Bezug erachtet *M. Ross*, 24 YEL (2004), 303 (311), keineswegs für zwingend.

[387] Siehe aber auch die Forderungen des Europäischen Parlaments, mit denen der EU-Bürgerschaft mehr Inhalt verliehen werden soll, vgl. die Entschließung zur Funktionsweise des Vertrages über die Europäische Union im Hinblick auf die Regierungskonferenz 1996 – Verwirklichung und Entwicklung der Union, ABl. C 151 vom 19.6.1995, S. 56 (unter D.). Zur Diskussion *C. Closa*, EU Citizenship at the 1996 IGC, 293 (299 ff.).

[388] Vgl. *K. H. Fischer*, Vertrag von Nizza, 111.

keine Befugnisse vor, so kann der Rat Vorschriften erlassen, ..." (Art. 18 II 1 EG).[389]

2. Die Grundrechte-Charta: Freizügigkeit als Bürgerrecht

Am 7.12.2000 proklamierte der Europäische Rat von Nizza feierlich die vom Grundrechtekonvent ausgearbeitete Charta der Grundrechte der Europäischen Union, der es allerdings nach wie vor an Rechtsverbindlichkeit mangelt. Diese verbürgt neben der Menschenwürde, Freiheits-, Gleichheits-, Solidaritäts- und justiziellen Rechten „Bürgerrechte", unter denen sich das allgemeine Freizügigkeitsrecht findet (Art. 45 I GRC). Dieses kann gemäß Art. 45 II GRC auf Drittstaatsangehörige ausgedehnt werden, die sich im Gemeinschaftsgebiet rechtmäßig aufhalten. Die Bedeutung dieser Gewährleistung neben Art. 18 EG ist jedoch gering, da sich die Verbürgung entsprechend dem Anwendungsbereich der Charta primär an Organe und Einrichtungen der Union richtet (Art. 51 I 1 GRC) und Art. 52 II GRC eine identische Auslegung mit Art. 18 EG sichert.[390] Durch die Aufnahme der Grundfreiheiten als wirtschaftliche Grundrechte enthält die Grundrechtecharta weitere freizügigkeitsrelevante Verbürgungen. Art. 15 II GRC garantiert das Recht, in jedem Mitgliedstaat Arbeit zu suchen, zu arbeiten, sich niederzulassen oder Dienstleistungen zu erbringen. Die passive Dienstleistungsfreiheit ist dagegen zumindest nicht explizit normiert. In Art. 21 II GRC findet sich schließlich das allgemeine Diskriminierungsverbot und in Art. 20 GRC der Gleichheitssatz.

3. Der Vertrag über eine Verfassung für Europa

Genauso wie den EG-Vertrag kennzeichnet den am 29.10.2004 in Rom unterzeichneten Vertrag über eine Verfassung für Europa[391] eine starke Fragmentierung des Freizügigkeitsrechts.

Der der Thematik „Grundfreiheiten und Nichtdiskriminierung" gewidmete Art. I-4 gewährleistet in Absatz 1 u.a. den freien Personenverkehr von und innerhalb der Union nach Maßgabe der Verfassung. Im Wortlaut auffallend ist der Freizügigkeitsbezug auf das Unionsgebiet und nicht mehr wie in Art. 3 I lit. c EG zwischen den Mitgliedstaaten.[392] Absatz 2 enthält das allgemeine Diskriminierungsverbot.

Die Unionsbürgerschaft wird in Art. I-10 näher ausgestaltet.[393] Das Recht, sich im Hoheitsgebiet der Mitgliedstaaten frei zu bewegen und aufzuhalten

---

[389] Zu den damit verbundenen Konsequenzen siehe unten, 2. Teil A. VI. 1.

[390] Dazu noch näher unten, 2. Teil A. I. 2. d).

[391] Text abgedruckt im ABl. C 310 v. 16.12.2004, S. 1 ff.

[392] Dazu *P.-C. Müller-Graff*, Grundfreiheiten, 363 (368 f.).

[393] Siehe zur Unionsbürgerschaft im VVE auch *J. W. de Zwaan*, European Citizenship, 245 (254 ff.).

(Art. I-10 II lit. a), steht wie im EG-Vertrag an der Spitze der aus dem Unionsbürgerstatus folgenden Gewährleistungen. Es wird unter den Bedingungen und innerhalb der Grenzen ausgeübt, die in der Verfassung und durch die in ihrer Anwendung erlassenen Maßnahmen festgelegt sind. Daneben inkorporiert Art. II-105 Art. 45 GRC in den Verfassungsentwurf.[394] Weitere Bestimmungen finden sich in Titel II des dritten Teiles des VVE („Nichtdiskriminierung und Unionsbürgerschaft"). Art. III-125 (1) enthält eine subsidiäre Ermächtigungsgrundlage für den Erlass Europäischer Gesetze oder Rahmengesetze, die die Ausübung des Aufenthaltsrechts erleichtern. In Art. III-125 (2) werden die durch den Vertrag von Nizza in Art. 18 III EG ausgeschlossenen Regelungsmaterien (Vorschriften betreffend Pässe, Personalausweise, Aufenthaltstitel oder diesen gleichgestellte Dokumente sowie soziale Sicherheit oder sozialen Schutz) nun wieder einbezogen, allerdings gilt für sie das Einstimmigkeitserfordernis im Rat, wobei das Europäische Parlament lediglich anzuhören ist. Art. III-123 erlaubt schließlich, das in Art. I-4 (2) enthaltene allgemeine Diskriminierungsverbot durch Europäisches Gesetz oder Rahmengesetz zu regeln. Art. III-129 UA 2 sieht die Ergänzung der in Art. I-10 enthaltenen Unionsbürgerrechte durch Europäisches Gesetz oder Rahmengesetz des Rates mit Ratifikationsvorbehalt vor. Insoweit kann der Rat einstimmig nach Zustimmung des Europäischen Parlamentes ein Europäisches Gesetz oder Rahmengesetz erlassen, das allerdings erst nach Zustimmung der Mitgliedstaaten in Einklang mit ihren jeweils verfassungsrechtlichen Vorschriften in Kraft treten kann. Vorschläge im Verfassungskonvent, die Unionsbürgerschaft auch auf Drittstaatsangehörige auszudehnen,[395] konnten sich nicht durchsetzen.

4. Die „neue" Freizügigkeitsrichtlinie 2004/38

Das unionsrechtliche Freizügigkeitsregime war mit den Jahren unübersichtlich geworden. Neben dem allgemeinen Freizügigkeitsrecht (Art. 18 EG) und den Grundfreiheiten, die das Aufenthaltsrecht Erwerbstätiger begründen, regeln dreizehn Sekundärrechtsakte die Freizügigkeit der Unionsbürger. Zudem geben die zum großen Teil noch aus den 1960er Jahren stammenden Rechtsakte den insbesondere durch die Rechtsprechung des Gerichtshofs fortgeschriebenen

---

[394] Zum Verhältnis dieser Gewährleistungen unten, 2. Teil A. I. 2. d).

[395] Vgl. etwa http://european-convention.eu.int/Docs/Treaty/pdf/7/7_Art%20I%208%20Kaufmann%20DE.pdf (20.12.2006; Änderungsvorschlag von *Sylvia-Yvonne Kaufmann*). Weitere Änderungsvorschläge unter http://european-convention.eu.int/amendments.asp?content=7&lang=DE (14.3.2006). In der Literatur siehe etwa *M. Nettesheim*, Integration 2003, 428 (436 f.); *D. O'Keeffe*, Union Citizenship, 87 (104 ff.); *S. O'Leary*, Options for reform, 106 f.; *dies.*, Reform of Union Citizenship, 81 (90 f.); *M. Pelzner*, Unionsbürgerschaft und soziale Rechte, 56 f. Ablehnend *C. Schönberger*, Unionsbürger, 292 ff., da so ein föderalismusfremdes Konkurrenzverhältnis zwischen (nationaler) Staatsbürgerschaft und Unionsbürgerschaft einträte.

Freizügigkeits-*Acquis* nur unvollkommen wieder. Schließlich mehrten sich die Stimmen, die eine Anpassung des Freizügigkeitsrechts an veränderte Gegebenheiten forderten, etwa im Hinblick auf das Aufenthaltsrecht von Angehörigen des Freizügigkeitsberechtigten.

Vor diesem Hintergrund nahm die Kommission eine Konsolidierung und Fortentwicklung des Freizügigkeitsregimes in Angriff und legte am 23.5.2001 einen Vorschlag für eine Richtlinie über das Recht der Unionsbürger und ihrer Familienangehörigen, sich im Hoheitsgebiet der Mitgliedstaaten frei zu bewegen und aufzuhalten, vor.[396] Nach einem fast dreijährigen Gesetzgebungsverfahren wurde am 29.4.2004 die Richtlinie 2004/38/EG des Europäischen Parlaments und des Rates vom 29. April 2004 über das Recht der Unionsbürger und ihrer Familienangehörigen, sich im Hoheitsgebiet der Mitgliedstaaten frei zu bewegen und aufzuhalten, zur Änderung der Verordnung (EWG) Nr. 1612/68 und zur Aufhebung der Richtlinien 64/221/EWG, 68/360/EWG, 72/194/EWG, 73/148/EWG, 75/34/EWG, 75/35/EWG, 90/364/EWG, 90/365/EWG und 93/96/EWG verabschiedet.[397]

Als größter Fortschritt ist zunächst die Zusammenführung fast des gesamten Freizügigkeits-*Acquis* in einem Rechtsakt zu bezeichnen. Die RL 64/221, 68/360, 72/194, 73/148, 75/34, 75/35, 90/364, 90/365 und 93/96 sowie Art. 10 f. VO 1612/68 wurden mit Wirkung zum 30.4.2006 aufgehoben und in die RL 2004/38 inkorporiert, ein Wermutstropfen ist allerdings der unstimmige Fortbestand einiger Regelung der VO 1612/68, wie des in Art. 7 II VO 1612/68 verankerten Gleichbehandlungsanspruchs der Arbeitnehmer hinsichtlich steuerlicher und sozialer Vergünstigungen. Gleiches gilt für den in Art. 12 VO 1612/68 enthaltenen Gleichbehandlungsanspruch Familienangehöriger hinsichtlich der Teilnahme am allgemeinen Unterricht sowie der Lehrlings- und Berufsausbildung. Diese wären neben dem allgemeinen Gleichbehandlungsanspruch des Art. 24 RL 2004/38 entbehrlich gewesen.[398] Des Weiteren wurde die Neuregelung des Verbleiberechts in der VO 1251/70 einem Folgerechtsakt vorbehalten.[399]

---

[396] ABl. C 270 v. 25.9.2001, S. 150.

[397] ABl. L 158 v. 30.4.2004, S. 77. Diese liegt mittlerweile in einer berichtigten Fassung vor, vgl. ABl. L 229 v. 29.6.2004, S. 35. Zu dieser *M. Candela Soriano*, J.T.D.E. 2005, 193; *J.-Y. Carlier*, CDE 2006, 13; *J. Egger*, Die neue Aufenthaltsrichtlinie; *H. Groß*, ZAR 2005, 81; *K. Hailbronner*, ZAR 2004, 259; *ders.*, ZAR 2004, 301; *S. Peers*, EJML 2004, 243 (265 ff.).

[398] *J.-Y. Carlier*, CDE 2006, 13 (24, Fn. 33), führt dies auf unterschiedliche Zuständigkeiten innerhalb der EK zurück.

[399] Siehe die Begründung zu Art. 35 sowie Punkt 3.1 EK-Vorschlag Aufenthaltsrichtlinie, KOM (2001) 257 endg., ABl. C 270 v. 25.9.2001, S. 150. Die „Neuregelung" erfolgte zwischenzeitlich durch die am 25.4.2006 verabschiedete VO 635/2006, deren Art. 1 die VO 1251/70 mit Wirkung zum 30.4.2006 aufgehoben hat. Eine separate Normierung des Verbleiberechts erschien nämlich angesichts des mit der RL 2004/38 eingeführten Daueraufenthaltsrechts, das aus dem Erwerbsleben ausgeschiedene Personen unter erleichterten, mit der

Konzeptionell ist anzumerken, dass – auch wenn bereits der erste Erwägungsgrund der RL 2004/38 ein allgemeines Freizügigkeitsrecht zu suggerieren scheint – die bislang im Gemeinschaftsrecht angelegte Differenzierung zwischen ökonomisch und nichtökonomisch motivierter Freizügigkeit zugunsten eines allgemeinen unionsbürgerlichen Ansatzes nicht aufgehoben wurde. Nichterwerbstätige müssen vielmehr nach wie vor die oben dargelegten ökonomischen Aufenthaltsvoraussetzungen – ausreichende Existenzmittel und einen adäquaten Krankenversicherungsschutz – erfüllen (vgl. Art. 7 I). Hingewiesen sei ferner auf eine weitere wesentliche Neuerung, nämlich die Einführung des Rechts auf Daueraufenthalt nach regelmäßig fünfjährigem rechtmäßigen Aufenthalt (Art. 16 ff.). Ein Novum ist schließlich die Verknüpfung des Aufenthaltsrechts mit einem umfassenden, allerdings missglückt formulierten[400] Gleichbehandlungsanspruch in Art. 24 I, von dem in Absatz 2 jedoch Ausnahmen zugelassen werden hinsichtlich Sozialhilfe und Studienbeihilfen für nicht grundfreiheitlich Freizügigkeitsberechtigte.

VO 1251/70 im Wesentlichen vergleichbaren Voraussetzungen, erwerben können (Art. 16 f. RL 2004/38), entbehrlich.

[400] Dazu unten, 2. Teil B. III.

2. Teil

Das unionsbürgerliche Freizügigkeitsrecht als Grundfreiheit ohne Markt

Durch den Vertrag von Maastricht fand ein allgemeines Freizügigkeitsrecht in dem der Unionsbürgerschaft gewidmeten zweiten Teil des EG-Vertrages Eingang in das Primärrecht. Damit entsprachen die Mitgliedstaaten einer seit den 1970er Jahren im Zusammenhang mit der Realisierung eines „Europa der Bürger" erhobenen Forderung. Der an der Spitze der Unionsbürgerrechte stehende (heutige) Art. 18 I EG bestimmt:

Jeder Unionsbürger hat das Recht, sich im Hoheitsgebiet der Mitgliedstaaten vorbehaltlich der in diesem Vertrag und in den Durchführungsvorschriften vorgesehenen Beschränkungen und Bedingungen frei zu bewegen und aufzuhalten.

Dass die Tragweite dieser Verbürgung, genauso wie die der Unionsbürgerschaft,[1] anfänglich äußerst zurückhaltend beurteilt wurde, verwundert bei Lektüre des Wortlauts dieser Norm nicht. Der Verweis auf die unionsrechtlich anerkannten Schranken des Freizügigkeitsrechts legte eine nur deklaratorische Wiederholung des *Acquis* nahe. Bereits dieser gewährte einen jedenfalls *ratione personae* lückenlosen Freizügigkeitsschutz: Arbeitnehmer und Selbstständige konnten sich auf die Marktfreiheiten berufen; der Kreis der von diesen berechtigten Marktteilnehmer umfasste zudem Dienstleistungsempfänger, d.h. Touristen und Reisende. Darüber hinaus kamen Studierende in den Genuss eines vom Gerichtshof seit Mitte der 1980er Jahr *praeter legem* geschaffenen Freizügigkeitsrechts, und die Anfang der 1990er Jahre in Kraft getretenen drei Aufenthaltsrichtlinien 90/364, 90/365 und 93/96 schlossen schließlich verbliebene Lücken hinsichtlich Nichterwerbstätiger. All diese Garantien waren freilich

[1] *M. Bell*, Anti-discrimination law and the EU, 18: "corporate rebranding; a new logo for the same old product"; *A. Follesdal*, 20 Law and Philosophy (2001), 313 (314 f.); *J. Isensee*, EU – Mitgliedstaaten, 71 (93): „mehr Schein als Sein"; *S. Kadelbach*, Staatsbürgerschaft – Unionsbürgerschaft – Weltbürgerschaft, 89 (98); *T. Kostakopoulou*, Citizenship, identity and immigration, 66; *J. Monar*, Unionsbürgerschaft, 203 (213); *J.-D. Mouton*, La citoyenneté de l'Union, 3, 12, 18; *S. O'Leary*, 32 CML Rev. (1995), 519 (519 f.); *H. U. J. d'Oliveira*, European Citizenship, 126 (141: "pie in the sky", 147: "a symbolic plaything without substantive content"); *M. Pechstein*, in: Streinz, Art. 2 EUV, Rn. 12; *N. Prentoulis*, 7 ELJ (2001), 196 (197); *N. Reich*, 7 ELJ (2001), 4 (23); *J. H. H. Weiler*, Citizenship and Human Rights, 57 (68): "little more than a cynical exercise in public relations on the part of the High Contracting Parties"; *ders.*, RMUE 1996, 35 (36 ff.); *B. Wilkinson*, 1 EPL (1995), 417 (434 ff.).

nicht schrankenlos gewährleistet: Zum einen war die Ausweisung eines EU-Ausländers aus Gründen der öffentlichen Ordnung, Sicherheit und Gesundheit möglich (*ordre-public*-Vorbehalt); zum anderen sahen die Aufenthaltsrichtlinien ökonomische Kautelen für Nichterwerbstätige vor. Da das allgemeine Freizügigkeitsrecht ausweislich seines Wortlauts diese Schranken in Bezug nahm, schien ein über den *Acquis* hinausgehender Gewährleistungsgehalt nicht erkennbar. Aus dem angeblich fehlenden eigenständigen Gehalt des Art. 18 I EG wurde zudem geschlossen, dass es sich nicht einmal um eine unmittelbar anwendbare Norm handele. Dies erklärt, warum das allgemeine Freizügigkeitsrecht als "paper declaration"[2] bezeichnet und die Einführung der Unionsbürgerschaft als für den Freizügigkeits-*Acquis* irrelevant betrachtet wurde: "Union Citizenship may have 'constitutionalised' the Community law rights of free movement, but it has not added much that is substantially new to existing community law".[3]

Die weitere Entwicklung sollte jedoch diese ersten Einschätzungen widerlegen, die wortlautorientiert vielleicht der Neuradizierung der Freizügigkeit im Institut der Unionsbürgerschaft sowie der Rangerhöhung des Freizügigkeitsrechts Nichterwerbstätiger zu wenig Bedeutung beigemessen haben.[4] Motor des Integrationsfortschritts war, wie auch bislang im Bereich des freien Personenverkehrs schon, der Gerichtshof. Zwar setzte sich auch dieser trotz zahlreicher Anstöße seiner Generalanwälte zunächst nicht mit der Unionsbürgerschaft und

---

[2] *D. Pollard*, Rights of Free Movement, 105 (116).

[3] *T. Kostakopoulou*, Citizenship, identity and immigration, 66. Ähnlich zurückhaltend *N. Bernard*, Multilevel Governance in the EU, 186 ff.; *S. Conrad*, Europäische Bürgerschaft, 5 (12 f.); *R. Feik*, Unionsbürgerschaft und Aufenthaltsrecht, 7 (21, 42); *H. G. Fischer*, EuZW 1992, 566 (568); *ders.*, Unionsbürgerschaft, 12; *S. Kadelbach*, Unionsbürgerrechte, Rn. 96; *P. Magnette*, Citoyenneté européenne, 162: «'la valeur ajoutée' de la citoyenneté de l'Union apparaît nulle jusqu'à présent»; *T.-L. Margue*, RMUE 1995, 97 (118); *J.-D. Mouton*, La citoyenneté de l'Union, 14; *D. O'Keeffe*, Union Citizenship, 87 (93 f.); *S. O'Leary*, 32 CML Rev. (1995), 519 (519 f.); *dies.*, Options for reform, 81 (92); *M. Pechstein*, in: Streinz, Art. 2 EUV, Rn. 12; *J. Shaw*, Citizenship of the Union, 245 (247); *dies.*, 3 EPL (1997), 413 (416 f.); *T. Stein*, Aufenthaltsrecht, 29 (30); *U. Villani*, Cittadinanza dell'UE, 1001 (1015); *J. H. H. Weiler*, RMUE 1996, 35 (39); *B. Wilkinson*, 1 EPL (1995), 417 (436). Siehe auch GA *La Pergola*, in: EuGH, Rs. C-356/98, Slg. 2000, I-2623, Rn. 57 – Kaba I. Auch heute noch zurückhaltend *T. Giegerich*, Unionsbürgerschaft, Rn. 48.

[4] Bereits *D. O'Keeffe*, Union Citizenship, 87 (106), wies darauf hin, dass "The importance of the TEU citizenship provisions lies not in their content but rather in the promise they hold out for the future". *C. Blumann*, Citoyenneté européenne – Espoir et désillusion, 3 (6), sieht in Art. 18 I EG «Le couronnement de l'édifice communautaire de libre circulation»; vgl. ferner *C. Tomuschat*, Unionsbürgerschaft, 73 (74), nach dem „die Einführung der Unionsbürgerschaft ..., langfristig betrachtet, vielleicht die bedeutsamste Entscheidung der Maastrichter Regierungskonferenz, folgenschwerer noch als die Schaffung ... des Euro" war. Ebenfalls offen *V. Sottili*, Contratto e impresa. Europa 1997, 710 (715, 719 ff.); *J. Verhoeven*, Annales de droit de Louvain 1993, 165.

den mit ihr verbundenen Rechten auseinander.[5] Mit dem Urteil in der Rs. María Martínez Sala vom 12.5.1998[6] nahm jedoch eine mittlerweile in einer Vielzahl von Folgeentscheidungen[7] fortentwickelte Rechtsprechung ihren Anfang, mit der der EuGH dem unionsbürgerlichen Freizügigkeitsrecht ein nicht vorauszusehendes Potential verlieh.

Die aus der Einführung dieser Verbürgung resultierenden Konsequenzen betrafen nicht nur, wie ein isolierter Blick auf Art. 18 I EG nahe legen könnte, das Kernschutzgut des Freizügigkeitsrechts, also die Fortbewegungs- und Aufenthaltsfreiheit. Insoweit stellten sich die Fragen nach der unmittelbaren Anwendbarkeit des Art. 18 I EG und nach der durch die Neuradizierung unter Rechtfertigungsdruck gestellten Fortgeltung der primär- und sekundärrechtlich vorgesehenen Bedingungen und Beschränkungen. Die Folgen sind dramatischer, läuteten sie doch einen Paradigmenwechsel im bislang marktfreiheitlich dominierten Integrationsprogramm ein. Der Gerichtshof verlieh nämlich, wie im Laufe der Zeit immer deutlicher werden sollte, dem unionsbürgerlichen Freizügigkeitsrecht – namentlich in Verbindung mit dem allgemeinen Diskriminierungsverbot (Art. 12 EG) – den von den Marktfreiheiten her bekannten weiten Freizügigkeitsgewährleistungsgehalt. Dieser umfasst neben der Fortbewegungs- und Aufenthaltskomponente einen weit reichenden Anspruch auf Inländerbehandlung im Aufnahmemitgliedstaat sowie Schutz vor sonstigen transnationalen Mobilitätshindernissen. Damit schuf der EuGH eine aus dem ökonomischen Kontext gelöste Grundfreiheit, eine, um den Titel der Arbeit aufzugreifen, „Grundfreiheit ohne Markt". Es verwundert nicht, dass sich damit auch die ursprünglich zurückhaltende Bewertung änderte.[8]

---

[5] Siehe die Schlussanträge der GA *Léger*, in: EuGH, Rs. C-214/94, Slg. 1996, I-2253, Rn. 63 – Boukhalfa, und *La Pergola*, in: Verb. Rs. C-4/95 und C-5/95, Slg. 1997, I-511, Rn. 51 – Stöber und Pereira, sowie in: Rs. C-131/95, Slg. 1997, I-1409, Rn. 15 – Huijbrechts.

[6] EuGH, Rs. C-85/96, Slg. 1998, I-2691. Auch bei diesem herrschte anfänglich die Unsicherheit vor, ob es sich nicht nur um eine nicht verallgemeinerungsfähige Einzelfallentscheidung handele, vgl. *S. Fries/J. Shaw*, 4 EPL (1998), 533 (558 f.).

[7] EuGH, Rs. C-274/96, Slg. 1998, I-7637 – Bickel und Franz; Rs. C-184/99, Slg. 2001, I-6193 – Grzelczyk; Rs. C-378/97, Slg. 1999, I-6207 – Wijsenbeek; Rs. C-135/99, Slg. 2000, I-10409 – Elsen; Rs. C-224/98, Slg. 2002, I-6191 – D'Hoop; Rs. C-413/99, Slg. 2002, I-7091 – Baumbast und R; Rs. C-148/02, Slg. 2003, I-11613 – Avello; Rs. C-138/02, Slg. 2004, I-2703 – Collins; Rs. C-224/02, Slg. 2004, I-5763 – Pusa; Rs. C-456/02, Slg. 2004, I-7573 – Trojani; Rs. C-200/02, Slg. 2004, I-9925 – Chen/Zhu; Rs. C-209/03, Slg. 2005, I-2119 – Dany Bidar; Rs. C-403/03, Slg. 2005, I-6421 – Schempp; Rs. C-258/04, Slg. 2005, I-8275 – Ioannidis. Rs. C-96/04, Slg. 2006, I-3561 – Standesamt Niebüll; Rs. C-406/04, n.n.v. – De Cuyper; Rs. C-192/05, n.n.v. – Tas-Hagen; Rs. C-520/04, n.n.v. – Turpeinen. Schlussanträge liegen vor in den Rs. C-76/05 – Schwarz; Rs. C-318/05 – EK/Deutschland. Noch anhängig Rs. C-152/05 – EK/Deutschland.

[8] Statt vieler *S. O'Leary*, Solidarity and Citizenship Rights, 39 (40, 75); *D. H. Scheuing*, Freizügigkeit, 103 (104); *ders.*, EuR 2003, 744; *C. Timmermans*, Lifting the Veil, 195 (197).

Der Blick für diese Entwicklung wird verstellt, betrachtet man die Rechtsprechung zwar nicht zu Unrecht, aber eben doch nur selektiv unter dem Aspekt der perhorreszierten dramatischen Konsequenzen einer Migration Nichterwerbstätiger für die Sozialleistungssysteme insbesondere der wohlhabenderen Mitgliedstaaten[9] einerseits oder im Nebel unionsbürgerlicher Überhöhung – die Unionsbürgerschaft als Status der Freiheit, Gleichheit und Solidarität – andererseits. Anliegen des zweiten Teils der Arbeit ist es daher, das allgemeine Freizügigkeitsrecht als *lex generalis* zu den Marktfreiheiten oder, um nochmals den Titel der Arbeit aufzugreifen, als Grundfreiheit ohne Markt zu rekonstruieren. Damit soll zum einen der Beweis für die These angetreten werden, dass sich eine solche Norm herausgebildet hat. Zum anderen verlangen die Novität dieser Verbürgung, die oftmals mangelnde Kohärenz der sie speisenden Rechtsprechung sowie unterschiedlichste Deutungen in der Literatur nach einer dogmatischen Feinanalyse. Diese muss nicht nur den Gewährleistungsgehalt dogmatisch strukturieren, sondern auch Antwort auf die vielfach aufgeworfene Frage geben, ob die Herausbildung einer solchen Norm den vom geltenden Unionsrecht vorgezeichneten Rahmen für eine richterliche Rechtsfortbildung wahrt oder der EuGH nicht vielmehr *ultra vires* handelt: Die Rechtsprechung zur Unionsbürgerschaft als das „Ende rationaler Jurisprudenz" (*Kay Hailbronner*)?[10]

Analyserahmen ist die im ersten Teil für die Marktfreiheiten entwickelte Gewährleistungstrias: Fortbewegungs- und Aufenthaltsrecht (A.), Reichweite und Grenzen des mit dem Aufenthalt eines Unionsbürgers in einem anderen Mitgliedstaat verbundenen Gleichbehandlungsanspruchs mit Inländern (B.) sowie die Frage nach dem Schutz vor sonstigen Mobilitätshindernissen, insbesondere solchen des Heimatstaates (C.). Die dabei zu Tage tretenden Parallelen zu den Marktfreiheiten sind verblüffend, angefangen bei dem aus der Frühphase der europäischen Integration her bekannten Streit um die unmittelbare Anwendbarkeit der Grundfreiheiten bis hin zur Frage nach einem etwaigen Verständnis des allgemeinen Freizügigkeitsrechts als „Beschränkungsverbot".

---

[9] So etwa *S. Bode*, Europarechtliche Gleichbehandlungsansprüche Studierender; *K.-D. Borchardt*, Unionsbürgerschaft; *K. Hailbronner*, NJW 2004, 2185; *ders.*, ZaöRV 64 (2004), 603; *ders.*, 42 CML Rev. (2005), 1245; *R. Höfler*, NVwZ 2002, 1206; *dies.*, Aussenwirtschaft 2004, 303; *H. Linhart/O. Adolph*, NDV 2004, 282. Gleiches ließe sich im Hinblick auf deren Konsequenzen für das internationale Privatrecht sagen, vgl. *T. Helms*, GPR 2005, 36; *C. Kohler*, Verständigungsschwierigkeiten, 445; *P. Lagarde*, Rev. crit. dr. i. p. 2004, 192.

[10] Siehe *K. Hailbronner*, Die Unionsbürgerschaft und das Ende rationaler Jurisprudenz durch den EuGH?, NJW 2004, 2185. Ähnlich *D. Martin*, EJML 2002, 136: "A Big Step Forward for Union Citizens, but a Step Backwards for Legal Coherence".

A. Die Ein- und Ausreisefreiheit sowie das Aufenthaltsrecht

Kernschutzgut der unionsbürgerlichen Freizügigkeitsverbürgung ist das im ersten Abschnitt zu entfaltende Recht, sich im Hoheitsgebiet der Mitgliedstaaten frei zu bewegen und aufzuhalten. Dass dieses unter dem Vorbehalt der im Primär- und Sekundärrecht vorgesehenen Beschränkungen und Bedingungen steht, nährte nicht nur – auszuräumende – Zweifel an dessen Charakter als eigenständige, unmittelbar anwendbare Garantie, sondern erfordert auch eine Bestimmung von dessen Verhältnis zu den bestehenden unionsrechtlichen Freizügigkeitsgewährleistungen (I.). Wie bei den Marktfreiheiten auch stellt sich des Weiteren die Frage nach dem Adressatenkreis (II.), dem Schutzbereich (III.) sowie den im Wortlaut anklingenden Schranken der Verbürgung (IV.). Abschließend wird der Blick auf die verfahrensrechtliche Absicherung des unionsrechtlichen Freizügigkeitsschutzes geworfen (V.) und der Rahmen abgesteckt, innerhalb dessen eine Fortentwicklung des Freizügigkeits-*Acquis* aufgrund der in Art. 18 II, III EG enthaltenen freizügigkeitsspezifischen Rechtsetzungsermächtigung möglich ist (VI.).

I. Art. 18 I EG in der Unionsrechtsordnung

1. Die Kontroverse um die unmittelbare Anwendbarkeit des Art. 18 I EG

Eine erste Konfliktlinie hinsichtlich des allgemeinen Freizügigkeitsrechts zeichnete sich, wie auch Anfang der 1970er Jahre bei den Grundfreiheiten,[11] im Streit um dessen unmittelbare Anwendbarkeit ab.

Nicht durchgesetzt hat sich die von zahlreichen Mitgliedstaaten in Verfahren vor dem EuGH[12] artikulierte und von einer Mindermeinung in der Literatur[13] vertretene Auffassung, Art. 18 EG sei nicht unmittelbar anwendbar und

[11] Dazu bereits oben, 1. Teil A. II. 1. a). Vgl. für die Arbeitnehmerfreizügigkeit EuGH, Rs. 167/73, Slg. 1974, 359, Rn. 35 ff. – EK/Frankreich; Rs. 41/74, Slg. 1974, 1337, Rn. 4 ff. – van Duyn; für die Niederlassungsfreiheit Rs. 2/74, Slg. 1974, 631, Rn. 3 ff. – Reyners; für die Dienstleistungsfreiheit Rs. 33/74, Slg. 1974, 1299, Rn. 18 ff. – van Binsbergen; für das Primärrecht generell Rs. 26/62, Slg. 1963, 3 (24 ff.) – van Gend en Loos.

[12] Siehe die verschiedenen Stellungnahmen in Verfahren vor dem EuGH, etwa der Regierungen Deutschlands und des Vereinigten Königreichs in EuGH, Rs. C-413/99, Slg. 2002, I-7091, Rn. 78 – Baumbast und R, oder der Regierungen Irlands und des Vereinigten Königreichs in Rs. C-378/97, Slg. 1999, I-6207, Rn. 34 – Wijsenbeek.

[13] *M. Degen*, DÖV 1993, 749 (752 – jedoch relativiert in Fn. 19); *R. Göbel-Zimmermann*, Aufenthaltsrecht von Unionsbürgern, 41 (41 f.); *M. Heintzen*, Der Staat 36 (1997), 327 (341 Fn. 59); *W. Kaufmann-Bühler*, in: Lenz (1999), Art. 18, Rn. 1 – jedoch aufgegeben in Lenz (2003), Art. 18, Rn. 1; *M. Pechstein/A. Bunk*, EuGRZ 1997, 547 (554). Zweifelnd *V. Constantinesco*, Citoyenneté de l'Union, 25 (30). Offen gelassen bei *S. O'Leary*, Evolving Concept, 139 ff.; *P. Rambaud*, Libre circulation, 9 ff.; *H. Toner*, 25 EL Rev. (2000), 415

bekräftige bloß den zum Zeitpunkt seiner Einführung erreichten Freizügigkeits-*Acquis*. Neben dem historischen Willen der Regierungskonferenz[14] wird von Befürwortern dieser Auffassung geltend gemacht, dass sich der Regelungsgehalt des Art. 18 EG in einem Verweis auf die bereits zum Zeitpunkt des Inkrafttretens des Vertrages von Maastricht existierenden Freizügigkeitsberechtigungen – für Nichterwerbstätige waren dies namentlich die mittlerweile aufgehobenen[15] RL 90/364, 90/365 und 93/96 – erschöpfe, mithin erst diese rechtsbegründend seien.[16] Da Art. 18 I EG die Rechtsstellung des Unionsbürgers also nicht verbessere, sei ihm die Qualität als unmittelbar anwendbare Norm abzusprechen.[17]

Schon das historische Argument ist jedoch zurückzuweisen. Zwar wurde im Vertragsentwurf der Luxemburger Präsidentschaft vom 12.4.1991, der der in Bezug genommenen Stellungnahme zeitlich nachfolgte, das Freizügigkeitsrecht ausdrücklich unter den Vorbehalt der sekundärrechtlichen Umsetzung gestellt.[18] Im späteren, Vertrag gewordenen Entwurf der Luxemburger Präsidentschaft vom 18.6.1991 findet sich ein solcher Vorbehalt jedoch nicht mehr, sondern die heutige Formulierung.[19] Auch die Frage, inwieweit Art. 18 I EG die Rechtsposition des Unionsbürgers verbessere, ist für die Beurteilung der unmittelbaren Anwendbarkeit dieser Norm unerheblich. Maßgeblich ist vielmehr, ob die Norm „rechtlich vollkommen" ist. Dies ist nach der Rechtsprechung des EuGH vom Geist der Vorschrift, ihrer Systematik und ihrem Wortlaut her zu entscheiden und dann der Fall, wenn die Norm ohne jede weitere Konkretisierung anwendbar und unbedingt ist, eine Handlungs- oder Unterlas-

(423 f.); *dies.*, 7 M.J.E.C.L. (2000), 158; *F. Weiss/F. Wooldridge*, Free Movement, 162. Auch heute noch ablehnend *J. D. Mather*, 11 EL Rev. (2005), 722 (725 ff.), unter Verweis auf die sekundärrechtliche Konkretisierungsbedürftigkeit.

[14] *M. Degen*, DÖV 1993, 749 (752, Fn. 19), verweist auf eine unveröffentlichte Stellungnahme des Juristischen Dienstes des Rates vom 11.3.1991 zu den Textvorschlägen der spanischen Delegation und der Kommission, woraufhin entsprechende Klarstellungen vorgenommen worden seien.

[15] Mit der am 29.4.2004 verabschiedeten neuen Aufenthaltsrichtlinie 2004/38 wurden u.a. die RL 90/364, 90/365 und 93/96 aufgehoben. Das Freizügigkeitsrecht aller Unionsbürger ist nunmehr in einem Rechtsakt, der RL 2004/38, kodifiziert (zu dieser oben, 1. Teil B. IV. 4.).

[16] So *W. Kaufmann-Bühler*, in: Lenz (1999), Art. 18, Rn. 1 – jedoch aufgegeben in Lenz (2003), Art. 18, Rn. 1. Wohl ebenso *P. Dollat*, Libre circulation, 133. Auch heute noch *J. D. Mather*, 11 EL Rev. (2005), 722 (727 f.).

[17] *M. Pechstein/A. Bunk*, EuGRZ 1997, 547 (554).

[18] Vgl. Art. B I des Vertragsentwurfs, abgedruckt bei *R. Corbett*, Treaty of Maastricht, 267 ff. Näher dazu oben, 1. Teil B. III. 2.

[19] Teil 2, Art. B, I des Vertragsentwurfs, abgedruckt bei *R. Corbett*, Treaty of Maastricht, 293 ff.; *F. Laursen/S. Vanhoonacker*, Intergovernmental Conference, 358 ff. Näher dazu oben, 1. Teil B. III. 3.

sungspflicht für die Mitgliedstaaten begründet, keine weiteren Vollzugsmaßnahmen erfordert und den Mitgliedstaaten keinen Ermessensspielraum lässt.[20]

Der Wortlaut des Art. 18 I EG räumt jedem Unionsbürger hinreichend deutlich das Recht ein, sich im Hoheitsgebiet der Mitgliedstaaten frei zu bewegen und aufzuhalten. Dass dies vorbehaltlich der im EG-Vertrag und in den Durchführungsvorschriften vorgesehenen Beschränkungen und Bedingungen erfolgt, stellt keinen Verweis auf das Freizügigkeitsrecht erst konstituierende Sekundärrechtsakte dar, sondern auf die zum Zeitpunkt der Einfügung des Art. 18 I EG bestehenden Schranken, die fortgelten sollen.[21] Diese Lesart verdeutlichen andere Sprachfassungen, die den Vorbehalt nachstellen.[22] Ein solcher justiziabler Vorbehalt steht, wie der EuGH in seiner Rechtsprechung zu den Grundfreiheiten entschieden hat,[23] der unmittelbaren Anwendbarkeit nicht entgegen. Systematisch lässt sich zum einen auf Art. 18 II EG verweisen, der eine Rechtsetzungsermächtigung enthält, die „Ausübung der Rechte nach Absatz 1" zu erleichtern. Dies impliziert, dass Art. 18 I EG ein Freizügigkeitsrecht einräumt, da es sonst nichts zu erleichtern gäbe.[24] Zum anderen lässt sich der frühere Art. 8b EGV, der weitere Unionsbürgerrechte – nämlich das Kommunalwahlrecht und das Wahlrecht zum Europäischen Parlament – einräumt, als Gegenbeispiel anführen. Dieser sieht nämlich vor, dass diese Rechte vorbehaltlich der Einzelheiten ausgeübt werden, die in einem weiteren Rechtsakt erst noch festzulegen sind. Derartige für die Ausübung des Rechts notwendige Umsetzungsakte sind in Art. 18 EG nicht erwähnt.[25] Analog lässt sich auch im Hinblick auf den früheren Art. 8c EGV argumentieren, der vorsah, dass die Mitgliedstaaten vor dem 31.12.1993 die notwendigen Regeln zur Sicherstellung des Unionsbürgerrechts auf diplomatischen und konsularischen Schutz durch andere Mitgliedstaaten vereinbaren. Schließlich streitet der

---

[20] EuGH, Rs. 26/62, Slg. 1963, 3 (24 ff.) – van Gend en Loos. Näher *P. M. Huber*, Europäische Integration, § 8, Rn. 9 ff.; *R. Streinz*, Europarecht, Rn. 407. Siehe auch oben, 1. Teil A. II. 1. a).

[21] *U. Becker*, EuR 1999, 522 (528 f.); *A. Hatje*, in: Schwarze, Art. 18, Rn. 5; *A. Mattera*, DUE 1999, 431 (455 f.); *C. Tomuschat*, Unionsbürgerschaft, 77 f.

[22] Vgl. etwa die englische ("Every citizen of the Union shall have the right to move and reside freely within the territory of the Member States, subject to the limitations and conditions laid down in this Treaty and by the measures adopted to give it effect.") oder französische («Tout citoyen de l'Union a le droit de circuler et de séjourner librement sur le territoire des États membres, sous réserve des limitations et conditions prévues par le présent traité et par les dispositions prises pour son application.») Sprachfassung des Art. 18 I EG.

[23] Vgl. EuGH, Rs. 41/74, Slg. 1974, 1337, Rn. 4 ff. – van Duyn.

[24] So auch *M. Haag*, in: von der Groeben/Schwarze, Art. 18, Rn. 7; *A. Hatje*, in: Schwarze, Art. 18, Rn. 5; *E. Klein/A. Haratsch*, JuS 1995, 7 (12); *S. Kadelbach*, Unionsbürgerschaft, 539 (553); *W. Kluth*, in: C/R, Art. 18, Rn. 9; *N. Kotalakidis*, Unionsbürgerschaft, 163 f.

[25] *M. Hilf*, in: G/H, Art. 18, Rn. 1; *S. Kadelbach*, Unionsbürgerschaft, 539 (553); *E. Klein/A. Haratsch*, JuS 1995, 7 (11 f.); *G. Schulz*, Freizügigkeit, 87.

Auslegungsgrundsatz des *effet utile*[26] für die unmittelbare Anwendbarkeit, da Art. 18 EG seiner praktischen Wirksamkeit beraubt wäre, verstünde man ihn trotz der Neuradizierung des Freizügigkeitsrechts in der Unionsbürgerschaft als bloßen Verweis auf anderweitig begründete unionsrechtliche Freizügigkeitsgewährleistungen.[27]

Dieser Auffassung schloss sich auch der Gerichtshof nach anfänglicher Zurückhaltung[28] in der Entscheidung *Baumbast und R* vom 17.9.2002[29] an und folgte damit entsprechenden Vorstößen einiger Generalanwälte[30] und der Auffassung des ganz überwiegenden Schrifttums[31] sowie nationaler Gerichte[32].

---

[26] Zu diesem *P. M. Huber*, Europäische Integration, § 10, Rn. 5.

[27] *N. Dautzenberg*, BB 1993, 1563 (1564); *A. Hatje*, in: Schwarze, Art. 18, Rn. 5; *W. Kluth*, in: C/R, Art. 18, Rn. 9.

[28] Offen gelassen noch in EuGH, Rs. C-85/96, Slg. 1998, I-2691, Rn. 60 – Martínez Sala; Rs. C-378/97, Slg. 1999, I-6207, Rn. 41 ff. – Wijsenbeek; Rs. C-357/98, Slg. 2000, I-9265, Rn. 23 – Yiadom; Rs. C-192/99, Slg. 2001, I-1237, Rn. 15, 28 – Kaur.

[29] EuGH, Rs. C-413/99, Slg. 2002, I-7091, Rn. 80 ff. – Baumbast und R. Bestätigt in st. Rspr., siehe Rs. C-456/02, Slg. 2004, I-7573, Rn. 31 – Trojani; Rs. C-408/03, Slg. 2006, I-2647, Rn. 34 – EK/Belgien. Zustimmend *S. Bode*, EuZW 2002, 767 (768); *S. Magiera*, in: Streinz, Art. 18, Rn. 11. Die Anerkennung der unmittelbaren Anwendbarkeit bezweifelt *J. D. Mather*, 11 EL Rev. (2005), 722 (725 ff.).

[30] GA *Cosmas*, in: EuGH, Rs. C-378/97, Slg. 1999, I-6207, Rn. 88 ff. – Wijsenbeek; GA *Geelhoed*, in: Rs. 413/99, Slg. 2002, I-7091, Rn. 101 ff. – Baumbast und R; GA *La Pergola*, in: Rs. C-85/96, Slg. 1998, I-2691, Rn. 18 – Martínez Sala; *ders.*, in: Rs. C-356/98, Slg. 2000, I-2623, Rn. 54 – Kaba I; GA *Léger*, in: Rs. C-192/99, Slg. 2001, I-1237, Rn. 27 – Kaur.

[31] *R. Adam*, Riv. Dir. Int. 1992, 622 (641); *U. Becker*, EuR 1999, 522 (528 f.); *M. Benlolo*, Fondements juridiques de la citoyenneté européenne, 493 ff.; *S. Bode*, EuZW 2003, 552 (553 f.); *dies.*, Europarechtliche Gleichbehandlungsansprüche Studierender, 208 ff.; *N. Dautzenberg*, BB 1993, 1563 (1564 f.); *K. Dienelt*, Freizügigkeit, Rn. 86 ff.; *J. Egger*, Die neue Aufenthaltsrichtlinie, 95 (98); *U. Everling*, Auf dem Weg, 54; *R. Feik*, Unionsbürgerschaft und Aufenthaltsrecht, 7 (17 f.); *H. G. Fischer*, EuZW 1992, 566 (567); *ders.*, Unionsbürgerschaft, 10 f.; *P. Fischer*, Unionsbürgerschaft, 237 (256); *W. Frenz*, Europäische Grundfreiheiten, Rn. 2964; *K. Füßer*, DÖV 1999, 96 (100); *E. Göztepe-Çelebi*, Unionsbürgerschaft, 84 f.; *M. Haag*, in: von der Groeben/Schwarze, Art. 18, Rn. 7; *S. Hall*, Citizenship of the Union, 182 ff.; *A. Hatje*, in: Schwarze, Art. 18, Rn. 5; *M. Hilf*, in: G/H, Art. 18, Rn. 1; *R. Höfler*, Aussenwirtschaft 2004, 303 (306 f.); *P. M. Huber*, Europäische Integration, § 8, Rn. 12; *S. Kadelbach*, Unionsbürgerrechte, Rn. 39; *ders.*, Unionsbürgerschaft, 539 (553); *W. Kluth*, in: C/R, Art. 18, Rn. 9; *N. Kotalakidis*, Unionsbürgerschaft, S. 158 ff.; *V. Lippolis*, Cittadinanza Europea, 115; *S. Magiera*, in: Meyer, Art. 45 GRC, Rn. 6; *D. Martin*, EJML 2000, 101 (102 f.); *D. Martin/E. Guild*, Free Movement, 97 f.; *A. Mattera*, DUE 1999, 431 (453 ff.); *ders.*, Liberté de circulation, 413 (433 ff.); *T. Oppermann*, Europarecht, § 24, Rn. 4; *K. Preedy*, Bindung Privater an Grundfreiheiten, 155; *M. Pelzner*, Unionsbürgerschaft und soziale Rechte, 23; *A. Randelzhofer/U. Forsthoff*, in: G/H, Art. 39, Rn. 189; *H.-W. Rengeling*, Freizügigkeit, 973 (986); *H. Rothfuchs*, Personenverkehrsfreiheiten, 210 ff.; *M. Scheffer*, EU-Osterweiterung, 195 f.; *D. H. Scheuing*, Freizügigkeit, 103 (119 ff.); *ders.*, EuR 2003, 744 (759 ff.); *ders.*, Freedom of Movement, 145 (163 ff.); *C. Schönberger*, Unionsbürger, 320 ff.; *G. Schulz*, Freizügigkeit, 86 ff.; *J. M. Soria*, JZ 2002, 643 (647); *J.-H. Strunz*, Freizügigkeit in der EU, 66 ff.; *M. Wollenschläger*, Freizügigkeit, Rn. 11 ff. Tendenziell befürwortend

Der EuGH stellte entscheidend darauf ab, dass Art. 18 I EG jedem Unionsbürger unmittelbar das Aufenthaltsrecht klar und präzise zuerkenne. Dass Art. 18 I EG unter dem erwähnten Vorbehalt stehe, ändere daran nichts, denn die Anwendung jener Beschränkungen und Bedingungen unterläge der gerichtlichen Kontrolle.[33]

2. Das Verhältnis zu den weiteren unionsrechtlichen Freizügigkeitsverbürgungen

Als das allgemeine Freizügigkeitsrecht mit dem Vertrag von Maastricht Eingang in das Primärrecht fand, war Freizügigkeit keine dem Unionsrecht fremde Gewährleistung. Wirtschaftlich aktive Personen einschließlich Touristen und Reisende als Dienstleistungsempfänger und deren Familienangehörige konnten sich auf eine als Annex zur jeweils einschlägigen Grundfreiheit verbürgte Bewegungs- und Aufenthaltsfreiheit berufen. Für Studierende folgte diese Gewährleistung implizit aus dem vom allgemeinen Diskriminierungsverbot garantierten gleichen Zugang zu einer Berufsausbildung,[34] die mit den mittlerweile aufgehobenen RL 90/366 respektive 93/96 auch sekundärrechtlich anerkannt wurde. Bestehende Lücken hinsichtlich Nichterwerbstätiger schlossen dann Anfang der 1990er Jahre die ebenfalls zwischenzeitlich aufgehobenen RL 90/364 und 90/365. Schließlich stellte der Vertrag von Maastricht nicht den Endpunkt der Entwicklung dar: Art. 45 der Grundrechte-Charta sieht ein Freizügigkeitsgrundrecht als Bürgerrecht vor, das wortgleich in den Grundrechtsteil des Vertrages über eine Verfassung für Europa übernommen wurde (Art. II-105). Diese Koexistenz verschiedener Freizügigkeitsgewährleistungen erfordert eine Bestimmung des Verhältnisses von allgemeinem Freizügigkeitsrecht zu den weiteren Verbürgungen. Darüber hinaus wirken jenseits des

---

Y. Hangartner, Bürgerrecht der EU, 695 (701); *D. O'Keeffe/M. Horspool*, The Irish Jurist XXXI (1996), 145 (162 f.); *J. Wouters*, Citizenship and Free Movement, 25 (52 f.).

[32] So etwa BVerwGE 110, 40 (53 f.). Vgl. ferner die Stellungnahme des Conseil d'État in EuGH, Rs. C-100/01, Slg. 2002, I-10981, Rn. 19 – Olazabal. Anders dagegen der englische Court of Appeal in R. v. Secretary of State for the Home Department ex parte Vitale [1996] All ER (EC) 461. Näher zu dieser sowie zu weiteren englischen Entscheidungen *D. O'Keeffe/M. Horspool*, The Irish Jurist XXXI (1996), 145 (149 ff.).

[33] EuGH, Rs. C-413/99, Slg. 2002, I-7091, Rn. 84 ff. – Baumbast und R. Ähnlich hinsichtlich des *ordre-public*-Vorbehalts im Rahmen der Arbeitnehmerfreizügigkeit argumentierte der EuGH in der Rs. 41/74, Slg. 1974, 1337, Rn. 5/7 – van Duyn: „Absatz 3, der die aus dem Grundsatz der Freizügigkeit der Arbeitnehmer fließenden Rechte bezeichnet, macht einen Vorbehalt hinsichtlich der aus Gründen der öffentlichen Ordnung, Sicherheit und Gesundheit gerechtfertigten Beschränkungen. Die Anwendung dieses Vorbehalts ist jedoch einer gerichtlichen Nachprüfung zugänglich; dass ein Mitgliedstaat sich auf den Vorbehalt berufen kann, hindert also nicht, dass die Bestimmungen des Artikels 48, der den Grundsatz der Freizügigkeit der Arbeitnehmer verankert, den einzelnen Rechte verleihen, die sie gerichtlich geltend machen können und die innerstaatlichen Gerichte zu wahren haben."

[34] EuGH, Rs. C-357/89, Slg. 1992, I-1027, Rn. 30 ff. – Raulin. Näher dazu oben, 1. Teil A. II. 2. a) bb) (2).

Unionsrechts im Europäischen Rechtsraum noch weitere internationale und nationale Freizügigkeitsgewährleistungen, die für die Entwicklung des unionsbürgerlichen Freizügigkeitsrechts von Bedeutung sind.

a) Art. 18 I EG als lex generalis *zum grundfreiheitlichen Aufenthaltsrecht*

Die Aufnahme einer selbstständigen oder unselbstständigen Erwerbstätigkeit in einem anderen Mitgliedstaat sowie die Erbringung oder Entgegennahme von Dienstleistungen ebenda setzt ein Aufenthaltsrecht im Aufnahmemitgliedstaat voraus. Dementsprechend umfasste der Gewährleistungsgehalt der auf die Ermöglichung einer grenzüberschreitenden wirtschaftlichen Betätigung abzielenden Marktfreiheiten ein Freizügigkeitsrecht. Dessen akzessorischer Charakter, der mit der Zeit gelockert wurde, kam in der Qualifikation des Freizügigkeitsrechts als „Annexgewährleistung" respektive „Begleitrecht" zum Ausdruck.[35] Mit Art. 18 EG existiert nun eine alle Unionsbürger erfassende Norm, die die Freizügigkeit als Konsequenz der gemeinsamen Bürgerschaft und um ihrer selbst willen schützt, nicht mehr nur als Aspekt einer grenzüberschreitenden ökonomischen Betätigung. Dieser fundamentale Wandel mag den Gedanken nahe legen, die Fortbewegungs- und Aufenthaltsfreiheit aus den Marktfreiheiten auszukoppeln und allgemein bei Art. 18 EG anzusiedeln.[36]

Dem folgt jedoch weder die Rechtsprechung des EuGH noch das überwiegende Schrifttum. Fällt ein Unionsbürger in den persönlichen Anwendungsbereich einer Grundfreiheit, so zieht der Gerichtshof diese, nicht aber Art. 18 I EG heran. In ständiger Rechtsprechung formuliert er, dass

> Artikel [18 EG], in dem das Recht eines jeden Unionsbürgers, sich im Hoheitsgebiet der Mitgliedstaaten frei zu bewegen und aufzuhalten, in allgemeiner Form niedergelegt ist, in [der jeweiligen Grundfreiheit] einen besonderen Ausdruck ... findet.[37]

Da ein unauflösbarer sachlicher Zusammenhang zwischen Freizügigkeit und wirtschaftlicher Betätigung bestehe und die Grundfreiheiten speziellere Verhaltensweisen schützten, wird auch im Schrifttum die Spezialität der Grundfrei-

---

[35] *U. Becker*, EuR 1999, 522 (523); *W. Kluth*, in: C/R, Art. 18, Rn. 1, 10; *ders.*, ZAR 2006, 1 (3); *T. Oppermann*, Europarecht, § 25, Rn. 33; *H.-W. Rengeling*, Freizügigkeit, 973 (976, 992). Dieses Verständnis kritisiert *H. Toner*, 23 YEL (2004), 275 (294 f.) jedenfalls für die Arbeitnehmerfreizügigkeit, da diese ein Aufenthaltsrecht explizit beinhaltet (Art. 39 III lit. c EG).

[36] In diesem Sinne etwa *A. Lang*, Diritto pubblico comparato ed europeo 2003, 848 (849).

[37] EuGH, Rs. C-100/01, Slg. 2002, I-10981, Rn. 26 – Olazabal. Ähnlich Rs. C-193/94, Slg. 1996, I-929, Rn. 22 – Skanavi; Rs. C-348/96, Slg. 1999, I-11, Rn. 29 f. – Calfa; Rs. C-92/01, Slg. 2003, I-1291, Rn. 18, 20 – Stylianakis; Rs. C-470/04, n.n.v., Rn. 22 – N; Rs. C-520/04, n.n.v., Rn. 13 – Turpeinen; Rs. C-208/05, n.n.v., Rn. 64 f. – ITC. Siehe ferner GA *Alber*, in: Rs. C-184/99, Slg. 2001, I-6193, Rn. 64 – Grzelczyk; GA *La Pergola*, in: Rs. C-348/96, Slg. 1999, I-11, Rn. 10 – Calfa; GA *Tizzano*, in: Rs C-100/01, Slg. 2002, I-10981, Rn. 17 ff. – Olazabal.

heiten vertreten.[38] Ob dies der Bedeutung des Art. 18 I EG gerecht wird[39] oder nicht vielmehr eine Neujustierung erforderlich ist, sei später nochmals aufgegriffen.[40]

b) Die Ablösung des richterrechtlich entwickelten Aufenthaltsrechts Studierender

Die Gruppe der primärrechtlich Freizügigkeitsberechtigten beschränkte sich nicht auf die von den Marktfreiheiten erfassten Personen. Vielmehr entwickelte der EuGH aus dem allgemeinen Diskriminierungsverbot (Art. 7 EWGV) in Verbindung mit den Vorschriften über die Berufsausbildung (Art. 128 EWGV) ein Aufenthaltsrecht für alle sich beruflich Ausbildenden wie insbesondere Studierende. Nachdem der Gerichtshof in einem ersten Schritt entschied, dass die Gleichbehandlung von In- und Ausländern beim Zugang zu Hochschulen von Art. 7 i.V.m. 128 EWGV geboten sei,[41] leitete er daraus in einem zweiten Schritt ein entsprechendes Aufenthaltsrecht ab, da das Recht auf gleichen Zugang andernfalls entwertet werde.[42]

Bezeichnenderweise hat dieses primärrechtliche Freizügigkeitsrecht die Einführung von Art. 18 I EG im Gegensatz zum grundfreiheitlichen Aufenthaltsrecht nicht überlebt. Fälle, die den Aufenthalt eines Studenten zum Gegenstand hatten, beurteilte der EuGH ausschließlich anhand von Art. 18 I EG.[43]

---

[38] Mit dieser Begründung *W. Kluth*, in: C/R, Art. 18, Rn. 10; *ders.*, in: C/R-VVE, Art. I-10, Rn. 23. Ebenso *A. Cordewener*, Grundfreiheiten und Steuerrecht, 356 ff.; *N. Dautzenberg*, BB 1993, 1563 (1564); *J. Egger*, Die neue Aufenthaltsrichtlinie, 95 (99); *M. Franzen*, in: Streinz, Art. 39, Rn. 6; *W. Frenz*, Europäische Grundfreiheiten, Rn. 2959; *M. Haag*, in: von der Groeben/Schwarze, Art. 18, Rn. 18; *A. Hatje*, in: Schwarze, Art. 18, Rn. 12; *M. Hilf*, in: G/H, Art. 18, Rn. 5; *J.-G. Iken*, Personenfreizügigkeit, 29; *S. Kadelbach*, Unionsbürgerrechte, Rn. 38; *N. Kotalakidis*, Unionsbürgerschaft, 157 f.; *S. Magiera*, in: Streinz, Art. 18, Rn. 7; *M. Pechstein/A. Bunk*, EuGRZ 1997, 547 (547, 553); *H.-W. Rengeling*, Freizügigkeit, 973 (991 f.); *H. Rothfuchs*, Personenverkehrsfreiheiten, 220 ff.; *D. H. Scheuing*, Freizügigkeit, 103 (123); *ders.*, EuR 2003, 744 (763 f.); *G. Schulz*, Freizügigkeit, 250 ff., der zugleich ein Verständnis des Art. 18 I EG als Substitutionsnorm ablehnt, in deren Rahmen die Grundfreiheiten lediglich als primärrechtliche Bedingungen des Art. 18 I EG gelten; *J.-H. Strunz*, Freizügigkeit in der EU, 155 ff. Dazu auch *R. Kovar/D. Simon*, CDE 1993, 283 (299). Von „Subsidiarität" spricht *U. Becker*, EuR 1999, 522 (531). Für eine parallele Anwendung zur Niederlassungsfreiheit dagegen *P.-C. Müller-Graff*, in: Streinz, Art. 43, Rn. 97.

[39] Kritisch wegen der damit verbundenen Abwertung des Art. 18 EG *A. Lang*, Diritto pubblico comparato ed europeo 2003, 848 (849); *M. Möller*, Freizügigkeit, 173 ff.; *N. Prentoulis*, 7 ELJ (2001), 196 (198); *B. Schöbener*, in: KK-GRC, Art. 45, Rn. 19.

[40] Dazu unten, 3. Teil B. IV. 1.

[41] EuGH, Rs. 293/83, Slg. 1985, 593, Rn. 19 ff. – Gravier; Rs. 24/86, Slg. 1988, 379, Rn. 16 ff. – Blaizot. Näher dazu oben, 1. Teil A. II. 2. a) bb) (2).

[42] EuGH, Rs. C-357/89, Slg. 1992, I-1027, Rn. 30 ff. – Raulin. Auch dazu näher oben, 1. Teil A. II. 2. a) bb) (2).

[43] Vgl. etwa EuGH Rs. C-184/99, Slg. 2001, I-6193 – Grzelczyk; Rs. C-209/03, Slg. 2005, I-2119 – Dany Bidar.

In der Literatur wird dies damit gerechtfertigt, dass Art. 18 I EG als spezielle Norm Vorrang vor dem allgemeinen Diskriminierungsverbot genieße.[44] Hätte der EuGH an seiner „alten" Rechtsprechung festgehalten, hätte dies freilich die missliche Konsequenz gezeitigt, dass damit auch die von ihm in Art. 7 i.V.m. 128 EWGV hineingelesenen Schranken des Aufenthaltsrechts für Studierende, nämlich die Voraussetzung ausreichender Existenzmittel und eines Krankenversicherungsschutzes,[45] primärrechtlich festgeschrieben worden wären. Damit wäre die aufenthaltsrechtliche Position des mittellosen Studenten *Grzelczyk* in einem anderen Licht erschienen.[46]

Die Frage, wie sich Art. 18 I EG zu dem zur Zeit seines Inkrafttretens bereits bestehenden sekundärrechtlichen Aufenthaltsrecht für Studierende aufgrund der RL 90/366 respektive 93/96 verhält, leitet über zum nächsten Abschnitt, der das Verhältnis von Art. 18 I EG zu den sekundärrechtlichen Freizügigkeitsgewährleistungen thematisiert.

c) Die Rangerhöhung des Freizügigkeitsrechts der von den RL 90/364, 90/365 und 93/96 erfassten Nichterwerbstätigen

Noch vor Einführung des allgemeinen Freizügigkeitsrechts durch Art. 18 I EG schlossen die bis zum 30.6.1992 umzusetzenden, zwischenzeitlich durch die RL 2004/38 ersetzten RL 90/364, 90/365 und 90/366[47] vom 28.6.1990 die *ratione personae* bestehenden Lücken im gemeinschaftsrechtlichen Freizügigkeitsregime. Die sekundärrechtlich begünstigten Personengruppen waren insbesondere Studierende und Nichterwerbstätige, sofern diese nicht ohnehin grundfreiheitlich freizügigkeitsberechtigt waren, wie etwa studierende Kinder von Wanderarbeitnehmern, Touristen als Dienstleistungsempfänger oder nach dem Ausscheiden aus dem Erwerbsleben gemäß der zwischenzeitlich außer Kraft getretenen[48] VO 1251/70 bzw. RL 75/34/EWG Verbleibeberechtigte.

Mit Inkrafttreten des Art. 18 I EG wurde das Freizügigkeitsrecht dieser Personen in den Rang des Primärrechts erhoben.[49] Art. 18 I EG selbst stellt das durch ihn eingeräumte allgemeine Freizügigkeitsrecht jedoch unter den Vorbe-

---

[44] So *U. Becker*, EuR 1999, 522 (531); *S. Bode*, Europarechtliche Gleichbehandlungsansprüche Studierender, 310; *G. Schulz*, Freizügigkeit, 244 ff.

[45] EuGH, Rs. C-357/89, Slg. 1992, I-1027, Rn. 38 ff. – Raulin.

[46] Dazu näher unten, 2. Teil A. IV. 4 b) bb) (2).

[47] Nach Nichtigerklärung der RL 90/366 durch den EuGH aus kompetenziellen Gründen (Rs. C-295/90, Slg. 1992, I-4193, Rn. 11 ff. – EP/Rat) wurde diese durch die inhaltsgleiche RL 93/96 vom 29.10.1993 ersetzt. Näher dazu oben, 1. Teil B. II. 3. c).

[48] Zur Aufhebung der VO 1251/70 und zur Neureglung siehe im 1. Teil die Fn. 186 (Aufenthaltsrecht) und 188 (Inländerbehandlungsanspruch); zur RL 75/34 ibid., Fn. 37.

[49] Das Freizügigkeitsrecht Studierender, das in der später für nichtig erklärten und durch die inhaltsgleiche RL 93/96 vom 29.10.1993 ersetzten Studentenrichtlinie 90/366 verankert war, erfuhr bereits durch die Entscheidung des EuGH in der Rs. Raulin vom 26.2.1992 (Rs. C-357/89, Slg. 1992, I-1027 – Raulin) die oben erwähnte primärrechtliche Grundierung.

halt „der in diesem Vertrag und in den Durchführungsvorschriften vorgesehenen Beschränkungen und Bedingungen". Dieser Vorbehalt verdeutlicht, dass die RL 90/364, 90/365 und 93/96 ihre Bedeutung insofern nicht verloren hatten, als sie dem allgemeinen Freizügigkeitsrecht Schranken setzten, deren Fortgeltung jedoch noch näherer Erörterung bedarf.[50] Die Berechtigung selbst folgt für die bislang nur sekundärrechtlich geschützte Personengruppe nunmehr aus dem unmittelbar anwendbaren Art. 18 I EG. Dasselbe gilt für das Verhältnis von Art. 18 I EG zur neuen Freizügigkeitsrichtlinie 2004/38.[51]

d) Art. 18 I EG und das unionsrechtliche Freizügigkeitsgrundrecht (Art. 45 GRC, Art. II-105 VVE)

In der am 7.12.2000 vom Europäischen Rat in Nizza feierlich proklamierten Charta der Grundrechte der Europäischen Union wurde das allgemeine Freizügigkeitsrecht in den Rang eines Gemeinschaftsgrundrechts erhoben. Damit wurde eine weitere Freizügigkeitsgewährleistung – zumindest formell[52] – anerkannt.[53] Art. 45 I GRC, der in Art. II-105 (1) VVE fast wortgleich übernommen wurde, bestimmt:

> Die Unionsbürgerinnen und Unionsbürger haben das Recht, sich im Hoheitsgebiet der Mitgliedstaaten frei zu bewegen und aufzuhalten.

Das eingeräumte Freizügigkeitsrecht ist allerdings nicht schrankenlos gewährleistet, sondern steht unter dem allgemeinen Schrankenvorbehalt des Art. 52 I GRC. Danach muss

> [j]ede Einschränkung der Ausübung der in dieser Charta anerkannten Rechte und Freiheiten ... gesetzlich vorgesehen sein und den Wesensgehalt dieser Rechte und Freiheiten achten. Unter Wahrung des Grundsatzes der Verhältnismäßigkeit dürfen Einschränkungen nur vorgenommen werden, wenn sie erforderlich sind und den von der Union anerkannten dem Gemeinwohl dienenden Zielsetzungen oder den Erfordernissen des Schutzes der Rechte und Freiheiten anderer tatsächlich entsprechen.

Die zu Art. 18 I EG parallele Formulierung des Art. 45 I GRC sowie die Erläuterung des Konventspräsidiums zu Art. 45 I GRC, nach der „das in Absatz 1 garantierte Recht ... das Recht [ist], das durch Artikel 18 EGV garan-

---

[50] Dazu unten, 2. Teil A. IV. 4.

[51] Zu dieser allgemein bereits oben, 1. Teil B. IV. 4. Zu ihrer Funktion als Schranke unten, 2. Teil A. IV. 4. d).

[52] Das Freizügigkeitsrecht zählte bereits zuvor zu den von der Union i.S.d. Art 6 II EU zu achtenden Grundrechten. In der Rechtsprechung des EuGH wurde dies – soweit ersichtlich – nicht thematisiert. Da ein Freizügigkeitsgrundrecht in den Verfassungen der Mitgliedstaaten weitgehend anerkannt ist [dazu unten, 2. Teil A. I. 2. e) cc)], kann es als Bestandteil der gemeinsamen Verfassungsüberlieferungen der Mitgliedstaaten qualifiziert werden. Ferner ist es von Art. 2 4. ZP EMRK gewährleistet [dazu unten, 2. Teil A. I. 2. e) aa)].

[53] Die Grundrechtecharta ist allerdings noch nicht rechtsverbindlich, vgl. *P. M. Huber*, Europäische Integration, § 3, Rn. 54; § 8, Rn. 40; *R. Streinz*, Europarecht, Rn. 758.

tiert ist“[54], dürfen allerdings nicht darüber hinweg täuschen, dass es sich bei Art. 45 I GRC um eine kategorial andere Norm handelt. Denn dieser kodifiziert ein Gemeinschaftsgrundrecht, dessen Stoßrichtung von der des Art. 18 I EG grundverschieden ist. Während Art. 18 I EG sich primär gegen die Mitgliedstaaten richtet, schützen Gemeinschaftsgrundrechte das Individuum primär vor Handlungen der Unionsorgane, vor solchen der Mitgliedstaaten dagegen nur, wenn diese Unionsrecht durchführen (Art. 51 I 1 GRC).[55] Möglich ist ein paralleler Anwendungsbereich von Art. 45 I GRC und Art. 18 I EG also nur bei Maßnahmen der Unionsorgane, insbesondere Rechtsetzungsakten, sofern man eine Bindung auch der Union an Art. 18 I EG bejaht.[56] Etwaige Normkonflikte löst jedoch Art. 52 II GRC zugunsten von Art. 18 I EG auf.[57] Ersterer bestimmt:

> Die Ausübung der durch diese Charta anerkannten Rechte, die in den Gemeinschaftsverträgen oder im Vertrag über die Europäische Union geregelt sind, erfolgt im Rahmen der dort festgelegten Bedingungen und Grenzen.

Damit bringt Art. 45 I GRC – abgesehen von der Kodifizierung eines Gemeinschaftsgrundrechts auf Freizügigkeit, dessen Anerkennung bislang noch nicht thematisiert wurde – keine sachlichen Neuerungen.[58] Insbesondere lassen sich unionsrechtlich vorgesehene Schranken der Freizügigkeit – etwa die für Nichterwerbstätige geltenden ökonomischen Aufenthaltsvoraussetzungen – nicht unter Berufung auf das Gemeinschaftsgrundrecht Freizügigkeit angreifen, da

---

[54] Erläuterungen des Präsidiums des Konvents zur Grundrechtecharta, Dokument CHARTE 4473/00 – Convent 49 vom 11.10.2000, wiedergegeben bei *K. H. Fischer*, Vertrag von Nizza, 513 ff., sowie in EuGRZ 2000, 559.

[55] Gemäß Art. 51 I 1 GRC gilt die „Charta ... für die Organe, Einrichtungen und sonstigen Stellen der Union unter Wahrung des Subsidiaritätsprinzips und für die Mitgliedstaaten ausschließlich bei der Durchführung des Rechts der Union.“ Inwieweit sich Gemeinschaftsgrundrechte gegen die Mitgliedstaaten über den Vollzug des Unionsrechts hinaus – etwa bei nationalen Maßnahmen, die Grundfreiheiten einschränken – richten, ist umstritten. Vgl. dazu *P. M. Huber*, Europäische Integration, § 8, Rn. 54 ff.; *D. H. Scheuing*, EuR 2005, 162; *R. Streinz*, Europarecht, Rn. 768.

[56] Zu den Adressaten näher unten, 2. Teil A. II. Eine weitergehende Bindung der Mitgliedstaaten erwägt *T. Kingreen*, EuGRZ 2004, 570 (572), da Art. 52 II GRC Art. 51 II 1 GRC zugunsten einer umfassenden Bindung dispensiere.

[57] Den Gleichlauf zur EMRK sichert Art. 52 III GRC: „Soweit diese Charta Rechte enthält, die den durch die Europäische Konvention zum Schutz der Menschenrechte und Grundfreiheiten garantierten Rechten entsprechen, haben sie die gleiche Bedeutung und Tragweite, wie sie ihnen in der genannten Konvention verliehen wird. Diese Bestimmung steht dem nicht entgegen, dass das Recht der Union einen weiter gehenden Schutz gewährt.“

[58] So auch *D. H. Scheuing*, Freizügigkeit, 103 (140 f.); *ders.*, EuR 2003, 744 (787 f.). Anders *J. Ziekow*, Freizügigkeit des Unionsbürgers, 101 (112), der im Hinblick auf Art. 51 I 1 GRC einen nur teilweise überschneidenden Gewährleistungsgehalt annimmt, ohne allerdings auf Art. 52 GRC einzugehen. Zur Kollisionsproblematik auch *T. Kingreen*, EuGRZ 2004, 570 (572).

Art. 52 II GRC den Gleichlauf der Schranken sichert. Eine Verpflichtung der Unionsorgane, beim Erlass von Sekundärrecht nicht hinter den Freizügigkeits-*Acquis* zurückzugehen, folgt im Übrigen bereits aus der entsprechenden Rechtsetzungsermächtigung des Art. 18 II EG.[59]

e) Unionsbürgerliche Freizügigkeit im Kontext des Europäischen Rechtsraumes

Jenseits der eben erörterten unionsrechtlichen Normen wird das Freizügigkeitsregime im Europäischen Rechtsraum durch weitere Bestimmungen völker- und verfassungsrechtlichen Ursprungs geprägt.[60] Diese für Entwicklung, Kontextualisierung und Konzeptionalisierung des unionsrechtlichen Freizügigkeitsregimes bedeutsamen Vorgaben bedürfen kurzer Erwähnung. Ein Blick auf die im Europäischen Rechtsraum operierenden menschenrechtlichen Garantien (Fremdenrecht, EMKR, IPbpR, AEMR) verdeutlicht die Singularität des unionsrechtlichen Freizügigkeitsregimes (aa). Den prekären europäischen Konsens über die Rechtsstellung von Ausländern spiegeln verschiedene im Rahmen des Europarates geschlossene Abkommen wider, denen Referenzcharakter für Entwicklungen im engeren Bereich der EU zukommt (bb).[61] Schließlich zählt eine auf den jeweiligen Mitgliedstaat bezogene Freizügigkeitsgarantie im nationalen Verfassungrecht zu den gemeinsamen Verfassungsüberlieferungen der Mitgliedstaaten (cc). Nicht eingegangen werden soll dagegen auf internationale Abkommen der EU mit Drittstaaten,[62] namentlich die zur Vorbereitung des Beitritts geschlossenen „Europa-Abkommen" mit mittel- und osteuropäischen Staaten,[63] das die Position türkischer Arbeitnehmer in der EU regelnde Assoziationsabkommen zwischen der EWG und der Türkei vom 12.9.1963,[64] das am 1.6.2002 in Kraft getretene sektorielle Abkommen über

---

[59] Zu Art. 18 II EG unten, 2. Teil A. VI. 2. b).

[60] Dazu *B. Nascimbene*, Trattamento dello straniero, 279 ff.

[61] Siehe auch *B. Nascimbene*, Trattamento dello straniero, 323 ff.

[62] Einen Überblick bieten *J. Handoll*, Free Movement, 313 ff.; *D. Martin/E. Guild*, Free Movement, 253 ff.

[63] Nach der ersten Osterweiterung der EU um die ehemaligen Vertragsstaaten Estland, Lettland, Litauen, Polen, Slowakische Republik, Slowenien, Tschechische Republik und Ungarn zum 1.5.2004 blieben nur die mit den (damals noch) Beitrittskandidaten Republik Bulgarien (ABl. L 358 vom 31.12.1994, S. 3) und Rumänien (ABl. L 357 vom 31.12.1994, S. 2) geschlossenen Abkommen von Interesse. In diesen wurde gemäß Art. 1 I eine Assoziation zwischen der EG und ihren Mitgliedstaaten einerseits und dem Kandidatenstaat andererseits gegründet. In deren Rahmen waren Erleichterungen für die Freizügigkeit der Arbeitnehmer (Art. 38 ff.), das Niederlassungsrecht (Art. 45 ff.) und den Dienstleistungsverkehr (Art. 56 ff.) vorgesehen; mit dem Beitritt von Bulgarien und Rumänien zur EU zum 1.1.2007 haben sich auch diese beiden Abkommen erledigt. Allgemein zu den „Europa-Abkommen" *K. Hailbronner*, ZAR 2002, 7 (12); *J. Handoll*, Free Movement, 330 ff.; *D. Martin/E. Guild*, Free Movement, 253 ff.

[64] ABl. P 217 vom 29.12.1964, S. 3687. Von besonderer Bedeutung in diesem Kontext ist Art. 6 I des Beschlusses des Assoziationsrates EWG/Türkei über die Entwicklung der Assozia-

die Freizügigkeit zwischen der EU und ihren Mitgliedstaaten einerseits und der Schweiz andererseits[65] sowie das am 1.1.1994 in Kraft getretene Abkommen mit Island, Liechtenstein und Norwegen über den Europäischen Wirtschaftsraum.[66] Diese zeitigen innerhalb der EU nämlich nur Auswirkung auf die Freizügigkeit von Nicht-Unionsbürgern, die nicht Gegenstand der vorliegenden Arbeit ist. Gleichfalls ausgeklammert bleiben bilaterale Abkommen der Mitgliedstaaten.[67]

aa) Menschenrechtliche Freizügigkeitsgewährleistungen im Europäischen Rechtsraum

Den Grad des im unionsrechtlichen Freizügigkeitsregime liegenden Souveränitätsverzichts der Mitgliedstaaten im Bereich des Aufenthaltsrechts von Ausländern und deren Rechtsstellung im Inland verdeutlicht ein Blick auf die in diesem Bereich einschlägigen völkerrechtlichen Normen, die kategoriale Unterschiede aufweisen. So existiert kein transnationales Freizügigkeitsrecht als Teil des Fremdenrechts, da sich bislang keine völkergewohnheitsrechtliche Norm gebildet hat, nach der ein Staat verpflichtet wäre, Ausländern die Einreise in sein Staatsgebiet zu gestatten.[68] Dieser Befund gilt auch für die internationalen Menschenrechtsabkommen, die zwar ein Freizügigkeitsrecht enthalten. Es ist

---

tion vom 19.9.1980 (Nr. 1/80), der nach der Rechtsprechung des EuGH unmittelbar anwendbar ist (Rs. C-192/89, Slg. 1990, I-3461, Rn. 13 ff. – Sevince). Nach diesem können sich rechtmäßig in einem Mitgliedstaat aufhaltende türkische Arbeitnehmer, die als Angehörige des regulären Arbeitsmarktes eine ordnungsgemäße Beschäftigung ausüben, auf Freizügigkeitsbestimmungen berufen, deren Reichweite von ihrer Beschäftigungsdauer abhängt. Dazu *K. Hailbronner*, ZAR 2002, 7 (10 ff.); *J. Handoll*, Free Movement, 323 ff.; *N. Rogers/R. Scannell*, Free Movement, 323 ff.

[65] ABl. L 114 vom 30.4.2002, S. 6. Mit diesem soll die Freizügigkeit zwischen der EU und der Schweiz sukzessive der innergemeinschaftlichen angeglichen werden. Dazu *B. Kahil-Wolff/R. Mosters*, EuZW 2001, 5; *M. Wollenschläger*, Freizügigkeit, Rn. 50 ff.

[66] BGBl. 1993 II, S. 267. Dieses sieht dem Gemeinschaftsrecht entsprechende Regelungen über die Arbeitnehmer-, Niederlassungs- und Dienstleistungsfreiheit vor. Näher *A. Streit*, NJW 1994, 555.

[67] Freizügigkeitsrelevante Regelungen sind regelmäßig auch in bilateralen Niederlassungsabkommen enthalten, die auf Basis der Reziprozität die Rechtsstellung eigener Staatsangehöriger im anderen Vertragsstaat betreffen. Exemplarisch verwiesen sei etwa auf das deutsch-griechische Niederlassungsabkommen vom 18.3.1960 (BGBl. 1962 II, S. 1505) oder den Freundschafts-, Handels- und Schiffahrtsvertrag zwischen der Bundesrepublik Deutschland und der Italienischen Republik vom 21.11.1957 (BGBl. 1959 II, S. 949). Weitere Nachweise bei *R. Schiedermair/M. Wollenschläger*, Ausländerrecht, 3D5A, S. 44 ff. Zu den Niederlassungsabkommen vgl. *C. Schönberger*, Unionsbürger, 210 ff.; *P. Schütterle*, Inländerbehandlungsklausel.

[68] EGMR, Nr. 30240/96, Reports 1997-III, Rn. 46 – D./Vereinigtes Königreich; *M. Heintzen*, Der Staat 36 (1997), 327 (333 f.); *K. Ipsen*, Individualschutz, § 50, Rn. 3; *J. Isensee*, VVDStRL 32 (1974), 49 (66 f.); *T. Stein*, Aufenthalt, 53 (56 ff.); *R. Streinz*, ZfRV 1991, 98 (98 f.); *C. Tomuschat*, DÖV 1974, 757 (761 ff.).

jedoch zum einen bloß innerstaatlich garantiert und setzt zum anderen einen rechtmäßigen Aufenthalt im Hoheitsgebiet einer Vertragspartei voraus. Schon die von der Generalversammlung der Vereinten Nationen am 10.12.1948 beschlossene Allgemeine Erklärung der Menschenrechte sah in Art. 13 I das Recht jedes Menschen auf Freizügigkeit und freie Wahl seines Wohnsitzes innerhalb eines Staates vor, das dem allgemeinen Schrankenvorbehalt des Art. 29 I AEMR unterlag. Gemäß Art. 12 I des Internationalen Paktes über bürgerliche und politische Rechte vom 19.12.1966 hat jedermann, der sich rechtmäßig im Hoheitsgebiet eines Staates aufhält, das Recht, sich dort frei zu bewegen und seinen Wohnsitz frei zu wählen. Diese Berechtigung unterliegt den Schranken des Art. 12 III IPbpR. Art. 13 IPbpR sieht ferner Rechtsschutzmöglichkeiten gegen aufenthaltsbeendende Maßnahmen vor. Die im Rahmen des Europarats geschlossene Konvention zum Schutz der Menschenrechte und Grundfreiheiten vom 4.11.1950 selbst sieht zwar kein Freizügigkeitsrecht vor. Ein solches findet sich aber in Art. 2 des 4. Zusatzprotokolls zur EMRK vom 16.9.1963, das am 2.5.1968 in Kraft getreten ist.[69] Dessen Absatz 1 räumt jeder Person, die sich rechtmäßig im Hoheitsgebiet eines Staates aufhält, das Recht ein, sich dort frei zu bewegen und ihren Wohnsitz frei zu wählen, vorbehaltlich der in den Absätzen 3 und 4 vorgesehenen Beschränkungen.

bb) Der prekäre europäische Konsens über die Rechtsstellung von Ausländern in Abkommen des Europarates

Eine vertiefte Betrachtung verdienen drei im Rahmen des Europarates geschlossene Abkommen, nämlich das Europäische Fürsorgeabkommen (1), das Europäische Niederlassungsabkommen (2) und das Übereinkommen über die Fortzahlung von Stipendien an Studierende im Ausland (3). In diesen zeichnete sich nämlich schon Mitte der 1950er Jahre ein prekärer europäischer Konsens über die Stellung „ausländischer“ Europäer in der nationalen Rechtsordnung ab,[70] der als Referenzrahmen für spätere Entwicklungen im Unionsrecht bedeutsam ist.

---

[69] Näher *T. Giegerich*, in: KK-EMRK/GG, Kap. 26. Die EU-Mitgliedstaaten Griechenland, Großbritannien und Spanien haben das Zusatzprotokoll nicht ratifiziert. Der Ratifikationsstand einschließlich Vorbehalten, Erklärungen etc. ist dokumentiert unter http://conventions.coe.int/Treaty/Commun/ChercheSig.asp?NT=046&CM=8&DF=9/29/2006&CL=GER (27.11.2006). Dort auch Hinweise auf Deklarationen von Deutschland, Frankreich und den Niederlanden zur territorialen Anwendbarkeit des Zusatzprotokolls.

[70] Unter anderem hierin sah *P. Duclos*, RGDIP (65) 1961, 260 (271), einen sich herausbildenden Status als Europäer. Dazu noch näher unten, 3. Teil A. I. 1.

(1) Europäisches Fürsorgeabkommen

Den prekären europäischen Konsens über die Rechtsstellung „ausländischer" Europäer spiegelt einmal das Europäische Fürsorgeabkommen vom 11.12.1953 wider. Es ist am 1.7.1954 in Kraft getreten und wurde mittlerweile von allen EU-Mitgliedstaaten mit Ausnahme von Bulgarien, Finnland, Lettland, Litauen, Österreich, Polen, Rumänien, der Slowakischen Republik, Slowenien, der Tschechischen Republik, Ungarn sowie Zypern ratifiziert.[71] In diesem verpflichten sich die Vertragsstaaten, Angehörigen anderer Vertragsparteien, die sich in ihrem Hoheitsgebiet aufhalten und nicht über ausreichende Mittel verfügen, Inländerbehandlung im Hinblick auf soziale und Gesundheitsfürsorge einzuräumen (Art. 1). Ein Regress beim Heimatstaat ist ausgeschlossen (Art. 4). Nach Art. 6 ist es den Vertragsstaaten untersagt, Staatsangehörige anderer Vertragsparteien, die rechtmäßigerweise[72] ihren gewöhnlichen Aufenthalt in deren Hoheitsgebiet haben, allein aus Gründen der Hilfsbedürftigkeit auszuweisen. Dies gilt gemäß Art. 7 (a) nicht, wenn sich der Hilfsbedürftige seit weniger als fünf Jahren – respektive zehn Jahren, falls er bereits das 55. Lebensjahr vollendet hat – im Aufnahmemitgliedstaat aufhält und keine engen Bindungen an den Aufnahmemitgliedstaat entgegenstehen. Dabei sind gemäß Art. 7 (b) aufenthaltsbeendende Maßnahmen nur mit großer Zurückhaltung und unter Wahrung der Menschlichkeit zu ergreifen. Bei der Berechnung der Aufenthaltsdauer bleiben Zeiten, in denen der Ausländer Fürsorgeleistungen in Anspruch genommen hat, unberücksichtigt (Art. 14). Zum Fürsorgeabkommen wurden allerdings zahlreiche Vorbehalte erklärt, insbesondere von Belgien, Deutschland und Großbritannien hinsichtlich der Gewährung von Sozialhilfe.

Das Europäische Fürsorgeabkommen ergänzt den unionsrechtlichen Freizügigkeitsschutz, indem es den Vertragsparteien die Ausweisung bei Bedürftigkeit ab einer bestimmten Aufenthaltsdauer untersagt und Gleichbehandlungsansprüche hinsichtlich Fürsorgeleistungen einräumt. Seine Grenzen liegen in dem geringen Ratifikationsstand (nur 15 der 27 Mitgliedstaaten der EU), seiner völkerrechtlichen Natur und den erklärten Vorbehalten.

(2) Europäisches Niederlassungsabkommen

Modellcharakter kommt ferner dem am 23.2.1965 in Kraft getretenen, ebenfalls im Rahmen des Europarates geschlossenen Europäischen Niederlassungsabkommen vom 13.12.1955 zu. Dieses wurde mittlerweile von allen Mitglied-

---

[71] Der Ratifikationsstand einschließlich Vorbehalten, Erklärungen etc. ist dokumentiert unter http://conventions.coe.int/Treaty/Commun/ChercheSig.asp?NT=014&CM=8&DF=9/29/2006&CL=GER (27.11.2006). Zum Fürsorgeabkommen *J. Kokott*, Staatsangehörigkeit als Unterscheidungsmerkmal für soziale Rechte, 25 (32 f.).

[72] Erlaubt ist ein Aufenthalt im Sinne des Abkommens gemäß Art. 11 (a) dann, wenn der Ausländer im Besitz eines der Aufenthaltsdokumente ist, die in Anhang III spezifiziert werden.

staaten der EU mit Ausnahme von Bulgarien, Estland, Finnland, Frankreich, Lettland, Litauen, Malta, Österreich, Polen, Portugal, Rumänien, der Slowakischen Republik, Slowenien, Spanien, der Tschechischen Republik, Ungarn und Zypern ratifiziert.[73] In Art. 1 verpflichten sich die Vertragsstaaten, den Angehörigen anderer Vertragsstaaten die Einreise in ihr Gebiet zum vorübergehenden Aufenthalt zu erleichtern und ihnen innerstaatlich Freizügigkeit zu gewähren, sofern nicht Gründe der öffentlichen Ordnung, der Sicherheit, der Volksgesundheit oder der Sittlichkeit entgegenstehen. Vorbehaltlich der wirtschaftlichen und sozialen Verhältnisse des Aufnahmestaates gilt dies gemäß Art. 2 auch für längere Aufenthalte. Art. 3 I und III beschränken die möglichen Gründe, Staatsangehörige anderer Vertragsparteien auszuweisen, auf solche der öffentlichen Sicherheit, Ordnung und Sittlichkeit. Ab einem Aufenthalt von 10 Jahren müssen die geltend gemachten Gründe der öffentlichen Ordnung und Sittlichkeit darüber hinaus schwerwiegend sein. Art. 3 II sieht ferner Rechtsschutzmöglichkeiten gegen aufenthaltsbeendende Maßnahmen vor. Der Grundsatz der Inländerbehandlung bezüglich bürgerlicher Rechte ist in Art. 4 vorgesehen, der den Schranken der Art. 5 f. unterliegt. Die beschränkbare Ausübung einer Erwerbstätigkeit regeln die Art. 10 ff.

Da wiederum zahlreiche Vorbehalte erklärt und den Vertragsparteien weitgehende Beschränkungsmöglichkeiten eingeräumt wurden, spielt das Europäische Niederlassungsabkommen eine nur begrenzte praktische Rolle.[74]

(3) Europäisches Übereinkommen über die Fortzahlung von Stipendien an Studierende im Ausland

Für den Bereich der Mobilität Studierender sei schließlich auf das am 2.10.1971 in Kraft getretene Europäische Übereinkommen über die Fortzahlung von Stipendien an Studierende im Ausland vom 12.12.1969 verwiesen. Bislang wurde es von den EU-Mitgliedstaaten Deutschland, Finnland, Frankreich, Großbritannien Luxemburg, Malta, den Niederlanden, Österreich, Schweden, Slowenien, Spanien sowie Zypern ratifiziert.[75] Die wesentliche Regelung wird in Art. 3 getroffen, nach dem ein Inländern von einer Vertragspartei gewährtes Stipendium für Studien und Forschungsaufenthalte im Ausland fortzuzahlen ist, die Verantwortlichkeit in diesem Bereich also beim Heimatmitgliedstaat verbleibt.

---

[73] Der Ratifikationsstand einschließlich Vorbehalten, Erklärungen etc. ist dokumentiert unter http://conventions.coe.int/Treaty/Commun/ChercheSig.asp?NT=019&CM=8&DF=11/27/2006&CL=GER (27.11.2006).

[74] Vgl. *J. Bröhmer*, in: C/R, Art. 43, Rn. 7; *M. Schlag*, in: Schwarze, Art. 43, Rn. 7; *G. Schulz*, Freizügigkeit, 279 f.

[75] Der Ratifikationsstand einschließlich Vorbehalten, Erklärungen etc. ist dokumentiert unter http://conventions.coe.int/Treaty/Commun/ChercheSig.asp?NT=069&CM=8&DF=17/06/05&CL=GER (27.11.2006).

cc) Gemeinsame Freizügigkeitstradition der Mitgliedstaaten

Als grundrechtliche Gewährleistung ist das allgemeine Freizügigkeitsrecht schließlich Bestandteil der Verfassungsordnungen der einzelnen Mitgliedstaaten und kann damit zu den gemeinsamen Verfassungsüberlieferungen der Mitgliedstaaten gezählt werden.[76] Es finden sich zwei Arten von Gewährleistungen: Entweder ist das Freizügigkeitsrecht als Grundrecht explizit normiert[77] oder es ist – meist in der Rechtsprechung entwickelter – Teil einer allgemeineren Freiheitsgewährleistung[78].

3. Keine Übergangsfristen für Angehörige der zum 1.5.2004 und 1.1.2007 beigetretenen Mitgliedstaaten

Mit allen zum 1.5.2004 neu beigetretenen Mitgliedstaaten mit Ausnahme von Malta und Zypern wurden Übergangsfristen im Rahmen der Personenverkehrsfreizügigkeit vereinbart, um Migrationsbewegungen insbesondere zum Schutz der inländischen Beschäftigten steuern zu können. Europarechtlich verankert sind diese in Art. 24 i.V.m. den Anhängen V bis XIV der Beitrittsakte[79], die identische Regelungen für Angehörige der Tschechischen Republik, Estlands, Lettlands, Litauens, Ungarns, Polens, Sloweniens und der Slowakischen Republik enthalten. Die jeweiligen Anhänge sehen eine gestufte, maximal siebenjährige Übergangsfrist für die Realisierung der Arbeitnehmerfreizügigkeit und der Dienstleistungsfreiheit mit vorübergehender Entsendung von Arbeitskräften

---

[76] Einen Überblick bieten *G. Schulz*, Freizügigkeit, 102 ff.; *J.-H. Strunz*, Freizügigkeit in der EU, 194 ff.; *A. Weber*, Menschenrechte, 111 ff.

[77] Art. 11 I GG; Art. 34 Verfassung Estlands; § 7 finnische Verfassung; Art. 5 IV griechische Verfassung; Art. 16 italienische Verfassung; Art. 97 Verfassung Lettlands; Art. 32 Verfassung Litauens; Abschnitt 44 maltesische Verfassung; Art. 4 Staatsgrundgesetz Österreichs; Art. 52 polnische Verfassung; Art. 44 portugiesische Verfassung; Art. 8 S. 2 2. Kapitel der schwedischen Verfassung; Art. 23 slowakische Verfassung; Art. 19 spanische Verfassung; Art. 58 ungarische Verfassung; Art. 13 Verfassung Zyperns. Vgl. zur Freizügigkeit im deutschen Verfassungsrecht etwa *P. Kunig*, Jura 1990, 306; *D. Merten*, Freizügigkeitsrecht; *B. Pieroth*, JuS 1985, 81; *J. Ziekow*, Freizügigkeit und Aufenthalt.

[78] Art. 12 belgische Verfassung; § 71 I 1 dänische Verfassung; die «liberté d'aller et de venir» als ungeschriebener allgemeiner Rechtsgrundsatz des französischen Verfassungsrechts; Art. 40 irische Verfassung; Art. 12 I luxemburgische Verfassung. Vgl. hierzu die Nachweise bei *G. Schulz*, Freizügigkeit, 102 ff.

[79] Akte über die Bedingungen des Beitritts der Tschechischen Republik, der Republik Estland, der Republik Zypern, der Republik Lettland, der Republik Litauen, der Republik Ungarn, der Republik Malta, der Republik Polen, der Republik Slowenien und der Slowakischen Republik und die Anpassungen der die Europäische Union begründenden Verträge, ABl. L 236 v. 23.9.2003, S. 33.

vor.[80] Für das allgemeine Freizügigkeitsrecht sind derartige Übergangsfristen nicht vorgesehen.

Eine dem vergleichbare Übergangsregelung gilt für die Angehörigen der zum 1.1.2007 beigetretenen Staaten Bulgarien und Rumänien (Art. 23 i.V.m. den Anhängen VI und VII der Beitrittsakte).[81]

II. Mitgliedstaaten und Europäische Union als Verpflichtete des allgemeinen Freizügigkeitsrechts

Das in Art. 18 I EG verankerte allgemeine Freizügigkeitsrecht bindet nach allgemeiner Auffassung jedenfalls die Mitgliedstaaten der Europäischen Union.[82] Darüber hinaus werden auch die Gemeinschaftsorgane in den Kreis der Regelungsadressaten einbezogen,[83] was wie bei den wirtschaftlichen Grundfreiheiten auch umstritten ist.[84] Dieser Streit kann jedoch dahin stehen, da eine identische Verpflichtung der Gemeinschaft jedenfalls aus anderem Rechtsgrunde zu bejahen ist. Denn zum einen existiert eine inhaltsgleiche Freizügigkeitsverbürgung als Gemeinschaftsgrundrecht,[85] zum anderen stellt Art. 18 II EG, der nicht allgemein zu Konkretisierungen, sondern lediglich zu Erleichterungen ermächtigt, eine Bindung der Gemeinschaftsorgane an den Freizügigkeits-*Acquis* beim Erlass von Sekundärrechtsakten sicher[86].

---

[80] Monographisch hierzu *K. Dienelt*, Freizügigkeit; *P. Tschäpe*, Übergangsbestimmungen. In den Kontext der Unionsbürgerschaft stellen diese Beschränkungen *S. Carrera*, 11 EL Rev. (2005), 699 (706 ff., insb. 709); *N. Reich*, 11 EL Rev. (2005), 675 (684 ff.).

[81] Akte über die Bedingungen des Beitritts der Republik Bulgarien und Rumäniens und die Anpassungen der Verträge, auf denen die Europäische Union beruht, ABl. L 157 v. 21.6.2005, S. 203.

[82] *W. Kluth*, in: C/R, Art. 18, Rn. 8; *S. Magiera*, Der Rechtsstatus der Unionsbürger, 429 (435); *H.-W. Rengeling*, Freizügigkeit, 973 (986); *J. Ziekow*, Freizügigkeit des Unionsbürgers, 101 (105).

[83] So *W. Frenz*, Europäische Grundfreiheiten, Rn. 2961; *W. Kluth*, in: C/R, Art. 18, Rn. 8; *ders.*, in: C/R-VVE, Art. I-10, Rn. 7; *H.-W. Rengeling*, Freizügigkeit, 973 (986); *M. Wollenschläger*, Freizügigkeit, Rn. 10; *J. Ziekow*, Freizügigkeit des Unionsbürgers, 101 (105).

[84] Bejahend etwa *S. Magiera*, Der Rechtsstatus der Unionsbürger, 429 (435); *I. Pernice*, Grundrechtsgehalte, 142 ff.; *H.-W. Rengeling*, Freizügigkeit, 973 (982 f.). Ablehnend dagegen etwa *T. Kingreen*, EuGRZ 2004, 570 (575 f.). Am Rande stellt sich respektive wird sich – wie bei den Grundfreiheiten auch – die Frage stellen, ob und inwieweit auch Private zum Kreis der Verpflichteten zählen. Wegen der strukturellen Verwandtschaft von Art. 18 I EG und den Marktfreiheiten [dazu noch ausführlich unten, 3. Teil B. III. 2. b)] ist die Frage parallel zu beantworten. Zur Drittwirkung der Grundfreiheiten vgl. die Nachweise im 1. Teil, Fn. 54.

[85] Dazu oben, 2. Teil A. I. 2. d).

[86] Zu Art. 18 II EG noch ausführlich unten, 2. Teil A. VI. 2. b).

III. Schutzbereich

1. Persönlicher Schutzbereich

a) Der Unionsbürger als unmittelbar Freizügigkeitsberechtigter

Der persönliche Schutzbereich des allgemeinen Freizügigkeitsrechts umfasst ausweislich des Wortlauts von Art. 18 I EG jeden Unionsbürger, also alle Staatsangehörigen der Mitgliedstaaten (Art. 17 I 2 EG).

aa) Kongruenz mit dem Kreis der grundfreiheitlich Freizügigkeitsberechtigten

Damit entspricht der freizügigkeitsberechtigte Personenkreis nach Art. 18 I EG dem der Grundfreiheiten.[87] Ausweislich des Wortlautes erfassen die Dienstleistungs- und Niederlassungsfreiheit nur Staatsangehörige der Mitgliedstaaten (vgl. Art. 43 UA 1 S. 1 EG, Art. 49 UA 1). Die Arbeitnehmerfreizügigkeit kennt eine solche Beschränkung ihrem Wortlaut nach zwar nicht, der vielmehr auf die Eigenschaft als Arbeitnehmer abstellt.[88] Dennoch können sich drittstaatsangehörige Arbeitnehmer aus systematischen Gründen – namentlich im Hinblick auf eine harmonisierende Auslegung der in Art. 3 I lit. c EG wurzelnden Personenverkehrsfreiheiten – nicht auf Art. 39 ff. EG berufen.[89] Auf dieser Auslegung beruht auch das die Arbeitnehmerfreizügigkeit konkretisierende Sekundärrecht (vgl. Art. 1 I VO 1612/68, Art. 1 RL 68/360). Nicht übersehen werden darf freilich, dass es völkervertraglich möglich und auch geschehen ist, die Personenverkehrsfreiheiten auf Angehörige von Drittstaaten auszudehnen.[90]

---

[87] Zu einem Ausschluss Drittstaatsangehöriger siehe EuGH, Rs. C-147/91, Slg. 1992, I-4097, Rn. 7 ff. – Laderer; Rs. C-230/97, Slg. 1998, I-6781, Rn. 29 – Awoyemi.

[88] Vgl. Art. 39 I EG: „Innerhalb der Gemeinschaft ist die Freizügigkeit der Arbeitnehmer gewährleistet" und Art. 39 III lit. c EG: „Sie gibt ... den Arbeitnehmern das Recht, sich in einem Mitgliedstaat aufzuhalten, ...". Art. 39 II EG spricht zwar von „Arbeitnehmer[n] der Mitgliedstaaten", jedoch ist offen, ob damit Staatsangehörige gemeint sind oder schlicht in einem Mitgliedstaat tätige Arbeitnehmer.

[89] So auch EuGH, Rs. 238/83, Slg. 1984, 2631, Rn. 7 – Maede; *F. David*, RTDE 2003, 561 (573); *M. Franzen*, in: Streinz, Art. 39, Rn. 39; *T. Kingreen*, Struktur der Grundfreiheiten, 78 ff.; *S. O'Leary*, Options for reform, 28 f.; *A. Randelzhofer/U. Forsthoff*, in: G/H, vor Art. 39–55, Rn. 9; *U. Schneider*, Unionsbürger, 66; *U. Wölker/G. Grill*, in: von der Groeben/Schwarze, Vorbem. zu den Artikeln 39 bis 41 EG, Rn. 46. Ausführlich gegen dieses Verständnis *R. Plender*, Incipient Form of Citizenship, 39 (42 ff.).

[90] Siehe dazu bereits oben, 2. Teil A. I. 2. e).

bb) Der Kreis der Unionsbürger: Die staatliche Personalhoheit und ihre unionsrechtlichen Schranken

Gemäß Art. 17 I 2 EG ist Unionsbürger, wer die Staatsangehörigkeit eines Mitgliedstaats besitzt. Diese Anknüpfung an die nationale Staatsangehörigkeit unterstreicht, dass die Unionsbürgerschaft ein akzessorischer Status ist und es nicht der Union selbst obliegt, originär zu bestimmen, wer ihr unter welchen Voraussetzungen als Bürger angehört.[91]

Der Begriff der Staatsangehörigkeit eines Mitgliedstaats ist anders als etwa der des Arbeitnehmers nicht unionsrechtlich autonom zu bestimmen,[92] sondern als Verweis auf die Rechtsordnungen der einzelnen Mitgliedstaaten zu verstehen. Dieses Verständnis haben die Staats- und Regierungschefs in der Schlussakte zum Vertrag über die Europäische Union vom 7. Februar 1992 dokumentiert. Dort heißt es in der Erklärung Nr. 2 zur Staatsangehörigkeit eines Mitgliedstaates:

> Die Konferenz erklärt, daß bei Bezugnahmen des Vertrags zur Gründung der Europäischen Gemeinschaft auf die Staatsangehörigen der Mitgliedstaaten die Frage, welchem Mitgliedstaat eine Person angehört, allein durch Bezug auf das innerstaatliche Recht des betreffenden Mitgliedstaats geregelt wird. Die Mitgliedstaaten können zur Unterrichtung in einer Erklärung gegenüber dem Vorsitz angeben, wer für die Zwecke der Gemeinschaft als ihr Staatsangehöriger anzusehen ist, und ihre Erklärung erforderlichenfalls ändern.[93]

---

[91] Im Zuge der Einführung der Unionsbürgerschaft durch den Vertrag von Maastricht war die akzessorische Bestimmung nicht unangefochten. Vielmehr hielt das Europäische Parlament diese nur für einen Übergangszeitraum für hinnehmbar. Im Übrigen impliziere das Institut der Unionsbürgerschaft jedoch, die Kriterien für ihren Erwerb und Verlust autonom festzulegen, vgl. die Entschließung des Europäischen Parlamentes zur Unionsbürgerschaft vom 14.6.1991, ABl. C 183 vom 15.7.1991, S. 473 (unter D. und F.). *J. Handoll*, Free Movement, 283 (Rn. 9.76), hört in einem solchen Schritt die Totenglocke der Existenz der Mitgliedstaaten läuten. Für eine Öffnung für Drittstaatsangehörige plädieren *M. J. Garot*, A new basis for European Citizenship: Residence?; *M. Nettesheim*, Integration 2003, 428 (436 f.); *D. O'Keeffe*, Union Citizenship, 87 (104 ff.); *S. O'Leary*, Options for reform, 106 f.; *dies.*, Reform of Union Citizenship, 81 (90 f.); *M. Pelzner*, Unionsbürgerschaft und soziale Rechte, 56 f.; *J. Shaw*, Citizenship of the Union, 245 (299 ff.). Siehe dazu ferner *G.-R. de Groot*, Verhältnis der Unionsbürgerschaft zu den Staatsangehörigkeiten, 67 (83 ff.); *B. Kunoy*, 43 CML Rev. (2006), 179 (183 ff.).

[92] Hierin sieht *D. O'Keeffe*, Union Citizenship, 87 (92), eine Anomalität. Ähnlich *S. O'Leary*, Options for reform, 29. Zu dieser Kritik kritisch *H. U. J. d'Oliveira*, Nationality and the EU after Amsterdam, 395 (402), unter Verweis auf die Kompetenzverteilung.

[93] Anders als die dem EG-Vertrag beigefügten Protokolle (Art. 311 EG) ist die Schlusserklärung zwar kein Bestandteil des Primärrechts, sie kann jedoch als Auslegungshilfe im Sinne des Art. 31 II lit. a WVK herangezogen werden. Vgl. EuGH, Rs. C-192/99, Slg. 2001, I-1237, Rn. 22 ff. – Kaur; *M. Hilf*, in: G/H, Art. 17, Rn. 42; *C. Schönberger*, Unionsbürger, 277; *G. Schulz*, Freizügigkeit, 70 ff. Zu den von den Mitgliedstaaten abgegebenen Erklärungen siehe EuGH, Rs. C-192/99, Slg. 2001, I-1237, Rn. 19 ff. – Kaur; *C. Closa*, 32 CML Rev. (1995), 487 (509 ff.); *C. Greenwood*, 7 YEL (1987), 185 (187 ff.); *S. Hall*, 28 LIEI (2001),

Dies entspricht den Grundsätzen des allgemeinen Völkerrechts, wonach jeder Staat als Ausfluss seiner Personalhoheit grundsätzlich frei entscheiden kann, wem und unter welchen Voraussetzungen er seine Staatsangehörigkeit verleiht und entzieht.[94] Durch die akzessorische Ausgestaltung der Unionsbürgerschaft bedeutet dies natürlich gleichzeitig, dass ein Staat durch die Festlegung des Kreises seiner Angehörigen zugleich den der Unionsbürger mitdefiniert. Dies ist im Hinblick auf die mit der Unionsbürgerschaft verbundenen Rechte, die seine Angehörigen in anderen Mitgliedstaaten genießen, nicht unproblematisch.[95] Als Konsequenz der nicht autonomen Definition der Unionsbürgerschaft sowie eines nicht harmonisierten Staatsangehörigkeitsrechts ist dies jedoch hinzunehmen.[96]

Der EuGH erkennt diese Definitionsmacht der Mitgliedstaaten im Grundsatz an. Darüber hinaus hat der Gerichtshof sowohl in Bezug auf die Grundfreiheiten als auch auf Art. 18 I EG betont, dass jeder Mitgliedstaat die Verleihung der Staatsangehörigkeit durch einen anderen Mitgliedstaat – und damit auch die der Unionsbürgerschaft – zu beachten habe.[97] In der Rs. Micheletti beantragte der aus Argentinien stammende italienisch-argentinische Staatsangehörige *Micheletti* in Spanien eine Fremdenkarte für Gemeinschaftsangehörige, um sich als Zahnarzt niederzulassen. Dies verweigerten ihm die spanischen Behörden. Denn nach Art. 9 Codigo Civil kommt in Fällen doppelter Staatsangehörigkeit dann, wenn es sich bei keiner der beiden Staatsangehörigkeiten um die spanische handelt, derjenigen Staatsangehörigkeit der Vorrang zu, die dem gewöhnlichen Aufenthalt des Betroffenen vor seiner Einreise nach Spanien entspricht, also beim Kläger der argentinischen Staatsangehörigkeit. Hierin sah der EuGH einen Verstoß gegen die Niederlassungsfreiheit:

> Die Festlegung der Voraussetzungen für den Erwerb und den Verlust der Staatsangehörigkeit unterliegt nach dem internationalen Recht der Zuständigkeit der einzelnen Mitgliedstaaten; von dieser Zuständigkeit ist unter Beachtung des Gemeinschaftsrechts Gebrauch zu machen. Es ist jedoch nicht Sache der Rechtsvorschriften eines Mitgliedstaats, die Wirkungen der Verleihung der Staatsangehörigkeit eines anderen Mitgliedstaats dadurch zu beschränken, daß eine zusätzliche Voraussetzung für die Anerkennung dieser Staatsangehörigkeit im Hinblick

---

355 (358 ff.); *M. Hilf*, in: G/H, Art. 17, Rn. 44; *H. U. J. d'Oliveira*, Nationality and the EU after Amsterdam, 395 (399 ff.); *R. Plender*, Incipient Form of Citizenship, 39 (44 f.); *C. Sauerwald*, Unionsbürgerschaft, 87 ff.; *C. Schönberger*, Unionsbürger, 276 ff.; *P. Shah*, EJML 2001, 271; *H. Toner*, 39 CML Rev. (2002), 881.

[94] Näher *C. Gloria*, Staat, § 24, Rn. 4; *K. Hailbronner*, in: *ders./G. Renner*, Staatsangehörigkeitsrecht, Grundlagen, E.

[95] Kritisch auch *J.-Y. Carlier*, 42 CML Rev. (2005), 1121 (1128); *M. Hilf*, in: G/H, Art. 17, Rn. 47; *P. Pescatore*, ZaöRV 64 (2004), 667 (667 f.); *S. Staeglich*, ZEuS 2003, 485 (522).

[96] So wohl *J. Handoll*, Free Movement, 283 f. (insb. Rn. 9.82). Zur Koordinierung siehe *A. Evans*, Constitutionalization of Equality in EU Law, 267 (278 ff.); *J. Pomoell*, EU Citizenship in Focus, 105 ff.; *C. Sauerwald*, Unionsbürgerschaft, 120 ff.

[97] Siehe auch *G.-R. de Groot*, Nationality Legislation, der weitere problematische Konstellationen untersucht. Zum Verlust *S. Hall*, 21 EL Rev. (1996), 129.

auf die Ausübung der im Vertrag vorgesehenen Grundfreiheiten verlangt wird. Daher ist eine Auslegung von [Art. 43 EG], nach der dann, wenn der Staatsangehörige eines Mitgliedstaats gleichzeitig die Staatsangehörigkeit eines Drittstaates besitzt, die anderen Mitgliedstaaten die Anerkennung der Eigenschaft als Gemeinschaftsangehöriger von einer Voraussetzung wie dem gewöhnlichen Aufenthalt des Betroffenen im Hoheitsgebiet des ersten Staates abhängig machen können, nicht zulässig. Dies gilt um so mehr, als die Zulassung einer solchen Möglichkeit dazu führen würde, daß der persönliche Geltungsbereich der Gemeinschaftsbestimmungen über die Niederlassungsfreiheit in den Mitgliedstaaten unterschiedlich sein könnte.[98]

Diese Ansicht bestätigte der Gerichtshof in den in anderem Zusammenhang noch ausführlich zu erörternden Rs. Avello und Chen/Zhu im Hinblick auf Art. 18 I EG. Das nationale Recht dürfe einmal die „ausländische" Staatsangehörigkeit eines Doppelstaaters nicht dadurch für unbeachtlich erklären, dass bei Doppelstaatern, die auch die eigene Staatsangehörigkeit besitzen, diese den Vorrang genieße, der Doppelstaater also als nur Inländer anzusehen sei.[99] Ebenso sei es zu akzeptieren, dass ein Mitgliedstaat Kindern drittstaatsangehöriger Personen durch das *ius-soli*-Prinzip den Erwerb der nationalen Staatsangehörigkeit und damit der Unionsbürgerschaft ermöglicht, selbst wenn mit der Geburt in einem solchen Mitgliedstaat günstige Voraussetzungen für den Erwerb des Aufenthaltsrechts in einem dritten Mitgliedstaat geschaffen werden sollen.[100]

Offen ist, ob die Pflicht zur Anerkennung grenzenlos ist oder nicht vielmehr durch das Unionsrecht selbst sowie allgemeine Grundsätze des Völkerrechts beschränkt wird.[101] Als Regel des allgemeinen Völkerrechts gilt die vom IGH im Nottebohm-Fall herausgestellte Schranke, dass eine einzubürgernde Person eine hinreichend enge Beziehung zum Staat ("genuine connection"), dessen Angehörigkeit verliehen werden soll, aufweisen müsse.[102] Diese Normen sind

---

[98] EuGH, Rs. C-369/90, Slg. 1992, I-4239, Rn. 10 ff. – Micheletti.

[99] EuGH, Rs. C-148/02, Slg. 2003, I-1161, Rn. 26 ff. – Avello.

[100] EuGH, Rs. C-200/02, Slg. 2004, I-9925, Rn. 36 ff. – Chen/Zhu.

[101] Ausdrücklich offen gelassen von GA *Tizzano*, in: EuGH, Rs. C-200/02, Slg. 2004, I-9925, Rn. 37 – Chen/Zhu. Befürwortend *C. Greenwood*, 7 YEL (1987), 185 (187 f.); *G.-R. de Groot*, Towards a European Nationality Law, 13 (25 ff.); *T. Giegerich*, Unionsbürgerschaft, Rn. 23. Ablehnend *H. U. J. d'Oliveira*, Nationality and the EU after Amsterdam, 395 (403 ff.).

[102] ICJ Reports 1955, S. 4 – im Schrifttum ist allerdings umstritten, ob diese Entscheidung die Anerkennung der Verleihung der Staatsangehörigkeit generell oder nur die Befugnis zur Ausübung diplomatischen Schutzes betrifft, vgl. dazu *K. Hailbronner*, in: *ders./G. Renner*, Staatsangehörigkeitsrecht, Grundlagen, E., Rn. 18 ff. Siehe ferner den Teso-Beschluss des BVerfG, E 77, 137 (153): „Nach allgemeinem Völkerrecht unterliegt die Bestimmung des Kreises seiner Staatsangehörigen durch einen Staat bestimmten Grenzen, die sich unter anderem aus der Existenz und der Personalhoheit anderer Staaten ergeben ... Der Staat darf die Staatsangehörigkeit insbesondere nicht an sachfremde, mit ihm nicht in hinreichender Weise verbundene Sachverhalte anknüpfen"; *C. Gloria*, Staat, § 24, Rn. 6, 10; *K. Hailbronner*, ibid., Rn. 16 ff. *C. Schönberger*, Unionsbürger, 280 ff., verneint dagegen die Existenz völker-

als Regel des Völkergewohnheitsrechts Bestandteil der Rechtsordnung der Gemeinschaft[103] und in Art. 17 I 2 EG hineinzulesen. Eine entsprechende Beschränkung folgt jedoch auch aus dem Unionsrecht selbst. In der Rs. Micheletti hat der Gerichtshof zwar anerkannt, dass die Mitgliedstaaten grundsätzlich zuständig seien zu bestimmen, wer ihr Staatsangehöriger ist. Gleichzeitig betonte er jedoch, dass diese Zuständigkeit unter Beachtung des Unionsrechts ausgeübt werden müsse. Obgleich der EuGH keine konkreten Normen genannt hat,[104] ist auf die Loyalitätspflicht zwischen den Mitgliedstaaten hinzuweisen.[105] Diese gebietet, den Kreis der Staatsangehörigen im Hinblick auf die mit der Unionsbürgerschaft in anderen Mitgliedstaaten verbundene umfassende Rechtsstellung nicht über die anerkannten völkerrechtlichen Grenzen hinaus auszudehnen.[106] In den Rs. Micheletti, Avello und Chen/Zhu ist dies nicht geschehen, da in allen Fällen eine entsprechend enge Verknüpfung vorlag. Denn die doppelte Staatsangehörigkeit resultierte aus einer Abstammung von einem ausländischen Elternteil respektive wurde die Staatsangehörigkeit aufgrund des *ius-soli*-Grundsatzes erworben.[107] Darüber hinaus enthält das Völkergewohnheitsrecht das Verbot, die Staatsangehörigkeit willkürlich zu entziehen.[108]

cc) Juristische Personen als unionsbürgerlich Freizügigkeitsberechtigte?

Die Unionsbürgerschaft ist entstehungsgeschichtlich und ihrem Zweck nach mit der Verwirklichung der Idee des „Europa der Bürger" verknüpft. Dies sowie der einen ausschließlichen Bezug auf natürliche Personen nahe legende

---

rechtlicher Vorgaben, da diese nur das Verhältnis der Mitgliedstaaten zu Drittstaaten, nicht aber das der Mitgliedstaaten zur Gemeinschaft betreffen.

[103] EuGH, Rs. C-162/96, Slg. 1998, I-3655, Rn. 45 f. – Racke; *T. Oppermann*, Europarecht, § 7, Rn. 19 f.; *R. Streinz*, Europarecht, Rn. 497.

[104] EuGH, Rs. C-369/90, Slg. 1992, I-4239, Rn. 10 – Micheletti.

[105] Siehe auch *T. Giegerich*, Unionsbürgerschaft, Rn. 24; *G.-R. de Groot*, Towards a European Nationality Law, 13 (25 f.); *S. Kadelbach*, Unionsbürgerschaft, 539 (549), der darauf abstellt, dass die Mitgliedstaaten durch Einbürgerungen nicht die gemeinsame Einwanderungspolitik (Art. 63 EG) unterlaufen dürften. Ablehnend *H. U. J. d'Oliveira*, Nationality and the EU after Amsterdam, 395 (405 ff.).

[106] Siehe auch *G.-R. de Groot*, Nationality Legislation, 123 f., 135; *M. Haag*, in: von der Groeben/Schwarze, Art. 17, Rn. 9; *C. Sauerwald*, Unionsbürgerschaft, 97. Eine unionsrechtliche Bindung verneint dagegen *C. Schönberger*, Unionsbürger, 287 ff.

[107] Anders *U. Everling*, Auf dem Weg, 49 (53); *P. Fischer*, Unionsbürgerschaft, 237 (250 f.); *Y. Hangartner*, Bürgerrecht der EU, 695 (703); *M. Hilf*, in: G/H, Art. 17, Rn. 47; *J.-G. Iken*, Personenfreizügigkeit, 31; *S. Kadelbach*, Unionsbürgerschaft, 539 (549); *J.-D. Mouton*, La citoyenneté de l'Union, 11; *C. Sauerwald*, Unionsbürgerschaft, 95 ff., die in der Rechtsprechung des EuGH dagegen eine Abkehr von den allgemeinen völkerrechtlichen Grundsätzen sehen.

[108] Siehe *T. Giegerich*, Unionsbürgerschaft, Rn. 23; *K. Hailbronner*, in: *ders./G. Renner*, Staatsangehörigkeitsrecht, Grundlagen, E., Rn. 71 ff.

Begriff „Unionsbürger" spricht jedoch nicht dagegen, einzelne Unionsbürgern eingeräumte Rechte auf juristische Personen respektive Personenvereinigungen auszudehnen, sofern das fragliche Recht seiner Art nach auf solche anwendbar ist.[109] Denn genauso wie natürliche Personen Staaten als Staatsangehörige zugerechnet werden, worauf die Unionsbürgerschaft aufbaut (Art. 17 I 2 EG), werden juristische Personen als den einzelnen Staaten zugehörig betrachtet.[110] Dass Unionsbürgerrechte nicht zwingend auf natürliche Personen beschränkt sind, bestätigen die Art. 21 UA 1 i.V.m. 194 I sowie 21 UA 2 i.V.m. 195 I EG. Nach diesen stehen das Petitionsrecht und das Recht, sich an den Bürgerbeauftragten zu wenden, auch juristischen Personen zu.[111]

Eine Erstreckung des allgemeinen Freizügigkeitsrechts auf juristische Personen ist nach der Art dieses Rechts möglich, da – wie nicht zuletzt die Niederlassungsfreiheit zeigt – grenzüberschreitende Sitzverlagerungen juristischer Personen denkbar sind. Angesichts der Spezialität der Niederlassungsfreiheit werden vom Anwendungsbereich des Art. 18 I EG allerdings nur solche Vereinigungen erfasst, die sich nichtwirtschaftlich betätigen, etwa gemeinnützige Vereine.

b) Drittstaatsangehörige Familienmitglieder als sekundärrechtlich und akzessorisch Freizügigkeitsberechtigte

Genauso wie bei den Grundfreiheiten[112] wurde der Kreis der Freizügigkeitsberechtigten sekundärrechtlich über den Unionsbürger hinaus auf dessen drittstaatsangehörige[113] Familienmitglieder[114] ausgedehnt. Denn – so der fünfte Erwägungsgrund der neuen Aufenthaltsrichtlinie 2004/38 –

---

[109] Vgl. auch *T. Giegerich*, Unionsbürgerschaft, Rn. 27; *M. Haag*, in: von der Groeben/Schwarze, Art. 17, Rn. 11; *B. Schöbener*, in: KK-GRC, Art. 45, Rn. 20. Anders *M. Condinanzi/A. Lang/B. Nascimbene*, Cittadinanza dell'Unione, 5 f.; *N. Dautzenberg*, BB 1993, 1563 (1564); *P. Fischer*, Unionsbürgerschaft, 237 (252 f.), der in der Beschränkung der Unionsbürgerschaft auf natürliche Personen gerade den Gegensatz zu den Rechten der Marktbürger sieht, die auch juristischen Personen zustehen.

[110] Vgl. *C. Gloria*, Staat, § 24, Rn. 22 ff.

[111] So auch *M. Haag*, in: von der Groeben/Schwarze, Art. 17, Rn. 11; *A. Hatje*, in: Schwarze, Art. 18, Rn. 9.

[112] Vgl. dazu oben, 1. Teil A. II. 2. a) aa) (4).

[113] Zur Rechtsstellung Drittstaatsangehöriger allgemein *C. Barnard*, The Four Freedoms, 432 ff.; *U. Bernitz/H. Lokrantz Bernitz*, Human Rights and European Identity, 505 (518 ff.); *E. Bribosia*, Discriminations; *P. de Bruycker*, Vers un statut; *T. Gross*, EJML 2005, 145 (148 ff.); *K. Hailbronner*, ZAR 2002, 83; *M. Hedemann-Robinson*, 38 CML Rev. (2001), 525; *S. Peers*, 34 CML Rev. (1997), 7; *E. Pérez Vera*, Citoyenneté de l'UE, 243 (394 ff.); *R. Rack*, Rechtsstellung; *N. Reich/S. Harbacevica*, 40 CML Rev. (2003), 615 (631 ff., 637 f.); *H. Rothfuchs*, Personenverkehrsfreiheiten, 249 ff.; *C. Schmitter*, Ressortissant de pays tiers; *H. Staples*, Legal status of Third Country Nationals; *H. Urth*, EJML 2005, 163; *F. Weiss/F. Wooldridge*, Free Movement, 169 ff.; *L. Wildhaber*, Right of residence of the foreign spouse.

[d]as Recht aller Unionsbürger, sich im Hoheitsgebiet der Mitgliedstaaten frei zu bewegen und aufzuhalten, sollte, wenn es unter objektiven Bedingungen in Freiheit und Würde ausgeübt werden soll, auch den Familienangehörigen ungeachtet ihrer Staatsangehörigkeit gewährt werden.

Die in der Richtlinie getroffenen Regelungen gehen dabei über den bisherigen *Acquis* hinaus, indem sie insbesondere zum einen den Lebenspartner in den Kreis der Familienangehörigen einbeziehen[115] (aa) und zum anderen die Möglichkeit, nach der Trennung vom primär freizügigkeitsberechtigten Unionsbürger im Aufnahmemitgliedstaat zu verbleiben, deutlich erweitern (bb).

aa) Der Kreis der akzessorisch Freizügigkeitsberechtigten

Den Kreis der vom persönlichen Anwendungsbereich der RL 2004/38 erfassten drittstaatsangehörigen Familienmitglieder definiert deren Art. 2 Nr. 2.[116] Familienangehörige sind

a) der Ehegatte;

---

[114] Zum Begriff des Familienmitglieds siehe *M. Candela Soriano*, J.T.D.E. 2005, 193 (196 f.); *J.-Y. Carlier*, CDE 2006, 13 (17 ff.); *H. Toner*, Partnership Rights, Free Movement, and EU Law.

[115] Der Kreis der als „Lebenspartner" Freizügigkeitsberechtigten war eine der zentralen Streitfragen im Gesetzgebungsverfahren. Vgl. dazu *I. Alexovičová*, Right of Free Movement, 73 (76 ff.), *J.-Y. Carlier*, CDE 2006, 13 (19), *A. Iliopoulou*, RDUE 2004, 523 (535 ff.), sowie den 5. und 15. Erwägungsgrund der RL 2004/38. In Art. 2 II EK-Vorschlag Aufenthaltsrichtlinie, KOM (2001) 257 endg., ABl. C 270 v. 25.9.2001, S. 150, war der Begriff des Familienangehörigen noch weiter gefasst (vgl. dazu auch Begründung zu Art. 2 II). Noch weitergehend das EP in der 1. Lesung – insbesondere im Hinblick auf gleichgeschlechtliche Lebenspartner und nach dem Recht des *Herkunfts*staates anerkannte nichteheliche Lebensgemeinschaften, vgl. Art. 2 II der legislativen Entschließung des EP, ABl. C 43 v. 19.2.2004, S. 42. Die Vehemenz der Auseinandersetzung unterstreicht die Stellungnahme der MdEP *Turco* und *Cappato*: „Auf Anraten des Berichterstatters hat der Ausschuss für die Freiheiten und Rechte der Bürger eine große Zahl grundlegender Änderungsanträge, die das Parlament in erster Lesung angenommen hatte, wieder zurückgezogen und sich dem Druck des Rates gebeugt, der das Parlament mit seiner Drohung erpresst hatte, dass jede Änderung des Textes zu einer totalen Blockade des Rechtssetzungsverfahrens führen würde. Der Ausschuss hat insbesondere die von uns erneut eingereichten Änderungsanträge betreffend die Definition der ‚Familie' verworfen, mit denen der Grundsatz der gegenseitigen Anerkennung unter den Mitgliedstaaten gewährleistet werden sollte, damit sich insbesondere Paare – unabhängig vom Geschlecht der Partner – im Hoheitsgebiet der EU frei bewegen dürfen." (So die Minderheitenansicht der erwähnten MdEP in der Empfehlung des EP-Ausschuss für die Freiheiten und Rechte der Bürger, Justiz und innere Angelegenheiten für die zweite Lesung der Aufenthaltsrichtlinie vom 23.2.2004, A5-0090/2004, PE 339.588, S. 7).

[116] Darüber hinaus verpflichtet Art. 3 II RL 2004/38 den Aufnahmemitgliedstaat, den Aufenthalt nicht unter Art. 2 Nr. 2 RL 2004/38 fallender Familienangehöriger sowie des Lebenspartners unter den genannten Voraussetzungen zu erleichtern.

b) der Lebenspartner, mit dem der Unionsbürger auf der Grundlage der Rechtsvorschriften eines Mitgliedstaats eine eingetragene Partnerschaft eingegangen ist, sofern nach den Rechtsvorschriften des Aufnahmemitgliedstaats die eingetragene Partnerschaft der Ehe gleichgestellt ist und die in den einschlägigen Rechtsvorschriften des Aufnahmemitgliedstaats vorgesehenen Bedingungen erfüllt sind;

c) die Verwandten in gerader absteigender Linie des Unionsbürgers und des Ehegatten oder des Lebenspartners im Sinne von Buchstabe b), die das 21. Lebensjahr noch nicht vollendet haben oder denen von diesen Unterhalt gewährt wird;

d) die Verwandten in gerader aufsteigender Linie des Unionsbürgers und des Ehegatten oder des Lebenspartners im Sinne von Buchstabe b), denen von diesen Unterhalt gewährt wird.

Wie bislang unter Geltung der RL 93/96 auch ist der Kreis der als Familienmitglied eines Studierenden Freizügigkeitsberechtigten enger und umfasst nur den Ehegatten, den Lebenspartner sowie seine Kinder, denen er Unterhalt gewährt (Art. 7 IV RL 2004/38).[117] Von der Richtlinie erfasst sind die Familienmitglieder gemäß Art. 3 I RL 2004/38 freilich nur dann, wenn sie den Unionsbürger begleiten oder ihm nachziehen.

bb) Lockerungen der Akzessorietät

Wie bereits erwähnt, hat die RL 2004/38 den rechtlichen Schutz für drittstaatsangehörige Familienmitglieder in den Fällen, dass der Unionsbürger verstirbt, aus dem Aufnahmemitgliedstaat wegzieht, die Ehe geschieden oder aufgehoben oder die eingetragene Partnerschaft beendet wird, deutlich verbessert. Die strikte Durchführung des Akzessorietätsgedankens bedeutete nämlich, dass das Aufenthaltsrecht der Familienangehörigen in diesen Fällen erlischt, womit diese ausgewiesen werden könnten. Um dies zu vermeiden, erhalten die Art. 12 II, III und 13 II RL 2004/38 unter den dort näher spezifizierten Voraussetzungen – insbesondere hinsichtlich einer Mindestaufenthalts- respektive Mindestehedauer – das Aufenthaltsrecht ausschließlich auf persönlicher Grundlage. Unter erleichterten Voraussetzungen greift die Lockerung der Akzessorietät auch für Familienmitglieder, die Unionsbürger sind (Art. 12 I und 13 I RL 2004/38).

c) Das Aufenthaltsrecht drittstaatsangehöriger Familienmitglieder als Ausfluss der primärrechtlichen Berechtigung des Unionsbürgers

Die Darstellung des Aufenthaltsrechts drittstaatsangehöriger Familienmitglieder bliebe unvollständig ohne Verweis auf das Urteil des EuGH in der noch ausführlicher zu erörternden Rs. Chen/Zhu. In dieser leitete der Gerichtshof das Aufenthaltsrecht der drittstaatsangehörigen Mutter einer Unionsbürgerin aus dem allgemeinem Freizügigkeitsrecht der Tochter ab, da dieses andernfalls

[117] Kritisch zum Ausschluss der Verwandten in aufsteigender Linie *A. Iliopoulou*, RDUE 2004, 523 (534).

jeder praktischen Wirksamkeit beraubt wäre.[118] Verallgemeinert lässt sich also festhalten, dass personensorgeberechtigten Drittstaatsangehörigen aufgrund der Freizügigkeitsberechtigung der ihrer Sorge unterliegenden Person ein Aufenthaltsrecht zusteht. Kreis und Rechtsstellung der danach Aufenthaltsberechtigten bedürfen allerdings noch der Konturierung.[119]

2. Sachlicher Schutzbereich: Fortbewegung und Aufenthalt

Ausweislich seines Wortlautes gewährt Art. 18 I EG das Recht, sich im Hoheitsgebiet der Mitgliedstaaten frei zu bewegen und aufzuhalten. Damit lässt sich das Freizügigkeitsrecht analytisch in zwei Komponenten zerlegen, nämlich die grenzüberschreitende Fortbewegung und den Aufenthalt im Aufnahmemitgliedstaat. Wenn es im Folgenden gilt, den sachlichen Schutzbereich zu konturieren, soll dabei auf den der neuen Freizügigkeitsrichtlinie 2004/38 zugrunde liegenden Konkretisierungen des Schutzbereichs aufgebaut werden. Diese unterscheidet zwischen dem Recht auf Aus- und Einreise, die der Fortbewegungskomponente zugeordnet werden (a), und dem Aufenthaltsrecht (b).

a) Die Bewegungsfreiheit: Das Recht auf Aus- und Einreise

Sich frei im Hoheitsgebiet der Mitgliedstaaten bewegen zu können, verlangt, aus diesen ungehindert aus- und einreisen zu können. Kapitel II der RL 2004/38 regelt diesen Aspekt des Freizügigkeitsrechts. Art. 4 I RL 2004/38 verbürgt das Recht der Unionsbürger, unter Vorlage eines gültigen Reisepasses oder Personalausweises[120] einen Mitgliedstaat verlassen zu dürfen und sich in einen anderen Mitgliedstaat zu begeben. Unter den gleichen Voraussetzungen gewährleistet Art. 5 I RL 2004/38 das Recht auf Einreise in einen anderen Mitgliedstaat.

b) Das Aufenthaltsrecht

Neben der Bewegungsfreiheit erfasst der Schutzbereich des allgemeinen Freizügigkeitsrechts die Aufenthaltsnahme in einem anderen Mitgliedstaat. Sekundärrechtlich werden drei von der Aufenthaltsdauer abhängige Kategorien unterschieden, nämlich der Aufenthalt von bis zu drei Monaten (aa), von mehr als drei Monaten (bb) sowie die mit der RL 2004/38 neu geschaffene Kategorie des Daueraufenthalts (cc).

---

[118] EuGH, Rs. C-200/02, Slg. 2004, I-9925, Rn. 42 ff. – Chen/Zhu. Dazu *B. Hofstötter*, 30 EL Rev. (2005), 548 (553 ff.). Ähnlich im Hinblick auf das in Art. 12 VO 1612/68 verankerte Ausbildungsrecht der Kinder bereits Rs. C-413/99, Slg. 2002, I-7091, Rn. 68 ff. – Baumbast und R. Kritisch *S. Bode*, EuZW 2002, 767 (767 f.).

[119] Siehe auch *B. Hofstötter*, SJER 2004, 267 (279 ff.).

[120] Dies gilt „unbeschadet der für die Kontrollen von Reisedokumenten an den nationalen Grenzen geltenden Vorschriften" (Art. 4 I, 5 I RL 2004/38).

aa) Das Recht auf Aufenthalt bis zu drei Monaten (Art. 6 RL 2004/38)

Jedem Unionsbürger räumt Art. 6 RL 2004/38 das weitgehend voraussetzungslose Aufenthaltsrecht für eine Aufenthaltsdauer von bis zu drei – ursprünglich vorgesehen waren sechs[121] – Monaten ein. Erforderlich ist lediglich der Besitz eines gültigen Personalausweises oder Reisepasses, ohne dass weitere Bedingungen oder Formalitäten einzuhalten wären.[122]

Durch den Gleichlauf mit den Voraussetzungen für die Einreise gelingt es der RL 2004/38, Abgrenzungsschwierigkeiten[123] zwischen der Fortbewegungs- und Aufenthaltskomponente bei kurzen Aufenthalten, etwa Reisen, zu vermeiden. Derartige Aufenthalte unterfallen nach bislang überwiegender Auffassung jedoch regelmäßig der als speziell gegenüber dem allgemeinen Freizügigkeitsrecht qualifizierten passiven Dienstleistungsfreiheit, da sie sich als zeitlich begrenzte Serie einer Inanspruchnahme von Dienstleistungen konzipieren lassen.[124] Insoweit lässt sich der Dreimonatszeitraum immerhin als Konkretisierung der Grenze fruchtbar machen, ab der ein Aufenthalt nicht mehr als vorübergehend und damit unter die passive Dienstleistungsfreiheit fallend qualifiziert werden kann. Diese schützt nämlich nicht Personen, die ihren Hauptaufenthalt in einem anderen Mitgliedstaat nehmen, um dort auf unbestimmte Dauer Dienstleistungen zu empfangen.[125] Nach einer drei Monate überschreitenden Aufenthaltsdauer wäre demnach der Leistungsempfang nicht mehr als vorübergehend zu qualifizieren. Etwas anderes muss freilich für die über diesen

---

[121] Vgl. Art. 6 V EK-Vorschlag Aufenthaltsrichtlinie, KOM (2001) 257 endg., ABl. C 270 v. 25.9.2001, S. 150. Dies lehnte der Rat jedoch ab, der an den bislang geltenden drei Monaten festhalten wollte, sich jedoch eine spätere Verlängerung aufgrund eines entsprechenden Vorschlages der EK in ihrem Bericht zur Anwendung der neuen Aufenthaltsrichtlinie vorbehielt, vgl. EU-Bulletin 9/2003, sub 1.4.2. Diese Verlängerungsmöglichkeit aufgrund eines entsprechenden Änderungsvorschlages der EK ist in Art. 39 S. 1 RL 2004/38 festgeschrieben.

[122] Lassen sich Identität und Staatsangehörigkeit des Aufenthaltswilligen zweifelsfrei anderweitig nachweisen, muss der Aufnahmemitgliedstaat nach der Rechtsprechung des Gerichtshofs auch sonstige Mittel akzeptieren, EuGH, Rs. C-215/03, Slg. 2005, I-1215, Rn. 19 ff. – Oulane.

[123] Zu diesen siehe die Diskussion im Schlussantrag von GA *Geelhoed*, in: EuGH, Rs. C-456/02, Slg. 2004, I-7573, Rn. 64 f. – Trojani.

[124] EuGH, Verb. Rs. 286/82 und 26/83, Slg. 1984, 377, Rn. 12 ff. – Luisi und Carbone; Rs. 196/87, Slg. 1988, 6159, Rn. 16 f. – Steymann; Rs. C-186/87, Slg. 1989, 195, Rn. 15 – Cowan; Rs. C-348/96, Slg. 1999, I-11, Rn. 16 – Calfa; Rs. C-215/03, Slg. 2005, I-1215, Rn. 37 – Oulane. Von einer Auffangfunktion der Dienstleistungsfreiheit geht auch GA *Léger*, in: Rs. C-215/03, Slg. 2005, I-1215, Rn. 42 – Oulane, aus: „[D]er Umstand, dass sich ein Angehöriger eines Mitgliedstaats zu einem bestimmten Zeitpunkt im Hoheitsgebiet eines anderen Mitgliedstaats befindet, [genügt] für die Vermutung, dass er in diesem Mitgliedstaat Empfänger von Dienstleistungen ist oder sein wird und dass er als solcher in den persönlichen Geltungsbereich der Gemeinschaftsvorschriften über den freien Dienstleistungsverkehr fällt".

[125] EuGH, Rs. 196/87, Slg. 1988, 6159, Rn. 16 f. – Steymann. Bestätigt in Rs. C-200/02, Slg. 2004, I-9925, Rn. 22 – Chen/Zhu.

Zeitraum hinausgehende Entgegennahme einer konkreten Dienstleistung gelten wie etwa ein Privatschulbesuch, Sprachkurse oder medizinische Behandlungen.[126] Die neue Aufenthaltsrichtlinie hat jedoch ausweislich ihres Wortlautes und der Entstehungsgeschichte die Kategorie der passiven Dienstleistungsfreiheit aufgegeben, indem sie den Leistungsempfänger nicht zu der hinsichtlich der ökonomischen Aufenthaltsvoraussetzungen privilegierten Kategorie der Erwerbstätigen zählt (vgl. Art. 7 I lit. a RL 2004/38).[127] Für Aufenthalte von bis zu drei Monaten bleibt dies jedoch ohne praktische Konsequenzen, da hier identische Aufenthaltsvoraussetzungen gelten.[128]

bb) Das Recht auf Aufenthalt für mehr als drei Monate (Art. 7 ff. RL 2004/38)

Überschreitet die Aufenthaltsdauer drei Monate, so differenziert die RL 2004/38 wie das bisherige Unionsrecht auch danach, ob der Aufenthalt durch eine Erwerbstätigkeit motiviert ist oder nicht (vgl. Art. 7 I, 14 IV RL 2004/38). Ist Letzteres der Fall, muss der Aufenthaltswillige zumindest nach Art. 7 I lit. b und c RL 2004/38 ökonomische Voraussetzungen erfüllen. Sowohl deren grundsätzliche Rechtfertigung als auch die Frage, ob sie tatbestandliche Voraussetzungen des Aufenthaltsrechts darstellen, dessen Schutzbereich also begrenzen, oder die Entstehung des Aufenthaltsrechts unberührt lassen und lediglich aufenthaltsbeendende Maßnahmen legitimieren, ist umstritten. Darauf soll unten im Zusammenhang mit den Schranken des Aufenthaltsrechts näher eingegangen werden.[129]

cc) Das Recht auf Daueraufenthalt (Art. 16 ff. RL 2004/38)

Das Aufenthaltsrecht eines Unionsbürgers verfestigt sich gemäß Art. 16 I RL 2004/38 nach einem rechtmäßigen und ununterbrochenen Aufenthalt von fünf – ursprünglich vorgesehen waren vier[130] – Jahren zu dem mit dieser Richt-

[126] Siehe auch EuGH, Rs. C-200/02, Slg. 2004, I-9925, Rn. 23 – Chen/Zhu.

[127] Dies lässt sich nicht als Redaktionsversehen begreifen, da die ausdrückliche Einbeziehung von Dienstleistungsempfängern im Gesetzgebungsverfahren verlangt, aber nicht vorgenommen wurde. Vgl. den entsprechenden Änderungsvorschlag 27 des EP in Art. 9 I lit. a in der legislativen Entschließung, ABl. C 43 v. 19.2.2004, S. 42, sowie die positive Reaktion der EK in Geänderter EK-Vorschlag Aufenthaltsrichtlinie, KOM (2003) 199 endg., ABl. C 76 v. 25.3.2004, S. 13, zu Abänderung 27. Dies lehnte der Rat jedoch ab, da Dienstleistungsempfänger nicht mit Arbeitnehmern oder Selbstständigen gleichgestellt werden könnten, vgl. Gemeinsamen Standpunkt (EG) Nr. 6/2004 zur neuen Aufenthaltsrichtlinie, ABl. C 54 v. 2.3.2004, S. 12, sub B. (Abänderung 27).

[128] Für das bislang geltende Recht sah Art. 4 II UA 3 RL 73/148 die Erleichterung, lediglich einen Pass oder Personalausweis vorlegen zu müssen, dagegen nur für Dienstleistungsempfänger und -erbringer vor.

[129] Dazu unten, 2. Teil A. IV. 4. c).

[130] Art. 14 I EK-Vorschlag Aufenthaltsrichtlinie, KOM (2001) 257 endg., ABl. C 270 v. 25.9.2001, S. 150. Dies lehnte der Rat jedoch ab, der die Mindestaufenthaltsdauer auf fünf

linie neu geschaffenen Recht auf Daueraufenthalt.[131] Für selbstständig und unselbstständig Erwerbstätige, die das Rentenalter erreicht haben oder dauernd arbeitsunfähig geworden sind, gelten gemäß Art. 17 RL 2004/38 erleichterte Erwerbsvoraussetzungen. Diese entsprechen im Wesentlichen der außer Kraft getretenen Regelung des Verbleiberechts in der VO 1251/71 bzw. der RL 75/34.[132]

Mit dem Recht auf Daueraufenthalt sollen nicht nur die Lücken in der als zu restriktiv angesehenen unionsrechtlichen Regelung des Verbleiberechts geschlossen werden, sondern der graduell zunehmenden Integration des Unionsbürgers in die Gesellschaft des Aufnahmemitgliedstaates Rechnung getragen werden. Im 17. Erwägungsgrund der neuen Aufenthaltsrichtlinie 2004/38 kommt dies zum Ausdruck:

> Wenn Unionsbürger, die beschlossen haben, sich dauerhaft in dem Aufnahmemitgliedstaat niederzulassen, das Recht auf Daueraufenthalt erhielten, würde dies ihr Gefühl der Unionsbürgerschaft verstärken und entscheidend zum sozialen Zusammenhalt – einem grundlegenden Ziel der Union – beitragen.

Der Erwerb des Daueraufenthaltsrechts ist in Art. 16 RL 2004/38 näher geregelt. Für diesen ist eine vorübergehende Abwesenheit unschädlich (Art. 16 III RL 2004/38). Das Recht auf Daueraufenthalt kann aber verloren gehen, und zwar bei einer Abwesenheit von mehr als zwei Jahren (Art. 16 IV RL 2004/38)[133].

Erörterungsbedürftig bleibt, ob Zeiten, in denen ein nichterwerbstätiger Unionsbürger nicht über hinreichende Existenzmittel verfügt und ggf. Sozialhilfe bezieht, in den Fünfjahreszeitraum einzurechnen sind. Dem könnte man unter Verweis auf den 17. Erwägungsgrund der RL 2004/38 entgegentreten, wonach nur diejenigen das Daueraufenthaltsrecht erwerben, die sich *„gemäß den in dieser Richtlinie festgelegten Bedingungen* fünf Jahre lang ununterbrochen in dem Aufnahmemitgliedstaat aufgehalten haben“[134]. Zu diesen Bedingungen zählt nun einmal gemäß Art. 7 I lit. b und c RL 2004/38 das Vorhandensein ausreichender Existenzmittel. Art. 16 I 1 RL 2004/38 stellt jedoch allein auf den rechtmäßigen Aufenthalt ab, der als Konsequenz der im Gesetzgebungsver-

---

Jahre erhöhte, vgl. EU-Bulletin 9/2003, sub 1.4.2. Damit sollten Vorbehalte einiger Mitgliedstaaten gegenüber der Einbeziehung von Studierenden in das System zur Gewährung des Daueraufenthaltsrechts ausgeräumt werden, vgl. Mitteilung der EK an das EP betreffend den vom Rat angenommenen gemeinsamen Standpunkt im Hinblick auf die Aufenthaltsrichtlinie, SEK (2003) 1293 endg., sub 3.3.2 (zu Art. 16 I und II).

[131] Zu entsprechenden früheren Forderungen *M. Sica*, Cittadinanza europea, 35.

[132] Zum Verbleiberecht oben, 1. Teil A. II. 2. a) aa) (3) (c) und (d).

[133] Wiederum war der Vorschlag der EK großzügiger, der noch eine Abwesenheit von vier Jahren vorsah, vgl. dessen Art. 14 III, KOM (2001) 257 endg., ABl. C 270 v. 25.9.2001, S. 150.

[134] Hervorhebung nicht im Original.

fahren erfolgten Relativierung der ökonomischen Aufenthaltsvoraussetzungen auch bei fehlenden Existenzmitteln solange vorliegt, wie der Aufnahmemitgliedstaat keine aufenthaltsbeendenden Maßnahmen getroffen hat.[135] Für dieses Ergebnis streitet auch der dem Daueraufenthaltsrecht zugrunde liegende Integrationsgedanke, für den ausschließlich der tatsächliche Aufenthalt im Aufnahmemitgliedstaat maßgeblich ist. Des Weiteren erscheint es widersprüchlich, Zeiten finanzieller Not aus dem Fünfjahreszeitraum herauszurechnen, Zeiten, in denen der Aufenthaltswillige eine Bedrohung für die öffentliche Ordnung oder Sicherheit darstellt aber nicht. Schließlich bleibt es dem Mitgliedstaat unbenommen, das Entstehen des Daueraufenthaltsrechts dadurch zu verhindern, dass er bei Mittellosigkeit aufenthaltsbeendende Maßnahmen ergreift; duldet er aber den Aufenthalt des ausländischen Unionsbürgers, muss er auch die Konsequenzen von dessen zunehmender Integration hinnehmen.[136]

3. Räumlicher Schutzbereich

a) Freizügigkeit im Hoheitsgebiet der Mitgliedstaaten oder im Geltungsbereich des EG-Vertrages?

Der den räumlichen Geltungsbereich des EG-Vertrages bestimmende Art. 299 EG erklärt den EG-Vertrag in Teilen des Hoheitsgebiets einzelner Mitgliedstaaten für nur modifiziert anwendbar respektive für unanwendbar. Nach Art. 299 III UA 1 EG gilt in den in Anhang II des EG-Vertrag aufgeführten überseeischen Ländern und Hoheitsgebieten das in den Art. 182 ff. EG festgelegte besondere Assoziierungssystem. Art. 299 III UA 2 und VI EG nehmen darüber hinaus weitere Teile des Hoheitsgebiets des Vereinigten Königreichs vom räumlichen Geltungsbereich des Vertrages vollständig aus. Demgegenüber bezieht sich das durch Art. 18 I EG gewährleistete Freizügigkeitsrecht zumindest seinem Wortlaut nach auf das „Hoheitsgebiet der Mitgliedstaaten", eine Formulierung, die Art. 22 S. 1 RL 2004/38 aufgreift. Aufgrund dieser Wortlautdivergenz und einer Verwendung des Begriffes „Hoheitsgebiet" im völkerrechtlichen Sinn in Art. 299 EG wird nun teilweise vertreten, dass das allgemeine Freizügigkeitsrecht auch jenseits des räumlichen Geltungsbereichs des EG-Vertrages i.S.d. Art. 299 EG bestehe, nämlich im völkerrechtlich zu bestimmenden Hoheitsgebiet der Mitgliedstaaten.[137] Dieser Auffassung ist jedoch

---

[135] Dazu unten, 2. Teil A. IV. 4.

[136] Im Ergebnis so auch *C. Schönberger*, Unionsbürger, 378, sowie *ders.*, ZAR 2006, 226 (230 f.), der dies aus rechtspolitischen Gründen jedoch kritisiert. Anders, allerdings ohne Auseinandersetzung mit der Problematik, *M. Candela Soriano*, J.T.D.E. 2005, 193 (199); *J.-Y. Carlier*, CDE 2006, 13 (29).

[137] *M. Hilf*, in: G/H, Art. 18, Rn. 8. Konsequenterweise wäre die Arbeitnehmerfreizügigkeit ebenso zu behandeln, da auch Art. 39 III lit. b EG vom Hoheitsgebiet der Mitgliedstaaten spricht.

entgegenzuhalten, dass den Vertragsparteien nicht unterstellt werden kann, eine in einem völkerrechtlichen Vertrag enthaltene Norm außerhalb dessen räumlichen Geltungsbereichs anwenden zu wollen. Ferner werden die räumlichen Grenzen des Art. 299 EG durch den Vorbehalt zugunsten primärrechtlicher Beschränkungen in Art. 18 I EG inkorporiert.[138]

b) Freizügigkeit in der EU oder zwischen den Mitgliedstaaten?

Für die Grundfreiheiten ist anerkannt, dass diese tatbestandlich ein grenzüberschreitendes Moment voraussetzen. Möchte ein Unionsbürger an einem anderen Ort des Mitgliedstaates, dem er angehört, eine Erwerbstätigkeit ausüben und sich zu diesem Zwecke dort aufhalten, ist ihm eine Berufung auf die Grundfreiheiten versagt. Für die Niederlassungs- und Dienstleistungsfreiheit folgt dies bereits aus dem Wortlaut der Art. 43 UA 1 S. 1 respektive Art. 49 UA 1, 50 UA 3 EG. Der die Arbeitnehmerfreizügigkeit regelnde Art. 39 I und III EG ist zwar offen formuliert, jedoch im Hinblick auf die Historie und seinen Regelungszweck, die grenzüberschreitende Mobilität von Arbeitskräften zu ermöglichen, entsprechend auszulegen. Dies ist nicht zuletzt systematisch um einer einheitlichen Auslegung der Grundfreiheiten willen geboten.[139]

Für das allgemeine Freizügigkeitsrecht wird demgegenüber vertreten, dass dieses nicht nur die transnationale Freizügigkeit schützt, sondern die Freizügigkeit im gesamten Hoheitsgebiet der Mitgliedstaaten, also auch innerstaatlich.[140] Die Befürworter dieser Auffassung verweisen zum einen auf den Wortlaut des

---

[138] Ebenso *E. Göztepe-Çelebi*, Unionsbürgerschaft, 95; *M. Haag*, in: von der Groeben/Schwarze, Art. 18, Rn. 14; *S. Magiera*, in: Streinz, Art. 18, Rn. 17; *B. Schöbener*, in: KK-GRC, Art. 45, Rn. 16; *M. Wollenschläger*, Freizügigkeit, Rn. 45 ff.

[139] Die Möglichkeit eines weiten Verständnisses betont demgegenüber *N. N. Shuibhne*, 39 CML Rev. (2002), 731 (735). Dass mit dem VVE eine Änderung einhergeht, ist im Hinblick auf dessen Wortlaut nicht ausgeschlossen. Art. I-4 I VVE gewährleistet nämlich den freien Personenverkehr innerhalb der Union nach Maßgabe der Verfassung. Damit wird das Freizügigkeitsrecht auf das Unionsgebiet als solches bezogen und nicht mehr wie in Art. 3 I lit. c EG auf einen transnationalen Sachverhalt.

[140] So *W. Frenz*, Europäische Grundfreiheiten, Rn. 2969; *J. Gebauer*, Grundfreiheiten, 83; *M. Haag*, in: von der Groeben/Schwarze, Art. 18, Rn. 9; *A. Hatje*, in: Schwarze, Art. 18, Rn. 6; *W. Kluth*, in: C/R, Art. 18, Rn. 8; *I. Pernice*, in: Dreier, Art. 11, Rn. 5; *M. Rossi*, AöR 127 (2002), 612 (619 f.) – dort auch zu Auswirkungen auf Art. 11 GG [zu diesen auch *J. Ziekow*, Freizügigkeit des Unionsbürgers, 101 (112 ff.)]; *G. Schulz*, Freizügigkeit, 82 ff.; *J.-H. Strunz*, Freizügigkeit in der EU, 61 ff.; *J. Verhoeven*, Annales de droit de Louvain 1993, 165 (177). Siehe ferner *S. Kadelbach*, Union Citizenship, 16 f., der den Unterschied zwischen den Unionsbürgerrechten und Grundfreiheiten gerade im grenzüberschreitenden Element sieht, das nur bei Letzteren vorliegen müsse. Offen gelassen dagegen von *V. Sottili*, Contratto e impresa. Europa 1997, 710 (730 f.); *H. Toner*, 7 M.J.E.C.L. (2000), 158 (166 ff.); *dies.*, 39 CML Rev. (2002), 881 (886 ff.). Siehe aber auch GA *Alber*, in: EuGH, Rs. C-92/01, Slg. 2003, I-1291, Rn. 37 f. – Stylianakis, nach dem als gesicherter Gewährleistungsgehalt des Art. 18 I EG nur die innerstaatliche Freizügigkeit umfasst sei.

Art. 18 I EG, der kein grenzüberschreitendes Moment voraussetze, sondern von Freizügigkeit im Hoheitsgebiet der Mitgliedstaaten spreche.[141] Zum anderen knüpften Unionsbürgerrechte an den Bürgerstatus an, nicht aber an eine Grenzüberschreitung.[142] Dem Status als Unionsbürger gemäß sei allein die Ansicht, die das Freizügigkeitsrecht auf das Unionsgebiet als Ganzes bezieht, nicht nur auf die grenzüberschreitende Migration.[143]

Dem ist neben dem zur Arbeitnehmerfreizügigkeit parallelen Wortlaut entgegenzuhalten, dass der Verzicht auf ein grenzüberschreitendes Moment bedeutet, rein innerstaatliche Sachverhalte in den Anwendungsbereich des Gemeinschaftsrechts einzubeziehen. Dies steht nicht nur im Widerspruch zur Rechtsprechung des EuGH zur Unionsbürgerschaft[144], nach der mit der Unionsbürgerschaft keine Erweiterung des sachlichen Anwendungsbereichs des Gemeinschaftsrechts einhergehe.[145] Vielmehr ergänzt gemäß Art. 17 I 3 EG die Unionsbürgerschaft die Staatsbürgerschaft, ersetzt sie aber nicht. Letzteres wäre jedoch der Fall, wenn man ein Aufenthaltsrecht im eigenen Hoheitsgebiet aus der Unionsbürgerschaft ableitet, da dieses tradtionell Ausfluss der nationalen Staatsangehörigkeit ist. Auch die sekundärrechtliche Ausgestaltung des allgemeinen Freizügigkeitsrechts in der RL 2004/38 basiert auf einem Verständnis als transnationale Freizügigkeitsgarantie (vgl. etwa Art. 22 RL 2004/38).[146]

---

[141] So *I. Gebauer*, Grundfreiheiten, 83; *I. Pernice*, in: Dreier, Art. 11, Rn. 5; *M. Rossi*, AöR 127 (2002), 612 (619). Dies betont auch *H. Toner*, 39 CML Rev. (2002), 881 (886).

[142] *G. Schulz*, Freizügigkeit, 82 ff.; *S. Kadelbach*, Union Citizenship, 16 f.

[143] *U. Everling*, Auf dem Weg, 49 (56). Dass durch die Unionsrechtsordnung eingeräumte Rechte nicht generell an eine Grenzüberschreitung anknüpfen, zeigen etwa das koordinierte EU-Vergaberecht (siehe EuGH, Rs. C-87/94, Slg. 1996, I-2043, Rn. 33 – EK/Belgien) oder das EU-Datenschutzrecht (siehe die Rs. C-465/00, Slg. 2003, I-4989 – Rechnungshof/Österreichischer Rundfunk, in der der EuGH entgegen GA *Tizzano* entschied, dass die Datenschutzrichtlinie 95/46 auch Datenflüsse innerhalb eines Mitgliedstaates erfasst.).

[144] EuGH, Verb. Rs. C-64/96 und C-65/96, Slg. 1997, I-3171, Rn. 22 ff. – Uecker und Jacquet, Rs. C-403/03, Slg. 2005, I-6421, Rn. 20 – Schempp.

[145] Ablehnend auch *A. Cordewener*, Grundfreiheiten und Steuerrecht, 348 ff.; *S. Kadelbach*, Unionsbürgerrechte, Rn. 41; *P. Kubicki*, EuR 2006, 489 (492); *S. Magiera*, in: Streinz, Art. 18, Rn. 14; *ders.*, Der Rechtsstatus der Unionsbürger, 429 (443 f.); *B. Schöbener*, in: KK-GRC, Art. 45, Rn. 21; *J. Ziekow*, Freizügigkeit des Unionsbürgers, 101 (105), der jedoch eine Ausnahme bei Vorliegen eines Gemeinschaftsbezugs zulässt (denkbar etwa bei einem Umzug in ein grenznäheres Gebiet, um in einem anderen Mitgliedstaat wirtschaftlich tätig zu sein). Ähnlich *M. Condinanzi/A. Lang/B. Nascimbene*, Cittadinanza dell'Unione, 29 ff.; *G. Desolre*, CDE 2000, 311 (321); *T. Giegerich*, Unionsbürgerschaft, Rn. 46; *J. D. Mather*, 11 EL Rev. (2005), 722 (733 ff.); GA *Léger*, in: EuGH, Rs. C-192/99, Slg. 2001, I-1237, Fn. 17 – Kaur.

[146] Einen Sonderfall bildet der Aufenthalt eines Doppelstaaters in einem seiner Heimatstaaten. Dieser fällt aufgrund der Zugehörigkeit auch zum jeweils anderen Heimatstaat nach der Rechtsprechung des EuGH [Rs. C-148/02, Slg. 2003, I-11613, Rn. 27 f. – Avello; Rs. C-200/02, Slg. 2004, I-9925, Rn. 17 f. – Chen/Zhu; näher unten, 2. Teil B. II. 2. a) bb) (1)] stets unter Art. 18 I EG. Da der Doppelstaater in seinen Heimatstaaten aber ohnehin ein Aufenthaltsrecht als Staatsangehöriger genießt, spielt die unionsrechtliche Berechtigung

Problematisch wäre schließlich die mit dieser Ausdehnung verbundene Verdoppelung des Freizügigkeitsschutzes bei innerstaatlicher Migration, die bereits vom nationalen Verfassungsrecht erfasst ist.[147]

c) Freizügigkeit im gesamten Hoheitsgebiet des Mitgliedstaates?

Das Freizügigkeitsrecht besteht im Hoheitsgebiet der Mitgliedstaaten in den oben erwähnten territorialen Grenzen, die der in Art. 299 EG definierte räumliche Geltungsbereich des EG-Vertrages zieht. Darüber hinausgehend können die Mitgliedstaaten selbst das Aufenthaltsrecht nach Art. 22 S. 2 RL 2004/38 nur in den Fällen räumlich beschränken, in denen sie dieselben Beschränkungen auch gegenüber eigenen Staatsangehörigen vorsehen. Diese Beschränkung knüpft an das Urteil in der Rs. Rutili aus dem Jahre 1975 an, wonach Aufenthaltsverbote für Teile des Hoheitsgebiets nicht als ausländerrechtliche Maßnahme, sondern nur unter den gleichen Voraussetzungen wie für eigene Staatsangehörige zulässig sind.[148] In einer jüngeren Entscheidung, der Rs. Olazabal, hielt der Gerichtshof territoriale Schranken jedoch dann für zulässig, wenn sie sich als milderes Mittel gegenüber einem zulässigen Verbot des Aufenthaltes im gesamten Hoheitsgebiet darstellen.[149] An dieser Entscheidung ist trotz des entgegenstehenden Wortlautes des Art. 22 S. 2 RL 2004/38 festzuhalten, da dieser auf eine Verbesserung der Rechtsposition des Unionsbürgers abzielt, nicht aber auf eine Einschränkung des *Acquis*.[150]

IV. Schranken

Nach dem Wortlaut des Art. 18 I EG ist das Recht der Unionsbürger, sich im Hoheitsgebiet der Mitgliedstaaten frei zu bewegen und aufzuhalten, nur „vorbehaltlich der in diesem Vertrag und in den Durchführungsvorschriften vorgesehenen Beschränkungen und Bedingungen" gewährleistet. Dass dieser Vorbehalt nicht dazu legitimiert, die unmittelbare Anwendbarkeit des allgemeinen Freizügigkeitsrechts zu negieren, wurde bereits dargelegt.[151] Seine positive Bedeutung ist jedoch insbesondere wegen der Pauschalität des Verweises und

---

insoweit keine Rolle [siehe aber zum Diskriminierungsschutz unten, 2. Teil B. II. 2. a) bb) (1) und B. II. 2. b) bb)].

[147] Siehe oben, 2. Teil A. I. 2. e) cc).

[148] EuGH, Rs. 36/75, Slg. 1975, 1219, Rn. 40 ff. – Rutili.

[149] EuGH, Rs. C-100/01, Slg. 2002, I-10981, Rn. 37ff. – Olazabal. Strenger GA *Tizzano*, ibid., Rn. 38 ff., der an den in der Rs. Rutili aufgestellten Grundsätzen festhalten möchte. Dazu *F. Chaltiel*, RMC 2003, 120; *A. Lang*, Diritto pubblico comparato ed europeo 2003, 848 (849).

[150] So wohl auch *K. Hailbronner*, ZAR 2004, 301 (302).

[151] Siehe oben, 2. Teil A. I. 1.

den mit der Einführung der Unionsbürgerschaft verbundenen unterschiedlichen integrationspolitischen Vorstellungen nicht unumstritten. Im Folgenden soll der Versuch einer Klärung unternommen werden. Der Blick wird sich zunächst auf die Vorbehaltsklausel selbst richten (1.) und sich anschließend deren Konkretisierungen zuwenden, namentlich den Aufenthaltsformalitäten (2.), dem *ordre-public*-Vorbehalt (3.) und den ökonomischen Aufenthaltsvoraussetzungen (4.).

1. Das allgemeine Freizügigkeitsrecht ist nicht absolut gewährleistet

Wenn das Recht jedes Unionsbürgers, sich im Hoheitsgebiet der Mitgliedstaaten frei zu bewegen und aufzuhalten, nur vorbehaltlich der im EG-Vertrag und in den Durchführungsvorschriften vorgesehenen Beschränkungen und Bedingungen gewährleistet ist, zeigt dies einerseits, dass die Vertragsparteien davon ausgingen, dass erstens das Primär- und Sekundärrecht Bedingungen und Beschränkungen für das allgemeine Freizügigkeitsrecht vorsehen und diese zweitens auch fürderhin von Bedeutung sein sollen.[152] Andererseits haben die Vertragsparteien das Freizügigkeitsrecht in einen kategorial anderen normativen Kontext gestellt und ihm so eine besondere Bedeutung beigemessen. Dies kann für die Auslegung ebenfalls nicht unberücksichtigt bleiben.[153] Das Freizügigkeitsrecht findet sich an der Spitze der den Angehörigen der Mitgliedstaaten *qua* ihrer gemeinsamen Unionsbürgerschaft zustehenden Rechte. Auch hat das Schutzgut „Freizügigkeit" eine Aufwertung erfahren, die sich für wirtschaftlich Aktive darin zeigt, dass das Freizügigkeitsrecht nicht mehr bloß als Annexgewährleistung zu einer Marktfreiheit, also als Aspekt der ökonomischen Betätigung, sondern um seiner selbst willen geschützt ist. Für Nichterwerbstätige

---

[152] So etwa *S. Bode*, Europarechtliche Gleichbehandlungsansprüche Studierender, 221 ff.; *K. Dienelt*, Freizügigkeit, Rn. 92 ff.; *R. Feik*, Unionsbürgerschaft und Aufenthaltsrecht, 7 (21 ff.); *H. Groß*, ZAR 2005, 81 (82); *E. Klein/A. Haratsch*, JuS 1995, 7 (12); *A. P. van der Mei*, Free Movement, 46 ff.; *S. O'Leary*, Evolving Concept, 136; *M. Pelzner*, Unionsbürgerschaft und soziale Rechte, 21 ff.; *H. Rothfuchs*, Personenverkehrsfreiheiten, 208 ff.; *C. Schönberger*, Unionsbürger, 342 f.; *C. Tomuschat*, 37 CML Rev. (2000), 449 (454); *U. Villani*, Cittadinanza dell'UE, 1001 (1016); *F. Wenger*, NVwZ 2002, 1342 (1342 ff.); *J. Wouters*, Citizenship and Free Movement, 25 (52); GA *La Pergola*, in: EuGH, Rs. C-356/98, Slg. 2000, I-2623, Rn. 54 f. – Kaba I. Von deren Hinfälligkeit gehen dagegen *V. Constantinesco*, Citoyenneté de l'Union, 25 (29 f.), sowie die portugiesische Regierung aus, siehe Schlussantrag des GA *Alber*, in: Rs. C-184/99, Slg. 2001, I-6193, Rn. 52 – Grzelczyk. Dazu *N. N. Shuibhne*, 39 CML Rev. (2002), 731 (753 f.).

[153] Siehe ferner *S. Bode*, Europarechtliche Gleichbehandlungsansprüche Studierender, 221 ff.; *M. Dougan*, 31 EL Rev. (2006), 613 (615); *A. Evans*, Constitutionalization of Equality in EU Law, 267 (267 f.); *U. Haltern*, Europarecht und das Politische, 454; *N. Kotalakidis*, Unionsbürgerschaft, 153 f.; *D. Martin/E. Guild*, Free Movement, 99 f.; *S. O'Leary*, Evolving Concept, 136; *D. H. Scheuing*, Freizügigkeit, 103 (125 f.); *C. Schönberger*, Unionsbürger, 343; *G. Schulz*, Freizügigkeit, 249; GA *Cosmas*, in: EuGH, Rs. C-378/97, Slg. 1999, I-6201, Rn. 80 – Wijsenbeek.

zeigt sich die Aufwertung in der Rangerhöhung von der sekundär- zur primärrechtlichen Gewährleistung. Einen weiteren Anhaltspunkt bietet Art. 2 3. SpS EUV, nach dem eines der Ziele der Union ist, den Schutz der Rechte und Interessen der Angehörigen der Mitgliedstaaten durch die Einführung der Unionsbürgerschaft zu stärken.[154] Schließlich betont auch die Präambel des Unionsvertrages an ihrer Spitze, dass durch ihn der mit der Gründung der Europäischen Gemeinschaften eingeleitete Prozess der europäischen Integration auf eine neue Stufe gehoben werden soll, um auch die Freizügigkeit zu fördern.

Untersucht man nun das Primär- und Sekundärrecht auf zum Zeitpunkt des Inkrafttretens des Vertrages von Maastricht bestehende Bedingungen und Beschränkungen der Freizügigkeit, so finden sich drei Arten von Vorbehalten, die das Freizügigkeitsrecht begrenzen. Erstens mussten sowohl grundfreiheitlich als auch aufgrund der zwischenzeitlich aufgehobenen[155] RL 90/364, 90/365 und 93/96 Freizügigkeitsberechtigte sekundärrechtlich näher ausgestaltete Formalitäten hinsichtlich ihres Aufenthalts (Aufenthaltserlaubnis etc.) beachten (2.). Zweitens konnten die Mitgliedstaaten das Freizügigkeitsrecht unter Berufung auf den *ordre-public*-Vorbehalt aus Gründen der öffentlichen Ordnung, Sicherheit und Gesundheit beschränken (3.). Ausschließlich nicht marktfreiheitlich Freizügigkeitsberechtigte mussten drittens über einen umfassenden Krankenversicherungsschutz sowie ausreichende Existenzmittel verfügen (4.).

2. *Aufenthaltsformalitäten*

Die Mitgliedstaaten konnten verlangen, dass der Aufenthaltswillige eine Aufenthaltserlaubnis – die sog. „Aufenthaltserlaubnis für Staatsangehörige eines EWG-Mitgliedstaates" – beantragt. Diese war für grundsätzlich fünf Jahre – bei Studierenden grundsätzlich für die Dauer des Studiums – zu erteilen, wenn der Antragsteller einen gültigen Personalausweis respektive Reisepass vorlegte[156] und nachwies, die Voraussetzungen des jeweiligen Art. 1 der RL 90/364, 90/365 oder 93/96 zu erfüllen.[157] Die Aufenthaltserlaubnis diente jedoch nur dem Nachweis des Aufenthaltsrechts, womit ihr ein bloß deklaratorischer Charakter zukam. Rechtsbegründend war die primär- respektive sekundärrecht-

---

[154] Siehe auch Abschnitt A des Beschlusses der im Europäischen Rat vereinigten Staats- und Regierungschefs zu bestimmten von Dänemark aufgeworfenen Problemen betreffend den Vertrag über die Europäische Union, ABl. C 348 v. 31.12.1992, S. 1: „Mit den im Zweiten Teil des Vertrages über die Europäische Union enthaltenen Bestimmungen über die Unionsbürgerschaft werden den Staatsangehörigen der Mitgliedstaaten die in diesem Teil aufgeführten zusätzlichen Rechte und der dort spezifizierte zusätzliche Schutz gewährt."

[155] Siehe Fn. 15.

[156] Bereits im Zusammenhang mit der Entwicklung des Schutzbereichs wurde erwähnt, dass der Aufnahmemitgliedstaat nach der Rechtsprechung des Gerichtshofs auch sonstige Nachweise akzeptieren muss, die geeignet sind, Identität und Staatsangehörigkeit des Aufenthaltswilligen zweifelsfrei nachzuweisen – EuGH, Rs. C-215/03, Slg. 2005, I-1215, Rn. 19 ff. – Oulane.

[157] Zu den Modalitäten siehe näher die jeweiligen Art. 2 RL 90/364, 90/365 und 93/96.

liche Gewährleistung;[158] das Nichteinhalten ausländerrechtlicher Formalitäten allein oder eine fehlende Aufenthaltserlaubnis konnten aufenthaltsbeendende Maßnahmen nicht rechtfertigen.[159]

Die neue Aufenthaltsrichtlinie 2004/38 bringt zwar in der Sache keine wesentlichen Änderungen, in ihrem Vokabular vollzieht sich jedoch ein Paradigmenwechsel. Sie suggeriert nämlich eine weitere Ausgliederung des ausländischen Unionsbürgers aus dem Ausländerrecht. Unionsbürger müssen nämlich keine Aufenthaltserlaubnis mehr beantragen, sondern sich für länger als drei Monate dauernde Aufenthalte lediglich anmelden. Die Anmeldebescheinigung ist zu erteilen, wenn alle Aufenthaltsvoraussetzungen erfüllt sind (Art. 8 RL 2004/38). Diese Sonderstellung des Unionsbürgers verdeutlicht bereits ein Blick auf drittstaatsangehörige Familienmitglieder, die sich nämlich nicht nur anmelden müssen, sondern eine Aufenthaltskarte benötigen (Art. 9 ff. RL 2004/38).

3. Der ordre-public-*Vorbehalt*

Die bereits zum Zeitpunkt der vertraglichen Verankerung des allgemeinen Freizügigkeitsrechts bestehenden unionsrechtlichen Freizügigkeitsverbürgungen sind alle dem Vorbehalt einer Beschränkung aus Gründen der öffentlichen Ordnung, Sicherheit und Gesundheit unterworfen. Für die Grundfreiheiten bestimmen dies die Art. 39 III, 46 I sowie 55 i.V.m. 46 I EG, in den die Freizügigkeit von Nichterwerbstätigen regelnden RL 90/364, 90/365 und 93/96 findet sich der Vorbehalt jeweils in Art. 2 II UA 3.

Wie der *ordre-public*-Vorbehalt, der bis zum Inkrafttreten der RL 2004/38 für alle Freizügigkeitsberechtigten in der RL 64/221 näher ausgestaltet war, im Einzelfall anzuwenden ist, wurde bereits im ersten Teil im Zusammenhang mit dem marktfreiheitlichen Aufenthaltsrecht erörtert.[160] Festgehalten sei hier nochmals, dass der EuGH die Möglichkeit des Aufnahmemitgliedstaates, aufenthaltsbeendende Maßnahmen unter Berufung auf den *ordre-public*-Vorbehalt zu ergreifen, restriktiv handhabt, da dieser als Ausnahme vom fun-

---

[158] EuGH, Rs. 8/77, Slg. 1977, 1495, Rn. 4, 8 – Sagulo u.a.; Rs. 157/79, Slg. 1980, 2171, Rn. 13 – Pieck; Rs. 249/86, Slg. 1989, 1263, Rn. 9 – EK/Deutschland; Rs. 363/89, Slg. 1991, I-273, Rn. 9, 12 – Roux; Rs. C-85/96, Slg. 1998, I-2691, Rn. 53 – Martínez Sala; Rs. C-215/03, Slg. 2005, I-1215, Rn. 17 f. – Oulane; Rs. C-408/03, Slg. 2006, I-2647, Rn. 62 ff. – EK/Belgien.

[159] EuGH, Rs. 48/75, Slg. 1976, 497, Rn. 38 ff. – Royer. Vgl. auch Rs. 157/79, Slg. 1980, 2171, Rn. 17 f. – Pieck; Rs. C-408/03, Slg. 2006, I-2647, Rn. 66 ff. – EK/Belgien. Sanktionen für Verstöße müssen denjenigen für entsprechende inländische Vergehen vergleichbar und dürfen nicht unverhältnismäßig sein (Rs. C-378/97, Slg. 1999, I-6207, Rn. 44 – Wijsenbeek; Rs. C-215/03, Slg. 2005, I-1215, Rn. 38 ff. – Oulane).

[160] Siehe oben, 1. Teil A. II. 1. b) aa). Zu spezifisch sich in Deutschland stellenden Fragen siehe *S. Alber/L. Schneider*, DÖV 2004, 313.

damentalen Grundsatz der Freizügigkeit eng auszulegen sei.[161] Dogmatisch ist von Interesse, dass das Vorliegen eines unter den Vorbehalt der öffentlichen Ordnung, Sicherheit und Gesundheit zu subsumierenden Grundes allein den Bestand des Aufenthaltsrechts nicht berührt; in diesem Fall sind die Mitgliedstaaten vielmehr bloß berechtigt, aufenthaltsbeendende Maßnahmen zu ergreifen.[162]

Die Existenz des *ordre-public*-Vorbehalts zeigt, dass der Aufenthalt eines EU-Ausländers anderen Regeln als der eines Inländers folgt. Ist dies, so könnte man mit Teilen der Literatur fragen, mit dem gemeinsamen neuen Status von Inländern und EU-Ausländern als Unionsbürger noch vereinbar?[163] Der Verweis in Art. 18 I EG auf die primär- und sekundärrechtlichen Bedingungen und Beschränkungen beantwortet diese Frage im Grundsatz positiv. Dies entspricht auch der Auffassung des EuGH, der nach wie vor davon ausgeht, dass der *ordre-public*-Vorbehalt anwendbar und die damit verbundene Ungleichbehandlung von Unionsbürgern hinzunehmen ist. Denn einem Mitgliedstaat sei es völkerrechtlich versagt, eigene Staatsangehörige auszuweisen.[164] Allerdings findet der oben beschriebene veränderte normative Hintergrund des Freizügigkeitsrechts seinen Niederschlag bei der Konkretisierung der Beschrän-

---

[161] EuGH, Rs. 41/74, Slg. 1974, 1337, Rn. 18/19 – van Duyn; Rs. 67/74, Slg. 1975, 297, Rn. 6 – Bonsignore; Rs. 36/75, Slg. 1975, 1219, Rn. 26/28 – Rutili; Rs. 30/77, Slg. 1977, 1999, Rn. 29/30, 33/35 – Bouchereau.

[162] EuGH, Rs. 48/75, Slg. 1976, 497, Rn. 28 ff. – Royer; Rs. 118/75, Slg. 1976, 1185, Rn. 20 – Watson und Belman; Rs. 157/79, Slg. 1980, 2171, Rn. 9 – Pieck.

[163] *I. Pernice*, Verfassungsrechtliche Status, 177 (187 f.). Auch GA *Cosmas*, in: EuGH, Rs. C-378/97, Slg. 1999, I-6201, Rn. 95 f. – Wijsenbeek, widerspricht einer unbesehenen Übertragung der Schranken der Grundfreiheiten auf den andersartigen Art. 18 EG. Ähnlich *R. Adam*, Riv. Dir. Int. 1992, 622 (638 f.); *C. Costello*, 37 CML Rev. (2000), 817 (827); *D. Martin/E. Guild*, Free Movement, 99 f.; *S. O'Leary*, Evolving Concept, 138 f.; *D. H. Scheuing*, Freizügigkeit, 103 (128); *ders.*, EuR 2003, 744 (769); *S. Staeglich*, ZEuS 2003, 485 (512). *De lege ferenda*: *V. Lippolis*, Cittadinanza Europea, 120; *G. Schulz*, Freizügigkeit, 340 f.; jedenfalls für Daueraufenthaltsberechtigte i.S.d. RL 2004/38 *A. Iliopoulou*, RDUE 2004, 523 (549). Für eine Beibehaltung des bisherigen Verständnisses dagegen *W. Kluth*, in: C/R, Art. 18, Rn. 12; *J. Pomoell*, EU Citizenship in Focus, 44 f.; *H. Rothfuchs*, Personenverkehrsfreiheiten, 255 f. Offen gelassen bei *M. Doppelhammer*, 24 EL Rev. (1999), 621 (626); *J. Verhoeven*, Annales de droit de Louvain 1993, 165 (177). Für eine restriktive Handhabung mit zunehmender Integration *J. H. Carens*, What Rights for Residents?, 100 (102 ff.). Ähnlich wird im Übrigen für die Bereichsausnahme der Art. 39 IV und 45 EG argumentiert, die ebenfalls restriktiv ausgelegt werden müsse. Vgl. *C. Blumann*, Citoyenneté européenne – Espoir et désillusion, 3 (20 ff.); *J. Handoll*, Free Movement, 286 (Rn. 9.93); *F. Menegazzi Munari*, Cittadinanza Europea, 110; *S. O'Leary*, Evolving Concept, 305; *R. C. A. White*, Workers, establishment, and services in the EU, 86 f.; *ders.*, 16 EBLR (2005), 547 (550): "problematic"; *ders.*, 54 ICLQ (2005), 885 (889); *J. Wouters*, Citizenship and Free Movement, 25 (53). A.A. *J. Pomoell*, EU Citizenship in Focus, 44 f.

[164] EuGH, Rs. 41/74, Slg. 1974, 1337, Rn. 21/23 – van Duyn; Rs. C-100/01, Slg. 2002, I-10981, Rn. 40 – Olazabal.

kungsmöglichkeit aus Gründen der öffentlichen Ordnung, Sicherheit und Gesundheit. Diese wird im Hinblick auf die Unionsbürgerschaft weiter begrenzt. Während nach der bisherigen Rechtsprechung des Gerichtshofs die Ausnahmen vom Grundsatz der Freizügigkeit lediglich *eng* auszulegen seien,[165] fordere der Unionsbürgerstatus nunmehr

> eine *besonders* enge Auslegung der Ausnahmen von dieser Freiheit. Wie der Gerichtshof festgestellt hat, soll dieser Status der grundlegende Status der Angehörigen der Mitgliedstaaten sein.[166]

Wie sich im Einzelfall die bislang anzustellende *enge* Auslegung der Einschränkungen der Freizügigkeit von der nunmehr gebotenen *besonders engen* unterscheiden soll, bleibt abzuwarten. Immerhin kann auf die Art. 27 ff. RL 2004/38 verwiesen werden, die in Ersetzung der RL 64/221 den *ordre-public*-Vorbehalt nunmehr beschränkend konkretisieren. Bereits der 23. und 24. Erwägungsgrund der den bisherigen *Acquis* widerspiegelnden und fortentwickelnden neuen Aufenthaltsrichtlinie 2004/38 betonen:

> Die Ausweisung von Unionsbürgern und ihren Familienangehörigen aus Gründen der öffentlichen Ordnung oder Sicherheit ist eine Maßnahme, die Personen, die ihre Rechte und Freiheiten aus dem Vertrag in Anspruch genommen haben und vollständig in den Aufnahmemitgliedstaat integriert sind, sehr schaden kann. Die Wirkung derartiger Maßnahmen sollte daher gemäß dem Verhältnismäßigkeitsprinzip begrenzt werden ... Daher sollte der Schutz vor Ausweisung in dem Maße zunehmen, wie die Unionsbürger und ihre Familienangehörigen in den Aufnahmemitgliedstaat stärker integriert sind. Gegen Unionsbürger, die sich viele Jahre im Hoheitsgebiet des Aufnahmemitgliedstaats aufgehalten haben, insbesondere in Fällen, in denen sie dort geboren sind und dort ihr ganzes Leben lang ihren Aufenthalt gehabt haben, sollte nur unter außergewöhnlichen Umständen aus zwingenden Gründen der öffentlichen Sicherheit eine Ausweisung verfügt werden.[167]

Demgemäß unterwirft Art. 27 II RL 2004/38 die auf den *ordre-public*-Vorbehalt gestützte Ausweisung nunmehr ausdrücklich dem Verhältnismäßigkeitsgrundsatz und gebietet eine Berücksichtigung der bisherigen Aufenthaltsdauer, des Alters des Betroffenen, seines Gesundheitszustandes, seiner familiären und wirtschaftlichen Lage, seiner sozialen und kulturellen Integration im Aufnahmemitgliedstaat und des Ausmaßes seiner Bindungen zum Herkunftsstaat (Art. 28 I RL 2004/38). Gegenüber Daueraufenthaltsberechtigten sind

[165] EuGH, Verb. Rs. C-482/01 und 493/01, Slg. 2004, I-5257, Rn. 64 – Orfanopoulos und Olivieri, m.w.N.

[166] EuGH, Verb. Rs. C-482/01 und 493/01, Slg. 2004, I-5257, Rn. 65 – Orfanopoulos und Olivieri (Hervorhebung nicht im Original). Siehe ferner allgemein GA *Léger*, in: Rs. C-215/03, Slg. 2005, I-1215, Rn. 50 – Oulane: „[D]ie Unionsbürgerschaft, die ‚dazu bestimmt [ist], der grundlegende Status der Angehörigen der Mitgliedstaaten zu sein', [ist] ein Merkmal, das bei der Auslegung aller Gemeinschaftsvorschriften über die Freizügigkeit ... als dynamisches Element zu berücksichtigen ist".

[167] Kritisch zur damit einhergehenden Rechtsunsicherheit und der Möglichkeit divergierender nationaler Praktiken *S. Carrera*, 11 EL Rev. (2005), 699 (714 f.).

darüber hinaus nur *schwerwiegende* Gründe der öffentlichen Sicherheit und Ordnung berücksichtigungsfähig (Art. 28 II RL 2004/38). Minderjährige Unionsbürger und solche, die sich bereits seit zehn Jahren im Aufnahmemitgliedstaat aufhalten, können des Weiteren nur aus zwingenden Gründen der öffentlichen Sicherheit ausgewiesen werden (Art. 28 III RL 2004/38).[168]

Der ursprüngliche Richtlinienvorschlag der Europäischen Kommission ging noch darüber hinaus, indem er die Ausweisung von Daueraufenthaltsberechtigten und minderjährigen Familienangehörigen aus Gründen der öffentlichen Sicherheit und Ordnung ganz ausschloss.[169] Damit – so der Berichterstatter des Ausschusses des Europäischen Parlamentes für die Freiheiten und Rechte der Bürger, Justiz und innere Angelegenheiten *Santini* – würde

> der historischen Souveränität der Staaten in diesem Bereich ein Ende gesetzt. Es handelt sich um einen umstrittenen Punkt, insbesondere bei Fällen eines schwerwiegenden Verstoßes gegen die öffentliche Sicherheit. Diese Regelung ist das Ergebnis einer Zielvorgabe des Amsterdamer Vertrags, nämlich der Schaffung eines von Grenzen freien Raums der Freiheit, der Sicherheit und des Rechts, in dem die Ausweisung ein Anachronismus wäre und in dem die Freizügigkeit eine Realität für alle sein muss.[170]

4. *Die ökonomischen Aufenthaltsvoraussetzungen: Das Gebot ausreichender Existenzmittel und eines umfassenden Krankenversicherungsschutzes*

a) Die ökonomischen Aufenthaltsvoraussetzungen nach den RL 90/364, 90/365 und 93/96 …

Anders als grundfreiheitlich Freizügigkeitsberechtigte mussten wirtschaftlich nicht aktive Personen nach den zur Zeit des Inkrafttretens des Vertrages von

---

[168] Ausweisungen Minderjähriger sind allerdings aus Gründen des Kindeswohls gemäß dem Übereinkommen der Vereinten Nationen vom 20.11.1989 über die Rechte des Kindes (BGBl. 1992 II, S. 122) möglich.

[169] Art. 26 II EK-Vorschlag Aufenthaltsrichtlinie, KOM (2001) 257 endg., ABl. C 270 v. 25.9.2001, S. 150. Dies lehnte der Rat jedoch ab, der die Gesetz gewordene Einschränkung als Kompromiss vorschlug, vgl. EU-Bulletin 9/2003, sub 1.4.2. Vgl. dazu die Mitteilung der EK an das EP betreffend den vom Rat angenommenen gemeinsamen Standpunkt im Hinblick auf die Aufenthaltsrichtlinie, SEK (2003) 1293 endg., sub 3.3.2 (zu Art. 28 II): „Die Mitgliedstaaten haben sich nahezu einstimmig gegen einen absoluten Ausweisungsschutz für Unionsbürger und ihre Familienangehörigen, die ein Daueraufenthaltsrecht im Aufnahmemitgliedstaat erlangt haben, ausgesprochen. Sie haben jedoch einen verstärkten Schutz für seit mehreren Jahren im Aufnahmemitgliedstaat aufhältige Unionsbürger akzeptiert. … Die Kommission akzeptiert diese Lösungen, die zwar weniger ehrgeizig als ihr Vorschlag sind, aber einen Fortschritt gegenüber dem geltenden Besitzstand darstellen, da strenge Bedingungen für die Ausweisung von Unionsbürgern mit sehr engen Bindungen im Aufnahmemitgliedstaat festgelegt werden“.

[170] Bericht des EP-Ausschusses für die Freiheiten und Rechte der Bürger, Justiz und innere Angelegenheiten zur Aufenthaltsrichtlinie vom 23.1.2003, A5-0009/2003, PE 319.238, S. 58. Der Berichterstatter *Santini* behielt sich jedoch vor, hierzu noch Änderungen vorzuschlagen.

Maastricht geltenden Sekundärrechtsakten bestimmte ökonomische Voraussetzungen erfüllen, um in den Genuss des Aufenthaltsrechts zu kommen. Mit diesen sollte die Gefahr des sog. „Sozialtourismus“, also primär wirtschaftlich motivierter Wanderungsbewegungen, gebannt werden, die aufgrund der nicht harmonisierten mitgliedstaatlichen Sozialsysteme besteht. Bereits in den Erwägungsgründen der mittlerweile aufgehobenen[171] RL 90/364, 90/365 und 93/96 wurde festgehalten: „Die Aufenthaltsberechtigten dürfen die öffentlichen Finanzen des Aufnahmemitgliedstaats nicht über Gebühr belasten.“

Nach den jeweiligen Art. 1 I UA 1 RL 90/364 und 90/365 stand das Aufenthaltsrecht Nichterwerbstätiger unter der Bedingung, dass sie über Existenzmittel respektive eine Rente in einer solchen Höhe verfügen[172], dass sie während ihres Aufenthalts nicht die Sozialhilfe des Aufnahmemitgliedstaates in Anspruch nehmen müssen und ihr Krankenversicherungsschutz alle Risiken abdeckt. Art. 3 RL 90/364 und 90/365 betonten, dass das Aufenthaltsrecht nur solange besteht, wie diese Bedingungen erfüllt sind. Art. 1 1. HS der Studentenrichtlinie 93/96 verlangte als Ausdruck des im Gesetzgebungsverfahren erreichten Komprisses[173] demgegenüber nur, dass die Studierenden

> durch eine Erklärung oder durch andere, zumindest gleichwertige Mittel ... glaubhaft machen, daß sie über Existenzmittel verfügen, so daß sie während ihres Aufenthalts nicht die Sozialhilfe des Aufnahmemitgliedstaats in Anspruch nehmen müssen.

Der 2. HS des Art. 1 RL 93/96 stellte dann die Bedingung eines ausreichenden Krankenversicherungsschutzes sowie die der Immatrikulation bei einer anerkannten Lehranstalt auf. Wiederum wurde betont, dass das Aufenthaltsrecht nur solange besteht, wie die Bedingungen des Art. 1 erfüllt seien (Art. 4 RL 93/96).

b) ... gelten grundsätzlich auch vor dem Hintergrund eines als Unionsbürgerrecht konstitutionalisierten allgemeinen Freizügigkeitsrechts fort

Auch vor dem Hintergrund eines als Unionsbürgerrecht konstitutionalisierten allgemeinen Freizügigkeitsrechts ist an den ökonomischen Aufenthaltsvoraussetzungen im Grundsatz festzuhalten. Bedeutend stärker, als dies beim *ordre-public*-Vorbehalt der Fall war, wurde deren Legitimation nach Einführung der Unionsbürgerschaft allerdings in Frage gestellt (aa). Der Gerichtshof ist dieser Kritik nur teilweise gefolgt (bb), und dies zu Recht (cc). Zu überdenken ist jedoch die Qualifikation der ökonomischen Voraussetzungen als Entstehungs-

[171] Siehe Fn. 15.

[172] Die Herkunft der Existenzmittel ist dabei unerheblich, siehe EuGH, Rs. C-200/02, Slg. 2004, I-9925, Rn. 30 ff. – Chen/Zhu.

[173] Zum Hintergrund dieser Privilegierung von Studierenden ausführlich oben, 1. Teil B. II. 3. b). Vgl. ferner EuGH, Rs. C-424/98, Slg. 2000, I-4001, Rn. 40, 44 ff. – EK/Italien.

bedingungen des allgemeinen Freizügigkeitsrechts (c), bevor abschließend ein Blick auf die neue Aufenthaltsrichtlinie 2004/38 geworfen wird (d).

aa) Die Kritik an den ökonomischen Aufenthaltsvoraussetzungen

Während das mit dem Vertrag von Maastricht eingeführte allgemeine Freizügigkeitsrecht einerseits aufgrund des Vorbehalts als bloße Wiederholung des *Acquis* schnell für unbedeutend erklärt wurde,[174] verschafften sich andererseits Stimmen Gehör, die die im Sekundärrecht verankerten ökonomischen Aufenthaltsvoraussetzungen einem als Unionsbürgerrecht konstitutionalisierten allgemeinen Freizügigkeitsrecht nicht mehr gemäß erachteten und diese entweder ganz ablehnten[175] oder zumindest bloß als Missbrauchsvorbehalt verstanden wissen wollten.[176] So stellten etwa verschiedene Generalanwälte *en passant* die ökonomischen Voraussetzungen in Frage:

Die Richtlinie 90/364 regelt weiterhin, *wenn überhaupt*, die Voraussetzungen, um das im Vertrag niedergelegte Freiheitsrecht in Anspruch zu nehmen.[177]

Bis jetzt hat der Gerichtshof noch nicht festgestellt, dass die geltenden Vorschriften des abgeleiteten Rechts, durch die die Bestimmungen des Vertrages über die Freizügigkeit …

---

[174] Siehe etwa *S. Conrad*, Europäische Bürgerschaft, 5 (12 f.); *R. Feik*, Unionsbürgerschaft und Aufenthaltsrecht, 7 (21, 42); *T. Kostakopoulou*, Citizenship, identity and immigration, 66; *D. O'Keeffe*, Union Citizenship, 87 (93 f.); *S. O'Leary*, Options for reform, 81 (92); *J. Shaw*, Citizenship of the Union, 245 (247); *B. Wilkinson*, 1 EPL (1995), 417 (436). Siehe auch GA *La Pergola*, in: EuGH, Rs. C-356/98, Slg. 2000, I-2623, Rn. 57 – Kaba I. Zur ursprünglichen Einschätzung bereits oben, 2. Teil Einleitung.

[175] *N. Kotalakidis*, Unionsbürgerschaft, 170 f.; *E. Pérez Vera*, Citoyenneté de l'UE, 243 (350 f.); *A. P. van der Mei*, EU Law and Education, 219 (229 ff.) für Studierende. Wegen Hinfälligkeit *V. Constantinesco*, Citoyenneté de l'Union, 25 (29 f.) sowie die portugiesische Regierung, siehe Schlussantrag des GA *Alber*, in: EuGH, Rs. C-184/99, Slg. 2001, I-6193, Rn. 52 – Grzelczyk. Offen gelassen bei *R. Kovar/D. Simon*, CDE 1993, 283 (297 f.); *B. Nascimbene*, Riv. int. dir. uomo 1995, 246 (256), der hierin jedoch eine Kompromittierung des Aufenthaltsrechts sieht; *J. Pomoell*, EU Citizenship in Focus, 44 ff. (befürwortend); *V. Sottili*, Contratto e impresa. Europa 1997, 710 (722 ff.). *H. Krück*, Grundfreiheiten: Vorstufe einer Unionsbürgerschaft, 133 (172), möchte sie zumindest einer „kritischen Würdigung" unterziehen. Ähnlich *R. Adam*, Riv. Dir. Int. 1992, 622 (639 ff.); *F. Alcaro/G. Baldini*, Riv. Ital. Dir. Pubbl. Comunitario 2002, 445 (463); *P. Magnette*, Citoyenneté européenne, 163; *N. Reich*, A European Constitution for Citizens, 157 (225). *De lege ferenda S. Carrera*, 11 EL Rev. (2005), 699 (721); *F. Menegazzi Munari*, Cittadinanza Europea, 177; *M. Nys*, Une liberté de circulation incomplète, 103 (124); *J.-H. Strunz*, Freizügigkeit in der EU, 171, 173.

[176] So *K.-D. Borchardt*, NJW 2000, 2057 (2060); *ders.*, Unionsbürgerschaft, 9 (18); *J. Kokott*, Freizügigkeit der Unionsbürger, 207 (221 f.); *D. H. Scheuing*, Freizügigkeit, 103 (130 f.); *ders.*, EuR 2003, 744 (769 ff.). Siehe auch *M. Nettesheim*, Politische Gemeinschaft der Unionsbürger, 193 (206).

[177] GA *La Pergola*, in: EuGH, Rs. C-85/96, Slg. 1998, I-2691, Rn. 18 – Martínez Sala (Hervorhebung vom Verfasser).

umgesetzt werden, wegen der Verletzung des Grundsatzes der Normenhierarchie ungültig seien.[178]

> [Art. 18 EG] bietet *(noch)* keine vollkommen gleichwertigen Rechte [gegenüber den Grundfreiheiten].[179]

Auch im Schrifttum wurden entsprechende Erwartungen geäußert:

> … it remains to be seen whether this relationship between a provision of primary Community law and the conditions imposed thereon by a piece of secondary Community legislation is a tenable one.[180]

Gestützt werden die erhobenen Einwände gegen den unbesehenen Fortbestand der ökonomischen Aufenthaltsvoraussetzungen insbesondere auf den Stellenwert eines nunmehr konstitutionalisierten allgemeinen Freizügigkeitsrechts, auf den ungleichbehandlungsfeindlichen gemeinsamen Status aller Europäer als Unionsbürger sowie auf sonst bestehende Widersprüche zum grundfreiheitlichen Freizügigkeitsregime.

Das allgemeine Freizügigkeitsrecht habe, so wird zum einen argumentiert, durch seine primärrechtliche Verankerung eine Aufwertung erfahren, die bei der Auslegung zu berücksichtigen sei. Hielte man an den Voraussetzungen fest, stelle sich keine Verbesserung gegenüber dem *Acquis* ein und gehe die praktische Wirksamkeit des Art. 18 EG größtenteils verloren, was dessen fundamentaler Bedeutung widerspreche. Diese könne man an dessen exponierter Stellung im EG-Vertrag an der Spitze der Unionsbürgerrechte, der Zweckfreiheit und dem Grundrechtscharakter der Gewährleistung ablesen.[181] Auch sei es problematisch, mit einer Hand zu nehmen, was die andere gebe, also im Primärrecht Verbürgungen zu verankern, die dann sekundärrechtlich beschränkt würden.[182] Die nur für Nichterwerbstätige geltenden ökonomischen Voraussetzungen stellten zudem eine Ungleichbehandlung nicht nur zwischen In- und Ausländern, sondern auch zwischen wirtschaftlich aktiven und inaktiven Unionsbürgern dar, die mit einem allgemeinen Unionsbürgerstatus unvereinbar sei. Die Entstehung verschiedener Klassen von Unionsbürgern müsse verhindert werden[183]:

---

[178] GA *Colomer*, in: EuGH, Rs. C-138/02, Slg. 2004, I-2703, Rn. 62 – Collins (Hervorhebung vom Verfasser).

[179] GA *Geelhoed*, in: EuGH, Rs. C-456/02, Slg. 2004, I-7573, Rn. 16 – Trojani (Hervorhebung vom Verfasser). Siehe ferner GA *Cosmas*, in: Rs. C-378/97, Slg. 1999, I-6207, Rn. 88 ff. – Wijsenbeek.

[180] *S. O'Leary*, 24 EL Rev. (1999), 68 (79).

[181] Vgl. GA *Cosmas*, in: EuGH, Rs. C-378/97, Slg. 1999, I-6207, Rn. 92 ff. – Wijsenbeek; *D. O'Keeffe/M. Horspool*, The Irish Jurist XXXI (1996), 145 (160 f.).

[182] *C. O. Lenz*, ZaöRV 64 (2004), 666. Dagegen *K. Hailbronner*, ZaöRV 64 (2004), 668 (669 f.).

[183] *M. Condinanzi/A. Lang/B. Nascimbene*, Cittadinanza dell'Unione, 34; *N. Kotalakidis*, Unionsbürgerschaft, 171; *A. P. van der Mei*, Free Movement, 220 (*de lege ferenda*); *S. O'Leary*,

When taken seriously, Union citizenship ought to be developed in such a way that both the "rich" and the "poor" can enjoy the rights that come with it.[184]

Ein so verstandenes allgemeines Freizügigkeitsrecht bleibe ferner dem Konzept der wirtschaftlichen Integration verpflichtet, das durch die Unionsbürgerschaft zugunsten eines solidarischen, nicht ausgrenzenden Integrationskonzepts hinter sich gelassen werden sollte[185]:

Non è compatibile con la ratio ultima del nuovo statuto di cittadino europeo, che è quella dell'integrazione fra i popoli degli Stati membri, la quale non può trovare "mortificazione" in logiche di bilancio ...[186]

Weiterhin wird vorgebracht, dass sich die Fortgeltung der ökonomischen Aufenthaltsvoraussetzungen nicht mit dem grundfreiheitlichen Freizügigkeitsregime vereinbaren ließe. So räume bereits die passive Dienstleistungsfreiheit jedem Unionsbürger ein voraussetzungsloses Freizügigkeitsrecht ein.[187] Auch erweise sich der für die Privilegierung von wirtschaftlich Aktiven gegenüber Nichterwerbstätigen hinsichtlich der Aufenthaltsvoraussetzung vorgebrachte Rechtfertigungsgrund, dass erwerbstätige Unionsbürger nämlich Beiträge zu Produktivität und Wohlstand im Aufnahmeland leisteten, als nicht stichhaltig. Denn die Bejahung der Arbeitnehmereigenschaft i.S.d. Art. 39 EG verlange gerade kein Mindestmaß an Dauer und wirtschaftlichem Wert der Tätigkeit.[188] Darüber hinaus schließe nicht einmal die ergänzende Inanspruchnahme von Sozialhilfe, um das Erwerbseinkommen aufzubessern,[189] die Qualifikation als Arbeitnehmer aus.[190] Räume man den Mitgliedstaaten des Weiteren die Möglichkeit ein, durch die Festlegung des Existenzminimums mittelbar darüber zu entscheiden, wer als danach Sozialhilfeberechtigter nicht in den Genuss des allgemeinen Freizügigkeitsrechts komme, setze man sich auch dadurch in Widerspruch zur Rechtsprechung des EuGH zur Arbeitnehmerfreizügigkeit[191].

Options for reform, 51 f.; *dies.*, Reform of Union Citizenship, 81 (92); *J. Pomoell*, EU Citizenship in Focus, 47. Vgl. auch *C. A. Ball*, 37 Harv. Int'l LJ (1996), 307 (364). In diesem Sinne auch die Stellungnahme des Ausschusses für Recht und Binnenmarkt (Berichterstatter *Ortega*) in der 1. Lesung der neuen Aufenthaltsrichtlinie im EP vom 23.5.2002, A5-0009/2003, PE 319.238, S. 61.

[184] *A. P. van der Mei*, Free Movement, 220.

[185] *M. Condinanzi/A. Lang/B. Nascimbene*, Cittadinanza dell'Unione, 33 f., die in der sogleich zu erörternden Rechtsprechung des EuGH eine vorsichtige Annäherung an diese Position sehen; *N. Kotalakidis*, Unionsbürgerschaft, 171.

[186] *M. Condinanzi/A. Lang/B. Nascimbene*, Cittadinanza dell'Unione, 34.

[187] *M. Condinanzi/A. Lang/B. Nascimbene*, Cittadinanza dell'Unione, 33 f.

[188] *D. H. Scheuing*, Freizügigkeit, 103 (129 f.); *ders.*, EuR 2003, 744 (771). Hierauf weist auch GA *Geelhoed*, in: EuGH, Rs. C-456/02, Slg. 2004, I-7573, Rn. 19 – Trojani, hin.

[189] EuGH, Rs. 139/85, Slg. 1986, 1741, Rn. 13 ff. – Kempf.

[190] *N. Kotalakidis*, Unionsbürgerschaft, 170 f.; *S. O'Leary*, Evolving Concept, 121 f.; *D. H. Scheuing*, Freizügigkeit, 103 (130); *ders.*, EuR 2003, 744 (771).

[191] EuGH, Rs. 53/81, Slg. 1982, 1035, Rn. 11 ff. – Levin.

Denn in dieser wurde den Mitgliedstaaten eine Definitionsmacht über den persönlichen Anwendungsbereich des Freizügigkeitsrechts durch die Festsetzung bestimmter Sozialhilfesätze abgesprochen.[192] In praktischer Hinsicht ließen sich weiterhin durch die einheitliche Auslegung von Grundfreiheiten und Art. 18 I EG in der Rechtsprechung immer wieder virulent gewordene Abgrenzungsschwierigkeiten vermeiden, insbesondere im Hinblick auf die Fortwirkung eines etwaigen Arbeitnehmerstatus – man denke etwa an die Rs. Martínez Sala und Grzelczyk – oder die Beurteilung der Arbeitnehmereigenschaft in Grenzfällen, die etwa in der Rs. Trojani Probleme bereitete.[193] Ferner sei für den legitimen Schutz vor Missbrauch von Sozialleistungen eine derart restriktive Lesart der ökonomischen Aufenthaltsvoraussetzungen nicht notwendig. Wie bei der Arbeitnehmerfreizügigkeit auch könne man diese Gefahr nämlich durch einen Missbrauchsvorbehalt eindämmen. Dies gebiete auch der Art. 18 I EG immanente Anspruch auf Vollintegration.[194] In diesem Kontext sei ferner zu berücksichtigen, dass das geringe Ausmaß der bisherigen Binnenmigration große Wanderungsbewegungen ohnehin unwahrscheinlich erscheinen lässt, der zudem nicht unbedeutende Mobilitätshindernisse – etwa sprachlicher oder kultureller Art – entgegenstünden.[195]

Weite man den Blick über das Unionsrecht hinaus auf den gesamten Europäischen Rechtsraum, so sei schließlich die im Europäischen Fürsorgeabkommen[196] zum Ausdruck kommende Grundentscheidung zu berücksichtigen. Dessen Art. 6 (a) untersagt den Vertragsstaaten nämlich, Staatsangehörige einer

---

[192] *S. O'Leary*, Evolving Concept, 121; *dies.*, Options for reform, 50.

[193] *D. H. Scheuing*, Freizügigkeit, 103 (130); *ders.*, EuR 2003, 744 (771). Auf den durch die Heterogenität der Arbeitswirklichkeit bedingten hybriden Status einer Person und die daraus resultierenden Abgrenzungsschwierigkeiten weist auch GA *Geelhoed*, in: EuGH, Rs. C-456/02, Slg. 2004, I-7573, Rn. 27 ff. – Trojani, hin.

[194] *K.-D. Borchardt*, NJW 2000, 2057 (2060); *R. Höfler*, NVwZ 2002, 1206 (1208); *D. H. Scheuing*, Freizügigkeit, 103 (130); *ders.*, EuR 2003, 744 (772); *ders.*, Freedom of Movement, 145 (179). Ein Missbrauch wäre danach zu bejahen, wenn sich anhand objektiver Merkmale nachweisen lasse, dass das allgemeine Freizügigkeitsrecht nur zu dem Zweck in Anspruch genommen wurde, Sozialleistungen zu erhalten. Ablehnend *C. Schönberger*, Unionsbürger, 342 f., da es hierfür keinerlei Anhaltspunkte in Art. 18 I EG gebe. Eine Parallele zum Wohnungserfordernis des Art. 10 III VO 1612/68, das nach der Auffassung des EuGH (Rs. 249/86, Slg. 1989, 1263, Rn. 9 ff. – EK/Deutschland) lediglich zu Beginn des Aufenthaltes vorliegen müsse, erwägt *D. H. Scheuing*, Freedom of Movement, 145 (177), lehnt dies im Ergebnis aber ab.

[195] *K.-D. Borchardt*, EuZW 2001, 321; *C. Schönberger*, Unionsbürger, 354 f.; *P. von Wilmowsky*, ZaöRV 50 (1990), 231 (259). Differenziert *A. P. van der Mei*, Free Movement, 206 ff., 217 ff. Ebenso *U. Becker*, ZESAR 2004, 496 (498); *A. P. van der Mei*, Free Movement, 149 f., und *D. H. Scheuing*, Freedom of Movement, 145 (194), im Hinblick auf die Schranken des Art. 18 I EG und die Rechtsprechung des EuGH. Dezidiert anders aber *H. Linhart/O. Adolph*, NDV 2004, 282 (285); *G. Meier*, EuZW 2001, 33; *M. Scheffer*, ZRP 2003, 55; *K. Strick*, NJW 2005, 2182 (2186 f.).

[196] Zu diesem siehe bereits oben, 2. Teil A. I. 2. e) bb) (1).

anderen Partei, die sich für die in Art. 7 festgelegte Mindestaufenthaltsdauer rechtmäßig gewöhnlich in ihrem Gebiet aufhalten, allein aus Gründen der Hilfsbedürftigkeit auszuweisen.[197]

bb) Die graduelle Relativierung der ökonomischen Aufenthaltsvoraussetzungen in der Rechtsprechung des EuGH

Der Gerichtshof hat sich die eben skizzierte Kritik nur zum Teil zu Eigen gemacht. In mehreren Entscheidungen thematisierte er bislang die Fortgeltung der ökonomischen Aufenthaltsvoraussetzungen für nicht grundfreiheitlich Freizügigkeitsberechtigte. Während er in ersten Urteilen, den Rs. Snares und Kaba I, pauschal von deren weiterer Berechtigung auszugehen schien, die beidesmal jedoch nicht entscheidungserheblich war, relativierte er die ökonomischen Aufenthaltsvoraussetzungen in den beiden Folgeentscheidungen – Grzelczyk sowie Baumbast und R – deutlich. Dass diese Relativierungen jedoch nur Ausnahmefälle betreffen, im Regellfall aber von einer Fortgeltung auszugehen ist, betonte der Gerichtshof dann in der Rs. Trojani. Hierauf basieren auch bislang ergangene Folgeentscheidungen.[198]

(1) Mangelnde Sensibilität? Die Urteile in der Rs. C-20/96 – Snares vom 4.11.1997 und der Rs. C-356/98 – Kaba I vom 11.4.2000

Am Anfang der Auseinandersetzung des Gerichtshofs mit der Auswirkung des nunmehr als Unionsbürgerrecht konstitutionalisierten allgemeinen Freizügigkeitsrechts auf die im Sekundärrecht verankerten ökonomischen Aufenthaltsvoraussetzungen stehen die Rs. Snares[199] und Kaba I[200]. Beide hatten allerdings nicht das Aufenthaltsrecht eines nicht über hinreichende Existenzmittel verfügenden Nichterwerbstätigen zum Gegenstand. In der Rs. Snares, einer die soziale Sicherheit von Wanderarbeitnehmern betreffenden Streitigkeit, wies der EuGH *en passant* darauf hin, dass eine nicht über eine ausreichende Rente verfügende Person kein Aufenthaltsrecht gemäß der RL 90/365 besitze.[201] Auch in der Rs. Kaba I, die den Inländerbehandlungsanspruch grundfreiheitlich Freizügigkeitsberechtigter hinsichtlich der Erteilung einer Daueraufenthaltsgenehmigung für drittstaatsangehörige Familienmitglieder thematisierte, ließ der Gerichtshof beim angestellten Vergleich zwischen dem Aufenthaltsrecht eigener Staatsangehöriger und dem „ausländischer" Unionsbürger erkennen, dass er

---

[197] *N. Kotalakidis*, Unionsbürgerschaft, 171; *D. H. Scheuing*, Freizügigkeit, 103 (129); *ders.*, EuR 2003, 744 (770 f.). Ablehnend *C. Schönberger*, Unionsbürger, 337 f.

[198] Siehe EuGH, Rs. C-200/02, Slg. 2004, I-9925, Rn. 26 f. – Chen/Zhu; Rs. C-408/03, Slg. 2006, I-2647, Rn. 34 ff. – EK/Belgien.

[199] EuGH, Rs. C-20/96, Slg. 1997, I-6057 – Snares.

[200] EuGH, Rs. C-356/98, Slg. 2000, I-2623 – Kaba I.

[201] EuGH, Rs. C-20/96, Slg. 1997, I-6057, Rn. 50 – Snares.

nicht von einer Hinfälligkeit der ökonomischen Aufenthaltsvoraussetzungen ausging. Beim gegenwärtigen Stand des Gemeinschaftsrechts seien nämlich weder das aus den Grundfreiheiten folgende noch das in Art. 18 I EG anerkannte Aufenthaltsrecht absolut gewährleistet. Art. 18 I EG verleihe zwar den Unionsbürgern das Recht, sich im Hoheitsgebiet der Mitgliedstaaten frei zu bewegen und aufzuhalten, verweise dabei aber ausdrücklich auf die im Primär- und Sekundärrecht vorgesehenen Beschränkungen und Bedingungen. Diese Auffassung, die der EuGH nach erneuter Anrufung in derselben Angelegenheit in dem Urteil Kaba II vom 6.3.2003 bestätigt hat,[202] entspricht im Übrigen auch der des EuG, das bereits im Jahre 1997 in einer beamtenrechtlichen Streitigkeit, der Rs. Kuchlenz-Winter, darauf hinwies, dass Art. 18 I EG unter anderem den im abgeleiteten Recht vorgesehenen Beschränkungen und Bedingungen unterliege.[203]

(2) Erste Relativierung: Die teleologische Reduktion der ökonomischen Aufenthaltsvoraussetzungen in der Rs. C-184/99 – Grzelczyk vom 20.9.2001

Erstmals Farbe bekennen musste der EuGH im Fall des in Belgien studierenden französischen Staatsangehörigen *Grzelczyk*. Dieser finanzierte sein Studium in den ersten drei Studienjahren durch Nebentätigkeiten selbst, was ihm aufgrund der zeitlichen Belastung im vierten, seinem Abschlussjahr, nicht mehr möglich war. Deshalb beantragte er Sozialhilfe. Abgesehen von der im zweiten Abschnitt zu erörternden gleichheitsrechtlichen Problematik[204] stellte sich die Frage, welche Auswirkungen die Sozialhilfebedürftigkeit auf das Aufenthaltsrecht des Herrn *Grzelczyk* hat.

Der Gerichtshof unterstreicht zunächst, dass die in Art. 1 RL 93/96 genannten Voraussetzungen zu den in Art. 18 I EG erwähnten „Bedingungen und Beschränkungen" des allgemeinen Freizügigkeitsrechts zählten. Diese wiesen im Vergleich zu den sonstige Nichterwerbstätige erfassenden RL 90/364 und 90/365 die Besonderheit auf, dass ein Student lediglich glaubhaft machen müsse, über ausreichende Existenzmittel zu verfügen, um nicht der Sozialhilfe des Aufnahmemitgliedstaates anheim zu fallen.[205] Welche Konsequenzen aus dieser Besonderheit zu ziehen sind, ob etwa Studierende gegenüber sonstigen

---

[202] EuGH, Rs. C-466/00, Slg. 2003, I-2219, Rn. 46 – Kaba II. Dies jedoch ohne auf die zwischenzeitlich erfolgten Relativierungen in den Rs. Grzelczyk sowie Baumbast und R einzugehen. Nochmals pauschal betont in EuGH, Verb. Rs. C-482/01 und 493/01, Slg. 2004, I-5257, Rn. 47 f. – Orfanopoulos und Olivieri.

[203] EuG, Rs. T-66/95, Slg. 1997, II-637, Rn. 46 ff. – Kuchlenz-Winter.

[204] Siehe dazu unten, 2. Teil B. I. 2. b).

[205] Vgl. EuGH, Rs. C-184/99, Slg. 2001, I-6193, Rn. 37 ff. – Grzelczyk. Diese Konstellation antizipierte *S. O'Leary*, Social Dimension, 156 (177 f.).

Nichterwerbstätigen privilegiert sind, bleibt jedoch unklar.[206] Denn der EuGH fährt fort zu betonen, dass ein Student, der Sozialhilfe in Anspruch genommen hat, die Voraussetzungen seines Aufenthaltsrechts nicht mehr erfülle, womit unter Beachtung der vom Gemeinschaftsrecht gezogenen Grenzen aufenthaltsbeendende Maßnahmen ergriffen werden könnten. Diese dürften jedoch keinesfalls automatische Konsequenz der Inanspruchnahme von Sozialhilfe sein. Denn

> Artikel 4 der Richtlinie 93/96 bestimmt zwar, dass das Aufenthaltsrecht besteht, solange die Berechtigten die Bedingungen des Artikels 1 der Richtlinie erfüllen. Aus der sechsten Begründungserwägung der Richtlinie ergibt sich aber, dass die Aufenthaltsberechtigten die öffentlichen Finanzen des Aufnahmemitgliedstaats nicht über Gebühr belasten dürfen. Die Richtlinie 93/96 erkennt somit, übrigens ebenso wie die Richtlinien 90/364 und 90/365, eine bestimmte finanzielle Solidarität der Angehörigen dieses Staates mit denen der anderen Mitgliedstaaten an, insbesondere wenn die Schwierigkeiten, auf die der Aufenthaltsberechtigte stößt, nur vorübergehender Natur sind.

Ohne etwaige Konflikte der RL 93/96 mit dem Institut der Unionsbürgerschaft oder einem als Unionsbürgerrecht nunmehr konstitutionalisierten allgemeinen Freizügigkeitsrecht im eingangs beschriebenen Sinne zu thematisieren, begründet der EuGH die nur eingeschränkte Geltung der ökonomischen Aufenthaltsvoraussetzungen richtlinienimmanent, nämlich mit dem Gebotensein einer teleologischen Reduktion des Art. 4 RL 93/96. Dieser greife nach dem in der sechsten Begründungserwägung zum Ausdruck kommenden Zweck nur dann, wenn die Sozialhilfebedürftigkeit die Finanzen des Aufnahmemitgliedstaates über Gebühr belaste. Diese Argumentation lässt sich – auch wenn der Gerichtshof im Urteil mehrfach die Besonderheiten des Aufenthaltsrechts von Studierenden betont hat[207] – genauso auf die entsprechende Regelung in Art. 3 der RL 90/364 und 90/365 übertragen, was der EuGH *obiter* andeutet.

---

[206] Gleiches gilt für die in Rn. 45 getroffene Feststellung, dass sich die finanzielle Situation eines Studierenden im Laufe der Zeit aus von ihm nicht zu vertretenden Gründen ändern könne. Ob die abzugebende Erklärung zutreffend ist, lasse sich nur zum Zeitpunkt der Abgabe beurteilen.

[207] Die Besonderheiten des Aufenthaltes von Studierenden betonen dagegen GA *Geelhoed*, in: EuGH, Rs. C-413/01, Slg. 2003, I-13187, Rn. 93 – Ninni-Orasche; *H. Oosterom-Staples*, 42 CML Rev. (2005), 205 (214 ff.); *C. Schönberger*, Unionsbürger, 345 f. – im Ergebnis jedoch offen gelassen (348 f.); *J. M. Soria*, JZ 2002, 643 (649). Für eine Gleichbehandlung dagegen *S. Bode*, EuZW 2003, 552 (554); *C. Jacqueson*, 27 EL Rev. (2002), 260 (276); *J.-P. Lhernould*, Droit Social 2001, 1103 (1106). Ebenso die EK in ihrem zweiten Bericht betreffend die Durchführung der Richtlinien 90/364, 90/365 und 93/96 (Aufenthaltsrecht) vom 5.3.2003, KOM (2003) 101 endg., S. 7 f. Zur privilegierten aufenthaltsrechtlichen Position Studierender ausführlich oben, 1. Teil B. II. 3. b), sowie Rs. C-424/98, Slg. 2000, I-4001, Rn. 40, 44 ff. – EK/Italien.

(3) Weitere Relativierung: Die ökonomischen Aufenthaltsvoraussetzungen als Schranke des allgemeinen Freizügigkeitsrechts im Urteil in der Rs. C-413/99 – Baumbast und R vom 17.9.2002

Eine weitere Relativierung der sekundärrechtlichen Aufenthaltsvoraussetzungen unternahm der EuGH in der Rs. Baumbast und R. Der deutsche Staatsangehörige *Baumbast* lebte mit seiner Ehefrau und zwei Kindern in Großbritannien, wo er zunächst als Arbeitnehmer und dann selbstständig tätig war. Nach der Insolvenz seines Unternehmens arbeitete er für deutsche Unternehmen in China und Lesotho, da er in Großbritannien keine Arbeit finden konnte. Familie *Baumbast* nahm in Großbritannien keine Sozialleistungen in Anspruch und war in Deutschland krankenversichert. Die Versicherung umfasste nach Auffassung der britischen Einwanderungsbehörde jedoch keine Notversorgung in Großbritannien, weshalb den Mitgliedern der Familie *Baumbast* eine unbefristete Aufenthaltserlaubnis verweigert wurde. Da Herr *Baumbast* nicht mehr in Großbritannien erwerbstätig war, kam allein ein Aufenthaltsrecht nach Art. 18 I EG in Betracht, das jedoch nach Ansicht der britischen Regierung am nicht umfassenden Krankenversicherungsschutz in Großbritannien gemäß Art. 1 I UA 1 RL 90/364 scheiterte. Der EuGH wies diese Argumentation jedoch zurück:

> [D]ie in Artikel 18 EG genannten und in der Richtlinie 90/364 festgelegten Beschränkungen und Bedingungen [beruhen] auf dem Gedanken, dass die Wahrnehmung des Aufenthaltsrechts der Unionsbürger von der Wahrung der berechtigten Interessen der Mitgliedstaaten abhängig gemacht werden kann. So heißt es in der vierten Begründungserwägung der Richtlinie 90/364, dass die Aufenthaltsberechtigten die öffentlichen Finanzen des Aufnahmemitgliedstaats nicht über Gebühr belasten dürfen. Allerdings sind diese Beschränkungen und Bedingungen unter Einhaltung der einschlägigen gemeinschaftsrechtlichen Grenzen und im Einklang mit den allgemeinen Grundsätzen des Gemeinschaftsrechts, insbesondere dem Grundsatz der Verhältnismäßigkeit, anzuwenden. Das bedeutet, dass unter diesem Gesichtspunkt erlassene nationale Maßnahmen zur Erreichung des angestrebten Zwecks geeignet und erforderlich sein müssen ...[208]

Zugunsten von Herrn *Baumbast* sei im Rahmen der Verhältnismäßigkeitsprüfung zu berücksichtigen, dass er über ausreichende Existenzmittel und einen vollumfänglichen Krankenversicherungsschutz in Deutschland verfüge, sich mehrere Jahre lang rechtmäßig mit seiner Familie in Großbritannien aufgehalten habe und dort verblieben sei. Auch hätten weder er noch seine Angehörigen die öffentlichen Finanzen jemals belastet. Somit

> wäre es ein unverhältnismäßiger Eingriff in das Aufenthaltsrecht aus Artikel 18 Absatz 1 EG, wenn Herrn Baumbast dessen Ausübung in Anwendung der Richtlinie 90/364 mit der Begründung versagt würde, dass seine Krankenversicherung eine Notversorgung im Aufnahmemitgliedstaat nicht abdecke.

[208] EuGH, Rs. C-413/99, Slg. 2002, I-7091, Rn. 90 ff. – Baumbast und R.

Obgleich im Ergebnis der Entscheidung Grzelczyk ähnlich, scheint hier doch ein fundamental anderes Verständnis der Freizügigkeitsgewährleistung auf. Denn die sekundärrechtlichen Voraussetzungen des allgemeinen Freizügigkeitsrechts werden hier nicht mehr bloß richtlinienimmanent im Hinblick auf den gegenüber dem in den Begründungserwägungen der Richtlinien zum Ausdruck kommenden Zweck zu weit geratenen Wortlaut teleologisch reduziert, sondern als Schranke des primärrechtlich verbürgten allgemeinen Freizügigkeitsrechts verstanden. Diese muss sich an der Freizügigkeitsgewährleistung selbst messen lassen, die sie insbesondere nicht unverhältnismäßig einschränken darf. Ermöglicht hat diese grundrechtlich inspirierte Betrachtung die in der Rs. Baumbast und R bejahte unmittelbare Anwendbarkeit des Art. 18 I EG.[209]

(4) Dennoch: Die ökonomischen Aufenthaltsvoraussetzungen gelten grundsätzlich fort – das Urteil in der Rs. C-456/02 – Michel Trojani vom 7.9.2004 und Folgeentscheidungen

Dass es sich bei den Entscheidungen Grzelczyk sowie Baumbast und R jedoch nur um Ausnahmefälle handelte, unterstrich der Gerichtshof in der Rs. Trojani. Im Jahre 2000 reiste der französische Staatsbürger *Michel Trojani* nach Belgien ein, wo er nach Aufenthalten auf einem Campingplatz und in einer Jugendherberge im Januar 2002 schließlich in einem Obdachlosenheim der Heilsarmee Aufnahme fand. Für dieses verrichtete er im Rahmen eines individuellen Projektes der gesellschaftlichen und beruflichen Integration verschiedene Arbeiten. Seine 30 Stunden die Woche umfassende Tätigkeit wurde in Form von freier Kost und Logis sowie mit einem Taschengeld von 25 Euro pro Woche vergütet. Da er nicht über ausreichende Existenzmittel verfügte und aus dem Obdachlosenheim ausziehen wollte, beantragte er beim Centre public d'aide sociale de Bruxelles (CPAS) das schon aus der Entscheidung Grzelczyk bekannte Minimex (minimum de moyens d'existence), also Sozialhilfe. Sofern man Herrn *Trojani* nicht als Arbeitnehmer und damit als unabhängig von der Einkommenshöhe grundfreiheitlich Freizügigkeitsberechtigten qualifiziert, was der EuGH dem vorlegenden Gericht zur Beantwortung überließ, stellt sich die Frage nach einem aus Art. 18 I EG folgenden Aufenthaltsrecht.

Der Gerichtshof[210] betonte, dass dieses Recht nicht absolut gewährleistet sei, sondern nur unter dem Vorbehalt der primär- und sekundärrechtlichen Beschränkungen und Bedingungen. Zu diesen zählten die in Art. 1 RL 90/364 genannten Voraussetzungen. Diese seien zwar, wie in Baumbast und R entschieden, „unter Einhaltung der einschlägigen gemeinschaftsrechtlichen Grenzen und im Einklang mit den allgemeinen Grundsätzen des Gemeinschaftsrechts, insbesondere dem Grundsatz der Verhältnismäßigkeit, anzuwenden",

[209] Zu dieser ausführlich oben, 2. Teil A. I. 1.

[210] EuGH, Rs. C-456/02, Slg. 2004, I-7573, Rn. 30 ff. – Trojani.

im vorliegenden Fall spreche jedoch nichts dafür, „dass in einer Situation wie der des Ausgangsrechtsstreits eine Verneinung dieses Rechts über das hinausginge, was zur Erreichung des mit der Richtlinie 90/364 verfolgten Zieles erforderlich ist." Was die Umstände des vorliegenden Falles im Einzelnen kennzeichnete, erörterte der Gerichtshof jedoch nicht, sondern verwies darauf, dass Herr *Trojani* gerade aus Mangel an Existenzmitteln das Minimex beantragt habe. Diese Aussage trifft so freilich genauso auf Herrn *Grzelczyk* zu. Auch hielt sich Herr *Trojani* vor Stellung des Antrags auf Sozialhilfe bereits zwei Jahre in Belgien auf, was in die Verhältnismäßigkeitsprüfung hätte eingestellt werden müssen.

Zwischenzeitlich ergangene Folgeentscheidungen liegen auf dieser in der Rs. Trojani herausgestrichenen Linie. Die Urteile betonen den Schrankencharakter des Sekundärrechts und prüfen dieses und seine Anwendung dann auf ihre Verhältnismäßigkeit hin.[211]

(5) Die Position des EuGH

Der Gerichtshof geht demnach davon aus, dass die in den jeweiligen Art. 1 der mittlerweile aufgehobenen RL 90/364, 90/365 und 90/366 genannten Aufenthaltsvoraussetzungen, mit denen sichergestellt werden sollte, dass wirtschaftlich nicht aktive Freizügigkeitsberechtigte die öffentlichen Finanzen des Aufnahmemitgliedstaates nicht übermäßig belasten, auch nach Einführung eines als Unionsbürgerrechts konstitutionalisierten allgemeinen Freizügigkeitsrechts Geltung beanspruchen und dieses begrenzen. Als jedoch mit der Rs. Baumbast der Charakter des Art. 18 I EG als unmittelbar anwendbare primärrechtliche Verbürgung anerkannt war, stellten sich die sekundärrechtlichen Voraussetzungen als deren rangniedrigere Schranken dar, die sich an ihr zu messen hatten und insbesondere das allgemeine Freizügigkeitsrecht nicht unverhältnismäßig beschränken durften. Gegenüber dem mit ihnen verfolgten legitimen Zweck, eine übermäßige Beanspruchung des Haushalts der Mitgliedstaaten zu verhindern, sind folgende Parameter im Rahmen der Verhältnismäßigkeitsprüfung zu berücksichtigen: der vorübergehende Charakter der wirtschaftlichen Notlage, die Möglichkeit, sie vorherzusehen und zu beeinflussen, sowie die Dauer eines ihr vorausgehenden rechtmäßigen Aufenthalts, eine etwaige frühere Inanspruchnahme von Sozialleistungen oder die Auswirkungen des zukünftigen Aufenthalts auf die öffentlichen Finanzen. Schließlich legt die Entscheidung

[211] So sind etwa nationale Vorschriften, die verlangen, dass es sich um Existenzmittel des Aufenthaltsberechtigten selbst, nicht aber unterhaltsverpflichteter Personen handeln müsse, als unverhältnismäßiger Eingriff in Art. 18 I EG zu werten, vgl. EuGH, Rs. C-200/02, Slg. 2004, I-9925, Rn. 33 – Chen/Zhu. Dies gilt auch, wenn zwischen Unterhaltsleistendem und -empfänger keine Unterhalts(rechts)pflicht besteht, Rs. C-408/03, Slg. 2006, I-2647, Rn. 38 ff. – EK/Belgien.

Grzelczyk nahe, dass die Besonderheiten des Aufenthalts von Studierenden eine großzügigere Handhabung bei dieser Personengruppe indizieren.

Abschließend nochmals ausdrücklich unterstrichen sei, dass das Verhältnis von Primär- und Sekundärrecht trotz des Verweises in Art. 18 I EG keines der Spezialität des Letzteren ist, sondern ein hierarchisches.[212]

cc) Die ökonomischen Aufenthaltsvoraussetzungen gelten im Grundsatz fort

Der Ansatz des Gerichtshofs, an den ökonomischen Aufenthaltsvoraussetzungen im Grundsatz festzuhalten, ist in der Literatur weitgehend auf Zustimmung gestoßen,[213] wenn auch mitunter nicht ohne Ausdruck des Bedauerns im Hinblick auf die Ungleichbehandlung in- und ausländischer respektive erwerbs- und nichterwerbstätiger Unionsbürger.[214] Nichtsdestoweniger sind weitergehende Relativierungen nicht angezeigt (1), allerdings genauso wenig wie ein unverändertes Festhalten an den im Sekundärrecht enthaltenen ökonomischen Aufenthaltsvoraussetzungen (2). Problematisch an der Rechtsprechung des EuGH ist freilich die ins Aufenthaltsrecht hineingetragene Rechtsunsicherheit (3).

(1) Keine über die Rechtsprechung des EuGH hinausgehenden weiteren Relativierungen der ökonomischen Aufenthaltsvoraussetzungen

Mit dem EuGH ist davon auszugehen, dass die ökonomischen Aufenthaltsvoraussetzungen weiterhin Geltung beanspruchen, wenn auch nicht uneingeschränkt. Nur diese Auffassung trägt den primärrechtlichen Vorgaben hinreichend Rechnung. Denn einerseits bezieht Art. 18 I EG diese Voraussetzungen durch den Vorbehalt der im Primär- und Sekundärrecht vorgesehenen Bedingungen und Beschränkungen in das allgemeine Freizügigkeitsrecht ein, womit

---

[212] Siehe nur EuGH, Rs. C-408/03, Slg. 2006, I-2647, Rn. 41 – EK/Belgien, der von einem „unverhältnismäßigen Eingriff in die Ausübung des durch Artikel 18 EG gewährleisteten Grundrechts auf Freizügigkeit und Aufenthalt" spricht; ähnlich Rs. C-200/02, Slg. 2004, I-9925, Rn. 33 – Chen/Zhu. Ausführlich zur Frage der gerichtlichen Kontrolldichte gemeinschaftsgesetzgeberischer Entscheidungen im Kontext der Unionsbürgerschaft *M. Dougan*, 31 EL Rev. (2006), 613.

[213] *U. Becker*, ZESAR 2002, 8 (10); *ders.*, ZESAR 2004, 496; *M. Haag*, in: von der Groeben/Schwarze, Art. 18, Rn. 15 f.; *A. Hatje*, in: Schwarze, Art. 18, Rn. 8, 10; *M. Hilf*, in: G/H, Art. 18, Rn. 10; *R. Höfler*, Aussenwirtschaft 2004, 303 (315 ff.); *W. Kaufmann-Bühler*, in: Lenz (2003), Art. 18, Rn. 1; *P. Letzner*, JuS 2003, 118 (120); *S. Magiera*, in: Streinz, Art. 18, Rn. 18; *J. Ziekow*, Freizügigkeit des Unionsbürgers, 101 (109). Ähnlich bereits zuvor *D. Martin/E. Guild*, Free Movement, 99 f.

[214] *R. W. Davis*, 27 EL Rev. (2002), 121 (131): "discriminatory in its application, on the grounds of a citizen's economic status."; *M. J. Garot*, Citoyenneté de l'Union, 95 f.; *A. Iliopoulou*, RDUE 2004, 523 (525 ff.; 545); *A. P. van der Mei*, Free Movement, 219 f. Ebenso bereits zuvor *P. Garrone*, SZIER 1993, 251 (260); *V. Lippolis*, Cittadinanza Europea, 121 ff.

ihnen die Fortgeltung im Grundsatz nicht abgesprochen werden kann.[215] Andererseits verlangt ein als Unionsbürgerrecht konstitutionalisiertes allgemeines Freizügigkeitsrecht aber, dass die sekundärrechtlichen Beschränkungen dieser neuen primärrechtlichen Gewährleistung Rechnung tragen. Diese einschränkende Auslegung fand zudem einen sekundärrechtlichen Anhaltspunkt in den erwähnten Begründungserwägungen der RL 93/96, 90/364 und 90/365.

Diesen textlichen Befund, der zudem den Willen der Vertragsparteien dokumentiert,[216] verkennen die oben skizzierten, die ökonomischen Voraussetzungen des allgemeinen Freizügigkeitsrechts weiter relativierenden Auffassungen, wie GA *La Pergola* in seinem Schlussantrag in der Rs. Kaba I unterstreicht:

> Die Rechtsnorm aber, die dieses Recht verkündet [Art. 18 I EG], versieht seine Ausübung mit punktuell bestimmten Begrenzungen, die in jedem Fall beachtet werden müssen ... Es sind freilich scharfe Begrenzungen. Da sie aber von der höchstrangigen Rechtsquelle der Rechtsordnung der Union gezogen werden, kann sie der Auslegende nicht unbeachtet lassen, ob ihm dies nun gefällt oder nicht.[217]

Die weiteren Relativierungen sind auch in der Sache nicht überzeugend. Wertungswidersprüche zu den Grundfreiheiten entstehen nicht, und zwar unabhängig davon, ob man den Beitrag wirtschaftlich aktiver Personen zur Produktivität im Aufnahmemitgliedstaat als alleinigen Schlüssel zur Partizipation am dort generierten Wohlstand betrachtet.[218] Denn – obgleich der Gerichtshof das grundfreiheitliche Freizügigkeitsregime mitunter weit ausgelegt hat, um sich an dessen Randbereich bewegenden Personen den unionsrechtlichen Schutz nicht zu versagen –, so liegt dem Unionsrecht doch eine im Kern klar zu Tage tretende und grundsätzlich anzuerkennende Typisierung zu Grunde: Deutlich unterscheidet es nämlich zwischen Erwerbstätigen, bei denen grundsätzlich davon auszugehen ist, dass sie über ausreichende Existenzmittel verfügen, und Nichterwerbstätigen, bei denen solche zu fordern sind.[219] Es verbietet sich also, Randunschärfen zum Anlass zu nehmen, diese Differenzierung auszuhebeln. Insoweit gilt die im angloamerikanischen Rechtskreis anerkannte Devise: "hard cases make bad law". Auch der mitunter gezogenen Parallele zur passiven Dienstleistungsfreiheit kann nicht gefolgt werden. Zwar ist es zutreffend, dass diese (fast) jedem Unionsbürger ein voraussetzungsloses Aufenthaltsrecht in anderen Mitgliedstaaten einräumt, aber dennoch ist die Gewährleistung begrenzt: So hat der EuGH mehrfach betont, dass diese keinen Aufenthalt auf unbestimmte Dauer deckt, sei er auch mit der kontinuierlichen Entgegennah-

---

[215] So auch *P. Rodière*, RTDE 2006, 163 (169); *C. Tomuschat*, 37 CML Rev. (2000), 449 (454).

[216] Diesen betont *C. Schönberger*, Unionsbürgerschaft, 342 f.

[217] GA *La Pergola*, in: EuGH, Rs. C-356/98, Slg. 2000, I-2623, Rn. 54 – Kaba I.

[218] In diesem Sinne *C. Tomuschat*, 37 CML Rev. (2000), 449 (453).

[219] *S. Bode*, Europarechtliche Gleichbehandlungsansprüche Studierender, 256 f. m. Fn. 1360; *C. Schönberger*, Unionsbürger, 342.

me von Dienstleistungen verbunden.[220] Was des Weiteren den Rekurs auf Wertungen des Europäischen Fürsorgeabkommens betrifft, so ist einmal festzuhalten, dass dieses lediglich in 15 der 27 Mitgliedstaaten in Kraft getreten ist, also bloß einen beschränkten Konsens widerspiegelt. Darüber hinaus überzeugt bereits im Grundsatz nicht, dass die dort getroffenen Wertungen Vorrang gegenüber den in den Aufenthaltsrichtlinien zum Ausdruck kommenden spezifisch unionsrechtlichen Wertungen beanspruchen sollen.[221] Auch garantiert es lediglich Ausweisungsschutz nach einem langjährigen, rechtmäßigen Aufenthalt. Primär wohlfahrtsstaatlich motivierte Wanderungsbewegungen zu verhindern, ist nicht zuletzt ein legitimes Anliegen, das im Primär- und Sekundärrecht zum Ausdruck kommt.[222] Die vorgezeichnete Relativierung der ökonomischen Aufenthaltsvoraussetzungen verhindert im Übrigen eine unverhältnismäßige Restriktion des allgemeinen Freizügigkeitsrechts.

(2) Kein unverändertes Festhalten an den ökonomischen Aufenthaltsvoraussetzungen

Genauso wenig beigepflichtet werden kann allerdings der auf der anderen Seite des Spektrums anzusiedelnden Auffassung, nach der unverändert an den ökonomischen Voraussetzungen festzuhalten sei.[223] Deren Vertreter brandmarken die gegenteilige Rechtsprechung als methodisch[224] und in ihren Konsequenzen für die nationalen Sozialsysteme[225] unhaltbar.

So wird der Argumentation des EuGH in der Rs. Grzelczyk entgegengehalten, dass in der Entscheidung die Begründungserwägungen der RL 93/96 zur Korrektur des eindeutig gegenteiligen Wortlauts herangezogen würden und diesen eine entstehungsgeschichtlich nicht gewollte Bedeutung untergeschoben würde.[226] Auch der Ansatz in der Rs. Baumbast und R, die sekundärrechtlichen

---

[220] EuGH, Rs. 196/87, Slg. 1988, 6159, Rn. 16 f. – Steymann. Bestätigt in Rs. C-200/02, Slg. 2004, I-9925, Rn. 22 – Chen/Zhu. Dazu bereits oben, 1. Teil A. II. 2. a) bb) (1).

[221] *C. Schönberger*, Unionsbürger, 338 f.

[222] *C. Tomuschat*, 37 CML Rev. (2000), 449 (456).

[223] So aber die belgische Regierung in der Rs. Grzelczyk, siehe Schlussantrag des GA *Alber*, in: EuGH, Rs. C-184/99, Slg. 2001, I-6193, Rn. 37. Ebenso die dänische Regierung, ibid., Rn. 43. In der Literatur *M. Pelzner*, Unionsbürgerschaft und soziale Rechte, 26 f.

[224] Siehe etwa die Titel der Aufsätze von *K. Hailbronner*, NJW 2004, 2185: „Die Unionsbürgerschaft und das Ende rationaler Jurisprudenz durch den EuGH?" und *D. Martin*, EJML 2002, 136: "A Big Step Forward for Union Citizens, but a Step Backwards for Legal Coherence". Zur Unionsbürgerschaft als Basis der integrationsoffenen Rechtsprechung des EuGH siehe *J. Bengoetxea*, The Scope for Discretion, Coherence and Citizenship.

[225] Vgl. statt vieler *S. Bode*, EuZW 2002, 637 (639); *dies.*, Europarechtliche Gleichbehandlungsansprüche Studierender, 23.

[226] *K. Hailbronner*, NJW 2004, 2185 (2187); *ders.*, ZaöRV 64 (2004), 603 (613 ff.); *ders.*, 42 CML Rev. (2005), 1245 (1255); *D. Martin*, EJML 2002, 136 (142 mit Fn. 23); *C. Schönberger*, Unionsbürger, 346 f.; *K. Strick*, NJW 2005, 2182 (2183 f.). Zum entsprechenden

Voraussetzungen über den Grundsatz der Verhältnismäßigkeit einzuschränken, begegne methodischen Bedenken. Denn primärrechtlich sei kein absolutes – d.h. voraussetzungsloses – Freizügigkeitsrecht vorgegeben, an dem sekundärrechtliche Einschränkungen gemessen werden könnten.[227] Im Ergebnis ähnlich wird des Weiteren vorgebracht, dass Art. 18 I EG dort nicht anwendbar sei, wo entsprechendes Sekundärrecht existiere, da dieses als *lex specialis* Anwendungsvorrang genieße.[228]

Dieser Kritik ist gemein, dass sie einseitig auf den in Art. 18 I EG enthaltenen Vorbehalt abstellt, nicht aber den kategorial anderen normativen Kontext berücksichtigt, in den die Mitgliedstaaten das Freizügigkeitsrecht gestellt haben.[229] Dieser rechtfertigt wie dargelegt sowohl methodisch als auch in der Sache die vorgenommenen Relativierungen.[230]

(3) Das Problem der durch die Relativierung hervorgerufenen Rechtsunsicherheit

Nicht übersehen werden darf freilich der durch die Rechtsprechung des EuGH hervorgerufene Verlust an Rechtssicherheit hinsichtlich des aufenthaltsrechtlichen Status. Konnte nämlich bislang anhand des Erfüllens der ökonomischen Aufenthaltsvoraussetzungen einfach festgestellt werden, ob das Aufenthaltsrecht noch besteht, so ist dies nunmehr nur noch mittels einer für jeden Einzelfall zu treffenden Abwägung möglich, in deren Rahmen das Nichterfüllen der ökonomischen Voraussetzungen nur noch ein Gesichtspunkt ist.[231] Darüber hinaus einzubeziehende Kriterien sind etwa die Dauer des bisherigen Aufenthalts, eine etwaige frühere Inanspruchnahme von Sozialhilfe, der temporäre Charakter sowie die Zurechenbarkeit der Notlage, die Art und Höhe der beantragten

---

Verständnis des Gemeinschaftsgesetzgebers siehe auch *A. P. van der Mei*, Free Movement, 142 f. Sogar der beteiligte GA *Alber* bezeichnete diesen vom Gerichtshof gewählten Ansatz später als „mutig", vgl. *S. Alber*, ZEuS 2003, 1 (27). Ähnlich *A. Iliopoulou/H. Toner*, 39 CML Rev. (2002), 609 (613): "audacious interpretation". Siehe auch *P. Letzner*, JuS 2003, 118 (120), nach der es zwar unverständlich sei, warum sich der EuGH in der Rs. Grzelczyk über den Wortlaut des Art. 4 RL 93/96 und den Willen des Gemeinschaftsgesetzgebers hinwegsetze, zu rechtfertigen sei dies jedoch über eine Verhältnismäßigkeitsprüfung anhand von Art. 18 EG.

[227] *K. Hailbronner*, NJW 2004, 2185 (2188); *ders.*, ZaöRV 64 (2004), 603 (615 f.); *ders.*, 42 CML Rev. (2005), 1245 (1253 f.).

[228] *C. Calliess*, ZaöRV 64 (2004), 665.

[229] Dazu bereits ausführlich oben, 2. Teil A. IV. 1.

[230] Ebenso *E. Eichenhofer/C. Abig*, Zugang zu Sozialleistungen, 57 ff.; *A. Epiney*, in: C/R-VVE, Art. I-4, Rn. 24; *U. Haltern*, Europarecht und das Politische, 454; *A. Iliopoulou/H. Toner*, 39 CML Rev. (2002), 609 (619 f.); *W. Kluth*, ZAR 2006, 1 (6); *M. Rossi*, JZ 2002, 351 (353); *B. Schöbener*, in: KK-GRC, Art. 45, Rn. 32.

[231] *R. Höfler*, NVwZ 2002, 1206 (1208); *J.-P. Lhernould*, Droit Social 2001, 1103 (1106); *F. Sander*, DVBl. 2005, 1014 (1017 f.); *C. Schönberger*, Unionsbürger, 347 ff.

Sozialleistung sowie gegebenenfalls bestehende Bindungen im Aufnahmemitgliedstaat.[232] Versteht man die ökonomischen Aufenthaltsvoraussetzungen allerdings nicht als Bedingungen, die den Bestand des Aufenthaltsrechts betreffen, sondern als Beschränkungsmöglichkeit für den Aufnahmemitgliedstaat,[233] so lässt sich zumindest der aufenthaltsrechtliche Status rechtssicher handhaben.

c) Bedingungen und Beschränkungen: Die Bedeutung der ökonomischen Voraussetzungen für den Bestand des allgemeinen Freizügigkeitsrechts

Bislang unerörtert blieb die Frage nach der Bedeutung der ökonomischen Voraussetzungen für den Bestand des allgemeinen Freizügigkeitsrechts.[234] Ist von einer strengen Akzessorietät auszugehen, so dass das Freizügigkeitsrecht mit deren Vorliegen steht und fällt? Oder kann sich der Unionsbürger vielmehr solange auf Art. 18 I EG berufen, wie der Aufnahmemitgliedstaat keine aufenthaltsbeendenden Maßnahmen ergriffen hat, um diese Schranke zu aktualisieren? Terminologisch aufhängen lässt sich diese Frage an der in Art. 18 I EG getroffenen Differenzierung zwischen Bedingungen und Beschränkungen, die die Existenz zweier verschiedener Arten von Vorbehalten nahe legen könnte, nämlich zum einen Bedingungen, die Entstehungsvoraussetzungen für das Freizügigkeitsrecht darstellen, dieses also schon tatbestandlich beschränken, zum anderen Beschränkungen, die die Möglichkeit einräumen, das mit der Einreise einmal entstandene Freizügigkeitsrecht zu beenden.

Für den *ordre-public*-Vorbehalt und die Aufenthaltsformalitäten ist die Qualifikation schon lange geklärt: In seiner Rechtsprechung zu den Grundfreiheiten hat der Gerichtshof stets vertreten, dass die primär- und sekundärrechtlichen Einschränkungsmöglichkeiten den Bestand des Aufenthaltsrechts nicht berühren, dem Aufnahmemitgliedstaat vielmehr nur die Möglichkeit geben, aufenthaltsbeendende Maßnahmen zu ergreifen:

> Es ist somit nicht Vorbedingung für den Erwerb des Rechts auf Einreise und Aufenthalt, dass der den Schutz der öffentlichen Ordnung, Sicherheit und Gesundheit betreffende Vorbehalt nach Artikel 48 Absatz 3 und nach Artikel 56 Absatz 1 des Vertrages nicht eingreift; vielmehr ist dieser Vorbehalt aufzufassen als eine Handhabe, im Einzelfall bei Vorliegen geeigneter Gründe die Ausübung eines unmittelbar aus dem Vertrag fließenden Rechts einzuschränken.[235]

---

[232] Zu einem Katalog möglicher Kriterien vgl. auch *R. Höfler*, Aussenwirtschaft 2004, 303 (318 f.).

[233] Zu dieser Problematik sogleich unten, 2. Teil A. IV. 4. c).

[234] Dazu ausführlich *F. Wollenschläger*, EuZW 2005, 309 (310 f.).

[235] EuGH, Rs. 48/75, Slg. 1976, 497, Rn. 28 f. – Royer; ferner Rs. 157/79, Slg. 1980, 2171 Rn. 9 – Pieck.

Gleiches gilt für die sekundärrechtlich vorgesehene Aufenthaltserlaubnis, die ein bestehendes Aufenthaltsrecht nur deklaratorisch nachweist, nicht aber als Entstehungsvoraussetzung rechtsbegründend ist.[236]

Die ökonomischen Voraussetzungen des allgemeinen Freizügigkeitsrechts scheint der Gerichtshof demgegenüber anders zu verstehen. So entschied er in der Rs. Trojani, dass das in Art. 18 I EG verankerte Aufenthaltsrecht nicht besteht, wenn der aufenthaltswillige Unionsbürger mittellos ist.[237] Fraglich ist jedoch, ob diese von der Qualifikation des *ordre-public*-Vorbehalts und den Aufenthaltsformalitäten abweichende Handhabung gerechtfertigt ist. Für sie spricht, dass die ökonomischen Voraussetzungen in Art. 1 I UA 1 RL 90/364 sowie 90/365 respektive Art. 1 1. HS RL 93/96 als Bedingungen qualifiziert wurden, an deren Vorliegen der Bestand des Aufenthaltsrechts geknüpft war (Art. 3 RL 90/364 und 90/365, Art. 4 RL 93/96). Art. 18 I EG könnte dies nun auch für ein als Unionsbürgerrecht konstitutionalisiertes allgemeines Freizügigkeitsrecht für maßgeblich erklären, da er ausweislich seines Wortlautes zwischen zwei Kategorien von Vorbehalten differenziert, nämlich zwischen „Bedingungen" und „Beschränkungen". Der von den Grundfreiheiten her bekannte *ordre-public*-Vorbehalt ermöglichte demnach als Beschränkung entsprechend obiger Rechtsprechung nachträgliche Einschränkungen des einmal entstandenen Aufenthaltsrechts aus Gründen der öffentlichen Ordnung, Sicherheit und Gesundheit. Bedingungen definierten dagegen den Schutzbereich des allgemeinen Freizügigkeitsrechts, indem sie die wirtschaftlichen Voraussetzungen der jeweiligen Art. 1 der RL 90/364, 90/365 und 93/96 in den Tatbestand des Art. 18 I EG inkorporierten.[238] Danach hätte der Gerichtshof das Aufenthaltsrecht des Herrn *Trojani* zu Recht verneint, da er die Bedingung ausreichender Existenzmittel – also Art. 18 I EG bereits tatbestandlich – nicht erfüllte. Die zitierte Entscheidung Royer stünde dem nicht zwingend entgegen, da sie unmittelbar keine Aussage zu der bei den Grundfreiheiten unbekannten Kategorie der „wirtschaftlichen" Bedingungen trifft. Neben dem

---

[236] EuGH, Rs. 8/77, Slg. 1977, 1495, Rn. 4, 8 – Sagulo u.a.; Rs. 157/79, Slg. 1980, 2171, Rn. 13 – Pieck; Rs. 249/86, Slg. 1989, 1263, Rn. 9 – EK/Deutschland; Rs. 363/89, Slg. 1991, I-273, Rn. 9, 12 – Roux; Rs. C-85/96, Slg. 1998, I-2691, Rn. 53 – Martínez Sala.

[237] EuGH, Rs. C-456/02, Slg. 2004, I-7573, Rn. 36 – Trojani.

[238] *U. Becker*, EuR 1999, 522 (530); *K. Dienelt*, Freizügigkeit, Rn. 96 ff.; *H. G. Fischer*, EuZW 1992, 566 (568); *ders.*, Unionsbürgerschaft, 12; *J. Gebauer*, Grundfreiheiten, 214 f.; *K. Hailbronner*, 42 CML Rev. (2005), 1245 (1254); *M. Hilf*, in: G/H, Art. 18, Rn. 11; *S. Kadelbach*, Unionsbürgerschaft, 539 (553 f.); *U. Schneider*, Unionsbürger, 78; *C. Schönberger*, Unionsbürger, 337, 339 f. So wohl auch *K. Hailbronner*, ZaöRV 64 (2004), 603 (606); *M. Pelzner*, Unionsbürgerschaft und soziale Rechte, 25 ff. Anders differenziert *N. Kotalakidis*, Unionsbürgerschaft, 165, nämlich zwischen materiell begrenzenden Beschränkungen und inhaltskonkretisierenden, die Ausübung des Freizügigkeitsrechts fördernden Bedingungen. Ihm teilweise folgend *S. Staeglich*, ZEuS 2003, 485 (511).

Wortlautargument verweisen Vertreter dieser Lesart auf das legitime Anliegen der Mitgliedstaaten, Sozialhilfetourismus zu verhindern.[239]

Ob der Rechtsprechung des Gerichtshofs eine solche Differenzierung zugrunde liegt, mag jedoch bezweifelt werden. In seinen Entscheidungen wird sie jedenfalls nicht expliziert, vielmehr zählt er die ökonomischen Voraussetzungen pauschal zu den in Art. 18 I EG vorgesehenen „Beschränkungen und Bedingungen".[240] Auch eine systematische Betrachtung des Primärrechts streitet nicht für sie, da – auch wenn zwei verschiedene Begriffe verwendet werden – eine eindeutige Qualifikation des *ordre-public*-Vorbehalts als „Beschränkung" und der wirtschaftlichen Voraussetzungen als „Bedingungen" nicht möglich ist.[241] Denn Art. 18 I EG spricht von den „in diesem Vertrag und in den Durchführungsvorschriften vorgesehenen Beschränkungen und Bedingungen", primärrechtlich sind aber keine ökonomischen Voraussetzungen verankert.[242] Ferner wird der Begriff „Beschränkungen" auch im Rahmen der Grundfreiheiten uneinheitlich verwendet (vgl. Art. 39 III, 40 lit. c, 43 UA 1 S.1, 49 EG). Dies legt eine synonyme Verwendung nahe. Weiterhin sprechen Aspekte der Rechtssicherheit für die hier vertretene Auslegung. Da die Beendigung des Aufenthaltsrechts nach der Rechtsprechung des Gerichtshofs von einer Abwägungsentscheidung abhängig ist, kann nicht in jedem Einzelfall für den Bürger rechtssicher festgestellt werden, wann das aus Art. 18 I EG folgende Aufenthaltsrecht erlischt. Mit dem Abstellen auf einen aufenthaltsbeendenden Akt ist der Zeitpunkt dagegen eindeutig festgelegt.[243] Eine einheitliche Auslegung der Schranken ist auch deshalb geboten, weil der EuGH[244] – wie auch das Schrifttum[245] – Art. 18 EG als Grundtatbestand zu den Grundfreiheiten begreifen.[246]

---

[239] Vgl. *K. Dienelt*, Freizügigkeit, Rn. 100, 104.

[240] EuGH, Rs. C-456/02, Slg. 2004, I-7573, Rn. 33 f. – Trojani. Ebenso Rs. 184/99, Slg. 2001, I-6193, Rn. 38 – Grzelczyk; Rs. C-413/99, Slg. 2002, I-7091, Rn. 90 – Baumbast und R. Ähnlich *A. Mattera*, DUE 1999, 431 (455). Problembewusst dagegen GA *Alber* in der Rs. Grzelczyk, Rn. 110, nach dem das Nichtvorliegen der ökonomischen Voraussetzungen keinen Einfluss auf den Bestand des Aufenthaltsrechts hat. Undeutlich bleibt auch die Rs. C-408/03, Slg. 2006, I-2647, Rn. 34 ff. – EK/Belgien.

[241] Zweifelnd auch *S. Magiera*, in: Streinz, Art. 18, Rn. 8, 15.

[242] Dies konstatiert auch ein Vertreter der Gegenauffassung – siehe *K. Dienelt*, Freizügigkeit, Rn. 97.

[243] Siehe auch *S. Bode*, Europarechtliche Gleichbehandlungsansprüche Studierender, 212 f.; *K. Strick*, NJW 2005, 2182 (2183 Fn. 15), hält diese Auslegung deshalb für unverzichtbar.

[244] Vgl. EuGH, Rs. C-193/94, Slg. 1996, I-929, Rn. 22 – Skanavi; Rs. C-348/96, Slg. 1999, I-11, Rn. 29 f. – Calfa; Rs. C-100/01, Slg. 2002, I-10981, Rn. 26 – Olazabal; Rs. C-92/01, Slg. 2003, I-1291, Rn. 18, 20 – Stylianakis.

[245] *U. Becker*, EuR 1999, 522 (531); *A. Hatje*, in: Schwarze, Art. 18, Rn. 12; *M. Hilf*, in: G/H, Art. 18, Rn. 5; *W. Kluth*, in: C/R, Art. 18, Rn. 10; *M. Pechstein/A. Bunk*, EuGRZ 1997, 547 (553); *H. Rothfuchs*, Personenverkehrsfreiheiten, 220 ff.; *D. H. Scheuing*, Freizügigkeit, 103 (123).

[246] Dazu oben, A. I. 2. a.

Jedenfalls im Sinne eines Spezialitätsverhältnisses ließe sich dies andernfalls normlogisch nicht mehr begründen. Denn wären die ökonomischen Bedingungen Tatbestandsmerkmale, so verböte sich die einhellig vertretene Qualifikation des allgemeinen Freizügigkeitsrechts als *lex generalis* gegenüber den Marktfreiheiten. Art. 18 EG wäre dann nämlich nicht mehr die allgemeinere Norm, da in ihm nicht mehr alle unter die Grundfreiheiten subsumierbaren Fälle enthalten wären.[247] Schließlich sprechen auch Wertungsgesichtspunkte gegen eine solche Differenzierung. Denn warum sollte eine Person, deren Aufenthalt eine Gefahr für die öffentliche Ordnung darstellt, die also durch ihr Verhalten tatsächlich, gegenwärtig und hinreichend schwer Grundinteressen der Gesellschaft gefährdet,[248] zunächst in den Genuss eines beschränkbaren Aufenthaltsrechts kommen, eine mittellose Person aber nicht?[249] Auch wenn beide letztlich ausgewiesen werden könnten, so wäre im ersten Fall der Rechtfertigungsdruck höher, da bestehende Rechte eingeschränkt werden sollen.

Damit erscheint die Auffassung vorzugswürdig, alle Schranken – und damit auch die ökonomischen Voraussetzungen – als Beendigungstatbestände für das Aufenthaltsrecht, nicht aber als Entstehungsvoraussetzungen für dieses zu betrachten.[250]

---

[247] Anders *H. Rothfuchs*, Personenverkehrsfreiheiten, 226, der auf die wirtschaftlichen Voraussetzungen allerdings nicht eingeht.

[248] So die in Art. 27 II UA 2 RL 2004/38 verwendete Definition, die die st. Rspr. des EuGH aufgreift. Zu dieser siehe etwa EuGH, Rs. C-100/01 (Olazabal), Slg. 2002, I-10981, Rn. 39.

[249] Ähnlich in Bezug auf die Rechtfertigung der ökonomischen Voraussetzungen, *D. Pollard*, Rights of Free Movement, 105 (114 f.); *V. Sottili*, Contratto e impresa. Europa 1997, 710 (722 f.).

[250] So im Ergebnis auch *S. Bode*, EuZW 2002, 767 (768); *dies.*, EuZW 2003, 552 (554 f.); *dies.*, Europarechtliche Gleichbehandlungsansprüche Studierender, 212 f., 309 f.; *K.-D. Borchardt*, NJW 2000, 2057 (2060); *S. M. Damm*, Bürgergleichheit in Europa, 190 (195); *C. Delli*, Unionsbürgerschaft, 46, 51; *M. Dougan/E. Spaventa*, 28 EL Rev. (2003), 699 (710); *U. Haltern*, Europarecht und das Politische, 454; *A. Hatje*, in: Schwarze, Art. 18, Rn. 10; *R. Höfler*, NVwZ 2002, 1206 (1207); *dies.*, Aussenwirtschaft 2004, 303 (312); *U. Hühn*, ELR 2002, 358 (362 f.); *W. Kluth*, ZAR 2006, 1 (6 Fn. 65); *ders.*, in: C/R-VVE, Art. I-10, Rn. 17; *N. Kotalakidis*, Unionsbürgerschaft, 170 f.; *P. Kubicki*, EuR 2006, 489 (496); *A. P. van der Mei*, Ariz. J. Int'l & Comp. L. 18 (2001), 803 (847); *M. Rossi*, AöR 127 (2002), 612 (621 ff.); *H. Rothfuchs*, Personenverkehrsfreiheiten, 214 – trotz der vorgenommenen Differenzierung zwischen Beschränkungen und Bedingungen (199 ff., 217 f.); *M. Scheffer*, EU-Osterweiterung, 200 ff.; *D. H. Scheuing*, Freizügigkeit, 103 (120, 126 f.); *ders.*, EuR 2003, 744 (768); *ders.*, Freedom of Movement, 145 (175); *B. Schöbener*, in: KK-GRC, Art. 45, Rn. 16; *J. M. Soria*, JZ 2002, 643 (647); *V. Westphal/E. Stoppa*, InfAuslR 2004, 133; *F. Wollenschläger*, EuZW 2005, 309 (310 f.); *M. Wollenschläger*, Freizügigkeit, Rn. 65. Ebenso GA *Geelhoed*, in: EuGH, Rs. C-85/96, Slg. 1998, I-2691, Rn. 18 – Martínez Sala (sowie die EK in diesem Verfahren, vgl. Rn. 15 ebenda); Rs. 184/99, Slg. 2001, I-6193 Rn. 38 – Grzelczyk; GA *Alber*, in: Rs. 184/99, Slg. 2001, I-6193, Rn. 110 – Grzelczyk.

Diese Auffassung entspricht, darauf sei abschließend hingewiesen, der Rechtslage nach dem am 1.1.2005 in Kraft getretenen Gesetz über die allgemeine Freizügigkeit von Unionsbürgern.[251] Nach dessen § 5 V 1 kann bei Wegfall der Aufenthaltsvoraussetzungen innerhalb von fünf Jahren nach Begründung des ständigen Aufenthalts im Bundesgebiet der Verlust des Aufenthaltsrechts festgestellt, die Bescheinigung über das gemeinschaftsrechtliche Aufenthaltsrecht eingezogen und die Aufenthaltserlaubnis-EU widerrufen werden. Mit der unanfechtbaren Feststellung der Ausländerbehörde, dass das Aufenthaltsrecht nicht besteht, wird der Unionsbürger ausreisepflichtig (§ 7 I 1).

d) Die ökonomischen Voraussetzungen in der neuen Aufenthaltsrichtlinie 2004/38

Die neue Aufenthaltsrichtlinie 2004/38 trägt der unionsrechtlich gebotenen Relativierung der ökonomischen Aufenthaltsvoraussetzungen Rechnung. Die von ihr geforderte wirtschaftliche Absicherung hängt von der Aufenthaltsdauer ab, wobei zwischen Aufenthalten unter (aa) und über (bb) drei Monaten sowie dem nach fünf Jahren rechtmäßigem Aufenthalt erworbenen Recht auf Daueraufenthalt (cc) differenziert wird.

aa) Aufenthalte von einer Dauer bis zu drei Monaten

Das Recht, sich bis zu einer Dauer von drei Monaten im Aufnahmemitgliedstaat aufzuhalten, knüpft die neue Aufenthaltsrichtlinie nicht an ökonomische Kautelen (Art. 6 RL 2004/38). Gegenüber dem *Acquis* stellt dies kein Plus dar, da kürzere Aufenthalte im Regelfall zumindest von der passiven Dienstleistungsfreiheit erfasst waren, die derartige Vorbehalte nicht kennt. Dennoch ist die Abgrenzungsschwierigkeiten vermeidende Klarstellung zu begrüßen.[252]

Von ökonomischen Bedingungen ist der Aufenthalt jedoch insofern abhängig, als Art. 14 I RL 2004/38 bestimmt, dass das Aufenthaltsrecht nur solange besteht, wie der Unionsbürger Sozialhilfeleistungen des Aufnahmemitgliedstaates nicht unangemessen in Anspruch nimmt. Dies darf allerdings nicht dahin missverstanden werden, dass damit ein unionsrechtlicher Gleichbehandlungsanspruch hinsichtlich der Gewährung von Sozialhilfe korreliert. Diesen schließt nämlich Art. 24 II RL 2004/38 für die ersten drei Monate des Aufenthalts explizit aus.[253]

---

[251] BGBl. I 2004, 1950 (1986), geändert durch Art. 25 G v. 21.6.2005, BGBl. I 2005, 1818, und.Art. 3 G v. 7.12.2006, BGBl. I 2006, 2814.

[252] Siehe dazu bereits oben, 2. Teil A. III. 2. b) aa).

[253] Dazu näher noch unten, 2. Teil B. III. 3. e) aa).

bb) Aufenthalte zwischen drei Monaten und dem Erwerb des Rechts auf Daueraufenthalt

Um die finanziellen Interessen des Aufnahmemitgliedstaates zu schützen,[254] gelten für drei Monate überschreitende Aufenthalte die aus den bisherigen Aufenthaltsrichtlinien bekannten ökonomischen Voraussetzungen, also das Vorhandensein ausreichender Existenzmittel und ein umfassender Krankenversicherungsschutz (Art. 7 I lit. b und c RL 2004/38). Anders als bisher wird die Höhe der Existenzmittel, die dem Aufenthaltswilligen zur Verfügung stehen müssen, jedoch flexibilisiert (Art. 8 IV RL 2004/38):

Die Mitgliedstaaten dürfen keinen festen Betrag für die Existenzmittel festlegen, die sie als ausreichend betrachten, sondern müssen die persönliche Situation des Betroffenen berücksichtigen. Dieser Betrag darf in keinem Fall über dem Schwellenbetrag liegen, unter dem der Aufnahmemitgliedstaat seinen Staatsangehörigen Sozialhilfe gewährt, oder, wenn dieses Kriterium nicht anwendbar ist, über der Mindestrente der Sozialversicherung des Aufnahmemitgliedstaats.

Um die für drei Monate überschreitende Aufenthalte erforderliche Anmeldebescheinigung zu erhalten (Art. 8 I RL 2004/38), müssen – wie bislang auch – Studierende glaubhaft machen, sonstige nichterwerbstätige Unionsbürger dagegen nachweisen, dass sie die erwähnten Bedingungen erfüllen (Art. 8 III RL 2004/38).[255] Nicht durchsetzen konnte sich damit die im ursprünglichen Richtlinienvorschlag der Europäischen Kommission vorgesehene Erleichterung, dass auch bei Nicht-Studierenden eine Glaubhaftmachung ausreicht.[256] Immerhin wurde festgelegt, dass nur bei begründeten Zweifeln geprüft werden kann, ob die Aufenthaltsvoraussetzungen noch vorliegen, eine Überprüfung, die zudem nicht systematisch durchgeführt werden darf (Art. 14 II UA 2 RL 2004/38).

---

[254] Vgl. 10. Erwägungsgrund RL 2004/38 sowie Begründung zu Art. 7 EK-Vorschlag Aufenthaltsrichtlinie, KOM (2001) 257 endg., ABl. C 270 v. 25.9.2001, S. 150, sub 1.

[255] Dieses Nachweiserfordernis gilt auch für die Erwerbstätigeneigenschaft, vgl. EuGH, Rs. C-215/03, Slg. 2005, I-1215, Rn. 52 ff. – Oulane

[256] Vgl. Art. 8 III sowie die Begründung zu Art. 8 EK-Vorschlag Aufenthaltsrichtlinie, KOM (2001) 257 endg., ABl. C 270 v. 25.9.2001, S. 150, sub 3: „Das hier vorgeschlagene System, das dem derzeit für Studenten vorgesehenen vergleichbar ist und die Ausübung des Aufenthaltsrechts beträchtlich erleichtert, lehnt sich an das von einigen Mitgliedstaaten praktizierte System der ‚Selbstbescheinigung' an. Falsche Angaben können gegebenenfalls entsprechend dem Grundsatz der Gleichbehandlung mit den eigenen Staatsangehörigen sowie dem Verhältnismäßigkeitsprinzip geahndet werden. Nach dem hier vorgeschlagenen System überprüft der Mitgliedstaat nicht, ob der Unionsbürger die Bedingungen erfüllt, und vertraut seiner Erklärung. Eine falsche Erklärung oder gegebenenfalls ein Antrag auf Sozialhilfe könnten eine Überprüfung der Existenzmittel und/oder eine Verwaltungsuntersuchung nach sich ziehen, die darauf hinauslaufen könnte, dass den Betreffenden das Aufenthaltsrecht versagt würde". Siehe auch *A. Iliopoulou*, RDUE 2004, 523 (543 f.).

Die konditionale Formulierung des Art. 7 I RL 2004/38 und die Regelung des Art. 14 II UA 1 RL 2004/38, nach der das Aufenthaltsrecht nur solange besteht, wie die Unionsbürger die ökonomischen Voraussetzungen erfüllen, legen auf den ersten Blick nahe, dass das unionsrechtliche Aufenthaltsrecht mit dem Vorliegen dieser Voraussetzungen steht und fällt. Damit wären sie entgegen der eben vertretenen Auffassung zu den bisherigen Aufenthaltsrichtlinien[257] nunmehr als echte Bedingungen des Aufenthaltsrechts zu qualifizieren. Diese an und für sich klare Aussage der neuen Aufenthaltsrichtlinie wird durch diese selbst jedoch wieder in Frage gestellt und damit der Regelungsgehalt verwässert. Denn die Inanspruchnahme von Sozialhilfe darf gemäß Art. 14 III RL 2004/38 nicht automatisch zu einer Ausweisung führen. Vielmehr ist – wie von der Rechtsprechung des EuGH zu den bisherigen Aufenthaltsrichtlinien vorgezeichnet – eine umfassende Abwägungsentscheidung zu treffen, für deren Parameter der 16. Erwägungsgrund der RL 2004/38 Anhaltspunkte liefert:

> Solange die Aufenthaltsberechtigten die Sozialhilfeleistungen des Aufnahmemitgliedstaats nicht unangemessen in Anspruch nehmen, sollte keine Ausweisung erfolgen. Die Inanspruchnahme von Sozialhilfeleistungen sollte daher nicht automatisch zu einer Ausweisung führen. Der Aufnahmemitgliedstaat sollte prüfen, ob es sich bei dem betreffenden Fall um vorübergehende Schwierigkeiten handelt, und die Dauer des Aufenthalts, die persönlichen Umstände und den gewährten Sozialhilfebetrag berücksichtigen, um zu beurteilen, ob der Leistungsempfänger die Sozialhilfeleistungen unangemessen in Anspruch genommen hat, und in diesem Fall seine Ausweisung zu veranlassen.[258]

Mit dieser erst im Gemeinsamen Standpunkt des Rates in die Richtlinie aufgenommenen Regelung wollte der Gemeinschaftsgesetzgeber der im Laufe des Gesetzgebungsverfahrens ergangenen Entscheidung in der Rs. Grzelczyk Rechnung tragen. Er hat deren Kernaussage kodifiziert, nämlich dass das Nichterfüllen der ökonomischen Aufenthaltsvoraussetzungen nicht automatisch die Ausweisung zur Folge haben dürfe, sondern von einer umfassenden Ermessenentscheidung abhänge.[259] Die dadurch in die Richtlinie hineingetragene Un-

---

[257] Siehe oben, 2. Teil A. IV. 4. c).

[258] Kritisch zur Unbestimmtheit dieser Kriterien *K. Hailbronner*, 42 CML Rev. (2005), 1245 (1260 ff.); *ders.*, JZ 2005, 1138 (1141 ff.). Für eine individuelle Betrachtung der unangemessenen Inanspruchnahme *A. P. van der Mei*, EJML 2003, 419 (432).

[259] Art. 14 III fand erst im Gemeinsamen Standpunkt des Rates vom 5.12.2003 Eingang in die Aufenthaltsrichtlinie, vgl. den Gemeinsamen Standpunkt (EG) Nr. 6/2004 zur neuen Aufenthaltsrichtlinie, ABl. C 54 v. 2.3.2004, S. 12, sub C. (Artikel 14 und 15). Damit sollte der Rechtsprechung des Gerichtshofes in der Rs. Grzelczyk – zu dieser bereits oben, 2. Teil A. IV. 4. b) bb) (2) – Rechnung getragen werden. Zu den Konsequenzen für das Aufenthaltsrecht schweigt der Gemeinsame Standpunkt jedoch ebenso wie die Stellungnahme der EK dazu, vgl. Mitteilung der EK an das EP betreffend den vom Rat angenommenen gemeinsamen Standpunkt im Hinblick auf die Aufenthaltsrichtlinie, SEK (2003) 1293 endg., sub 3.3.2 (zu Artikel 14 und 15).

stimmigkeit mag beklagt werden,[260] insbesondere aber ist es verwunderlich, dass der Rat den Anstoß zur Kodifizierung einer Rechtsprechung gegeben hat, die seitens der Mitgliedstaaten äußerst kritisch aufgenommen wurde.

Welche Konsequenzen zeitigt dies nun für den Bestand des Aufenthaltsrechts? Auch wenn konstruktiv eine sich eng am Wortlaut orientierende Trennung zwischen einem von einem unionsrechtlichen Aufenthaltsrecht gedeckten Aufenthalt und einem solchen, in dem lediglich unionsrechtlicher Ausweisungsschutz besteht, erwägbar ist, so sprechen die besseren Gründe für eine zur bisherigen Rechtslage parallele Auslegung.[261] Es ist nämlich schon begrifflich fraglich, unionsrechtlich Ausweisungsschutz zu gewähren, ohne dass zugleich ein zu schützendes unionsrechtliches Aufenthaltsrecht als Grundlage besteht. Von einem Fortbestand des Aufenthaltsrechts geht auch der zitierte 16. Erwägungsgrund der RL 2004/38 aus, der trotz (angemessener) Inanspruchnahme von Sozialhilfe von einem „Aufenthaltsberechtigten" spricht. Dies impliziert die Existenz eines Aufenthaltsrechts. Ein weiteres systematisches Argument lässt sich aus Art. 24 II RL 2004/38 ableiten, dem im Umkehrschluss die Verpflichtung zu entnehmen ist, Sozialhilfe nach einer Aufenthaltsdauer von mindestens drei Monaten – vorbehaltlich der in Art. 14 III RL 2004/38 vorgesehenen Möglichkeit der Ausweisung bei unangemessener Inanspruchnahme – zu gewähren.[262] Damit geht der Gemeinschaftsgesetzgeber davon aus, dass der Gleichbehandlungsanspruch des Art. 24 I RL 2004/38 auch dann greift, wenn der Unionsbürger nicht über ausreichende Existenzmittel verfügt, die Bedingungen der Aufenthaltsrichtlinie also nicht erfüllt. Da der Gleichbehandlungsanspruch aber ein Aufenthaltsrecht aufgrund der RL 2004/38 voraussetzt, ist es ausgeschlossen, das Nichtvorliegen der Bedingungen mit einem automatischen Fortfall des Aufenthaltsrechts zu verknüpfen.[263] Ebenfalls gewichtig ist das Argument der Rechtssicherheit, da das Abstellen auf einen aufenthaltsbeendenden Akt Klarheit hinsichtlich des aufenthaltsrechtlichen Status bringt. Des Weiteren hätten Abweichungen von der bisherigen Rechtsprechung des EuGH, der mit der neuen Aufenthaltsrichtlinie gerade Rechnung getragen werden sollte, deutlicher hervortreten müssen. In dieser ist anerkannt, dass das Aufent-

---

[260] Siehe auch *K. Hailbronner*, 42 CML Rev. (2005), 1245 (1260), der konstatiert: "it [the directive] fails, however, to establish a fully consistent pattern of a non-economically active Union citizens' residence rights"; ähnlich *ders.*, JZ 2005, 1138 (1141 f.).

[261] Dies betonen auch *C. Schönberger*, ZAR 2006, 226 (228); *K. Strick*, NJW 2005, 2182 (2183 Fn. 15).

[262] Dazu noch näher unten, 2. Teil B. III. 3. e) aa) (3). Ähnlich wohl auch *K. Hailbronner*, ZAR 2004, 301 (303), der nur von einem *grundsätzlichen* Fortbestand der ökonomischen Aufenthaltsvoraussetzungen ausgeht.

[263] Interpretieren ließe sich dies allerdings auch als Redaktionsversehen im Hinblick auf die Kürzung der Mindestaufenthaltsdauer vom Erwerb des Rechts auf Daueraufenthalt auf drei Monate. Zu dem zuerst genannten Zeitpunkt hätte nämlich ein Aufenthaltsrecht auch bei Inanspruchnahme von Sozialhilfe bestanden. Zwingend ist diese Interpretation jedoch nicht.

haltsrecht in den im 16. Erwägungsgrund erwähnten und ähnlichen Fällen nicht entfällt, sondern fortbesteht, da andernfalls ein unverhältnismäßiger Eingriff in Art. 18 I EG vorliege.[264] Die hier vorgeschlagene Auslegung ist schließlich auch als primärrechtskonforme geboten, da die Richtlinie andernfalls kompetenzwidrig und damit nichtig wäre. Ein „Zurück" hinter die bisherige Rechtsprechung ist nämlich nicht nur aus der Richtlinie nicht ersichtlich, sondern primärrechtlich ausgeschlossen. Denn Art. 18 II EG gestattet lediglich, wie noch näher zu erörtern sein wird,[265] Verbesserungen gegenüber dem *Acquis*. Abgesehen davon hielt Art. 14 II RL 2004/38 ferner einer materiellen Prüfung an Art. 18 I EG im Hinblick auf die erwähnte Rechtsprechung nicht stand, womit er auch deshalb entsprechend primärrechtskonform auszulegen wäre.

cc) Aufenthalte unter dem Schutz des Daueraufenthaltsrechts

Mit Erwerb des Daueraufenthaltsrechts ist der Unionsbürger hinreichend in die Gesellschaft des Aufnahmemitgliedstaates integriert, womit sein Aufenthaltsrecht keinerlei ökonomischen Kautelen mehr unterworfen werden darf (Art. 16 I 2 RL 2004/38). Damit ist es nicht mehr möglich, einen daueraufenthaltsberechtigten Unionsbürger selbst bei eintretender Unterstützungsbedürftigkeit auf unabsehbare Dauer aus wirtschaftlichen Gründen auszuweisen.[266] Der 17. Erwägungsgrund hält fest:

> Wenn Unionsbürger, die beschlossen haben, sich dauerhaft in dem Aufnahmemitgliedstaat niederzulassen, das Recht auf Daueraufenthalt erhielten, würde dies ihr Gefühl der Unionsbürgerschaft verstärken und entscheidend zum sozialen Zusammenhalt – einem grundlegenden Ziel der Union – beitragen.

5. Der Missbrauchsvorbehalt als Schranke des allgemeinen Freizügigkeitsrechts

Das Aufenthaltsrecht steht unter dem Vorbehalt des Rechtsmissbrauchs. Dieser wurde erstmals in Art. 35 RL 2004/38 kodifiziert, der die Mitgliedstaaten ermächtigt, die in der Richtlinie verliehenen Rechte im Falle eines Rechtsmissbrauchs oder Betrugs zu verweigern, aufzuheben oder zu widerrufen, sofern diese Maßnahmen verhältnismäßig sind.

Thematisiert wurde der Missbrauchseinwand jüngst in der Rs. Chen/Zhu. Die chinesische Staatsangehörige *Chen* reiste im Jahr 2000 nach Großbritannien ein, um dort ihr zweites Kind zur Welt zu bringen. Als Geburtsort wurde Belfast gewählt, da auf der irischen Insel geborene Personen automatisch die irische Staatsangehörigkeit erhielten, wovon sich die Mutter ein Aufenthalts-

---

[264] EuGH, Rs. C-413/99, Slg. 2002, I-7091, Rn. 90 ff. – Baumbast und R; Rs. C-456/02, Slg. 2004, I-7573, Rn. 30 ff. – Trojani. Im Ergebnis ähnlich, aber methodisch anders Rs. C-184/99, Slg. 2001, I-6193, Rn. 37 ff. – Grzelczyk.

[265] Dazu unten, 2. Teil A. VI. 2. b).

[266] *C. Schönberger*, Unionsbürger, 369.

recht im Vereinigten Königreich erhoffte. Hierin sah der Gerichtshof jedoch kein rechtsmissbräuchliches Verhalten. Denn durch diesen Einwand beschränke das Vereinigte Königreich die Wirkung der Verleihung der irischen Staatsangehörigkeit, was unionsrechtlich unzulässig sei.[267] Ob dies Rückschlüsse auf einen insgesamt engen Missbrauchsbegriff zulässt,[268] mag jedoch bezweifelt werden, da sich diese Konstellation durch den Bezug zur Verleihung der Staatsangehörigkeit eines Mitgliedstaates auszeichnete, die sich primär nach nationalem Recht bestimmt.

6. Der Wesensgehalt des allgemeinen Freizügigkeitsrechts als Schranken-Schranke

Als Schranke aller möglichen Schranken des Freizügigkeitsrechts fungiert schließlich die Wesensgehaltsgarantie. Nach Auffassung des Gerichtshofs wäre der Wesensgehalt des Freizügigkeitsrechts angetastet, wenn ein Mitgliedstaat die Ausweisung eines Unionsbürgers ohne weitere Prüfung verfügt, sobald dieser für sein Aufenthaltsrecht erforderliche Nachweise nicht fristgerecht erbracht hat.[269] In der neuen Aufenthaltsrichtlinie wird die Wesensgehaltsgarantie zwar nicht explizit als Schranken-Schranke angesprochen. Aufgrund der in ihr erfolgten restriktiven Normierung mitgliedstaatlicher Beschränkungsmöglichkeiten ist jedoch insoweit keine Berührung des Wesensgehalts des allgemeinen Freizügigkeitsrechts zu befürchten. Potentiell relevant erscheint die Wesensgehaltsgarantie vielmehr als Schranke für den Gemeinschaftsgesetzgeber, dem ein Zurück hinter den *Acquis* jedoch bereits aufgrund von Art. 18 II EG nicht gestattet ist.[270]

---

[267] EuGH, Rs. C-200/02, Slg. 2004, I-9925, Rn. 36 ff. – Chen/Zhu. Zum Missbrauchsaspekt *B. Kunoy*, 43 CML Rev. (2006), 179 (181 ff.).

[268] So *A. Epiney/R. Mosters/S. Theuerkauf*, SJER 2004, 41 (43), die Raum für den Missbrauchsvorbehalt nur bei einer Täuschung über Tatsachen, nicht aber aufgrund der Motivation der Beteiligten sehen. Umfassend zum Konzept des Rechtsmissbrauchs im Unionsrecht *K. Engsig Sørensen*, 43 CML Rev. (2006), 423.

[269] EuGH, Rs. C-408/03, Slg. 2006, I-2647, Rn. 68 – EK/Belgien. Zum Wesensgehalt als Schranke ferner *P. Garrone*, SZIER 1993, 251 (259); *T. Giegerich*, Unionsbürgerschaft, Rn. 54; *M. Haag*, in: von der Groeben/Schwarze, Art. 18, Rn. 16; *S. Magiera*, in: Streinz, Art. 18, Rn. 21; *B. Schöbener*, in: KK-GRC, Art. 45, Rn. 32; *J. M. Soria*, JZ 2002, 643 (648); *C. Timmermans*, Lifting the Veil, 195 (202 f.). Auch in einem Diskriminierungskontext schien der Gedanke von Kerngewährleistungen des Freizügigkeitsrechts einmal auf. Im Vertragsverletzungsverfahren gegen Österreich in Sachen Hochschulzugang betonte der EuGH, dass die „Möglichkeit für einen Studenten der Europäischen Union, der seinen Sekundarschulabschluss in einem anderen Mitgliedstaat als der Republik Österreich erworben hat, unter den gleichen Voraussetzungen wie die Inhaber von in Österreich erworbenen Abschlüssen Zugang zum Hochschul- oder Universitätsstudium in Österreich zu erhalten, zum Kernbereich des vom EG-Vertrag garantierten Grundsatzes der Freizügigkeit der Studenten" gehöre, siehe Rs. C-147/03, Slg. 2005, I-5969, Rn. 70 – EK/Österreich.

[270] Dazu unten, 2. Teil A. VI. 2. b).

V. Freizügigkeitsschutz durch Verfahren: Die prozeduralen Garantien des Freizügigkeitsrechts

Es gehört zum Kernbestand grundrechtlicher Dogmatik, dass Grundrechtsschutz auch durch Verfahren realisiert wird. Dies trifft in besonderem Maße auf die unionsrechtliche Freizügigkeitsverbürgung zu, die ganz wesentlich durch ihre prozeduralen Garantien abgesichert wird. Ohne diese wären die materiellen Rechtspositionen nur unvollkommen geschützt.

Abgesehen von der bereits erwähnten abschließenden Normierung der Ein- und Ausreise- sowie Aufenthaltsformalitäten,[271] mit der verhindert werden soll, dass die Geltendmachung des Freizügigkeitsrechts durch weitere Anforderungen erschwert wird, sind insbesondere jene prozeduralen Garantien zu nennen, die greifen, wenn der Aufnahmemitgliedstaat aufenthaltsbeschränkende oder -beendende Maßnahmen aus Gründen der öffentlichen Ordnung, Sicherheit oder Gesundheit ergreifen möchte. Diese zählen zum traditionellen Kerngehalt des Freizügigkeitsrechts, waren sie doch bereits in der durch die neue Aufenthaltsrichtlinie 2004/38 ersetzten RL 64/221 (Art. 6 ff.) enthalten.[272] Die RL 2004/38 knüpft hieran an. Nach Art. 30 RL 2004/38 sind aufenthaltsbeschränkende oder -beendende Maßnahmen schriftlich und aussagekräftig zu begründen und mit einer Rechtsbehelfsbelehrung zu versehen. Die Entscheidung muss gerichtlich hinsichtlich ihrer rechtlichen und tatsächlichen Grundlagen überprüfbar sein (Art. 31 I, III RL 2004/38). Falls vorläufiger Rechtsschutz beantragt wird, darf die Ausweisung grundsätzlich nicht vor der Entscheidung hierüber vollstreckt werden (Art. 31 II RL 2004/38).[273] Das Hauptsacheverfahren muss zwar nicht abgewartet werden, jedoch ist dem Betroffenen grundsätzlich zu ermöglichen, sein Verfahren selbst zu führen (Art. 31 IV RL 2004/38).[274] Schließlich muss jeder Unionsbürger im Falle einer Änderung der Umstände die Aufhebung von aus Gründen der öffentlichen Ordnung und Sicherheit erlassenen Aufenthaltsverboten nach einem angemessenen Zeitraum, spätestens aber drei Jahre nach deren Vollstreckung, beantragen können, wobei binnen sechs Monaten eine Entscheidung seitens des ehemaligen Aufnahmemitgliedstaates zu treffen ist (Art. 32 I RL 2004/38). Damit wird – allerdings

[271] Dazu oben, 2. Teil A. IV. 2.

[272] Näher zu den Garantien der neuen Aufenthaltsrichtlinie *A. Iliopoulou*, RDUE 2004, 523 (550 ff.).

[273] Zu den Kontroversen über die Reichweite des Suspensiveffekts im Gesetzgebungsverfahren vgl. *A. Iliopoulou*, RDUE 2004, 523 (554 f.)

[274] Kritisch zur Möglichkeit, die Anwesenheit des Ausgewiesenen zu verweigern, *A. Iliopoulou*, RDUE 2004, 523 (555).

nur verfahrensrechtlich – unbefristeten Aufenthaltsverboten ein Riegel vorgeschoben.[275]

Als Novum erstreckt Art. 15 I RL 2004/38 diese prozeduralen Garantien auf Einschränkungen, die nicht aus Gründen der öffentlichen Ordnung, Sicherheit und Gesundheit erlassen werden, d.h. namentlich auf aufenthaltsbeendende Maßnahmen wegen Nichterfüllens der ökonomischen Voraussetzungen, Art. 36 S. 2 RL 2004/38 auf solche, mit denen der Vorbehalt des Rechtsmissbrauchs aktualisiert wird.

*VI. Die Fortschreibung des Freizügigkeits-*Acquis *aufgrund der Rechtsetzungsermächtigung des Art. 18 II, III EG*

Mit der Einführung des allgemeinen Freizügigkeitsrechts wurde in Art. 18 II EG zugleich eine freizügigkeitsspezifische Rechtsetzungsermächtigung geschaffen. Gemäß Art. 18 II EG kann der Rat im Mitentscheidungsverfahren Vorschriften erlassen, mit denen die Ausübung des Freizügigkeitsrechts erleichtert wird, sofern „zur Erreichung dieses Ziels ein Tätigwerden der Gemeinschaft erforderlich" erscheint und hierfür keine anderweitigen Befugnisse im Vertrag vorgesehen sind.[276] Die zu erlassenden Vorschriften dürfen sich jedoch nicht auf Pässe, Personalausweise, Aufenthaltstitel oder diesen gleichgestellte Dokumente, die soziale Sicherheit oder den sozialen Schutz beziehen (Art. 18 III EG).

1. „Dauerbaustelle" Art. 18 II, III EG

Während die Unionsbürgerschaft seit ihrer Einführung durch den Vertrag von Maastricht insgesamt nur marginalen Modifikationen unterworfen war, lässt sich das von der Rechtsetzungsermächtigung des Art. 18 II EG nicht behaupten. Denn diese wurde bislang mit jeder Vertragsrevision geändert. War im durch den Vertrag von Maastricht eingeführten Art. 8a II EGV noch vorgesehen, dass der Rat einstimmig auf Vorschlag der Kommission und mit Zustimmung des Europäischen Parlaments beschließt, erfolgte mit dem Vertrag von Amsterdam der Übergang zum Mitentscheidungsverfahren. Mit dem Vertrag

---

[275] Zu deren (materieller) Unzulässigkeit siehe die Entscheidung des EuGH, Rs. C-348/96, Slg. 1999, I-11 – Calfa.

[276] *M. Hilf*, in: G/H, Art. 18, Rn. 17, erwägt, dieser Rechtsetzungsermächtigung eine Pflicht zu entnehmen, im Hinblick auf ein als Unionsbürgerrecht konstitutionalisiertes allgemeines Freizügigkeitsrecht Erleichterungsmaßnahmen zu treffen, da die RL 90/364, 90/365 und 93/96 diesen Kontext noch nicht berücksichtigt haben. Ähnlich *S. Magiera*, in: Streinz, Art. 18, Rn. 23. Grundsätzlich dagegen *P. Dollat*, Libre circulation, 133; *M. Haag*, in: von der Groeben/Schwarze, Art. 18, Rn. 17; *J. Handoll*, Free Movement, 123 (Rn. 4.169); *G. Schulz*, Freizügigkeit, 337 f.

von Nizza wurde dem Ziel des Gipfels entsprechend auch hier das Prinzip der Mehrheitsentscheidung realisiert, allerdings nur um den Preis einer signifikanten Einschränkung des Anwendungsbereichs. Auf Initiative Dänemarks wurde die im heutigen Absatz 3 zu findende Beschränkung für Personal- und Aufenthaltsdokumente sowie für die Materien soziale Sicherheit und sozialer Schutz aufgenommen. Im Verfassungsvertrag soll diese wieder entfallen, die bislang ausgeschlossenen Bereiche jedoch wieder dem Einstimmigkeitserfordernis im Rat unterliegen, wobei das Europäische Parlament lediglich anzuhören ist [Art. III-125 (2) VVE]. Mit der zweiten Änderung im Wortlaut durch den Vertrag von Nizza, nach der ein Tätigwerden der Gemeinschaft erforderlich sein muss, um die Ziele des Art. 18 I EG zu verwirklichen, wobei keine anderen Befugnisse hierfür im EG vorgesehen sein dürfen, wurde die Schwelle für den Gemeinschaftsgesetzgeber erhöht, um von der Rechtsetzungsermächtigung Gebrauch zu machen. Inwieweit ihr angesichts der dem Gemeinschaftsgesetzgeber zukommenden Einschätzungsprärogative eine einschränkende Bedeutung zukommt, bleibt abzuwarten.[277]

2. Die Reichweite der Rechtsetzungsermächtigung

a) Mögliche Regelungsgegenstände

Die in Art. 18 II EG enthaltene Rechtsetzungsermächtigung ist äußerst weit reichend, wie sich aus dem Ausschluss bestimmter Regelungsgegenstände in Art. 18 III EG folgern lässt. Erstens: Wären die dort genannten Materien nicht generell von Absatz 2 erfasst, hätte es ihres Ausschlusses durch Absatz 3 nicht bedurft. Zweitens: Wenn sich damit Art. 18 II EG – unbeschadet des erfolgten Ausschlusses – nicht nur auf Vorschriften über Personaldokumente, sondern auch auf solche, die die soziale Sicherheit und den sozialen Schutz betreffen, bezieht, dann zeigt dies, dass die Regelungsgegenstände der zu erlassenden Rechtsakte keinen unmittelbaren Bezug zum Freizügigkeitsrecht haben müssen, sondern vielmehr alles erfasst ist, was die Ausübung des Freizügigkeitsrechts erleichtern kann.

b) Die materielle Programmierung der Rechtsakte durch Art. 18 II EG

Die Möglichkeit, die Ausübung des Freizügigkeitsrechts betreffende Rechtsakte zu erlassen, ist insofern – allerdings im positiven Sinne – begrenzt, als auf Art. 18 II EG nur solche Maßnahmen gestützt werden können, die die Ausübung des Freizügigkeitsrechts erleichtern. Damit räumt diese Norm dem Gemeinschaftsgesetzgeber nicht die generelle Befugnis ein, das allgemeine Freizügig-

---

[277] Eng *W. Kluth*, in: C/R, Art. 18, Rn. 16; *ders.*, in: C/R-VVE, Art. I-10, Rn. 30, der das Vorliegen von Hindernissen bei der Umsetzung verlangt. Dagegen *W. Frenz*, Europäische Grundfreiheiten, Rn. 3012.

keitsrecht zu konkretisieren, sondern gestattet nur den Erlass solcher Maßnahmen, die den bisherigen Freizügigkeits-*Acquis* für den Unionsbürger verbessern.[278] Neben dem klaren Wortlaut des Art. 18 II EG lässt sich für diese Auslegung auch ein Vergleich mit sonstigen Rechtsetzungsermächtigungen anführen, die allgemein formuliert sind, wenn eine generelle Konkretisierungsbefugnis statuiert werden soll (vgl. etwa Art. 12 UA 2, 95 II EG).[279] Damit wird der Freizügigkeits-*Acquis* – vorbehaltlich eines Rekurses auf andere Rechtsetzungsermächtigungen – primärrechtlich abgesichert.[280]

3. Das Verhältnis zu den sonstigen freizügigkeitsbezogenen Rechtsetzungsermächtigungen

Ausweislich seines Wortlauts ist Art. 18 II EG subsidiär gegenüber Rechtsgrundlagen, die ebenfalls dem Ziel dienen, den freien Personenverkehr zu

---

[278] So auch *S. Bode*, Europarechtliche Gleichbehandlungsansprüche Studierender, 228 f., die eine Gesamtbetrachtung für maßgeblich hält; *M. Condinanzi/A. Lang/B. Nascimbene*, Cittadinanza dell'Unione, 36; *K. Dienelt*, Freizügigkeit, Rn. 98; *R. Feik*, Unionsbürgerschaft und Aufenthaltsrecht, 7 (41); *W. Frenz*, Europäische Grundfreiheiten, Rn. 3011; *M. Haag*, in: von der Groeben/Schwarze, Art. 18, Rn. 17; *A. Hatje*, in: Schwarze, Art. 18, Rn. 13; *M. Hilf*, in: G/H, Art. 18, Rn. 18, der dieser Frage jedoch unter Verweis auf den möglichen Rekurs auf sonstige, auch Erschwerungen ermöglichende Rechtsgrundlagen keine Bedeutung beimisst – allerdings existieren für Nichterwerbstätige solche nicht; *R. Höfler*, Aussenwirtschaft 2004, 303 (314 Fn. 43); *S. Kadelbach*, Unionsbürgerrechte, Rn. 47; *ders.*, Unionsbürgerschaft, 539 (554); *W. Kaufmann-Bühler*, in: Lenz (1999), Art. 18, Rn. 2; *W. Kluth*, in: C/R, Art. 18, Rn. 15; *ders.*, in: C/R-VVE, Art. I-10, Rn. 29 (auch „verfahrensrechtliche Vereinheitlichungen" erfasst); *S. Magiera*, in: Streinz, Art. 18, Rn. 22; *ders.*, Der Rechtsstatus der Unionsbürger, 429 (445); *A. Mattera*, DUE 1999, 431 (457); *N. Reich*, A European Constitution for Citizens, 157 (222); *H.-W. Rengeling*, Freizügigkeit, 973 (985); *M. Rossi*, AöR 127 (2002), 612 (622); *H. Rothfuchs*, Personenverkehrsfreiheiten, 218; *D. H. Scheuing*, Freizügigkeit, 103 (126); *ders.*, EuR 2003, 744 (767 f.); *U. Schneider*, Unionsbürger, 77; *G. Schulz*, Freizügigkeit, 336 f.; *J. M. Soria*, JZ 2002, 643 (648). A.A. *S. Hall*, Citizenship of the Union, 117 ff.; *E. Klein/A. Haratsch*, JuS 1995, 7 (12), die auch in inhaltlichen Konkretisierungen eine Erleichterung sehen, was mit dem Wortlaut und den im Haupttext erwähnten systematischen Erwägungen allerdings unvereinbar ist. Ihnen folgend *N. Kotalakidis*, Unionsbürgerschaft, 159 f.

[279] Art. 12 UA 2 EG spricht allgemein von „Regelungen für das Verbot solcher Diskriminierungen", Art. 95 II EG von „Bestimmungen über … die Freizügigkeit".

[280] So auch *M. Condinanzi/A. Lang/B. Nascimbene*, Cittadinanza dell'Unione, 36; *K. Dienelt*, Freizügigkeit, Rn. 98; *R. Feik*, Unionsbürgerschaft und Aufenthaltsrecht, 7 (41); *W. Frenz*, Europäische Grundfreiheiten, Rn. 3011; *M. Haag*, in: von der Groeben/Schwarze, Art. 18, Rn. 17; *A. Hatje*, in: Schwarze, Art. 18, Rn. 13; *J.-G. Iken*, Personenfreizügigkeit, 29; *W. Kaufmann-Bühler*, in: Lenz (1999), Art. 18, Rn. 2; *W. Kluth*, in: C/R, Art. 18, Rn. 15; *ders.*, in: C/R-VVE, Art. I-10, Rn. 29; *S. Magiera*, in: Streinz, Art. 18, Rn. 22; *H.-W. Rengeling*, Freizügigkeit, 973 (985); *H. Rothfuchs*, Personenverkehrsfreiheiten, 218; *U. Schneider*, Unionsbürger, 77. A.A. *S. Bode*, Europarechtliche Gleichbehandlungsansprüche Studierender, 228 f., die für Beschränkungsmaßnahmen einen Rekurs auf sonstige Rechtsgrundlagen – wie die Subsidiaritätsklausel zeige – für zulässig erachtet.

realisieren.[281] Allen voran zu nennen sind die im Rahmen der Grundfreiheiten vorgesehenen Rechtsetzungsermächtigungen, die der Herstellung des freien Personenverkehrs dienen, also die Art. 40 und 42 EG für die Arbeitnehmerfreizügigkeit, die Art. 44 ff. EG für die Niederlassungsfreiheit sowie Art. 52 und 55 i.V.m. 45 ff. EG für die Dienstleistungsfreiheit.[282] Für die Freizügigkeit Nichterwerbstätiger besteht eine solche spezifische Rechtsgrundlage allerdings nicht.[283] Gegenüber Art. 18 II EG spezielle Rechtsgrundlagen sind die in Titel IV des EG-Vertrages enthaltenen, die der Gewährleistung des freien Personenverkehrs in einem Raum der Freiheit, der Sicherheit und des Rechts dienen, etwa der Abbau von Grenzkontrollen beim Überschreiten der Binnengrenzen der Union (Art. 62 Nr. 1 EG).[284] Als nicht vorrangig zu qualifizieren ist dagegen die in Art. 308 EG enthaltene Vertragsabrundungskompetenz, da sie gegenüber Art. 18 II EG die allgemeinere Norm ist und dieser andernfalls entgegen seiner Intention, nur Erleichterungen zu ermöglichen, überspielt würde.[285] Abgrenzungsschwierigkeiten bestehen ferner im Hinblick auf Art. 12 UA 2 EG, nach dem der Rat im Mitentscheidungsverfahren Regelungen für das Verbot von Diskriminierungen aus Gründen der Staatsangehörigkeit treffen kann. Diese werden im Zusammenhang mit dem Diskriminierungsschutz behandelt.[286] Klärungsbedürftig ist schließlich das Verhältnis zur Evolutivklausel des Art. 22 UA 2 EG. Diese ermächtigt den Rat, einstimmig auf Vorschlag der Kommission und nach Anhörung des Europäischen Parlamentes Bestimmungen zu erlassen, die die in dem Katalog der Art. 18–21 EG enthaltenen Unionsbürgerrechte ergänzen und den Mitgliedstaaten zur Ratifizierung empfohlen werden. Die Freizügigkeit erleichternde Vorschriften, die zugleich die Rechtsstellung des Unionsbürgers bedeutend erweitern – insbesondere im Bereich der staatsbürgerlichen Rechte –, können ausschließlich auf Art.

---

[281] Zu diesen allgemein *H. Rothfuchs*, Personenverkehrsfreiheiten, 228 ff.

[282] Für deren Vorrang auch *M. Haag*, in: von der Groeben/Schwarze, Art. 18, Rn. 18; *M. Hilf*, in: G/H, Art. 18, Rn. 15; *W. Kluth*, in: C/R, Art. 18, Rn. 15; *H. Rothfuchs*, Personenverkehrsfreiheiten, 238 f.; *D. H. Scheuing*, EuR 2003, 744 (763 f.).

[283] Anders *W. Kluth*, in: C/R, Art. 18, Rn. 14, nach dem Beschränkungen und Bedingungen auf Art. 18 I gestützt werden können, wogegen jedoch bereits spricht, dass Art. 18 I EG schon seinem Wortlaut nach keine Rechtsetzungsermächtigung enthält. Ebenso *S. Bode*, Europarechtliche Gleichbehandlungsansprüche Studierender, 229; *M. Hilf*, in: G/H, Art. 18, Rn. 15.

[284] *R. Schütz*, AöR 120 (1995), 509 (535 ff.). Zum Verhältnis des Art. 18 EG zum Schengen-*Acquis* vgl. ferner *J.-H. Strunz*, Freizügigkeit in der EU, 143 ff.; zu Kompetenzfragen im Kontext des Abbaus der Grenzkontrollen *C. Krane*, DÖV 2005, 936 (942).

[285] So auch *M. Haag*, in: von der Groeben/Schwarze, Art. 18, Rn. 18; *W. Kaufmann-Bühler*, in: Lenz (2003), Art. 18, Rn. 9 f.; *H. Rothfuchs*, Personenverkehrsfreiheiten, 237 ff., 258.

[286] Siehe dazu unten, 2. Teil B. III. 2.

22 UA 2 EG gestützt werden, da ansonsten dessen besondere Voraussetzungen umgangen würden.[287]

VII. Fazit: Das allgemeine Freizügigkeitsrecht

Das in Art. 18 I EG verankerte, unmittelbar anwendbare allgemeine Freizügigkeitsrecht hat trotz seiner Radizierung in dem allen Angehörigen der Mitgliedstaaten gemeinen Status als Unionsbürger einen praktisch nur sehr beschränkten Anwendungsbereich, da ganz überwiegend das für wirtschaftlich aktive Personen aus den Marktfreiheiten folgende Aufenthaltsrecht als *lex specialis* qualifiziert wird. Berechtigt sind demnach ausschließlich Nichterwerbstätige und diese auch nur dann, wenn sie sich nicht ohnehin schon auf eine Grundfreiheit berufen können, etwa als studierende Kinder von Wanderarbeitnehmern oder im Ruhestand verbleibeberechtigte Selbstständige. Dass die von Art. 18 I EG erfassten Personen bereits seit Anfang der 1990er Jahre auf sekundärrechtlicher Basis ein Aufenthaltsrecht genossen, durfte nicht dazu verleiten, ihn als bloßen Verweis auf die RL 90/364, 90/365 und 93/96 zu verstehen und ihm damit jeglichen eigenständigen Gewährleistungsgehalt abzusprechen. Denn die primärrechtliche Verankerung des allgemeinen Freizügigkeitsrechts führte dazu, dass die sekundärrechtlichen Aufenthaltsvoraussetzungen nun als Schranken der primärrechtlichen Verbürgung erschienen und sich an dieser, insbesondere auf ihre Verhältnismäßigkeit hin, messen lassen mussten. Zusätzlicher Rechtfertigungsdruck resultierte aus der Neuradizierung des allgemeinen Freizügigkeitsrechts in der Unionsbürgerschaft, einem allen Europäern gemeinen Status, der Differenzierungen zwischen in- und ausländischen sowie wirtschaftlich aktiven und nichterwerbstätigen Unionsbürgern hinsichtlich des Aufenthaltsrechts in Frage stellt und eine Basis für eine Erhöhung der untereinander geschuldeten Solidarität bietet. Schließlich ist das Freizügigkeitsrecht nicht mehr als Aspekt einer wirtschaftlichen Betätigung, sondern um seiner selbst willen und als Ausdruck der Freiheit der Person garantiert. Die Konsequenzen dieses Paradigmenwechsels scheinen in der aufenthaltsrechtlichen Rechtsprechung des EuGH auf, die der Gemeinschaftsgesetzgeber mit der neuen Freizügigkeitsrichtlinie 2004/38 kodifiziert hat – wohlgemerkt auf

[287] Siehe auch *N. Kotalakidis*, Unionsbürgerschaft, 157. Zur Abgrenzung gegenüber Art. 48 EU siehe *H. Rothfuchs*, Personenverkehrsfreiheiten, 264 ff., der als Ergänzung i.S.d. Art. 22 UA 2 EG nur eine Weiterentwicklung der bestehenden Rechtspositionen – insbesondere im Bereich politischer und sozialer Rechte –, nicht aber die Einführung grundlegend neuer Rechte versteht. Ähnlich *M. Hilf*, EuR 1997, 347 (360 f.). Gegen eine Beschränkung auf Durchführungsvorschriften, was die französische Fassung nahe legen könnte, *S. Staeglich*, ZEuS 2003, 485 (517 f.). Zur gerichtlichen Kontrolldichte im Rahmen dieser Rechtsetzungsermächtigung *E. A. Marias*, From Market to Union Citizen, 1 (19 f.).

Initiative des Rates, was angesichts der massiven Kritik seitens der Mitgliedstaaten an der Rechtsprechung verwundert.

Art. 18 I EG schützt, wie die Grundfreiheiten auch, ausschließlich die transnationale Migration, also die Ein- und Ausreise sowie den Aufenthalt in einem anderen Mitgliedstaat. Das mit der Einreise voraussetzungslos entstehende Aufenthaltsrecht unterliegt dabei gemäß dem in Art. 18 I EG enthaltenen Vorbehalt ökonomischen Kautelen sowie dem *ordre-public*-Vorbehalt, die die RL 2004/38 in primärrechtskonformer Weise ausgestaltet.

Die jeweils einschlägige wirtschaftliche Aufenthaltsvoraussetzung hinreichender Existenzmittel sowie eines umfassenden Krankenversicherungsschutzes hängt von der Aufenthaltsdauer ab. Aufenthalte von bis zu drei Monaten sind voraussetzungslos möglich (Art. 6 RL 2004/38), wobei eine unangemessene Inanspruchnahme von Sozialleistungen im Aufnahmemitgliedstaat diesen zu aufenthaltsbeendenden Maßnahmen berechtigt. Ab einer Aufenthaltsdauer von drei Monaten greifen die ökonomischen Aufenthaltsvoraussetzungen (Art. 7 I lit. b und c RL 2004/38), deren Nichterfüllen und die Abhängigkeit von Sozialhilfe darf jedoch nicht automatisch zu einer Ausweisung führen (Art. 14 III RL 2004/38). Diese ist erst aufgrund einer umfassenden Abwägungsentscheidung möglich, für die der 16. Erwägungsgrund der Richtlinie Gesichtspunkte liefert, wie etwa Höhe und Dauer der Inanspruchnahme von Sozialleistungen, die bisherige Aufenthaltsdauer oder die persönlichen Umstände des Betroffenen. Dass die in jedem Einzelfall erforderliche Ermessensentscheidung erhebliche Rechtsunsicherheit in das Aufenthaltsrecht trägt, liegt auf der Hand. Hat sich ein Unionsbürger fünf Jahre ununterbrochen und rechtmäßig im Aufnahmemitgliedstaat aufgehalten, so erwirbt er – ein Novum der Richtlinie – als Ausdruck des erreichten Integrationsgrades ein Recht auf Daueraufenthalt (Art. 16 RL 2004/38). Dieses ist dann wiederum voraussetzungslos gewährleistet, womit dem Aufnahmemitgliedstaat eine weitgehende Verantwortlichkeit im sozialen Bereich auferlegt wird.

Die Möglichkeiten für den Aufnahmemitgliedstaat, das Aufenthaltsrecht aus Gründen der öffentlichen Ordnung, Sicherheit oder Gesundheit zu beenden, sind nach der RL 2004/38 ebenfalls stark beschränkt: Eine Ausweisung ist nämlich nur unter Berücksichtigung des Verhältnismäßigkeitsgrundsatzes, also einer umfassenden Interessenabwägung, möglich (Art. 27 II, 28 I RL 2004/38). Mit zunehmender Aufenthaltsdauer steigen die Anforderungen an aufenthaltsbeendende Maßnahmen: Gegenüber Daueraufenthaltsberechtigten sind nur *schwerwiegende* Gründe der öffentlichen Sicherheit und Ordnung berücksichtigungsfähig (Art. 28 II RL 2004/38), ab einem Aufenthalt von zehn Jahren und gegenüber Minderjährigen greifen nur zwingende Gründe der öffentlichen Sicherheit (Art. 28 III RL 2004/38).

B. Der Anspruch des Unionsbürgers auf Inländerbehandlung

Obgleich das in Art. 18 EG verankerte allgemeine Freizügigkeitsrecht anders als die Grundfreiheiten ausschließlich freiheitsrechtlich formuliert ist und im Wortlaut keinerlei Anhaltspunkte für einen gleichheitsrechtlichen Gehalt bietet, hat der Gerichtshof einen den Grundfreiheiten strukturell vergleichbaren Diskriminierungsschutz auch für Nichterwerbstätige entwickelt. Erklärbar ist dies vor dem Hintergrund des Paradigmenwechsels im bislang marktfreiheitlich dominierten Freizügigkeitsregime, der in der Neuradizierung des Freizügigkeitsrechts in dem allen Angehörigen der Mitgliedstaaten gemeinen Status der Unionsbürgerschaft liegt. Dieser Integrationsfortschritt konnte nämlich auch gleichheitsrechtlich mitvollzogen werden, da der jeweilige Stand der Integration die Reichweite des auf eine dynamische Auslegung angelegten allgemeinen Diskriminierungsverbots (Art. 12 EG) determiniert.[288] Der Herausbildung des weit reichenden Anspruchs des Unionsbürgers auf Inländerbehandlung sei in diesem zweiten Abschnitt nachgespürt. Zum besseren Verständnis der Entwicklung ist es wiederum unerlässlich, einleitend die nicht immer kohärenten und vor allem streitbaren Schlüsselentscheidungen des EuGH kurz im Zusammenhang zu beleuchten (I.), bevor dann auf der Basis des allgemeinen Diskriminierungsverbotes der sich dort abzeichnende Gewährleistungsgehalt dogmatisch analysiert wird (II.).

I. Der Anspruch des Unionsbürgers auf Inländerbehandlung im Spiegel der Rechtsprechung des EuGH

Die retrospektive Betrachtung der mit dem Urteil in der Rs. Martínez Sala vom 12.5.1998[289] beginnenden, mittlerweile im Grundsatz konsolidierten Rechtsprechung des Gerichtshofs lässt drei parallel herangezogene Begründungsstrategien für die umfassende Einbeziehung Nichterwerbstätiger in den unionsrechtlichen Diskriminierungsschutz erkennen. In den Rs. Martínez Sala und Trojani ist diese – dogmatisch allerdings nicht begründbare – Konsequenz eines in der Unionsbürgerschaft wurzelnden Inländerbehandlungsanspruchs (1.), in den übrigen Entscheidungen dagegen Aspekt der Freizügigkeitsgewährleistung. Die Urteile in den Rs. Bickel und Franz, Grzelczyk, Avello und Bidar basieren dabei auf dem Zusammenspiel von allgemeinem Diskriminierungsverbot und allgemeinem Freizügigkeitsrecht (2.), die den Sonderfall Arbeitsuchender betreffenden Urteile in den Rs. Collins und Ioannidis auf

---

[288] Schon früh vorausgesehen haben diese Entwicklung *P. Garrone*, SZIER 1993, 251 (261 f.); *S. O'Leary*, Evolving Concept, 134 ff.

[289] EuGH, Rs. C-85/96, Slg. 1998, I-2691 – Martínez Sala.

einem im Lichte der Unionsbürgerschaft weit ausgelegten grundfreiheitlichen Diskriminierungsverbot (3.).

1. Inländerbehandlung als Konsequenz unionsbürgerlicher Gleichheit?

a) Das Urteil in der Rs. C-85/96 – Martínez Sala vom 12.5.1998

Am Anfang der Entwicklung hin zu einem unionsbürgerlichen Diskriminierungsverbot steht das Urteil in der Rs. Martínez Sala vom 12.5.1998[290]. GA *La Pergola* bewertete diese sehr vorausschauend als „test case für eine Reihe von Problemen, die sich in der Zukunft dem Gerichtshof stellen können".[291] Die seit 1968 in Deutschland wohnhafte spanische Staatsangehörige *Martínez Sala* übte dort zwischen 1976 und 1989 mit Unterbrechungen verschiedene Beschäftigungen aus und bezog seit Ende Oktober 1989 Sozialhilfe. Bis zum 19. Mai 1984 und ab dem 19. April 1994 besaß sie eine Aufenthaltserlaubnis, dazwischen lediglich behördliche Bescheinigungen, die bestätigten, dass die Verlängerung ihrer Aufenthaltserlaubnis beantragt sei. Nach der Geburt ihres zweiten Kindes im Januar 1993 beantragte sie Erziehungsgeld, das ihr mangels Erfüllung der Anspruchsvoraussetzungen des § 1 BErzGG versagt wurde, nämlich als Ausländerin zum Antragszeitpunkt im Besitz einer Aufenthaltsberechtigung oder -erlaubnis zu sein.

In diesen Anspruchsvoraussetzungen sah der EuGH eine unmittelbare Diskriminierung von Ausländern gegenüber Inländern, da Letztere kein solches Dokument benötigten. Ob dieser Ungleichbehandlung das aus der Arbeitnehmerfreizügigkeit folgende Diskriminierungsverbot entgegensteht, ließ der EuGH offen. Zwar qualifizierte er das Erziehungsgeld nach dem BErzGG sowohl als Familienleistung im Sinne des Art. 4 I lit. h VO 1408/71 als auch als soziale Vergünstigung im Sinne des Art. 7 II VO 1612/68; mangels hinreichender tatsächlicher Anhaltspunkte könne jedoch nicht beurteilt werden, ob Frau *Martínez Sala*, die zum Antragszeitpunkt keine Beschäftigung mehr ausübte, aufgrund ihrer vorangegangenen Beschäftigungen als Arbeitnehmerin im Sinne dieser unionsrechtlichen Vorschriften zu qualifizieren sei. Allerdings stehe der Ungleichbehandlung das allgemeine Diskriminierungsverbot des Art. 12 EG entgegen. Denn das Erziehungsgeld falle als soziale Vergünstigung gemäß Art. 7 II VO 1612/68 in den sachlichen Anwendungsbereich des Gemeinschaftsrechts und Frau *Martínez Sala* in den persönlichen, da sie sich (zumindest nach deutschem Recht) rechtmäßig in Deutschland aufhalte und

---

[290] EuGH, Rs. C-85/96, Slg. 1998, I-2691 – Martínez Sala.

[291] GA *La Pergola*, in: EuGH, Rs. C-85/96, Slg. 1998, I-2691, Rn. 23 – Martínez Sala. Bereits GA *Léger* wies in seinem Schlussantrag, in: Rs. C-107/94, Slg. 1996, I-3089, Rn. 41 – Asscher, darauf hin, dass sich Fragen des Diskriminierungsschutzes Nichterwerbstätiger auch im Kontext der Aufenthaltsrichtlinie 90/364 stellen könnten.

damit vom persönlichen Anwendungsbereich der Vertragsbestimmungen über die Unionsbürgerschaft erfasst sei:

Als Angehörige eines Mitgliedstaates, die sich rechtmäßig im Gebiet eines anderen Mitgliedstaats aufhält, fällt die Klägerin in den persönlichen Anwendungsbereich der Vertragsbestimmungen über die Unionsbürgerschaft. Artikel [17 II EG] knüpft an den Status eines Unionsbürgers die im Vertrag vorgesehenen Pflichten und Rechte, darunter das in Artikel [12 EG] festgelegte Recht, im sachlichen Anwendungsbereich des Vertrages nicht aus Gründen der Staatsangehörigkeit diskriminiert zu werden. Folglich kann sich ein Unionsbürger, der sich wie die Klägerin rechtmäßig im Gebiet des Aufnahmemitgliedstaats aufhält, in allen vom sachlichen Anwendungsbereich des Gemeinschaftsrechts erfassten Fällen auf Artikel [12 EG] berufen, ...

Ob Frau *Martínez Sala* darüber hinaus ein Aufenthaltsrecht gemäß Art. 18 EG zusteht, ließ der EuGH offen.

b) Das Urteil in der Rs. C-456/02 – Michel Trojani vom 7.9.2004

Die auf derselben Argumentationslinie liegende Rs. Michel Trojani[292] ist aus der Erörterung der aufenthaltsrechtlichen Problematik bereits bekannt. Kurz in Erinnerung gerufen sei, dass der Gerichtshof ein aus Art. 18 I EG folgendes Aufenthaltsrecht des französischen Staatsangehörigen *Trojani*, der in Belgien bei der Heilsarmee Aufnahme fand, verneinte, da dieser nicht über ausreichende Existenzmittel verfügte. Dennoch stehe ihm, der sich nach nationalem Recht rechtmäßig in Belgien aufhält, ein Gleichbehandlungsanspruch hinsichtlich der Gewährung von Sozialhilfe zu, die nach nationalem Recht Belgiern und Wanderarbeitnehmern vorbehalten ist. Zwar könnten die Mitgliedstaaten das Aufenthaltsrecht vom Vorhandensein ausreichender Existenzmittel abhängig machen. Daraus folge aber nicht, „dass einer solchen Person während ihres rechtmäßigen Aufenthalts im Aufnahmemitgliedstaat nicht das grundlegende Prinzip der Gleichbehandlung, wie es in Artikel 12 EG niedergelegt ist, zugute kommt". Dreierlei sei insoweit „festzustellen":

Erstens fällt nach der Rechtsprechung des Gerichtshofes eine Leistung der Sozialhilfe wie das Minimex in den Anwendungsbereich des Vertrages [Verweis auf Grzelczyk]. Zweitens kann sich ein nicht wirtschaftlich aktiver Unionsbürger auf Artikel 12 EG berufen, wenn er sich im Aufnahmemitgliedstaat für eine bestimmte Dauer rechtmäßig aufgehalten hat oder eine Aufenthaltserlaubnis besitzt. Drittens [sei eine verbotene Diskriminierung zu bejahen].

---

292 EuGH, Rs. C-456/02, Slg. 2004, I-7573 – Trojani.

2. Der freizügigkeitsakzessorische Inländerbehandlungsanspruch Nichterwerbstätiger

a) Das Urteil in der Rs. C-274/96 – Bickel und Franz vom 24.11.1998

Etwas mehr als ein halbes Jahr nach dem Urteil in der Rs. Martínez Sala begann der Gerichtshof in der Rechtssache Bickel und Franz zögerlich, das allgemeine Freizügigkeitsrecht für die Erweiterung des Inländerbehandlungsanspruchs fruchtbar zu machen.[293] Der österreichische Staatsangehörige *Bickel* und der deutsche Staatsangehörige *Franz* beriefen sich in gegen sie in der italienischen Provinz Bozen durchgeführten Strafverfahren auf Vorschriften, die Gebietsansässigen im Verkehr mit Behörden und Gerichten ein Wahlrecht zwischen der italienischen und der deutschen Sprache einräumen. Diese Regeln dienen dem Schutz der dort lebenden deutschsprachigen Minderheit. Im Vorabentscheidungsverfahren stellte sich die Frage, ob die Art. 12, 18 und 49 EG eine Ausdehnung dieses Wahlrechts auf alle Unionsbürger verlangen.

Der EuGH stellte fest, dass das streitgegenständliche Wahlrecht in den Anwendungsbereich des EG-Vertrages falle und folglich an Art. 12 EG zu messen sei. Dieser verlange, dass Personen, die sich in einer gemeinschaftsrechtlich geregelten Situation befinden, genauso behandelt werden müssten wie Angehörige des betreffenden Mitgliedstaates. Die gemeinschaftsrechtlich geregelte Situation wurzle in der Ausübung des in Art. 18 und 49 EG verankerten Freizügigkeitsrechts. Für Unionsbürger sei die Möglichkeit, mit den Verwaltungs- und Justizbehörden eines Staates mit gleichem Recht wie die Bürger dieses Staates in einer bestimmten Sprache kommunizieren zu können, nämlich geeignet, die Ausübung des Freizügigkeitsrechts zu erleichtern. Dieser Auslegung des allgemeinen Diskriminierungsverbots stehe die Kompetenz der Mitgliedstaaten für das Straf- und Strafverfahrensrecht nicht entgegen, da dieses nationale Kompetenzen beschränke. Rechtfertigen ließe sich das Wohnorterfordernis, das zumindest eine versteckte Diskriminierung darstelle, da die Mehrzahl der deutschsprachigen Italiener in der Provinz Bozen wohne, wenn es auf objektiven, von der Staatsangehörigkeit der Betroffenen unabhängigen Erwägungen beruhe und in einem angemessenen Verhältnis zu dem Zweck stehe, der mit den nationalen Rechtsvorschriften zulässigerweise verfolgt werde. Allerdings sei der bezweckte Schutz der in der Provinz wohnenden ethnisch-kulturellen Minderheit durch die begehrte Ausdehnung nicht gefährdet. Abschließend wies der EuGH darauf hin, dass die Verwendung der deutschen Sprache weder Schwierigkeiten noch zusätzliche Kosten verursache.

---

[293] EuGH, Rs. C-274/96, Slg. 1998, I-7637 – Bickel und Franz.

b) Das Urteil in der Rs. C-184/99 – Grzelczyk vom 20.9.2001

Ebenfalls im Kontext des Aufenthaltsrechts eingeführt wurde die Rs. Grzelczyk.[294] Der gleichnamige Student französischer Staatsangehörigkeit finanzierte sein in Belgien absolviertes Studium in den ersten drei Studienjahren durch Nebentätigkeiten selbst; im vierten, seinem Abschlussjahr, war ihm dies aufgrund der zeitlichen Belastung nicht mehr möglich. Die deshalb beantragte Sozialhilfe lehnte der belgische Staat ab, da Angehörige anderer Mitgliedstaaten nur dann anspruchsberechtigt sind, wenn sie als Wanderarbeitnehmer oder deren Angehörige in den Anwendungsbereich der VO 1612/68 fallen.

Der Gerichtshof konstatierte eine Ungleichbehandlung von belgischen Studenten und solchen aus anderen Mitgliedstaaten, da nur Letztere Arbeitnehmer sein müssten, um die streitgegenständliche beitragsunabhängige Sozialleistung zu erhalten. Diese Diskriminierung aufgrund der Staatsangehörigkeit sei an Art. 12 EG zu messen, dessen Anwendungsbereich die Unionsbürgerschaft determiniere. Denn

> der Unionsbürgerstatus ist ... dazu bestimmt, der grundlegende Status der Angehörigen der Mitgliedstaaten zu sein, der es denjenigen unter ihnen, die sich in der gleichen Situation befinden, erlaubt, unabhängig von ihrer Staatsangehörigkeit und unbeschadet der insoweit ausdrücklich vorgesehenen Ausnahmen die gleiche rechtliche Behandlung zu genießen.

Der EuGH bekräftigte seine Entscheidung im Fall Martínez Sala, in der er festgestellt hat, dass ein Unionsbürger, der sich rechtmäßig im Gebiet des Aufnahmemitgliedstaates aufhalte, sich in allen Situationen, die in den sachlichen Anwendungsbereich des Gemeinschaftsrechtes fielen, auf Art. 12 EG berufen könne. Zu diesen Situationen gehöre die Wahrnehmung der Grundfreiheiten und des Freizügigkeitsrechts nach Art. 18 EG. Auf Letzteres könne sich Herr *Grzelczyk* unter den Umständen des Falles trotz seiner Mittellosigkeit berufen und damit Gleichbehandlung beanspruchen.[295]

Im Urteil in der Rs. Brown[296] vom 21.6.1988 habe der EuGH zwar noch entschieden, dass Studienbeihilfen nicht in den Anwendungsbereich von Art. 12 EG fielen. Mit der Einführung der Unionsbürgerschaft und den Vorschriften über die allgemeine und berufliche Bildung (Art. 149 f. EG) sowie der RL 93/96 über die Freizügigkeit von Studierenden habe sich dies jedoch geändert. Auch schließe Art. 3 RL 93/96 nur einen Anspruch auf Unterhaltsstipendien aus, nicht aber die Gewährung von Sozialhilfe.

---

[294] EuGH, Rs. C-184/99, Slg. 2001, I-6193 – Grzelczyk.

[295] Zum aufenthaltsrechtlichen Aspekt bereits oben, 2. Teil A. IV. 4. b) bb) (2).

[296] EuGH, Rs. C-197/86, Slg. 1988, 3205 – Brown.

c) Das Urteil in der Rs. C-148/02 – Avello vom 2.10.2003

Ein gänzlich neues Verständnis des einem Unionsbürger zustehenden Diskriminierungsschutzes tritt in der Rs. Avello[297] zu Tage, die einen namensrechtlichen Sachverhalt zum Gegenstand hatte. Die in Belgien geborenen, doppelstaatsangehörigen Kinder eines dort ansässigen binationalen Ehepaares – der Vater ist Spanier, die Mutter Belgierin – erhielten bei ihrer Geburt, den Vorschriften des belgischen Namensrechts entsprechend, den (doppelten) Nachnamen ihres Vaters (*Garcia Avello*). Nach belgischem internationalem Privatrecht sind Fragen des Personenstandes an die Staatsangehörigkeit anzuknüpfen, wobei bei Doppelstaatern der belgischen Staatsangehörigkeit der Vorrang eingeräumt wird. Nach spanischem Recht würde sich dagegen der Nachname aus dem jeweils ersten Bestandteil des Nachnamens von Vater und Mutter zusammensetzen. Eine spätere dementsprechende Änderung lehnten die belgischen Behörden ab, da nach belgischem Recht grundsätzlich der Nachname des Vaters entscheidend sei und der Wunsch eines Doppelstaaters, den nach dem ausländischen Recht gebildeten Namen zu führen, grundsätzlich keinen schwerwiegenden Grund darstelle, der eine Änderung rechtfertige. Der *Conseil d'Etat* legte die Frage nach der Vereinbarkeit einer solchen Regelung mit den Grundsätzen der Unionsbürgerschaft und der Freizügigkeit (Art. 17, 18 EG) vor.

Eingangs wies der EuGH unter Bezugnahme auf seine bisherige Rechtsprechung zur Unionsbürgerschaft darauf hin, dass der streitige Sachverhalt in den Anwendungsbereich des Gemeinschaftsrechts falle. Denn die Kinder von Herrn *Garcia Avello* seien aufgrund ihrer doppelten Staatsangehörigkeit Angehörige eines Mitgliedstaates, die sich rechtmäßig in einem anderen Mitgliedstaat aufhielten.[298] In diesem haben alle Staatsangehörigen der Mitgliedstaaten, die sich in der gleichen Situation befänden, aufgrund ihres grundlegenden Status als Unionsbürger Anspruch auf die gleiche rechtliche Behandlung unabhängig von ihrer Staatsangehörigkeit. Art. 12 EG stehe also einer Namensbildung entgegen, die die beiden Kinder aufgrund ihrer Staatsangehörigkeit diskriminiere. Eine Diskriminierung liege vor, wenn ein Mitgliedstaat gleiche Sachverhalte ungleich oder ungleiche Sachverhalte gleich behandele. *In casu* würden Belgier und auch belgische Doppelstaater gleich behandelt, obwohl sich beide in einer unterschiedlichen Situation befänden. Denn Letztere führten verschiedene Familiennamen, was zu Schwierigkeiten beruflicher und privater Art führen könne. Rechtfertigen ließe sich diese Gleichbehandlung nicht, da der

---

[297] EuGH, Rs. C-148/02, Slg. 2003, I-11613 – Avello.

[298] Nicht näher eingegangen ist der Gerichtshof auf die Frage, ob auch eine Beeinträchtigung des allgemeinen Freizügigkeitsrechts des Vaters zu bejahen sei. Dazu GA *Jacobs*, in: EuGH, Rs. C-148/02, Slg. 2003, I-11613, Rn. 50 f., 65 – Avello. Kritisch zu diesem Ansatz *J. Mörsdorf-Schulte*, IPRax 2004, 315 (317 f.).

Grundsatz der Unveränderlichkeit des Familiennamens nicht unverzichtbar sei und die fragliche Maßnahme auch nicht integrationsfördernd wirke.

d) Das Urteil in der Rs. C-209/03 – Dany Bidar vom 15.3.2005

Die Entscheidung in der Rs. Dany Bidar[299] hatte wiederum Sozialleistungsansprüche eines Studenten zum Gegenstand. Der stets über ausreichende Existenzmittel verfügende französische Staatsangehörige *Bidar* reiste im August 1998 in das Vereinigte Königreich ein, lebte dort bei seiner ihn finanziell unterstützenden Großmutter und schloss seine Schulausbildung ab. Im September 2001 nahm er ein Studium auf und beantragte bei der zuständigen Behörde ein Studentendarlehen zur Deckung seiner Unterhaltskosten. Dieses wird Studenten in England und Wales zu vergünstigten Konditionen – ein im Marktvergleich niedriger Zinssatz und die Möglichkeit einkommensabhängiger Rückzahlung – gewährt, wenn sie dort auf Dauer ansässig sind und für eine bestimmte Zeit gewohnt haben. Der Antrag des Studenten *Bidar* blieb erfolglos, da er nach den einschlägigen Rechtsvorschriften als Student aus einem anderen Mitgliedstaat nicht als eine im Vereinigten Königreich dauerhaft ansässige Person qualifiziert werden könne.

Hierin liege nach Auffassung des EuGH ein Verstoß gegen das allgemeine Diskriminierungsverbot. Zunächst einmal falle das streitgegenständliche Darlehen in den Anwendungsbereich des Vertrages i.S.d. Art. 12 EG. Dieser sei im Hinblick auf die Unionsbürgerschaft zu bestimmen, die den grundlegenden Status der Angehörigen der Mitgliedstaaten darstelle,

> der denjenigen unter ihnen, die sich in der gleichen Situation befinden, unabhängig von ihrer Staatsangehörigkeit und unbeschadet der insoweit ausdrücklich vorgesehenen Ausnahmen Anspruch auf die gleiche rechtliche Behandlung gibt.

Ein Unionsbürger, der sich rechtmäßig im Gebiet des Aufnahmemitgliedstaates aufhält, könne sich in allen Situationen, die in den sachlichen Anwendungsbereich des Gemeinschaftsrechts fielen, auf Art. 12 EG berufen. Hierzu zähle der von Art. 18 EG und der RL 90/364 geschützte Aufenthalt einer Person, die eine weiterführende Schule besuche. Zwar habe der Gerichtshof in den Rs. Lair[300] und Brown[301] noch entschieden, dass beim damaligen Stand des Gemeinschaftsrechts Unterhaltsbeihilfen nicht in dessen Anwendungsbereich fielen, da sowohl die Zuständigkeit für die Bildungs- als auch grundsätzlich die für Sozialpolitik bei den Mitgliedstaaten liege. Mit Einführung der Unionsbürgerschaft und den Vorschriften über die allgemeine und berufliche Bildung (Art. 149 EG) könne hieran jedoch nicht mehr festgehalten werden. Dass Art. 24 II der neuen Aufenthaltsrichtlinie 2004/38 explizit Studienbeihilfen für

---

[299] EuGH, Rs. C-209/03, Slg. 2005, I-2119 – Dany Bidar.

[300] EuGH, Rs. 39/86, Slg. 1988, 3161, Rn. 15 – Lair.

[301] EuGH, Rs. 197/86, Slg. 1988, 3205, Rn. 18 – Brown.

nicht grundfreiheitlich Freizügigkeitsberechtigte und nicht Daueraufenthaltsberechtigte vom Inländerbehandlungsanspruch des Art. 24 I RL 2004/38 ausnehme, zeige zugleich, dass diese grundsätzlich vom Diskriminierungsverbot erfasst seien. Unerheblich sei schließlich, dass Art. 3 der RL 93/96 die Gewährung von Unterhaltsbeihilfen für Studierende ausschließe. Denn – so die sehr formalistische Betrachtung des EuGH – Herr *Bidar*, der bloß beabsichtige, ein Studium aufzunehmen, halte sich nicht als Student, sondern als Schüler aufgrund von Art. 18 EG und der RL 90/364 in Großbritannien auf. Damit fielen Beihilfen zur Deckung der Unterhaltskosten in Form von vergünstigten Darlehen oder Stipendien in den Anwendungsbereich des EG-Vertrages i.S.d. Art. 12 EG.

Das Wohnsitz- und Ansässigkeitskriterium stelle eine versteckte Diskriminierung dar, da jene von Inländern regelmäßig leichter erfüllt werden könnten als von Ausländern. Gerechtfertigt werden könne eine solche nur, wenn sie auf objektiven, von der Staatsangehörigkeit der Betroffenen unabhängigen Erwägungen beruhe und in einem angemessenen Verhältnis zu dem mit der nationalen Rechtsvorschrift zulässigerweise verfolgten Zweck stünde. Prinzipiell rechtfertigend wirke, so der EuGH, das Erfordernis einer hinreichenden Integration. Den Mitgliedstaaten obliege zwar, eine gewisse finanzielle Solidarität mit den Angehörigen anderer Mitgliedstaaten bei Organisation und Ausgestaltung ihrer Sozialhilfesysteme walten zu lassen, sie seien jedoch berechtigt, übermäßige Belastungen, die sich auf die Gewährung der konkreten Beihilfe insgesamt auswirken könnten, zu verhindern. Damit sei es legitim, eine gewisse Integration in die Gesellschaft des Aufnahmemitgliedstaates als Anspruchsvoraussetzung zu verlangen. Dem entspreche das Erfordernis eines mindestens dreijährigen Wohnsitzes im Vereinigten Königreich, nicht jedoch das Ansässigkeitskriterium, das ausländische Studierende niemals erfüllen könnten. Somit liege eine gegen Art. 12 EG verstoßende Diskriminierung vor.

3. Inländerbehandlung Arbeitsuchender als Konsequenz einer extensiven Auslegung des grundfreiheitlichen Diskriminierungsverbots

a) Das Urteil in der Rs. C-138/02 – Collins vom 23.3.2004

Ein dogmatisches Novum stellte die Entscheidung in der Rs. Collins dar, in der das gegenüber Art. 12 EG spezielle grundfreiheitliche Gleichbehandlungsgebot der Arbeitnehmerfreizügigkeit (Art. 39 II EG) im Lichte der Unionsbürgerschaft erweiternd ausgelegt wurde.[302] Im Mai 1998 reiste der amerikanische

---

[302] EuGH, Rs. C-138/02, Slg. 2004, I-2703 – Collins. Siehe aber auch den Schlussantrag von GA *Colomer*, der den Fall im Einklang mit der bisherigen Rechtsprechung anhand der Art. 12, 17 und 18 EG beurteilte (Rn. 55 ff.). Eine ähnliche Konstellation lag der allerdings aus dem Register gestrichenen Rs. C-95/03 – Piliego zu Grunde, vgl. ABl. C 101 v. 26.4.2003, S. 27 (Ersuchen); ABl. C 45 v. 19.2.2005, S. 19 (Streichung).

und irische Staatsangehörige *Collins* nach Großbritannien ein, um dort Arbeit zu suchen. Er beantragte eine Beihilfe für bedürftige Arbeitsuchende, die ihm verwehrt wurde, da er weder seinen gewöhnlichen Aufenthalt in Großbritannien noch ein Aufenthaltsrecht als Wanderarbeitnehmer hatte, was Anspruchsvoraussetzung war.

Der Gerichtshof wies im hier interessierenden Zusammenhang darauf hin, dass Arbeitsuchende wie Herr *Collins* nach der Wortlaut und Systematik der VO 1612/68 folgenden bisherigen Rechtsprechung lediglich Gleichbehandlung bezüglich des Zugangs zur Beschäftigung verlangen könnten (Art. 39 II EG; 2, 5 VO 1612/68), nicht aber bezüglich sozialer und steuerlicher Vergünstigungen. Dies behalte Art. 7 II VO 1612/68 Arbeitnehmern vor. Hieran könne jedoch angesichts des in der eben skizzierten Rechtsprechung entwickelten generellen Inländerbehandlungsanspruchs Nichterwerbstätiger nicht mehr festgehalten werden:

> Angesichts der Einführung der Unionsbürgerschaft und angesichts der Auslegung, die das Recht der Unionsbürger auf Gleichbehandlung in der Rechtsprechung erfahren hat, ist es nicht mehr möglich, vom Anwendungsbereich des Artikels [39 II EG], der eine Ausprägung des in Artikel [12 EG] garantierten tragenden Grundsatzes der Gleichbehandlung ist, eine finanzielle Leistung auszunehmen, die den Zugang zum Arbeitsmarkt eines Mitgliedstaats erleichtern soll.

Da das Wohnorterfordernis von britischen Staatsangehörigen leichter erfüllt werden könne als von EU-Ausländern, liege eine mittelbare Diskriminierung vor. Es sei allerdings rechtfertigungsfähig, wenn es auf objektiven, von der Staatsangehörigkeit der Betroffenen unabhängigen Erwägungen beruhe und in einem angemessenen Verhältnis zu dem Zweck stehe, der mit der nationalen Rechtsvorschrift zulässigerweise verfolgt werde. Ein solcher legitimer Zweck sei im Hinblick auf die Art der Beihilfe, eine tatsächliche Verbindung zwischen Antragsteller und betroffenem Arbeitsmarkt sicherzustellen. Damit könne verlangt werden, dass der Antragsteller während eines angemessenen Zeitraumes tatsächlich eine Beschäftigung im Aufnahmemitgliedstaat gesucht hat. Das Wohnsitzkriterium sei ein geeignetes Mittel, um dies festzustellen; es müsse jedoch auch verhältnismäßig ausgestaltet sein. Dies erfordere neben bestimmten, gerichtlich nachprüfbaren Kriterien, dass die Mindestaufenthaltsdauer nicht länger bemessen sei als notwendig, um festzustellen, dass der Antragsteller tatsächlich Arbeit sucht.

b) Das Urteil in der Rs. C-258/04 – Ioannidis vom 15.9.2005

Die in der Rs. Collins postulierte weite Auslegung des grundfreiheitlichen Inländerbehandlungsanspruchs Arbeitsuchender griff der EuGH in der Rs. Ioannidis wieder auf.[303] Das Königreich Belgien gewährt jungen Menschen unter 30 Jahren, die entweder eine erste Beschäftigung suchen oder wegen einer

[303] EuGH, Rs. C-258/04, Slg. 2005, I-8275 – Ioannidis.

zu kurzen vorherigen Beschäftigungsdauer keinen Anspruch auf Arbeitslosenhilfe haben, Überbrückungsgeld. Voraussetzung hierfür ist jedoch, dass der Anspruchsteller seine höhere Schulausbildung in Belgien abgeschlossen hat. Dies traf auf den Kläger des Ausgangsverfahrens, Herrn *Ioannidis*, nicht zu, der zwar etwa sieben Jahre vor Antragstellung nach Belgien umgezogen war, aber über einen griechischen Schulabschluss verfügte.

Wie in der Rs. Collins auch sah der Gerichtshof hierin eine unter das grundfreiheitliche Diskriminierungsverbot des Art. 39 II EG fallende Ungleichbehandlung, das er im Lichte der Unionsbürgerschaft auf den Zugang zum Arbeitsmarkt eines Mitgliedstaats erleichternde Beihilfen erstreckt hat. Die Ungleichbehandlung sei zwar prinzipiell rechtfertigungsfähig, da es bei einem Arbeitsuchenden gewährten Überbrückungsgeld legitimes Anliegen des Gesetzgebers sei sicherzustellen, dass eine tatsächliche Beziehung des Antragstellers zum betroffenen Arbeitsmarkt besteht. Dass der Schulabschluss im Inland, der bei Hochschulabsolventen mehrere Jahre zurückliegt, ein offensichtlich ungeeignetes Kriterium dafür ist, liegt auf der Hand.

4. Die Herausbildung eines unionsbürgerlichen Inländerbehandlungsanspruchs in der Rechtsprechung des EuGH

Wie aus den geschilderten Entscheidungen unschwer zu erkennen ist, lässt sich der Rechtsprechung des EuGH zum unionsbürgerlichen Gleichbehandlungsanspruch kein dogmatisch kohärenter Ansatz entnehmen. Auf der einen Seite stehen die Entscheidungen Martínez Sala und Michel Trojani, in denen der allein nach den nationalen Vorschriften des Aufnahmemitgliedstaates rechtmäßige Aufenthalt eines Unionsbürgers eine Berufung auf Art. 12 EG ermöglicht und damit Gleichbehandlung bezüglich aller in den sachlichen Anwendungsbereich des Gemeinschaftsrechts fallenden Vorteile verlangt werden kann. Andererseits betonte der Gerichtshof in den Entscheidungen Bickel und Franz, Grzelczyk, Avello sowie Dany Bidar, dass alle mit der Ausübung des allgemeinen Freizügigkeitsrechts zusammenhängenden Situationen *per se* in den sachlichen Anwendungsbereich des Gemeinschaftsrechts fielen, wenngleich durch den ergänzenden Rekurs auf die Bildungskompetenzen der Union (Grzelczyk und Bidar) Randunschärfen bestehen. Einen anderen Ansatz verfolgen dagegen die Urteile in den Rs. Collins und Ioannidis, in denen der EuGH den Anwendungsbereich des Diskriminierungsverbots der Arbeitnehmerfreizügigkeit im Hinblick auf den Unionsbürgerstatus des Anspruchstellers ausdehnte. Die Entscheidungen zeigen schließlich, dass aufgrund der tatbestandlichen Weite des Gleichbehandlungsanspruchs nationale Gestaltungsspielräume lediglich auf der Rechtfertigungsebene gesichert werden.

II. Die dogmatische Struktur des unionsbürgerlichen Diskriminierungsverbotes

Anders als die Marktfreiheiten enthält Art. 18 I EG jedenfalls seinem Wortlaut nach kein ausdrückliches Inländerbehandlungsgebot der nach diesem Freizügigkeitsberechtigten. Dies erklärt, warum sich nicht dieser, sondern das in Art. 12 EG verankerte allgemeine Diskriminierungsverbot als Dreh- und Angelpunkt des sich herausbildenden Inländerbehandlungsanspruchs der Unionsbürger erwies. Dessen Anwendungsbereich konnte, dem dynamischen Charakter der Gewährleistung entsprechend, aufgrund der Einführung des allgemeinen Freizügigkeitsrechts (Art. 18 EG) eine bedeutende Erweiterung erfahren. Somit ist es angezeigt, den richterrechtlich entwickelten Anspruch des Unionsbürgers auf Inländerbehandlung auf der Folie des Art. 12 EG zu rekonstruieren. Bewegt er sich noch auf dessen Boden, oder hat der EuGH die Grenzen zulässiger Rechtsfortbildung überschritten?

Nach der Klärung einiger Anwendbarkeitsfragen *ratione personae, temporis* und *materiae* (1.) beantwortet dies eine dogmatische Feinanalyse des Tatbestands des allgemeinen Diskriminierungsverbotes. Diese bestätigt die richterrechtliche Entwicklung eines weit reichenden, freizügigkeitsakzessorischen Inländerbehandlungsanspruchs Nichterwerbstätiger (2.). Angesichts dessen tatbestandlicher Weite kommt der Rechtfertigungsebene eine besondere Bedeutung für die Sicherung nationaler Gestaltungsspielräume hinsichtlich legitimer Differenzierungen zwischen In- und Ausländern zu (3.). Konsequenz eines Verstoßes gegen das unionsbürgerliche Diskriminierungsverbot ist die Erstreckung der vorenthaltenen Vergünstigung auf den diskriminierten Unionsbürger (4.).

1. Anwendbarkeit des unionsbürgerlichen Diskriminierungsverbotes

a) Der Unionsbürger als Berechtigter

Zwar schweigt das in Art. 12 EG verankerte allgemeine Diskriminierungsverbot zu dem von ihm erfassten Personenkreis. Dessen ungeachtet können sich ausschließlich Unionsbürger, nicht aber Angehörige von Drittstaaten auf das unionsbürgerliche Diskriminierungsverbot berufen. Denn Schlüssel zur Eröffnung des Anwendungsbereichs des Vertrages ist das allgemeine Freizügigkeitsrecht (Art. 18 I EG), das nur Unionsbürger berechtigt.[304]

---

[304] Siehe oben, 2. Teil A. III. 1. a). Für das unionsbürgerliche Diskriminierungsverbot auch *C. Schönberger*, Unionsbürger, 390 ff., unter Betonung von dessen Charakter als „wechselseitiges Angehörigenprivileg". Siehe aber auch Art. 24 I 2 der neuen Aufenthaltsrichtlinie 2004/38, der den Gleichbehandlungsanspruch auch auf aufenthaltsberechtigte drittstaatsangehörige Familienmitglieder des Unionsbürgers erstreckt. Dazu noch näher unten, 2. Teil B. III. 3. f).

b) Die diskriminierende Wirkung als maßgeblicher Anwendbarkeitszeitpunkt

Aufgrund der relativ jungen Gewährleistung kann die zeitliche Anwendbarkeit des unionsbürgerlichen Diskriminierungsverbotes im Einzelfall problematisch sein. Nach der Rechtsprechung des EuGH ist der unionsbürgerliche Gleichbehandlungsanspruch dann *ratione temporis* anwendbar, wenn die Diskriminierung nach Inkrafttreten des Vertrages von Maastricht am 1.11.1993 erfolgte. Damit sind auch davor liegende Sachverhalte einbezogen, sofern sie gegenwärtig diskriminierend wirken.[305]

c) Der unionsbürgerliche Inländerbehandlungsanspruch im Vertragsgefüge

Auch im Rahmen der Diskriminierungskomponente des unionsbürgerlichen Freizügigkeitsrechts stellt sich die Frage nach dem Verhältnis zu den sonstigen unionsrechtlichen Diskriminierungsverboten, namentlich den grundfreiheitlichen (aa) und dem im Kontext der Freizügigkeit Studierender entwickelten (bb).

aa) Grundfreiheitliche Diskriminierungsverbote

Das Verhältnis des unionsbürgerlichen Diskriminierungsverbotes zu den auf eine Erwerbstätigkeit bezogenen grundfreiheitlichen Diskriminierungsverboten (Art. 39 II, 43 UA 2, 50 III EG) wird in Rechtsprechung und Literatur genauso wie für das unionsbürgerliche Aufenthaltsrecht beurteilt,[306] also im Sinne einer Spezialität der Grundfreiheiten.[307] Einer besonderen Erwähnung bedürfen jüngere Entscheidungen des EuGH zum Diskriminierungsschutz Arbeitsuchender, die Rs. Collins und Ioannidis. Nach herkömmlichem Verständnis erfasste die Arbeitnehmerfreizügigkeit keinen Inländerbehandlungsanspruch Arbeitsuchender hinsichtlich einer Beihilfe zum Lebensunterhalt. Arbeitsuchende können nach Wortlaut und Systematik der VO 1612/68 zwar diskriminierungsfreien Zugang zu einer Beschäftigung verlangen (Art. 39 II EG; 2, 5

---

[305] EuGH, Rs. C-224/98, Slg. 2002, I-6191, Rn. 24 f. – D'Hoop; GA *Kokott*, in: Rs. C-192/05, n.n.v., Rn. 44 – Tas-Hagen. Kritisch *S. Bode*, EuZW 2002, 637 (638). Siehe aber auch Rs. C-85/96, Slg. 1998, I-2691 – Martínez Sala, in der der Gerichtshof nicht problematisiert, dass das Erziehungsgeld (auch) für den Zeitraum vor Inkrafttreten des Vertrages von Maastricht beantragt wurde. Dazu *M. Moore*, 39 CML Rev. (2002), 807 (811). Unproblematisch dagegen die Rs. C-193/94, Slg. 1996, I-929 – Skanavi, da trotz des Tatzeitpunktes vor dem 1.11.1993 Art. 18 I EG wegen des *lex-mitior*-Grundsatzes bei der späteren Verurteilung zu berücksichtigen war.

[306] Siehe dazu bereits oben, 2. Teil A. I. 2. a).

[307] Für Diskriminierungssachverhalte EuGH, Rs. C-193/94, Slg. 1996, I-929, Rn. 22 – Skanavi; Rs. C-258/04, Slg. 2005, I-8275, Rn. 37 – Ioannidis; Rs. C-185/04, Slg. 2006, I-1453, Rn. 25 – Öberg; GA *Kokott*, in: Rs. C-286/03, Slg. 2006, I-1771, Rn. 114 f. – Hosse; *U. Becker*, ZESAR 2004, 496 (497); *M. Hilf*, in: G/H, Art. 18, Rn. 5, 7; *E. Klein*/*A. Haratsch*, JuS 1995, 7 (8).

VO 1612/68), nicht aber zu sozialen und steuerlichen Vergünstigungen, die Art. 7 II VO 1612/68 Arbeitnehmern vorbehält. Verstünde man dies als abschließende Spezialregelung, wäre ein Rückgriff auf das unionsbürgerliche Diskriminierungsverbot gesperrt, wie Generalanwalt *Colomer* in seinem Schlussantrag in der Rs. Collins festhält:

Nach neuester Rechtsprechung findet das in Artikel 18 EG in allgemeiner Form niedergelegte Recht eines jeden Unionsbürgers, sich im Hoheitsgebiet der Mitgliedstaaten frei zu bewegen und aufzuhalten, in Artikel 39 EG einen besonderen Ausdruck in Bezug auf die Freizügigkeit der Arbeitnehmer. Daher braucht, sofern das Ausgangsverfahren unter die letztgenannte Bestimmung fällt, über die Auslegung von Artikel 18 EG nicht entschieden zu werden. Bei strikter Anwendung dieser Rechtsprechung müsste dem Gerichtshof vorgeschlagen werden, die Prüfung dieser Frage an dieser Stelle zu beenden.[308]

Vor dem Hintergrund eines *ratione personae* umfassenden unionsbürgerlichen Diskriminierungsverbotes hielt der Gerichtshof an seiner bisherigen Rechtsprechung jedoch nicht mehr fest und fasste jedenfalls[309] den Zugang zum Arbeitsmarkt eines Mitgliedstaats erleichternde Sozialleistungen unter das erweiternd ausgelegte Diskriminierungsverbot der Arbeitnehmerfreizügigkeit (Art. 39 II EG).[310] Auch Arbeitsuchende unterliegen damit dem grundfreiheitlichen Spezialregime, was angesichts deren janusköpfiger Rechtsstellung als nur, aber auch potentielle Akteure des Binnenmarktes nicht ungerechtfertigt erscheint.[311] Gleichzeitig gesprengt wurde damit freilich die Systematik der VO 1612/68.[312] Dies nahm der Gerichtshof jedoch in Kauf, da einer Lösung über das unionsbürgerliche Diskriminierungsverbot sowohl die regelmäßige Mittellosigkeit der Antragsteller, die für das unbedingte Aufenthaltsrecht Arbeitsuchender keine

[308] GA *Colomer*, in: EuGH, Rs. C-138/02, Slg. 2004, I-2703, Rn. 57 – Collins.

[309] Unklar ist, ob der Gerichtshof mit seiner Formel eine Einschränkung des Inländerbehandlungsgebotes *ratione materiae* bezweckt, dieses also ausschließlich den Zugang zum Arbeitsmarkt betreffende Leistungen umfasst. Problematisch an einer solchen restriktiven Lesart wären jedoch die mangelnde Abgrenzungstauglichkeit des Kriteriums und die Konsequenz, dass die Reichweite des Gleichbehandlungsanspruchs in den einzelnen Mitgliedstaaten dann davon abhinge, ob diese spezielle Beihilfen zum Lebensunterhalt für Arbeitsuchende gewähren oder dies im Rahmen der allgemeinen Sozialhilfe regeln. Auch müsste dann ein Gleichlauf mit dem tatbestandlich weiten Diskriminierungsschutz Nichterwerbstätiger anderweitig realisiert werden. Näher *F. Wollenschläger*, EuZW 2005, 665 (666).

[310] EuGH, Rs. C-138/02, Slg. 2004, I-2703, Rn. 63 – Collins.

[311] Zur Stellung des Arbeitsuchenden als nur, aber auch potentieller Akteur des Binnenmarktes *F. Wollenschläger*, EuZW 2005, 665. Siehe auch *E. Muir*, RDUE 2004, 249 (274).

[312] Dem Ansatz des EuGH zustimmend *U. Becker*, ZESAR 2004, 496 (498), der jedoch wegen des Zusammenhanges der begehrten Sozialleistung mit dem Zugang zum Arbeitsmarkt einen Rekurs auf die Unionsbürgerschaft für entbehrlich hält. Warum *I. Niemann*, EuR 2004, 946, die Sprengung der Systematik als Rückschritt begreift, ist unklar. Treffend dagegen *O. Golynker*, 30 EL Rev. (2005), 111 (116).

Rolle spielt, als auch die schwer ignorierbare Spezialregelung der Arbeitnehmerfreizügigkeit entgegengestanden hätten.[313]

bb) Diskriminierungsschutz Studierender

Bereits vor der eben skizzierten Rechtsprechung zum unionsbürgerlichen Diskriminierungsverbot entwickelte der Gerichtshof aus dem in Art. 12 EG verankerten allgemeinen Diskriminierungsverbot in Verbindung mit den Vorschriften des EWG-Vertrages zur allgemeinen und beruflichen Bildung (Art. 128 EWGV, vgl. auch Art. 149 f. EG) einen weit reichenden Diskriminierungsschutz für Studierende, namentlich im Hinblick auf die Zulassung zu einem Hochschulstudium und die finanzielle Förderung von Einschreibe- und ähnlichen mit dem Studienzugang verbundenen Gebühren.[314] Ob an dieser Herleitung des Gleichbehandlungsanspruches aufgrund des nunmehr etablierten unionsbürgerlichen Diskriminierungsverbotes festzuhalten ist, lässt sich der neueren Rechtsprechung des EuGH nicht mit hinreichender Sicherheit entnehmen – ganz im Gegensatz zu dessen Position beim Aufenthaltsrecht Studierender, das der Gerichtshof in Abkehr von seiner früheren Rechtsprechung nunmehr ausschließlich auf Art. 18 EG stützt.[315]

Den Urteilen in den Rs. Grzelczyk und Bidar liegt das auf Art. 12 i.V.m. 18 EG gestützte freizügigkeitsakzessorische unionsbürgerliche Diskriminierungsverbot zugrunde, das den diskriminierungsfreien Zugang zu Sozialhilfe und Studienbeihilfen garantiert. Für den Kernbereich des bildungsbezogenen Diskriminierungsschutzes, den gleichberechtigten Zugang zu Berufsausbildung und Hochschulstudium, hielt der Gerichtshof in den Vertragsverletzungsverfahren gegen Belgien und Österreich dagegen an seiner überkommenen Rechtsprechung fest. Nach dieser falle der Hochschulzugang aufgrund der gemeinschaftlichen Zuständigkeiten in der Bildungspolitik (Art. 149 f. EG) in den Anwendungsbereich des Gemeinschaftsrechts i.S.d. Art. 12 EG.[316] Ergänzend wies der EuGH allerdings zum einen darauf hin, dass

> [d]ie durch den EG-Vertrag im Bereich der Freizügigkeit begründeten Rechte ... aber nicht ihre volle Wirkung [entfalten], wenn einer Person wegen der bloßen Inanspruchnahme dieser Rechte Nachteile entstehen. Dies gilt angesichts der mit [Art. 3 I lit. q, 149 II 2. SpS EG] verfolgten Ziele, die Mobilität von Lernenden und Lehrenden zu fördern, besonders im Bereich der Bildung.[317]

---

[313] Ausführlich zur Argumentation des EuGH *E. Muir*, RDUE 2004, 249 (261 ff.).

[314] Siehe dazu ausführlich bereits oben, 1. Teil A. II. 2. a) bb) (2).

[315] Siehe dazu bereits oben, 2. Teil A. I. 2. b).

[316] EuGH, Rs. C-65/03, Slg. 2004, I-6427, Rn. 23 ff. – EK/Belgien; Rs. C-147/03, Slg. 2005, I-5969, Rn. 31 ff. – EK/Österreich. Die Heranziehung von Art. 18 I EG befürworten dagegen *T. Fetzer/T. Groß*, EWS 2005, 373 (374).

[317] EuGH, Rs. C-147/03, Slg. 2005, I-5969, Rn. 44 – EK/Österreich.

Zum anderen stellte er einen Bezug zum Unionsbürgerstatus her, der nach seiner ständigen Rechtsprechung

> dazu bestimmt [sei], der grundlegende Status der Angehörigen der Mitgliedstaaten zu sein, der es denjenigen unter ihnen, die sich in der gleichen Situation befinden, erlaubt, unabhängig von ihrer Staatsangehörigkeit und unbeschadet der insoweit ausdrücklich vorgesehenen Ausnahmen die gleiche rechtliche Behandlung zu genießen.[318]

Es ist jedoch nicht verwunderlich, dass der Gerichtshof hinsichtlich des gleichen Zugangs zum Hochschulstudium auf seinen bereits seit Mitte der 1980er Jahre anerkannten Ansatz rekurrierte und dessen nach wie vor auf Akzeptanzschwierigkeiten stoßende Konsequenz nicht auch noch als Novum des sich erst langsam herausbildenden und heftig angegriffenen unionsbürgerlichen Diskriminierungsverbotes präsentierte. In der Sache sind mit beiden Ansätzen keine unterschiedlichen praktischen Konsequenzen verbunden. Im Interesse der Kohärenz sollte jedoch das unionsbürgerliche Diskriminierungsverbot als alleiniger Maßstab herangezogen werden.[319]

2. Die tatbestandliche Weite des unionsbürgerlichen Diskriminierungsverbotes

Die Reichweite des allgemeinen Diskriminierungsverbotes steht und fällt mit der Auslegung seines Tatbestandsmerkmals „im Anwendungsbereich des EG-Vertrages". Dieses korreliert als dynamisches Moment der Gewährleistung den Diskriminierungsschutz mit dem erreichten Stand der Integration. Vertieft wurde diese mit der Einführung der Unionsbürgerschaft und der Neuradizierung des Freizügigkeitsrechts in selbiger. Doch deckt der hierin liegende Integrationsfortschritt einen tatbestandlich nahezu grenzenlosen Inländerbehandlungsanspruch des Unionsbürgers (a)? Nach der positiven Beantwortung dieser Frage wendet sich der Blick dem in Nuancen nicht unproblematischen Diskriminierungsbegriff zu (b).

a) Diskriminierungen im „Anwendungsbereich des Gemeinschaftsrechts"

Damit eine Diskriminierung von EU-Ausländern gegenüber Inländern überhaupt auf ihre Unionsrechtswidrigkeit hin am Maßstab des Art. 12 EG überprüft werden kann, muss diese in den Anwendungsbereich des Gemeinschaftsrechts fallen. Aufbauend auf dessen abstrakter Bestimmung (aa) kann festgehalten werden, dass ein Unionsbürger dann vom Anwendungsbereich des Gemeinschaftsrechts erfasst ist, wenn er von seinem unionsrechtlich eingeräumten Freizügigkeitsrecht Gebrauch macht (bb). Damit ist die Reichweite des Diskriminierungsschutzes allerdings noch nicht geklärt – diese ist umfassend zu verstehen (cc). Gleichwohl existieren tatbestandliche Grenzen (dd).

---

[318] EuGH, Rs. C-147/03, Slg. 2005, I-5969, Rn. 45 – EK/Österreich.

[319] In diesem Sinne auch *T. Fetzer/T. Groß*, EWS 2005, 373 (374).

aa) Der „Anwendungsbereich des Gemeinschaftsrechts" i.S.d. Art. 12 EG

Dass Art. 12 EG keinen umfassenden Anspruch auf Inländerbehandlung im Aufnahmemitgliedstaat einräumt, zeigt dessen Tatbestandsmerkmal „im Anwendungsbereich des EG-Vertrages". An der Frage, wann ein Sachverhalt in diesen fällt und damit der Spielraum der Mitgliedstaaten für eine Privilegierung eigener Angehöriger gegenüber EU-Ausländern beschnitten wird, scheiden sich die Geister.[320]

Im Schrifttum und in der nationalen Rechtsprechung herrschen prinzipielle und regelmäßig nationale Gestaltungsspielräume wahrende Ansätze vor. Abgestellt wird darauf, ob die fragliche Materie zu den Aufgaben oder Zielen der Gemeinschaft im Sinne der Art. 2 bis 4 EG gehört,[321] oder ob für sie eine Gemeinschaftskompetenz besteht.[322] Der Kreis der anwendungsbereichseröffnenden Kompetenzen wird dabei teils insofern eingeschränkt, als eine ausgeübte Gemeinschaftskompetenz gefordert wird[323] oder die zu weiten und unbestimmten Art. 94, 95 und 308 EG ausgeklammert werden.[324] Schließlich wird einzelfallorientiert danach gefragt, ob das Primär- oder Sekundärrecht den Mitgliedstaaten konkrete Verpflichtungen in Bezug auf die fragliche Rechtsbeziehung auferlegt.[325] Nach dem integrationsfreundlichen Ansatz des Gerichtshofs ist das Bestehen einer Gemeinschaftskompetenz für die fragliche Materie zu Recht keine zwingende Voraussetzung dafür, dass ein Sachverhalt in den Anwendungsbereich des Vertrages i.S.d. Art. 12 EG fällt.[326] Ausreichend sei vielmehr das Vorliegen einer „gemeinschaftsrechtlich geregelten Situation"[327],

---

[320] In der Literatur (etwa *A. von Bogdandy*, in: G/H, Art. 12, Rn. 24; *M. Holoubek*, in: Schwarze, Art. 12, Rn. 13 ff.) wird teils zwischen dem personellen, sachlichen und räumlichen Anwendungsbereich differenziert. Bei der Qualifikation der strittigen Sachverhalte stellt sich ausschließlich die Frage nach dem sachlichen Anwendungsbereich, weshalb diese Differenzierung hier nicht aufgegriffen werden soll [zur mangelnden Eignung in problematischen Fällen auch *M. Rossi*, EuR 2000, 197 (199 f.)]. Unter dem Stichwort personeller Anwendungsbereich wird diskutiert, wer berechtigt und verpflichtet ist (vgl. *A. von Bogdandy*, in: G/H, Art. 12 EG, Rn. 25 ff.; *M. Holoubek*, in: Schwarze, Art. 12, Rn. 14 ff.).

[321] So BayVGH, BayVBl. 1998, 278 (280); *R. Geiger*, EUV/EGV, Art. 12, Rn. 10.

[322] *W. Schroeder*, JuS 1995, 1010 (1012). Ablehnend *A. von Bogdandy*, in: G/H, Art. 12, Rn. 34; *A. Epiney*, in: C/R, Art. 12, Rn. 22.

[323] *U. Kischel*, EuGRZ 1997, 1 (7).

[324] *M. Zuleeg*, in: von der Groeben/Schwarze, Art. 12, Rn. 12.

[325] *M.-A. Reitmaier*, Inländerdiskriminierung, 67 ff. – dort auch Nachweise zu weiteren, vereinzelt gebliebenen Abgrenzungsversuchen, 61 ff. Ähnlich *A. Epiney*, in: C/R, Art. 12, Rn. 22; *dies.*, Umgekehrte Diskriminierungen, 122 f.

[326] So trennt er zwischen dem Bestehen einer Gemeinschaftskompetenz und dem Anwendungsbereich des Vertrages in EuGH, Rs. 152/82, Slg. 1983, 2323, Rn. 17 – Forcheri; Rs. 293/83, Slg. 1985, 593, Rn. 19 – Gravier.

[327] EuGH, Rs. 186/87, Slg. 1989, 195, Rn. 10 – Cowan.

das Bestehen eines Anknüpfungspunktes zum Gemeinschaftsrecht[328] oder einfach, dass der Sachverhalt „nicht außerhalb des Gemeinschaftsrechts" liege[329]. Trotz der Vielgestaltigkeit der unter diese freilich konkretisierungsbedürftige Formel subsumierten Konstellationen und der stark einzelfallgeprägten Vorgehensweise des EuGH lässt die Rechtsprechung zwei prinzipielle Begründungsansätze erkennen.[330]

Zum einen wird Art. 12 EG aktiviert, um Diskriminierungsschutz in mittelbar mit den Grundfreiheiten zusammenhängenden Situationen zu gewähren, also um den grundfreiheitlichen Diskriminierungsschutz abzurunden.[331] So betonte der EuGH verschiedentlich, dass der streitgegenständliche Sachverhalt Auswirkungen auf den von den Grundfreiheiten erfassten innergemeinschaftlichen Austausch von Gütern und Dienstleistungen habe und damit im Anwendungsbereich des Gemeinschaftsrechts liege.[332] Mittelbare Konsequenzen genügten insoweit.[333] Praktisch wurde dies namentlich bei der Frage, ob von EG-Ausländern eine Prozesskostensicherheit verlangt werden könne,[334] sowie in urheberrechtlichen Streitigkeiten[335].

Zum anderen, und dies ist der strittigere Ansatz, wird die Eröffnung des Anwendungsbereichs des Gemeinschaftsrechts gegenständlich bestimmt und bejaht, wenn die fragliche Materie hinreichende Bezugspunkte zum Gemeinschaftsrecht aufweist. Gerade diese Fallgruppe demonstriert den dynamischen Charakter des allgemeinen Diskriminierungsverbotes und ermöglicht, dieses mit dem Stand der Integration zu korrelieren.[336] Als Beispiel mag etwa die vom

---

[328] EuGH, Rs. 152/82, Slg. 1983, 2323, Rn. 13 ff. – Forcheri; Verb. Rs. C-92/92 und C-326/92, Slg. 1993, I-5145, Rn. 22 – Phil Collins u.a.; Rs. C-43/95, Slg. 1996, I-4661, Rn. 13 f. – Data Delecta; Rs. C-323/95, Slg. 1997, I-1711, Rn. 13 f. – Hayes.

[329] EuGH, Rs. 293/83, Slg. 1985, 593, Rn. 19 – Gravier.

[330] Siehe auch *S. Bode*, Europarechtliche Gleichbehandlungsansprüche Studierender, 238 ff. *A. von Bogdandy*, in: G/H, Art. 12 EG, Rn. 33, formuliert etwa, dass in den Anwendungsbereich des Vertrages sowohl die weit zu verstehende Gesamtheit der von den Vertragsbestimmungen erfassten Sachverhalte falle, als auch nicht vom EGV umfasste nationale Regelungen, denen eine notwendige akzessorische Funktion bei der Realisierung einer gemeinschaftsrechtlichen Position zukomme. Zustimmend auch *M. Rossi*, EuR 2000, 197 (204 f.).

[331] Zur Abrundungsfunktion auch *P. von Wilmowsky*, ZaöRV 50 (1990), 231 (249 ff.).

[332] EuGH, Rs. 22/80, Slg. 1980, 3427, Rn. 10 – Boussac; Verb. Rs. C-92/92 und C-326/92, Slg. 1993, I-5145, Rn. 19 ff. – Phil Collins u.a.; Rs. C-43/95, Slg. 1996, I-4661, Rn. 13 f. – Data Delecta; Rs. C-323/95, Slg. 1997, I-1711, Rn. 12 ff. – Hayes; Rs. C-122/96, Slg. 1997, I-5325, Rn. 16 ff. – Saldanha.

[333] EuGH, Rs. C-323/95, Slg. 1997, I-1711, Rn. 17 – Hayes; Rs. C-122/96, Slg. 1997, I-5325, Rn. 19 – Saldanha.

[334] EuGH, Rs. C-43/95, Slg. 1996, I-4661 – Data Delecta; Rs. C-323/95, Slg. 1997, I-1711 – Hayes; Rs. C-122/96, Slg. 1997, I-5325 – Saldanha.

[335] EuGH, Verb. Rs. C-92/92 und C-326/92, Slg. 1993, I-5145 – Phil Collins u.a.

[336] Dies betonen auch *A. Epiney*, in: C/R, Art. 12, Rn. 22; *P. von Wilmowsky*, ZaöRV 50 (1990), 231 (246).

EuGH zu entscheidende zwangsvollstreckungsrechtliche Frage dienen, ob der dingliche Arrest bei im Ausland zu vollstreckenden Urteilen von gegenüber Inlandssachverhalten erleichterten Voraussetzungen abhängig gemacht werden dürfe. Hier stellte der Gerichtshof den Zusammenhang mit dem Vertrag im Hinblick auf das aufgrund von Art. 220 4. SpS EWGV geschlossene EuGVÜ her. Dieser Artikel sah lediglich vor, dass die Mitgliedstaaten untereinander Verhandlungen einleiten, um zugunsten ihrer Staatsangehörigen die Vereinfachung der Förmlichkeiten für die gegenseitige Anerkennung und Vollstreckung richterlicher Entscheidungen und Schiedssprüche sicherzustellen.[337] Prominenteste Fallgruppe ist jedoch der bereits erwähnte Diskriminierungsschutz Studierender hinsichtlich der Zulassung zu einem Hochschulstudium und der finanziellen Förderung von Einschreibe- und ähnlichen mit dem Studienzugang verbundenen Gebühren. Trotz nur schwacher Anhaltspunkte im Gemeinschaftsrecht qualifizierte der Gerichtshof diese Sachverhalte als im Anwendungsbereich des Vertrages liegend.[338]

Dass ein Sachverhalt in den Anwendungsbereich des Gemeinschaftsrechts i.S.d. Art. 12 EG fällt, kann also einmal daraus folgen, dass sich dieser bei vertikaler Betrachtung einer gemeinschaftsrechtlich geregelten Materie zuordnen lässt. Des Weiteren lässt sich horizontal – d.h. kompetenzunabhängig – fragen, ob der Sachverhalt der Verwirklichung einer Grundfreiheit dient. Im Fall des unionsbürgerlichen Diskriminierungsverbotes ist der zweite Ansatz der zielführende, da der Diskriminierungsschutz an die Ausübung des allgemeinen Freizügigkeitsrechts geknüpft wird.

bb) Die anwendungsbereichseröffnende Ausübung des Freizügigkeitsrechts

Ein Bezug zum Anwendungsbereich des Gemeinschaftsrechts i.S.d. Art. 12 EG besteht dann, wenn das Verhalten eines Unionsbürgers von einer unionsrechtlichen Norm erfasst ist. Im hier interessierenden Zusammenhang ist dies dann der Fall, wenn der Unionsbürger von seinem allgemeinen Freizügigkeitsrecht Gebrauch gemacht hat, sich also aufgrund von Art. 18 I EG in einem anderen Mitgliedstaat als dem seiner Herkunft aufhält (1). Nicht herstellbar ist ein Bezug zum Unionsrecht jedoch dann, wenn das Aufenthaltsrecht nicht in diesem, sondern im nationalen Recht wurzelt, oder es bereits an einem grenzüberschreitenden Sachverhalt mangelt. Damit müssen alle Versuche scheitern, die aus dem Wesen der Unionsbürgerschaft einen nicht-freizügigkeitsakzessorischen Gleichbehandlungsanspruch aller Unionsbürger ableiten (2). Zweitrangig ist demgegenüber, ob man den freizügigkeitsakzessorischen Inländerbehandlungsanspruch des Unionsbürgers als Ausprägung der Freizügigkeitsgarantie

---

[337] EuGH, Rs. C-398/92, Slg. 1994, I-467, Rn. 12 – Mund und Fester.

[338] Siehe dazu ausführlich bereits oben, 1. Teil A. II. 2. a) bb) (2).

(Art. 18 I EG) oder des allgemeinen Diskriminierungsverbotes (Art. 12 EG) ansieht (3).

(1) Diskriminierungsschutz als akzessorische Verbürgung zum allgemeinen Freizügigkeitsrecht (Art. 18 I EG)

Um in den Anwendungsbereich des Gemeinschaftsrechts i.S.d. Art. 12 EG zu fallen, muss der Unionsbürger von seinem allgemeinen Freizügigkeitsrecht Gebrauch gemacht haben, sich also in einem anderen Mitgliedstaat als dem seiner Herkunft aufhalten. Dies ist nach dem Urteil des Gerichtshofs in der Rs. Avello nicht zwingend mit einer grenzüberschreitenden physischen Ortsveränderung verbunden. Denn auch dann hält sich ein Angehöriger eines anderen Mitgliedstaates im Aufnahmemitgliedstaat auf, wenn dieser die Staatsangehörigkeit (auch) eines anderen Mitgliedstaates besitzt, ohne dass er jemals seinen Aufenthaltsort innerhalb der Gemeinschaft gewechselt haben müsste – man denke etwa an ein doppelstaatsangehöriges Kind, das sein Geburtsland noch nicht verlassen hat.[339]

Kontrovers beurteilt wird, inwieweit ein Gleichlauf von Diskriminierungsschutz und Aufenthaltsrecht herzustellen ist. Wie im ersten Abschnitt dargelegt, besteht das Aufenthaltsrecht nämlich trotz Nichterfüllens der ökonomischen Aufenthaltsvoraussetzungen solange, wie der Aufnahmemitgliedstaat keine aufenthaltsbeendenden Maßnahmen ergriffen hat.[340] Diese Wertung auch auf den Diskriminierungsschutz zu übertragen, wird mitunter abgelehnt, die Schranken des Aufenthaltsrechts also als Tatbestandsmerkmale des Diskriminierungsverbotes verstanden.[341] Dem ist jedoch neben der dogmatischen Inkohärenz entgegenzuhalten, dass damit eine Einbuße an Rechtssicherheit verbunden ist, da der Endzeitpunkt der Gleichbehandlungspflicht nicht mehr rechtssicher festgestellt werden kann.[342] Schließlich kann einem Mitgliedstaat, der den Aufenthalt eines Unionsbürgers hinnimmt, zugemutet werden, diesen entsprechend gleich zu behandeln. Auch beim Vorliegen eines unter den *ordre-public-*

---

[339] EuGH, Rs. C-148/02, Slg. 2003, I-11613, Rn. 27 f. – Avello; Rs. C-200/02, Slg. 2004, I-9925, Rn. 17 f. – Chen/Zhu. Siehe dazu aber auch *C. Schönberger*, Unionsbürger, 290 ff. Kritisch zu dieser weiten Auslegung des grenzüberschreitenden Elementes in der Rs. Avello *P. Lagarde*, Rev. crit. dr. i. p. 2004, 192 (195 ff.); *J. Mörsdorf-Schulte*, IPRax 2004, 315 (317 f.). Hierin mit *A. Epiney*, NVwZ 2004, 1067 (1070), sowie *dies./R. Mosters/S. Theuerkauf*, SJER 2004, 41 (43), eine Aufgabe des grenzüberschreitenden Elementes zu sehen, geht jedoch zu weit. Dazu näher unten, 2. Teil B. II. 2. a) bb) (2).

[340] Siehe oben, 2. Teil A. IV. 4. c).

[341] *S. Bode*, EuZW 2003, 552 (556 f.); *dies.*, Europarechtliche Gleichbehandlungsansprüche Studierender, 258 f.; *M. Pelzner*, Unionsbürgerschaft und soziale Rechte, 25 ff., 32 f. Abgeschwächt vertreten von *P. Letzner*, JuS 2003, 118 (120), nach der die Bedingungen zumindest zu Beginn des Aufenthalts vollumfänglich erfüllt sein müssten.

[342] Dazu bereits oben im Kontext des Aufenthaltsrechts, 2. Teil A. IV. 4. b) cc) (3).

Vorbehalt fallenden Ausweisungsgrundes wäre dies geboten.[343] Der unionsrechtliche Diskriminierungsschutz besteht mithin so lange, wie der Aufnahmemitgliedstaat keine aufenthaltsbeendenden Maßnahmen getroffen hat, womit die Bedingungen und Beschränkungen des Aufenthaltsrechts irrelevant sind.[344] Freilich ist mit diesem Ansatz die Gefahr verbunden, dass die Mitgliedstaaten geneigt sein werden, andernfalls geduldete Unionsbürger schnell auszuweisen, um den sozialrechtlichen Konsequenzen zu entgehen.[345] Diese Gefahr resultiert jedoch nur dann aus dem Unionsrecht, wenn nicht nach nationalem Recht ohnehin schon eine Gleichbehandlungspflicht besteht.

(2) Diskriminierungsschutz jenseits des allgemeinen Freizügigkeitsrechts: Auf dem Weg zur Gleichheit aller Unionsbürger?

Betont man wie eben geschehen die Schlüsselrolle des allgemeinen Freizügigkeitsrechts für die Eröffnung des Anwendungsbereichs des Gemeinschaftsrechts, darf ein konkurrierender Erklärungsansatz nicht übersehen werden, auch wenn dieser jedenfalls *de lege lata* nicht zu überzeugen vermag. Hat sich der Gleichbehandlungsanspruch von seiner überkommenen Rolle als akzessorische Freizügigkeitsgewährleistung emanzipiert und ist nunmehr als Ausfluss eines auf Gleichbehandlung aller Unionsbürger angelegten Unionsbürgerstatus zu sehen? Noch mit einem transnationalen Mobilitätsbezug angedeutet hat sich dieser Ansatz in den Rs. Martínez Sala und Trojani, in denen der EuGH Diskriminierungsschutz gewährte, obwohl sich das Aufenthaltsrecht der Kläger nicht aus dem Unionsrecht, sondern dem nationalen Recht ergab (a). Ist darüber hinaus der Aspekt der Grenzüberschreitung aufgrund des allen Europäern gemeinen Status als Unionsbürger ganz verzichtbar, die Inländerdiskriminierung damit inakzeptabel (b)?

---

[343] *C. Tomuschat*, 37 CML Rev. (2000), 449 (453), wehrt sich demgegenüber dagegen, dass der Aufnahmemitgliedstaat für die Duldung des Aufenthalts eines Unionsbürgers jenseits seiner unionsrechtlichen Verpflichtungen bestraft werde.

[344] *K.-D. Borchardt*, NJW 2000, 2057 (2059); *S. M. Damm*, Bürgergleichheit in Europa, 190 (195); *F. David*, RTDE 2003, 561 (580); *R. Höfler*, Aussenwirtschaft 2004, 303 (312); *A. P. van der Mei*, Ariz. J. Int'l & Comp. L. 18 (2001), 803 (847 f.); *M. Scheffer*, EU-Osterweiterung, 215 f.; *D. H. Scheuing*, Freizügigkeit, 103 (138 f.); *ders.*, EuR 2003, 744 (784 f.); *ders.*, Freedom of Movement, 145 (195 f.); *S. Staeglich*, ZEuS 2003, 485 (515 f.).

[345] Darauf weisen hin *A. von Bogdandy/S. Bitter*, Unionsbürgerschaft und Diskriminierungsverbot, 309 (315); *S. Bode*, Europarechtliche Gleichbehandlungsansprüche Studierender, 259; *M. Dougan*, 42 CML Rev. (2005), 943 (971); *S. Douglas-Scott*, 18 YEL (1998), 29 (64); *S. Fries/J. Shaw*, 4 EPL (1998), 533 (553); *S. Kadelbach*, Unionsbürgerschaft, 539 (563); *S. O'Leary*, 24 EL Rev. (1999), 68 (78); *C. Tomuschat*, 37 CML Rev. (2000), 449 (456); *H. Toner*, 7 M.J.E.C.L. (2000), 158 (180).

(a) Diskriminierungsschutz bei einem Aufenthalt auf ausschließlich nationalrechtlicher Grundlage

(aa) Der Ansatz des EuGH ...

In den Urteilen des Gerichtshofes in den Rs. Martínez Sala und Trojani klingt eine – allerdings fragwürdige – Ablösung des Diskriminierungsschutzes vom in Art. 18 I EG verankerten allgemeinen Freizügigkeitsrecht an: Das Institut der Unionsbürgerschaft wird neben einem allein auf das nationale Recht gestützten Aufenthaltsrecht als Grundlage für die Anwendung des allgemeinen Diskriminierungsverbotes (Art. 12 EG) herangezogen.[346] Zur Begründung führt der EuGH in der Rs. Martínez Sala aus:

> Als Angehörige eines Mitgliedstaates, die sich rechtmäßig im Gebiet eines anderen Mitgliedstaats aufhält, fällt die Klägerin in den persönlichen Anwendungsbereich der Vertragsbestimmungen über die Unionsbürgerschaft. Artikel [17 II EG] knüpft an den Status eines Unionsbürgers die im Vertrag vorgesehenen Pflichten und Rechte, darunter das in Artikel [12 EG] festgelegte Recht, im sachlichen Anwendungsbereich des Vertrages nicht aus Gründen der Staatsangehörigkeit diskriminiert zu werden. Folglich kann sich ein Unionsbürger, der sich wie die Klägerin rechtmäßig im Gebiet des Aufnahmemitgliedstaats aufhält, in allen vom sachlichen Anwendungsbereich des Gemeinschaftsrechts erfassten Fällen auf Artikel [12 EG] berufen, ...[347]

Nicht eingegangen ist der Gerichtshof dagegen auf den Vortrag der deutschen Regierung, dass der Anwendungsbereich des Gemeinschaftsrechts schon deshalb nicht eröffnet sei, da Frau *Martínez Sala* kein im Gemeinschaftsrecht wurzelndes Aufenthaltsrecht zustehe. Als nicht wirtschaftlich tätige Sozialhilfeempfängerin erfülle sie nicht die Voraussetzungen der insoweit einschlägigen Aufenthaltsrichtlinie 90/364; vielmehr wurzele ihr Aufenthaltsrecht im nationalen Recht, das die aus Art. 6 (a) des Europäischen Fürsorgeabkommens folgende völkerrechtliche Verpflichtung Deutschlands umsetzt, Angehörige anderer Vertragsstaaten, die sich rechtmäßig gewöhnlich in ihrem Gebiet

---

[346] Siehe aber auch die spätere Interpretation von GA *Alber*, ZEuS 2003, 1 (25 f.): „Mitunter ist nun aus dem Urteil *Martínez Sala* geschlossen worden, auch das aus der Unionsbürgerschaft abzuleitende Aufenthaltsrecht sei insoweit allein schon anspruchsbegründend. Dem ist aber nicht so, würde dadurch doch wohl ein ‚Sozialtourismus' zur Inanspruchnahme der jeweils günstigsten Leistungen geradezu provoziert ... Erlaubterweise hielt sich Frau Sala in Deutschland insoweit als ehemalige Arbeitnehmerin und nicht (allein) aufgrund der Unionsbürgerschaft auf". Ähnlich zurückhaltend im Hinblick auf die Unionsbürgerschaft *C. Lyons*, 17 YEL (1997), 135 (162 f.). Zu Grzelczyk führt GA *Alber* aus (ibid., 27 f.): „Aber auch aus diesem Urteil kann man nicht folgern, dass das sich aus der Unionsbürgerschaft ergebende Aufenthaltsrecht allein anspruchsbegründend wäre. Auch hier bestand zunächst eine aus dem Sekundärrecht abgeleitete Aufenthaltsberechtigung. Man kann also sagen, dass in solchen Fällen die Unionsbürgerschaft das Aufenthaltsrecht nicht begründet, wohl aber ein bereits anderweitig bestehendes Aufenthaltsrecht ‚bestandskräftig' macht."

[347] EuGH, Rs. C-85/96, Slg. 1998, I-2691, Rn. 61 ff. – Martínez Sala.

aufhalten, nicht allein aus Gründen der Hilfsbedürftigkeit auszuweisen vorbehaltlich der Mindestaufenthaltsdauer des Art. 7.[348]

In der auf derselben Argumentationslinie liegenden Rs. Trojani präzisierte der Gerichtshof die Voraussetzungen der Inländerbehandlung. Er betonte, dass eine Berufung auf Art. 12 EG – das grundlegende Prinzip der Gleichbehandlung – auch dann möglich sei, wenn dem Unionsbürger kein unionsrechtlich radiziertes Freizügigkeitsrecht zustünde. Und zwar dann, wenn zum einen die begehrte Leistung in den Anwendungsbereich des Vertrages falle, zum anderen er sich für eine bestimmte Dauer im Aufnahmemitgliedstaat rechtmäßig aufgehalten hat oder eine Aufenthaltserlaubnis besitzt.[349]

(bb) … ist nicht haltbar

Der Ansatz des Gerichtshofs vermag nicht zu überzeugen.[350] Bei der oben zitierten, der Begründung dienenden Passage handelt es sich um eine Leerformel, die lediglich den Wortlaut des Art. 12 EG paraphrasiert.[351] Auch ohne das Institut der Unionsbürgerschaft kann sich Frau *Martínez Sala* auf Art. 12 EG berufen und im sachlichen Anwendungsbereich des Vertrages Gleichbehandlung mit Inländern verlangen. Dass dieser zu bejahen ist, weil das begehrte Erziehungsgeld eine soziale Vergünstigung i.S.d. Art. 7 II VO 1612/68 darstellt, ist nicht haltbar. Denn damit wird dessen auf Arbeitnehmer beschränkter persönlicher Anwendungsbereich ausgeblendet.[352] Dass Frau *Martínez Sala*,

---

[348] Referiert im Schlussantrag des GA *La Pergola*, in: EuGH, Rs. C-85/96, Slg. 1998, I-2691, Rn. 15 – Martínez Sala. Zum Europäischen Fürsorgeabkommen bereits oben, 2. Teil A. I. 2. e) bb) (1).

[349] EuGH, Rs. C-456/02, Slg. 2004, I-7573, Rn. 40 ff. – Trojani.

[350] A.A. *W. Cremer*, WissR 2003, 128 (147), allerdings ohne nähere Begründung; *T. Giegerich*, Unionsbürgerschaft, Rn. 57; *F. Schreiber*, ZESAR 2006, 423 (427). Zumindest nicht kritisch *C. Jacqueson*, 27 EL Rev. (2002), 260 (267, 278 f.); *P. Rodière*, RTDE 2006, 163 (175 f.). Kritisch, jedoch nur wegen der Gefahr einer schnellen Ausweisung, *M. Dougan*, 42 CML Rev. (2005), 943 (970 f.).

[351] Dazu auch *F. Wollenschläger*, EuZW 2005, 309 (312).

[352] Ebenso hinkt die für die Eröffnung des sachlichen Anwendungsbereichs gegebene Begründung in der Rs. Trojani: Dass das „Minimex“ generell in den sachlichen Anwendungsbereich des Vertrages i.S.d. Art. 12 EG falle, lässt sich der Entscheidung Grzelczyk entgegen dem Verweis in Trojani nicht entnehmen. In dieser stellte der EuGH nämlich nicht darauf ab, dass die begehrte Vergünstigung in den sachlichen Anwendungsbereich des Gemeinschaftsrechts fällt, sondern dass der Studienaufenthalt des Herrn *Grzelczyk* im Hinblick auf das bestehende allgemeine Freizügigkeitsrecht eine gemeinschaftsrechtlich geregelte Situation darstellt. Aus der ausgesprochenen Rechtsfolge, dass Herr *Grzelczyk* unter den gegebenen Umständen temporär Sozialhilfe beanspruchen konnte, zieht der Gerichtshof in Trojani den Schluss, dass Sozialhilfe immer in den Anwendungsbereich des EG-Vertrages falle. Eine zu Grzelczyk parallele Argumentation wäre dem Gerichtshof freilich verwehrt geblieben, da Herrn *Trojani* nach Auffassung des EuGH gerade kein gemeinschaftsrechtlich radiziertes Aufenthaltsrecht zusteht. Dazu auch *F. Wollenschläger*, EuZW 2005, 309 (311 f.).

wäre sie Arbeitnehmerin, gemäß Art. 7 II VO 1612/68 Erziehungsgeld unter gleichen Voraussetzungen wie Inländer beanspruchen könnte, ist kein Grund, ihr diese Vergünstigung über das allgemeine Diskriminierungsverbot auch dann zuzusprechen, wenn sie nicht erwerbstätig ist.[353] Der Versuch, den Anwendungsbereich des Gemeinschaftsrechts über eine gegenständliche Einordnung des erstrebten Vorteils zu bejahen, muss folglich scheitern. Damit bleibt, dem Institut der Unionsbürgerschaft selbst ein umfassendes Gleichbehandlungsgebot zu entnehmen, ein Ansatz, den der Gerichtshof nicht offen legt,[354] der aber im Schlussantrag des Generalanwalts *La Pergola* deutlich zu Tage tritt:

> Ist einem Gemeinschaftsbürger – und dies ist unser Fall – wie auch immer das Recht eingeräumt worden, sich in einem anderen Mitgliedstaat als dem seiner Herkunft aufzuhalten, besteht sein Recht, gegenüber den Staatsangehörigen des Aufnahmestaats nicht diskriminiert zu werden, weiter, solange er sich dort aufhält: Dies ergibt sich, auch wenn der Betreffende sich nicht auf die Richtlinie über das Aufenthaltsrecht berufen kann, unmittelbar und als eigenständiger Anspruch aus der primärrechtlichen Vorschrift des Artikels 8, der bei der Anwendung des Vertrages für die Anerkennung des Status des Betreffenden als Unionsbürger von Bedeutung ist. Diese letztgenannte subjektive Stellung behält der Staatsangehörige eines jeden Mitgliedstaats stets und in jedem Fall: Deshalb ist es nicht wichtig, ob die Erlaubnis zum Aufenthalt im Aufnahmestaat sich in unserem Fall aus der Richtlinie oder dem Recht eben dieses Staates herleitet … Die Rechtfertigung der Anwendung des allgemeinen Diskriminierungsverbots auf den vorliegenden Fall ist nicht das Thema der Kommission, die meint, daß die Klägerin ein Aufenthaltsrecht besitze, das sich unmittelbar aus dem Vertrag ergebe und in vollem Umfang fortbestehe, bis der Aufnahmestaat von der Möglichkeit Gebrauch gemacht habe, die Ausübung dieses Rechts gemäß der Richtlinie zu begrenzen. Was die Gleichbehandlung aber rechtfertigt, ist vielmehr, wie ich ausgeführt habe, die Rechtsstellung eines Unionsbürgers oder die Garantie, die seine persönliche Stellung, wie sie in Artikel 8 des Vertrages geregelt ist, ihm bietet und die den Bürger jedes Mitgliedstaats und in jedem Mitgliedstaat begleitet. Die im Vertrag von Maastricht vorgezeichnete Union verlangt mit anderen Worten, daß man das Diskriminierungsverbot auf den Bereich des neuen Rechtsinstituts der gemeinsamen Bürgerschaft anwendet.[355]

Ein derartiges Verständnis unionsbürgerlicher Gleichheit wird mitunter auch in der Literatur geteilt, etwa von *Franck David*: «La reconnaissance d'un statut de citoyen de l'Union à l'article 17 ne rend plus nécessaire la référence à

---

[353] *U. Becker*, EuR 1999, 522 (532); *S. Bode*, Europarechtliche Gleichbehandlungsansprüche Studierender, 179; *A. von Bogdandy/S. Bitter*, Unionsbürgerschaft und Diskriminierungsverbot, 309 (311 f.); *I. Niemann*, EuR 2004, 946 (948); *D. H. Scheuing*, Freizügigkeit, 103 (135 f.); *ders.*, EuR 2003, 744 (781 f.); *ders.*, Freedom of Movement, 145 (190 f.); *C. Tomuschat*, 37 CML Rev. (2000), 449 (452 f.); *H. Toner*, 7 M.J.E.C.L. (2000), 158 (179). Kritisch auch *K. Hailbronner*, ZaöRV 64 (2004), 603 (608).

[354] So wird die Entscheidung aber weithin verstanden, vgl. etwa *S. Robin-Olivier*, Principe d'Égalité, 413: «[L]a décision … consacre l'évolution du principe d'égalité, qui se détache de sa fonction originelle au service des libertés économiques pour devenir un droit constitutif de la citoyenneté».

[355] GA *La Pergola*, in: EuGH, Rs. C-85/96, Slg. 1998, I-2691, Rn. 20, 23 – Martínez Sala.

l'article ... 12 du Traité CE. Une telle interdiction est contenue de façon implicite dans la notion de citoyenneté elle-même.»[356]

Diese Begründung lässt sich jedoch mit der Ausgestaltung der Unionsbürgerschaft im EG-Vertrag nicht vereinbaren, da so ein "blanket right of equality"[357] ohne unionsrechtliche Grundlage geschaffen würde. Art. 17 EG enthält aber trotz des vielfach zumindest als Perspektive vertretenen Verständnisses der Unionsbürgerschaft als Gleichheitsstatus[358] keinen eigenständigen Gleichbehandlungsanspruch. Auch gebietet das in Bezug genommene allgemeine Diskriminierungsverbot Gleichbehandlung ausschließlich im Anwendungsbereich des Vertrages. Nun ist zwar die Unionsbürgerschaft eine vom EG-Vertrag geregelte Materie; daraus folgt jedoch nicht, dass sich der Unionsbürger *qua* Unionsbürgerschaft stets im Anwendungsbereich des Vertrages bewegt. Denn damit würde das einschränkende Tatbestandsmerkmal des Art. 12 EG „im Anwendungsbereich des Vertrags" hinfällig. Vielmehr ist ein spezifischer Bezug des Sachverhalts zur Unionsbürgerschaft herzustellen, der über die bloße Eigenschaft des Inländerbehandlung Begehrenden als Unionsbürger hinausgeht, ein Bezug also zur vertraglichen Ausgestaltung des Rechtsinstitus.

Das Institut der Unionsbürgerschaft entbindet mithin nicht davon, einen Zusammenhang des Sachverhalts mit dem Anwendungsbereich des Gemeinschaftsrechts darzulegen. Ein im nationalen Recht wurzelndes Aufenthaltsrecht

---

[356] *F. David*, RTDE 2003, 561 (575). Siehe auch *T. Giegerich*, Unionsbürgerschaft, Rn. 57, der zwar einerseits die Anwenbarkeit des Art. 12 EG allein aufgrund der Statusvorschrift des Art. 17 I EG bejaht, andererseits aber ein Aufenthaltsrecht nach nationalem Recht als „Vernunfterwägung" verlangt.

[357] *C. Tomuschat*, 37 CML Rev. (2000), 449 (456). Ablehnend auch *S. Bode*, Europarechtliche Gleichbehandlungsansprüche Studierender, 252; *J. Mörsdorf-Schulte*, IPRax 2004, 315 (318 Fn. 35); *M. Pelzner*, Unionsbürgerschaft und soziale Rechte, 25 ff., 29 ff.; *D. H. Scheuing*, Freizügigkeit, 103 (137); *ders.*, EuR 2003, 744 (783): „zu pauschal gehaltene Gleichheitsüberlegungen"; *ders.*, Freedom of Movement, 145 (193 f.).

[358] *C. Delli*, Unionsbürgerschaft, 51: Die Unionsbürgerschaft postuliere die Gleichheit aller Bürger; *S. Douglas-Scott*, 18 YEL (1998), 29 (35): "equality principle must ... be a key feature of any account of European citizenship"; *U. Haltern*, Schweizerische Zeitschrift für Politikwissenschaft 2005, 87 (101), weist auf die Betonung der transnationalen Gleichheit im Bürgerschaftskonzept in der Rechtsprechung des EuGH hin. Bürgerschaft definiere sich von nun an wesentlich durch das „Postulat, dass die Bürger über die Grenzen hinweg gleich, jedenfalls nicht aufgrund unterschiedlicher Staatsangehörigkeit ungleich sind." *R. Höfler*, Aussenwirtschaft 2004, 303, spricht vom der Unionsbürgerschaft innewohnenden Gedanken der transnationalen Gleichheit (303), der zumindest aus verfassungstheoretischer Sicht wünschenswert sei (311). Ähnlich *C. Closa*, 32 CML Rev. (1995), 487 (505): "Conceptually, citizenship implies a fundamental equality among individuals", der dies in der Unionsbürgerschaft nicht realisiert sieht (506 f.); *R. W. Davis*, 27 EL Rev. (2002), 121 (129 Fn. 45); *D. O'Keeffe*, Union Citizenship, 87 (102): "Citizenship should ensure equal treatment"; *I. Pernice*, Verfassungsrechtliche Status, 177 (193 f.), spricht von dem der Unionsbürgerschaft immanenten Gleichheitsatz. Dezidiert gegen einen der Unionsbürgerschaft immanenten allgemeinen Gleichheitsstatus *C. Schönberger*, Unionsbürger, 429.

vermag diesen – anders als die verneinte Ausübung des allgemeinen Freizügigkeitsrechts – jedoch nicht zu eröffnen.[359]

Genauso wenig überzeugt die von Generalanwalt *Geelhoed* in der Rs. Trojani vertretene Auffassung, der entscheidend auf den aufenthaltsrechtlichen Status des Unionsbürgers abstellt:

> Die Beantwortung der Frage, ob eine verbotene Diskriminierung aus Gründen der Staatsangehörigkeit vorliegt, hängt von dem aufenthaltsrechtlichen Status eines Bürgers der Europäischen Union ab. Leitet ein Bürger der Europäischen Union sein Aufenthaltsrecht aus dem Gemeinschaftsrecht her, befindet er sich im Geltungsbereich des Gemeinschaftsrechts, und das Diskriminierungsverbot führt dann dazu, dass er bei einem Antrag auf soziale Leistung nicht anders behandelt werden darf. Dies ist der Fall des Urteils Grzelczyk, in dem es auch um das Minimex ging. Aber selbst wenn wie im Fall von Trojani eine Aufenthaltsgenehmigung allein aufgrund nationalen Rechts versagt wird, kann eine möglicherweise verbotene Diskriminierung aus Gründen der Staatsangehörigkeit vorliegen. Dies könnte etwa der Fall sein, wenn Trojani eine unbeschränkte Aufenthaltsgenehmigung hätte. Dann wäre sein Aufenthaltsstatus dem eines belgischen Staatsangehörigen vergleichbar, und die Versagung einer Leistung wäre nicht die Folge eines unterschiedlichen Aufenthaltsstatus, sondern der unterschiedlichen Staatsangehörigkeit.[360]

Denn auch ein nach nationalem Ausländerrecht eingeräumtes Daueraufenthaltsrecht ändert nichts an der fehlenden unionsrechtlichen Aufenthaltsgrundlage und damit dem fehlenden Bezug zum Unionsrecht, der für die Eröffnung des Anwendungsbereichs des allgemeinen Diskriminierungsverbotes jedoch unerlässlich ist.

Nur rechtspolitisch erklärbar ist im Hinblick auf den Status als Unionsbürger, der lediglich an den Besitz der Staatsangehörigkeit eines Mitgliedstaates geknüpft ist, ferner, warum sich der Gleichbehandlung beanspruchende Unionsbürger für eine bestimmte Dauer im Aufnahmemitgliedstaat rechtmäßig aufgehalten haben oder eine Aufenthaltserlaubnis besitzen muss. Missliche Konsequenz des Rekurses auf ein nationales Aufenthaltsrecht ist schließlich, dass damit der in Art. 24 I der neuen Freizügigkeitsrichtlinie 2004/38 enthaltene Gleichbehandlungsanspruch bereits vor Ablauf der Umsetzungsfrist am 30.4.2006 als zu eng in Frage gestellt worden wäre. Denn dieser setzt ein Aufenthaltsrecht aufgrund der RL 2004/38 voraus, also ein unionsrechtlich eingeräumtes.

Im Ergebnis lassen sich beide Entscheidungen dennoch in die vorgeschlagene dogmatische Konstruktion einbetten. Teilt man nämlich die hier vertretene Auffassung, dass das allgemeine Freizügigkeitsrecht erst dann erlischt, wenn der

---

[359] So auch *S. Bode*, Europarechtliche Gleichbehandlungsansprüche Studierender, 179, 204, 258; *K. Hailbronner*, 42 CML Rev. (2005), 1245 (1251); *P. Kubicki*, EuR 2006, 489 (504); *R. Streinz*, JuS 2005, 1118 (1120). A.A. *T. Giegerich*, Unionsbürgerschaft, Rn. 57.

[360] GA *Geelhoed*, in: EuGH, Rs. C-456/02, Slg. 2004, I-7573, Rn. 73 – Trojani. Ähnlich dessen Argumentation in der Rs. C-213/05, noch anhängig, Rn. 35 – Geven.

Aufnahmemitgliedstaat aufenthaltsbeendende Maßnahmen ergreift,[361] so fiele der Aufenthalt sowohl von Frau *Martínez Sala* als auch von Herrn *Trojani* unter Art. 18 I EG, an dessen Ausübung das allgemeine Diskriminierungsverbot geknüpft werden kann.[362] Damit ist die mit dem EG-Vertrag nicht zu vereinbarende Konstruktion des EuGH auch in der Sache entbehrlich.

(b) Diskriminierungsschutz ohne grenzüberschreitenden Bezug?
Die Unionsbürgerschaft und das Problem der Inländerdiskriminierung

Die Einführung der Unionsbürgerschaft hat nichts daran geändert, dass ein grenzüberschreitendes Element nach wie vor notwendig ist, um von den unionsrechtlichen Freizügigkeitsgewährleistungen und dem allgemeinen Diskriminierungsverbot zu profitieren. Nicht verschwunden ist damit das Phänomen der sog. Inländerdiskriminierung. Hierunter versteht man die Schlechterstellung eigener Staatsangehöriger gegenüber EU-Ausländern, die daraus resultiert, dass Letzteren bestimmte nationale Regelungen wegen ihrer Unionsrechtswidrigkeit nicht entgegengehalten werden können. An deren Anwendbarkeit in rein internen Sachverhalten ändert dies wegen des bloßen Anwendungsvorrangs des Unionsrechts jedoch nichts. Indes ist die unionsrechtliche Zulässigkeit sog. umgekehrter Diskriminierungen seit langem umstritten.[363] Dieser Diskussion hat das Institut der Unionsbürgerschaft neuen Zündstoff geliefert. Denn – so wird argumentiert – die Unionsbürgerschaft lege ein Band um alle Angehörigen der Mitgliedstaaten und vereine sie zu einer Rechts- und Pflichtengemeinschaft, die den gleichen Schutz für alle Unionsbürger impliziere, eine Unterscheidung von internen und grenzüberschreitenden Sachverhalten mithin verbiete.[364] Der Gerichtshof ist dem zu Recht entgegentreten. Bereits 1994 hielt er in der Rs. Uecker und Jacquet fest, dass

---

[361] Siehe oben, 2. Teil A. IV. 4. c).

[362] Vgl. auch *C. Tomuschat*, 37 CML Rev. (2000), 449 (453): "Article 18 is the key, the gate to the non-discrimination clause of Article 12".

[363] Dazu etwa *M. Benlolo*, Fondements juridiques de la citoyenneté européenne, 473 ff.; *A. Epiney*, Umgekehrte Diskriminierungen, 99 f.; *C. Greenwood*, 7 YEL (1987), 185 (193 ff.); *R. Hernu*, Égalité et Non-Discrimination, 78 ff.; *N. N. Shuibhne*, 39 CML Rev. (2002), 731.

[364] *K.-D. Borchardt*, NJW 2000, 2057 (2059); *ders.*, Unionsbürgerschaft, 9 (15); *N. Dautzenberg*, BB 1993, 1563 (1565); *U. Everling*, Auf dem Weg, 49 (56); *Y. Hangartner*, Bürgerrecht der EU, 695 (710); *T. Jürgensen/I. Schlünder*, AöR 121 (1996), 201 (226 f.); *K. Preedy*, Bindung Privater an Grundfreiheiten, 156; *N. Reich*, Bürgerrechte in der EU, 427 f.; *N. Reich/S. Harbacevica*, 40 CML Rev. (2003), 615 (633 ff.); *G. Schulz*, Freizügigkeit, 82 ff.; *E. Spaventa*, 41 CML Rev. (2004), 743 (771); *S. Staeglich*, ZEuS 2003, 485 (506 ff.); *R. C. A. White*, 16 EBLR (2005), 547 (556 f.); *ders.*, 54 ICLQ (2005), 885 (901). Zumindest *de lege ferenda P. Fischer*, Unionsbürgerschaft, 237 (258); *B. Hofstötter*, SJER 2004, 267 (276 f.); *T. Oppermann*, Europarecht, § 25, Rn. 22. Erwogen von *V. Sottili*, Contratto e impresa. Europa 1997, 710 (728 ff.). Missverständlich GA *Jacobs*, in: EuGH, Rs. C-274/96, Slg. 1998, I-7637, Rn. 24 f. – Bickel und Franz, der trotz Betonung der „Rechts- und Pflichtengemein-

die in Artikel [17 EG] vorgesehene Unionsbürgerschaft nicht bezweckt, den sachlichen Anwendungsbereich des Vertrages auf Sachverhalte auszudehnen, die keinerlei Bezug zum Gemeinschaftsrecht aufweisen.[365]

Diesen Ausschluss rein interner Sachverhalte hat der Gerichtshof in zwei jüngeren Entscheidungen, den Rs. Avello und Schempp, bekräftigt.[366] Man mag bei beiden Entscheidungen ein zu weites Verständnis des grenzüberschreitenden Elements kritisieren,[367] dennoch war es präsent und wurde vom EuGH nicht aufgegeben.[368] Ein anderes Ergebnis lässt sich unbeschadet des eingenommenen rechtspolitischen Standpunktes in dieser Frage mit dem EG-Vertrag nicht vereinbaren, da dem Institut der Unionsbürgerschaft kein eigenständiger Gleichbehandlungsanspruch immanent ist; auch das allgemeine Diskriminierungsverbot räumt einen Gleichbehandlungsanspruch nur im Anwendungsbereich des Vertrages ein, zu dessen Eröffnung in der hier diskutierten Konstellation die Ausübung des allgemeinen Freizügigkeitsrechts der Schlüssel ist, die ein grenzüberschreitendes Moment verlangt.[369] Zur Bekämpfung umgekehrter Diskriminierungen ist der Unionsbürger auch nicht auf den Schutz des Unionsrechts angewiesen, da er im Herkunftsmitgliedstaat (nationalen) grundrechtlichen Schutz genießt und die Möglichkeit hat, Veränderungen durch politische Partizipation herbeizuführen, was ihm im Aufnahmemitgliedstaat verwehrt ist.[370]

---

schaft" einen durch ein grenzüberschreitendes Moment geprägten Sachverhalt im Auge hat. Dazu *M. Novak*, EuZW 1999, 84 (85).

[365] EuGH, Verb. Rs. C-64/96 und C-65/96, Slg. 1997, I-3171, Rn. 22 – Uecker und Jacquet. Dazu *D. M. Weber*, 35 CML Rev. (1998), 1437.

[366] EuGH, Rs. C-148/02, Slg. 2003, I-11613, Rn. 26 – Avello; Rs. C-403/03, Slg. 2005, I-6421, Rn. 20 – Schempp. Ebenso die GA *Léger*, in: Rs. C-192/99, Slg. 2001, I-1237, Rn. 24 f. – Kaur, sowie *Poiares Maduro*, in: Rs. C-72/03, Slg. 2004, I-8027, Rn. 69 – Carbonati Apuani.

[367] Kritisch zur Rs. Avello *P. Lagarde*, Rev. crit. dr. i. p. 2004, 192 (195 ff.); *J. Mörsdorf-Schulte*, IPRax 2004, 315 (317 f.). Ähnlich weit EuGH, Rs. C-200/02, Slg. 2004, I-9925, Rn. 18 f. – Chen/Zhu. Dazu *B. Hofstötter*, 30 EL Rev. (2005), 548 (551 ff.).

[368] Die Berechtigung des grenzüberschreitenden Kriteriums im Hinblick auf die Rs. Avello zweifelt dagegen *A. Epiney*, NVwZ 2004, 1067 (1070), an.

[369] *M. Benlolo*, Fondements juridiques de la citoyenneté européenne, 476 f., 487; *S. Bode*, EuZW 2003, 552 (556); *E. Brinch Jørgensen*, Union Citizens, 71 f.; *G. Desolre*, CDE 2000, 311 (321); *R. Hernu*, Égalité et Non-Discrimination, 76; *C. Jacqueson*, 27 EL Rev. (2002), 260 (279); *R. Plender*, CDE 2004, 261 (268 f.); *S. Robin-Olivier*, Principe d'Égalité, 129 ff.; *C. Schönberger*, Unionsbürger, 404 f.; *S. Seyr/H.-C. Rümke*, EuR 2005, 667 (674); *J. M. Soria*, JZ 2002, 643 (646). Dazu bereits oben, 2. Teil A. III. 3. b).

[370] *C. Schönberger*, Unionsbürger, 429 ff.

(3) Die dogmatische Verortung des freizügigkeitsakzessorischen Inländerbehandlungsanspruchs

In der Literatur ist umstritten, ob der freizügigkeitsakzessorische Inländerbehandlungsanspruch Aspekt des unionsbürgerlichen Freizügigkeitsrechts (Art. 18 I EG) oder des allgemeinen Diskriminierungsverbotes (Art. 12 EG) ist. Teils wird ein Rekurs auf Art. 12 EG für notwendig erachtet wird, da Art. 18 EG kein Diskriminierungsverbot zu entnehmen sei,[371] teils eine unmittelbare Ableitung aus Art. 18 EG befürwortet,[372] das Diskriminierungsverbot als «corollaire» zu Art. 18 EG[373] bezeichnet respektive Art. 18 EG als spezielle Ausprägung des in Art. 12 EG verankerten allgemeinen Diskriminierungsverbotes verstanden.[374] In der Sache wird gegen die Konstruktion über Art. 12 EG vorgebracht, dass sie umständlich sei und den Eindruck der zufälligen Verbindung erwecke. Auch bei den Grundfreiheiten zitiere der EuGH Art. 12 EG und

---

[371] *N. Dautzenberg*, BB 1993, 1563 (1565); *W. Kluth*, in: C/R, Art. 18, Rn. 5; *M. Pechstein/A. Bunk*, EuGRZ 1997, 547 (553 f.); *H.-W. Rengeling*, Freizügigkeit, 973 (984); *S. Staeglich*, ZEuS 2003, 485 (514); *J. Ziekow*, Freizügigkeit des Unionsbürgers, 101 (106), der nur den freien, nicht aber den gleichen Zug als geschützt ansieht. Ebenso *S. Bode*, Europarechtliche Gleichbehandlungsansprüche Studierender, 216 ff., für nur mittelbar mit dem Aufenthaltsrecht zusammenhängende Positionen.

[372] *D. H. Scheuing*, Freizügigkeit, 103 (136 ff.); *B. Schöbener*, in: KK-GRC, Art. 45, Rn. 12.

[373] *M. J. Garot*, Citoyenneté de l'Union, 97. Ähnlich *R. Hernu*, Égalité et Non-Discrimination, 2.

[374] *A. von Bogdandy/S. Bitter*, Unionsbürgerschaft und Diskriminierungsverbot, 309 (318); *A. Cloer*, EWS 2005, 366 (367); *T. Fetzer/T. Groß*, EWS 2005, 373 (374) unter Verweis auf dessen ausdifferenzierte Schrankensystematik; *M. Hilf*, in: G/H, Art. 18, Rn. 5, 7; *S. Kadelbach*, Unionsbürgerschaft, 539 (562): zwar nicht seinem Wortlaut, aber seinem Sinn nach auf Inländerbehandlung gerichtet; *E. Klein/A. Haratsch*, DÖV 1994, 133 (134 f.); *dies.*, JuS 1995, 7 (8); *S. Magiera*, in: Streinz, Art. 18, Rn. 8, 15; *H. Rothfuchs*, Personenverkehrsfreiheiten, 254 f.; *D. H. Scheuing*, Freizügigkeit, 103 (137); *ders.*, EuR 2003, 744 (783 f.); *ders.*, Freedom of Movement, 145 (193 f.); *J.-H. Strunz*, Freizügigkeit in der EU, 152 f.; GA *Alber*, in: EuGH, Rs. C-92/01, Slg. 2003, I-1291, Rn. 37 ff. unter Berufung auf die Rs. Martínez Sala und Grzelczyk. Ebenso *U. Becker*, ZESAR 2002, 8 (11), der auf Art. 12 EG jedoch bei einem bloß mittelbaren Bezug zum Freizügigkeitsrecht rekurrieren möchte, gleichzeitig die Schwierigkeit einer Grenzziehung sowie die praktische Bedeutungslosigkeit der Differenzierung konstatiert. Ähnlich *S. Magiera*, Der Rechtsstatus der Unionsbürger, 429 (443), *B. Schöbener*, in: KK-GRC, Art. 45, Rn. 28 f., sowie *G. Schulz*, Freizügigkeit, 245, 253 f., 273, der auch bei einem mittelbaren Bezug *de lege lata* einen Aufenthaltsbezug verlangt, sowie *C. Timmermans*, Lifting the Veil, 195 (202). Allenfalls bei einem unmittelbaren Bezug *S. Bode*, EuZW 2003, 552 (555 f.); *dies.*, Europarechtliche Gleichbehandlungsansprüche Studierender, 218 f. Siehe ferner *N. Kotalakidis*, Unionsbürgerschaft, 154 ff., 162 f., der einen entsprechenden Gewährleistungsgehalt aus dem von Art. 18 I EG gewährleisteten *freien* – im Gegensatz zum schlichten – Aufenthalt ableitet. Ihm folgend *S. Staeglich*, ZEuS 2003, 485 (510). A.A. *S. Bode*, Europarechtliche Gleichbehandlungsansprüche Studierender, 255.

einschlägige Grundfreiheit parallel.[375] Ein gewichtiges Gegenargument ist allerdings, dass der Wortlaut des Art. 18 EG anders als derjenige der Grundfreiheiten kein Diskriminierungsverbot enthält, dieser vielmehr freiheitsrechtlich ausgestaltet ist.[376]

Ob man das unionsbürgerliche Diskriminierungsverbot Art. 18 EG unmittelbar oder erst aufgrund eines Zusammenspiels mit Art. 12 EG entnimmt, ist jedoch nicht nur wegen der identischen praktischen Konsequenzen zweitrangig. Für die zuletzt genannte Lösung spricht der Wortlaut des Art. 18 EG, für Erstere eine Parallele zu den Grundfreiheiten sowie die Tatsache, dass sich jede Diskriminierung als Mobilitätshindernis darstellt. Wichtiger aber ist zu erkennen, dass beiden Lösungen dasselbe Konzept unionsbürgerlicher Gleichheit zugrunde liegt, nämlich das eines freizügigkeitsakzessorischen Inländerbehandlungsanspruchs und gerade kein der Unionsbürgerschaft unmittelbar zu entnehmender Gleichheitsstatus aller Unionsbürger.

cc) Die Reichweite des Diskriminierungsschutzes

Voraussetzung für die Aktivierung des unionsbürgerlichen Diskriminierungsschutzes ist zunächst einmal ein vom allgemeinen Freizügigkeitsrecht gedeckter Aufenthalt in einem anderen Mitgliedstaat. Damit ist jedoch noch nicht gesagt, dass der Gleichbehandlungsanspruch in allen denkbaren Situationen greift, demnach – wie mitunter schlagwortartig formuliert wird – auf Vollintegration gerichtet ist.[377] Während die konturenlose Rechtsprechung des EuGH diese Konsequenz im Ergebnis zeitigt (1), sind die Fronten in der Literatur verhärtet (2). Die besseren Argumente sprechen für ein umfassendes Verständnis des Diskriminierungsschutzes (3).

---

[375] *D. H. Scheuing*, Freizügigkeit, 103 (137 f.); *ders.*, EuR 2003, 744 (783 f.).

[376] *N. Dautzenberg*, BB 1993, 1563 (1565); *H.-W. Rengeling*, Freizügigkeit, 973 (984); *S. Staeglich*, ZEuS 2003, 485 (514). Dies lässt sich entstehungsgeschichtlich untermauern, bedenkt man, dass im Zuge der Regierungskonferenz von Maastricht der Diskriminierungsschutz vom Freizügigkeitsrecht getrennt behandelt, wenn auch letztlich nicht in den EG-Vertrag aufgenommen wurde (dazu oben, 1. Teil, B. III. 2.).

[377] So etwa *U. Becker*, ZESAR 2002, 8 (10); *A. Epiney*, NVwZ 2004, 1067 (1070); *R. Höfler*, NVwZ 2002, 1206 (1208); *R. Kanitz/P. Steinberg*, EuR 2003, 1013 (1018); *N. Kotalakidis*, Unionsbürgerschaft, 155 ff.; *M. Pechstein/A. Bunk*, EuGRZ 1997, 547; *I. Pernice*, Verfassungsrechtliche Status, 177 (187); *H.-W. Rengeling*, Freizügigkeit, 973 (984); *D. H. Scheuing*, Freizügigkeit, 103 (138); *ders.*, EuR 2003, 744 (785 f.); *S. Staeglich*, ZEuS 2003, 485 (515 f.). Ablehnend *W. Frenz*, Europäische Grundfreiheiten, Rn. 2960; *K. Hailbronner*, ZaöRV 64 (2004), 603 (605 f.); *J. Ziekow*, Freizügigkeit des Unionsbürgers, 101 (107).

(1) Die konturenlose Rechtsprechung des EuGH

Die Rechtsprechung des Gerichtshofs lässt keine klare Linie hinsichtlich der Frage erkennen, ob an den rechtmäßigen Aufenthalt im Aufnahmemitgliedstaat ein thematisch unbeschränkter Gleichbehandlungsanspruch geknüpft ist oder dieser eine wie auch immer geartete Konnexität zwischen der Ausübung des Freizügigkeitsrechts und der Rechtsposition voraussetzt, hinsichtlich der Gleichbehandlung begehrt wird. Die erste Entscheidung dazu, die Rs. Bickel und Franz, suggeriert Letzteres, da nach dem EuGH der erstrebte Vorteil geeignet sein müsse, die Ausübung des Freizügigkeitsrechts zu erleichtern:

> Für die Unionsbürger ist die Möglichkeit, mit den Verwaltungs- und Justizbehörden eines Staates mit gleichem Recht wie die Bürger dieses Staates in einer bestimmten Sprache kommunizieren zu können, geeignet, die Ausübung der Freiheit, sich in einem anderen Mitgliedstaat zu bewegen und aufzuhalten, zu erleichtern. Folglich haben Personen, die wie Herr Bickel und Herr Franz von ihrem Recht, sich in einem anderen Mitgliedstaat zu bewegen und aufzuhalten, Gebrauch machen, grundsätzlich nach [Art. 12 EG] einen Anspruch darauf, nicht gegenüber den Angehörigen dieses Staates ungleich behandelt zu werden, was die Benutzung der dort verwendeten Sprachen angeht.[378]

Noch großzügiger wird der geforderte Zusammenhang dann in den Folgeentscheidungen Grzelczyk, Avello und Bidar gehandhabt, in denen der Gleichbehandlungsanspruch auf alle Situationen erstreckt wird, die „zur Ausübung der durch Artikel [18 EG] verliehenen Freiheit, sich im Hoheitsgebiet der Mitgliedstaaten zu bewegen und aufzuhalten, gehören“[379], diese „betreffen“[380] oder in denen es um diese „geht“[381]. Der limitierende Effekt derartiger Formeln darf, gerade auch vor dem Hintergrund der jeweils entschiedenen Sachverhalte, jedoch bezweifelt werden.

Darüber hinausgehende Grenzen zieht der Gerichtshof trotz Gegenteiliges suggerierender Passagen in manchen Urteilen nicht. Zwar hat er in den Entscheidungen Bidar und Grzelczyk darauf verwiesen, dass das durch den Vertrag von Maastricht eingeführte Kapitel zur allgemeinen und beruflichen Bildung zudem für die Erstreckung des Diskriminierungsverbotes auf die begehrten Sozialleistungen spreche.[382] Dies ist jedoch nicht als weitere Schranke misszu-

---

[378] EuGH, Rs. C-274/96, Slg. 1998, I-7637, Rn. 16 – Bickel und Franz.

[379] EuGH, Rs. C-184/99, Slg. 2001, I-6193, Rn. 32 f. – Grzelczyk.

[380] EuGH, Rs. C-209/03, Slg. 2005, I-2119, Rn. 38 ff. – Dany Bidar. Ebenso GA *Geelhoed*, in: Rs. C-413/01, Slg. 2003, I-13187, Rn. 76 – Ninni-Orasche.

[381] EuGH, Rs. C-148/02, Slg. 2003, I-11613, Rn. 24 – Avello. Ebenso Rs. C-224/98, Slg. 2002, I-6191, Rn. 29 – D'Hoop; Rs. C-224/02, Slg. 2004, I-5763, Rn. 17 – Pusa; Rs. C-520/04, n.n.v., Rn. 19 – Turpeinen.

[382] EuGH, Rs. C-184/99, Slg. 2001, I-6193, Rn. 35 – Grzelczyk; Rs. C-209/03, Slg. 2005, I-2119, Rn. 39 ff. – Dany Bidar. In einem anderen Kontext so auch Rs. C-224/98, Slg. 2002, I-6191, Rn. 32 – D'Hoop. Ähnlich betont der Gerichtshof in der Rs. C-147/03, Slg. 2005, I-5969, Rn. 44 – EK/Österreich: „Die durch den EG-Vertrag im Bereich der Freizügigkeit begründeten Rechte entfalten aber nicht ihre volle Wirkung, wenn einer Person wegen der blo-

verstehen, nach welcher der Sachbereich, in dem sich der Gleichbehandlungsanspruch verwirklichen soll, dem EG-Vertrag zuzurechnen sein muss, sondern als die Argumentation untermauernder deklaratorischer Hinweis zu begreifen.[383] Denn dieses Kriterium findet sich nur in diesen beiden Entscheidungen, die zudem die Besonderheit aufweisen, dass der EuGH in ihnen eine entgegenstehende frühere Rechtsprechung argumentativ überwinden musste. Dies erhöhte den Begründungsaufwand und erklärt die zusätzliche argumentative Abstützung.[384] Gleichfalls nicht als Einschränkung zu lesen sind die Rs. Martínez Sala und Trojani, in denen der Gerichtshof entscheidend darauf abstellte, dass der begehrte Vorteil selbst in den sachlichen Anwendungsbereich des Gemeinschaftsrechts fällt.[385] Denn diese Zuordnung war nur deshalb notwendig, weil wegen des Offenlassens respektive der Verneinung eines unionsrechtlichen Aufenthaltsrechts ansonsten überhaupt kein Bezug zum Unionsrecht bestanden hätte.[386] Somit kann auch nicht verlangt werden, dass die begehrte Vergünstigung als solche in den Anwendungsbereich des Gemeinschaftsrechts fallen muss.

Zusammenfassend lässt sich festhalten, dass die Rechtsprechung des EuGH keine nennenswerten Hürden für die grundsätzliche Erstreckung des Gleichbehandlungsanspruchs auf alle Lebensbereiche aufstellt. Denn die entschiedenen Fälle zeigen, dass der Freizügigkeitsbezug sehr großzügig gehandhabt wird und sich nicht auf unmittelbar mit dem Aufenthalt zusammenhängende Materien wie etwa Immobilienerwerb etc. beschränkt.[387] Rechtspositionen, die den Aufenthalt nicht erleichtern respektive nicht mit ihm in diesem Sinne zusammenhängen, sind kaum denkbar. Dieser Ansatz entspricht der Rechtsprechung zu den grundfreiheitlichen Diskriminierungsverboten, die von erwerbstätigkeitsbezogenen Gleichbehandlungsansprüchen zu einem allein an die Ansässig-

---

ßen Inanspruchnahme dieser Rechte Nachteile entstehen. Dies gilt angesichts der mit [Art. 3 I lit. q, 149 II 2. SpS EG] verfolgten Ziele, die Mobilität von Lernenden und Lehrenden zu fördern, besonders im Bereich der Bildung".

[383] *U. Becker*, ZESAR 2002, 8 (10 mit Fn. 26); *R. Hernu*, Égalité et Non-Discrimination, 75 f.; *R. Höfler*, NVwZ 2002, 1206 (1207); *P. Kubicki*, EuR 2006, 489 (500); GA *Kokott*, in: EuGH, Rs. C-192/05, n.n.v., Rn. 32 – Tas-Hagen. A.A. *S. Bode*, Europarechtliche Gleichbehandlungsansprüche Studierender, 252 ff., die dann jedoch die Rs. Avello als „nicht ganz in diese Systematik" passend qualifizieren muss.

[384] Dies zeigt die Erwähnung der nunmehr bestehenden Kompetenzen im unmittelbaren Anschluss an die Erwähnung der früheren Rechtsprechung, die zudem entscheidend auf fehlende Gemeinschaftskompetenzen abstellte (vgl. EuGH, Rs. C-184/99, Slg. 2001, I-6193, Rn. 34 f. – Grzelczyk; Rs. C-209/03, Slg. 2005, I-2119, Rn. 38 ff. – Dany Bidar). So auch *J. Kokott*, Freizügigkeit der Unionsbürger, 207 (218).

[385] Siehe EuGH, Rs. C-85/96, Slg. 1998, I-2691, Rn. 57 – Martínez Sala; Rs. C-456/02, Slg. 2004, I-7573, Rn. 42 – Trojani.

[386] Kritisch zum Ansatz des EuGH bereits oben, 2. Teil B. II. 2. a) bb) (2) (a).

[387] Zum weiten Ansatz des EuGH in der Rs. Bickel und Franz siehe auch *S. Gleß*, NStZ 1999, 315 (316).

keit des Erwerbstätigen im Aufnahmemitgliedstaat geknüpften, umfassenden Gebot der Inländerbehandlung entwickelt wurden.[388] Da es aufgrund dieser Rechtsprechung in der EU kaum mehr „unionsfreie Rechtsgebiete" gibt, lässt sich als Quintessenz mit *von Bogdandy* und *Bitter* die Vermutungsregel aufstellen, dass jeder Unionsbürger, sobald er einer anderen Rechtsordnung untersteht, dem Schutz des allgemeinen Diskriminierungsverbotes unterfällt.[389]

(2) Die Kontroverse in der Literatur: Vollintegration versus strenge Konnexität

Es ist nicht weiter verwunderlich, dass der weite Ansatz des Gerichtshofs in der Literatur auf ein geteiltes Echo gestoßen ist. Zwei Lager stehen sich gegenüber: Einerseits wird aufgrund verschiedenster Konzeptionen ein umfassender Gleichbehandlungsanspruch vertreten (a), andererseits ist das Bestreben erkennbar, die Reichweite des Diskriminierungsverbotes durch einen mehr oder weniger streng gehandhabten Bezug zum Aufenthalt zu begrenzen (b).

(a) Der umfassende Charakter des unionsbürgerlichen Diskriminierungsschutzes

Während für prosaische Konzeptionen der umfassende Diskriminierungsschutz schlicht die dogmatische Konsequenz des Zusammenspiels von allgemeinem Diskriminierungsverbot und allgemeinem Freizügigkeitsrecht ist,[390] folgt für andere Autoren dies aus einem von Art. 18 I EG verliehenen Anspruch auf Vollintegration:

> Das Aufenthaltsrecht bezweckt nicht lediglich, das Recht auf physische Präsenz im Aufnahmemitgliedstaat einzuräumen, sondern es zielt auf die Vollintegration der Aufenthaltsberechtigten. Daher ist das Aufenthaltsrecht als allgemeines Auffangrecht einzustufen, das den

---

[388] Dazu bereits oben, 1. Teil A. II. 1. b) bb) (1).

[389] *A. von Bogdandy/S. Bitter*, Unionsbürgerschaft und Diskriminierungsverbot, 309 (317). Ähnlich *A. von Bogdandy*, in: G/H, Art. 12, Rn. 35; *P. Eeckhout*, 39 CML Rev. (2002), 945 (961); *A. Epiney*, in: C/R-VVE, Art. I-4, Rn. 18; *M. Holoubek*, in: Schwarze, Art. 12, Rn. 31; *P. Kubicki*, EuR 2006, 489 (500 f.); *J. D. Mather*, 11 EL Rev. (2005), 722 (737); *A. P. van der Mei*, EJML 2005, 203 (208); *M. Niedobitek*, RdJB 2006, 105 (107 f.); *K. S. Ziegler*, Integration und Ausgrenzung, 127 (133); GA *Kokott*, in: EuGH Rs. C-192/05, n.n.v., Rn. 23 f. – Tas-Hagen.

[390] *U. Becker*, ZESAR 2002, 8 (10); *C. Delli*, Unionsbürgerschaft, 38; *M. Holoubek*, in: Schwarze, Art. 12, Rn. 31; *R. Kanitz/P. Steinberg*, EuR 2003, 1013 (1018); *P. Letzner*, JuS 2003, 118 (121 f.); *W. Obwexer*, EuZW 2002, 56 (57); *I. Pernice*, Verfassungsrechtliche Status, 177 (187); *H.-W. Rengeling*, Freizügigkeit, 973 (984); *M. Scheffer*, EU-Osterweiterung, 214 ff.; *F. Wollenschläger*, AWR-Bulletin 44 (2006), 178 (183); *M. Wollenschläger*, Freizügigkeit, Rn. 41; GA *Alber*, in: EuGH, Rs. C-184/99, Slg. 2001, I-6193, Rn. 120 – Grzelczyk.

Unionsbürgern in anderen Mitgliedstaaten sämtliche nicht bereits von speziellen Grundfreiheiten verliehenen Berechtigungen einräumt, die auch Inländern zustehen.[391]

Soweit sich Begründungen für dieses Postulat finden, wird einmal darauf abgestellt, dass Art. 18 I EG das Recht auf *freien* Aufenthalt und nicht bloß ein schlichtes Aufenthaltsrecht gewährleiste, was einen qualifizierten Aufenthaltsschutz im Sinne eines Rechts auf umfassende Integration impliziere.[392] Ferner gebiete die in der Gründung der Europäischen Union liegende Überwindung einer rein wirtschaftlichen Integration einen Gleichlauf des Diskriminierungsschutzes für Erwerbs- und Nichterwerbstätige, also eine den grundfreiheitlichen Gleichbehandlungsgeboten entsprechend weite Auslegung.[393] Schließlich trage nur diese der gebotenen gleichberechtigten Teilnahme des Unionsbürgers am wirtschaftlichen, sozialen und kulturellen Leben im Aufnahmemitgliedstaat Rechnung.[394] Zum selben Ergebnis gelangt *Christoph Schönberger*, der entscheidend auf die Funktion eines Inländerbehandlungsgebotes in föderalen Ordnungen abstellt, eine Schlechterstellung von Angehörigen anderer Mitgliedstaaten in der jeweiligen Teilrechtsordnung zu verhindern.[395] Damit müsse Diskriminierungsschutz „bei jeder grenzüberschreitenden rechtlichen Berührung des Unionsbürgers mit der Staatsgewalt eines anderen Mitgliedstaates" bestehen, vorbehaltlich vom Vertrag selbst vorgesehener Ausnahmen.[396]

(b) Restriktive Ansätze

Diese prinzipiell umfassend angelegte Integration des EU-ausländischen Unionsbürgers in den Aufnahmemitgliedstaat lehnen weite Teile der Literatur ab, die durch verschieden gefasste Konnexitätskriterien eine gegenständliche Beschränkung des Gleichbehandlungsanspruchs in unterschiedlicher Intensität erreichen wollen. Mitunter wird – teils in ausdrücklicher Abgrenzung zur

---

[391] *M. Pechstein/A. Bunk*, EuGRZ 1997, 547 (547, siehe auch 552 f.). Ebenso befürworten einen Anspruch auf Vollintegration *K. D. Borchardt*, NJW 2000, 2057 (2060); *N. Kotalakidis*, Unionsbürgerschaft, 153 ff.; *M. Pechstein*, JZ 2005, 943 (944); *D. H. Scheuing*, Freizügigkeit, 103 (138); *ders.*, EuR 2003, 744 (785 f.); *S. Staeglich*, ZEuS 2003, 485 (515 f.). Ebenso *M. Hilf*, in: G/H, Art. 18, Rn. 7, und *S. Magiera*, in: Streinz, Art. 18, Rn. 15, die jedoch gleichzeitig den Gleichbehandlungsanspruch auf den sachlichen Anwendungsbereich des Gemeinschaftsrechts begrenzen. Ablehnend dagegen *W. Frenz*, Europäische Grundfreiheiten, Rn. 2960; *K. Hailbronner*, ZaöRV 64 (2004), 603 (605 f.); *J. Ziekow*, Freizügigkeit des Unionsbürgers, 101 (107).

[392] *N. Kotalakidis*, Unionsbürgerschaft, 153 ff.

[393] *M. Pechstein/A. Bunk*, EuGRZ 1997, 547 (552 f.); *S. Staeglich*, ZEuS 2003, 485 (515 f.).

[394] *K.-D. Borchardt*, NJW 2000, 2057 (2060). Ähnlich *T. Fetzer/T. Groß*, EWS 2005, 373.

[395] *C. Schönberger*, Unionsbürger, 401 ff.

[396] *C. Schönberger*, Unionsbürger, 395, 404. Gegen ein umfassendes Konzept der Inländerbehandlung als Grundlage der Unionsbürgerschaft *S. Bode*, Europarechtliche Gleichbehandlungsansprüche Studierender, 174.

Position des EuGH – ein Bezug zum Aufenthaltsrecht zwar gefordert, dieser aber dann sehr weit formuliert, indem etwa auf einen mittelbaren oder unmittelbaren Zusammenhang mit dem Freizügigkeitsrecht abgestellt[397] oder danach gefragt wird, ob die Ausübung des Freizügigkeitsrechts ohne die erstrebte Vergünstigung behindert oder weniger attraktiv gemacht werde, wobei weder eine direkte noch eine schwere Beeinträchtigung erforderlich sei.[398] Die Konturenlosigkeit derartiger Abgrenzungsversuche liegt – wenn sie die Autoren nicht bereits selbst offen legen[399] – auf der Hand.[400]

Restriktivere Auffassungen lassen demgegenüber nicht genügen, dass die erstrebte Vergünstigung den Aufenthalt bloß erleichtere oder attraktiver mache. Erforderlich sei vielmehr ein enger Aufenthaltsbezug, wonach die begehrte Rechtsposition zur effektiven Ausübung des Aufenthaltsrechts notwendig sein müsse.[401] Ein hinreichend enger Bezug könne auch aus der Intensität der Beeinträchtigung des Freizügigkeitsrechts resultieren. An diese seien umso höhere Anforderungen zu stellen, umso weniger der Kernbereich einer Grundfreiheit betroffen sei, oder umso weniger Zugangshemmnisse statuiert würden, sondern bloß die Förderung des Zugangs unterlassen werde.[402]

In der Sache sehen Vertreter restriktiverer Ansätze in einem weiten Verständnis des Art. 12 EG einen Widerspruch zur thematischen Beschränkung des EG-Vertrages, die im Prinzip der begrenzten Einzelermächtigung zum Ausdruck komme.[403] Auch sei Art. 18 EG weniger weit reichend als die Grundfreiheiten konzipiert, was sich schon an den fehlenden Übergangsfristen im

[397] *A. Epiney*, NVwZ 2004, 1067 (1070). Ähnlich *dies.*, NVwZ 2004, 555 (560); *dies.*, in: C/R-VVE, Art. I-4, Rn. 25; *dies.*, NVwZ 2006, 1244 (1247); *B. Schöbener*, in: KK-GRC, Art. 45, Rn. 28 f.

[398] *H. Toner*, 23 YEL (2004), 275 (297 f.). Ähnlich *K. Hailbronner*, ZaöRV 64 (2004), 603 (605).

[399] *A. Epiney*, NVwZ 2004, 1067 (1070). Ähnlich *dies.*, NVwZ 2004, 555 (560); *dies.*, NVwZ 2006, 1244 (1247); *K. Hailbronner*, ZaöRV 64 (2004), 603 (605).

[400] Dies gilt auch für den ursprünglich von *S. Bode*, EuZW 2002, 637 (639), EuZW 2003, 552 (556 f.), vertretenen Ansatz, die eine „gewisse inhaltliche, räumliche oder zeitliche Nähe der vermeintlichen Diskriminierung zur Ausübung des Freizügigkeitsrechts" forderte.

[401] *S. Bode*, Europarechtliche Gleichbehandlungsansprüche Studierender, 242 ff. Siehe auch *dies.*, EuZW 2005, 279 (280); *W. Kluth*, in: C/R, Art. 18, Rn. 5 – zwischenzeitlich aber relativiert, vgl. *ders.*, in: C/R-VVE, Art. I-10, Rn. 14 f. Ähnlich *W. Frenz*, Europäische Grundfreiheiten, Rn. 2985 ff.; *G. Schulz*, Freizügigkeit, 273.

[402] *S. Bode*, Europarechtliche Gleichbehandlungsansprüche Studierender, 242 ff. Siehe auch *dies.*, EuZW 2005, 279 (280). Ähnlich *C. Kohler*, Verständigungsschwierigkeiten, 445 (456 f.): Je loser der Bezug zum eigentlichen Regelungsbereich des EG-Vertrages sei, desto intensiver müsse das Freizügigkeitsrecht beeinträchtigt werden; *P. Lagarde*, Rev. crit. dr. i. p. 2004, 192 (197): «Encore faut-il que cette liberté soit menacée de façon effective».

[403] *S. Bode*, EuZW 2005, 279 (280); *dies.*, Europarechtliche Gleichbehandlungsansprüche Studierender, 256; *W. Kluth*, in: C/R, Art. 18, Rn. 5 – zwischenzeitlich aber relativiert, vgl. *ders.*, in: C/R-VVE, Art. I-10, Rn. 14 f. Ähnlich zur Reichweite des Freizügigkeitsrechts *F. Wenger*, NVwZ 2002, 1342 (1343).

Zuge der Osterweiterung ablesen lasse.[404] Darüber hinaus enthielten weder der Wortlaut des Art. 18 I EG noch der des Sekundärrechts – anders etwa als die Arbeitnehmerfreizügigkeit – Anhaltspunkte für eine Ausdehnung des Inländerbehandlungsanspruchs auf beispielsweise soziale Vergünstigungen.[405] Schließlich führe ein weites Verständnis des Anwendungsbereichs des Gemeinschaftsrechts i.S.d. Art. 12 EG dazu, dass Spielräume der Mitgliedstaaten für legitime Differenzierungen beschnitten würden und Sachgesichtspunkten der betroffenen Regelungsbereiche aufgrund von undifferenzierten Gleichbehandlungspflichten nicht hinreichend Rechnung getragen werden könne.[406]

(3) Der Diskriminierungsschutz ist umfassend angelegt

Den in der Literatur vertretenen restriktiven Ansätzen ist nicht beizupflichten, vielmehr ist der unionsbürgerliche Diskriminierungsschutz umfassend angelegt. Im Ergebnis entspricht dies der Rechtsprechung des EuGH. Konnexität herstellende Kriterien sehen sich nicht nur dem Vorwurf der Konturenlosigkeit ausgesetzt, sondern auch das Primärrecht selbst widerlegt einen engen Konnexitätsbegriff. Nicht überzeugen vermögen gleichfalls die vorgebrachten systematischen und kompetentiellen Bedenken. Der mit der Einführung eines allgemeinen Freizügigkeitsrechts eingeläutete Paradigmenwechsel im Freizügigkeitsregime gibt vielmehr das Ziel eines umfassenden Diskriminierungsschutzes auch für den freien Personenverkehr Nichterwerbstätiger vor. Entgegen mancher Befürchtungen können trotz der tatbestandlichen Weite Eigengesetzlichkeiten der betroffenen Sachbereiche gewahrt werden.

Dass eine befriedigende Beantwortung der Frage nach dem sachlichen Anwendungsbereich des Gemeinschaftsrechts durch ein mehr oder weniger weit gefasstes Konnexitätskriterium gelingt, muss bezweifelt werden. Dieser Versuch ist schon im Rahmen der „Abrundung" der grundfreiheitlichen Diskriminierungsverbote durch das allgemeine Diskriminierungsverbot gescheitert: Obgleich deren Tatbeständen immerhin noch das Merkmal der wirtschaftlichen Betätigung gemein war, mutierten sie dennoch zu einem umfassenden Gleichbehandlungsgebot der wirtschaftlich aktiven Personen während ihres Aufenthalts im Aufnahmemitgliedstaat.[407] Wie soll man nun bei einem tatbestandlich den Aufenthalt an sich schützenden allgemeinen Freizügigkeitsrecht überzeugend abschichten, was mit diesem „eng" zusammenhängt, zu dessen effektiver Ausübung notwendig ist, zum Kern- respektive Randbereich der Gewährleis-

---

[404] *S. Bode*, EuZW 2005, 279 (280); *dies.*, Europarechtliche Gleichbehandlungsansprüche Studierender, 256. Ähnlich zur Reichweite des Freizügigkeitsrechts *F. Wenger*, NVwZ 2002, 1342 (1343).

[405] *S. Bode*, Europarechtliche Gleichbehandlungsansprüche Studierender, 216 ff.

[406] *C. Kohler*, Verständigungsschwierigkeiten, 445 (456 f.).

[407] Siehe dazu auch GA *Geelhoed*, in: EuGH, Rs. C-274/96, Slg. 1998, I-7637, Rn. 16 – Bickel und Franz, der allein auf die zeitliche Koinzidenz abhebt.

tung zählt oder diese hinreichend intensiv betrifft?[408] Trotz des legitimen Ziels, mitgliedstaatliche Spielräume zu erhalten, sehen sich diese Ansätze dem Vorwurf mangelnder praktischer Handhabbarkeit ausgesetzt. Etwa mit *Bode* den gleichberechtigten Zugang zu Sozialhilfe als erfasst anzusehen, nicht aber den zu Sozialwohnungen, mag die Unmöglichkeit widerspruchsfreier Abgrenzungen illustrieren.[409]

Des Weiteren widerlegt das Primärrecht selbst einen engen Konnexitätsbegriff, wie ein Blick auf Art. 18 II und III EG zeigt. Art. 18 II EG ermächtigt den Rat, Rechtsvorschriften zu erlassen, die die Ausübung des Freizügigkeitsrechts erleichtern. Aus den möglichen Regelungsgegenständen nimmt Art. 18 III EG wiederum bestimmte Materien aus, die ansonsten einer unionsrechtlichen Normierung gemäß Art. 18 II EG zugänglich wären. Unter den Ausschluss fallen nicht nur eng mit dem Freizügigkeitsrecht in seiner Fortbewegungs- und Aufenthaltsdimension verknüpfte Bereiche wie Identitäts- und Aufenthaltsdokumente (Pässe, Personalausweise, Aufenthaltstitel oder diesen gleichgestellte Dokumente), sondern auch die Materien soziale Sicherheit und sozialer Schutz. Letztere weisen nur einen mittelbaren Aufenthaltsbezug auf. Somit lässt sich abgesehen vom Einwand der Unschärfe auch nicht sagen, nur eng mit dem Freizügigkeitsrecht verknüpfte Positionen stünden im Zusammenhang mit dessen Ausübung. Damit gibt das Primärrecht ein weites Verständnis der Konnexität vor, was für die Auslegung des Art. 12 EG nicht unberücksichtigt bleiben kann. Von einer derart weiten Auslegung geht im Übrigen auch der Gemeinschaftsgesetzgeber aus, wie Art. 24 II der neuen Aufenthaltsrichtlinie 2004/38 zeigt: Fielen Sozialhilfe und Studienbeihilfen auch für Nichterwerbstätige nicht in den Anwendungsbereich des Gemeinschaftsrechts, bestünde keine Notwendigkeit, diese in Art. 24 II RL 2004/38 vom in Art. 24 I RL 2004/38 enthaltenen Gleichbehandlungsanspruch auszunehmen.[410]

Versteht man Art. 18 I EG nicht als eng konzipierte Gewährleistung, entstehen, anders als dies Teile der Literatur zu Bedenken geben, keine systematischen Spannungen. Der Verweis auf die fehlenden Übergangsfristen ist in der Sache nicht überzeugend. Dies führt wegen der Spezialität der grundfreiheitlichen Diskriminierungsverbote nämlich nicht dazu, dass Letztere überflüssig würden. Auch das Argument mangelnder sekundärrechtlicher Anhaltspunkte

---

[408] In diesem Sinne auch *C. Schönberger*, Unionsbürger, 402 f.; *S. Kadelbach*, Unionsbürgerrechte, Rn. 43.

[409] Vgl. *S. Bode*, Europarechtliche Gleichbehandlungsansprüche Studierender, 260 f.

[410] So auch EuGH, Rs. C-209/03, Slg. 2005, I-2119, Rn. 43 – Dany Bidar. Diesen Umkehrschluss lehnt allerdings *S. Bode*, EuZW 2005, 279 (281), mit Verweis auf den deklaratorischen Charakter des Art. 24 II RL 2004/38 ab, eine Auffassung, der wegen des in Art. 24 II RL 2004/38 gewählten Wortlautes „Abweichend von Absatz 1 …" nicht beigepflichtet werden kann. Dazu ausführlich unten, 2. Teil B. III. 3. e) aa) (3).

wird bereits durch einen Blick auf die Dienst- und Niederlassungsfreiheit entkräftet, bei der weit reichende Inländerbehandlungsgebote ebenfalls der primärrechtlichen Verbürgung entnommen werden.[411]

Ferner vermag der Verweis auf die thematische Begrenzung des EG-Vertrages nicht zu überzeugen. Zwar wird zutreffend das Phänomen beobachtet, dass eine Norm des EG-Vertrages, dem aufgrund des Prinzips der begrenzten Einzelermächtigung (Art. 5 UA 1 EG) nur der Charakter einer Teilverfassung[412] zukommt, der aber nicht umfassend Hoheitsgewalt konstituiert und begrenzt, grundsätzliche Geltung für alle Bereiche des nationalen Rechts beansprucht. Hierin liegt jedoch kein Verstoß gegen den Grundsatz der begrenzten Einzelermächtigung. Vielmehr geht der Gerichtshof zu Recht davon aus, dass das Diskriminierungsverbot auch in Bereichen greifen kann, die in der Zuständigkeit der Mitgliedstaaten verblieben sind, wie er dies für das Straf- und Strafverfahrensrecht[413], Sozialrecht[414], Internationale Privatrecht (Namensrecht)[415], Steuerrecht[416] und Zwangsvollstreckungsrecht[417] ausdrücklich entschieden hat. Die Frage der Kompetenzverteilung ist nämlich von der des Anwendungsbereichs des allgemeinen Diskriminierungsverbotes strikt zu trennen.[418] Berücksichtigt man die Funktion des Diskriminierungsverbotes in föderalen Ordnungen,[419] eine Schlechterstellung von Angehörigen anderer Mitgliedstaaten zu verhindern, wird die Unzulänglichkeit des kompetenzbasierten Ansatzes deutlich. Aufgrund der polyzentrischen Verteilung der Rechtsetzungsmacht ist der zu gewährleistende Freizügigkeits- und Diskriminierungsschutz nämlich gerade in den Bereichen relevant, in denen die Zuständigkeit bei den Mitgliedstaaten (mit-)verblieben ist, da diese (nur) dort die Möglich-

[411] Dazu oben, 1. Teil A. II. 1. b) bb) (1) (b), sowie exemplarisch EuGH, Rs. C-111/91, Slg. 1993, I-817, Rn. 16 ff. – EK/Luxemburg.

[412] Zum Charakter des Primärrechts als Teilverfassung *P. M. Huber*, VVDStRL 60 (2001), 194 (208 f.). Siehe ferner *P. Häberle*, Europäische Verfassungslehre, 221 ff.

[413] EuGH, Rs. C-274/96, Slg. 1998, I-7637, Rn. 17 f. – Bickel und Franz.

[414] EuGH, Rs. C-135/99, Slg. 2000, I-10409, Rn. 33 – Elsen; Rs. C-184/99, Slg. 2001, I-6193 – Grzelczyk; ferner Rs. C-224/98, Slg. 2002, I-6191 – D'Hoop; Rs. C-192/05, n.n.v., Rn. 20 ff. – Tas-Hagen.

[415] EuGH, Rs. C-148/02, Slg. 2003, I-11613, Rn. 25 – Avello.

[416] EuGH, Rs. C-403/03, Slg. 2005, I-6421, Rn. 19 – Schempp; vgl. ferner Rs. C-520/04, n.n.v., Rn. 11 – Turpeinen.

[417] EuGH, Rs. C-224/02, Slg. 2004, I-5763, Rn. 22 – Pusa.

[418] *U. Becker*, ZESAR 2002, 8 (10); *D. Düsterhaus*, EuZW 2005, 325; *K. Hailbronner*, ZaöRV 64 (2004), 603 (604 f.); *R. Höfler*, Aussenwirtschaft 2004, 303 (309 f.); *P. Kubicki*, EuR 2006, 489 (502 f.); *F. Palermo*, 8 M.J.E.C.L. (2001), 299 (316); *I. Pernice*, Verfassungsrechtliche Status, 177 (186); *M. Rossi*, AöR 127 (2002), 612 (646); *ders.*, JZ 2002, 351 (352); *C. Schönberger*, Unionsbürger, 403 f.

[419] Darauf stellt *C. Schönberger*, Unionsbürger, 401 ff., entscheidend ab.

keit haben, In- und Ausländer unterschiedlich zu behandeln.[420] Das Gebot der Inländerbehandlung setzt also nicht auf der Ebene der Kompetenzverteilung zwischen Union und Mitgliedstaaten an, sondern ist – ähnlich wie Grundrechte – eine Kompetenzausübungsschranke. *Ad absurdum* geführt wird der von Teilen der Literatur vorgeschlagene restriktive Ansatz, wenn man sich den Fall der ausschließlichen Gemeinschaftskompetenzen vor Augen führt, also den Bereich, der den höchsten Integrationsstand widerspiegelt und damit vorbehaltlos in den Anwendungsbereich des Gemeinschaftsrechts i.S.d. Art. 12 EG fiele. Hier ist jedoch für diskriminierendes mitgliedstaatliches Verhalten schon kompetentiell kein Raum, womit das allgemeine Diskriminierungsverbot ins Leere liefe.[421] Auf Unionsebene greift vielmehr bereits der allgemeine Gleichheitssatz als Gemeinschaftsgrundrecht.

Mit dieser Feststellung, dass das allgemeine Diskriminierungsverbot in Bereichen greifen kann, die in der Zuständigkeit der Mitgliedstaaten verblieben sind, ist freilich noch nichts über seine Reichweite gesagt. So zweifeln auch manche der eine Überschreitung der thematischen Begrenzung des EG-Vertrages rügenden Stimmen nicht so sehr die formale Richtigkeit des Ansatzes des Gerichtshofs an, da der Union ja keine Kompetenzen zugesprochen, sondern lediglich der Kompetenzausübung durch die Mitgliedstaaten Schranken gesetzt werden. Vielmehr wird der Ansatz als bloße „Blankettformel"[422] entlarvt. Denn bei einer wertenden Betrachtung zeige sich, dass der Anwendungsbereich des Gemeinschaftsrechts uferlos ausgedehnt und damit der Grundsatz der begrenzten Einzelermächtigung ausgehöhlt werde.[423] Dies ließe sich aber nur behaupten, wenn ein umfassendes Verständnis des allgemeinen Diskriminierungsverbotes mit den Zielen der Gemeinschaft nicht vereinbar wäre, die Art. 5 UA 1 EG für die thematische Begrenzung des EG-Vertrages für maßgeblich erklärt.[424]

---

[420] *M. Rossi*, AöR 127 (2002), 612 (646); *C. Schönberger*, Unionsbürger, 403 f. So auch *R. Kanitz/P. Steinberg*, EuR 2003, 1013 (1023 f.), die jedoch anmerken, dass die Frage des Ausmaßes der materiellen Gewährleistungen nicht ohne Berücksichtigung der Gemeinschaftskompetenzen beantwortet werden könne. Für eine Unmaßgeblichkeit der Kompetenzverteilung im Zusammenhang mit den grundfreiheitlichen Diskriminierungsverboten auch *A. Mühl*, Diskriminierung und Beschränkung, 148 f.; im Zusammenhang mit Art. 12 EG *T. Kingreen*, Diskriminierungsverbot, Rn. 8.

[421] Ebenso *K. Hailbronner*, ZaöRV 64 (2004), 603 (604 f.); GA *Kokott*, in: EuGH, Rs. C-192/05, n.n.v., Rn. 35 ff. – Tas-Hagen.

[422] So *C. Kohler*, Verständigungsschwierigkeiten, 445 (456).

[423] *S. Bode*, EuZW 2002, 637 (638); *dies.*, Europarechtliche Gleichbehandlungsansprüche Studierender, 192, 239 ff. *R. Streinz*, JuS 2002, 1218 (1219 f.), bezeichnet diesen Aspekt als problematisch. Kritisch auch *R. Höfler*, NVwZ 2002, 1206 (1207). Zur Kompetenzfrage siehe ferner *R. Kanitz/P. Steinberg*, EuR 2003, 1013 (1014 ff.); *T. Kingreen*, Struktur der Grundfreiheiten, 85 ff.; *A. Mühl*, Diskriminierung und Beschränkung, 143 ff.

[424] Für deren Berücksichtigung bei der Auslegung des Anwendungsbereichs des Gemeinschaftsrechts i.S.d. Art. 12 EG auch GA *Geelhoed*, in: EuGH, Rs. C-209/03, Slg. 2005, I-2119, Rn. 29, 33, 52 – Dany Bidar.

Die Beseitigung von Hindernissen für den freien Personenverkehr auch Nichterwerbstätiger zählt aber spätestens mit Inkrafttreten des Vertrages von Maastricht zum Binnenmarktziel der Gemeinschaft (Art. 3 I lit. c, 14 II EG).[425] Mag auch der Begriff des Binnen*marktes* die Vorstellung einer ausschließlich ökonomisch motivierten Freizügigkeit evozieren, so ist ein solches Binnenmarktverständnis weder historisch unangefochten noch von der Definition des Binnenmarktes in Art. 14 II EG vorgegeben. Denn von Anfang an wurde der freie Personenverkehr auch Nichterwerbstätiger als Element des mit der Einheitlichen Europäischen Akte eingeführten Binnenmarktziels angesehen.[426] Dass diese Auffassung bis zur Maastrichter Vertragsrevision nicht zu überzeugen vermochte, resultiert aus der vertraglichen Definition des Binnenmarktes als Raum ohne Binnengrenzen, in dem der freie Verkehr von Personen *gemäß den Bestimmungen des EG-Vertrages* gewährleistet ist (siehe Art. 14 II EG).[427] Die in Bezug genommenen Vorschriften des EWG-Vertrages umfassten bis dahin nämlich lediglich die Freizügigkeit ökonomisch aktiver Personen in Gestalt der Arbeitnehmerfreizügigkeit, des Niederlassungsrechts Selbstständiger und der Dienstleistungsfreiheit. Seit der Einführung des allgemeinen Freizügigkeitsrechts mit dem Vertrag von Maastricht erfasst die Personenverkehrsfreiheit nach dem EG-Vertrag nunmehr alle Unionsbürger, mithin auch Nichterwerbstätige. Aufgrund der dynamischen Verweisung in Art. 14 II EG auf die jeweiligen Bestimmungen über den freien Personenverkehr hat sich damit auch der Binnenmarktbegriff entsprechend erweitert.[428] Das Binnenmarktziel des

[425] Zu diesem Binnenmarktverständnis siehe auch GA *Léger*, in: EuGH, Rs. C-192/99, Slg. 2001, I-1237, Rn. 23 – Kaur: „Die Unionsbürgerschaft, die diese Grundsätze einschließt, soll den freien Verkehr von Personen in einem Raum ohne Binnengrenzen gewährleisten, wie es [Art. 14 II EG] vorsieht", sowie den zweiten Erwägungsgrund der neuen Aufenthaltsrichtlinie 2004/38: „Die Freizügigkeit von Personen stellt eine der Grundfreiheiten des Binnenmarkts dar, der einen Raum ohne Binnengrenzen umfasst, in dem diese Freiheit gemäß den Bestimmungen des Vertrags gewährleistet ist". Siehe auch GA *Lenz*, in: Rs. C-415/93, Slg. 1995, I-4921, Rn. 196 ff. – Bosman.

[426] So etwa *S. Benjes*, Personenverkehrsfreiheiten, 155 ff.; *C. D. Ehlermann*, 24 CML Rev. (1987), 361 (367); *E. Grabitz*, Integration 1986, 95 (97 ff.); *W. Kahl*, in: C/R, Art. 14, Rn. 11 f., 21; *F. Menegazzi Munari*, Cittadinanza Europea, 116; *J. Pipkorn/A. Bardenhewer-Rating/ H. C. Taschner*, in: von der Groeben/Schwarze, Art. 14, Rn. 7 ff., 39 ff.; *G. Schulz*, Freizügigkeit, 58 f.; *J.-H. Strunz*, Freizügigkeit in der EU, 32 ff. Ausführlich dazu bereits oben, 1. Teil B. II. 2. b).

[427] Siehe auch *A. von Bogdandy*, in: G/H, Art. 14, Rn. 7; *H.-J. Glaesner*, Einheitliche Europäische Akte, 9 (16 f.); *V. Sottili*, Contratto e impresa. Europa 1997, 710 (720); *U. Villani*, Cittadinanza dell'UE, 1001 (1012), sowie ausführlich oben, 1. Teil B. II. 2. b).

[428] Dies übersieht die Senatsmeinung in BVerfGE 113, 273 (298) – Europäischer Haftbefehl, die ein umfassendes Verständnis des allgemeinen Diskriminierungsverbotes mit dem Argument ablehnt, dass dieses „im Einklang mit dem Prinzip der begrenzten Einzelermächtigung nur für die vertraglich festgelegten Ziele, insbesondere im Rahmen der Grundfreiheiten" gelte. Kritisch daher auch die abweichende Meinung der Richterin *Lübbe-Wolff*, ibid., 327 f., sowie *T. Giegerich*, Unionsbürgerschaft, Rn. 15.

Art. 3 I lit. c EG verlangt demnach, Hindernisse auch für den Personenverkehr Nichterwerbstätiger zu beseitigen. Dieses nach Maßgabe des EG-Vertrages zu realisierende Ziel ist dabei nicht als deklaratorischer Verweis auf die besonderen Bestimmungen des EG-Vertrages über die Freizügigkeit zu verstehen, was seiner Heranziehung zu ihrer Auslegung den Vorwurf der Zirkularität eintrüge. Vielmehr ist es als rechtsverbindliche Zielvorgabe für die Gemeinschaft[429] des Inhalts, Hindernisse für den freien Personenverkehr zu beseitigen,[430] im Rahmen der teleologischen Interpretation der Vorschriften über den freien Personenverkehr maßgeblich.[431] Mobilitätshindernisse stellen auch Diskriminierungen aufgrund der Staatsangehörigkeit jedweder Art dar. Das in seiner Bedeutung erweiterte Binnenmarktziel legitimiert mithin ein umfassendes Verständnis des Diskriminierungsschutzes, freilich vorbehaltlich noch zu erörternder Schranken. Deshalb verfängt auch nicht das Argument, der Anwendungsbereich des Vertrages sei durch eine Kompetenzanalyse zu ermitteln, da Kompetenzvorbehalte und Beschränkungen den Integrationsstand widerspiegeln.[432] Denn der Stand der Integration wird ebenso durch das zu verfolgende Ziel, Hindernisse für den freien Personenverkehr Nichterwerbstätiger abzubauen, determiniert. Anders als beim freiheitsrechtlichen Gehalt der Personenverkehrsfreiheiten ist auch keine restriktive Konturierung des Gewährleistungsgehalts angezeigt, da den nationalen Rechtsordnungen lediglich Diskriminierungen aufgrund der Staatsangehörigkeit untersagt werden, nicht aber – wie bei weit verstandenen Beschränkungsverboten – nationale Regulierungsentscheidungen in großem Umfange in Frage gestellt und damit faktisch harmonisiert werden[433].[434] Allein dieser Gewährleistungsgleichlauf von markt- und unionsbür-

[429] Zum Zielcharakter der Art. 2 f. EG EuGH, Rs. 249/81, Slg. 1982, 4005, Rn. 28 – EK/Irland; *A. Hatje*, in: Schwarze, Art. 3, Rn. 1 f.; *W. Kahl*, in: C/R, Art. 14, Rn. 4; *R. Streinz*, in: ders., Art. 3, Rn. 3; *J. Ukrow*, in: C/R, Art. 3, Rn. 1 f., Art. 2, Rn. 6.

[430] Siehe etwa EuGH, Rs. 9/73, Slg. 1973, 1135, Rn. 39 – Schlüter; Rs. 10/73, Slg. 1973, 1175, Rn. 26 – REWE; *A. Hatje*, in: Schwarze, Art. 3, Rn. 5, Art. 14, Rn. 12; *S. Leible*, in: Streinz, Art. 14, Rn. 29: Wirtschaftsraum ohne Behinderungen.

[431] EuGH, Verb. Rs. 6 und 7/73, Slg. 1974, 223, Rn. 32 – Istituto Chemioterapico Italiano (zum Wettbewerbsrecht); *A. von Bogdandy*, in: G/H, Art. 3, Rn. 3, Art. 2, Rn. 13 ff.; *A. Hatje*, in: Schwarze, Art. 3, Rn. 3; *R. Streinz*, in: ders., Art. 3, Rn. 6; *J. Ukrow*, in: C/R, Art. 3, Rn. 4, Art. 2, Rn. 6. Siehe ferner *M. Lehner*, Territorialitätsprinzip, 241 (251 f.), nach dem der Binnenmarkt nicht nur Auslegungsregel, sondern Zielvorgabe sei, die Grundfreiheiten verstärkt. Allgemein *A. Mühl*, Diskriminierung und Beschränkung, 51 ff. Zur Bedeutung der Gemeinschaftsziele für die Auslegung des Gemeinschaftsrechts durch den Gerichtshof allgemein *P. Pescatore*, Objectifs de la communauté comme principes d'interprétation, 325.

[432] *S. Bode*, EuZW 2002, 637 (638); *dies.*, EuZW 2005, 279 (280). Ähnlich *J. M. Soria*, JZ 2002, 643 (645); *J. Ziekow*, Freizügigkeit des Unionsbürgers, 101 (108), der auf Art. 18 III EG hinweist.

[433] Zu dieser Gefahr und der deshalb gebotenen restriktiven Auslegung des freiheitsrechtlichen Gehalts der Personenverkehrsfreiheiten umfassend oben, 1. Teil A. II. 1. c), und unten, 2. Teil C. II.2.

gerlicher Freizügigkeit trägt mithin der gemeinsamen Wurzel des freien Personenverkehrs Erwerbs- und Nichterwerbstätiger in Art. 3 I lit. c EG Rechnung[435] und vollzieht den Schritt von einer Markt- zur Unionsbürgerschaft konsequent mit.[436] Als Ideal gibt Letztere die Gleichbehandlung aller Unionsbürger vor, ob Inländer oder Ausländer, ob erwerbstätig oder nicht.

Ein restriktiver Ansatz hinsichtlich der Bestimmung des Anwendungsbereichs des Gemeinschaftsrechts i.S.d. Art. 12 EG ist schließlich auch nicht deshalb zwingend geboten, weil nur so Spielräume der Mitgliedstaaten für legitime Ungleichbehandlungen gesichert werden können, die deren berechtigte Interessen und Eigengesetzlichkeiten der betroffenen Regelungsmaterien wahren. Worum geht es den restriktiven Ansätzen in der Sache? Ihnen ist die Sorge gemein, dass die umfassende Anwendung des allgemeinen Diskriminierungsverbots zu einem Kahlschlag in den betroffenen nationalen Teilrechtsordnungen führt, der Gerichtshof also als „Elefant im Porzellanladen des IPR"[437] in der Rs. Avello blind für die Eigengesetzlichkeiten des Kollisionsrechts war,[438] Aspekte des Minderheitenschutzes in der Rs. Bickel und Franz vernachlässigte,[439] die finanzielle Solidarität zwischen den Mitgliedstaaten durch die Ausdehnung von Sozialleistungsansprüchen auf Nichterwerbstätige überspannte,[440] einem „Sozialtourismus" Vorschub leiste und damit die Leistungsfähigkeit der nationalen Sozialsysteme gefährde[441]. Diesen Einwänden kann jedoch ander-

---

[434] In diesem Sinne auch *C. Costello*, 27 LIEI (2000), 267 (270 ff.); *A. Randelzhofer/U. Forsthoff*, in: G/H, Art. 39, Rn. 138; *H. Toner*, 23 YEL (2004), 275 (297 f.); *dies.*, Partnership Rights, Free Movement, and EU Law, 218 f.

[435] Zu Art. 3 I lit. c EG als Grundlage für die einheitliche Auslegung der Personenverkehrsfreiheiten *A. von Bogdandy*, in: G/H, Art. 3, Rn. 10; *R. Streinz*, in: ders., Art. 3, Rn. 15.

[436] Vgl. *C. Barnard*, The Four Freedoms, 419; *K. Füßer*, DÖV 1999, 96 (101); *S. Magiera*, Der Rechtsstatus der Unionsbürger, 429 (441 f., 448); *G. Schulz*, Freizügigkeit, 95; *H. Toner*, 15 Immigration Asylum and Nationality Law Journal (2001), 207 (211 f.); *dies.*, 23 YEL (2004), 275 (295 ff.); *dies.*, Partnership Rights, Free Movement, and EU Law, 216 ff.; GA *Geelhoed*, in: EuGH, Rs. C-406/04, n.n.v., Rn. 105 ff. – De Cuyper.

[437] *C. Kohler*, Verständigungsschwierigkeiten, 445 (454).

[438] *T. Helms*, GPR 2005, 36 (38). Kritisch auch *P. Lagarde*, Rev. crit. dr. i. p. 2004, 192. Allgemein zur Bedeutung der Grundfreiheiten im Kollisionsrecht, *T. Körber*, Grundfreiheiten und Privatrecht, 432 ff.

[439] *E. Palici di Suni Prat*, Diritto pubblico comparato ed europeo 1999, 171. Zum Minderheitenschutz im Gemeinschaftsrecht allgemein *F. Palermo*, 8 M.J.E.C.L. (2001), 299.

[440] *S. Bode*, EuZW 2002, 637 (639); *dies.*, Europarechtliche Gleichbehandlungsansprüche Studierender, 23.

[441] *H. Linhart/O. Adolph*, NDV 2004, 282 (285); *G. Meier*, EuZW 2001, 33; *M. Scheffer*, ZRP 2003, 55; *K. Strick*, NJW 2005, 2182 (2186 f.). Diese Gefahr erachten *K.-D. Borchardt*, EuZW 2001, 321, *M. Dougan*, CYELS 2001, 93 (107 f.), sowie *C. Schönberger*, Unionsbürger, 354 f., jedoch angesichts der damaligen und zu erwartenden Binnenmigration für gering. Ebenso *P. von Wilmowsky*, ZaöRV 50 (1990), 231 (259). Differenziert *A. P. van der Mei*, Free Movement, 206 ff., 217 ff. Ebenso *U. Becker*, ZESAR 2004, 496 (498), *A. P. van der Mei*, Free Movement, 149 f., und *D. H. Scheuing*, Freedom of Movement, 145 (194), im Hinblick

weitig Rechnung getragen werden. Einmal kann bereits die Vergleichsgruppenbildung im Rahmen der Frage, ob eine Diskriminierung vorliegt, zu Eingrenzungen führen.[442] Vor allem aber ist es den Mitgliedstaaten auf der Rechtfertigungsebene möglich, beim Vorliegen geeigneter sachlicher Gründe Differenzierungen vorzunehmen.[443] Schließlich kann der Gemeinschaftsgesetzgeber in den vom Unionsrecht gezogenen Grenzen gesetzgeberisch tätig werden.

Nicht verschwiegen werden darf freilich, dass mit diesem tatbestandlich weiten Ansatz jede ungleich behandelnde Regelung der Mitgliedstaaten potentiell auf dem Prüfstand des Unionsrechts steht und diesen die Rechtfertigungslast auferlegt wird. Die damit einhergehenden prozessualen Implikationen verdeutlicht ein Blick auf das Urteil im Vertragsverletzungsverfahren gegen die Republik Österreich in Sachen Hochschulzugang:

> [E]s [ist] Sache der nationalen Behörden, die sich auf eine Ausnahme vom fundamentalen Grundsatz der Freizügigkeit berufen, in jedem Einzelfall nachzuweisen, dass ihre Regelungen im Hinblick auf das verfolgte Ziel notwendig und verhältnismäßig sind. Neben den Rechtfertigungsgründen, die ein Mitgliedstaat geltend machen kann, muss dieser eine Untersuchung zur Geeignetheit und Verhältnismäßigkeit der von ihm erlassenen beschränkenden Maßnahme vorlegen sowie genaue Angaben zur Stützung seines Vorbringens machen.[444]

Im Hinblick auf den gemeinsamen Status aller Angehörigen der verschiedenen Mitgliedstaaten als Unionsbürger und das Vertragsziel, auch Nichterwerbstätigen umfassenden Diskriminierungsschutz zu gewähren, erscheint es jedoch legitim, jede Ungleichbehandlung auf ihre Rechtfertigung hin zu befragen.

dd) Tatbestandliche Grenzen

Der tatbestandlich umfassende Charakter des unionsbürgerlichen Diskriminierungsverbotes besteht allerdings nur im Grundsatz. Ausnahmen finden sich einmal im unionsrechtlichen Freizügigkeitsregime selbst (1). Darüber hinaus zieht das unionsrechtlich anerkannte besondere Verhältnis des Mitgliedstaates zu seinen Staatsangehörigen einer vollständigen Gleichstellung von In- und

---

auf die Schranken des Art. 18 I EG und die Rechtsprechung des EuGH. Zu den mit der Osterweiterung verbundenen Konsequenzen *H. Sodan*, JZ 2002, 53.

[442] Dies ist zentrales Anliegen von *M. Dougan/E. Spaventa*, New Models of Social Solidarity in the EU, 181 (205 ff.). Zur Statthaftigkeit derartiger tatbestandlicher Vergleichserwägungen unten, 2. Teil B. II. 2. b) aa).

[443] Ebenso *P. Kubicki*, EuR 2006, 489 (503); *C. Schönberger*, Unionsbürger, 404, 407 ff.; *P. von Wilmowsky*, ZaöRV 50 (1990), 231 (248).

[444] EuGH, Rs. C-147/03, Slg. 2005, I-5969, Rn. 63 – EK/Österreich. Ähnlich Rs. C-42/02, Slg. 2003, I-13519, Rn. 25 – Lindman; Rs. C-8/02, Slg. 2004, I-2641, Rn. 45 – Leichtle. Kritisch zur Verlagerung der Problematik auf die Rechtfertigungsebene für vorübergehende Aufenthalte *M. Dougan/E. Spaventa*, New Models of Social Solidarity in the EU, 181 (203 ff.).

EU-Ausländern Grenzen (2). Folgen solche auch aus institutioneller Perspektive, also dem Verhältnis von Gemeinschaftsgesetzgeber und Gerichtshof (3)?

(1) Grenzen des Gleichbehandlungsanspruchs im Freizügigkeitsregime

Das Freizügigkeitsregime selbst schreibt verschiedene primär- und sekundärrechtliche Grenzen des Gleichbehandlungsanspruchs fest. Diese folgen zum einen aus explizit normierten Ausschlüssen (a). Zum anderen stellt sich die Frage, inwieweit eine systematisch-teleologische Interpretation des sekundärrechtlichen Freizügigkeitsregimes Gleichbehandlungsansprüchen Nichterwerbstätiger hinsichtlich des Zugangs zu Sozialleistungen entgegensteht (b).

(a) Explizite Ausnahmen vom Grundsatz der Inländerbehandlung

Explizite Ausschlüsse vom Grundsatz der Inländerbehandlung kennt das Primärrecht in Gestalt der Bereichsausnahme für die abhängige Beschäftigung in der öffentlichen Verwaltung (Art. 39 IV EG) sowie für die selbstständige Wahrnehmung von Tätigkeiten, die mit der Ausübung öffentlicher Gewalt verbunden sind (Art. 45 EG; Art. 55 i.V.m. 45 EG).[445] Diese betreffen jedoch regelmäßig[446] nicht das unionsbürgerliche Diskriminierungsverbot, sondern die insoweit speziellen grundfreiheitlichen Diskriminierungsverbote.[447] Von praktischer Relevanz war jedoch die mittlerweile aufgehobene Regelung des Art. 3 RL 93/96, nach der diese Richtlinie – in Einklang mit der früheren Rechtsprechung des EuGH[448] – keinen Anspruch aufenthaltsberechtigter Studierender auf Gewährung von Unterhaltsstipendien durch den Aufnahmemitgliedstaat begründete. Dieser Ausschluss wurde mit Inkrafttreten der neuen Freizügigkeitsrichtlinie 2004/38 durch eine ähnliche Regelung ersetzt, die lediglich Daueraufenthaltsberechtigte nicht mehr erfasst (siehe Art. 24 II RL 2004/38).

---

[445] Dazu bereits oben, 1. Teil A. II. 2. a) aa) (2).

[446] Ganz auszuschließen ist eine an Art. 18 I EG zu messende Konstellation allerdings nicht. Erwägen könnte man den Fall eines deutschen Juristen, der eine Stelle im öffentlichen Dienst antreten möchte, die nur innerhalb einer bestimmten Frist nach Ablegung des zweiten Staatsexamens angetreten werden kann, was seinem Plan, zunächst ein LL.M.-Grad im europäischen Ausland zu erwerben, durchkreuzt, in juristischer Terminologie also eine Beschränkung seines allgemeinen Freizügigkeitsrechts darstellt.

[447] Zur Spezialität bereits oben, 2. Teil B. II. 1. c) aa). Zur Frage, inwieweit die Bereichsausnahmen vor dem Hintergrund der Unionsbürgerschaft noch Bestand haben, vgl. etwa *J. Handoll*, Free Movement, 286 (Rn. 9.93), sowie *J. Wouters*, Citizenship and Free Movement, 25 (53). Beide gehen zwar von deren Fortgeltung aus, plädieren jedoch für eine restriktivere Auslegung. Siehe ferner *C. Blumann*, Citoyenneté européenne – Espoir et désillusion, 3 (20 ff.); *R. C. A. White*, Workers, establishment, and services in the EU, 86 f.

[448] EuGH, Rs. 39/86, Slg. 1988, 3161, Rn. 14 f. – Lair; Rs. 197/86, Slg. 1988, 3205, Rn. 18 – Brown; Rs. C-109/92, Slg. 1993, I-6447, Rn. 25 – Wirth. Dazu bereits ausführlich oben, 1. Teil A. II. 2. a) bb) (2).

An der grundsätzlichen Problematik hat sich allerdings nichts geändert.[449] Für das unionsbürgerliche Diskriminierungsverbot war der in Art. 3 RL 93/96 enthaltene Ausschluss, auch wenn er sich nur auf einen Anspruch nach der RL 93/96 bezog, insofern relevant, als er als Aufenthaltsmodalität eine grundsätzlich primärrechtlich relevante „Bedingung und Beschränkung" des allgemeinen Freizügigkeitsrechts darstellte.[450] Diese wurde auch nicht in der Rs. Grzelczyk für obsolet erklärt, da diese einen Sozialhilfeanspruch betraf.[451] Wie bei den ökonomischen Aufenthaltsvoraussetzungen auch stellt sich die Frage, inwieweit die ursprünglich nur sekundärrechtlich verankerte Schranke des Aufenthaltsrechts im Hinblick auf ein nunmehr in Art. 18 EG als Unionsbürgerrecht konstitutionalisiertes allgemeines Freizügigkeitsrecht noch Geltung beanspruchen konnte. In der Rs. Bidar hätte es dem EuGH oblegen, sie zu beantworten: Ob Art. 3 RL 93/96 dem Studiendarlehensanspruch des Studenten *Bidar* entgegensteht, ließ der Gerichtshof durch Anstellen einer äußerst formalistischen Betrachtungsweise jedoch offen: Für die Beurteilung, ob der bereits zu Schulzeiten in das Vereinigte Königreich eingereiste Herr *Bidar* das Studentendarlehen beanspruchen könne, sei die erwähnte Studentenrichtlinie nämlich irrelevant. Deren Art. 3 hindere

> einen Angehörigen eines Mitgliedstaates, der sich gemäß Artikel 18 EG und der Richtlinie 90/364 [als Schüler] rechtmäßig im Hoheitsgebiet eines anderen Mitgliedstaates aufhält, wo er beabsichtigt, ein Studium aufzunehmen oder fortzuführen, nicht daran, sich während dieses Aufenthalts auf den in Artikel 12 Absatz 1 EG aufgestellten Gleichbehandlungsgrundsatz zu berufen.

Abgestellt hat der EuGH also auf die zum Zeitpunkt der Antragstellung einschlägige RL 90/364 – zu diesem war Herr *Bidar* noch kein Student und unterfiel damit noch nicht der Studentenrichtlinie, sondern der Schüler erfassenden „allgemeinen" Aufenthaltsrichtlinie –, die keine Art. 3 RL 93/96 entsprechende Einschränkung kannte. Die Anwendbarkeit des sekundärrechtlichen Ausschlusses von einem etwaigen Aufenthalt im Aufnahmemitgliedstaat vor Studienbeginn abhängig zu machen, verkürzt jedoch den Regelungsanspruch der Studenten-Richtlinie im Hinblick auf Auslandsstudien nicht grundfreiheitlich Freizügigkeitsberechtigter und führt zu fragwürdigen Differenzierungen: Warum sollte ein jährlich neu zu beantragendes Studiendarlehen oder ein von entsprechenden Studienleistungen abhängiges Stipendium anhand anderer Normen beurteilt werden als die Beanspruchung solcher Leistungen nach einer Einreise kurze Zeit vor Studienbeginn?[452]

---

[449] Zu Art. 24 II RL 2004/38 noch ausführlich unten, 2. Teil B. III. 3. e) aa).

[450] *S. Bode*, Europarechtliche Gleichbehandlungsansprüche Studierender, 259, 355 f.

[451] Ebenso *S. Armbrecht*, Ausbildungsförderung, 26 f.; *dies.*, ZEuS 2005, 175 (201 f.).

[452] Vgl. *F. Wollenschläger*, NVwZ 2005, 1023 (1025). Kritisch auch *S. Bode*, EuZW 2005, 279 (281); *K. Hailbronner*, 42 CML Rev. (2005), 1245 (1255 f.). Auseinandergesetzt mit der

Ausfallen müssen hätte die Antwort analog der Rechtsprechung zu den ökonomischen Aufenthaltsvoraussetzungen: Aufgrund des Vorbehaltes in Art. 18 I EG kann die grundsätzliche Fortgeltung des Ausschlusses nicht verneint werden, als Schranke des als Unionsbürgerrecht konstitutionalisierten allgemeinen Freizügigkeitsrechts darf er dieses jedoch auch nicht unverhältnismäßig beschränken.[453] *Mutatis mutandis* gilt dies auch für sonstige sekundärrechtliche Regelungen, die dem allgemeinen Freizügigkeitsrecht Grenzen ziehen. Hierzu zählen insbesondere die bereits angesprochenen Schranken des unionsbürgerlichen Diskriminierungsverbots, die Art. 24 II RL 2004/38 vorsieht.[454]

(b) Aus der Systematik des Unionsrechts folgende Ausschlüsse

Grenzen des unionsbürgerlichen Diskriminierungsverbotes können nicht nur explizit im Primär- oder Sekundärrecht vorgesehen sein. Vielmehr stellen sich die im Wege systematischer Auslegung zu beantwortenden Fragen, ob zum einen die ausreichende Existenzmittel voraussetzenden Aufenthaltsrichtlinien den Ausschluss von Sozialleistungsansprüchen für Nichterwerbstätige gebieten (aa), und inwieweit zum anderen dem sehr ausdifferenzierten Sekundärrechtsregime für grundfreiheitlich Freizügigkeitsberechtigte die Wertung entnommen werden kann, dass dort spezifisch Erwerbstätigen eingeräumte Ansprüche nur diesen, nicht aber generell Unionsbürgern zustehen (bb). Anders gewendet: Kann sich der Gleichbehandlungsanspruch auch auf Rechtspositionen erstrecken, die sekundärrechtlich ausdrücklich grundfreiheitlich Freizügigkeitsberechtigten vorbehalten sind?

(aa) Von den Aufenthaltsrichtlinien vorausgesetzter Ausschluss Nichterwerbstätiger von Sozialleistungen?

Mitunter wird argumentiert, dass den zwischenzeitlich außer Kraft getretenen, das Aufenthaltsrecht Nichterwerbstätiger regelnden RL 90/364, 90/365 und 93/96 im Hinblick auf die dort verankerten ökonomischen Aufenthaltsvoraussetzungen die Wertung entnommen werden könne, dass „Personen, die nicht aktiv am Wirtschaftsleben teilnehmen, ... im bisherigen Umfang für ihre Bedürfnisse selbst verantwortlich bleiben [sollen], ohne durch die Unionsbür-

---

Problematik hat sich jedoch GA *Geelhoed* in seinem Schlussantrag, Rn. 42. Zustimmend dagegen *A. P. van der Mei*, EJML 2005, 203 (208).

[453] So auch *M. Dougan*, 42 CML Rev. (2005), 943 (964). Sehr weitgehend hält *D. H. Scheuing*, Freedom of Movement, 145 (185 f.), den Ausschluss dann für einschlägig, wenn der Unionsbürger von seinem Freizügigkeitsrecht Gebrauch gemacht hat, um ein Stipendium zu erlangen.

[454] Dazu ausführlich unten, 2. Teil B. III. 3. e) aa). Entnähme man, was allerdings abzulehnen ist, Art. 18 II EG eine Sperrwirkung auch für den Bereich des Diskriminierungsschutzes, so wäre eine Einführung neuer Schranken jedoch schon kompetenziell unmöglich, siehe dazu unten, 2. Teil B. III. 2.

gerschaft zusätzliche Ansprüche auf öffentliche Mittel des Aufnahmemitgliedstaates zu erhalten."[455] Diese Argumentation wird auch auf die neue Aufenthaltsrichtlinie 2004/38 übertragen, die ebenfalls zwischen dem voraussetzungslosen Aufenthaltsrecht Erwerbstätiger und dem an ökonomische Kautelen geknüpften Aufenthaltsrecht wirtschaftlich inaktiver Personen unterscheide.[456]

Dieser Auffassung kann jedoch schon, wie im ersten Abschnitt dargelegt, im Hinblick auf das Aufenthaltsrecht selbst angesichts eines als Unionsbürgerrecht konstitutionalisierten allgemeinen Freizügigkeitsrechts nur eingeschränkt beigepflichtet werden. Des Weiteren müssen das Aufenthaltsrecht und der gleichberechtigte Zugang zu Sozialleistungen nicht notwendigerweise synchronisiert sein. Vielmehr bleibt es dem Aufnahmemitgliedstaat unbenommen, bei Inanspruchnahme von Sozialhilfe aufenthaltsbeendende Maßnahmen zu ergreifen.[457] Dies birgt freilich die Gefahr der schnellen Ausweisung durch den Aufnahmemitgliedstaat, der nur auf diese Weise seine finanziellen Interessen zu schützen vermag. Damit schlägt die Sozialhilfeberechtigung doch mittelbar auf den aufenthaltsrechtlichen Status durch.[458] Schließlich spricht gegen den aus dem Sekundärrecht abgeleiteten Ausschluss, dass sich dieser auf den Lebensunterhalt sicherstellende Maßnahmen beschränken müsste, sonstige, ebenfalls mit Kosten für den Aufnahmemitgliedstaat verbundene Sozialleistungen dagegen erfasst wären – eine fragwürdige Differenzierung.

(bb) Systematische Folgerungen aus dem ausdifferenzierten Sekundärrechtsregime für grundfreiheitlich Freizügigkeitsberechtigte

Zu Recht wird betont, dass die Einbeziehung Nichterwerbstätiger in die nationalen Sozialleistungssysteme über das allgemeine Diskriminierungsverbot Spannungen im Hinblick auf das sekundärrechtlich ausdifferenzierte System der Erstreckung von Sozialleistungsansprüchen auf Erwerbstätige auslöst. Warum sind – so lässt sich in der Tat fragen – beispielsweise detaillierte Regelungen für Arbeitnehmer notwendig, wenn eine Einbeziehung aller Unionsbür-

---

[455] *J. M. Soria*, JZ 2002, 643. Ähnlich *S. Bode*, EuZW 2003, 552 (553); *K. Hailbronner*, 42 CML Rev. (2005), 1245 (1249 f.); *S. Robin-Olivier*, Principe d'Égalité, 413.

[456] *K. Hailbronner*, 42 CML Rev. (2005), 1245 (1261 f.).

[457] *C. Schönberger*, Unionsbürger, 374 ff. Auf diese Möglichkeit weist auch *S. Bode*, Europarechtliche Gleichbehandlungsansprüche Studierender, 368, hin.

[458] So *S. Bode*, Europarechtliche Gleichbehandlungsansprüche Studierender, 259; *A. von Bogdandy/S. Bitter*, Unionsbürgerschaft und Diskriminierungsverbot, 309 (315); *M. Dougan*, 42 CML Rev. (2005), 943 (971); *S. Douglas-Scott*, 18 YEL (1998), 29 (64); *S. Fries/J. Shaw*, 4 EPL (1998), 533 (553); *S. Kadelbach*, Unionsbürgerschaft, 539 (563); *S. O'Leary*, 24 EL Rev. (1999), 68 (78); *F. Sander*, DVBl. 2005, 1014 (1021 f.); *C. Schönberger*, Unionsbürger, 376 ff.; *C. Tomuschat*, 37 CML Rev. (2000), 449 (456); *H. Toner*, 7 M.J.E.C.L. (2000), 158 (180).

ger bereits über das allgemeine Diskriminierungsverbot möglich ist?[459] Auch wenn diese Bedenken nicht von der Hand zu weisen sind, ist die mitunter gezogene Konsequenz, Nichterwerbstätige im Umkehrschluss zu Art. 7 II VO 1612/68 von Sozialleistungen auszuschließen,[460] keine probate Antwort. Denn Art. 7 II VO 1612/68[461] kann nicht die Aussage entnommen werden, dass ausschließlich die dort begünstigte Personengruppe, also Arbeitnehmer, von der Inländerbehandlung in Bezug auf soziale und steuerliche Vergünstigungen profitieren soll. Dem widerspricht schon, dass entsprechende Vergünstigungen für Berechtigte der Niederlassungs- respektive Dienstleistungsfreiheit aus den insoweit nicht sekundärrechtlich konkretisierten grundfreiheitlichen Diskriminierungsverboten oder sogar dem allgemeinen Diskriminierungsverbot entnommen werden. Vor allem aber bestehen keine Anhaltspunkte dafür, dass der Gemeinschaftsgesetzgeber mit der 1968 getroffenen Regelung einen generellen Ausschluss Nichterwerbstätiger von steuerlichen und sozialen Vergünstigungen in Antizipation des mit Art. 18 I EG erreichten Integrationsfortschritts bezweckte. Schließlich widerspräche ein solcher Umkehrschluss dem herkömmlichen Verständnis des Verhältnisses zwischen sekundärrechtlichen Konkretisierungen und primärrechtlichen Gewährleistungen. Denn sekundärrechtliche Ausprägungen der Grundfreiheiten qualifiziert der EuGH gerade nicht als abschließende Sonderregelungen, sondern lässt einen Rekurs auf allgemeine Prinzipien zu.[462] Auch der Gerichtshof teilt diese Auffassung nicht: Namentlich die Rs. Martínez Sala, Collins und Ioannidis zeigen, dass aus einem sekundärrechtlich explizit Arbeitnehmern vorbehaltenen Anspruch nicht im Umkehrschluss geschlossen werden darf, der über die Unionsbürgerschaft vermittelte Gleichbehandlungsanspruch könne sich hierauf nicht erstrecken. Eine stimmige Gesamtlösung erreichen lässt sich freilich nur durch den Gemeinschaftsgesetzgeber im Wege der positiven Integration.

---

[459] Siehe etwa *C. Schönberger*, Unionsbürger, 420 f., der die Stimmigkeit durch die Einführung von Wartezeiten für Nichterwerbstätige wiederherstellen möchte; *K. Hailbronner*, NJW 2004, 2185 (2188), der das methodische Vorgehen des EuGH in der Rs. Martínez Sala kritisiert; *P. Rambaud*, Libre circulation, 11; *C. Tomuschat*, 37 CML Rev. (2000), 449 (456): "Lastly, one may wonder whether the Court has sufficiently reflected on the relationship between the principle of non-discrimination laid down in Article 12 and the regimes established, under the guiding authority of in particular freedom of movement of workers and freedom of establishment, by Regulations 1612/68 and 1408/71".

[460] Einen solchen postuliert *G. Schulz*, Freizügigkeit, 259 ff., jedoch relativiert bei Aufenthaltsbezug, 261 ff., und darüber hinaus *de lege ferenda*, 273. Siehe ferner *H. G. Fischer*, Unionsbürgerschaft, 12; *J.-P. Lhernould*, Droit Social 2001, 1103 (1107); *D. Martin*, EJML 2002, 136 (140), sowie die Regierung des Vereinigten Königreichs in EuGH, Rs. C-184/99, Slg. 2001, I-6193, Rn. 24 – Grzelczyk. Für eine Analogie zur VO 1612/68 für Nichterwerbstätige plädiert dagegen die portugiesische Regierung in Rs. C-184/99, Slg. 2001, I-6193, Rn. 23 – Grzelczyk.

[461] Zu Art. 7 II VO 1612/68 bereits oben, 1. Teil A. II. 1. b) bb) (1) (a).

[462] Dazu oben, 1. Teil A. II. 1. b) bb).

(2) Die Ausnahme von mit der (nationalen) Staatsangehörigkeit untrennbar verknüpften Rechtspositionen

Gemeinhin anerkannte Grenze des allgemeinen Diskriminierungsverbotes ist der Ausschluss von mit der nationalen Staatsangehörigkeit wesensmäßig verknüpften Rechtspositionen aus dem Gleichbehandlungsanspruch.[463] Denn Staat und Staatsangehörige verbinde ein besonderes Verhältnis, das sich in der exklusiven Gewährung bestimmter Rechte manifestiere, die folglich nicht auf Angehörige anderer Staaten erstreckt werden könnten.[464] Zu diesen mit der Staatsangehörigkeit untrennbar verknüpften Rechtspositionen gerechnet werden politische Partizipationsmöglichkeiten jenseits der kommunalen Ebene,[465] die Beteiligung an der Ausübung hoheitlicher Gewalt, welche eine besondere Treuebeziehung voraussetze[466], ein unbedingtes Aufenthaltsrecht, das Schutz vor Ausweisung beinhaltet,[467] die Gewährung von diplomatischem und konsularischem Schutz[468] sowie das Internierungsverbot in Kriegszeiten[469].

---

[463] *R. W. Davis*, 27 EL Rev. (2002), 121 (123 f.); *K. Doehring*, ZEuS 2001, 395 (399); *P. Garrone*, SZIER 1993, 251 (267); *K. Hailbronner*, ZaöRV 64 (2004), 603 (615); *N. Kotalakidis*, Unionsbürgerschaft, 156 ff. („Kernbereich der vom nationalen Staatsbürgerstatus erfaßten Rechte"); *I. Pernice*, Verfassungsrechtliche Status, 177 (187): Ausnahme der „Privilegien des Staatsbürgers, die aus der von der Unionsverfassung anerkannten, ja strukturell vorausgesetzten Staatlichkeit der Mitgliedstaaten resultieren"; *D. H. Scheuing*, Freizügigkeit, 103 (139); *C. Tomuschat*, 37 CML Rev. (2000), 449 (457); GA *Jacobs*, in: EuGH, Rs. C-274/96, Slg. 1998, I-7637, Rn. 27 – Bickel und Franz; GA *La Pergola*, in: Rs. C-85/96, Slg. 1998, I-2691, Rn. 21 – Martínez Sala; *ders.*, in: Rs. C-356/98, Slg. 2000, I-2623, Rn. 54 – Kaba I. Vgl. ferner *K. Doehring*, VVDStRL 32 (1974), 7 (34 ff.); *J. Isensee*, VVDStRL 32 (1974), 49 (91 ff.). Siehe aber auch *G. Ress*, JuS 1992, 985 (987), nach dem ein Europa der Bürger auch Diskriminierungen im staatsbürgerlich-politischen Bereich verbiete. Ebenso *de lege ferenda R. C. A. White*, 54 ICLQ (2005), 885 (902). Allgemein zum Nationalstaatsprinzip aus staats- und verfassungsrechtlicher Perspektive *A. Siehr*, Deutschenrechte, 126 ff.

[464] *C. Hillgruber*, HStR, Bd. 2, § 32, Rn. 28 f.; *N. Kotalakidis*, Unionsbürgerschaft, 157.

[465] *R. W. Davis*, 27 EL Rev. (2002), 121 (123 f.); *P. Garrone*, SZIER 1993, 251 (267); *J. Handoll*, Free Movement, 304 f. (Rn. 9.191); *N. Kotalakidis*, Unionsbürgerschaft, 157; *I. Pernice*, Verfassungsrechtliche Status, 177 (187); *C. Tomuschat*, 37 CML Rev. (2000), 449 (457). Siehe auch GA *Jacobs*, in: EuGH, Rs. C-274/96, Slg. 1998, I-7637, Rn. 27 – Bickel und Franz; GA *La Pergola*, in: Rs. C-85/96, Slg. 1998, I-2691, Rn. 21 – Martínez Sala.

[466] *N. Kotalakidis*, Unionsbürgerschaft, 157; *I. Pernice*, Verfassungsrechtliche Status, 177 (187). Siehe auch GA *Jacobs*, in: EuGH, Rs. C-274/96, Slg. 1998, I-7637, Rn. 27 – Bickel und Franz.

[467] *R. W. Davis*, 27 EL Rev. (2002), 121 (123 f.); *I. Pernice*, Verfassungsrechtliche Status, 177 (187). Die Unterschiede des Aufenthaltsrechts des Staatsbürgers und des Unionsbürgers betonen auch der EuGH, Rs. C-356/98, Slg. 2000, I-2623, Rn. 54 f. – Kaba I, sowie die GA *La Pergola*, ibid., Rn. 54, und *Léger*, in: Rs. C-192/99, Slg. 2001, I-1237, Rn. 23 – Kaur. Dazu auch BVerfGE 113, 273 (294 f.) – Europäischer Haftbefehl.

[468] *R. W. Davis*, 27 EL Rev. (2002), 121 (123 f.).

[469] *R. W. Davis*, 27 EL Rev. (2002), 121 (123 f.).

Diese Privilegierung der nationalen Staatsangehörigkeit ist im Grundsatz unionsrechtlich anerkannt. So betont zum einen Art. 17 I 3 EG, dass die Unionsbürgerschaft die nationale Staatsbürgerschaft ergänzt, nicht aber ersetzt. Zum anderen schützt Art. 6 III EU die nationale Identität der Mitgliedstaaten und mit dieser die Personalhoheit als wesentliches Element der Staatlichkeit der Mitgliedstaaten.[470] Darüber hinaus mag man auf Art. 22 UA 2 EG verweisen, der die Weiterentwicklung der bislang vorgesehenen politischen Rechte ermöglicht und damit weitergehende politische Rechte aus dem *Acquis* ausklammere.[471] Es ist entbehrlich, diese abstrakten Vorgaben anhand einer Analyse des Wesens von Staats- und Unionsbürgerschaft zu konkretisieren, da bereits das geltende Unionsrecht Auskunft über die den Staatsangehörigen vorbehaltenen Rechte gibt. So ist dem Unionsbürger aufgrund der fortbestehenden Ausweisungsmöglichkeit kein unbedingtes Aufenthaltsrecht eingeräumt[472] und die politische Partizipation jenseits der kommunalen Ebene versagt, wie ein Umkehrschluss zu Art. 19 EG nahe legt.[473] Der diplomatische und konsularische Schutz hat in Art. 20 EG seine besondere Ausprägung erfahren und die in den Art. 39 IV, 45 sowie 55 i.V.m. 45 EG verankerte Bereichsausnahme stellt sicher, dass Tätigkeiten, die eine auf der Staatsangehörigkeit beruhende besondere Verbundenheit des Beschäftigten mit dem Staat voraussetzen, eigenen Staatsangehörigen vorbehalten bleiben.

Dass es sich hierbei um ein entwicklungsoffenes Verhältnis handelt, zeigt die im Laufe der Integration erfolgte Annäherung der Position von ausländischen Unionsbürgern und Inländern sowie das aufgrund der in Art. 22 UA 2 EG enthaltenen Rechtsetzungsermächtigung dynamisch ausgestaltete Konzept der Unionsbürgerschaft. Ganz in diesem Sinne stellte der dritte Erwägungsgrund der das kommunale Wahlvolk erweiternden RL 94/80 über die Einzelheiten der Ausübung des aktiven und passiven Wahlrechts bei den Kommunalwahlen für Unionsbürger mit Wohnsitz in einem Mitgliedstaat, dessen Staatsangehörigkeit sie nicht besitzen, lapidar fest:

> Das in [Art. 19 I EG] vorgesehene aktive und passive Wahlrecht bei den Kommunalwahlen im Wohnsitzmitgliedstaat stellt eine Anwendung des Grundsatzes der Gleichheit und Nichtdiskriminierung zwischen in- und ausländischen Unionsbürgern sowie eine Ergänzung des in [Art. 18 I EG] festgeschriebenen Rechts auf Freizügigkeit und freien Aufenthalt dar.[474]

---

[470] So auch *I. Pernice*, Verfassungsrechtliche Status, 177 (187).

[471] *N. Kotalakidis*, Unionsbürgerschaft, 157.

[472] Dazu bereits oben, 1. Teil A. II. 1. b) aa) sowie 2. Teil A. IV.

[473] So *W. Obwexer*, EuZW 2002, 56 (57); *D. H. Scheuing*, Freizügigkeit, 103 (139); *ders.*, EuR 2003, 744 (786); *ders.*, Freedom of Movement, 145 (196); *C. Schönberger*, Unionsbürger, 404.

[474] Für die Gleichstellung bezüglich des aktiven und passiven Wahlrechts zum Europäischen Parlament wird identisch argumentiert, vgl. 3. Erwägungsgrund RL 93/109/EG. Den

(3) Vorbehalt positiver Integration?

Insbesondere im Kontext der Erstreckung sozialer Rechte auf Nichterwerbstätige, aber auch hinsichtlich des Kollisionsrechts wurden Grenzen des unionsbürgerlichen Diskriminierungsverbots aus dem Verhältnis von Gemeinschaftsgesetzgeber und Gerichtshof abgeleitet. Den im Primärrecht enthaltenen Rechtsetzungsermächtigungen – namentlich Art. 18 II EG, die Argumentation ließe sich jedoch auch auf die Art. 12 II und 293 1. SpS EG übertragen – wird ein Vorbehalt positiver Integration entnommen. Dieser verwehre es der Rechtsprechung, im Wege der negativen Integration einen derart weiten Diskriminierungsschutz zu entwickeln.[475] Materiell wurzelt dieser Vorbehalt im Demokratieprinzip, das der Schaffung einer Sozialunion am politischen Prozess vorbei entgegenstünde.[476] Ferner stoße die nur punktuell vorgehende, Einzelfälle entscheidende Rechtsprechung wegen der zu bewältigenden Komplexität strukturell an die Grenzen ihrer Leistungsfähigkeit.[477]

Von rechtlich limitierender Relevanz wären diese Einwände – unabhängig von ihrer rechtspolitischen Berechtigung – jedoch nur, wenn die weite Auslegung des unionsbürgerlichen Diskriminierungsverbotes durch den Gerichtshof eine Überschreitung von dessen in Art. 220 EG verankerter Rechtsprechungskompetenz darstellte, die entsprechend der gemeineuropäischen Rechtstradition die Befugnis zur Rechtsfortbildung beinhaltet.[478] Dies ist jedoch nicht der Fall. Denn genauso wie die Relativierung der sekundärrechtlichen Aufenthaltsvoraussetzungen Konsequenz eines als Unionsbürgerrecht konstitutionalisierten Aufenthaltsrechts ist, korreliert der weit verstandene Diskriminierungsschutz mit der durch die Unionsbürgerschaft bedingten erweiterten Zielsetzung der

---

die Freizügigkeit flankierenden Charakter des Kommunalwahlrechts betont auch *M. J. Garot*, Citoyenneté de l'Union, 125 f.

[475] *U. Becker*, EuR 1999, 522 (532); *S. Bode*, EuZW 2003, 552 (557); *dies.*, EuZW 2005, 279 (281 f.); *dies.*, Europarechtliche Gleichbehandlungsansprüche Studierender, 233; *T. Oppermann*, Europarecht, § 24, Rn. 4; *G. Schulz*, Freizügigkeit, 260.

[476] *S. Bode*, EuZW 2002, 637 (639); *K.-D. Borchardt*, NJW 2000, 2057 (2059); *I. Niemann*, EuR 2004, 946 (949); *R. Kanitz/P. Steinberg*, EuR 2003, 1013 (1024).

[477] *S. Bode*, EuZW 2003, 552 (557); *dies.*, EuZW 2005, 279 (280); *dies.*, Europarechtliche Gleichbehandlungsansprüche Studierender, 243 f., 359 f.; *A. von Bogdandy/S. Bitter*, Unionsbürgerschaft und Diskriminierungsverbot, 309 (315 f.); *M. Dougan*, 42 CML Rev. (2005), 943 (985); *R. Kanitz/P. Steinberg*, EuR 2003, 1013 (1024); *M. Moore*, 39 CML Rev. (2002), 807 (836 f.); *J.-C. Scholsem*, CDE 1989, 306 (324); *C. Schönberger*, Unionsbürger, 352 f. Für das Kollisionsrecht *T. Helms*, GPR 2005, 36 (38). Auch der Gerichtshof ist sich dieser Problematik bewusst, sieht sich jedoch gleichzeitig verpflichtet, Rechtsschutz zu gewähren, vgl. EuGH, Rs. 1/72, Slg. 1972, 457, Rn. 20 ff. – Frilli. Dazu noch ausführlich unten, 3. Teil A. III. 3. b).

[478] Zur Zuständigkeit des EuGH und ihren Grenzen siehe statt vieler *P. M. Huber*, in: Streinz, Art. 220, Rn. 8 ff.

Europäischen Union, in der der Abbau von Diskriminierungen nicht auf Marktteilnehmer beschränkt ist.[479]

Als zu weitgehend abzulehnen ist schließlich die Auffassung, dass Art. 18 III EG, der unter anderem die soziale Sicherheit und den sozialen Schutz als mögliche Regelungsgegenstände aus der freizügigkeitsspezifischen Rechtsetzungsermächtigung des Art. 18 II EG ausnimmt, gleichzeitig einer Erstreckung des wesentlich auf Art. 18 I EG gestützten unionsbürgerlichen Diskriminierungsverbotes auf diese Materien entgegenstehe. Denn durch die Rechtsprechung wird lediglich im Einzelfall Diskriminierungsschutz gewährt, nicht aber werden nationale Sozialstandards koordiniert oder harmonisiert.

Abschließend sei darauf hingewiesen, dass erstaunlicherweise auch der Gemeinschaftsgesetzgeber die Rechtsprechung des EuGH in der Sache weitgehend sanktioniert hat, wie ein Blick in die neue Aufenthaltsrichtlinie 2004/38 zeigt. Damit hat der Vorbehalt positiver Integration jedenfalls für die Zukunft seine Berechtigung verloren.[480]

ee) Der tatbestandlich umfassende Charakter des unionsbürgerlichen Diskriminierungsverbotes

Der Anspruch des Unionsbürgers auf Inländerbehandlung ist im Grundsatz tatbestandlich umfassend angelegt. Denn der Unionsbürger befindet sich durch die Ausübung des allgemeinen Freizügigkeitsrechts in einer unionsrechtlich geregelten Situation, womit der Anwendungsbereich des Gemeinschaftsrechts im Sinne des Art. 12 EG eröffnet ist. Restriktive, da eine Konnexität von Aufenthaltsrecht und Gegenstand der Gleichbehandlung fordernde Ansätze sind nicht nur mangels Abgrenzungstauglichkeit abzulehnen, sondern auch wegen der unionsrechtlichen Zielvorgabe, Diskriminierungen auch Nichterwerbstätiger zu beseitigen. Tatbestandliche Grenzen bestehen allerdings dort, wo dies das Primär- oder primärrechtskonforme Sekundärrecht bestimmen, namentlich bei Rechtspositionen, die mit der nationalen Staatsangehörigkeit untrennbar verknüpft sind.

b) Diskriminierung aufgrund der Staatsangehörigkeit

aa) Der Anspruch auf Inländerbehandlung

Trotz seiner Bezeichnung als allgemeines Diskriminierungsverbot steht Art. 12 EG nur solchen Diskriminierungen im Anwendungsbereich des Vertrages entgegen, die an das Differenzierungskriterium der Staatsangehörigkeit an-

---

[479] Siehe bereits oben, 2. Teil B. II. 2. a) cc) (3). Im Zusammenhang mit EuGH, Rs. C-186/87, Slg. 1989, 195 – Cowan, bereits *S. Weatherill*, 26 CML Rev. (1989), 563 (579 f.).

[480] Kritisch zum Rezeptionsverhalten des Gemeinschaftsgesetzgebers *K. Hailbronner*, 42 CML Rev. (2005), 1245 (1262 f.). Zur aufenthaltsrechtlichen Regelung siehe bereits oben, 2. Teil A. IV. 4. d). Zum Diskriminierungsschutz näher unten, 2. Teil B. III.

knüpfen. Bereits im ersten Teil wurde der vom EuGH zugrunde gelegte weite Diskriminierungsbegriff eingehend erörtert: Unterscheiden nationale Regelungen explizit nach der In- respektive Ausländereigenschaft des von ihrem persönlichen Geltungsbereich Erfassten, liegt eine sog. offene Diskriminierung vor; bedienen sie sich anderer Kriterien, die das Merkmal der Staatsangehörigkeit lediglich durch ein anderes substituieren, handelt es sich um eine Form der sog. verdeckten Diskriminierung.[481]

Unterschiedlich beurteilt wird, ob das Vorliegen einer Diskriminierung darüber hinaus begrifflich eine Vergleichbarkeit der zu beurteilenden Sachverhalte voraussetzt.[482] Gewiss kann man nur dann von einer Diskriminierung sprechen, wenn beide Sachverhalte in wesentlichen Elementen übereinstimmen, was einer wertenden Entscheidung bedarf. Im Interesse der Rechtssicherheit muss sich diese an den tatbestandlichen Konkretisierungen des Diskriminierungsverbotes orientieren.[483] Art. 12 EG pönalisiert das Differenzierungskriterium der Staatsangehörigkeit und gibt damit die Vergleichsgruppen vor, nämlich In- und Ausländer. Knüpft eine nationale Regelung jedoch offen oder verdeckt an diese an, besteht kein Raum mehr für weitere Vergleichbarkeitserwägungen auf Tatbestandsebene.[484]

bb) Der Anspruch auf Behandlung als Ausländer?

Im Zusammenhang mit seiner Rechtsprechung zum unionsbürgerlichen Diskriminierungsverbot hat der Gerichtshof in der Rs. Avello den Diskriminierungsbegriff erneut ausgeweitet. Eine Diskriminierung liege nämlich nicht nur dann vor, wenn das nationale Recht vergleichbare Situationen ungleich behandelt, also Ausländern Vergünstigungen vorenthält, sondern auch, wenn ungleiche Situationen gleich behandelt werden, der Ausländer also wie ein Inländer behandelt wird, obwohl Besonderheiten seiner Situation eine Andersbehand-

---

[481] Dazu ausführlich oben, 1. Teil A. II. 1. b) bb) (3).

[482] Darauf legen *M. Dougan/E. Spaventa*, New Models of Social Solidarity in the EU, 181 (215 f.), einen Schwerpunkt bei der dogmatischen Strukturierung des unionsbürgerlichen Diskriminierungsverbotes. Mitunter folgt auch der EuGH diesem Ansatz, etwa in der Rs. C-356/98, Slg. 2000, I-2623, Rn. 31 ff. – Kaba I [zu dieser bereits oben, 2. Teil A. IV. 4. b) bb) (1)], die einen Inländerbehandlungsanspruch grundfreiheitlich Freizügigkeitsberechtigter hinsichtlich der Erteilung einer Daueraufenthaltsgenehmigung für drittstaatsangehörige Familienmitglieder zum Gegenstand hatte. Diesen verneinte der Gerichtshof mangels Vergleichbarkeit des Aufenthaltsrechts von Inländern und EU-Ausländern, da unionsrechtlich das Aufenthaltsrecht nicht absolut gewährleistet sei. Siehe ferner die Rs. C-520/04, n.n.v., Rn. 26 ff. – Turpeinen [zu dieser noch ausführlich unten, 2. Teil C. I. 1. i)]. Allgemein zur Problematik der Vergleichsgruppenbildung *S. M. Damm*, Gleichheitsschutz, 326 ff.

[483] *S. Plötscher*, Diskriminierung, 42 f.

[484] Näher dazu *S. Plötscher*, Diskriminierung, 122 ff., 269.

lung gebieten.[485] Diesem Diskriminierungsbegriff wohnt eine ungeheure Sprengkraft inne, könnten EU-Ausländer in letzter Konsequenz eine Sonderbehandlung gegenüber Inländern beanspruchen, wenn sachliche Gründe dies gebieten: Wäre auf der Basis dieser Rechtsprechung die Beschränkung der Amts- oder Gerichtssprache im Aufenthaltsstaat auf die des Aufenthaltsstaates nicht unionsrechtlich problematisch?

Der EuGH überträgt hier, ohne dies näher zu thematisieren, die Auslegung des Begriffes der Ungleichbehandlung im Rahmen des Gemeinschaftsgrundrechts allgemeiner Gleichheitssatz auf die Auslegung des Diskriminierungsbegriffes im Rahmen des allgemeinen Diskriminierungsverbotes. Dies ist zumindest auf den ersten Blick insofern überraschend, als beide zwar Ausdruck des Gleichheitsgedankens sind, sich jedoch rechtsdogmatisch, etwa im Hinblick auf Adressat, Rechtfertigungsstandard oder Rechtsfolge einer Diskriminierung, deutlich voneinander unterscheiden.[486] Diese Vermengung unterschiedlicher Konzepte unterstreicht die in der Rs. Avello in Bezug genommene Entscheidung, die das so genannte landwirtschaftliche Diskriminierungsverbot des Art. 34 II UA 2 EG betrifft, ein Spezialfall des Unionsgrundrechts allgemeiner Gleichheitssatz.

Wie weit der Gerichtshof bereit sein wird, diesen Ansatz im Rahmen des Diskriminierungsverbotes fortzuentwickeln, muss sich erst noch zeigen. Einerseits entfernt er sich damit vom traditionellen Verständnis eines Inländergleichbehandlungsgebotes, andererseits stellt natürlich auch die Gleichbehandlung von Ungleichem ein Mobilitätshindernis dar. Zu erwägen ist allerdings, ob dieses nicht widerspruchsfreier als Beschränkung aufgefasst werden kann, ein Ansatz, den nicht nur Generalanwalt *Jacobs* vorschlug,[487] sondern den auch der Gerichtshof in einer strukturell vergleichbaren Sachverhaltskonstellation im Kontext der Marktfreiheiten, der Rs. van Munster, wählte.[488]

---

[485] EuGH, Rs. C-148/02, Slg. 2003, I-11613, Rn. 31 ff. – Avello. Eine Gleichbehandlung von Ungleichem verneint *P. Lagarde*, Rev. crit. dr. i. p. 2004, 192 (198 f.), da gemeinsames Moment der Aufenthalt im Aufnahmemitgliedstaat sei.

[486] Dazu unten, 3. Teil, Fn. 108. Zur Übertragung siehe *T. Helms*, GPR 2005, 36 (37), sowie *S. Bode*, Europarechtliche Gleichbehandlungsansprüche Studierender, 198, die hierin „die folgerichtige Anwendung des Diskriminierungsverbotes in umgekehrter Lesart" sieht. Ähnlich *R. Hernu*, Égalité et Non-Discrimination, 230 ff.: «L'assimilation peut rendre nécessaire la différenciation de traitement.» (235); *S. Magiera*, Der Rechtsstatus der Unionsbürger, 429 (446); *S. Robin-Olivier*, Principe d'Égalité, 219 ff.

[487] GA *Jacobs*, in: EuGH, Rs. C-148/02, Slg. 2003, I-11613, Rn. 65 – Avello. Auch *S. Plötscher*, Diskriminierung, 152, betont, dass eine „gleichheitssatzähnliche Struktur dem Diskriminierungsgedanken grundsätzlich fremd" sei, da Diskriminierungsverbote die „*Anwendung* eines bestimmten, stigmatisierenden Kriteriums pönalisieren", nicht aber „Aussagen über die *Nichtanwendung* einer etwa gebotenen Unterscheidung" träfen (s. ferner 270 f.).

[488] EuGH, Rs. 165/91, Slg. 1994, I-4661, Rn. 29 ff. – van Munster.

Relativiert wird die Tragweite der Rs. Avello jedenfalls dadurch, dass *in casu* das nationale Recht eine Sonderbehandlung auch des Ausländers durch die generelle Möglichkeit der Namensänderung vorsah, die im Ausgangsverfahren abgelehnt wurde. Ob EU-Ausländern auch dann eine Sonderbehandlung zu Teil wird, wenn diese erst im Wege der Rechtsfortbildung *praeter legem* geschaffen werden müsste, bleibt somit offen. Dies entspräche zwar der strengen Rechtsprechung zu den gemeinschaftsrechtlichen Diskriminierungsverboten, nicht jedoch der zum allgemeinen Gleichheitssatz, der der „neue“ Diskriminierungsbegriff entliehen ist. Dort beschränkt sich der Gerichtshof regelmäßig darauf, die Unvereinbarkeit der Diskriminierung mit dem Gemeinschaftsrecht festzustellen, und überlässt es im Übrigen den Gemeinschaftsorganen, die zur Beseitigung dieser Unvereinbarkeit erforderlichen Maßnahmen zu treffen.[489] Ähnlich zurückhaltend entschied der Gerichtshof in der bereits erwähnten Rs. van Munster:

> Angesichts eines derartigen Unterschieds zwischen den Rechtsvorschriften verlangt der in [Art. 10 EG] niedergelegte Grundsatz der loyalen Zusammenarbeit von den zuständigen Behörden der Mitgliedstaaten, daß sie alle ihnen zur Verfügung stehenden Mittel einsetzen, um den Zweck des [Art. 39 EG] zu erreichen. Diese Verpflichtung impliziert, daß die Behörden prüfen, ob ihre Rechtsvorschriften auf den Wanderarbeitnehmer wörtlich und in gleicher Weise wie auf einen seßhaften Arbeitnehmer angewandt werden können, ohne daß diese Anwendung den Verlust einer Vergünstigung der sozialen Sicherheit für den Wanderarbeitnehmer mit sich bringt und daher geeignet ist, ihn davon abzuhalten, von seinem Recht auf Freizügigkeit tatsächlich Gebrauch zu machen. In diesem Zusammenhang ist daran zu erinnern, daß das nationale Gericht das nationale Recht, das es anzuwenden hat, soweit wie möglich in Übereinstimmung mit den Anforderungen des Gemeinschaftsrechts auszulegen hat ...[490]

3. Die Sicherung mitgliedstaatlicher Gestaltungsspielräume auf Rechtfertigungsebene

Aufgrund der tatbestandlichen Weite des unionsbürgerlichen Diskriminierungsverbots steht potentiell jede zwischen In- und Ausländern offen oder versteckt differenzierende nationale Regelung auf dem Prüfstand des Unionsrechts. Damit ist jedoch noch nicht das Verdikt ihrer Unionsrechtswidrigkeit gefällt. Vielmehr ist auf der Ebene der Rechtfertigung dem Interesse der Mitgliedstaaten, über Gestaltungsspielräume für legitime Differenzierungen zu verfügen, Rechnung zu tragen.[491] Als Korrelat der tatbestandlichen Ausdehnung

---

[489] EuGH, Verb. Rs. 117/76 und 16/77, Slg. 1977, 1753, Rn. 13 – Ruckdeschel. Siehe ferner Rs. C-37/89, Slg. 1990, I-2395, Rn. 17 – Weiser. Dazu noch unten, 2. Teil B. II. 4.

[490] EuGH, Rs. 165/91, Slg. 1994, I-4661, Rn. 29 ff. – van Munster.

[491] Vgl. *S. Bode*, EuZW 2002, 637 (639); *D. Düsterhaus*, EuZW 2005, 325 (325 f.); *A. P. van der Mei*, EJML 2005, 203 (209); *C. Schönberger*, Unionsbürger, 404, 407 ff.; *P. von Wilmowsky*, ZaöRV 50 (1990), 231 (248); *F. Wollenschläger*, NVwZ 2005, 1023 (1024 f.). Siehe auch GA *Jacobs*, in: EuGH, Rs. C-147/03, Slg. 2005, I-5969, Rn. 46 – EK/Österreich.

des Gleichbehandlungsanspruchs müssen daher die Möglichkeiten, offen oder verdeckt auf die Staatsangehörigkeit rekurrierende Ungleichbehandlungen zu rechtfertigen, dogmatisch strukturiert werden. Hierfür finden sich bereits jetzt verallgemeinerungsfähige Aussagen in der Rechtsprechung des Gerichtshofs (a). Vor dem Hintergrund des persönlichen Anwendungsbereichs des unionsbürgerlichen Diskriminierungsverbots kommt der Frage nach der Ausschlussmöglichkeit Nichterwerbstätiger von beitragsunabhängigen Sozialleistungen eine Vorreiterrolle zu (b).

a) Rechtfertigungsstandard

Tatbestandlich vom unionsbürgerlichen Diskriminierungsverbot erfasste, aber legitime Differenzierungen zwischen In- und Ausländern sind einer Rechtfertigung zugänglich. In ständiger Rechtsprechung rekurriert der Gerichtshof auf seinen bereits von den grundfreiheitlichen Diskriminierungsverboten her bekannten Rechtfertigungsstandard. Danach ist eine Ungleichbehandlung dann gerechtfertigt,

> wenn sie auf objektiven, von der Staatsangehörigkeit der Betroffenen unabhängigen Erwägungen beruht und in einem angemessenen Verhältnis zu dem Zweck steht, der mit den nationalen Rechtsvorschriften zulässigerweise verfolgt wird.[492]

Diese Formel ist für die jeweils betroffene Materie anhand der für sie maßgeblichen Sachgesichtspunkte zu konkretisieren. Am Beispiel des Zugangs Nichterwerbstätiger zu beitragsunabhängigen Sozialleistungen, der in der gegenwärtigen Diskussion im Mittelpunkt steht, lässt sich dies bereits illustrieren.

Umstritten und bislang vom EuGH jedenfalls nicht explizit entschieden ist, ob auch bei offen an die Staatsangehörigkeit anknüpfenden Ungleichbehandlungen eine Rechtfertigung möglich ist. Ausweislich seines Wortlautes steht das allgemeine Diskriminierungsverbot jeder Diskriminierung aufgrund der Staatsangehörigkeit entgegen, ohne dass – anders als etwa im Rahmen der Grundfreiheiten – Rechtfertigungsmöglichkeiten vorgesehen wären. Deshalb und unter Hinweis auf dessen „Leitmotivcharakter" interpretieren Teile der Literatur Art. 12 EG – jedenfalls bei offenen Diskriminierungen – als absolutes Diskriminierungsverbot, das keiner Rechtfertigung zugänglich ist.[493] Andererseits wird Art. 12 EG insofern an den allgemeinen Gleichheitssatz angenähert, als sowohl offene als auch versteckte Diskriminierungen für rechtfertigungsfä-

---

Dagegen kritisch zur Verlagerung der Problematik auf die Rechtfertigungsebene für vorübergehende Aufenthalte *M. Dougan/E. Spaventa*, New Models of Social Solidarity in the EU, 181 (203 ff., 210 f.).

[492] EuGH, Rs. C-274/96, Slg. 1998, I-7637, Rn. 27 – Bickel und Franz; Rs. C-138/02, Slg. 2004, I-2703, Rn. 66 – Collins; Rs. C-209/03, Slg. 2005, I-2119, Rn. 54 – Dany Bidar.

[493] Siehe etwa *S. Bode*, Europarechtliche Gleichbehandlungsansprüche Studierender, 278 f.; *M.-A. Reitmaier*, Inländerdiskriminierung, 34 ff.

hig erachtet werden[494] und im Kriterium der Staatsangehörigkeit lediglich ein verbotenes Differenzierungskriterium gesehen wird[495]. Hierfür lassen sich auch Belege in der Rechtsprechung des Gerichtshofs finden.[496] So ließ der EuGH in der Rs. Hayes die Frage nach der Rechtfertigung offen, da die offen diskriminierende Vorschrift bereits gegen den Verhältnismäßigkeitsgrundsatz verstoße: Die unterschiedliche Behandlung von Gebietsfremden hinsichtlich der Prozesskostensicherheit sei nämlich weder geeignet, die Erstattung von Prozesskosten in allen Fällen sicherzustellen, noch angemessen, da auch im Inland wohnende fremde Staatsangehörige erfasst würden.[497] Ebenso führte der EuGH in der Rs. Saldanha aus, dass der Zweck der Bestimmung, die von Ausländern eine Prozesskostensicherheit verlangt, „als solcher nicht mit Art. 6 EG-Vertrag unvereinbar", die Regelung in der Sache jedoch unverhältnismäßig sei.[498] Implizit könnte man auch dem Urteil in der Rs. Martínez Sala eine positive Antwort entnehmen. Denn der Gerichtshof betonte dort, dass von den Parteien keine Tatsachen vorgetragen worden seien, die die (formale) Ungleichbehandlung rechtfertigen könnten.[499] Die Rechtfertigungsfähigkeit auch von unmittelbaren Diskriminierungen für möglich zu erachten, ist überzeugend. Denn es kann

---

[494] *A. von Bogdandy*, in: G/H, Art. 12, Rn. 21 ff. (anders noch in der Vorauflage, Art. 6 EGV, Rn. 23 ff.); *S. M. Damm*, Gleichheitsschutz, 345 ff.; *A. Epiney*, in: C/R, Art. 12, Rn. 42; *dies.*, in: C/R-VVE, Art. I-4, Rn. 40; *dies.*, Umgekehrte Diskriminierungen, 93 ff.; *W. Frenz*, Europäische Grundfreiheiten, Rn. 2938 ff.; *T. Kingreen*, Diskriminierungsverbot, Rn. 19; *A. Mühl*, Diskriminierung und Beschränkung, 71 f.; *S. Plötscher*, Diskriminierung, 132 ff.; *J. Reinhardt/D. Düsterhaus*, NVwZ 2006, 432 (433 f.); *C. Schönberger*, Unionsbürger, 408; *R. Streinz*, in: ders., Art. 12, Rn. 56 f.; *M. Zuleeg*, Gleichheitssatz, 473 (480 ff.); GA *Geelhoed*, in: EuGH, Rs. C-413/01, Slg. 2003, I-13187, Rn. 97 f. – Ninni-Orasche.

[495] *I. Bode*, Diskriminierungsverbote, 303; *R. Streinz*, in: ders., Art. 12, Rn. 56; *M. Zuleeg*, in: von der Groeben/Schwarze, Art. 12, Rn. 2 f. *M. Holoubek*, in: Schwarze, Art. 12, Rn. 52 ff., und *M. Schweitzer*, Art. 12 EGV, 199 (205 f.), verneinen – im Ergebnis identisch – bereits beim Vorliegen anderer Gründe tatbestandlich die Diskriminierung. Siehe auch *U. Kischel*, EuGRZ 1997, 1 (4), der die deutsche Dogmatik zu Art. 3 GG übertragen möchte, und *M. Rossi*, EuR 2000, 197 (213 f.), der für eine umfassende Güter- und Interessenabwägung im Lichte der Vertragsziele plädiert und wegen des identischen materiellen Verbotsgehalts eine Differenzierung zwischen formellen und versteckten Diskriminierungen ablehnt. Für das Gemeinschaftsgrundrecht allgemeiner Gleichheitssatz ist anerkannt, dass auch Ungleichbehandlungen aufgrund der Staatsangehörigkeit rechtfertigungsfähig sind, vgl. EuGH, Rs. 147/79, Slg. 1980, 3005, Rn. 12 – Hochstrass.

[496] So *W. Frenz*, Europäische Grundfreiheiten, Rn. 2945 ff. Anders *A. Sattler*, Gleichheitssätze, 251 (261); unklar *M. Dony*, Discriminations, 55 f.

[497] EuGH, Rs. C-323/95, Slg. 1997, I-1711, Rn. 24 – Hayes.

[498] EuGH, Rs. C-122/96, Slg. 1997, I-5325, Rn. 29 – Saldanha.

[499] EuGH, Rs. C-85/96, Slg. 1998, I-2691, Rn. 64 – Martínez Sala. Ebenso *N. Dautzenberg*, BB 1993, 1563 (1564). A.A. *S. Bode*, Europarechtliche Gleichbehandlungsansprüche Studierender, 278 f. mit Fn. 1489, sowie – allerdings ohne Auseinandersetzung mit der Rs. Martínez Sala – *M. Dougan/E. Spaventa*, 28 EL Rev. (2003), 699 (708); *W. Obwexer*, EuZW 2002, 56 (58); *J. Ziekow*, Freizügigkeit des Unionsbürgers, 101 (106).

keinen Unterschied machen, ob der Mitgliedstaat offen oder versteckt an die Staatsangehörigkeit anknüpft, vielmehr muss allein entscheidend sein, ob die Staatsangehörigkeit das einzige Differenzierungskriterium darstellt. Unterstützt wird diese Auffassung durch die nur so mögliche harmonisierende Auslegung mit den grundfreiheitlichen Diskriminierungsverboten, bei denen die Rechtfertigung auch unmittelbarer Diskriminierungen statthaft ist.[500]

b) Exemplifizierung anhand des Zugangs Nichterwerbstätiger zu beitragsunabhängigen Sozialleistungen

Es ist nicht weiter verwunderlich, dass sich eine differenzierte Rechtfertigungsdogmatik bei dem *ratione personae* ausschließlich Nichterwerbstätige erfassenden unionsbürgerlichen Diskriminierungsverbot vor allem im Bereich des Zugangs zu beitragsunabhängigen Sozialleistungen entwickelt hat.[501] Das marktfreiheitliche Modell nahezu unbedingter Solidarität (aa) hat der Gerichtshof nicht in seine Rechtsprechung übernommen, sondern er entwickelte ein nach dem Integrationsgrad des nichterwerbstätigen Unionsbürgers in den Aufnahmemitgliedstaat differenzierendes Rechtfertigungsmodell (bb). Vor diesem Hintergrund sind die Parameter unionsbürgerlicher Solidarität zu bestimmen (cc).

aa) Das Modell der Marktfreiheiten: Nahezu unbedingte Solidarität als Preis ökonomischer Partizipation

Der Rechtsprechung zu den Marktfreiheiten liegt ein Konzept nahezu unbedingter Solidarität zugrunde, wonach EU-Ausländern Inländern gewährte Sozialleistungen weder unter Berufung auf den Gedanken nationaler Solidarität noch unter Verweis auf eine noch nicht hinreichend starke Integration in den Aufnahmemitgliedstaat vorenthalten werden dürfen.[502] Rein ökonomische Erwägungen rechtfertigen keine Beschränkung des grundfreiheitlichen Diskriminierungsschutzes, da diese weder zur Aktualisierung des *ordre-public*-Vorbehalts taugen (vgl. Art. 2 II RL 64/221; Art. 27 I 2 RL 2004/38), noch zwingende Gründe des Allgemeininteresses darstellen.[503] Nur als *ultima ratio* ist es möglich, für den Mitgliedstaat entstehende besondere finanzielle Lasten als Rechtfertigungsgrund zu berücksichtigen: So hat der Gerichtshof in seiner

---

[500] Ähnlich *A. Epiney*, in: C/R, Art. 12, Rn. 42; *W. Frenz*, Europäische Grundfreiheiten, Rn. 2951; *T. Kingreen*, Diskriminierungsverbot, Rn. 19; *J. Reinhardt/D. Düsterhaus*, NVwZ 2006, 432 (433 f.); *R. Streinz*, in: ders., Art. 12, Rn. 56 f.

[501] Allgemein zur Problematik der Einbeziehung von Zuwanderern in die nationalen Sozialsysteme *A. Graser*, Dezentrale Wohlfahrtsstaatlichkeit, 26 ff.

[502] Siehe dazu oben, 1. Teil A. II. 1. b) bb) (2).

[503] Vgl. auch EuGH, Rs. C-388/01, Slg. 2003, I-721, Rn. 19, 22 – EK/Italien; Rs. C-109/04, Slg. 2005, I-2421, Rn. 31 – Kranemann; EuGH, Rs. C-185/04, Slg. 2006, I-1453, Rn. 21 – Öberg.

Rechtsprechung zu den Grundfreiheiten, namentlich im Bereich der sozialen Sicherheit, anerkannt, dass ein schützenswertes Allgemeininteresse darin liegen kann, eine Gefährdung des finanziellen Gleichgewichts der nationalen Sozialleistungssysteme abzuwehren.[504] Die aus der Ausdehnung von Sozialleistungsansprüchen resultierende Erhöhung finanzieller Verpflichtungen allein erlaubt jedoch noch nicht, sich auf diesen Rechtfertigungsgrund zu berufen. Dies unterstreicht dessen Ausnahmecharakter.[505] Sicherlich kann dieser Ansatz auch im Rahmen des unionsbürgerlichen Diskriminierungsverbotes fruchtbar gemacht werden.[506] Als alleinige Schranke genügt dies jedoch nicht, da die Nichterwerbstätigen geschuldete Solidarität trotz des nicht mehr rein ökonomischen Verständnisses der Marktfreiheiten auf anderen Prämissen beruht. Zum einen leisten Nichterwerbstätige bei typisierender Betrachtung einen vergleichsweise geringen Beitrag zu Produktivität und Wohlstand im Aufnahmemitgliedstaat. Zum anderen ist der Gefahr primär wohlfahrtsstaatlich motivierter Wanderungsbewegungen Rechnung zu tragen. Gefordert sind also differenzierende Rechtfertigungsmodelle.[507]

Im Bereich des gleichberechtigten Zugangs zum Hochschulstudium hat die Rechtsprechung des EuGH allerdings diesen engen Rechtfertigungsrahmen auf Nichterwerbstätige übertragen: Auch hier kann die Gefährdung des Bestands des nationalen Bildungssystems zwar als Rechtfertigungsgrund geltend gemacht werden, dies jedoch nur dann, wenn die Zulassung von Ausländern zu strukturellen, finanziellen und personellen Problemen führe.[508] Wiederum erlaubt die aus dem Zustrom von ausländischen Studierenden resultierende bloße Erhöhung finanzieller Verpflichtungen des Mitgliedstaats noch keine Aktualisierung dieses Rechtfertigungsgrunds.

---

[504] EuGH, Rs. C-120/95, Slg. 1998, I-1831 – Decker; Rs. C-158/96, Slg. 1998, I-1931 – Kohll; Rs. C-185/04, Slg. 2006, I-1453, Rn. 20 ff. – Öberg; Rs. C-208/05, n.n.v., Rn. 41 ff. – ITC (in den beiden zuletzt genannten Urteilen auch zu den Anforderungen an den Nachweis).

[505] Vgl. EuGH, Rs. C-55/00, Slg. 2002, I-413, Rn. 38 – Gottardo. Sibyllinisch Rs. C-109/04, Slg. 2005, I-2421, Rn. 31 ff. – Kranemann: „Nach ständiger Rechtsprechung können rein wirtschaftliche Motive keine zwingenden Gründe des Allgemeininteresses darstellen, die eine Beschränkung einer vom Vertrag garantierten Grundfreiheit rechtfertigen könnten ... Auf jeden Fall ist es ... nicht ausgeschlossen, dass in bestimmten Fällen die Kosten einer Reise im deutschen Hoheitsgebiet höher sind als die einer Reise in einen anderen Mitgliedstaat." Siehe ferner GA *Stix-Hackl*, in: Rs. C-76/05, noch anhängig, Rn. 59 ff. – Schwarz.

[506] Befürwortend *S. Bode*, EuZW 2003, 552 (557); *R. Höfler*, NVwZ 2002, 1206 (1208); *P. Letzner*, JuS 2003, 118 (122); *M. Rossi*, JZ 2002, 351 (353).

[507] Vgl. *C. Schönberger*, Unionsbürger, 412 ff. Kritisch *S. O'Leary*, Solidarity and Citizenship Rights, 39 (73).

[508] EuGH, Rs. C-147/03, Slg. 2005, I-5969, Rn. 50, 62 ff. – EK/Österreich. Dazu *P. Hilpold*, EuZW 2005, 647 (650).

bb) Die Herausbildung des Konzepts einer abgestuften Solidarität in der Rechtsprechung des Gerichtshofs zum unionsbürgerlichen Diskriminierungsverbot

Nachdem der Gerichtshof in der Rs. Martínez Sala noch lapidar darauf verwies, dass die Parteien nichts vorgetragen hätten, was eine unterschiedliche Behandlung von In- und Ausländern hinsichtlich des gleichen Zugangs zum Erziehungsgeld hätte rechtfertigen können,[509] schien in der Rs. Collins erstmals eine differenzierte Betrachtung der Problematik der Einbeziehung ausländischer Nichterwerbstätiger in die nationalen Sozialleistungssysteme auf. Der EuGH erkannte an, dass die Gewährung der streitgegenständlichen Beihilfe zum Lebensunterhalt für Arbeitsuchende von einer tatsächlichen Verbindung des EU-ausländischen Anspruchstellers mit dem Arbeitsmarkt des Aufnahmemitgliedstaates abhängig gemacht werden könne.[510] Eine solche bestehe, wenn der Antragsteller für einen gewissen Zeitraum Arbeit im Aufnahmemitgliedstaat gesucht habe,[511] was anhand eines Wohnsitzkriteriums beurteilt werden könne.[512] Allerdings müsse dieses verhältnismäßig ausgestaltet sein: Die Mindestaufenthaltsdauer dürfe nicht länger bemessen sein als notwendig, um festzustellen, dass der Antragsteller tatsächlich Arbeit sucht.[513] Worauf der EuGH hiermit hinaus will, bleibt jedoch im Dunklen.[514] Denkbar sind zwei konkurrierende Erklärungsansätze. Einmal könnte hier das Modell einer gestuften Einbezie-

---

[509] EuGH, Rs. C-85/96, Slg. 1998, I-2691, Rn. 64 – Martínez Sala.

[510] Ähnlich EuGH, Rs. C-258/04, Slg. 2005, I-8275, Rn. 30 f. – Ioannidis (sowie ferner Rs. C-224/98, Slg. 2002, I-6191, Rn. 36 ff. – D'Hoop), für ein Übergangsgeld, das Universitätsabsolventen den Übergang in das Berufsleben erleichtern soll, wobei jedoch nicht auf den Ort des Schulabschlusses (nicht etwa der Universitätsausbildung) abgestellt werden könne. Ein Gegenbeispiel wären Studienbeihilfen, bei denen der Mitgliedstaat eine Verbindung des Studierenden zu seinem Arbeitsmarkt nicht verlangen könne, da dieser nicht für einen bestimmten räumlichen Arbeitsmarkt bestimmt sei (Rs. C-209/03, Slg. 2005, I-2119, Rn. 58 – Dany Bidar).

[511] Nicht in Widerspruch hierzu stehen die Entscheidungen des EuGH, Rs. 228/88, Slg. 1990, I-531, Rn. 7 ff. – Bronzino, sowie Rs. C-12/89, Slg. 1990, I-557, Rn. 2 – Gatto, die die Gemeinschaftsrechtmäßigkeit einer deutschen Kindergeldregelung zum Gegenstand hatten. Nach dieser wird Kindergeld für im Ausland wohnende arbeitslose Familienmitglieder nicht gezahlt, da die Arbeitslosen der Arbeitsvermittlung im Anwendungsbereich des Bundeskindergeldgesetzes zur Verfügung stehen müssten. Denn das Kindergeld ist eine den Arbeitnehmer begünstigende Familienleistung, deren diskriminierungsfreie Gewährung in Bezug auf diesen mobilitätsfördernd wirken soll. Im Übrigen wies der EuGH ausdrücklich darauf hin, dass das von der Bundesregierung vorgebrachte Argument im Bereich der Arbeitslosenunterstützung seine Berechtigung haben mag.

[512] Dies bezweifelt *A. P. van der Mei*, EJML 2004, 277 (283 f.). Kritisch auch *K. Hailbronner*, ZaöRV 64 (2004), 603 (619).

[513] EuGH, Rs. C-138/02, Slg. 2004, I-2703, Rn. 66 ff. – Collins.

[514] Siehe auch *O. Golynker*, 30 EL Rev. (2005), 111 (118); *E. Muir*, RDUE 2004, 249 (271 ff.); *S. O'Leary*, Solidarity and Citizenship Rights, 39 (73 ff.). Aufgrund ihrer tatsächlichen Umstände keine Klärung brachte auch die jüngere Entscheidung des EuGH, Rs. C-258/04, Slg. 2005, I-8275 – Ioannidis. Näher dazu *F. Wollenschläger*, EuZW 2005, 665 (666 f.).

hung Nichterwerbstätiger in die nationalen Sozialleistungssysteme aufscheinen, wonach eine beitragsunabhängige Sozialleistung auch tatsächlich Arbeitsuchenden erst nach einer gewissen Aufenthaltsdauer zusteht, um so deren zunächst mangelnder Integration in die Gesellschaft des Aufnahmemitgliedstaates Rechnung zu tragen.[515] Eine nach der sibyllinischen Aussage des Gerichtshofs bemessene Mindestaufenthaltsdauer dürfte allerdings kaum ein Wohnsitzkriterium decken, dessen Länge es rechtfertigte, von einer hinreichenden Integration des Anspruchstellers in den Aufnahmemitgliedstaat zu sprechen.[516] Wollte der Gerichtshof damit lediglich die zweckentsprechende Inanspruchnahme der Beihilfe sicherstellen, so dass niemand unter dem Vorwand der Arbeitsuche Hilfe zum Lebensunterhalt erschleicht, im Übrigen aber jedem, der tatsächlich und ernsthaft Arbeit im Inland sucht, nach einer kurzen Karenzzeit einen Gleichbehandlungsanspruch einräumen?[517] Als Wechsel auf die Zukunft ist ein solcher, Arbeitsuchende an Arbeitnehmer annähernder Ansatz im Hinblick auf die Zielsetzung des Aufenthalts rechtfertigbar, später einen Beitrag zu Produktivität und Wohlstand im Aufnahmemitgliedstaat zu leisten. Warum dann aber das Wohnsitzkriterium? Bereits ein Blick auf Art. 5 VO 1612/68 zeigt, dass der zwar deutlich weniger missbrauchsanfällige, aber dennoch Kosten verursachende Anspruch auf Unterstützung bei der Arbeitsuche durch die Arbeitsämter des Aufnahmemitgliedstaates nicht von einer Mindestaufenthaltsdauer abhängt.[518] Des Weiteren illustriert das Beispiel der Grenzgänger, dass sich ein Bezug zum Arbeitsmarkt des Aufnahmemitgliedstaates nicht notwendigerweise im dortigen Wohnsitz niederschlägt.[519]

Den ersten Ansatz, also den einer gestuften Integration Nichterwerbstätiger, verfolgte der Gerichtshof dann in Folgeentscheidungen weiter. In der etwas weniger als ein halbes Jahr später entschiedenen Rs. Trojani machte der Gerichtshof den Anspruch auf Inländerbehandlung hinsichtlich des Zugangs zu Sozialhilfe unter anderem davon abhängig, dass sich der nichterwerbstätige Unionsbürger „für eine *bestimmte Dauer*" im Aufnahmemitgliedstaat aufgehalten habe.[520] Eine Begründung für diese Auslegung des EG-Vertrages blieb der

---

[515] *A. P. van der Mei*, EJML 2004, 277 (284); *C. Schönberger*, Unionsbürger, 416 ff.; GA *Colomer*, in: EuGH, Rs. C-138/02, Slg. 2004, I-2703, Rn. 75 – Collins.

[516] Vgl. auch *O. Golynker*, 30 EL Rev. (2005), 111 (118); *J. Meulman/H. de Waele*, 31 LIEI (2004), 275 (282 f., 286); *R. C. A. White*, Workers, establishment, and services in the EU, 258 (Fn. 15).

[517] In diesem Sinne *M. Dougan/E. Spaventa*, New Models of Social Solidarity in the EU, 181 (194 f.); *J. Meulman/H. de Waele*, 31 LIEI (2004), 275 (282 f., 286).

[518] *A. P. van der Mei*, EJML 2004, 277 (283).

[519] *A. P. van der Mei*, EJML 2004, 277 (283 f.).

[520] EuGH, Rs. C-456/02, Slg. 2004, I-7573, Rn. 43 – Trojani (Hervorhebung vom Verfasser). Vgl. auch bereits zuvor GA *Geelhoed*, in: Rs. C-413/01, Slg. 2003, I-13187, Rn. 96 – Ninni-Orasche, nach dem ein Unionsbürger, der eine nachweisbare und strukturelle Verbindung mit der Gesellschaft des Aufnahmemitgliedstaates aufweist, aufgrund des Grundsatzes

EuGH allerdings schuldig. Deutlicher liest sich dann das Urteil in der Rs. Bidar, das die Korrelation von der dem EU-Ausländer geschuldeten Solidarität und der an seiner Aufenthaltsdauer gemessenen Integration in den Aufnahmemitgliedstaat herausstreicht. Nach Auffassung des Gerichtshofs sei es legitim sicherzustellen, dass aus der Inanspruchnahme der konkreten Leistung durch EU-Ausländer keine übermäßigen Belastungen resultieren, die sich auf die Gewährung der konkreten Beihilfe insgesamt auswirken könnten. Denn den Mitgliedstaaten obliege nur eine *gewisse* finanzielle Solidarität mit den Angehörigen anderer Mitgliedstaaten bei der Organisation und Ausgestaltung ihrer Sozialhilfesysteme.[521] Daher könne der Nachweis einer gewissen Integration in die Gesellschaft des Aufnahmemitgliedstaates gefordert werden, etwa durch die Festlegung von Mindestanforderungen an die Wohnsitzdauer.[522]

cc) Parameter unionsbürgerlicher Solidarität

Wie ist der Solidaritätsanspruch nichterwerbstätiger Unionsbürger nunmehr zu bestimmen? Auch wenn diese bei typisierender Betrachtung im Vergleich zu grundfreiheitlich freizügigkeitsberechtigten Personen einen geringeren Beitrag zum Wohlstand im Aufnahmemitgliedstaat leisten, darf ihnen allein deshalb nicht der Zugang zu den nationalen Sozialleistungssystemen verwehrt werden (1). Als ursprünglich der nationalen Solidargemeinschaft Nichtzugehörige können sie Solidarität erst mit zunehmender Integration in diese beanspruchen (2). Temporale, quantitative und qualitative Kriterien bestimmen die Voraussetzungen des Zugangs zu beitragsunabhängigen Sozialleistungen (3).

(1) Keine Exklusion Nichterwerbstätiger mangels ökonomischer Partizipation

Die Einbeziehung Nichterwerbstätiger in die beitragsunabhängigen nationalen Sozialleistungssysteme darf nicht mit dem Argument abgelehnt werden, dass jene keinen Beitrag zu deren Finanzierung geleistet hätten, indem sie etwa

---

einer minimalen finanziellen Solidarität nicht wie irgendein anderer Staatsangehöriger eines Drittlands hinsichtlich des Zugangs zu Sozialleistungen behandelt werden dürfe, ein Ansatz, den der EuGH im auf die Arbeitnehmerfreizügigkeit beschränkten Urteil nicht aufgriff.

[521] Zum Grundsatz einer gewissen finanziellen Solidarität siehe auch *U. Becker*, ZESAR 2002, 8 (12), sowie den Schlussantrag des GA *Geelhoed* (Rn. 32). In EuGH, Rs. C-413/01, Slg. 2003, I-13187 – Ninni-Orasche, spricht GA *Geelhoed* vom Grundsatz einer *minimalen* finanziellen Solidarität (Rn. 90).

[522] EuGH, Rs. C-209/03, Slg. 2005, I-2119, Rn. 54 ff. – Dany Bidar. Eine Verbindung zum nationalen Bildungssystem oder zur Gesellschaft des Aufnahmemitgliedstaates favorisiert gegenüber einem Wohnsitzkriterium GA *Geelhoed*, ebenda, Rn. 66. Den Integrationsaspekt, den GA *Colomer* bereits in Rs. C-138/02, Slg. 2004, I-2703, Rn. 75 – Collins, als Rechtfertigungsgrund anführte, griff der Gerichtshof damals allerdings noch nicht auf. Insoweit kritisch, da dies der wahre und einzig tragfähige Grund des Wohnsitzkriteriums sei, *A. P. van der Mei*, EJML 2004, 277 (283 f.). Ebenso *C. Schönberger*, Unionsbürger, 416 ff.

Steuern entrichteten oder durch eine Erwerbstätigkeit zu Produktivität und Wohlstand im Aufnahmemitgliedstaat beitrügen. In diesem Sinne hat etwa die Regierung des Vereinigten Königreichs in der Rs. Bidar vorgetragen, dass der Studierende oder dessen Eltern einen hinreichenden Beitrag zum nationalen Steuersystem geleistet haben müssten, um in den Genuss von Studienbeihilfen zu kommen. Das dazu Notwendige hat Generalanwalt *Geelhoed* in seinem Schlussantrag gesagt:

> Dieses Vorbringen unterstellt, dass ein unmittelbarer oder mittelbarer Zusammenhang zwischen der Verpflichtung der in einem Mitgliedstaat ansässigen Personen, Steuern zu entrichten, und dem Anspruch auf Vergünstigungen von der Art, um die es im vorliegenden Fall geht, besteht. Logisch durchdacht, bedeutet dieses Argument, dass dann, wenn Eltern keinen Beitrag durch Steuerzahlung oder nur einen bescheidenen Beitrag geleistet haben, ihre Kinder keinen Anspruch auf Unterhaltsbeihilfe haben könnten, während Studenten, deren Eltern einen erheblichen Beitrag geleistet haben, Anspruch auf solchen Beistand hätten. Es dürfte unwahrscheinlich sein, dass das Vereinigte Königreich ernsthaft die diesem Standpunkt innewohnende soziale Diskriminierung hinnehmen würde.[523]

Diese Argumentation lässt sich auch auf den Einwand des im Gegensatz zu Erwerbstätigen mangelnden Beitrages zum Wohlstand im Aufnahmemitgliedstaat[524] übertragen, da der Anspruch eigener Staatsangehöriger hiervon ebenfalls nicht abhängt, beitragsunabhängige Sozialleistungen vielmehr insbesondere „wirtschaftlich unproduktiven" Personen zugute kommen. Beide Konnexitätserfordernisse lassen zudem außer Betracht, dass Nichterwerbstätige sehr wohl Beiträge zu Haushalt und Wohlstand des Aufnahmemitgliedstaats leisten, etwa durch die Inanspruchnahme von Dienstleistungen oder die Entrichtung von Steuern.[525]

Mit der Ablehnung einer Exklusion Nichterwerbstätiger mangels ökonomischer Partizipation ist jedoch nicht zugleich gesagt, dass dem Beitrag, den grundfreiheitlich Freizügigkeitsberechtigte zu Wohlstand und Produktivität im Aufnahmemitgliedstaat leisten, nicht dadurch Rechnung getragen werden

---

[523] GA *Geelhoed*, in: EuGH, Rs. C-209/03, Slg. 2005, I-2119, Rn. 65 – Dany Bidar. Ablehnend aus Gründen der Chancengleichheit sowie bildungs- und sozialpolitischen Erwägungen auch *S. Bode*, Europarechtliche Gleichbehandlungsansprüche Studierender, 334, 371, sowie wegen des Widerspruchs zur Behandlung eigener Staatsangehöriger auch *M. Dougan*, 42 CML Rev. (2005), 943 (954), *C. Schönberger*, Unionsbürger, 422, und *P. von Wilmowsky*, ZaöRV 50 (1990), 231 (256 Fn. 91). Dazu, dass die bloße Finanzierung einer Vergünstigung aus dem nationalen Steueraufkommen kein tauglicher Rechtfertigungsgrund ist, Rs. C-388/01, Slg. 2003, I-721, Rn. 21 ff. – EK/Italien. Anders *J.-C. Scholsem*, CDE 1989, 306.

[524] Diesen verbalisieren etwa *S. Bode*, Europarechtliche Gleichbehandlungsansprüche Studierender, 255 f.; *K. Hailbronner*, ZaöRV 64 (2004), 603 (615); *A. P. van der Mei*, EJML 2005, 203 (207); *C. Tomuschat*, 37 CML Rev. (2000), 449 (455); *P. Watson*, 24 CML Rev. (1987), 89 (97).

[525] Siehe auch GA *Jacobs*, in: EuGH, Rs. C-147/03, Slg. 2005, I-5969, Fn. 29 – EK/Österreich; *J.-C. Scholsem*, CDE 1989, 306 (319).

dürfe, sie in die nationale Solidargemeinschaft zu gegenüber wirtschaftlich nicht aktiven Personen privilegierten Voraussetzungen aufzunehmen.[526]

(2) Das Konzept der abgestuften Solidarität als belastbare Grundlage eines unionsbürgerlichen Solidaritätskonzeptes

Das Konzept der abgestuften Solidarität stellt eine belastbare Grundlage eines auf der Rechtfertigungsebene dogmatisch zu realisierenden Konzepts unionsbürgerlicher Solidarität dar. Als Ansatzpunkt für den Ausschluss wirtschaftlich nicht aktiver Unionsbürger von nationalen Sozialleistungen taugt, wie erwähnt, nicht deren (behauptete) mangelnde ökonomische Partizipation im Aufnahmemitgliedstaat. Möglicher Differenzierungsgrund ist allein deren auf dem Ausländerstatus beruhende Nichtzugehörigkeit zur Solidargemeinschaft des Aufnahmemitgliedstaates, die einer vollständigen Gleichstellung mit Inländern entgegensteht.[527] Auf dieser Ebene kommt nun die Unionsbürgerschaft ins Spiel. Denn diese hat ein Band um die Staatsangehörigen der einzelnen Mitgliedstaaten gelegt, aufgrund dessen der Einzelne nicht mehr nur als Angehöriger eines der derzeit 27 Mitgliedstaaten, sondern als Unionsbürger und damit als Teil einer alle Europäer umfassenden Gemeinschaft zu sehen ist.[528] Aufgrund dieses gegenüber drittstaatsangehörigen Ausländern privilegierten, gemeinsamen Status können Unionsbürger nicht als der Solidargemeinschaft im Aufnahmemitgliedstaat gänzlich nichtzugehörig betrachtet werden, gleichzeitig steht deren Status als auch Ausländer einer vollständigen Gleichstellung mit Inländern entgegen.[529] Somit ist es gerechtfertigt, Unionsbürger nicht

---

[526] *M. Dougan/E. Spaventa*, New Models of Social Solidarity in the EU, 181 (208); *C. Schönberger*, Unionsbürger, 419 f.

[527] Ähnlich *C. Barnard*, 42 CML Rev. (2005), 1465 (1476 f.); *M. Dougan*, 42 CML Rev. (2005), 943 (954 f.); *ders./E. Spaventa*, New Models of Social Solidarity in the EU, 181 (217). Die Bedeutung der nationalen Solidarität für sozialstaatliche Opfer betonen *O. Depenheuer*, „Nicht alle Menschen werden Brüder", 41 (64 f.); *J. Isensee*, EU – Mitgliedstaaten, 71 (94 f.); *ders.*, Solidarität, 97 (120 ff., 139 ff.).

[528] Vgl. *T. Kingreen*, Sozialstaatsprinzip im europäischen Verfassungsverbund, 423; *C. Tomuschat*, Solidarität in Europa, 729 (730), nach dem „einer Gemeinschaft der Grundgedanke der Solidarität inhärent" sei, wobei er gleichzeitig vor Überdehnungen warnt; *F. Wollenschläger*, Schicksalsgemeinschaft EU?, 238. Bereits 1973 betonte *T. Oppermann*, VVDStRL 32 (1974), 137 (138), dass der EWG-Ausländer nicht der völkerrechtlich Fremde sei, sondern Angehöriger „eng verbundener Staaten, die allmählich mehr oder weniger personal-binnenmarktähnlich miteinander zusammenwachsen sollen"; ähnlich *E.-W. Böckenförde*, VVDStRL 32 (1974), 142 (143): „statusrechtlich[e] Verfestigung". Zurückhaltend *U. Volkmann*, Solidarität, 407 ff. Zum Unionsbürger als potientiellem Mitglied der Inlandsgesellschaft *H. F. Zacher*, Deutschland den Deutschen?, 639 (667).

[529] In diesem Sinne auch BVerfGE 89, 155 (184) – Maastricht: „Mit der durch den Vertrag von Maastricht begründeten Unionsbürgerschaft wird zwischen den Staatsangehörigen der Mitgliedstaaten ein auf Dauer angelegtes rechtliches Band geknüpft, das zwar nicht eine der

bereits mit Einreise umfassend in das nationale Solidarsystem einzubeziehen, sondern Abstufungen in temporaler (a), qualitativer (b) und quantitativer (c) Hinsicht zuzulassen. Diese mitunter gegenläufigen Aspekte sind im Einzelfall zu balancieren. Mögliche Konkretisierungen seien im Folgenden entfaltet.

(a) Temporale Abstufungen

Die Aufenthaltsdauer ist wesentlicher Maßstab für die gebotene Einbeziehung des ausländischen Unionsbürgers in die nationalen Sozialsysteme. Korrelierend mit dessen allmählicher Integration in die Gesellschaft des Aufnahmemitgliedstaates ist die auf Angehörige des Aufnahmemitgliedstaates beschränkte nationale Solidarität schrittweise zu öffnen. Damit ist zugleich gesagt, dass weder eine sofortige Gleichstellung mit Inländern noch ein dauerhafter Ausschluss von Sozialleistungen im Aufnahmemitgliedstaat in Betracht kommt:[530]

> As the alien's ties grow stronger, so does the strength of his claim to an equal share of the bounty in the community. Hence, different degrees of connection between resident migrants and the host community make it imperative to classify residents according to the strength of their affiliation in order to define justifiable scope of social solidarity for various categories of residents.[531]

Dieses Konzept findet seinen Ausdruck nicht nur in der erörterten Rechtsprechung des Gerichtshofs (Rs. Bidar und bedingt auch die Rs. Trojani und Collins), sondern liegt auch der neuen Aufenthaltsrichtlinie 2004/38 zugrunde. Verwiesen sei auf die Idee eines nach regelmäßig fünf Jahren erworbenen gefestigten Aufenthaltsrechts, das Daueraufenthaltsrecht (Art. 16 ff. RL 2004/38), auf den mit zunehmender Aufenthaltsdauer wachsenden Ausweisungsschutz (Art. 14 I, III und 16. Erwägungsgrund RL 2004/38) sowie auf die temporären Ausschlüsse von Sozialhilfe und Studienbeihilfen vom Gleichbehandlungsanspruch (Art. 24 RL 2004/38). Zeitliche Abstufungen sind zudem ein probates Mittel, der Gefahr primär wohlfahrtsstaatlich motivierter Wanderungsbewegungen und damit einer Angleichung der mitgliedstaatlichen Sozial-

---

gemeinsamen Zugehörigkeit zu einem Staat vergleichbare Dichte besitzt, dem bestehenden Maß existentieller Gemeinsamkeit jedoch einen rechtlich verbindlichen Ausdruck verleiht".

[530] So auch *C. Barnard*, The Four Freedoms, 414 ff.; *M. Dougan*, 42 CML Rev. (2005), 943 (954); *O. Golynker*, 30 EL Rev. (2005), 111 (118 f.); *F. Schockweiler*, RDE 1991, 3 (23 f.); *C. Schönberger*, Unionsbürger, 418 ff. Auf ähnlichen Erwägungen hinsichtlich der Gleichbehandlung von Inländern und EU-Ausländern bei Daueraufenthaltserlaubnissen für drittstaatsangehörige Ehegatten beruht EuGH, Rs. C-356/98, Slg. 2000, I-2623, Rn. 31 ff. – Kaba I. Kritisch zu der dort vorgenommenen Differenzierung aber *S. Peers*, 26 EL Rev. (2001), 76 (81). *A. P. van der Mei*, EJML 2005, 203 (211) versteht dagegen die Aufenthaltsdauer nur als widerlegliche Vermutung für die Integration. Zur sozialstaatlichen Partizipation des Ausländers allgemein *J. Isensee*, VVDStRL 32 (1974), 49 (86 f.).

[531] *O. Golynker*, 30 EL Rev. (2005), 111 (118 f.). Ähnlich *A. Iliopoulou*, RDUE 2004, 523 (540).

systeme auf niedrigstem Niveau entgegenzuwirken. Dieses legitime Interesse der Mitgliedstaaten kann ebenfalls bei der Festlegung temporärer Ausschlüsse berücksichtigt werden.

Als alleiniger Rechtfertigungsansatz – dies sei im Hinblick auf die Rechtsprechung und Stimmen in der Literatur betont –, taugt das Konzept der abgestuften Integration jedoch nicht, vielmehr dürfen qualitative und quantitative Kriterien nicht außer Betracht gelassen werden.[532] Dies tritt im Übrigen auch in der temporale Abstufungen für zulässig erachtenden Rs. Bidar zu Tage, in der der Gerichtshof es für legitim erachtete sicherzustellen, dass aus der Inanspruchnahme der Studienbeihilfe durch EU-Ausländer keine übermäßigen Belastungen resultieren, die sich auf die Gewährung der konkreten Beihilfe insgesamt auswirken könnten.[533]

(b) Qualitative Restriktionen

Besondere Bedeutung ist des Weiteren der Art der erstrebten Vergünstigung beizumessen. Bereits die Diskussion der Rs. Collins hat gezeigt, dass beim Gleichbehandlungsanspruch hinsichtlich finanzieller Leistungen, die den Zugang zum Arbeitsmarkt eines Mitgliedstaats erleichtern sollen, der Aufenthaltsdauer als Integrationsmaßstab eine nur untergeordnete Bedeutung zukommt. Die damit einhergehende Privilegierung Arbeitsuchender gegenüber sonstigen Nichterwerbstätigen resultiert aus ihrer janusköpfigen Stellung als nur, aber auch potentielle Akteure des Binnenmarktes. Ein weiteres Beispiel ist die Sozialhilfe, die nicht erst nach einer Aufenthaltsdauer beansprucht werden kann, die es rechtfertigt, von einer hinreichenden Integration in den Aufnahmemitgliedstaat zu sprechen. Hier steht das existentielle Angewiesensein auf die Leistung in einer Notlage[534] sowie deren Radizierung in der – nicht zwischen In- und Ausländern unterscheidenden – Gewährleistung der Menschenwürde[535] im Vordergrund.[536] So besteht auch nach Art. 24 der neuen Aufenthaltsrichtlinie 2004/38 ein Gleichbehandlungsanspruch hinsichtlich Sozialhilfe bereits nach drei Monaten.[537] Ähnlich ließe sich für medizinische Notfallbehandlungen argumentieren. Des Weiteren erscheint bei Infrastrukturleistungen wie die Straßenbenutzung eine zeitliche Abstufung inadäquat. Ließe man sie – entgegen der Rechtsprechung des Gerichtshofs – beim Hochschulzugang zu, so wäre dieses Recht jedenfalls für den praktisch relevantesten Fall des Studiums oder

---

[532] Zurückhaltend bereits *F. Wollenschläger*, NVwZ 2005, 1023 (1025). Einen starken Akzent hierauf setzen jedoch *C. Barnard*, 42 CML Rev. (2005), 1465 (1478 f.); *dies.*, EU Citizenship and the Principle of Solidarity, 157 (166 ff.); *C. Schönberger*, Unionsbürger, 418 ff.

[533] Dies betont auch *J. F. Lindner*, BayVBl. 2005, 498 (499 f.).

[534] In diesem Sinne auch *J. Isensee*, VVDStRL 32 (1974), 49 (87).

[535] Dazu etwa *J. M. Soria*, JZ 2005, 644.

[536] Vgl. auch *H. Kube*, NZS 2006, 480 (481).

[537] Dazu ausführlich unten, 2. Teil B. III. 3. e) aa) (3).

Studienjahres im Ausland ohne vorherigen Aufenthalt entwertet. Andererseits sind aber auch Sozialleistungen denkbar, die wegen ihrer Eigenart gänzlich aus dem Diskriminierungsverbot ausgenommen sind. Man denke an das bereits entschiedene Beispiel der Invalidenrente als nationale Anerkennung geleisteter Kriegsdienste.[538]

(c) Quantitative Restriktionen

Schließlich kann sich das Kriterium der nur begrenzten finanziellen Solidarität in quantitativen Restriktionen widerspiegeln. Als absolute Grenze wirkt das in der Rechtsprechung zu den nationalen Sozialleistungs- und Bildungssystemen anerkannte Allgemeininteresse an deren Fortbestand. Zugangsrestriktionen sind also rechtfertigungsfähig, um das finanzielle Gleichgewicht der nationalen Sozialleistungssysteme zu erhalten sowie bestandsgefährdende strukturelle, finanzielle und personelle Probleme der nationalen Bildungssysteme zu verhindern.[539] Unterhalb dieser hohen Schwelle wirkt das Ausmaß der Inanspruchnahme von Sozialleistungen als relative Grenze: Es korreliert die Höhe der finanziellen Belastung für den Aufnahmemitgliedstaat nämlich zum einen im Rahmen des Diskriminierungsschutzes mit der noch rechtfertigungsfähigen Mindestaufenthaltsdauer, zum anderen im Rahmen des Aufenthaltsrechts mit dem Ausweisungsschutz, der bei der unangemessenen Inanspruchnahme von Sozialleistungen schwächer ist (vgl. Art. 14 I, III und 16. Erwägungsgrund RL 2004/38).

4. Die Erstreckung der vorenthaltenen Vergünstigung auf den diskriminierten Unionsbürger als Konsequenz des Inländerbehandlungsanspruchs

Bei Verstößen gegen das Gemeinschaftsgrundrecht allgemeiner Gleichheitssatz beschränkt sich der Gerichtshof regelmäßig darauf, die Unvereinbarkeit der Diskriminierung mit dem Gemeinschaftsrecht festzustellen. Im Übrigen sei

> es Sache der zuständigen Organe der Gemeinschaft ..., die zur Beseitigung dieser Unvereinbarkeit erforderlichen Maßnahmen zu treffen. Die[s] ... ist um so mehr angezeigt, als es mehrere Möglichkeiten gibt, die Gleichbehandlung ... wieder herzustellen und den den Betroffenen möglicherweise entstandenen Schaden wiedergutzumachen, und als es Sache der ... zuständigen Organe ist, die für die Wahl unter diesen Möglichkeiten maßgeblichen wirtschaftlichen und politischen Gesichtspunkte zu beurteilen.[540]

---

[538] EuGH, Rs. 207/78, Slg. 1979, 2019, Rn. 23 f. – Even; Rs. C-386/02, Slg. 2004, I-8411, Rn. 19 – Baldinger. Dazu bereits oben, 1. Teil A. II. 1. b) bb) (1) (a).

[539] Siehe dazu aber auch GA *Stix-Hackl*, in: EuGH, Rs. C-76/05, noch anhängig, Rn. 59 ff. – Schwarz.

[540] EuGH, Verb. Rs. 117/76 und 16/77, Slg. 1977, 1753, Rn. 13 – Ruckdeschel. Siehe ferner Rs. C-37/89, Slg. 1990, I-2395, Rn. 17 – Weiser.

Anders judiziert der Gerichtshof bei Verstößen gegen das allgemeine Diskriminierungsverbot wie auch gegen die besonderen grundfreiheitlichen Diskriminierungsverbote. Bei diesen ist die Konsequenz diskriminierenden Verhaltens die Einbeziehung des Ausgeschlossenen in die vergünstigende Regelung respektive die Nichtanwendbarkeit einer belastenden Regelung gegenüber dem Benachteiligten.[541]

III. Diskriminierungsschutz nach der neuen Aufenthaltsrichtlinie 2004/38

Die neue Aufenthaltsrichtlinie 2004/38 formuliert erstmals einen Inländerbehandlungsanspruch des sich aufgrund dieser Richtlinie im EU-Ausland aufhaltenden Unionsbürgers (1.). Hierbei handelt es sich allerdings um eine der problematischsten Vorschriften der RL 2004/38. Fraglich ist bereits, ob überhaupt eine ausreichende Kompetenzgrundlage im Unionsrecht besteht (2.). Auch zeigt eine Analyse der einzelnen Tatbestandsmerkmale, dass der Wortlaut den Gewährleistungsgehalt der Norm nicht vollkommen widerspiegelt (3.).

1. Der sekundärrechtliche Gleichbehandlungsanspruch des Art. 24 RL 2004/38

Die neue Aufenthaltsrichtlinie 2004/38 unterstreicht den Zusammenhang des Freizügigkeitsrechts mit dem Anspruch auf Inländerbehandlung dadurch, dass sie in Art. 24 I an das Aufenthaltsrecht des Unionsbürgers einen Gleichbehandlungsanspruch im Aufnahmemitgliedstaat knüpft:

> Vorbehaltlich spezifischer und ausdrücklich im Vertrag und im abgeleiteten Recht vorgesehener Bestimmungen genießt jeder Unionsbürger, der sich aufgrund dieser Richtlinie im Hoheitsgebiet des Aufnahmemitgliedstaats aufhält, im Anwendungsbereich des Vertrags die gleiche Behandlung wie die Staatsangehörigen dieses Mitgliedstaats. Das Recht auf Gleichbehandlung erstreckt sich auch auf Familienangehörige, die nicht die Staatsangehörigkeit eines Mitgliedstaats besitzen und das Recht auf Aufenthalt oder das Recht auf Daueraufenthalt genießen.

Ausgeschlossen hiervon ist jedoch der gleiche Zugang Nichterwerbstätiger zu Sozialhilfe in den ersten drei Monaten des Aufenthalts und zu Studienbeihilfen vor Erwerb des Rechts auf Daueraufenthalt (Art. 24 II RL 2004/38); Gleiches gilt für den Inländerbehandlungsanspruch Arbeitsuchender hinsichtlich Sozial-

---

[541] Siehe auch *S. Bode*, Europarechtliche Gleichbehandlungsansprüche Studierender, 143; *K.-D. Borchardt*, NJW 2000, 2057 (2058). Kritisch dazu *H. Schack*, JZ 1994, 144 (146 f.). Für eine Übertragung der Rechtsprechung zum allgemeinen Gleichheitssatz auf die Diskriminierungsverbote plädieren *U. Kischel*, EuGRZ 1997, 1 (9), und *M. Rossi*, EuR 2000, 197 (215). Allgemein zur Unterscheidung von Gleichheit und Nichtdiskriminierung *G. Nolte*, Gleichheit und Nichtdiskriminierung.

hilfe für den Zeitraum, in dem sie Ausweisungsschutz bei Mittellosigkeit genießen:

Abweichend von Absatz 1 ist der Aufnahmemitgliedstaat jedoch nicht verpflichtet, anderen Personen als Arbeitnehmern oder Selbstständigen, Personen, denen dieser Status erhalten bleibt, und ihren Familienangehörigen während der ersten drei Monate des Aufenthalts oder gegebenenfalls während des längeren Zeitraums nach Artikel 14 Absatz 4 Buchstabe b) einen Anspruch auf Sozialhilfe oder vor Erwerb des Rechts auf Daueraufenthalt Studienbeihilfen, einschließlich Beihilfen zur Berufsausbildung, in Form eines Stipendiums oder Studiendarlehens, zu gewähren.

2. Der kompetentielle Rahmen: Diskriminierungsschutz oder Erleichterung der Ausübung des Freizügigkeitsrechts?

Der Gleichbehandlungsanspruch Nichterwerbstätiger steht in einem nur schwer aufzulösenden Spannungsverhältnis zwischen der freizügigkeitsspezifischen Regelungsermächtigung des Art. 18 II EG und der diskriminierungsspezifischen des Art. 12 UA 2 EG. Die neue Aufenthaltsrichtlinie ist auf beide Rechtsgrundlagen gestützt. Art. 12 UA 2 EG ermöglicht dem Rat, Regelungen für das Verbot von Diskriminierungen aus Gründen der Staatsangehörigkeit zu treffen, Art. 18 II EG räumt ihm eine Rechtsetzungskompetenz für Vorschriften ein, mit denen die Ausübung des allgemeinen Freizügigkeitsrechts erleichtert wird.

Begrifflich zuordnen lässt sich der Gleichbehandlungsanspruch Nichterwerbstätiger beiden Normen. Denn er stellt sowohl eine Konkretisierung des allgemeinen Diskriminierungsverbotes dar als auch eine Regelung, die die Ausübung des allgemeinen Freizügigkeitsrechts erleichtert. Dies erschwert eine Zuordnung nach der herkömmlichen Abgrenzungsformel, die auf Ziele und Inhalt des Rechtsakts abstellt.[542] Trotz des für beide Rechtsgrundlagen identischen Rechtsetzungsverfahrens der Mitentscheidung (Art. 251 EG) ist eine Abgrenzung notwendig, da die freizügigkeitsspezifische Rechtsetzungsermächtigung in doppelter Hinsicht qualifiziert ist. Zum einen ermöglicht Art. 18 II EG lediglich Erleichterungen und steht damit einem Zurückbleiben hinter dem *Acquis* entgegen.[543] Zum anderen schließt Art. 18 III EG bestimmte Materien – insbesondere soziale Sicherheit und sozialen Schutz – als mögliche Regelungsgegenstände aus. Diese Wertungen würden durch einen Rekurs auf Art. 12 UA 2 EG überspielt.[544] Ein postulierter Vorrang des Art. 18 II EG zeitigte

---

[542] EuGH, Rs. C-300/89, Slg. 1991, I-2867, Rn. 10 – Titandioxid; Rs. C-295/90, Slg. 1992, I-4193, Rn. 13 – EP/Rat.

[543] Dazu ausführlich oben, 2. Teil A. VI. 2. b).

[544] Das Beschreiten solcher „Umwege" für zulässig halten dagegen *A. von Bogdandy/S. Bitter*, Unionsbürgerschaft und Diskriminierungsverbot, 309 (316): Art. 12 II EG als „schlafende[r] Gigant in der unionalen Kompetenzordnung" (unter Verweis auf *B. Sundberg-Weitman*, Discrimination, 38, die vom "sleeping giant" spricht); *M. Condinanzi/A. Lang/B. Nascimbene*,

demgegenüber die missliche Konsequenz, dass im Bereich des sozialen Schutzes und der sozialen Sicherheit für primärrechtlich erfasste Sachverhalte – nämlich soziale Teilhabeansprüche des Unionsbürgers im Aufnahmemitgliedstaat aufgrund von Art. 12, 18 EG – keine sekundärrechtliche Regelungsbefugnis existierte, ein Zustand, dem erst der allerdings noch nicht ratifizierte Verfassungsvertrag durch die Aufgabe der Beschränkung Abhilfe schaffen würde (vgl. Art. III-125 II VVE).[545]

Die Literatur geht bislang von einem Vorrang des Art. 18 II EG aus, da der freizügigkeitsspezifische Diskriminierungsschutz bei der jeweiligen Freizügigkeitsverbürgung anzusiedeln sei, nicht aber beim allgemeinen Diskriminierungsverbot, das damit schwerlich als die speziellere Regelung angesehen werden könne.[546] Daran lässt sich mit Inkrafttreten des Vertrages von Nizza jedoch nicht mehr festhalten, da Art. 18 II EG nunmehr mit einer qualifizierten Subsidiaritätsklausel versehen wurde, wonach dieser nur dann herangezogen werden kann, wenn „zur Erreichung dieses Ziels ein Tätigwerden der Gemeinschaft erforderlich [erscheint] und ... dieser Vertrag hierfür keine Befugnisse vor[sieht]". Eine solche Befugnis, die Ausübung des Freizügigkeitsrechts im Bereich des Diskriminierungsschutzes zu erleichtern, enthält aber Art. 12 UA 2 EG, der demnach Vorrang genießt – allerdings um den Preis der Relativierung von Art. 18 II und III EG.[547] Daneben verbleibt als weiteres systematisches Unbehagen, dass Art. 12 UA 2 EG selbst subsidiär ist, da er – in den Worten des Gerichtshofs – bezweckt,

> dem Rat ... den Erlaß der zur wirksamen Beseitigung von Diskriminierungen aus Gründen der Staatsangehörigkeit notwendigen Vorschriften auf Gebieten zu ermöglichen, auf denen seine Zuständigkeit *keine Grundlage* in einer der besonderen Vorschriften findet, die die verschiedenen Bereiche regeln, in denen der Vertrag Anwendung findet.[548]

Cittadinanza dell'Unione, 37; *R. Feik*, Unionsbürgerschaft und Aufenthaltsrecht, 7 (41); *M. Haag*, in: von der Groeben/Schwarze, Art. 18, Rn. 18 (die drei Letztgenannten sogar in Bezug auf Art. 308 EG); *J. M. Soria*, JZ 2002, 643 (648). Auch *A. Lang*, in: Tizzano, Art. 18, VII, hält einen Rückgriff auf Art. 308 EG hinsichtlich der in Art. 18 III EG ausgeschlossenen Materien für möglich.

[545] Dazu bereits oben, 1. Teil B. IV. 3.

[546] So *U. Becker*, EuR 1999, 522 (531); *R. Feik*, Unionsbürgerschaft und Aufenthaltsrecht, 7 (41); *M. Hilf*, in: G/H, Art. 18, Rn. 5; *M. Pelzner*, Unionsbürgerschaft und soziale Rechte, 21; *H. Rothfuchs*, Personenverkehrsfreiheiten, 238 f., 258; *J.-H. Strunz*, Freizügigkeit in der EU, 153.

[547] Diese sperren jedoch nicht den Rückgriff auf Art. 12 UA 2 EG, dazu sogleich unten, 2. Teil B. III. 3. e) aa) (3).

[548] EuGH, Rs. C-295/90, Slg. 1992, I-4193, Rn. 18 – EP/Rat (Hervorhebung nicht im Original). Zweifelnd zu dessen Einschlägigkeit *M. Niedobitek*, RdJB 2006, 105 (111).

3. Regelungsgehalt

Auf den ersten Blick erschöpft sich Art. 24 I RL 2004/38 in einer bloßen, der Entwicklung der oben skizzierten Rechtsprechung Rechnung tragenden Paraphrase des Art. 12 EG. Eine nähere Analyse des Regelungsgehalts anhand der einzelnen Tatbestandsmerkmale offenbart jedoch die Problematik der Bestimmung im Detail.

a) Subsidiaritätsklausel

Der Gleichbehandlungsanspruch des Art. 24 I RL 2004/38 greift nur „vorbehaltlich spezifischer und ausdrücklich im Vertrag und im abgeleiteten Recht vorgesehener Bestimmungen". Hierin ist zum einen ein Verweis auf den Vorrang sonstiger unionsrechtlicher Gleichbehandlungsansprüche zu sehen, insbesondere die grundfreiheitlich Freizügigkeitsberechtigter. Hierzu zählt etwa der der Arbeitnehmer hinsichtlich sozialer und steuerlicher Vergünstigungen (Art. 7 II VO 1612/68). Zum anderen verdeutlicht die Subsidiaritätsklausel, dass in Spezialregeln getroffene Ausnahmen vom Gleichbehandlungsanspruch weiter gelten. Man denke etwa an den EU-Ausländern verwehrten Zugang zu einer Beschäftigung in der öffentlichen Verwaltung (Art. 39 IV EG).[549] Praktisch relevant dürfte Art. 24 RL 2004/38 damit genauso wie das unionsbürgerliche Diskriminierungsverbot[550] nur jenseits grundfreiheitlicher Gleichbehandlungsansprüche werden.

b) Aufenthaltsrecht aufgrund der RL 2004/38

Der Gleichbehandlungsanspruch nach Art. 24 I RL 2004/38 setzt tatbestandlich ein Aufenthaltsrecht nach dieser Richtlinie voraus. Nach vorzugswürdiger Auffassung besteht dieses solange, wie der Aufnahmemitgliedstaat keine aufenthaltsbeendenden Maßnahmen getroffen hat. Es entfällt also nicht bereits mit dem Nichtvorliegen der ökonomischen Aufenthaltsvoraussetzungen.[551]

Schwierig ist es, dieses Tatbestandsmerkmal mit den Urteilen in den Rs. Martínez Sala und Trojani in Einklang zu bringen, nach denen das unionsbürgerliche Diskriminierungsverbot auch bei einem Aufenthaltsrecht ausschließlich nach nationalem Recht greift. Einen Ausweg in der Sache bietet jedoch die bereits vorgeschlagene Rekonstruktion der beiden Entscheidungen.[552] Denn teilt man die hier vertretene Auffassung, dass das allgemeine Freizügigkeitsrecht

---

[549] Zu deren – ggf. eingeschränkten – Fortgeltung auch nach Einführung der Unionsbürgerschaft siehe *C. Blumann*, Citoyenneté européenne – Espoir et désillusion, 3 (20 ff.); *J. Handoll*, Free Movement, 286 (Rn. 9.93); *R. C. A. White*, Workers, establishment, and services in the EU, 86 f.; *J. Wouters*, Citizenship and Free Movement, 25 (53).

[550] Zu dessen beschränktem Anwendungsbereich schon oben, 2. Teil B. II. 1. c) aa).

[551] Dazu bereits ausführlich oben, 2. Teil A. IV. 4. c) und 2. Teil A. IV. 4. d) bb).

[552] Dazu bereits ausführlich oben, 2. Teil B. II. 2. a) bb) (2) (a) (bb).

erst dann erlischt, wenn der Aufnahmemitgliedstaat aufenthaltsbeendende Maßnahmen ergreift, so fiele der Aufenthalt sowohl von Frau *Martínez Sala* als auch von Herrn *Trojani* unter Art. 18 I EG und damit auch unter die RL 2004/38. Berücksichtigt man jedoch, dass Art. 24 I RL 2004/38 nach der Vorstellung des Gemeinschaftsgesetzgebers die Rechtsprechung des EuGH in der Rs. Martínez Sala aufgreifen soll,[553] ist ein erster rechtsetzungstechnischer Mangel zu konstatieren, da beide inkompatibel sind.

c) Gleichbehandlung im Anwendungsbereich des Vertrages

Nach dem Wortlaut des Art. 24 I RL 2004/38 ist an den Aufenthalt des Unionsbürgers im Aufnahmemitgliedstaat kein umfassender Gleichbehandlungsanspruch geknüpft, vielmehr besteht dieser nur „im Anwendungsbereich des Vertrages". Ist damit nun gesagt, dass entgegen der zur bisherigen Rechtslage vertretenen Auffassung nicht mehr ausschließlich an das Aufenthaltsrecht angeknüpft werden kann, sondern die erstrebte Vergünstigung selbst in den Anwendungsbereich des Vertrages fallen muss? Dies ist entgegen dem irreführenden Wortlaut aus zwei Gründen zu verneinen. Zum einen vertritt der Gerichtshof in ständiger Rechtsprechung, dass in den sachlichen Anwendungsbereich des Vertrages alle Situationen fallen, die „zur Ausübung der durch Artikel [18 EG] verliehenen Freiheit, sich im Hoheitsgebiet der Mitgliedstaaten zu bewegen und aufzuhalten, gehören".[554] Liest man dies in Art. 24 I RL 2004/38 hinein, lautet dieser wie folgt: Jeder Unionsbürger, der sich aufgrund dieser Richtlinie im Hoheitsgebiet des Aufnahmemitgliedstaats aufhält, genießt in allen Situation, die zu seinem Aufenthalt im Hoheitsgebiet des Aufnahmemitgliedstaats gehören, die gleiche Behandlung wie die Staatsangehörigen dieses Mitgliedstaats. Führt man sich nochmals sowohl die mangelnde Abgrenzungseignung als auch die großzügige Handhabung des Kriteriums des Freizügigkeitsbezugs vor Augen, wird der tautologische Charakter des Tatbestandsmerkmals „im Anwendungsbereich des Vertrages" neben dem rechtmäßigen Aufenthalt im Aufnahmemitgliedstaat deutlich. Vergünstigungen, die mit dem Aufenthalt nicht zusammenhängen, sind kaum denkbar; im Übrigen ist ein grundsätzlich tatbestandlich umfassendes Verständnis des unionsbürgerlichen Diskriminierungsverbots geboten.[555] Die limitierende Bedeutung dieses Tatbestandsmerkmals wird zum anderen durch die Entstehungsgeschichte des Gleichbehandlungsanspruchs relativiert. Wie bereits erwähnt, sollte dieser die

---

[553] Vgl. die Begründung zu Art. 21, EK-Vorschlag Aufenthaltsrichtlinie, KOM (2001) 257 endg., ABl. C 270 v. 25.9.2001, S. 150, sub 1.

[554] EuGH, Rs. C-184/99, Slg. 2001, I-6193, Rn. 32 f. – Grzelczyk. Ähnlich Rs. C-224/98, Slg. 2002, I-6191, Rn. 29 – D'Hoop; Rs. C-148/02, Slg. 2003, I-11613, Rn. 24 – Avello; Rs. C-209/03, Slg. 2005, I-2119, Rn. 38 ff. – Dany Bidar. Dazu bereits ausführlich oben, 2. Teil B. II. 2. a) cc) (1).

[555] Dazu bereits ausführlich oben, 2. Teil B. II. 2. a) cc) (3).

Rechtsprechung des EuGH in der Rs. Martínez Sala kodifizieren. In dieser entschied der Gerichtshof, dass

> sich ein Unionsbürger, der sich wie die Klägerin rechtmäßig im Gebiet des Aufnahmemitgliedstaats aufhält, in allen vom sachlichen Anwendungsbereich des Gemeinschaftsrechts erfassten Fällen auf Artikel [12 EG] berufen [könne] ...[556]

Den Gleichbehandlungsanspruch hieran anlehnend zu formulieren, ist allerdings insofern problematisch, als der Rs. Martínez Sala eine atypische Konstellation zu Grunde lag. Das Aufenthaltsrecht bestand nach der Entscheidung des EuGH nämlich allein aufgrund nationalen Rechts, so dass der zusätzliche Bezug auf den sachlichen Anwendungsbereich, in den die erstrebte Vergünstigung gegenständlich fallen müsse, notwendig war, um überhaupt einen Bezug zum Unionsrecht bejahen zu können. Besteht bereits ein unionsrechtlich radiziertes Aufenthaltsrecht, ist dieses weitere Kriterium nicht geboten.[557] Im weiteren Verlauf des Gesetzgebungsverfahrens hat die Europäische Kommission den Gleichbehandlungsanspruch dann auch auf die Rs. Grzelczyk bezogen, nach der alle Situationen, die zur Ausübung des allgemeinen Freizügigkeitsrechts gehören, in den Anwendungsbereich des Gemeinschaftsrechts fielen.[558] Im Wortlaut niedergeschlagen hat sich dies allerdings nicht.[559] Auch insoweit ist Art. 24 I RL 2004/38 also unglücklich formuliert.

Die gegenständliche Reichweite des Art. 24 I RL 2004/38 ist damit genauso umfassend wie die des oben entwickelten unionsbürgerlichen Diskriminierungsverbotes zu verstehen.[560]

d) Der Anspruch auf die gleiche Behandlung wie Inländer

Im Rahmen des Anspruches auf gleiche Behandlung wie Inländer ist zunächst kurz die Entscheidung des EuGH in der Rs. Avello in Erinnerung zu rufen, da diese sich im Wortlaut nicht hinreichend deutlich widerspiegelt. Nach dieser umfasst das unionsbürgerliche Diskriminierungsverbot nicht nur den Anspruch des EU-Ausländers, wie ein Inländer behandelt zu werden, sondern auch, dass EU-Ausländer anders als Inländer behandelt werden müssen, sofern Besonderheiten ihrer Situation eine Andersbehandlung gebieten.[561] Dass der Gemeinschaftsgesetzgeber hiervon durch die auf Gleichbehandlung beschränkte Formulierung des Wortlautes abweichen wollte, ist nicht ersichtlich; dennoch ist

---

[556] EuGH, Rs. C-85/96, Slg. 1998, I-2691, Rn. 61 ff. – Martínez Sala.

[557] Dazu bereits oben, 2. Teil B. II. 2. a) bb) (2) (a) (bb).

[558] EuGH, Rs. C-184/99, Slg. 2001, I-6193, Rn. 32 f. – Grzelczyk.

[559] Vgl. geänderter EK-Vorschlag Aufenthaltsrichtlinie, KOM (2003) 199 endg., ABl. C 76 v. 25.3.2004, S. 13, sub. 3.1.1. zu Art. 21 II (Abänderung 108).

[560] Dazu oben, 2. Teil B. II. 2. a).

[561] EuGH, Rs. C-148/02, Slg. 2003, I-11613, Rn. 31 ff. – Avello. Dazu ausführlich oben, 2. Teil B. II. 2. b).

bei der Verallgemeinerung der Rs. Avello, wie bereits erwähnt, Vorsicht geboten.[562] Erinnert sei schließlich daran, dass über die Feststellung einer Ungleichbehandlung von In- und Ausländer hinaus keine weiteren Vergleichbarkeitserwägungen angezeigt sind.[563]

e) Grenzen des Gleichbehandlungsanspruchs

aa) Der temporäre Ausschluss von Sozialhilfe und Studienbeihilfen in Art. 24 II RL 2004/38

Nach der RL 2004/38 besteht während der ersten drei Monate des Aufenthalts ein ökonomisch voraussetzungsloses Aufenthaltsrecht. Für Arbeitsuchende gilt dies darüber hinaus für die Dauer ihrer Arbeitsuche. Um falsche Migrationsanreize zu vermeiden und die öffentlichen Haushalte der Mitgliedstaaten zu schützen, korreliert damit allerdings ein Ausschluss des Gleichbehandlungsanspruchs nicht grundfreiheitlich Freizügigkeitsberechtigter und Arbeitsuchender hinsichtlich Sozialhilfe in diesen Zeiträumen. Ebenfalls versagt wird der gleiche Zugang Nichterwerbstätiger zu Studienbeihilfen bis zum Erwerb des Daueraufenthaltrechts nach regelmäßig fünf Jahren (Art. 24 II RL 2004/38).

(1) Gegenstand des Ausschlusses

Gegenständlich bezieht sich der in Art. 24 II RL 2004/38 enthaltene Ausschluss auf Studienbeihilfen in Form von Stipendien und Studiendarlehen sowie Sozialhilfe. Der Begriff der Studienbeihilfen ist entsprechend der bislang dem Unionsrecht zugrunde liegenden Differenzierung zwischen der vom Diskriminierungsschutz ausgeschlossenen Förderung des Lebensunterhalts und der von ihm erfassten Bezuschussung von Einschreibe- und anderen mit dem Zugang zum Unterricht verbundenen Gebühren, namentlich Studiengebühren,[564] zu bestimmen: Art. 24 II RL 2004/38 versagt demnach nur den Gleichbehandlungsanspruch hinsichtlich der Förderung der Kosten für den Lebensunterhalt. In einigen nicht deutschen Sprachfassungen kommt dies deutlicher zum Ausdruck.[565] Problematischer ist die Auslegung des Begriffes Sozialhilfe,

---

[562] Näher dazu oben, 2. Teil B. II. 2. b) bb).

[563] Darauf legen aber *M. Dougan/E. Spaventa*, New Models of Social Solidarity in the EU, 181 (215 f.), einen Schwerpunkt bei der dogmatischen Strukturierung des unionsbürgerlichen Diskriminierungsverbotes. Allgemein zur Problematik der Vergleichbarkeit *S. Plötscher*, Diskriminierung, 41 ff., 107 ff., 268 ff., sowie bereits oben, 2. Teil B. II. 2. b) aa).

[564] EuGH, Rs. 39/86, Slg. 1988, 3161, Rn. 14 f. – Lair; EuGH, Rs. 197/86, Slg. 1988, 3205, Rn. 18 – Brown; Rs. C-109/92, Slg. 1993, I-6447, Rn. 25 – Wirth. Ausführlich dazu oben, 1. Teil A. II. 2. a) bb) (2).

[565] Vgl. etwa die englische ("maintenance aid for studies"), französische («aides d'entretien aux études»), italienische ("aiuti di mantenimento agli studi") oder spanische ("ayudas de manutención") Fassung des Art. 24 II RL 2004/38.

die im Interesse der einheitlichen Anwendung des Unionsrechts nicht anhand nationaler Kategorisierungen, sondern unionsrechtlich-autonom zu erfolgen hat.[566] Der Ausschluss stellt sich als Preis für den Verzicht der RL 2004/38 dar, von Nichterwerbstätigen in den ersten drei Monaten des Aufenthalts, von Arbeitsuchenden darüber hinaus während der Dauer der gesamten Arbeitsuche, den Nachweis ausreichender Existenzmittel als Aufenthaltsvoraussetzung zu fordern. Die Verantwortung für deren Vorhandensein soll aber nicht dem Aufnahmemitgliedstaat übertragen werden, der dementsprechend gemäß Art. 24 II RL 2004/38 nicht zu einer Gleichbehandlung verpflichtet ist. Vor diesem Hintergrund sind als Sozialhilfe[567] auch in Einklang mit dem allgemeinen Sprachgebrauch nicht generell Sozialleistungen, sondern lediglich solche Leistungen zu verstehen, die dieses Existenzminimum aufgrund mangelnder Existenzmittel des Antragstellers sicherstellen sollen.[568]

(2) Primärrechtskonformität der Ausschlüsse

Die in Art. 24 II RL 2004/38 enthaltenen Ausschlüsse sind an der Freizügigkeitsverbürgung des Art. 18 I EG zu messen (a), die ihnen jedoch nicht entgegensteht (b). Der Sonderfall Arbeitsuchender bedarf einer separaten Betrachtung (c).

---

[566] Siehe auch *G. Brinkmann*, EuroAS 2006, 168. Ein ähnliches Auslegungsproblem stellt sich im Kontext der Bestimmung des Anwendungsbereichs des Koordinierungsrechts (vgl. Art. 4 IV VO 1408/71, Art. 3 V VO 883/2004). Nach Auffassung des EuGH sei für die Qualifikation nicht die Einordnung im nationalen Recht entscheidend, vielmehr habe diese anhand der „Wesensmerkmal[e] der einzelnen Leistung, insbesondere ihrer Zweckbestimmung und den Voraussetzungen für ihre Gewährung" zu erfolgen [Rs. 9/78, Slg. 1978, 1661, Rn. 10 ff. – Gillard; Rs. 139/82, Slg. 1983, 1427, Rn. 10 – Piscitello. Dazu *K. Hailbronner*, EuZW 1991, 171 (176)]. Für eine Einordnung als Sozialhilfe spreche die Bedürftigkeit als Anwendungsvoraussetzung, die Gewährung unabhängig von Zeiten der Berufstätigkeit, Mitgliedschaft oder Beitragsleistung, die Beurteilung der Leistungsgewährung nach dem Einzelfall sowie die Einräumung einer gesetzlich umschriebenen Stellung (Rs. 139/82, Slg. 1983, 1427, Rn. 11 – Piscitello). Leistungen, die eine Alters-, Hinterbliebenen- oder Invalidenrente ergänzen, seien dagegen nicht erfasst (EuGH, Rs. 139/82, Slg. 1983, 1427, Rn. 12 f. – Piscitello; Rs. 379/85, Slg. 1987, 955, Rn. 7 ff. – Giletti). Diese Grundsätze können wegen des unterschiedlichen Regelungszwecks jedoch nicht unbesehen auf Art. 24 II RL 2004/38 übertragen werden.

[567] Vgl. auch andere Sprachfassungen des Art. 24 II RL 2004/38, etwa die englische ("social assistance"), französische («prestation d'assistance sociale»), italienische ("prestazioni d'assistenza sociale") oder spanische ("prestaciones de asistencia social").

[568] Zu weit fassen den Ausschluss aber *M. Dougan/E. Spaventa*, New Models of Social Solidarity in the EU, 181 (214): "any non-contributory welfare benefit or service which would amount to an encumbrance upon the public purse".

(a) Prüfungsmaßstab: Art. 18 I EG

Da Art. 24 RL 2004/38 ausschließlich auf Art. 12 UA 2 EG fußt, können die Schranken der freizügigkeitsspezifischen Rechtsetzungsermächtigung des Art. 18 II EG die Gestaltungsfreiheit des Gemeinschaftsgesetzgebers nicht begrenzen. Ihm ist es also nicht verwehrt, entgegen Art. 18 II EG Regelungen zu treffen, die hinter dem Freizügigkeits-*Acquis* zurückbleiben oder die die von Art. 18 III EG ausgeschlossenen Bereiche soziale Sicherheit und sozialen Schutz betreffen. Alleiniger Maßstab ist damit die primärrechtliche Freizügigkeitsverbürgung des Art. 18 I EG, die aufgrund ihres Vorbehalts offen für sekundärrechtliche Konkretisierungen ist. Letztere dürfen jedoch als Schranke des als Unionsbürgerrecht konstitutionalisierten allgemeinen Freizügigkeitsrechts dieses nicht unverhältnismäßig beschränken.[569]

(b) Die Primärrechtskonformität des Ausschlusses Nichterwerbstätiger in Art. 24 II RL 2004/38

Im temporären Ausschluss der genannten Sozialleistungen liegt keine unverhältnismäßige Beschränkung des allgemeinen Freizügigkeitsrechts.[570] Unionsrechtlich für die ersten drei Monate des Aufenthalts keine Verpflichtung zur Einbeziehung in das nationale Sozialhilfesystem vorzusehen, ist durch das legitime Interesse der Mitgliedstaaten gerechtfertigt, ihre öffentlichen Haushalte vor einer übermäßigen Inanspruchnahme zu schützen. Zu berücksichtigen ist nämlich, dass in diesem Zeitraum ein voraussetzungsloses Aufenthaltsrecht besteht, und selbst die angemessene Inanspruchnahme von Sozialhilfe – so das nationale Recht auch EU-Ausländern einen Anspruch einräumt – nicht zur Ausweisung berechtigt (Art. 14 I RL 2004/38). Zudem streitet der geringe Integrationsgrad in den Aufnahmemitgliedstaat dagegen, diesem eine soziale Verantwortung aufzuerlegen. Gegenteiliges lässt sich schließlich nicht der Rechtsprechung des EuGH entnehmen. In der Rs. Trojani betonte dieser nämlich, dass der Gleichbehandlungsanspruch hinsichtlich Sozialhilfe unter anderem davon abhänge, dass sich der nichterwerbstätige Unionsbürger „für

---

[569] *C. Barnard*, 42 CML Rev. (2005), 1465 (1482); *M. Dougan/E. Spaventa*, New Models of Social Solidarity in the EU, 181 (214 f.); im Übrigen oben, 2. Teil A. IV. Vgl. zur Frage der gerichtlichen Kontrolldichte hinsichtlich des Sekundärrechts ferner *M. Dougan*, 31 EL Rev. (2006), 613 (627 ff.).

[570] Zweifelnd, allerdings unter Berufung auf Art. 18 II EG *R. Höfler*, Aussenwirtschaft 2004, 303 (314, Fn. 43); unter Berufung auf den „Fundamentalcharakter" des Art. 12 EG *T. Giegerich*, Unionsbürgerschaft, Rn. 56. Zum nicht mehr aktuellen Ausschluss von Sozialhilfe vor Erwerb des Rechtes auf Daueraufenthalt in Art. 21 II des ursprünglichen Entwurfes der EK *K. Hailbronner*, ZAR 2002, 7 (10); *S. Peers*, EJML 2002, 85 (116); *D. H. Scheuing*, Freizügigkeit, 103 (141 f.). Kritisch auch *A. P. van der Mei*, Fear for 'Social Tourism', 107 (115 ff.).

eine *bestimmte Dauer* rechtmäßig" im Aufnahmemitgliedstaat aufgehalten habe.[571]

Genauso wenig ist der Aufnahmemitgliedstaat verpflichtet, noch nicht hinreichend integrierten Unionsbürgern Studienbeihilfen zu gewähren. Denn die Öffnung der nationalen Solidarsysteme vollzieht sich entsprechend dem der Unionsbürgerschaft zugrunde liegenden Konzept der abgestuften Solidarität graduell und in Einklang mit der allmählichen Integration in die Gesellschaft des Aufnahmemitgliedstaates.[572] Somit ist ein temporärer Ausschluss des Gleichbehandlungsanspruchs hinsichtlich Studienbeihilfen hinzunehmen, wobei der Gerichtshof drei Jahre als Mindestaufenthaltsdauer in der Rs. Bidar akzeptierte, ohne Aussagen zur Zulässigkeit darüber hinausgehender Schranken zu treffen.[573] Eine Kopplung an das regelmäßig nach fünf Jahren erworbene Recht auf Daueraufenthalt ist dabei als noch im Rahmen der gemeinschaftsgesetzgeberischen Gestaltungsfreiheit liegend anzusehen, zumal das Recht auf Daueraufenthalt gerade Ausdruck der Integration in den Aufnahmemitgliedstaat ist.[574]

(c) Der Sonderfall Arbeitsuchender

Art. 24 II RL 2004/38 schließt Arbeitsuchende für die Dauer der Stellensuche – und damit auch über den für sonstige Nichterwerbstätige geltenden Dreimonatszeitraum hinaus – vom Gleichbehandlungsanspruch hinsichtlich der Gewährung von Sozialhilfe aus. Den Hintergrund dieser zumindest *prima facie* ungerechtfertigt erscheinenden Differenzierung erhellt eine systematische Betrachtung der neuen Aufenthaltsrichtlinie. Diese privilegiert nämlich Arbeitsuchende gegenüber sonstigen nichterwerbstätigen Unionsbürgern hinsichtlich des Ausweisungsschutzes für den Fall, dass diese die ökonomischen Aufenthaltsvoraussetzungen nicht (mehr) erfüllen. Art. 14 IV lit. b RL 2004/38 schließt nämlich insoweit die Ausweisung Arbeitsuchender und ihrer Familienangehörigen aus, sofern sie nachweisen können, weiterhin mit begründeter Aussicht auf Erfolg Arbeit zu suchen. Der in Art. 24 II RL 2004/38 statuierte Ausschluss stellt sich mithin als Preis für das Ausweisungsverbot in Art. 14 IV

---

[571] EuGH, Rs. C-456/02, Slg. 2004, I-7573, Rn. 43 – Trojani (Hervorhebung nicht im Original). Vgl. auch bereits zuvor GA *Geelhoed*, in: Rs. C-413/01, Slg. 2003, I-13187, Rn. 96 – Ninni-Orasche, nach dem ein Unionsbürger, der eine nachweisbare und strukturelle Verbindung mit der Gesellschaft des Aufnahmemitgliedstaates aufweist, aufgrund des Grundsatzes einer minimalen finanziellen Solidarität nicht wie irgendein anderer Staatsangehöriger eines Drittlands hinsichtlich des Zugangs zu Sozialleistungen behandelt werden dürfe. Diesen Ansatz griff der EuGH im auf die Arbeitnehmerfreizügigkeit beschränkten Urteil nicht auf.

[572] Dazu ausführlich oben, 2. Teil B. II. 3. b) cc) (2).

[573] EuGH, Rs. C-209/03, Slg. 2005, I-2119, Rn. 54 ff. – Dany Bidar.

[574] So auch *S. Bode*, EuZW 2005, 279 (281). Siehe ferner *O. Golynker*, 31 EL Rev. (2006), 390 (397 f.). Zweifelnd *J.-Y. Carlier*, CDE 2006, 13 (28); *T. Giegerich*, Unionsbürgerschaft, Rn. 56.

lit. b RL 2004/38 dar. Dennoch ist dieser mit einem unionsrechtlichen Fragezeichen zu versehen, und zwar unabhängig davon, ob man die Privilegierung vor dem Hintergrund des vom Gemeinschaftsgesetzgeber zu wahrenden allgemeinen Gleichheitssatzes als hinreichend gewichtig ansieht, um die mit dem Ausschluss verbundene Schlechterstellung gegenüber nicht erwerbstätigen Unionsbürgern zu kompensieren.

Kurz vor Inkrafttreten der RL 2004/38 wurde der Ausschluss nämlich von einer Fortentwicklung im Freizügigkeits-*Acquis* überholt. In erweiternder Auslegung des Diskriminierungsverbots der Arbeitnehmerfreizügigkeit fasste der Gerichtshof unter dieses auch Sozialleistungen, die Arbeitsuchenden gewährt werden, um ihnen den Zugang zum Arbeitsmarkt eines Mitgliedstaats zu erleichtern.[575] In beiden Fällen dienten diese Beihilfen der Finanzierung des Lebensunterhalts. Zwei formale Lösungen des Konflikts bieten sich an, nach denen der Ausschluss in Art. 24 II RL 2004/38 in Einklang mit der Rechtsprechung leerliefe. Zum einen ließe sich argumentieren, dass Sozialhilfe i.S.d. Art. 24 II RL 2004/38 begrifflich keine Sozialleistungen erfasst, die Arbeitsuchenden gewährt werden, um ihnen i.S.d. Rs. Collins und Ioannidis den Zugang zum Arbeitsmarkt eines Mitgliedstaats zu erleichtern. Problematisch hieran ist jedoch erstens die mangelnde Schärfe dieser Kategorie und zweitens die daraus resultierende unterschiedliche Reichweite des Ausschlusses je nach dem, ob die Mitgliedstaaten spezielle Beihilfen zum Lebensunterhalt für Arbeitsuchende gewähren oder dies im Rahmen der allgemeinen Sozialhilfe regeln. Drittens sprechen historisch-teleologische Gesichtspunkte dafür, unter Sozialhilfe i.S.d. Art. 24 II RL 2004/38 alle der Finanzierung des Lebensunterhalts dienenden Beihilfen zu verstehen.[576] Genauso formal ließe sich die erweiternde Auslegung des Art. 39 II EG als Spezialregelung gegenüber Art. 24 RL 2004/38 begreifen. Denn Art. 24 I RL 2004/38 und damit auch der sich auf diesen beziehende Ausschluss in Absatz 2 greift ja nur „vorbehaltlich spezifischer und ausdrücklich im Vertrag … vorgesehener Bestimmungen“, womit unter anderem die Spezialität der grundfreiheitlichen Diskriminierungsverbote anerkannt wird.[577] Diese Auslegung kann nicht als offener Widerspruch zur Regelungsintention des Gemeinschaftsgesetzgebers qualifiziert werden, da dieser mit Art. 24 II RL 2004/38 der Rechtsprechung des Gerichtshofs keine bewusste Absage erteilt hat. Denn das die Rechtsprechungswende einläutende Urteil in der Rs. Collins erging erst kurz vor Verabschiedung der Richtlinie und konnte somit nicht mehr im Gesetzgebungsverfahren berücksichtigt werden. Als Wechsel auf die Zukunft ist eine solche Privilegierung von Arbeitsuchenden gegenüber sonstigen Nichterwerbstätigen auch in der Sache gerechtfertigt, da deren Aufenthalt

---

[575] EuGH, Rs. C-138/02, Slg. 2004, I-2703, Rn. 63 – Collins. Bestätigt in Rs. C-258/04, Slg. 2005, I-8275, Rn. 22 – Ioannidis.

[576] Siehe oben, 2. Teil B. III. 3. e) aa) (1).

[577] In diesem Sinne *J. Meulman/H. de Waele*, 31 LIEI (2004), 275 (287).

durch die Zielsetzung geprägt ist, später einen Beitrag zu Produktivität und Wohlstand im Aufnahmemitgliedstaat zu leisten, was eine Annäherung an die Arbeitnehmerfreizügigkeit stützt.[578]

Auch wer diese Argumentation im Hinblick auf den ursprünglichen Willen des Gemeinschaftsgesetzgebers als zu formalistisch brandmarkt, hat dennoch die Freizügigkeitsverbürgung des Art. 18 I EG zu berücksichtigen, die nicht unverhältnismäßig beschränkt werden darf. Die Grenze konkretisiert hat der Gerichtshof in der bereits erwähnten Rs. Collins, nach der eine Mindestaufenthaltsdauer, bevor Sozialleistungen bezogen werden können, zwar grundsätzlich unionsrechtlich zulässig ist, diese jedoch insbesondere nicht länger bemessen sein darf als nötig, „damit die nationalen Behörden sich vergewissern können, dass die betreffende Person tatsächlich auf der Suche nach einer Beschäftigung auf dem Arbeitsmarkt des Aufnahmemitgliedstaats ist".[579] Hierzu steht Art. 24 II RL 2004/38, soweit er Arbeitsuchende für die Dauer der Stellensuche von Sozialhilfe ausschließt, in offensichtlichem Widerspruch.[580] Selbst wenn man dem Aufnahmemitgliedstaat im Sinne des mit der Unionsbürgerschaft korrelierenden Konzeptes einer abgestuften Integration und im Hinblick auf den Schutz legitimer finanzieller Interessen konzediert, eine Mindestaufenthaltsdauer festzulegen, die über den zur Feststellung der tatsächlichen Arbeitsuche notwendigen Zeitraum hinausgeht, so lässt sich ein dauerhafter Ausschluss nicht rechtfertigen, der zudem der Sonderstellung Arbeitsuchender als potentielle Akteure des Binnenmarktes nicht Rechnung trüge und auch nach dem Erwerb des Rechts auf Daueraufenthalt fortgälte. Fragwürdig ist zudem, dass ein Anspruch auf den diskriminierungsfreien Zugang zur Sozialhilfe in dem Moment entstünde, in dem der Unionsbürger seine länger als drei Monate währende Arbeitsuche aufgibt. Ein möglicher Ausweg, die Unionsrechtswidrigkeit zu beseitigen, wäre, arbeitsuchende und sonstige Nichterwerbstätige gleichzubehandeln, also auf beide den Dreimonatszeitraum anzuwenden, wobei dann konsequenterweise der erhöhte Ausweisungsschutz des Art. 14 IV lit. b RL 2004/38 mit der Inanspruchnahme von Sozialhilfe hinfällig werden muss, also auch der Arbeitsuchende der für alle Nichterwerbstätigen geltenden Regel des Art. 14 III RL 2004/38 unterfiele.

---

[578] Noch nicht in der Rechtsprechung geklärt ist die Reichweite des Diskriminierungsverbotes, d.h. ob dieses lediglich den Zugang zum Arbeitsmarkt erleichternde oder allgemein der Finanzierung des Lebensunterhalts Arbeitsuchender dienende Leistungen erfasst. Aus den eben im Text genannten Gründen ist der erste Ansatz jedoch nicht unproblematisch [siehe dazu auch Fn. 309 sowie *F. Wollenschläger*, EuZW 2005, 665 (666)].

[579] EuGH, Rs. C-138/02, Slg. 2004, I-2703, Rn. 72 – Collins.

[580] So auch *O. Golynker*, 30 EL Rev. (2005), 111 (119).

(3) Kein weitergehender Ausschluss

Nach Ablauf der genannten Zeiträume sind die Mitgliedstaaten verpflichtet, EU-Ausländer bei Gewährung der genannten Sozialleistungen genauso wie Inländer zu behandeln. Für den Anspruch auf Sozialhilfe wird dies jedoch mitunter jedenfalls vor Erwerb des Rechts auf Daueraufenthalt verneint.[581] Denn auch der RL 2004/38 liege die überkommene Unterscheidung zugrunde, dass Nichterwerbstätige als Voraussetzung für ihr Aufenthaltsrecht grundsätzlich über ausreichende Existenzmittel verfügen müssten.[582] Dem ist jedoch nicht zu folgen.[583] Bereits die Formulierung des Art. 24 II RL 2004/38 zeigt, dass hier ein an sich nach Art. 24 I RL 2004/38 bestehender Anspruch ausgeschlossen wird („Abweichend von Absatz 1 ...“), was einen Umkehrschluss nahe legt. Diese Interpretation findet eine Stütze im 20. und 21. Erwägungsgrund der Aufenthaltsrichtlinie, die das Regel-Ausnahme-Verhältnis illustrieren:

(20) Das Verbot der Diskriminierung aus Gründen der Staatsangehörigkeit erfordert, dass alle Unionsbürger und ihre Familienangehörigen, die sich aufgrund dieser Richtlinie in einem Mitgliedstaat aufhalten, in diesem Mitgliedstaat in den Anwendungsbereichen des Vertrags die gleiche Behandlung wie Inländer genießen ...

(21) Allerdings sollte es dem Aufnahmemitgliedstaat überlassen bleiben, zu bestimmen, ob er anderen Personen als Arbeitnehmern oder Selbstständigen, Personen, die diesen Status beibehalten, und ihren Familienangehörigen Sozialhilfe während der ersten drei Monate des Aufenthalts oder im Falle von Arbeitsuchenden für einen längeren Zeitraum gewährt oder vor Erwerb des Rechts auf Daueraufenthalt Unterhaltsbeihilfen für die Zwecke des Studiums, einschließlich einer Berufsausbildung, gewährt.

Auch ein Blick auf die Entstehungsgeschichte des Art. 24 RL 2004/38 stützt die hier vertretene Auffassung. So klammerte der ursprüngliche Kommissionsentwurf[584] Sozialhilfe vor Erwerb des Rechts auf Daueraufenthalt vom Gleichbehandlungsanspruch aus (Art. 21 II):

In Abweichung von Absatz 1 ist der Aufnahmemitgliedstaat jedoch nicht gehalten, anderen Personen als abhängig oder selbständig Erwerbstätigen und ihren Familienmitgliedern das Recht auf gesetzliche Sozialhilfe oder – wenn es sich um Personen handelt, die sich zu einem Studium in seinem Hoheitsgebiet aufhalten – das Recht auf Unterhaltsbeihilfe zu gewähren, bevor sie das Recht auf Daueraufenthalt erworben haben.

---

[581] So *K. Hailbronner*, ZaöRV 64 (2004), 603 (617); *ders.*, 42 CML Rev. (2005), 1245 (1261 f.); *I. Niemann*, EuR 2004, 946 (952). *C. Schönberger*, Unionsbürger, 370 (Fn. 244), hält dies für eine Fehlinterpretation.

[582] *K. Hailbronner*, 42 CML Rev. (2005), 1245 (1261 f.).

[583] Ebenso *S. Bode*, Europarechtliche Gleichbehandlungsansprüche Studierender, 367 f.; *D. Düsterhaus*, EuZW 2005, 325 (326); *M. Niedobitek*, RdJB 2006, 105 (110 f.); *C. Schönberger*, Unionsbürger, 370 ff.; *ders.*, ZAR 2006, 226 (229).

[584] EK-Vorschlag Aufenthaltsrichtlinie, KOM (2001) 257 endg., ABl. C 270 v. 25.9.2001, S. 150.

Gleichzeitig wird in dessen Begründung jedoch klargestellt, dass Sozialhilfe grundsätzlich vom Inländergleichbehandlungsanspruch erfasst wird:

Der allgemeine Gleichbehandlungsgrundsatz wird durch diese Bestimmung abgeschwächt: sie sieht vor, dass Unionsbürger und ihre Familienangehörigen, die sich im Aufnahmemitgliedstaat aufhalten, ohne dort eine Erwerbstätigkeit auszuüben, keinen Anspruch auf Sozialhilfe haben. Damit soll vermieden werden, dass dem Aufnahmemitgliedstaat eine übermäßige finanzielle Belastung entsteht. Im Übrigen sieht Artikel 7 ausdrücklich vor, dass sie über ausreichende Existenzmittel und eine Krankenversicherung verfügen müssen, folglich könnte der Antrag auf Sozialhilfe das Aufenthaltsrecht für diese Personen in Frage stellen. ... Diese Situation gilt bis zum Erwerb des Rechts auf Daueraufenthalt nach den Vorschriften des Kapitel IV der Richtlinie; dann sind die Daueraufenthaltsberechtigten den Inländern gleichgestellt.[585]

Im Laufe des Gesetzgebungsverfahrens wurde diese Beschränkung im Hinblick auf die Entscheidung des EuGH in der Rs. Grzelczyk dann aber aufgegeben, wie Art. 21 II des überarbeiteten Kommissionsvorschlages[586] zeigt:

In Abweichung von Absatz 1 ist der Aufnahmemitgliedstaat jedoch nicht gehalten, Personen, die sich zu einem Studium in seinem Hoheitsgebiet aufhalten, das Recht auf Unterhaltsbeihilfe zu gewähren, bevor sie das Recht auf Daueraufenthalt erworben haben.

Die Kommission begründet diese Änderung wie folgt:

Durch diese Änderung sollen nicht erwerbstätige Personen vor Erlangung des Rechts auf Daueraufenthalt nicht mehr von der Sozialhilfe ausgeschlossen werden. Diese Einschränkung ist in den Richtlinien zum Aufenthaltsrecht nicht erwerbstätiger Personen nicht enthalten. Sie könnte – insbesondere in Anbetracht der Rechtsprechung des Gerichtshofs – als Rückschritt gegenüber den derzeit geltenden Rechtsvorschriften ausgelegt werden. Der Gerichtshof hat durch sein Urteil vom 20. September 2001 in der Rechtssache C-184/99, Grzelczyk, erneut darauf hingewiesen, dass sich ein Unionsbürger in allen vom sachlichen Anwendungsbereich des Gemeinschaftsrechts erfassten Fällen, einschließlich jener Fälle, die die Ausübung des Rechts auf Freizügigkeit und Aufenthaltsfreiheit im Hoheitsgebiet der Mitgliedstaaten betreffen, auf den Grundsatz des Diskriminierungsverbots nach Artikel 12 EG-Vertrag berufen kann. Er hat bekräftigt, dass nicht erwerbstätige Unionsbürger, die sich rechtmäßig in einem anderen Mitgliedstaat aufhalten, aufgrund ihrer Unionsbürgerschaft Anspruch darauf haben, gegenüber Inländern gleich behandelt zu werden.[587]

In ihrer Mitteilung an das Europäische Parlament betreffend den vom Rat angenommenen gemeinsamen Standpunkt führt sie des Weiteren aus:

Durch diese Abänderung sollten nicht erwerbstätige Personen vor Erlangung des Daueraufenthaltsrechts nicht mehr von der Sozialhilfe ausgeschlossen werden. Der Rat akzeptierte die Abänderung, ergänzte jedoch, dass Unionsbürger in den ersten drei Monaten ihres Aufenthalts

---

[585] EK-Vorschlag Aufenthaltsrichtlinie, KOM (2001) 257 endg., ABl. C 270 v. 25.9.2001, S. 150, Begründung zu Art. 21 II. Siehe ferner die Begründung zu Art. 17 I.

[586] Geänderter EK-Vorschlag Aufenthaltsrichtlinie, KOM (2003) 199 endg., ABl. C 76 v. 25.3.2004, S. 13.

[587] Geänderter EK-Vorschlag Aufenthaltsrichtlinie, KOM (2003) 199 endg., ABl. C 76 v. 25.3.2004, S. 13, Begründung zur Art. 21 II betreffenden Abänderung 108.

von der Sozialhilfe ausgeschlossen werden können. Nach Ansicht der Kommission ist diese Änderung akzeptabel, da die Betreffenden während dieses Zeitraums keinerlei Aufenthaltsbedingungen erfüllen müssen und von jeglicher Formalität im Zusammenhang mit dem Aufenthalt befreit sind. Dies rechtfertigt einen Ausschluss von der Sozialhilfe und steht außerdem im Einklang mit dem derzeitigen Besitzstand.[588]

Darüber hinaus ist ein kompetentieller Einwand zurückzuweisen, nach dem Art. 24 RL 2004/38 schon deshalb keine Gleichbehandlungsansprüche im Bereich sozialer Sicherheit und sozialen Schutzes statuieren könne, weil Art. 18 III EG diese Materien von der freizügigkeitsspezifischen Rechtsetzungsermächtigung des Art. 18 II EG ausnimmt. Diese Wertung müsse analog zur Rechtsprechung zu den Harmonisierungsverboten[589] auch bei Rückgriff auf eine andere Rechtsgrundlage – wie hier Art. 12 UA 2 EG – Berücksichtigung finden. Dem ist jedoch entgegenzuhalten, dass sich der in Art. 18 III EG statuierte Ausschluss ausschließlich auf Art. 18 II EG bezieht. Zum einen ist nämlich anders als bei vertraglich ausdrücklich verankerten Harmonisierungsverboten aus Art. 18 III EG nicht ersichtlich, dass dieser jede Gemeinschaftsregelung in den genannten Bereichen verhindern möchte, sondern es wird ein Bezug lediglich zu Art. 18 II EG hergestellt. Zum anderen wäre eine solche Auslegung mit der Systematik des EG-Vertrages unvereinbar, wäre es der Gemeinschaft in Widerspruch zu den Art. 136 ff. EG doch versagt, eine Sozialpolitik zu verfolgen. Die Aufnahme des Ausschlusses war vielmehr der Preis für den Übergang von der Einstimmigkeit zu Mehrheitsentscheidungen in Art. 18 II EG.[590]

Schließlich ist es auch nicht widersprüchlich, einerseits das Aufenthaltsrecht explizit vom Vorhandensein ausreichender Existenzmittel abhängig zu machen, andererseits einen Gleichbehandlungsanspruch hinsichtlich Sozialhilfe nach Ablauf eines Zeitraums von drei Monaten einzuräumen. Denn in der neuen Aufenthaltsrichtlinie sind Aufenthaltsrecht und Sozialhilfeberechtigung nicht synchronisiert, vielmehr bleibt es dem Aufnahmemitgliedstaat unbenommen, bei Inanspruchnahme von Sozialhilfe aufenthaltsbeendende Maßnahmen zu ergreifen.[591] Damit geht freilich die Gefahr einher, dass die Mitgliedstaaten schneller zum Mittel der Ausweisung greifen, um so ihre finanziellen Interessen

---

[588] Mitteilung der EK an das EP betreffend den vom Rat angenommenen gemeinsamen Standpunkt im Hinblick auf die Aufenthaltsrichtlinie, SEK (2003) 1293 endg., sub 3.2.1.2 (zu Abänderung 108).

[589] EuGH, Rs. C-376/98, Slg. 2000, I-8419, Rn. 79 – Deutschland/EP und Rat (Tabakwerberichtlinie).

[590] Dazu bereits oben, 2. Teil A. VI. 1.

[591] *C. Schönberger*, Unionsbürger, 374 ff. Auf diese Möglichkeit weist auch *S. Bode*, Europarechtliche Gleichbehandlungsansprüche Studierender, 368, hin.

zu schützen und damit die Sozialhilfeberechtigung doch mittelbar auf den aufenthaltsrechtlichen Status durchschlägt.[592]

bb) Sonstige Vergünstigungen

Art. 24 RL 2004/38 schweigt hinsichtlich der Behandlung sonstiger Vergünstigungen. Es ginge jedoch zu weit, aus Art. 24 II RL 2004/38 den Umkehrschluss zu ziehen, dass ein unbedingter Gleichbehandlungsanspruch hinsichtlich aller sonstigen im nationalen Recht vorgesehenen Vorteile bestehe.[593] Denn hier hat der Gemeinschaftsgesetzgeber in Anknüpfung an die Rechtsprechung des EuGH für zwei im Mittelpunkt der Diskussion stehende Sozialleistungen – Sozialhilfe und Studienbeihilfen – eine Sonderregelung getroffen. Eine Aussage im Hinblick auf die Gewährung sonstiger Vergünstigungen ist demgegenüber weder im Wortlaut noch in der Entstehungsgeschichte erkennbar. Damit sind Reichweite und Grenzen des Gleichbehandlungsanspruchs jenseits von Sozialhilfe und Studienbeihilfen nach den oben entwickelten allgemeinen Grundsätzen zu beurteilen.[594] Sonstige Vergünstigungen sind also tatbestandlich vom prinzipiell umfassenden unionsbürgerlichen Diskriminierungsverbot erfasst, legitime Differenzierungen zwischen In- und Ausländern allerdings einer Rechtfertigung zugänglich. Diese hat insbesondere die Art der Vergünstigung, den Integrationsgrad des Unionsbürgers in die Gesellschaft des Aufnahmitgliedstaates sowie die mit der Ausdehnung einhergehende finanzielle Belastung zu berücksichtigen. Keinesfalls ist eine Rechtfertigungsmöglichkeit im Hinblick auf den Wortlaut des Art. 24 I RL 2004/38 generell auszuschließen, da dieser auf Art. 12 EG aufbaut, dem eine solche immanent ist.

Hat ein Unionsbürger das Daueraufenthaltsrecht erworben, ist dem Aufnahmemitgliedstaat die Möglichkeit einer Ungleichbehandlung in den von Art. 24 I RL 2004/38 erfassten Fällen jedoch (regelmäßig[595]) abgeschnitten.[596]

---

[592] So *A. von Bogdandy/S. Bitter*, Unionsbürgerschaft und Diskriminierungsverbot, 309 (315); *S. Bode*, Europarechtliche Gleichbehandlungsansprüche Studierender, 259; *M. Dougan*, 42 CML Rev. (2005), 943 (971); *S. Douglas-Scott*, 18 YEL (1998), 29 (64); *S. Fries/J. Shaw*, 4 EPL (1998), 533 (553); *S. Kadelbach*, Unionsbürgerschaft, 539 (563); *S. O'Leary*, 24 EL Rev. (1999), 68 (78); *C. Schönberger*, Unionsbürger, 376 f.; *C. Tomuschat*, 37 CML Rev. (2000), 449 (456); *H. Toner*, 7 M.J.E.C.L. (2000), 158 (180).

[593] So aber *J. Egger*, Die neue Aufenthaltsrichtlinie, 95 (113).

[594] Zu diesen ausführlich oben, 2. Teil B. II.

[595] In Ausnahmefällen können jedoch qualitative und quantitative Restriktionen greifen, vgl. oben 2. Teil B. II. 3. b) cc) (2) (b) und (c).

[596] *C. Barnard*, The Four Freedoms, 417; *M. Dougan*, 42 CML Rev. (2005), 943 (969); *K. Hailbronner*, Arbeitsmarktzugang, 315 (316, 325); *D. Sindbjerg Martinsen*, Social Security Regulation, 89 (95).

f) Die Erstreckung des persönlichen Anwendungsbereichs auf drittstaatsangehörige Familienmitglieder

Die auch bislang schon großzügige Rechtsprechung des Gerichtshofs zur Gleichbehandlung der Familienangehörigen von Wanderarbeitnehmern[597] setzt Art. 24 I 2 RL 2004/38 fort. Dieser erstreckt den Gleichbehandlungsanspruch generell auch auf aufenthaltsberechtigte Familienangehörige, die nicht die Staatsangehörigkeit eines Mitgliedstaats besitzen. Unter Art. 24 I 2 RL 2004/38 fällt nunmehr insbesondere das bislang von Art. 11 VO 1612/68 gewährleistete Recht drittstaatsangehöriger Familienmitglieder, im gesamten Hoheitsgebiet des Aufnahmemitgliedstaats eine Berufstätigkeit auszuüben;[598] deren in Art. 12 VO 1612/68 enthaltener Gleichbehandlungsanspruch hinsichtlich der Teilnahme am allgemeinen Unterricht sowie der Lehrlings- und Berufsausbildung besteht demgegenüber als *lex specialis* fort[599]. Letzteres gilt auch für den auf einen extensiv ausgelegten Art. 7 II VO 1612/68 gestützten Inländerbehandlungsanspruch hinsichtlich des Zugangs zu sozialen Vergünstigungen für Familienangehörige.[600] Mit Art. 24 I 2 RL 2004/38 ist freilich die Notwendigkeit für die weite Auslegung des Art. 7 II VO 1612/68 entfallen.

IV. Fazit: Der Anspruch des Unionsbürgers auf Inländerbehandlung

Dass das in Art. 18 EG verankerte allgemeine Freizügigkeitsrecht anders als die Grundfreiheiten ausschließlich freiheitsrechtlich formuliert ist und jedenfalls im Wortlaut keine ausdrücklichen Anhaltspunkte für einen gleichheitsrechtlichen Gehalt bietet, hat den Gerichtshof nicht daran gehindert, einen den Grundfreiheiten strukturell vergleichbaren freizügigkeitsakzessorischen Diskriminierungsschutz auch für Nichterwerbstätige zu entwickeln. Der Integrationsfortschritt, der in der Neuradizierung des Freizügigkeitsrechts in dem allen Angehörigen der Mitgliedstaaten gemeinen Status als Unionsbürger liegt, konnte auch gleichheitsrechtlich mitvollzogen werden, da der jeweilige Stand der Integration die Reichweite des auf eine dynamische Auslegung angelegten, in Art. 12 EG verankerten allgemeinen Diskriminierungsverbots determiniert. Art. 3 I lit. c EG gebietet nunmehr, gelesen im Lichte des Art. 18 EG, Hindernisse für den freien Personenverkehr Nichterwerbstätiger und damit auch Diskriminierungen zu beseitigen. Ein in der Unionsbürgerschaft wurzelnder

---

[597] Zu dieser oben, 1. Teil A. II. 2. a) aa) (4).

[598] Siehe die Begründung zu Art. 35 EK-Vorschlag Aufenthaltsrichtlinie, KOM (2001) 257 endg., ABl. C 270 v. 25.9.2001. Zum mit Inkrafttreten der RL 2004/38 aufgehobenen Art. 11 VO 1612/68 oben, 1. Teil A. II. 2. a) aa) (4) (b).

[599] Zu diesem oben, 1. Teil A. II. 2. a) aa) (4) (b). Kritisch zu dessen Fortgeltung bereits oben, 1. Teil B. IV. 4.

[600] Siehe oben, 1. Teil A. II. 2. a) aa) (4) (b).

autonomer, also nicht mehr freizügigkeitsakzessorischer Gleichbehandlungsanspruch aller Unionsbürger liegt dem geltenden Unionsrecht allerdings nicht zugrunde.

Der Anspruch des Unionsbürgers auf Inländerbehandlung ist im Grundsatz tatbestandlich umfassend angelegt, da sich der Unionsbürger durch die Ausübung des allgemeinen Freizügigkeitsrechts in einer gemeinschaftsrechtlich geregelten Situation befindet und damit der Anwendungsbereich des Gemeinschaftsrechts im Sinne des Art. 12 EG eröffnet ist. Restriktive, da eine Konnexität von Aufenthaltsrecht und Gegenstand der Gleichbehandlung fordernde Ansätze sind nicht nur mangels Abgrenzungstauglichkeit, sondern auch wegen der unionsrechtlichen Zielvorgabe, Diskriminierungen auch Nichterwerbstätiger zu beseitigen, abzulehnen. Tatbestandliche Grenzen bestehen allerdings dort, wo dies das Primär- oder primärrechtskonformes Sekundärrecht explizit oder implizit bestimmen, namentlich im Bereich mit der nationalen Staatsangehörigkeit untrennbar verknüpfter Rechtspositionen. Aufgrund der tatbestandlichen Weite des unionsbürgerlichen Diskriminierungsverbots steht potentiell jede zwischen In- und Ausländern offen oder versteckt differenzierende nationale Regelung auf dem Prüfstand des Unionsrechts. Damit ist jedoch noch nicht das Verdikt ihrer Unionswidrigkeit gefällt. Vielmehr ist auf der Ebene der Rechtfertigung dem Interesse der Mitgliedstaaten, über Gestaltungsspielräume für legitime Differenzierungen zu verfügen, Rechnung zu tragen. Ungleichbehandlungen sind – in den Worten des Gerichtshofs – gerechtfertigt, „wenn sie auf objektiven, von der Staatsangehörigkeit der Betroffenen unabhängigen Erwägungen beruh[en] und in einem angemessenen Verhältnis zu dem Zweck steh[en], der mit den nationalen Rechtsvorschriften zulässigerweise verfolgt wird". Diese Formel ist für die jeweils betroffene Materie zu konkretisieren.

Trotz des Anspruchs, den allen Angehörigen der Mitgliedstaaten gemeinen Status als Unionsbürger zu entfalten, betrifft die Rechtsprechung – wie schon im Bereich des Aufenthaltsrechts – ausschließlich Nichterwerbstätige, da ganz überwiegend der für wirtschaftlich aktive Personen aus den Marktfreiheiten folgende Diskriminierungsschutz als speziell qualifiziert wird. Damit steht erwartungsgemäß auf Rechtfertigungsebene die Frage nach der Nichterwerbstätigen geschuldeten Solidarität durch Angehörige des Aufnahmemitgliedstaates im Vordergrund, für die das Konzept der abgestuften Solidarität eine belastbare Grundlage darstellt. Aufgrund ihres gegenüber drittstaatsangehörigen Ausländern privilegierten, mit Inländern geteilten Status können Unionsbürger nicht als der Solidargemeinschaft im Aufnahmemitgliedstaat gänzlich nichtzugehörig betrachtet werden, gleichzeitig steht deren Status als auch Ausländer einer vollständigen Gleichstellung mit Inländern entgegen. Somit ist es gerechtfertigt, Unionsbürger nicht bereits mit Einreise umfassend in das nationale Solidarsystem einzubeziehen, sondern Abstufungen nach Aufenthaltsdauer, Art der erstrebten Vergünstigung und Höhe der Inanspruchnahme zuzulassen.

Die neue Aufenthaltsrichtlinie 2004/38 enthält in Art. 24 einen unglücklich formulierten, die Rechtsprechung des EuGH zum unionsbürgerlichen Diskriminierungsverbot kodifizierenden Gleichbehandlungsanspruch des Freizügigkeitsberechtigten mit den Angehörigen des Aufnahmemitgliedstaates. Dessen Reichweite und Grenzen entsprechen der bisherigen Rechtsprechung, die im Bereich des gleichen Zugangs Nichterwerbstätiger zu Sozialhilfe und Studienbeihilfen konkretisiert wird: In den ersten drei Monaten des Aufenthalts besteht kein Gleichbehandlungsanspruch hinsichtlich Sozialhilfe, danach schon, wobei vor Erwerb des Daueraufenthaltsrechts aus einer unangemessen Inanspruchnahme aufenthaltsrechtliche Konsequenzen gezogen werden können. Bis zu dem zuletzt genannten Zeitpunkt besteht des Weiteren kein Anspruch auf Studienbeihilfen.

C. Mobilitätsschutz jenseits des Gebots der Inländerbehandlung

Das ursprünglich den Marktfreiheiten zugrunde liegende Verständnis als reine Inländerbehandlungsgebote hat sich im Laufe der Zeit als zu eng herausgestellt, da der Marktintegration auch andere Mobilitätshindernisse als Ausländerdiskriminierungen entgegenstehen. Als problematisch erwies sich zum einen die Schlechterstellung eigener Staatsangehöriger, die von ihrem Freizügigkeitsrecht Gebrauch gemacht haben, gegenüber solchen, die im Inland verblieben waren. Zum anderen sah sich die transnationale Wirtschaftstätigkeit unverhältnismäßigen Eingriffen ausgesetzt. Reaktion hierauf war eine am Binnenmarktziel der Gemeinschaft, Hindernisse für den freien Personenverkehr zu beseitigen, orientierte erweiternde Auslegung der Grundfreiheiten. Deren Reichweite ist allerdings nach wie vor umstritten: Verfügen diese auch über eine freiheitsrechtliche Komponente oder sind sie ausschließlich als Diskriminierungsverbote zu verstehen, wenn auch unter Erweiterung der verbotenen Differenzierungskriterien über die Staatsangehörigkeit hinaus?[601]

Auch im Kontext des allgemeinen Freizügigkeitsrechts setzte ein solcher Entwicklungsprozess ein. Dieser zeigt, dass die Rechtsprechung zur Unionsbürgerschaft nicht nur auf dem Gedanken der Gleichstellung von in- und ausländischen Unionsbürgern fußt, sondern eine umfassendere Mobilitätsgarantie im Auge hat. Wiederum ist es unerlässlich, einleitend die nicht immer kohärenten Schlüsselentscheidungen des EuGH kurz im Zusammenhang zu beleuch-

[601] Dazu oben, 1. Teil A. II. 1. c). Nachgezeichnet auch bei GA *Cosmas*, in: EuGH, Rs. C-378/97, Slg. 1999, I-6201, Rn. 28 f. – Wijsenbeek; *K. Füßer*, DÖV 1999, 96 (97 ff.); *I. Pernice*, Verfassungsrechtliche Status, 177 (184 f.); *J. Wouters*, Citizenship and Free Movement, 25 (35 ff.).

ten (I.), bevor dann der sich dort abzeichnende Gewährleistungsgehalt dogmatisch strukturiert wird (II.).

I. Mobilitätsschutz jenseits des Gebots der Inländerbehandlung im Spiegel der Rechtsprechung des EuGH

Die Analyse des Gewährleistungsgehalts der Personenverkehrsfreiheiten jenseits des Gebots der Inländerbehandlung hat gezeigt, dass dieser zwei unterscheidbare Fallgruppen umfasst: Zum einen Inländer betreffende Sachverhalte, in denen Personen, die von ihrem Freizügigkeitsrecht Gebrauch gemacht haben, schlechter gestellt werden, als wenn sie im Inland verblieben wären, etwa bei der Anerkennung von im Ausland erworbenen Befähigungen. Zum anderen finden sich nur noch freiheitsrechtlich erklärbare Fälle, in denen die transnationale Mobilität genauso wie die innerstaatliche behindert wird. Auch im Kontext des allgemeinen Freizügigkeitsrechts lassen sich diese beiden Fallgruppen unterscheiden: die dogmatisch unhaltbar unter dem Deckmantel des Art. 12 EG entwickelte Garantie gleicher Behandlung bei Ausübung der Freizügigkeit (1.) und sonstige Mobilitätshindernisse (2.).

1. Die Garantie gleicher rechtlicher Behandlung bei Ausübung der Freizügigkeit

a) Das Urteil in der Rs. C-135/99 – Elsen vom 23.11.2000

Die Zulässigkeit der Benachteiligung eines Unionsbürgers, weil dieser von seinem allgemeinen Freizügigkeitsrecht Gebrauch gemacht hat, stand erstmals in der Rs. Elsen[602] auf dem Prüfstand des Unionsrechts. Die deutsche Staatsangehörige *Elsen* verlegte 1981 ihren Wohnsitz von Deutschland nach Frankreich, blieb aber bis 1985 in Deutschland versicherungspflichtig beschäftigt. 1994 beantragte sie, die Erziehungszeiten für ihren 1984 geborenen Sohn bei der Berechnung ihrer Altersrente zu berücksichtigen. Dies lehnte die Bundesversicherungsanstalt für Angestellte ab, da die Kindererziehung im Ausland stattfand und die Voraussetzungen für eine Gleichstellung mit einer Kindererziehung im Inland nicht vorlägen, nämlich eine versicherungspflichtige Beschäftigung in einem anderen Mitgliedstaat ausgeübt zu haben. Das Bundessozialgericht legte die Frage vor, ob die Ablehnung der Anrechnung, weil die Betroffene in einem anderen Mitgliedstaat nur gewohnt, nicht aber gearbeitet habe, unionsrechtlich zulässig sei. Der Gerichtshof betonte einleitend, dass die Mitgliedstaaten zwar nach wie vor für die Ausgestaltung ihrer Sozialsysteme

---

[602] EuGH, Rs. C-135/99, Slg. 2000, I-10409 – Elsen. Für einen vergleichbaren Sachverhalt siehe auch die Rs. C-28/00, Slg. 2002, I-1343 – Kauer (insb. Rn. 44, 49). Dazu *M. Moore*, 39 CML Rev. (2002), 807 (814 f.).

zuständig seien, dem das Gemeinschaftsrecht – insbesondere die Bestimmungen über die Freizügigkeit – jedoch Schranken setze. Die streitgegenständliche Regelung benachteilige den Unionsbürger, der von seinem allgemeinen Freizügigkeitsrecht Gebrauch gemacht habe. Denn diese stehe einer Anrechnung von Kindererziehungszeiten nach der Verlegung des Wohnsitzes bei fortdauernder Beschäftigung im ursprünglichen Wohnsitzstaat entgegen.[603] Des Weiteren wies der EuGH darauf hin, dass die aufgrund von Art. 42 EG erlassene VO 1408/71, die den Bezug von Sozialleistungen auch für den Fall sichern soll, dass der Versicherte, der ausschließlich in seinem Herkunftsstaat gearbeitet hat, in einem anderen Mitgliedstaat wohnt oder seinen Wohnort dorthin verlegt, nicht nur der Arbeitnehmerfreizügigkeit, sondern auch der allgemeinen Freizügigkeit diene. Auf die von einigen Mitgliedstaaten vorgebrachte Rechtfertigung der Benachteiligung aufgrund des der Sozialversicherung immanenten Territorialitätsprinzips, das erlaube, die Vergünstigung von der Erziehung im Inland abhängig zu machen, ging der Gerichtshof nicht ein.

b) Das Urteil in der Rs. C-224/98 – D'Hoop vom 11.7.2002

Das in der Rs. Elsen allein aus Art. 18 EG abgeleitete Verbot, Unionsbürger wegen der Ausübung des allgemeinen Freizügigkeitsrechts zu benachteiligen, entwickelte der Gerichtshof in der Rs. D'Hoop unter Einbeziehung der Unionsbürgerschaft fort.[604] Die gleichnamige belgische Staatsangehörige erwarb 1991 in Frankreich ihr Abitur, das in Belgien anerkannt wurde, und absolvierte dort ihr 1995 abgeschlossenes Studium. 1996 beantragte sie in Belgien Überbrückungsgeld, das nach belgischem Recht Studierenden gewährt wird, die auf der Suche nach einer ersten Beschäftigung sind. Ihr Antrag wurde allerdings abgelehnt, da dieses Überbrückungsgeld für Belgier nur bei Abschluss der höheren Schulbildung in Belgien gewährt werde. Der EuGH betonte, dass Frau *D'Hoop* als Staatsangehörige eines Mitgliedstaates der Unionsbürgerstatus zustehe, der

> bestimmungsgemäß der grundlegende Status der Staatsangehörigen der Mitgliedstaaten sein [soll], die, wenn sie sich in der gleichen Situation befinden, aufgrund dieses Status im sachlichen Geltungsbereich des EG-Vertrags vorbehaltlich der hiervon ausdrücklich vorgesehenen Ausnahmen unabhängig von ihrer Staatsangehörigkeit Anspruch auf die gleiche rechtliche Behandlung haben. In den Geltungsbereich des Gemeinschaftsrechts fallen u. a. Situationen, in denen es um die Ausübung der im EG-Vertrag garantierten Grundfreiheiten, namentlich der in [Art. 18 EG] verliehenen Freiheit geht, sich im Hoheitsgebiet der Mitgliedstaaten zu bewegen und aufzuhalten ...

[603] GA *Saggio*, in: EuGH, Rs. C-135/99, Slg. 2000, I-10409 – Elsen, bejahte demgegenüber ausschließlich einen Verstoß gegen Art. 39 EG, der Gerichtshof im Tenor *auch* gegen Art. 39 und 42 EG.

[604] EuGH, Rs. C-224/98, Slg. 2002, I-6191 – D'Hoop.

Aufgrund dieses Gleichbehandlungsanspruches – so der Gerichtshof weiter – dürfe ein Mitgliedstaat nun seine Staatsangehörigen nicht deshalb schlechter behandeln, weil sie von ihrem Freizügigkeitsrecht Gebrauch gemacht haben:

Da ein Unionsbürger in allen Mitgliedstaaten Anspruch auf die gleiche rechtliche Behandlung wie die Staatsangehörigen dieses Mitgliedstaats hat, die sich in der gleichen Situation befinden, wäre es mit dem Recht auf Freizügigkeit unvereinbar, wenn der Mitgliedstaat, dessen Staatsangehöriger er ist, ihn deshalb weniger günstig behandeln würde, weil er von den Möglichkeiten Gebrauch gemacht hat, die ihm die Freizügigkeitsbestimmungen des EG-Vertrags eröffnen.

Überzeugender ist das zweite, ein freiheitsrechtliches Verständnis des Art. 18 I EG nahelegende Argument. Das allgemeine Freizügigkeitsrecht

könnte nämlich seine volle Wirkung nicht entfalten, wenn ein Staatsangehöriger eines Mitgliedstaats von der Wahrnehmung dieser Möglichkeiten abgehalten werden könnte, weil ihm bei der Rückkehr in sein Herkunftsland Nachteile entstünden, die eine Regelung an diese Wahrnehmung knüpft[.]

Im Hinblick auf das Ziel der Gemeinschaft, einen Beitrag zu einer qualitativ hoch stehenden allgemeinen und beruflichen Bildung, insbesondere durch die Förderung der Mobilität von Lernenden und Lehrenden, zu leisten (siehe Art. 3 q, 149 II 2. SpS EG), gelte dies insbesondere im Bereich der Bildung.

Die in der nationalen Regelung liegende Ungleichbehandlung zwischen belgischen Staatsangehörigen, die ihren Schulabschluss in Belgien, und denen, die diesen im Ausland erworben haben, widerspreche „den Grundsätzen, auf denen der Status eines Unionsbürgers beruht, nämlich der Garantie gleicher rechtlicher Behandlung bei Ausübung der Freizügigkeit“. Eine Rechtfertigung sei *allenfalls* dann denkbar, wenn sie, wie in der Rs. Bickel und Franz ausgeführt, auf objektiven, von der Staatsangehörigkeit der Betroffenen unabhängigen Erwägungen beruhe und in einem angemessenen Verhältnis zu einem legitimen Zweck stehe, der mit den nationalen Rechtsvorschriften zulässigerweise verfolgt werde. Da das Überbrückungsgeld den Übergang von der Ausbildung in das Berufsleben erleichtern soll, könne ein tatsächlicher Zusammenhang zwischen dem Antragsteller und dem betroffenen Arbeitsmarkt verlangt werden. Dafür aber allein auf den Ort der Schulabgangsprüfung abzustellen, sei nicht aussagekräftig und damit nicht erforderlich.

c) Das Urteil in der Rs. C-364/01 – Barbier vom 11.12.2003

Die Rs. Barbier[605] befasste sich mit einer Regelung des niederländischen Erbschaftssteuerrechts. Nach dieser kann bei der Ermittlung des Wertes einer in den Niederlanden belegenen unbeweglichen Sache die unbedingte Verpflichtung des Erblassers, das dingliche Recht an eine andere Person abzutreten, die wirtschaftlicher Eigentümer der genannten Sache ist, nur dann berücksichtigt

[605] EuGH, Rs. C-364/01, Slg. 2003, I-15013 – Barbier.

werden, wenn der Erblasser bei seinem Tod in diesem Mitgliedstaat wohnte, nicht aber dann, wenn er seinen Wohnsitz in einen anderen Mitgliedstaat verlegt hat. Da der EuGH bereits eine nicht zu rechtfertigende Beschränkung des Kapitalverkehrs annahm, war eine Prüfung der Regelung an den Vorschriften über den freien Personenverkehr entbehrlich. *Obiter* hielt der Gerichtshof jedoch fest, ohne sich auf eine der vorgebrachten Freizügigkeitsverbürgungen (Art. 18, 39, 43 EG) konkret zu beziehen, dass

> die erbschaftssteuerlichen Auswirkungen auch zu den Überlegungen [gehören], die ein Angehöriger eines Mitgliedstaates bei der Entscheidung, ob er von der im EG-Vertrag verankerten Freizügigkeit Gebrauch machen soll oder nicht, zu Recht anstellen dürfte.

d) Das Urteil in der Rs. C-224/02 – Pusa vom 29.4.2004

Ein weiterer Verstoß gegen die „Garantie gleicher rechtlicher Behandlung bei Ausübung der Freizügigkeit" war Gegenstand der Rs. Pusa.[606] Der gleichnamige finnische Staatsangehörige zog nach Eintritt in den Ruhestand nach Spanien. Auf sein finnisches Konto wurde ihm seine finnische Erwerbsunfähigkeitsrente überwiesen, deren teilweise Pfändung von einem finnischen Gericht gestattet wurde. Der Berechnung des pfändbaren Teils der Rente wurde die Bruttorente zu Grunde gelegt, da nach finnischem Recht nur die an der Quelle in Finnland einbehaltene Einkommensteuer maßgeblich ist, die entfiel. Denn aufgrund eines zwischen Spanien und Finnland bestehenden Doppelbesteuerungsabkommens erfolgt in Finnland kein Steuerabzug. Es stellte sich die Frage, ob diese Nichtberücksichtigung im Ausland gezahlter Einkommensteuer mit Art. 18 EG vereinbar ist.

Unter Bezugnahme auf die Rs. D'Hoop verwies der Gerichtshof auf das dort entwickelte, an den Heimatstaat adressierte Gleichbehandlungsgebot bei Ausübung der Freizügigkeit. An diesem sei die Nichtberücksichtigung der in Spanien entrichteten Steuer zu messen. Eine nicht zu rechtfertigende Ungleichbehandlung i.d.S. liege vor, wenn die im Ausland zu entrichtende Steuer überhaupt nicht berücksichtigt werde. Denn damit sei das dem Schuldner zur freien Verfügung stehende Einkommen geringer, wenn er von seinem Freizügigkeitsrecht Gebrauch gemacht habe. Mit Art. 18 EG grundsätzlich vereinbar sei jedoch, die Berücksichtigung vom Nachweis abhängig zu machen, dass die fragliche Steuer tatsächlich entrichtet worden respektive bald zu entrichten sei. Allerdings müssten sich erstens das Recht des Schuldners auf eine solche Berücksichtigung klar aus den Rechtsvorschriften ergeben, zweitens die Modalitäten der Berücksichtigung geeignet sein, dem Betroffenen das Recht zu garantieren, eine Inflationsanpassung wie im Inland zu erhalten, und dürften drittens

[606] EuGH, Rs. C-224/02, Slg. 2004, I-5763 – Pusa. Siehe zu den praktischen Konsequenzen *C. Lohse*, IStR 2005, 64; *T. Rüfner*, GPR 2004, 293.

diese Modalitäten nicht dazu führen, dass die Ausübung dieses Rechts unmöglich gemacht oder übermäßig erschwert wird.

e) Das Urteil in den Verb. Rs. C-502/01 und 31/02 – Gaumain-Cerri und Barth vom 8.7.2004

Die Verb. Rs. Gaumain-Cerri und Barth[607] befassten sich mit einer Vorschrift des deutschen Pflegeversicherungsrechts. Danach kann die Gewährung einer besonderen Leistung der Pflegeversicherung, nämlich die Übernahme der Rentenversicherungsbeiträge des den Pflegebedürftigen ehrenamtlich betreuenden Dritten, verweigert werden, wenn dieser Dritte nicht im Gebiet des zuständigen Mitgliedstaates wohnt. Dies war bei den deutschen Staatsangehörigen *Gaumain-Cerri* und *Barth* der Fall, die in Frankreich respektive Deutschland wohnten. Im Hinblick auf den Unionsbürgerstatus der Klägerinnen sei es, so der EuGH, entbehrlich, auf deren Arbeitnehmereigenschaft abzustellen. Denn der aus diesem folgende Anspruch auf die gleiche rechtliche Behandlung verbiete, bei der Gewährung der streitgegenständlichen Leistung auf den Wohnsitz der Pflegeperson abzustellen.

f) Das Urteil in der Rs. C-403/03 – Schempp vom 12.7.2005

Auch die Rs. Schempp[608] hatte negative Konsequenzen der grenzüberschreitenden Wohnsitzverlagerung zum Gegenstand, und zwar die Ausgestaltung der steuerlichen Berücksichtigung von Unterhaltsleistungen an geschiedene Ehegatten im deutschen EStG. Wohnt der Unterhaltsempfänger nämlich im EU-Ausland, so sind Unterhaltsleistungen nur dann abzugsfähig, wenn diese im Aufnahmemitgliedstaat zu versteuern sind. Damit kann der Abzug von Unterhaltsleistungen im Falle eines Umzugs des geschiedenen Ehegatten in einen anderen Mitgliedstaat versagt bleiben, wohingegen er stets möglich gewesen wäre, wenn der geschiedene Ehegatte in Deutschland verblieben wäre. Nach Auffassung des Gerichtshofs liege ein in den Anwendungsbereich des EG-Vertrages fallender Sachverhalt vor, da sich die Ausübung des allgemeinen Freizügigkeitsrechts durch seine frühere Ehefrau auf die Steuerfestsetzung des Herrn *Schempp* auswirke. Ein Verstoß gegen Art. 12 EG sei mangels Vergleichbarkeit der Situationen zu verneinen. Denn in beiden Fällen unterliege der Empfänger unterschiedlichen steuerrechtlichen Regelungen, einmal der deutschen, einmal der österreichischen. Ungleichbehandlungen, die sich aus abweichenden nationalen Rechtsvorschriften ergeben, stellten aber keine Diskriminierung dar, wenn sie für alle in ihren Anwendungsbereich fallende Personen nach objektiven Kriterien und ungeachtet ihrer Staatsangehörigkeit gelten. Genausowenig sei Art. 18 EG verletzt, da einem Unionsbürger unionsrechtlich

---

[607] EuGH, Verb. Rs. C-502/01 und 31/02, Slg. 2004, I-6483 – Gaumain-Cerri und Barth.
[608] EuGH, Rs. C-403/03, Slg. 2005, I-6421 – Schempp.

nicht garantiert sei, dass die Verlagerung seines Wohnsitzes in einen anderen Mitgliedstaat steuerlich neutral sei.

g) Das Urteil in der Rs. C-406/04 – De Cuyper vom 18.7.2006

Die Rs. De Cuyper[609] thematisiert erstmals die sich als Kehrseite des unionsbürgerlichen Diskriminierungsverbots darstellende Frage, ob und unter welchen Voraussetzungen ein Unionsbürger mit dem Wegzug aus seinem Heimatstaat aus der nationalen Solidargemeinschaft ausscheiden kann. Die streitgegenständliche belgische Regelung knüpfte die Gewährung einer Leistung für Arbeitslose an den gewöhnlichen Wohnsitz und tatsächlichen Aufenthalt im Inland. Der EuGH sah hierin eine tatbestandlich von Art. 18 I EG erfasste Diskriminierung eines Inländers durch seinen Heimatstaat aufgrund der Ausübung des Freizügigkeitsrechts. Diese sei allerdings gerechtfertigt, da die unerlässliche Kontrolle der beruflichen und familiären Anspruchsvoraussetzungen effektiv nur bei einem Aufenthalt im Inland möglich sei. Mit dieser formalen Argumentation ausgeblendet bleibt freilich die grundlegende Sachfrage nach den Kriterien für ein Ausscheiden aus der Solidargemeinschaft des Heimatstaates.[610]

h) Das Urteil in der Rs. C-192/05 – Tas-Hagen vom 26.10.2006

Eine der Entscheidung De Cuyper strukturell vergleichbare Problematik lag auch der Rs. Tas-Hagen[611] zugrunde. Diese betraf die Frage, ob der niederländische Staat die Gewährung einer Sozialleistung für zivile Kriegsopfer an eigene Staatsangehörige davon abhängig machen durfte, dass der Berechtigte zum Zeitpunkt der Antragstellung seinen Wohnsitz im Inland hat. Bei den zwischenzeitlich nach Spanien verzogenen Eheleuten *Tas-Hagen* und *Tas* war dies nicht der Fall. Der EuGH sah auch in dieser Bewilligungsvoraussetzung eine tatbestandlich von Art. 18 I EG erfasste Benachteiligung aufgrund der Ausübung des Freizügigkeitsrechts. Diese könne nicht gerechtfertigt werden: Zwar sei es ein legitimes Anliegen des Heimatstaates, die Vergünstigung von einer hinreichend engen Verbundenheit mit dessen Gesellschaft abhängig zu machen; hierfür sei der Wohnsitz im Inland zum Zeitpunkt der Antragstellung jedoch kein aussagekräftiges Kriterium.

---

[609] EuGH, Rs. C-406/04, n.n.v. – De Cuyper.
[610] Näher dazu *F. Wollenschläger*, EuZW 2006, 503 (505 f.).
[611] EuGH, Rs. C-192/05, n.n.v. – Tas-Hagen.

i) Das Urteil in der Rs. C-520/04 – Turpeinen vom 9.11.2006

Auf derselben Argumentationslinie wie die Rs. D'Hoop und Pusa liegt die Rs. Turpeinen[612]. Diese hat die Vereinbarkeit einer Vorschrift des finnischen Einkommensteuerrechts mit Art. 18 I EG zum Gegenstand. Nach dieser übersteigt die Quellensteuer auf eine Pension, die einer im Ausland wohnhaften, aber in Finnland steuerpflichtigen Person aufgrund eines früheren öffentlichrechtlichen Dienstverhältnisses ausgezahlt wird, in bestimmten Fällen die Steuer, die bei dem Steuerpflichtigen erhoben würde, wenn er in Finnland verblieben und somit unbeschränkt steuerpflichtig wäre. Auch hierin sah der EuGH einen Verstoß gegen den Grundsatz der Gleichbehandlung bei Ausübung der Freizügigkeit, der nicht gerechtfertigt werden könne.

j) Noch anhängige Verfahren

Die praktische Bedeutung der Garantie gleicher Behandlung bei Ausübung des allgemeinen Freizügigkeitsrechts unterstreicht die Tatsache, dass zahlreiche weitere Verfahren vor dem Gerichtshof anhängig sind, die sich mit ihr befassen. Ein gegen Deutschland eingeleitetes Vertragsverletzungsverfahren[613] befasst sich mit der Ausgestaltung der in Deutschland gewährten Eigenheimzulage. Anspruchsberechtigt sind lediglich in Deutschland unbeschränkt Steuerpflichtige, die dort zu Wohnzwecken eine Wohnung oder ein Haus erwerben. Der Immobilienerwerb in einem anderen Mitgliedstaat ist demgegenüber nicht förderungsfähig. Die Vorlagefrage des Finanzgerichts Köln in der Rs. Schwarz[614] betrifft die Vereinbarkeit einer Regelung des deutschen Einkommensteuergesetzes mit u.a. Art. 18 I EG, nach der Schulgeldzahlungen an bestimmte deutsche Schulen, nicht aber an Schulen im übrigen Gemeinschaftsgebiet einkommensteuermindernd berücksichtigt werden können. In der Rs. Hartmann hat der Wegzug eines in Deutschland nach wie vor Beschäftigten Deutschen nach Österreich die Konsequenz, dass der an Wohnsitz und gewöhnlichen Aufenthalt im Inland geknüpfte Anspruch auf Erziehungsgeld verloren geht.[615] Schließlich werfen die Rs. Morgan[616] und Bucher[617] die Frage

---

[612] EuGH, Rs. C-520/04, n.n.v. – Turpeinen.

[613] EuGH, Rs. C-152/05, noch anhängig – EK/Deutschland. Klage eingereicht am 5.4.2005, siehe Zusammenfassung der Klageschrift der EK, ABl. C 132 vom 28.5.2005, S. 18. Zur Problematik *K. Häußler*, FR 2005, 872. Ähnliche Fragen wirft im Übrigen die Ausgestaltung der sog. „Riester-Rente" auf, dazu *C. Richter*, IStR 2006, 429.

[614] EuGH, Rs. C-76/05, noch anhängig – Schwarz. Siehe Vorabentscheidungsersuchen des FG Köln vom 27.1.2005, ABl. C 93 vom 16.4.2005, S. 15, sowie den Schlussantrag von GA *Stix-Hackl* vom 21.9.2006. Die dem Rechtsstreit zugrunde liegende nationale Vorschrift ist auch Gegenstand eines Vertragsverletzungsverfahrens gegen Deutschland (siehe dazu den Schlussantrag von GA *Stix-Hackl* vom 21.9.2006 in der Rs. C-318/05).

[615] EuGH, Rs. C-212/05, noch anhängig – Hartmann. Es liegt der Schlussantrag von GA *Geelhoed* vom 28.9.2006 vor.

nach der Unionsrechtswidrigkeit der Regelung des deutschen Auslands-BaföG auf, wonach ein Vollstudium Deutscher im Ausland grundsätzlich nicht förderungsfähig ist.

2. Sonstige Beschränkungen der transnationalen Mobilität

a) Das Urteil in der Rs. C-378/97 – Wijsenbeek vom 21.9.1999

Ein reiner Beschränkungssachverhalt klang erstmals in der Rs. Wijsenbeek an.[618] Der gleichnamige niederländische Staatsbürger weigerte sich bei seiner Rückkehr aus Frankreich am Flughafen Rotterdam, der ausschließlich aus EU-Mitgliedstaaten angeflogen wird, seine niederländische Staatsangehörigkeit durch Vorlage seines Reisepasses nachzuweisen, wie dies von der strafbewehrten niederländischen Ausländerverordnung gefordert wird. Im daran anschließenden Strafverfahren wurde dem EuGH die Frage vorgelegt, ob die aus der Verordnung folgende Verpflichtung insbesondere mit Art. 18 EG vereinbar ist.

Einleitend betonte der Gerichtshof unter Verweis auf seine ständige Rechtsprechung zu den Grundfreiheiten, dass eine Berufung auf Art. 18 EG auch gegenüber dem Heimatstaat möglich sei, sofern ein grenzüberschreitender Bezug vorliege. Soweit keine gemeinschaftlichen Bestimmungen für die Kontrolle der Außengrenzen, die auch gemeinsame oder harmonisierte Vorschriften über die Einwanderungs-, Visums- und Asylbedingungen umfassen, erlassen worden seien, setze die Ausübung des aus Art. 18 EG folgenden Freizügigkeitsrechts jedoch voraus, dass der Betroffene seine Berechtigung belegen könne. Mangels Harmonisierung zum damaligen Zeitpunkt sei das sanktionsbewehrte Ausweiserfordernis – selbst wenn aus Art. 18 EG ein unbedingtes Recht folge – zulässig. Auch das Recht zur Sanktionierung von Verstößen verbleibe bei den Mitgliedstaaten, die allerdings keine unverhältnismäßigen Sanktionen treffen dürften.

b) Das Urteil in der Rs. C-365/02 – Lindfors vom 15.7.2004

Auch in der Rs. Lindfors klingt ein freiheitsrechtliches Verständnis des Art. 18 EG an, dessen Reichweite jedoch begrenzt ist. Die nach Finnland mit ihrem Auto umgezogene Klägerin wandte sich gegen eine in Finnland unterschiedslos erhobene Kraftfahrzeugsteuer, die bei Zulassung oder Inbetriebnahme eines

---

[616] EuGH, Rs. C-11/06, noch anhängig – Morgan. Siehe Vorabentscheidungsersuchen des VG Aachen vom 11.01.2006, ABl. C 121 vom 20.5.2006, S. 1.

[617] EuGH, Rs. C-12/06, noch anhängig – Bucher. Siehe Vorabentscheidungsersuchen des VG Aachen vom 11.01.2006, ABl. C 121 vom 20.5.2006, S. 1.

[618] EuGH, Rs. C-378/97, Slg. 1999, I-6207 – Wijsenbeek. Deutlicher thematisiert bei GA *Cosmas*, ibid., Rn. 97 ff.

Autos in Finnland erhoben wird.[619] Im hier interessierenden Zusammenhang betonte der Gerichtshof, dass die Steuer zwar geeignet sei, Unionsbürger davon abzuhalten, von ihrem Freizügigkeitsrecht Gebrauch zu machen. Jedoch garantiere der

> EG-Vertrag einem Unionsbürger nicht ..., dass die Verlagerung seiner Tätigkeiten in einen anderen Mitgliedstaat als denjenigen, in dem er bis dahin gewohnt hat, hinsichtlich der Besteuerung neutral ist. Aufgrund der Unterschiede im Steuerrecht der Mitgliedstaaten kann eine solche Verlagerung für den Erwerbstätigen je nach Einzelfall Vor- oder Nachteile bei der mittelbaren Besteuerung haben. Folglich verstößt ein eventueller Nachteil im Vergleich zu der Situation, in der der Unionsbürger seine Tätigkeiten vor der Verlagerung ausgeübt hat, grundsätzlich nicht gegen Artikel 18 EG, sofern die fraglichen Rechtsvorschriften den betreffenden Unionsbürger gegenüber den Personen, die dieser Besteuerung bereits unterlagen, nicht benachteiligen.

c) Das Urteil in der Rs. C-200/02 – Chen/Zhu vom 19.10.2004

Die chinesische Staatsangehörige *Chen* reiste im Jahr 2000 nach Großbritannien ein, um dort ihr zweites Kind zur Welt zu bringen. Als Geburtsort wurde Belfast gewählt, da auf der irischen Insel geborene Personen automatisch die irische Staatsangehörigkeit erhielten.[620] Davon erhoffte sich die Mutter ein Aufenthaltsrecht im Vereinigten Königreich. Die britischen Behörden versagten jedoch sowohl Mutter als auch Tochter eine Aufenthaltserlaubnis. Der EuGH bejahte ein Aufenthaltsrecht der Tochter im Vereinigten Königreich, da sie sich als Unionsbürgerin, die über ausreichende Existenzmittel und eine umfassende Krankenversicherung verfüge, auf Art. 18 I EG berufen könne. Der Mutter stünde zwar kein Aufenthaltsrecht aufgrund des Sekundärrechts zu, da ihr von der Tochter kein Unterhalt gewährt werde. Jedoch verstoße die Verweigerung der Aufenthaltserlaubnis gegen das der Tochter zustehende allgemeine Freizügigkeitsrecht:

> Würde aber dem Elternteil mit Staatsangehörigkeit eines Mitgliedstaats oder eines Drittstaats, der für ein Kind, dem Artikel 18 EG und die Richtlinie 90/364 ein Aufenthaltsrecht zuerkennen, tatsächlich sorgt, nicht erlaubt, sich mit diesem Kind im Aufnahmemitgliedstaat aufzuhalten, so würde dem Aufenthaltsrecht des Kindes jede praktische Wirksamkeit genommen. Offenkundig setzt nämlich der Genuss des Aufenthaltsrechts durch ein Kind im Kleinkindalter voraus, dass sich die für das Kind tatsächlich sorgende Person bei diesem aufhalten darf und

---

[619] EuGH, Rs. C-365/02, Slg. 2004, I-7183 – Lindfors. Zu einer parallel gelagerten Entscheidung im Rahmen der Arbeitnehmerfreizügigkeit siehe Rs. C-387/01, Slg. 2004, I-4981, insb. Rn. 50 ff. – Weigel. Ebenso im Rahmen der sozialen Sicherheit, Verb. Rs. C-393/99 und 394/99, Slg. 2002, I-2829, Rn. 51 – Hervein und Lorthiois.

[620] Mit Wirkung vom 1.1.2005 hängt diese Möglichkeit des Erwerbs der irischen Staatsangehörigkeit von einer Mindestaufenthaltsdauer ab, vgl. dazu *B. Hofstötter*, 30 EL Rev. (2005), 548 (557); *A. Tryfonidou*, 11 EPL (2005), 527 (531 f.).

dass es demgemäß dieser Person ermöglicht wird, während dieses Aufenthalts mit dem Kind zusammen im Aufnahmemitgliedstaat zu wohnen.[621]

d) Das Urteil in der Rs. C-96/04 – Standesamt Niebüll vom 27.4.2006

Die Rs. Standesamt Niebüll[622] hatte die im deutschen IPR angeordnete Anknüpfung des Namens einer Person an das Recht des Heimatstaates zum Gegenstand. Demnach bestimmt sich der Name eines Kindes mit deutscher Staatsangehörigkeit nach deutschem Namensrecht. Wird ein Kind im Ausland geboren und lässt das Geburtsland eine Bestimmung des Namens nach dortigem Recht zu, etwa aufgrund des Wohnsitzes, kann dies bedeuten, dass das Kind einen Namen trägt, der nach deutschem Recht unzulässig ist und von deutschen Behörden nicht anerkannt wird. So geschehen bei *Leonhard Mathias*, dem in Dänemark geborenen Sohn der deutschen Eltern *Dorothee Paul* und *Stefan Grunkin*. Dessen Nachname wurde aufgrund der Anknüpfung des dänischen internationalen Privatrechts an das Recht des damaligen Wohnsitzes, nämlich Dänemarks, nach dänischem Recht gebildet und lautete *Grunkin-Paul*. Nach deutschem Namensrecht konnte *Leonhard Mathias* dagegen keinen Doppelnamen führen. Das zuständige Amtsgericht legte die Frage vor, ob Art. 12 i.V.m. Art. 18 EG eine Anerkennung des nach dänischem Recht gebildeten Nachnamens gebietet. Generalanwalt *Jacobs* sah hierin eine ungerechtfertigte Beschränkung des Art. 18 EG. Denn die aus der Divergenz der Namen nach deutschem und dänischem Recht resultierenden praktischen Schwierigkeiten „beeinträchtigen ... eindeutig sein Bürgerrecht, sich im Hoheitsgebiet der Mitgliedstaaten frei zu bewegen und aufzuhalten“.[623] Der Gerichtshof hat sich allerdings nicht in der Sache geäußert, da er sich für unzuständig hielt: Das Familiengericht Niebüll handele nämlich bei der Übertragung des Namensbestimmungsrechts als Verwaltungsbehörde.[624]

---

[621] GA *Tizzano*, in: EuGH, Rs. C-200/02, Slg. 2004, I-9925, Rn. 97 ff. – Chen/Zhu, stellte ergänzend auf einen Verstoß gegen das Diskriminierungsverbot ab: Gewährt das nationale Recht drittstaatsangehörigen Verwandten eigener Staatsangehöriger ein Aufenthaltsrecht, müsse dies über Art. 12 i.V.m. 18 EG auch für Verwandte von Unionsbürgern gelten. Dieser Ansatz wurde vom EuGH, wohl auch wegen seiner restriktiven Haltung dazu in der Rs. C-356/98, Slg. 2000, I-2623 – Kaba I, nicht aufgegriffen. Zu dieser oben, 2. Teil A. IV. 4. b) bb) (1).

[622] EuGH, Rs. C-96/04, Slg. 2006, I-3561 – Standesamt Niebüll.

[623] GA *Jacobs*, in: EuGH, Rs. C-96/04, Slg. 2006, I-3561, Rn. 54 – Standesamt Niebüll.

[624] EuGH, Rs. C-96/04, Slg. 2006, I-3561, Rn. 11 ff. – Standesamt Niebüll. Zwischenzeitlich hat das AG Flensburg allerdings dem EuGH die Frage vorgelegt, ob Art. 10 EGBGB insoweit unionsrechtskonform ist, als er „hinsichtlich des Namensrechtes allein eine Anknüpfung an die Staatsangehörigkeit vornimmt?“, vgl. Vorabentscheidungsersuchen in der Rs. C-353/06 vom 26.8.2006, ABl. C 281 vom 18.11.2006, S. 22.

e) Die aus dem Register gestrichene Rs. C-197/02 – Europäische Kommission/Spanien

Ein reiner Beschränkungssachverhalt lag schließlich dem Vertragsverletzungsverfahren gegen Spanien zu Grunde,[625] in dem die Europäische Kommission rügte, dass Spanien u.a. gegen Art. 18 EG verstoßen habe, weil es ein ausnahmsloses Verwendungsverbot für Anhänger und Sattelanhänger bei Motorrädern, dreirädrigen Fahrzeugen, Kleinkrafträdern, Mopeds und Fahrrädern eingeführt hat. Zu dieser Frage konnte sich der Gerichtshof jedoch nicht äußern, da das Verfahren mit Beschluss vom 29.7.2004 aus dem Register gestrichen wurde.[626]

3. Die Entwicklung eines Mobilitätsschutzes jenseits des Gebots der Inländerbehandlung in der Rechtsprechung des EuGH

Die eben skizzierten Urteile zeigen, dass die in Art. 18 I EG verankerte Freizügigkeitsverbürgung über die Gewährleistung der Reise- sowie Aufenthaltsfreiheit und den Anspruch auf eine weit reichende Inländerbehandlung im Aufnahmemitgliedstaat hinausgeht und auf einen umfassenden Mobilitätsschutz hin angelegt ist. Die Mehrzahl der insoweit entschiedenen Fälle fußt auf der „Garantie gleicher rechtlicher Behandlung bei Ausübung der Freizügigkeit", also dem an die Mitgliedstaaten gerichteten Verbot, an die Ausübung des Freizügigkeitsrechts durch eigene Staatsangehörige Nachteile zu knüpfen, die sie bei Verbleib im Inland nicht erlitten hätten. Weitere Entscheidungen lassen erkennen, dass Art. 18 I EG einen über das Recht auf Ein- und Ausreise sowie physische Präsenz im Aufnahmemitgliedstaat hinausgehenden freiheitsrechtlichen Gehalt hat, Eingriffe also nicht nur in deren Versagung, sondern auch in deren Behinderung bestehen können. Wann aber eine solche Behinderung des Freizügigkeitsrechts zu bejahen ist, lässt sich der Rechtsprechung, wie im Kontext der Grundfreiheiten auch, nicht hinreichend deutlich entnehmen.

II. Das allgemeine Freizügigkeitsrecht als Garantie transnationaler Mobilität jenseits des Gebots der Inländerbehandlung

Im Folgenden ist der freiheitsrechtliche Gehalt des allgemeinen Freizügigkeitsrechts zu konturieren (2.). Vorneweg sei festgehalten, dass diesem auch die aus der Rechtsprechung des Gerichtshofs hervorstechende Fallgruppe der Garantie

---

[625] EuGH, Rs. C-197/02 – EK/Spanien.

[626] Siehe ABl. C 273 vom 6.11.2004, S. 26. GA *Stix-Hackl* beurteilte den Fall mangels entsprechenden Vortrages der EK allerdings nicht anhand von Art. 18 EG, sondern bejahte eine Beschränkung der Warenverkehrs- und Dienstleistungsfreiheit. Diese könne nicht aus Gründen der Verkehrssicherheit gerechtfertigt werden, da sie unverhältnismäßig sei.

der Gleichbehandlung bei Ausübung der Freizügigkeit zuzuordnen ist. Diese stellt sich nämlich trotz ihrer Bezeichnung und ihrer mitunter vorgenommenen Herleitung aus Art. 12 EG nicht als Ausprägung des allgemeinen Diskriminierungsverbotes, sondern als Aspekt eines freiheitsrechtlich verstandenen Gewährleistungsgehalts des allgemeinen Freizügigkeitsrechts dar (1.).

1. Die Garantie gleicher rechtlicher Behandlung bei Ausübung der Freizügigkeit: Diskriminierung oder Beschränkung?

In ständiger Rechtsprechung vertritt der Gerichtshof, dass der Unionsbürgerstatus die Garantie gleicher rechtlicher Behandlung bei Ausübung der Freizügigkeit beinhalte.[627] Diese verbiete – vorbehaltlich einer etwaigen Rechtfertigung –, dass der Heimatstaat einen eigenen Angehörigen wegen der Ausübung des allgemeinen Freizügigkeitsrechts schlechter behandelt als bei Verbleib im Inland. Nicht hinreichend deutlich wird, wo der EuGH diese Garantie dogmatisch verorten möchte (a). Die vielfach hergestellte Verbindung zum allgemeinen Diskriminierungsverbot erweist sich jedoch als nicht belastbar, obgleich ein gleichheitsrechtlicher Aspekt unverkennbar ist. Rekonstruieren lässt sich die unter diesem Schlagwort diskutierte Sachverhaltskonstellation jedoch als Aspekt eines freiheitsrechtlich verstandenen Gewährleistungsgehalts des allgemeinen Freizügigkeitsrechts (b), in dessen Kontext sie dann behandelt werden wird.

a) Diskriminierung oder Beschränkung? Der ambivalente Ansatz des EuGH

Obgleich der Rechtsprechung des Gerichtshofs eine kohärente Kernaussage zugrunde liegt, nämlich, dass der Heimatmitgliedstaat die Ausübung des allgemeinen Freizügigkeitsrechts nicht zum Anlass nehmen darf, den Unionsbürger schlechter zu behandeln als bei dortigem Verbleib, erweist sich die hierfür gebotene Begründung als ambivalent.[628] Diese oszilliert nämlich zwischen einem diskriminierungs- und einem freiheitsrechtlichen Ansatz. In den Entscheidungen D'Hoop, Pusa, Schempp und Turpeinen stellt der Gerichtshof die Verbürgung in die Tradition des auf Art. 12 und 18 EG gestützten unionsbürgerlichen Diskriminierungsverbotes:

---

[627] EuGH, Rs. C-224/98, Slg. 2002, I-6191, Rn. 27 ff. – D'Hoop; Rs. C-224/02, Slg. 2004, I-5763, Rn. 16 ff. – Pusa. In der Sache auch Rs. C-403/03, Slg. 2005, I-6421, Rn. 14 ff. – Schempp. Siehe auch GA *Léger*, in: Rs. C-520/04, n.n.v., Rn. 62 ff. – Turpeinen.

[628] Unklarheiten bei der Begründung konstatieren auch *U. Becker*, ZESAR 2002, 8 (10 f.); *S. Bode*, EuZW 2002, 637 (638); *D. Düsterhaus*, Integration 2006, 122 (131); *C. Schönberger*, Unionsbürger, 405 (Fn. 364). In EuGH, Verb. Rs. C-502/01 und 31/02, Slg. 2004, I-6483, Rn. 31 ff. – Gaumain-Cerri und Barth, findet sich – abgesehen von einem Verweis auf die Rs. D'Hoop (Rn. 34) – keine Begründung; problematisch insoweit auch der Schlussantrag von GA *Stix-Hackl*, in: Rs. C-318/05, noch anhängig, Rn. 88 ff. – EK/D.

[Art. 17 EG] verleiht jedem den Status eines Unionsbürgers, der die Staatsangehörigkeit eines Mitgliedstaats besitzt. Da die Klägerin Staatsangehörige eines Mitgliedstaats ist, steht ihr dieser Status zu. Dieser Unionsbürgerstatus soll bestimmungsgemäß der grundlegende Status der Staatsangehörigen der Mitgliedstaaten sein, die, wenn sie sich in der gleichen Situation befinden, aufgrund dieses Status im sachlichen Geltungsbereich des EG-Vertrags vorbehaltlich der hiervon ausdrücklich vorgesehenen Ausnahmen unabhängig von ihrer Staatsangehörigkeit Anspruch auf gleiche rechtliche Behandlung haben ... In den Geltungsbereich des Gemeinschaftsrechts fallen u. a. Situationen, in denen es um die Ausübung der im EG-Vertrag garantierten Grundfreiheiten, namentlich der in [Art. 18 EG] verliehenen Freiheit geht, sich im Hoheitsgebiet der Mitgliedstaaten zu bewegen und aufzuhalten ...[629]

Aus diesem unionsbürgerlichen Diskriminierungsverbot folge als zwingende Konsequenz die Garantie gleicher rechtlicher Behandlung bei Ausübung der Freizügigkeit:

Da ein Unionsbürger in allen Mitgliedstaaten Anspruch auf die gleiche rechtliche Behandlung wie die Staatsangehörigen dieses Mitgliedstaats hat, die sich in der gleichen Situation befinden, wäre es mit dem Recht auf Freizügigkeit unvereinbar, wenn der Mitgliedstaat, dessen Staatsangehöriger er ist, ihn deshalb weniger günstig behandeln würde, weil er von den Möglichkeiten Gebrauch gemacht hat, die ihm die Freizügigkeitsbestimmungen des EG-Vertrags eröffnen.[630]

Mit diesem diskriminierungsrechtlichen Modell konkurriert ein freiheitsrechtlicher Ansatz, nach dem die praktische Wirksamkeit des in Art. 18 EG verankerten allgemeinen Freizügigkeitsrechts gefährdet wäre, resultierten aus dessen Ausübung Nachteile für den Freizügigkeitsberechtigten:

Dieses Recht [Art. 18 EG] könnte nämlich seine volle Wirkung nicht entfalten, wenn ein Staatsangehöriger eines Mitgliedstaats von der Wahrnehmung dieser Möglichkeiten abgehalten werden könnte, weil ihm bei der Rückkehr in sein Herkunftsland Nachteile entstünden, die eine Regelung an diese Wahrnehmung knüpft.[631]

In den Rs. D'Hoop und Pusa war das hier aufscheinende freiheitsrechtliche Verständnis in die ihren Ausgangspunkt beim unionsbürgerlichen Diskriminierungsverbot nehmende Begründung verwoben, in der Rs. Schempp prüfte der Gerichtshof dagegen Art. 12 I EG getrennt von Art. 18 I EG, obwohl eine Diskriminierung aufgrund der Staatsangehörigkeit im Hinblick auf die Inländerstellung des Herrn *Schempp* offensichtlich ausschied. Ausschließlich frei-

---

[629] EuGH, Rs. C-224/98, Slg. 2002, I-6191, Rn. 27 ff. – D'Hoop. Ebenso Rs. C-224/02, Slg. 2004, I-5763, Rn. 16 f. – Pusa; Rs. C-403/03, Slg. 2005, I-6421, Rn. 15 ff. – Schempp; Rs. C-520/04, n.n.v., Rn. 18 f. – Turpeinen.

[630] EuGH, Rs. C-224/98, Slg. 2002, I-6191, Rn. 30 – D'Hoop. Insoweit greift der Gerichtshof den Schlussantrag des GA *Geelhoed* (Rn. 34) auf, der zur Begründung einer Diskriminierung aufgrund der Staatsangehörigkeit Parallelen zu den Rs. Kraus und Angonese zog (Rn. 49 ff.). Ebenso Rs. C-224/02, Slg. 2004, I-5763, Rn. 18 – Pusa; Rs. C-520/04, n.n.v., Rn. 20 – Turpeinen.

[631] EuGH, Rs. C-224/98, Slg. 2002, I-6191, Rn. 31 – D'Hoop; Rs. C-224/02, Slg. 2004, I-5763, Rn. 19 – Pusa; Rs. C-520/04, n.n.v., Rn. 21 – Turpeinen. In der Rs. Pusa prüft der EuGH die nationalen Rechtsvorschriften zudem ausdrücklich an Art. 18 I EG.

heitsrechtlich konzipiert ist das auf Art. 18 EG rekurrierende Urteil in der Rs. Elsen, das am Anfang der Rechtsprechungslinie stand:

Bestimmungen wie die im Ausgangsverfahren fraglichen benachteiligen aber Gemeinschaftsangehörige, die von ihrem in [Art. 18 EG] verbürgten Recht, sich in den Mitgliedstaaten frei zu bewegen und aufzuhalten, Gebrauch gemacht haben. Denn ein Gemeinschaftsangehöriger, der weiterhin in Deutschland arbeitet, verlöre durch die Verlegung seines Wohnortes in einen anderen Mitgliedstaat (nach deutschem Recht) automatisch den Vorteil der Anrechnung von im Wohnstaat zurückgelegten Erziehungszeiten.[632]

b) Die Garantie gleicher rechtlicher Behandlung bei Ausübung der Freizügigkeit als Aspekt eines freiheitsrechtlich strukturierten Art. 18 I EG

Obgleich ein diskriminierungsrechtliches Element nicht zu verkennen ist, verbietet sich eine Einordnung dieser Konstellation unter das allgemeine Diskriminierungsverbot des Art. 12 EG. Denn die Schlechterstellung eigener Staatsangehöriger, die von ihrem allgemeinen Freizügigkeitsrecht Gebrauch gemacht haben, gegenüber eigenen Staatsangehörigen, die im Inland verblieben sind, beruht nicht – und zwar weder direkt noch indirekt im Sinne einer verdeckten Diskriminierung – auf dem von Art. 12 EG allein erfassten Differenzierungskriterium der Staatsangehörigkeit.[633] Hier wird vielmehr die Ausübung des allgemeinen Freizügigkeitsrechts zum verbotenen Differenzierungskriterium erhoben. Nach der Systematik des Unionsrechts sind solche Ungleichbehandlungen allerdings nur als Hemmnisse für die transnationale Mobilität im Sinne eines freiheitsrechtlich verstandenen allgemeinen Freizügigkeitsrechts fassbar. Mit dieser Extension setzt sich der Gerichtshof auch in Widerspruch zu seiner Rechtsprechung zum allgemeinen Diskriminierungsverbot, wie etwa die Rs.

---

[632] EuGH, Rs. C-135/99, Slg. 2000, I-10409, Rn. 34 – Elsen. Kritisch dazu *M. Moore*, 39 CML Rev. (2002), 807 (812 ff.). Siehe auch frühere, vom Gerichtshof nicht aufgegriffene Anträge des GA *La Pergola*, in: Verb. Rs. C-4/95 und C-5/95, Slg. 1997, I-511, Rn. 51 – Stöber und Pereira (Gewährung von Familienleistungen davon abhängig, dass Familienangehöriger im Inland lebt), sowie in: Rs. C-131/95, Slg. 1997, I-1409, Rn. 15 – Huijbrechts (Gewährung von Arbeitslosenentschädigung für einen Grenzgänger im ursprünglichen Wohnsitzstaat davon abhängig, dass er zuvor Arbeitslosenunterstützung vom zuständigen inländischen Träger nach nationalem Recht erhalten hat, was *in casu* nicht gegeben war, da Frau Huijbrechts in Belgien wohnte und dort Arbeitslosenunterstützung bezog.). Diesen Ansatz bezeichnet *M. Moore*, 35 CML Rev. (1998), 409 (433) als "imaginative and interesting interpretation of the Treaty", lehnt ihn aber ab.

[633] So auch *S. Bode*, EuZW 2002, 637 (638); *D. Düsterhaus*, Integration 2006, 122 (131 f.); *P. Kubicki*, EuR 2006, 489 (507 f.); *D. H. Scheuing*, Freizügigkeit, 103 (137); *C. Schönberger*, Unionsbürger, 426 ff. Zwar ließe sich in EuGH, Rs. C-224/98, Slg. 2002, I-6191 – D'Hoop mit GA *Geelhoed* (Rn. 52) und *A. Epiney*, NVwZ 2004, 555 (560), eine mittelbare Diskriminierung erwägen, da im Inland regelmäßig Inländer ihren Schulabschluss erwerben, hierauf beruhte jedoch weder der der Entscheidung zugrunde liegende Sachverhalt noch die Argumentationslinie des EuGH. Ablehnend auch *A. Iliopoulou/H. Toner*, 28 EL Rev. (2003), 389 (393 f.).

Stanton zeigt. In dieser griff ein englischer Arbeitnehmer, der in Belgien nebenberuflich selbstständig tätig war, eine Vorschrift des belgischen Sozialversicherungsrechts an, nach der Versicherungsfreiheit für selbstständige Nebentätigkeiten nur bei einer in Belgien versicherungspflichtigen Haupterwerbstätigkeit bestand. Dieser unterschiedslos anwendbaren belgischen Norm stand nach Auffassung des Gerichtshofes nicht das allgemeine Diskriminierungsverbot – wohl aber das aus der Arbeitnehmer- und Niederlassungsfreiheit folgende Beschränkungsverbot – entgegen:

> Zwar benachteiligt [die angegriffene Vorschrift] diejenigen unter diesen Selbständigen, die in einem anderen Mitgliedstaat als Belgien hauptberuflich einer unselbständigen Erwerbstätigkeit nachgehen, doch ist vor dem Gerichtshof nichts vorgetragen worden, was die Feststellung zuließe, daß diese benachteiligten Selbständigen ausschließlich oder hauptsächlich Nichtbelgier seien. Es lässt sich somit auch nicht sagen, daß die streitige nationale Regelung eine mittelbare Diskriminierung aus Gründen der Staatsangehörigkeit bewirke. Artikel [12 EG] hat daher im weiteren außer Betracht zu bleiben.[634]

Zu Recht teilt diese Interpretation des Art. 12 EG auch die Literatur, da einem freiheitsrechtlichen Verständnis respektive einer Erweiterung der verbotenen Differenzierungskriterien sowohl Wortlaut und Zweck entgegenstünden, als auch andernfalls bereichsspezifische Regelungen des Vertrages überspielt würden.[635] Zudem besteht die Gefahr der Verwässerung einer der Kerngewährleistungen des Gemeinschaftsrechts.

Über die Beweggründe des EuGH, dennoch den Diskriminierungsansatz zu verfolgen, kann nur spekuliert werden. Hierfür sprechen mag die Euphorie gegenüber einem symbolträchtigen – aber undifferenzierten – Gleichheitsstatus aller Unionsbürger, die Möglichkeit, eine sich etablierende Rechtsprechungslinie fortzuschreiben,[636] die – aus der Entwicklung der Grundfreiheiten ablesbaren – Vorbehalte gegenüber einem freiheitsrechtlichen im Vergleich zu einem diskriminierungsrechtlichen Freizügigkeitsverständnis[637] oder aber schlicht, dass eine Entscheidung zugunsten der Klägerin *D'Hoop* bei einem alleinigen Rekurs auf Art. 18 EG kaum möglich gewesen wäre. Denn Frau *D'Hoop* hat ihr Abitur vor Inkrafttreten des Vertrages von Maastricht erworben und konnte damit noch nicht vom erst mit diesem eingeführten allgemeinen Freizügigkeitsrecht Gebrauch gemacht haben.[638] Nicht in Abrede stellbarer Vorteil einer Konzeptionalisierung als Diskriminierung aufgrund der Migration ist allerdings, dass

---

[634] EuGH, Rs. 143/87, Slg. 1988, 3877, Rn. 9 – Stanton. Vgl. ferner Rs. 31/78, Slg. 1978, 2429, Rn. 38 ff. – Bussone; Rs. 155/80, Slg. 1981, 1993, Rn. 6 ff. – Öbel.

[635] *S. Bode*, Europarechtliche Gleichbehandlungsansprüche Studierender, 275 f.; *A. von Bogdandy*, in: G/H, Art. 12 EGV, Rn. 19; *A. Cloer*, EWS 2005, 366 (367); *M. Holoubek*, in: Schwarze, Art. 12, Rn. 44; *R. Streinz*, in: ders., Art. 12, Rn. 52.

[636] *A. Iliopoulou/H. Toner*, 28 EL Rev. (2003), 389 (396).

[637] *A. Iliopoulou/H. Toner*, 28 EL Rev. (2003), 389 (396).

[638] *A. Iliopoulou/H. Toner*, 28 EL Rev. (2003), 389 (396).

durch die Etablierung dieser randscharfen Fallgruppe dem Gewährleistungsgehalt des allgemeinen Freizügigkeitsrechts Konturen verliehen werden können.

2. Das allgemeine Freizügigkeitsrecht als Beschränkungsverbot

Als jedenfalls in der Rechtsprechung gesicherte Komponente der Freizügigkeitsgewährleistung jenseits des an die Staatsangehörigkeit anknüpfenden unionsbürgerlichen Diskriminierungsverbotes darf die soeben entfaltete Garantie der rechtlichen Gleichbehandlung bei Ausübung der Freizügigkeit gelten. Nach der Systematik des EG-Vertrages lässt sie sich allerdings nur als Aspekt eines weit freiheitsrechtlich verstandenen Art. 18 I EG konzipieren. Ob und inwieweit das allgemeine Freizügigkeitsrecht einen freiheitsrechtlichen Gewährleistungsgehalt jenseits des Rechts auf Ein- und Ausreise sowie physische Präsenz im Aufnahmemitgliedstaat garantiert, sei im Folgenden erörtert. Lässt sich analog des etwa in der Rs. Gebhard zu Tage tretenden freiheitsrechtlichen Verständnisses der Marktfreiheiten formulieren, dass nach einem freiheitsrechtlich verstandenen Art. 18 I EG

> ... alle Maßnahmen [unzulässig sind], die die Ausübung des Freizügigkeitsrechts behindern oder weniger attraktiv machen können, es sei denn sie werden in nicht diskriminierender Weise angewandt, sind aus zwingenden Gründen des Allgemeininteresses gerechtfertigt sowie geeignet, die Verwirklichung des mit ihnen verfolgten Zieles zu gewährleisten, und gehen nicht über das hinaus, was zur Erreichung dieses Zieles erforderlich ist [?][639]

Eine solche Konzeptionalisierung des Art. 18 I EG ist indes nicht nur umstritten, sondern im Hinblick auf ihre potentielle Sprengkraft auch problematisch (a). Deshalb bedarf der freiheitsrechtliche Gehalt des Art. 18 I EG einer scharfen Konturierung (b).

a) Art. 18 I EG als Beschränkungsverbot?

aa) Der freiheitsrechtliche Gewährleistungsgehalt des Art. 18 I EG in der Rechtsprechung des Gerichtshofs

Der Gerichtshof ist, dies sei eingangs festgehalten, zwar bislang noch nicht so weit gegangen, einen der eingangs zitierten Passage aus dem Urteil in der Rs. Gebhard entsprechend weiten tatbestandlichen Gewährleistungsgehalt auch für das in Art. 18 I EG verankerte allgemeine Freizügigkeitsrecht zu formulieren. In Schlussanträgen seiner Generalanwälte klingt dies jedoch bereits an, etwa in dem der Generalanwältin *Juliane Kokott* in der Rs. Tas-Hagen:

> An Artikel 18 Absatz 1 EG sind somit alle Maßnahmen zu messen, die das Recht des Unionsbürgers beeinträchtigen, sich in anderen Mitgliedstaaten frei zu bewegen und aufzuhalten, oder

[639] EuGH, Rs. C-55/94, Slg. 1995, I-4165, Rn. 37 – Gebhard.

die sonst ein Hindernis darstellen, durch das der Unionsbürger vom Gebrauch dieses allgemeinen Freizügigkeitsrechts abgehalten werden könnte.[640]

Gleichwohl hat der EuGH Art. 18 I EG in den eingangs erwähnten Entscheidungen auch jenseits der Gewährleistung von Ein- und Ausreise sowie physischer Präsenz und des Schutzes vor direkten und indirekten Diskriminierungen aufgrund der Staatsangehörigkeit aktiviert. Herauskristallisiert hat sich dabei einmal die bereits erwähnte, nach der Systematik des EG-Vertrages nur freiheitsrechtlich zu erklärende Garantie gleicher Behandlung bei Ausübung der Freizügigkeit (Rs. Elsen, D'Hoop, Kauer, Pusa, Gaumain-Cerri und Barth sowie Schempp). Diese beinhaltet das an den Heimatmitgliedstaat gerichtete Verbot, einen eigenen Staatsangehörigen deshalb ungünstiger zu behandeln, weil dieser von seinem allgemeinen Freizügigkeitsrecht Gebrauch gemacht hat. Des Weiteren finden sich Entscheidungen, die auf ein weites freiheitsrechtliches Verständnis des Art. 18 I EG hindeuten. Dies klang bereits in der 1999 entschiedenen Rs. Wijsenbeek an, die sich als gerechtfertigte Beschränkungsmaßnahme (Pflicht zur Passvorlage bei der Einreise) qualifizieren lässt.[641] Fünf Jahre später sah der Gerichtshof in der Rs. Chen/Zhu in der Verweigerung des Aufenthaltsrechts für die drittstaatsangehörige Mutter eines Kleinkindes eine Maßnahme, die dem „Aufenthaltsrecht des Kindes jede praktische Wirksamkeit" nehme.[642] Verwiesen sei schließlich auf das Vertragsverletzungsverfahren gegen Spanien, in dem der EuGH allerdings aufgrund dessen Erledigung nicht zur Frage Stellung nehmen konnte, ob Art. 18 I EG einer spanischen Regelung entgegensteht, die ein ausnahmsloses Verwendungsverbot für Anhänger und Sattelanhänger bei bestimmten Fahrzeugen vorsieht. Während sich diese Fälle durch einen engen Mobilitäts- respektive Aufenthaltsbezug auszeichnen, deutet sich in anderen Entscheidungen ein weiteres Freizügigkeitsverständnis an. Dieses stellt darauf ab, ob eine nationale Maßnahme die Ausübung des Freizügigkeitsrechts behindert oder weniger attraktiv macht. So attestierte der Gerichtshof in den Rs. Lindfors und Schempp negativen steuerrechtlichen Auswirkungen eines Umzuges in einen anderen Mitgliedstaat die Eignung, Unionsbürger davon abzuhalten, von ihrem Freizügigkeitsrecht Gebrauch zu machen, auch wenn hierin grundsätzlich kein Verstoß gegen Art. 18 I EG zu sehen ist. Weiter heißt es in der Rs. Barbier *obiter*, dass „die erbschaftssteuerli-

---

[640] GA *Kokott*, in: EuGH, Rs. C-192/05, n.n.v., Rn. 50 – Tas-Hagen. Ähnlich *dies.*, in: Rs. C-470/04, n.n.v., Rn. 65 – N.

[641] Für eine Interpretation in der Tradition eines grundfreiheitlichen Beschränkungsverbotes spricht ferner der Vorbehalt gemeinschaftsrechtlicher Harmonisierung (Rn. 41 ff.), eine zur Rs. Cassis de Dijon (EuGH, Rs. 120/78, Slg. 1979, 649 – Rewe/Bundesmonopolverwaltung für Branntwein) unverkennbare Parallele. Zudem werden die Rechtfertigungstatbestände in Anknüpfung an die Rechtsprechung zu den Grundfreiheiten geprüft (Rn. 44).

[642] Nicht aufgegriffen hat der Gerichtshof dagegen die von GA *Tizzano*, in: EuGH, Rs. C-200/02, Slg. 2004, I-9925, Rn. 97 ff. – Chen/Zhu, vorgeschlagene Diskriminierungskonstruktion. Für eine beschränkungsrechtliche Deutung *M. Dougan*, 43 JCMS (2005), 89 (92 f.).

chen Auswirkungen auch zu den Überlegungen [gehören], die ein Angehöriger eines Mitgliedstaates bei der Entscheidung, ob er von der im EG-Vertrag verankerten Freizügigkeit Gebrauch machen soll oder nicht, zu Recht anstellen dürfte"[643], in den Rs. D'Hoop und Pusa, dass Art. 18 I EG „seine volle Wirkung nicht entfalten [könnte], wenn ein Staatsangehöriger eines Mitgliedstaats von der Wahrnehmung dieser Möglichkeiten abgehalten werden könnte, weil ihm bei der Rückkehr in sein Herkunftsland Nachteile entstünden, die eine Regelung an diese Wahrnehmung knüpft."[644] Abstrakt, wie etwa in der Rs. Gebhard für die Personenverkehrsfreiheiten, hat der Gerichtshof den freiheitsrechtlichen Gewährleistungsgehalt des Art. 18 I EG allerdings noch nicht formuliert.

bb) Das in seiner Reichweite kontroverse freiheitsrechtliche Verständnis des Art. 18 I EG in der Literatur

Schon bevor sich ein entsprechender Gewährleistungsgehalt des allgemeinen Freizügigkeitsrechts in der Rechtsprechung abzeichnete, wurde in der Literatur die potentiell weite freiheitsrechtliche Komponente des Art. 18 EG gesehen[645] und deren allgemeine Anerkennung als „Frage der Zeit"[646] qualifiziert. Die zwischenzeitlich ergangenen Entscheidungen des EuGH werden als Anerkennung eines „Beschränkungsverbotes" gedeutet[647] und ein solches weit überwie-

[643] EuGH, Rs. C-364/01, Slg. 2003, I-15013, Rn. 75 – Barbier.

[644] EuGH, Rs. C-224/98, Slg. 2002, I-6191, Rn. 31 – D'Hoop; Rs. C-224/02, Slg. 2004, I-5763, Rn. 19 – Pusa. In der Rs. Pusa prüft der EuGH die nationalen Rechtsvorschriften zudem ausdrücklich an Art. 18 I EG.

[645] Vorausschauend (bereits 1993) *N. Dautzenberg*, BB 1993, 1563 (1565). Siehe ferner *K. Füßer*, DÖV 1999, 96 (97, 100 ff.); *G. Schulz*, Freizügigkeit, 95; *M. Zuleeg*, DVBl. 1997, 445 (448).

[646] *K. Füßer*, DÖV 1999, 96 (97).

[647] Für Wijsenbeek: *D. H. Scheuing*, Freizügigkeit, 103 (133 f.) mit Verweis auch auf die Harmonisierungsparallele zur Cassis-Entscheidung; *ders.*, EuR 2003, 744 (779 f.); *ders.*, Freedom of Movement, 145 (187 f.); *H. Toner*, 23 YEL (2004), 275 (296); *dies.*, Partnership Rights, Free Movement, and EU Law, 216. Für Elsen: *D. H. Scheuing*, EuR 2003, 744 (784); *C. Timmermans*, Lifting the Veil, 195 (202). Für D'Hoop: *S. Bode*, EuZW 2002, 637 (638); *M. Luby*, JDI 2003, 596 (597); *I. Pernice*, Verfassungsrechtliche Status, 177 (184 f.); *N. Reich/S. Harbacevica*, 40 CML Rev. (2003), 615 (627); *D. H. Scheuing*, EuR 2003, 744 (780); *ders.*, Freedom of Movement, 145 (189); *C. Timmermans*, Lifting the Veil, 195 (202); *H. Toner*, 23 YEL (2004), 275 (296); *dies.*, Partnership Rights, Free Movement, and EU Law, 217; *J. Ziekow*, Freizügigkeit des Unionsbürgers, 101 (106). Ablehnend *A. Epiney*, NVwZ 2004, 555 (560). Für Baumbast: *U. Hühn*, ELR 2002, 358 (362); *H. Toner*, 23 YEL (2004), 275 (296); *dies.*, Partnership Rights, Free Movement, and EU Law, 216. Für Pusa *A. von Bogdandy/S. Bitter*, Unionsbürgerschaft und Diskriminierungsverbot, 309 (321); *D. H. Scheuing*, Freizügigkeit, 103 (128); *ders.*, EuR 2003, 744 (769); *ders.*, Freedom of Movement, 145 (189). Für Chen/Zhu: *M. Dougan*, 43 JCMS (2005), 89 (92 f.).

gend bejaht.[648] Entsprechend dem grundfreiheitlichen Freizügigkeitsverständnis wird betont, dass das allgemeine Freizügigkeitsrecht mehr umfasse

> als nur die Abschaffung der Beschränkungen des Rechts einer Person, in einen Mitgliedstaat einzureisen, sich darin aufzuhalten oder aus ihm auszureisen. Freizügigkeit ist nicht gewährleistet, solange nicht alle Maßnahmen gleich welcher Art ebenfalls abgeschafft sind, die denjenigen, die von diesem Recht Gebrauch machen, eine ungerechtfertigte Belastung auferlegen.[649]

Untersagt seien damit alle nicht zu rechtfertigenden nationalen Maßnahmen, die die Erwägung, ob vom Freizügigkeitsrecht Gebrauch gemacht wird, negativ beeinflussen,[650] d.h. "Member State Law should not put obstacles to a person's use of the free movement rights, even if these obstacles are only indirect and remote"[651].

Angesichts der Sprengkraft eines derart weiten Freizügigkeitsverständnisses ist es nicht weiter verwunderlich, dass dieses nicht allenthalben geteilt wird. Restriktivere Auffassungen versuchen, die Gefahr einer zumindest potentiell grenzenlosen Gewährleistung dadurch zu bannen, dass sie auf einen sehr engen Freizügigkeitsbegriff rekurrieren. Nach diesem befasse sich Art. 18 EG vor allem mit dem Abbau von Grenzen und Grenzkontrollen sowie der Möglichkeit, sich in einem anderen Mitgliedstaat niederzulassen,[652] oder regele die Voraussetzungen für den Zugang zum Gebiet eines anderen Mitgliedstaates

[648] Siehe *A. von Bogdandy/S. Bitter*, Unionsbürgerschaft und Diskriminierungsverbot, 309 (320 f.), unter Verweis auf den freiheitsrechtlichen Charakter des Art. 18 I EG und eine systematisch gebotene, zu den Grundfreiheiten parallel laufende Auslegung; *S. Bode*, Europarechtliche Gleichbehandlungsansprüche Studierender, 215 ff.; *M. Dougan*, 42 CML Rev. (2005), 943 (980 f.); *W. Frenz*, Europäische Grundfreiheiten, Rn. 2994; *W. Kluth*, in: C/R, Art. 18, Rn. 5; *J. Kokott*, Freizügigkeit der Unionsbürger, 207 (224 f.); *S. Magiera*, Der Rechtsstatus der Unionsbürger, 429 (448 f.); *A. Mattera*, DUE 1999, 431 (454); *W. Obwexer*, EuZW 2002, 56 (57 f.); *I. Pernice*, Verfassungsrechtliche Status, 177 (184 f.); *D. H. Scheuing*, Freizügigkeit, 103 (134); *ders.*, EuR 2003, 744 (779 f.); *ders.*, Freedom of Movement, 145 (186 ff.); *J.-H. Strunz*, Freizügigkeit in der EU, 65 f.; *H. Toner*, 15 Immigration Asylum and Nationality Law Journal (2001), 207 (211 f.); *M. Wollenschläger*, Freizügigkeit, Rn. 42; *J. Ziekow*, Freizügigkeit des Unionsbürgers, 101 (106); GA *La Pergola*, in: EuGH, Verb. Rs. C-4/95 und C-5/95, Slg. 1997, I-511, Rn. 51 – Stöber und Pereira; GA *Geelhoed*, in: Rs. C-406/04, n.n.v., Rn. 102 ff. – De Cuyper. Implizit *M. Rossi*, AöR 127 (2002), 612 (622 Fn. 44). Ablehnend *P. Kubicki*, EuR 2006, 489 (508 ff.), der allerdings die Kategorie der „Garantie gleicher rechtlicher Behandlung bei Ausübung der Freizügigkeit" als „unionsbürgerliches Diskriminierungsverbot" anerkennt; *B. Schöbener*, in: KK-GRC, Art. 45, Rn. 14 f.

[649] GA *Jacobs*, in: EuGH, Rs. C-224/02, Slg. 2004, I-5763, Rn. 21 – Pusa. Ähnlich *K.-D. Borchardt*, NJW 2000, 2057 (2059); *ders.*, Unionsbürgerschaft, 9 (17 f.).

[650] So die EK, in: EuGH, Rs. C-364/01, Slg. 2003, I-15013, Rn. 53 – Barbier. Ähnlich EuGH, ibid., Rn. 75, ohne jedoch eines der möglicherweise einschlägigen Freizügigkeitsrechte zu benennen. Ebenso *K. Füßer*, DÖV 1999, 96 (100 ff.); *D. H. Scheuing*, Freizügigkeit, 103 (133 f.); ders., EuR 2003, 744 (778 ff.).

[651] *N. Reich/S. Harbacevica*, 40 CML Rev. (2003), 615 (627).

[652] So die belgische Regierung in: EuGH, Rs. C-148/02, Slg. 2003, I-11613 – Avello, im Schlussantrag des GA *Jacobs* (Rn. 41).

und den Aufenthalt dort.[653] Ähnlich wird formuliert, dass nur alle unmittelbar das Aufenthaltsrecht betreffenden Situationen erfasst seien, ein mittelbarer oder faktischer Zusammenhang aber nicht genüge.[654]

cc) Die Problematik eines als Beschränkungsverbot verstandenen Art. 18 EG

Das von der Rechtsprechung und dem überwiegenden Teil der Literatur vorgezeichnete weite freiheitsrechtliche Verständnis des allgemeinen Freizügigkeitsrechts ist nicht unproblematisch. Bereits für die Marktfreiheiten war und ist die Anerkennung einer freiheitsrechtlichen Komponente nicht unumstritten, befürchtet man doch eine systematisch-teleologischen Vorgaben des EG-Vertrages widersprechende uferlose Ausdehnung des Anwendungsbereichs des Unionsrechts.[655] Prekär am Nachvollzug dieser Entwicklung im Kontext des allgemeinen Freizügigkeitsrechts ist, dass dieses – anders als die eine wirtschaftliche Betätigung voraussetzenden Grundfreiheiten – abgesehen vom Aufenthalt im Aufnahmemitgliedstaat überhaupt keine tatbestandliche Anwendungsschranke kennt.[656] Damit hätte ein als Beschränkungsverbot verstandener Art. 18 EG das Potential – wie Art. 2 I GG für das deutsche Verfassungsrecht – zu einem „Auffanggrundrecht des Gemeinschaftsrechts“[657] zu werden. Entsprechende bereits bei den Marktfreiheiten nicht zu übersehende Tendenzen würden damit potenziert. Denn macht nicht jede nationale Regelung des Aufnahmemitgliedstaates, die einen Nachteil auferlegt, die Ausübung des Freizügigkeitsrechts, also den Aufenthalt dort, weniger attraktiv? Die Konsequenz dieses Freizügigkeitsverständnisses hält *Spaventa* treffend fest:

> The Community right then becomes akin to the claim that, in national contemporary liberal democracies, citizens have against their own State not to be unjustly limited in their freedom, be this freedom economic or of another kind.[658]

---

[653] So die niederländische Regierung in EuGH, Rs. C-364/01, Slg. 2003, I-15013, Rn. 52 – Barbier.

[654] *S. Bode*, EuZW 2003, 552 (555 f.); *dies.*, Europarechtliche Gleichbehandlungsansprüche Studierender, 216 ff. Ähnlich *B. Schöbener*, in: KK-GRC, Art. 45, Rn. 24.

[655] Dazu bereits ausführlich oben, 1. Teil A. II. 1. c). Dieses Potential verbalisiert etwa *H. Schneider*, NJ 1996, 512 (515).

[656] Dies betonen auch *S. Bode*, EuZW 2002, 637 (638); *dies.*, EuZW 2003, 552 (553); *M. Rossi*, AöR 127 (2002), 612 (622 Fn. 44). Die Gefahr eines grenzenlosen Anwendungsbereichs – ohne auf die Besonderheiten gegenüber den Grundfreiheiten einzugehen – sieht auch *H. Toner*, 23 YEL (2004), 275 (299 f.), sowie *dies.*, Partnership Rights, Free Movement, and EU Law, 220, hält diese wegen der zu fordernden tatbestandlichen Schranken und der Rechtfertigungsmöglichkeiten jedoch für gering.

[657] *K. Füßer*, DÖV 1999, 96 (97). Siehe auch den „Das Aufenthaltsrecht als Auffangrecht“ titulierten Aufsatz von *M. Pechstein*/*A. Bunk*, EuGRZ 1997, 547.

[658] *E. Spaventa*, 41 CML Rev. (2004), 743 (765), die ein solches Freizügigkeitsverständnis jedoch ablehnt. Befürwortend dagegen *K. Füßer*, DÖV 1999, 96 (103 f.).

Der Gerichtshof hätte es dann – je nach im Einzelfall bejahter oder verneinter Auswirkung auf das Freizügigkeitsrecht – in der Hand, potentiell jede nationale Regelung am Maßstab der Gemeinschaftsgrundrechte auf ihre Verhältnismäßigkeit hin zu überprüfen. Denn nach seiner – gleichwohl nicht unumstrittenen[659] – Rechtsprechung sind die Mitgliedstaaten an die Gemeinschaftsgrundrechte gebunden, wenn sie die Freizügigkeit beschränkende Maßnahmen ergreifen. Damit wäre das Postulat von Generalanwalt *Jacobs* aus der Rs. Konstantinidis in die Tat umgesetzt, wonach jeder Unionsbürger

> davon ausgehen [darf], dass er, wohin er sich in der [EG] auch begibt, stets in Einklang mit einer gemeinsamen Ordnung von Grundwerten behandelt wird, insbesondere denen, die in der Europäischen Menschenrechtskonvention niedergelegt sind. Mit anderen Worten, er ist berechtigt, zu sagen „civis europeus sum" und sich auf diesen Status zu berufen, um sich jeder Verletzung seiner Grundrechte zu widersetzen.[660]

Jedoch, wie *Martin* und *Guild*, betonen: "The simple direct effect of Article [18 EG] cannot have the effect of making otiose every measure hindering the exercise of free movement"[661]. Fasste man nämlich jede potentiell mobilitätshemmende nationale Regelung unter Art. 18 I EG, stünde dies nicht nur in Widerspruch zu Wortlaut und Charakter dieser Verbürgung, die als allgemeines Freizügigkeitsrecht, nicht aber als allgemeines Freiheitsrecht ausgestaltet ist. Darüber hinaus würden mitgliedstaatliche Zuständigkeiten, die nach dem auf den Grundsätzen der begrenzten Einzelermächtigung (Art. 5 UA 1 EG) und Subsidiarität (Art. 5 UA 2 EG) fußenden EG-Vertrag fortbestehen, in weitem Umfange ausgehöhlt und faktisch harmonisiert. Andererseits gibt aber Art. 3 I lit. c EG das Ziel vor, möglichst umfassend Hindernisse auch für den freien Personenverkehr Nichterwerbstätiger zu beseitigen.[662] Zwischen diesen Polen hat die dogmatische Strukturierung des freiheitsrechtlichen Gewährleistungsgehalts des Art. 18 I EG zu erfolgen.

---

[659] Kritisch etwa *P. M. Huber*, Europäische Integration, § 8, Rn. 60 ff. Siehe ferner *D. H. Scheuing*, EuR 2005, 162; *R. Streinz*, Europarecht, Rn. 768.

[660] GA *Jacobs*, in: EuGH, Rs. C-168/91, Slg. 1993, I-1191, Rn. 46 – Konstantinidis. Zustimmend *N. Reich/S. Harbacevica*, 40 CML Rev. (2003), 615 (634 f.).

[661] *D. Martin/E. Guild*, Free Movement, 100. Siehe auch *M. Rossi*, AöR 127 (2002), 612 (622 Fn. 44). Ähnlich für die Marktfreiheiten *C. D. Classen*, EuR 2004, 416; *O. Due/C. Gulmann*, Restrictions à la libre circulation intracommunautaire, 377 (378 f.); *T. Kingreen*, Struktur der Grundfreiheiten, 82; *M. Nettesheim*, NVwZ 1996, 342 (343); *E. Spaventa*, 41 CML Rev. (2004), 743 (763 f.); GA *Fennelly*, in: EuGH, Rs. C-190/98, Slg. 2000, I-493, Rn. 29 ff. – Graf.

[662] Zu dem durch Art. 18 I EG erweiterten Binnenmarktziel der Union bereits oben, 2. Teil B. II. 2. a) cc) (3). Das aufgezeigte Spannungsfeld wurde bereits für die Grundfreiheiten konstatiert, dazu ausführlich oben, 1. Teil A. II. 1. c).

b) Die dogmatische Struktur eines als Beschränkungsverbot verstandenen allgemeinen Freizügigkeitsrechts

Mit dem aufgezeigten Spannungsfeld zwischen einem unionsrechtlich abgesicherten nationalen Regelungsanspruch einerseits und dem Ziel, möglichst umfassend Mobilitätshindernisse abzubauen andererseits, ist die Herausforderung an die dogmatische Strukturierung des allgemeinen Freizügigkeitsrechts formuliert, nämlich wie weit dessen Gewährleistungsgehalt jenseits des Rechts auf Ein- und Ausreise sowie auf physische Präsenz im Aufnahmemitgliedstaat reichen darf. Diese ist auf Tatbestands- (aa) und Rechtfertigungsebene (bb) zu bewältigen. Die herausgearbeitete Struktur ermöglicht eine abschließende Verortung im Vertragsgefüge (cc).

aa) Tatbestandliche Konturen

In Einklang mit dem ganz überwiegenden Schrifttum und der Rechtsprechung des Gerichtshofs ist ein über das Recht auf Ein- und Ausreise sowie physische Präsenz im Aufnahmemitgliedstaat hinausgehender freiheitsrechtlicher Gehalt des Art. 18 I EG zu bejahen. Eingriffe können damit nicht nur in deren Versagung, sondern auch deren Behinderung bestehen. Die tatbestandliche Konturierung kann also weder mittels eines Rekurses auf einen engen Freizügigkeitsbegriff (1) noch isoliert im Hinblick auf die Kompetenzverteilung zwischen Union und Mitgliedstaaten (2) erfolgen. Zugrunde zu legen ist Art. 18 I EG vielmehr das weite Freizügigkeitsverständnis der Grundfreiheiten, das jedoch wie dort auch der tatbestandlichen Konkretisierung bedarf (3).

(1) Art. 18 I EG liegt kein enger Freizügigkeitsbegriff zu Grunde

Mitunter wird der Schutzbereich des allgemeinen Freizügigkeitsrechts eng an das Aufenthaltsrecht geknüpft, also im Wesentlichen der Abbau von Grenzen und Grenzkontrollen sowie das Aufenthaltsrecht und dieses unmittelbar betreffende Situationen als erfasst angesehen, eine Übertragung des weiten Beschränkungsbegriffes der Grundfreiheiten dagegen abgelehnt.[663] Argumentativ untermauert wird dies mit dem engen Wortlaut des Art. 18 I EG, dessen im Vergleich zu den Grundfreiheiten angeblich weniger weit reichenden Konzeption sowie der andernfalls bestehenden Gefahr einer uferlosen Ausdehnung des Unionsrechts.[664] Dieser Ansatz findet jedoch bereits keine hinreichende Stütze im Wortlaut, da diesem nicht zu entnehmen ist, dass nur bei einem unmittel-

---

[663] *S. Bode*, EuZW 2003, 552 (555 f.); *dies.*, Europarechtliche Gleichbehandlungsansprüche Studierender, 216 ff. Siehe ferner die belgische Regierung in: EuGH, Rs. C-148/02, Slg. 2003, I-11613 – Avello, im Schlussantrag des GA *Jacobs* (Rn. 41), sowie die niederländische Regierung in Rs. C-364/01, Slg. 2003, I-15013, Rn. 52 – Barbier.

[664] Vgl. etwa *S. Bode*, EuZW 2003, 552 (555 f.); *dies.*, Europarechtliche Gleichbehandlungsansprüche Studierender, 216 ff.

baren Aufenthaltsbezug ein Eingriff in die dort genannten Rechte vorliegt. Des Weiteren ist die nunmehr auch für die Freizügigkeit Nichterwerbstätiger maßgebliche Zielvorgabe des Art. 3 I lit. c EG zu berücksichtigen, nach der Hindernisse für den freien Personenverkehr möglichst umfassend zu beseitigen sind.[665] Solche Hindernisse resultieren nun nicht bloß aus unmittelbar aufenthaltsbezogenen Restriktionen, sondern aus jeder mobilitätshemmenden Regelung eines Mitgliedstaates. Damit ist das weite Freizügigkeitsverständnis der Marktfreiheiten auch auf Art. 18 I EG zu übertragen,[666] um so der erfolgten Gleichsetzung von wirtschaftlich und nicht-wirtschaftlich motiviertem Personenverkehr, die beide in Art. 3 I lit. c EG wurzeln, Rechnung zu tragen und den Schritt von der markt- zur unionsbürgerlichen Gewährleistung konsequent zu vollziehen[667]. Zudem streitet die praktische Wirksamkeit des Art. 18 I EG für diese Auslegung,[668] da Mobilitätshindernisse nicht nur aus der Versagung des Aufenthaltsrechts und eng damit verbundenen Maßnahmen resultieren.

(2) Keine Ausnahme von in der Zuständigkeit der Mitgliedstaaten verbliebenen Materien

Unter Verweis auf die im Grundsatz der begrenzten Einzelermächtigung (Art. 5 UA 1 EG) zum Ausdruck kommende thematische Beschränkung des EG-Vertrages wird eine restriktive Auslegung des freiheitsrechtlichen Gehalts des Art. 18 I EG vorgeschlagen. Dies vermag jedoch, ebenso wie bereits im Rahmen des unionsbürgerlichen Diskriminierungsverbotes, nicht zu überzeugen. Denn als Kompetenzausübungsschranke zielt Art. 18 I EG gerade darauf ab, in der nationalen Zuständigkeit vorbehaltene Bereiche einzuwirken. Im Hinblick auf das um den Abbau von Hindernissen für den freien Personenverkehr Nichterwerbstätiger erweiterte Binnenmarktziel lässt sich auch nicht argumentieren, dass ein Art. 18 I EG entnommenes umfassend verstandenes Beschränkungsverbot mit den Zielen der Gemeinschaft nicht vereinbar wäre, die Art. 5 UA 1 EG für die thematische Begrenzung des EG-Vertrages für maßgeblich erklärt.[669] Zu Recht geht der Gerichtshof daher davon aus, dass Art. 18 I EG

---

[665] Dazu bereits oben, 2. Teil B. II. 2. a) cc) (3). Wortlautimmanent ließe sich mit *N. Kotalakidis*, Unionsbürgerschaft, 155 ff., auf die besondere Bedeutung des von Art. 18 I EG gewährleisteten „freien Aufenthalts" im Gegensatz zum bloßen „Aufenthalt" verweisen, was einen qualifizierten Aufenthaltsschutz gebiete.

[666] *H. Toner*, 23 YEL (2004), 275 (295 f.); *dies.*, Partnership Rights, Free Movement, and EU Law, 216 f.; GA *Geelhoed*, in: EuGH, Rs. C-406/04, n.n.v., Rn. 105 ff. – De Cuyper.

[667] *C. Barnard*, The Four Freedoms, 419; *K. Füßer*, DÖV 1999, 96 (101); *S. Magiera*, Der Rechtsstatus der Unionsbürger, 429 (441 f., 448); *G. Schulz*, Freizügigkeit, 95; *H. Toner*, 15 Immigration Asylum and Nationality Law Journal (2001), 207 (211 f.); *dies.*, 23 YEL (2004), 275 (297); *dies.*, Partnership Rights, Free Movement, and EU Law, 219 f.

[668] So auch GA *Kokott*, in: EuGH, Rs. C-470/04, n.n.v., Rn. 67 – N.

[669] Für deren Berücksichtigung bei der Auslegung des Anwendungsbereichs des Gemeinschaftsrechts i.S.d. Art. 12 EG auch GA *Geelhoed*, in: EuGH, Rs. C-209/03, Slg. 2005,

auch in Bereichen greifen kann, die in der Zuständigkeit der Mitgliedstaaten verblieben sind, wie er dies für das Straf- und Strafverfahrensrecht,[670] Sozialrecht,[671] Internationale Privatrecht (Namensrecht),[672] Steuerrecht[673] und Zwangsvollstreckungsrecht[674] ausdrücklich entschieden hat.

(3) Die Art. 18 I EG beschränkende Maßnahme

Als Aspekt des allgemeinen Freizügigkeitsrechts teilt der Mobilitätsschutz jenseits des Gebots der Inländerbehandlung die persönlichen und räumlichen Grenzen des Art. 18 I EG. Persönlich berechtigt sind ausschließlich Unionsbürger. Zudem setzt der Tatbestand, wie im Übrigen auch die Grundfreiheiten, einen grenzüberschreitenden Bezug voraus. Auch mit Einführung der Unionsbürgerschaft ist, wie bereits ausführlich dargelegt, keine Aufgabe dieses Kriteriums einhergegangen.[675]

Wegen der gemeinsamen Wurzel des Gebotes der Beseitigung von Hindernissen für den freien Personenverkehr von Erwerbs- und Nichterwerbstätigen im Binnenmarktkonzept (Art. 3 I lit. c, 14 II EG) bietet sich an, als Ausgangspunkt für die tatbestandliche Entwicklung eines als Beschränkungsverbot verstandenen Art. 18 I EG auf die in ständiger Rechtsprechung zu den Grundfreiheiten verwendete Formel zu rekurrieren: Entsprechend der Rs. Gebhard erfasst Art. 18 I EG tatbestandlich solche nationalen Maßnahmen, die „die Ausübung des Freizügigkeitsrechts behindern oder weniger attraktiv machen können"[676].

Dabei kann es freilich nicht verbleiben, da unionsrechtlich eine schärfere Konturierung vorgegeben ist, um insbesondere dem Charakter der Verbürgung als Freizügigkeits- und nicht als allgemeinem Freiheitsrecht Rechnung zu tragen und eine Aushöhlung der Regelungsautonomie der Mitgliedstaaten zu

---

I-2119, Rn. 29, 33, 52 – Dany Bidar; GA *Kokott*, in: Rs. C-192/05, n.n.v., Rn. 35 ff. – Tas-Hagen.

[670] EuGH, Rs. C-274/96, Slg. 1998, I-7637, Rn. 17 f. – Bickel und Franz.

[671] EuGH, Rs. C-135/99, Slg. 2000, I-10409, Rn. 33 – Elsen; Rs. C-184/99, Slg. 2001, I-6193 – Grzelczyk; Rs. C-224/98, Slg. 2002, I-6191 – D'Hoop; Verb. Rs. C-502/01 und 31/02, Slg. 2004, I-6483 – Gaumain-Cerri und Barth; Rs. C-192/05, n.n.v., Rn. 20 ff. – Tas-Hagen.

[672] EuGH, Rs. C-148/02, Slg. 2003, I-11613, Rn. 25 – Avello.

[673] EuGH, Rs. C-364/01, Slg. 2003, I-15013 – Barbier; Rs. C-365/02, Slg. 2004, I-7183 – Lindfors; Rs. C-403/03, Slg. 2005, I-6421, Rn. 19 – Schempp; Rs. C-520/04, n.n.v., Rn. 11 – Turpeinen.

[674] EuGH, Rs. C-224/02, Slg. 2004, I-5763, Rn. 22 – Pusa.

[675] Dazu oben, 2. Teil A. III. 3. b) und 2. Teil B. II. 2. a) bb) (2).

[676] EuGH, Rs. C-55/94, Slg. 1995, I-4165, Rn. 37 – Gebhard. Ähnlich für die Arbeitnehmerfreizügigkeit Rs. C-415/93, Slg. 1995, I-4921, Rn. 96 – Bosman; Rs. C-190/98, Slg. 2000, I-493, Rn. 21 ff. – Graf.

verhindern.[677] Hierfür mangelt es nicht an Vorschlägen im Schrifttum. Gefordert wird zum einen eine gewisse Intensität der Beeinträchtigung im Sinne eines Spürbarkeitskriteriums,[678] zum anderen ein direkter Bezug zur Freizügigkeit.[679] Wiederum andere Autoren stellen beide Kriterien alternativ nebeneinander.[680] Mitunter werden allerdings auch indirekte und entfernte Hindernisse miteinbezogen[681] sowie weitergehend tatbestandliche Einschränkungen für sinnlos erachtet und eine Beschränkung nur auf der Rechtfertigungsebene postuliert[682].

Bereits im ersten Teil wurden entsprechende Erwägungen im Kontext der Grundfreiheiten angestellt,[683] die wegen der gemeinsamen Wurzel des freien Personenverkehrs Erwerbs- und Nichterwerbstätiger in Art. 3 I lit. c EG sowie der strukturell identischen Problematik auch für das allgemeine Freizügigkeitsrecht fruchtbar gemacht werden können. Dessen uferloser Ausdehnung ist damit durch eine eng freizügigkeitsbezogene Konturierung des Tatbestandes entgegenzuwirken. Zum einen ist also danach zu fragen, ob ein direkter Ein-

---

[677] Ausführlich dazu oben, 2. Teil C. II. 2. a) cc), sowie im Kontext der Grundfreiheiten oben, 1. Teil A. II. 1. c). Zum Konturierungsbedarf ferner *D. Martin/E. Guild*, Free Movement, 100; *M. Rossi*, AöR 127 (2002), 612 (622 Fn. 44), nach dem jedenfalls der weite Eingriffsbegriff i.S.d. Dassonville-Formel abzulehnen ist, da sonst jede nationale Regelung rechtfertigungsbedürftig werde.

[678] GA *Alber*, in: EuGH, Rs. C-92/01, Slg. 2003, I-1291, Rn. 37 ff. – Stylianakis. Ebenso die italienische Regierung, ibid., Rn. 15.

[679] *J. Ziekow*, Freizügigkeit des Unionsbürgers, 101 (106 f.): Art. 18 EG „schützt vor allen Beeinträchtigungen, die zu einem Absehen von der Nutzung der Möglichkeit der Freizügigkeit führen könnten", also weiter, nicht aber von der Freizügigkeit verselbstständigter Schutzbereich. Damit sind nur solche Nachteile erfasst, die der Unionsbürger wegen seiner Migration erleidet.

[680] *H. Toner*, 23 YEL (2004), 275 (297): "Any measure which has a direct or substantial (possibly exclusionary) effect on the rights – whether of economic activity or of residence – contained in Articles 18, 39, 43, and 49 is incompatible with the Treaty unless objectively justified by imperative reasons of public interest". Ähnlich *dies.*, Partnership Rights, Free Movement, and EU Law, 218. Diese Einschränkungen gelten jedoch nicht für die Eröffnung des Anwendungsbereichs des Gemeinschaftsrechts i.S.d. Art. 12 EG, für die jede Behinderung oder Beeinträchtigung der Attraktivität ausreiche (297 f. respektive 218 f.). Ähnlich weit für Diskriminierungssachverhalte *C. Costello*, 27 LIEI (2000), 267 (270 ff.); *A. Randelzhofer/U. Forsthoff*, in: G/H, Art. 39, Rn. 138. Das Gebot einer Unterscheidung der Kategorien „Diskriminierung" und „Beschränkung" betont auch *R. C. A. White*, Workers, establishment, and services in the EU, 206 ff.

[681] *N. Reich/S. Harbacevica*, 40 CML Rev. (2003), 615 (627): "Member State Law should not put obstacles to a person's use of the free movement rights, even if these obstacles are only indirect and remote."

[682] *K. Füßer*, DÖV 1999, 96 (102 f); *S. Magiera*, Der Rechtsstatus der Unionsbürger, 429 (449). Dagegen für eine tatbestandliche Lösung wegen des ansonsten entstehenden Rechtfertigungszwanges *O. Due/C. Gulmann*, Restrictions à la libre circulation intracommunautaire, 377 (378 f.); *R. Streinz*, Konvergenz der Grundfreiheiten, 199 (219).

[683] Siehe oben, 1. Teil A. II. 1. c).

griff in das Freizügigkeitsrecht, also in dessen Kernbereich, vorliegt. Dies ist für Regelungen zu bejahen, die die Ein- respektive Ausreise, das Aufenthaltsrecht im Aufnahmemitgliedstaat oder den Zu- und Wegzug als solche beeinträchtigen. Für diese Fallgruppe kann nicht nur die Rs. Wijsenbeek als Beispiel angeführt werden, vielmehr lässt sich hierunter auch die Garantie gleicher Behandlung bei Ausübung der Freizügigkeit fassen. Denn behandelt der Mitgliedstaat einen grenzüberschreitenden Sachverhalt ungünstiger als einen vergleichbaren nationalen, so ist regelmäßig von einer direkten Beeinträchtigung transnationaler Mobilität auszugehen.[684] Alternativ kann eine Beeinträchtigung des Freizügigkeitsrechts auch aus besonders gravierenden Konsequenzen einer mitgliedstaatlichen Maßnahme für das Freizügigkeitsrecht resultieren.[685] Dies war in der Rs. Chen/Zhu der Fall, in der die Versagung des Aufenthaltsrechts für die sorgeberechtigte drittstaatsangehörige Mutter zur Folge gehabt hätte, dass das aus Art. 18 I EG folgende Aufenthaltsrecht der minderjährigen Tochter faktisch entwertet worden wäre.

Eine derart streng freizügigkeitsorientierte Konturierung des Art. 18 I EG vermeidet, dass jedwede belastende nationale Regelung als dessen Beeinträchtigung anzusehen ist. Umfeldregelungen etwa steuerrechtlicher Art sind damit in Einklang mit der Rechtsprechung des Gerichtshofs in den Rs. Lindfors und Schempp regelmäßig nicht erfasst, da sie weder direkt in das Freizügigkeitsrecht eingreifen, noch von hinreichend schwerem Gewicht sein dürften.

bb) Weitere Sicherung nationaler Gestaltungsspielräume auf Rechtfertigungsebene

Mit der Qualifikation einer nationalen Maßnahme als tatbestandliche Beschränkung des allgemeinen Freizügigkeitsrechts ist, wie im Kontext des unionsbürgerlichen Diskriminierungsverbotes auch, noch nicht das Verdikt ihrer Unionsrechtswidrigkeit gefällt. Denn Beschränkungen des Art. 18 I EG seitens der Mitgliedstaaten sind einer Rechtfertigung aus zwingenden Gründen des Allgemeininteresses zugänglich. Nationale Gestaltungsspielräume werden mithin nicht nur auf Tatbestandsebene durch eine streng freizügigkeitsorientierte Konturierung des Tatbestands gesichert, sondern auch durch die Einräumung von Rechtfertigungsmöglichkeiten.

Eine mitgliedstaatliche Beschränkung des allgemeinen Freizügigkeitsrechts ist nach der in ständiger Rechtsprechung des Gerichtshofs verwendeten Formel dann gerechtfertigt, „wenn sie auf objektiven, von der Staatsangehörigkeit der Betroffenen unabhängigen Erwägungen des Allgemeininteresses beruht, die in

---

[684] In diesem Sinne auch GA *Kokott*, in: EuGH, Rs. C-192/05, n.n.v., Rn. 51 – Tas-Hagen.

[685] Eine alternative Kombination beider Kriterien befürwortet auch *H. Toner*, 23 YEL (2004), 275 (297, siehe auch 283 ff.): "Any measure which has direct or substantial (possibly exclusionary) effect … is incompatible with the Treaty unless objectively justified by imperative reasons of public interest".

einem angemessenen Verhältnis zu dem mit dem nationalen Recht rechtmäßigerweise verfolgten Zweck stehen."[686] Diese abstrakten Vorgaben sind, wie im Kontext des unionsbürgerlichen Diskriminierungsverbotes auch, für die jeweils betroffenen Materien zu konkretisieren.

Spiegelbildlich zum unionsbürgerlichen Diskriminierungsverbot stellt sich hier etwa die Frage, ob und unter welchen Voraussetzungen der Heimatstaat die Gewährung sozialer Vergünstigungen für Inländer an den Wohnsitz im Inland knüpfen kann. Die Beantwortung hat genauso wie beim Inländerbehandlungsanspruch des Unionsbürgers auch anhand temporaler, qualitativer und quantitativer Kriterien zu erfolgen:[687] Maßgebliche Aspekte sind damit, ob einmal Art und Zweck der Sozialleistung einer Gewährleistung an im Ausland wohnende Inländer entgegenstehen; daneben von Bedeutung ist der namentlich an der Dauer der Abwesenheit zu messende fortbestehende Grad der Verbundenheit mit der nationalen Solidargemeinschaft. Grenzen können schließlich aus einer übermäßigen finanziellen Belastung des Heimatstaates folgen.[688] Bei der Festlegung der Kriterien steht den Mitgliedstaaten nach der Rechtsprechung des EuGH ein weiter Ermessensspielraum zu.[689] Exemplarisch sei zum einen auf die Rs. De Cuyper verwiesen. In dieser sah der Gerichtshof die versagte Exportierbarkeit einer Unterstützung für Arbeitslose als für gerechtfertigt an, da nur bei Aufenthalt des Arbeitslosen im Inland effektiv feststellbar sei, ob der Anspruchsteller aufgrund seiner beruflichen und familiären Situation weiterhin anspruchsberechtigt ist.[690] Zum anderen hat der EuGH in der Rs. Tas-Hagen anerkannt, dass die Verbundenheit mit der Gesellschaft des Heimatstaates ein Kriterium für dessen Verpflichtung ist, an im Ausland wohnende Inländer Sozialleistungen zu gewähren.[691]

cc) Das Beschränkungsverbot Art. 18 I EG im Vertragsgefüge

Legt man dem allgemeinen Freizügigkeitsrecht ein den Marktfreiheiten strukturell vergleichbar weites Freizügigkeitsverständnis zugrunde, stellt sich die Frage, wie sich diese Gewährleistungen zueinander verhalten. Die Antwort des Gerichtshofs fällt genauso wie für das Aufenthaltsrecht und das unionsbürgerli-

---

[686] EuGH, Rs. C-406/04, n.n.v., Rn. 39 – De Cuyper; Rs. C-192/05, n.n.v., Rn. 33 – Tas--Hagen; Rs. C-520/04, n.n.v., Rn. 32 – Turpeinen. Siehe ferner Rs. C-55/94, Slg. 1995, I-4165, Rn. 37 – Gebhard.

[687] Zur parallel gelagerten Problematik beim Inländerbehandlungsanspruch oben, 2. Teil B. II. 3. b) cc) (2).

[688] Siehe *F. Wollenschläger*, EuZW 2006, 503 (504 ff.); ferner GA *Geelhoed*, in: EuGH, Rs. C-212/05, noch anhängig, Rn. 62 ff. – Hartmann, für das Erziehungsgeld.

[689] EuGH, Rs. C-192/05, n.n.v., Rn. 36 – Tas-Hagen.

[690] EuGH, Rs. C-406/04, n.n.v., Rn. 41 ff. – De Cuyper. Näher dazu *F. Wollenschläger*, EuZW 2006, 503.

[691] EuGH, Rs. C-192/05, n.n.v., Rn. 34 ff. – Tas-Hagen.

che Diskriminierungsverbot auch aus, d.h. im Sinne einer Spezialität der Grundfreiheiten.[692] Hat die auf dem Prüfstand des Unionsrechts stehende Maßnahme einen Bezug zu einer Erwerbstätigkeit, sind die Marktfreiheiten einschlägig.

Auch für den weiten Freizügigkeitsgewährleistungsgehalt beansprucht der im Wortlaut des Art. 18 I EG enthaltene Vorbehalt zugunsten der im EG-Vertrag und in den Durchführungsvorschriften vorgesehenen Beschränkungen und Bedingungen Geltung. Auf der Basis geeigneter Rechtsgrundlagen kann das allgemeine Freizügigkeitsrecht somit sekundärrechtlich konkretisiert werden, sofern die primärrechtliche Verbürgung nicht unverhältnismäßig beschränkt wird.[693]

III. Fazit: Mobilitätsschutz jenseits des Gebots der Inländerbehandlung

Das allgemeine Freizügigkeitsrecht hat einen über das Recht auf Ein- und Ausreise sowie physische Präsenz im Aufnahmemitgliedstaat hinausgehenden freiheitsrechtlichen Gehalt. Eingriffe können mithin nicht nur in deren Versagung, sondern auch deren Behinderung bestehen. Dies gebietet die nunmehr auch für die Freizügigkeit Nichterwerbstätiger maßgebliche Zielvorgabe des Art. 3 I lit. c EG, nach der Hindernisse für den freien Personenverkehr möglichst umfassend zu beseitigen sind. Um dem Charakter der Verbürgung als Freizügigkeits- und nicht als Freiheitsrecht Rechnung zu tragen und eine Aushöhlung der unionsrechtlich anerkannten Regelungsautonomie der Mitgliedstaaten zu verhindern, ist der Gewährleistungsgehalt streng freizügigkeitsorientiert zu konturieren. Somit ist nicht jedwede nationale Maßnahme tatbestandlich von Art. 18 I EG erfasst, die die Ausübung des Freizügigkeitsrechts behindern oder weniger attraktiv machen könnte, sondern nur eine solche, die einen direkten oder schweren Eingriff in das Freizügigkeitsrecht darstellt. Art. 18 I EG in diesem Sinne beschränkende Maßnahmen sind zudem einer Rechtfertigung aus zwingenden Gründen des Allgemeininteresses zugänglich, sofern sie in nicht diskriminierender Weise angewandt werden, geeignet sind, die

---

[692] Für einen Beschränkungssachverhalt ausdrücklich entschieden in EuGH, Rs. C-92/01, Slg. 2003, I-1291, Rn. 18 ff. – Stylianakis; Rs. C-470/04, n.n.v., Rn. 22 – N; Rs. C-520/04, n.n.v., Rn. 13 – Turpeinen; Rs. C-208/05, n.n.v., Rn. 64 f. – ITC. Ebenso GA *Alber*, in: EuGH, Rs. C-92/01, Slg. 2003, I-1291, Rn. 36; GA *Kokott*, in: Rs. C-192/05, n.n.v., Rn. 23 f. – Tas-Hagen; *dies.*, in: Rs. C-470/04, n.n.v., Rn. 24 f. – N.; GA *Léger*, in: Rs. C-520/04, n.n.v., Rn. 54 – Turpeinen; *K. Füßer*, DÖV 1999, 96 (101): Auffangtatbestand.

[693] In diesem Sinne etwa GA *Geelhoed*, in: EuGH, Rs. C-406/04, n.n.v., Rn. 102 ff. – De Cuyper, der das grundsätzliche Verbot der Exportierbarkeit von Leistungen für Arbeitslose nach der VO 1408/71 als gerechtfertigte Beschränkung von Art. 18 I EG prüft. Zum Verhältnis von Art. 18 I EG zum Sekundärrecht im Kontext des Aufenthaltsrechts bereits oben, 2. Teil A. IV.

Verwirklichung des mit ihnen verfolgten Zieles zu gewährleisten, und nicht über das hinausgehen, was zur Erreichung dieses Zieles erforderlich ist. Mit einem derart verstandenen freiheitsrechtlichen Gehalt stellt sich Art. 18 I EG auch hinsichtlich des Mobilitätsschutzes jenseits des Gebots der Inländerbehandlung als *lex generalis* zu den Marktfreiheiten dar.

3. Teil

Freizügigkeit, Unionsbürgerschaft, Marktintegration

Der erste Teil der Untersuchung entfaltete zum einen das in der Europäischen Wirtschaftsgemeinschaft operierende, marktfreiheitlich geprägte Freizügigkeitsregime, zum anderen die Idee eines allgemeinen Freizügigkeitsrechts als Attribut der angemahnten Europäischen Bürgerschaft. Diese beiden Entwicklungslinien mündeten in die im zweiten Teil entwickelte unionsbürgerliche Freizügigkeitsgarantie. Nunmehr gilt es, den marktfreiheitlichen und unionsbürgerlichen Freizügigkeits-*Acquis* zusammenzuführen und in den Kontext der Unionsbürgerschaft (A.) sowie einer Gesamtkonzeptionalisierung des unionsrechtlichen Freizügigkeitsregimes (B.) zu stellen. Zum einen soll der sich in der Rechtsprechung herausbildende Status als Unionsbürger als Fortsetzung der Frühform einer Europäischen Bürgerschaft gedeutet werden, die die Rechtsstellung des grundfreiheitlich berechtigten „Marktbürgers" reflektierte. Dabei darf der über Bürgerschaft *qua* Freizügigkeit hinausgehende Gehalt der Unionsbürgerschaft nicht vernachlässigt werden. Zum anderen sind die Konsequenzen des plötzlichen Aufscheinens einer jeglicher ökonomischer Zielsetzung entkleideten *lex generalis* zu den Marktfreiheiten auf die Normkategorie „Grundfreiheit" einerseits und die damit verbleibende Relevanz der Marktfreiheiten andererseits zu erörtern.

A. Die Unionsbürgerschaft

Mit der im zweiten Teil dargestellten Rechtsprechung hat der Gerichtshof die im Zuge der Maastrichter Vertragsrevision 1993 eingeführte, anfänglich äußerst zurückhaltend bewertete Unionsbürgerschaft mit Leben ausgefüllt. Dem allen Angehörigen der Mitgliedstaaten *qua* nationaler Staatsangehörigkeit gemeinen Status als Unionsbürger, den *Joseph H. H. Weiler* noch 1996 als "little more than a cynical exercise in public relations on the part of the High Contracting Parties"[1] bezeichnete, misst der EuGH nur wenige Jahre später die

[1] *J. H. H. Weiler*, Citizenship and Human Rights, 57 (68); ähnlich *ders.*, RMUE 1996, 35 (36 ff.). Siehe auch oben, Einführung.

Bestimmung bei, „der grundlegende Status der Angehörigen der Mitgliedstaaten zu sein“[2]. Diesen gilt es im Folgenden zu entfalten.

Obgleich die Unionsbürgerschaft als Rechtsinstitut erst mit dem Vertrag von Maastricht Eingang in das Unionsrecht fand, lassen sich die Ursprünge des Konzeptes einer Europäischen Bürgerschaft bis zu den Anfängen der wirtschaftlichen Integration Europas zurückverfolgen. Ihre Herausbildung in der Europäischen Wirtschaftsgemeinschaft war dabei nicht nur integrationspolitisches Desiderat von Verfechtern eines „Europa der Bürger“,[3] vielmehr wurden erste Ausprägungen auch im geltenden Gemeinschaftsrecht identifiziert.[4] So wurde der von *Hans Peter Ipsen* geprägte Begriff des „Marktbürgers“[5] zum Synonym der gemeinschaftsrechtlich vermittelten Rechtsstellung der Angehörigen der Mitgliedstaaten.

Drei Ebenen sind in diesem Prozess zu unterscheiden: Allen voran wurde die aus den Marktfreiheiten folgende Rechtsstellung der Angehörigen der Mitgliedstaaten gegenüber den Mitgliedstaaten, aufgrund derer die Unterscheidung von In- und EWG-Ausländern sowie nationale Grenzen an Bedeutung verloren, als konstitutives Moment einer Europäischen Bürgerschaft angesehen (I.1.). Für eine Europäische Bürgerschaft von Bedeutung war jedoch auch die Stellung des Europäischen Bürgers als Teil des sich konstituierenden supranationalen Europäischen Gemeinwesens, an dem er politisch partizipierte (I.2.). Parallel dazu etablierte sich schließlich ein Bürgerschaftsdiskurs, der als Reaktion auf Integrationsdefizite eine zentrale Rolle des Einzelnen im europäischen Integrationsprojekt einforderte (I.3.). Diese drei Dimensionen lassen sich auch in der durch den Vertrag von Maastricht institutionalisierten Unionsbürgerschaft identifizieren (II.). Die besondere Dynamik, die der Status als Unionsbürger in der im zweiten Teil skizzierten Rechtsprechung erfahren hat, bleibt allerdings auf die horizontale Dimension beschränkt, d.h. auf die Stellung des Unionsbürgers gegenüber den Mitgliedstaaten. Dies folgt zwangsläufig aus dessen Herausbildung um die Achse einer transnationalen Freizügigkeitsgarantie – des allgemei-

---

[2] Vgl. statt vieler EuGH, Rs. C-184/99, Slg. 2001, I-6193, Rn. 31 – Grzelczyk. Noch plastischer formuliert die französische Sprachfassung des Urteils: «le statut de citoyen de l'Union a vocation à être le statut fondamental des ressortissants des États membres».

[3] Vgl. dazu bereits oben, 1. Teil B.

[4] *T. Downes*, Market Citizenship, 93 (95 f.); *A. C. Evans*, MLR 45 (1982), 497; *ders.*, 32 AJCL (1984), 679 (689 ff., 714); *U. Everling*, Niederlassungsrecht, 3; *M. Everson*, Legacy of the Market Citizen, 73 (79); *P. Fischer*, Unionsbürgerschaft, 237 (245); *F. Franz*, DVBl. 1965, 457 (461); *W. Kluth*, ZAR 2006, 1 (3); *W. Maas*, 43 JCMS (2005), 1009 (1009 ff., 1021 f.); *M. P. Maduro*, Europe's Social Self, 325 (332); *E. Meehan*, Citizenship and the EU, 7; *F. Menegazzi Munari*, Cittadinanza Europea, 101 ff.; *J.-D. Mouton*, La citoyenneté de l'Union, 3 ff.; *B. Nascimbene*, Trattamento dello straniero, 331 ff.; *T. Oppermann*, EG-Angehörigkeit, 713 (714 ff.); *R. Plender*, Incipient Form of Citizenship; *ders.*, 16 EBLR (2005), 559 (559 f.); *J. Shaw*, Citizenship of the Union, 245 (248); *B. Wilkinson*, 1 EPL (1995), 417.

[5] *H. P. Ipsen/G. Nicolaysen*, NJW 1964, 339 (340 f. mit Fn. 2).

nen Freizügigkeitsrechts – herum. Damit knüpft der Gerichtshof an das grundfreiheitliche Integrationsprogramm an, dessen Reichweite er *ratione personae* verallgemeinert und *ratione materiae* verbreitert. Die im Konzept der Unionsbürgerschaft liegenden Universalisierungstendenzen erweisen sich allerdings als begrenzt (III.).

I. Die multidimensionale Herausbildung einer Europäischen Bürgerschaft in der Europäischen Wirtschaftsgemeinschaft

1. Die Rechtsstellung des Europäischen Bürgers qua *marktfreiheitlicher Freizügigkeitsberechtigung als „erster Keim" eines europäischen Bürgerrechts*

In einer primär ökonomisch orientierten Europäischen Wirtschaftsgemeinschaft war es vorrangiges Ziel der Personenverkehrsfreiheiten, die Mobilität des Produktionsfaktors „Arbeit" innerhalb der Gemeinschaft sicherzustellen, um so die nationalen Teilmärkte zu einem Gemeinsamen Markt zu integrieren. Von Anfang an stand die wirtschaftliche Integration des Kontinents jedoch im Dienst höherer Integrationsziele: Dies unterstreicht nicht nur die Präambel des EWG-Vertrages, sondern auch ein Verständnis der Marktfreiheiten, das in ihnen den Weg zu einer Europäischen Bürgerschaft vorgezeichnet sah. Artikuliert wurde dieses schon sehr früh. In seiner am 28.4.1951 gehaltenen Rede zum *Schuman*-Plan qualifizierte der frühere Staatssekretär im Auswärtigen Amt und spätere Präsident der ersten Europäischen Kommission, *Walter Hallstein*, die Freizügigkeit der Montan-Facharbeiter als Ausdruck des „Gedanken[s] einer gemeinsamen europäischen – fast hätte ich gesagt – ‚Staats'angehörigkeit in einer besonderen Ausprägung".[6] Im Kontext der Europäischen Wirtschaftsgemeinschaft formulierte dann der damalige Vizepräsident der Europäischen Kommission, *Lionello Levi-Sandri*, im Jahr der vollständigen Realisierung der Arbeitnehmerfreizügigkeit 1968, dass die

> Freizügigkeit der Personen etwas Höheres und Anspruchsvolleres als die bloße Beweglichkeit eines Produktionsfaktors [ist]. Sie ist vielmehr ein erster Keim, eine noch unvollkommene Gestalt des europäischen Bürgerrechts. Denn auf Gemeinschaftsebene sind alle Bürger der Mitgliedstaaten bei Ausübung der wichtigsten praktischen Tätigkeit des Menschen – der Arbeit – gleichgestellt und haben also die gleiche Rechtsstellung.[7]

Im wissenschaftlichen Schrifttum nahm sich zu Beginn der 1960er Jahre *Pierre Duclos* in seiner Abhandlung «L'Européen: Exploration d'une catégorie juridique naissante»[8] der Frage nach dem Status als Europäer an. Dieser ist nach

---

[6] *W. Hallstein*, Schuman-Plan, 18. So später auch *W. Maas*, 43 JCMS (2005), 1009 (1009 ff., 1021 f.).

[7] Rede abgedruckt in EG-Bulletin 11/1968, S. 5 (6).

[8] *P. Duclos*, RGDIP (65) 1961, 260.

Duclos durch die Inhaberschaft bestimmter völkerrechtlich verliehener Rechte gekennzeichnet. Die «condition de base» des Europäers konstituiere der «ensemble de droits et devoirs offert indifféremment à tous les Européens du seul fait de leur inclusion dans les organisations européennes ...».[9] Die von *Duclos* unternommene Analyse beschränkte sich allerdings nicht auf gemeinschaftsrechtlich eingeräumte Rechtspositionen, namentlich die aus den Grundfreiheiten resultierenden Verbürgungen,[10] sondern bezog auch die Gewährleistungen in Abkommen des Europarates mit ein, allen voran die EMRK. Spezifisch für die Gemeinschaftsrechtsordnung führte *Hans Peter Ipsen* dann 1964 im Kontext des 2. FIDE-Kongresses die Rechtsfigur des „Marktbürgers" respektive der „Marktbürgerschaft" ein.[11] Begrifflich erfasst werden sollte damit allerdings nur das damals außergewöhnliche Phänomen, dass Normen des internationalen Wirtschaftsrechts die einzelnen Angehörigen der vertragsschließenden Staaten unmittelbar berechtigen und verpflichten[12]:

> [Die] Staatsbürger werden dadurch, daß sie jetzt vom Gemeinschaftsrecht unmittelbar erfaßt werden und soweit sie am Marktablauf beteiligt sind, „Marktbürger". Das neue Gemeinschaftsrecht, das sich quantitativ und qualitativ von Bestimmungen unterscheidet, die sonst aus völkerrechtlichen Wirtschaftsverträgen für die Staatsbürger anwendbar sein können, verwirklicht sich gerade darin, und es dient dem Zweck, aus Staatsbürger eben „Marktbürger" zu machen.[13] ... „Marktbürger" will hervorheben, daß der einzelne (Individuum, Unternehmen) als Bürger seines Staates, der Mitgliedstaat ist, und dem er weiterhin angehört, dem Recht des (gemeinsamen) Marktes untersteht, soweit er an ihm teilnimmt.[14]

Mit der Marktbürgerschaft war also nichts anderes als die Rechtssubjektivität des Einzelnen im Rahmen der Gemeinschaftsrechtsordnung gemeint. Spezifische Markt*bürger*rechte oder -pflichten waren mit ihr nicht verbunden; auch begründe – wie *Hans Peter Ipsen* später in seinem 1972 erschienenen Werk „Europäisches Gemeinschaftsrecht" betonte – diese Rechtssubjektivität keinen zusätzlichen „Gemeinschafts-Status", der neben die (nationale) Staatsbürgerschaft tritt.[15] Die Eigenschaft als Marktbürger kennzeichne demnach

---

[9] *P. Duclos*, RGDIP (65) 1961, 260 (270).

[10] Zu diesen *P. Duclos*, RGDIP (65) 1961, 260 (267 ff.).

[11] *H. P. Ipsen/G. Nicolaysen*, NJW 1964, 339 (340 f. mit Fn. 2).

[12] Zum Einzelnen als Subjekt des Gemeinschaftsrechts bereits oben, 1. Teil A. II. 1. a).

[13] *H. P. Ipsen/G. Nicolaysen*, NJW 1964, 339 (340 f.). Ähnlich *H. P. Ipsen*, Europäisches Gemeinschaftsrecht, 187: „Wenn die Angehörigen dieser Völker ‚*Marktbürger*' genannt werden, ist damit ausschließlich ihre durch das Gemeinschaftsrecht ... bewirkte rechtliche ‚Erreichbarkeit' für Normen und Einzelakte des Gemeinschaftsrechts, also nicht-nationalen Rechts gemeint, *soweit* sie als Teilnehmer oder Benutzer des Gemeinsamen Marktes agieren." Ähnlich pauschal verwies Art. 3 des *Spinelli*-Entwurfs für eine Europäische Verfassung – zu diesem oben, 1. Teil B. I. 1. c) aa) – auf die in der Unionsrechtsordnung festgelegten Rechte und Pflichten.

[14] *H. P. Ipsen/G. Nicolaysen*, NJW 1964, 339 (340, Fn. 2).

[15] *H. P. Ipsen*, Europäisches Gemeinschaftsrecht, 187, 250 f. Als Marktbürger ist der Angehörige der Mitgliedstaaten freilich Träger der Gemeinschaftsgrundrechte (ibid., 715 ff.) und

den einzelnen Staatsangehörigen eines Mitgliedstaates in seiner Teilhabe am Gemeinsamen Markt, also „funktional" insoweit, „als ihm Freiheit und Gleichheit zur Erfüllung der ökonomischen Ziele der Gemeinschaften gewährleistet wird".[16]

Diese freie und gleiche Marktteilnahme erwies sich indes als folgenreich für das Verhältnis der Mitgliedstaaten zu eigenen und fremden Staatsangehörigen. Denn einerseits unterstehen eigene Staatsangehörige, worauf noch einzugehen sein wird,[17] im Rahmen der Zuständigkeit der Gemeinschaft dieser und nicht mehr den Mitgliedstaaten. Andererseits beschneiden die Marktfreiheiten die Souveränität der Mitgliedstaaten im Bereich des Fremden- und Ausländerpolizeirechts empfindlich, indem sie diese zu einer privilegierten Behandlung ausländischer Marktbürger verpflichten.[18] Angehörigen anderer Mitgliedstaaten ist nämlich aufgrund der gemeinschaftsrechtlichen Vorschriften über den freien Personenverkehr die Aufnahme einer Erwerbstätigkeit im eigenen Hoheitsgebiet grundsätzlich zu gestatten, womit ein gefestigtes Aufenthaltsrecht korreliert; des Weiteren müssen die Mitgliedstaaten Angehörige anderer Mitgliedstaaten als Teilnehmer des Gemeinsamen Marktes genauso wie eigene Staatsangehörige behandeln:

Mit der Marktbürgerschaft wird dem ausländischen Marktbürger im fremden Mitgliedstaat durch das Gemeinschaftsrecht eine Stellung vermittelt, die ihn von der Geltung des aus Staatshoheit wirkenden Fremdenrechts ausnimmt. Aus dieser Stellung steht ihm ein subjektiv-öffentliches Recht auf Inländergleichbehandlung, auf Nichtbehandlung als Fremder zu. Der Marktbürger überwindet in dieser seiner ökonomischen Funktion die Geschlossenheit des mitgliedstaatlichen, auf Staatsangehörigkeit fußenden Anspruchs auf Bestimmung dessen, was für den Mitgliedstaat Nation bedeutet. Insoweit die Gemeinschaften als Zweckverbände Hoheitsaufgaben bislang staatlicher Wahrnehmung innehaben und verantworten und das

---

hat Zugang zur Gemeinschaftsgerichtsbarkeit (ibid., 752 ff.). Dass die Rechtssubjektivität nicht einziges Merkmal des Bürgerstatus sein könne, betont *J. M. Broekman*, A Philosophy of EU Law, 279. Diese Rede vom Marktbürger als Umschreibung der gemeinschaftsrechtlich vermittelten Rechtsstellung der Angehörigen der Mitgliedstaaten findet sich vielfach, vgl. etwa *T. Oppermann*, VVDStRL 32 (1974), 137 (138); *E.-W. Böckenförde*, ibid., 142 (143).

[16] *H. P. Ipsen*, Europäisches Gemeinschaftsrecht, 251. *H. P. Ipsen* greift mit dem Zitat eine Formulierung von *E. Grabitz*, Europäisches Bürgerrecht, 68, auf.

[17] Siehe unten, 3. Teil A. I. 2.

[18] Vgl. etwa *C. Tomuschat*, Solidarität in Europa, 729 (737), der im „ungehinderten Recht der Einreise, des Aufenthalts und der beruflichen Betätigung ... ein prinzipiell schwergewichtiges Opfer [sieht], indem [den Mitgliedstaaten] die souveräne Entscheidung über den Aufenthalt des Fremden auf ihrem Staatsgebiet genommen ist. Damit ist ein empfindlicher Nerv der Staatlichkeit berührt, da die Identität des Gemeinwesens im wesentlichen durch die auf seinem Boden lebenden Menschen bestimmt wird"; *T. Oppermann*, VVDStRL 32 (1974), 137 (138), betonte 1973, dass der EWG-Ausländer nicht der völkerrechtlich Fremde sei, sondern Angehöriger „eng verbundener Staaten, die allmählich mehr oder weniger personal-binnenmarktähnlich miteinander zusammenwachsen sollen"; ähnlich *E.-W. Böckenförde*, VVDStRL 32 (1974), 134 (134 f.), der von einem sich traditionellen völkerrechtlichen Kategorien entziehenden Status als nur noch „Quasi-Fremder" spricht sowie, ibid., 142 (143), von einer „statusrechtlichen Verfestigung".

staatliche Monopol hierfür gelöst ist, wird die mitgliedstaatliche Disposition über Innehabung oder Verweigerung des Status „Staatsangehöriger" entsprechend entflochten. Sie findet ihre Ergänzung durch die gemeinschaftsrechtliche Zuordnung ihm fremder Marktbürger zum Staat und die Beschränkung seiner Position darüber, wer – weil nicht Staatsbürger – als Ausländer rechtlich einer Sonderbehandlung ausgesetzt werden darf.[19]

Die nur ökonomische Teilhabe des Marktbürgers an der Vergemeinschaftung bestimmt allerdings nicht nur Inhalt, sondern auch Grenzen der Marktbürgerschaft. So ist es dem Marktbürger insbesondere verwehrt, an der staatlichen Aktivbürgerschaft teilzunehmen, und bleibt er trotz seiner privilegierten Stellung weiterhin ausländerpolizeilichen Sonderregeln unterworfen (*ordre-public*-Vorbehalt).[20]

Perspektiven für eine darüber hinausgehende Integration des ausländischen Marktbürgers in den Aufnahmemitgliedstaat eröffnete *Eberhard Grabitz* in seiner 1970 erschienenen, wegweisenden Schrift „Europäisches Bürgerrecht". Nach *Grabitz*

läge es in der Logik der funktionellen Integration, den marktbürgerlichen Status der Gleichheit zu einem *Bürgerrecht Europas* zu erweitern, das die *volle* rechtliche Gleichstellung zumindest der Marktbürger mit den Inländern sicherte.[21]

Denn die funktionelle Integration bezwecke im Hinblick auf die dauerhaft angelegte Niederlassung des ausländischen Marktbürgers auch dessen soziale Eingliederung in den Aufnahmemitgliedstaat. Die Ausübung einer Erwerbstätigkeit sei eben mehr als die „Erfüllung einer ökonomischen Funktion", nämlich auch „individuell[e] Selbstdarstellung und Entfaltung der Persönlichkeit", womit sowohl der *ordre-public*-Vorbehalt als auch der Ausschluss von aktivbürgerlichen Rechten aufzugeben sei.[22] *Hans Peter Ipsen* lehnte einen solchen Begriff des Gemeinschaftsbürgers ab, da dieser sich mit dem Verzicht auf das funktionelle Moment der Beziehung zu Marktvorgängen der unzutreffenden Vorstellung einer Gemeinschaftsangehörigkeit nähere.[23]

Ungeachtet dieser reservierten Haltung *Hans Peter Ipsens* griff das Schrifttum im Folgenden ganz im Sinne des eingangs zitierten Verständnisses der Marktfreiheiten verstärkt die Frage nach der durch die grundfreiheitlichen Freizügigkeitsverbürgungen beförderten allmählichen Herausbildung einer Europäischen Bürgerschaft auf. *Richard Plenders* Beitrag "An Incipient Form of

[19] *H. P. Ipsen*, Europäisches Gemeinschaftsrecht, 253 f. Siehe auch ibid., 997 ff. Die Auswirkungen des Status als Marktbürger auf die Rechtsstellung des ausländischen Marktbürgers im Aufnahmemitgliedstaat thematisierte bereits zuvor ausführlich *E. Grabitz*, Europäisches Bürgerrecht, 65 ff., 103 ff., auf den *H. P. Ipsen* vielfach Bezug nimmt.

[20] *H. P. Ipsen*, Europäisches Gemeinschaftsrecht, 252 f. Eine fortschreitende Integration bedinge allerdings eine Verbesserung der Stellung des Marktbürgers, ibid., 252.

[21] *E. Grabitz*, Europäisches Bürgerrecht, 111.

[22] *E. Grabitz*, Europäisches Bürgerrecht, 111 ff.

[23] *H. P. Ipsen*, Europäisches Gemeinschaftsrecht, 187 (Fn. 10).

European Citizenship" aus dem Jahre 1976[24] stand am Anfang dieser Lesart der Grundfreiheiten[25]. Was veranlasste zahlreiche Stimmen im Schrifttum, in primär der Mobilität des Produktionsfaktors „Arbeit" dienenden Normen erste Ansätze einer Europäischen Bürgerschaft zu sehen?

Betont wird zum einen das einheitsbildende Moment der Personenverkehrsfreiheiten, das sich in deren Beschränkung *ratione personae* auf Angehörige der Mitgliedstaaten widerspiegelt – grundfreiheitliche Verbürgungen also verstanden als Privilegien der „Europäer".[26] Des Weiteren wird auf die bereits von *Eberhard Grabitz* und *Hans Peter Ipsen* herausgearbeitete, aus den marktfreiheitlichen Garantien resultierende Ausnahme des ausländischen Marktbürgers aus dem Fremdenrecht und dessen weitgehende Behandlung als Inländer verwiesen. Damit relativiert sich die Bedeutung der nationalen Staatsangehörigkeit zu Gunsten eines Status als gemeinschaftsrechtlich Freizügigkeitsberechtigtem, war die Eigenschaft als Inländer doch nicht mehr Voraussetzung dafür, Inhaber traditionell Inländern vorbehaltener Rechte zu sein. Dies galt von Anfang an für das Aufenthaltsrecht im Staatsgebiet, die Aufnahme und Ausübung einer Erwerbstätigkeit sowie die soziale Vergünstigungen verheißende Einbeziehung in die nationale Solidargemeinschaft. Die Gleichstellung des ausländischen Marktbürgers mit Inländern hat der EuGH zudem kontinuierlich ausgebaut, indem er nicht nur die Ausnahmen wie den *ordre-public*-Vorbehalt oder die Ausklammerung von Tätigkeiten in der öffentlichen Verwaltung (Art. 39 IV EG) restriktiv handhabte, sondern auch den beschäftigungsbezogenen Inländerbehandlungsanspruch zu einer allein an die Ansässigkeit des Arbeitnehmers im Aufnahmemitgliedstaat geknüpften Berechtigung ausbaute. Vom hohen Grad der Gleichstellung von Staatsangehörigen und

---

[24] *R. Plender*, Incipient Form of Citizenship.

[25] Im Folgenden vgl. *C. A. Ball*, 37 Harv. Int'l LJ (1996), 307 (360); *G. van den Berghe/ C. H. Huber*, European Citizenship; *J. Bourrinet*, RMC 1992, 772; *T. Downes*, Market Citizenship, 95 f.; *A. C. Evans*, MLR 45 (1982), 497; *ders.*, 32 Am.J.Comp.L. (1984), 679 (689 ff., 714); *M. Everson*, Legacy of the Market Citizen, 73 (79); *P. Fischer*, Unionsbürgerschaft, 237 (245); *W. Kluth*, ZAR 2006, 1 (3); *M. P. Maduro*, Europe's Social Self, 325 (332); *E. Meehan*, Citizenship and the EU, 7; *F. Menegazzi Munari*, Cittadinanza Europea, 101 ff.; *J.-D. Mouton*, La citoyenneté de l'Union, 3 ff.; *B. Nascimbene*, Trattamento dello straniero, 331 ff.; *D. O'Keeffe*, Trends in Free Movement, 263 (274); *S. O'Leary*, Evolving Concept; *T. Oppermann*, EG-Angehörigkeit, 713 (714 ff.); *J. Shaw*, Citizenship of the Union, 245 (248); *M. Sica*, Cittadinanza europea, 1 ff., 52 ff.; *B. Wilkinson*, 1 EPL (1995), 417. Zuvor bereits angedeutet bei *U. Everling*, Niederlassungsrecht, 3; *F. Franz*, DVBl. 1965, 457 (461). Siehe aber auch die Stellungnahme der deutschen Regierung in EuGH, Rs. 149/79, Slg. 1980, 3881 (3895) – EK/Belgien I: „... das Fremdenrecht [sei] für EWG-Ausländer nur insoweit verändert worden ..., als man ihnen Freizügigkeit eingeräumt habe; dagegen sei weder eine Gemeinschaftsbürgerschaft geschaffen worden, noch seien die Staatsbürger der Mitgliedstaaten einander in jeder Hinsicht gleichgestellt worden." Bereits im Kontext der EGKS *W. Maas*, 43 JCMS (2005), 1009 (1009 ff., 1021 f.).

[26] Vgl. dazu bereits oben, 2. Teil A. III. 1. a) aa).

EWG-Ausländern zeugt schließlich der vom Gerichtshof postulierte Grundsatz nahezu unbedingter Solidarität, da die Einbeziehung in die nationalen Sozialleistungssysteme nicht von einer hinreichenden Integration in den Aufnahmemitgliedstaat abhängig gemacht werden konnte. Relativiert hat die marktfreiheitlich vermittelte Rechtsstellung ferner nicht bloß die Bedeutung der Staatsangehörigkeit, sondern auch die nationaler Grenzen. In ihrer freiheitsrechtlichen Dimension stehen die Personenverkehrsfreiheiten nämlich zum einen der Schlechterstellung transnationaler gegenüber rein inländischen Sachverhalten entgegen, womit es unerheblich wird, wo innerhalb der Gemeinschaft sich bestimmte Sachverhalte verwirklichen, etwa der Erwerb einer beruflichen Qualifikation. Zum anderen verbieten die Grundfreiheiten direkte und schwere Behinderungen der transnationalen Mobilität. Schließlich lag ein weiterer wesentlicher Schritt auf dem Weg zu einer Europäischen Bürgerschaft in der ab Mitte der 1980er Jahre erfolgten Einbeziehung von Studierenden und Dienstleistungsempfängern in das gemeinschaftliche Freizügigkeitsregime. Denn gemeinschaftsrechtlich privilegiert waren nunmehr nicht bloß erwerbstätige „Marktbürger", sondern jedermann, d.h. der „Europäische Bürger".

Allen Integrationsfortschritten zum Trotz trat aber auch die nur „unvollkommene Gestalt" des sich herausbildenden Europäischen Bürgerrechts deutlich zu Tage. Als defizitär anzusehen ist einmal die weitgehende Rechtlosigkeit Nichterwerbstätiger; auch wenn diese zum Ende der Europäischen Wirtschaftsgemeinschaft hin als Studierende oder Dienstleistungsempfänger in das gemeinschaftsrechtliche Freizügigkeitsregime einbezogen wurden, blieb deren Rechtsstellung – einer primär ökonomisch ausgerichteten Integration entsprechend – hinter derjenigen der Marktteilnehmer zurück. Davon zeugen der nur begrenzte Diskriminierungsschutz Studierender oder das *ratione temporis* beschränkte Aufenthaltsrecht der Dienstleistungsempfänger. Des Weiteren stellte sich die Europäische Bürgerschaft als ein die nationale Staatsangehörigkeit nur ergänzender Status dar, blieb also das Staat und Staatsangehörigen verbindende Rechtsverhältnis in vielerlei Hinsicht exklusiv. So war EWG-Ausländern die Gleichstellung im politischen Bereich selbst bei dauerhafter Niederlassung in einem anderen Mitgliedstaat versagt und ihr Aufenthalt dem *ordre-public*-Vorbehalt, einem traditionellen Instrument des Ausländerrechts, unterworfen. Genauso blieben Inländern mit der Ausübung hoheitlicher Befugnisse verbundene Tätigkeiten vorbehalten, da diese eine besondere Verbundenheit des Beschäftigten mit dem Staat und eine Gegenseitigkeit von Rechten und Pflichten voraussetzen, die allein auf der Staatsangehörigkeit beruhen.

Mit der Formel "[n]on più stranieri, non ancora cittadini" brachte *Mario Sica* die gemeinschaftsrechtlich vermittelte Rechtsstellung auf den Punkt.[27]

---

[27] *M. Sica*, Cittadinanza europea, 1.

2. Der Europäische Bürger als Teil des Europäischen Gemeinwesens

Herausgebildet hat sich das Europäische Bürgerrecht nicht nur in der gegenüber den Mitgliedstaaten zum Tragen kommenden grundfreiheitlich vermittelten Rechtsstellung des Einzelnen. *Prima facie* vielleicht sogar näher liegt es, Elemente einer Europäischen Bürgerschaft im Verhältnis des Europäischen Bürgers zum Europäischen Gemeinwesen zu suchen. Konstitutiv für dieses war die aus der prinzipiellen Bejahung der unmittelbaren Anwendbarkeit von Primär- und Sekundärrecht resultierende Rechtssubjektivität des Einzelnen in der Gemeinschaftsrechtsordnung. Durch die Fähigkeit, Träger von gemeinschaftsrechtlich begründeten Rechten und Pflichten zu sein, trat der Europäische Bürger in direkten Bezug zu den Organen der Europäischen Gemeinschaft und wurde damit Subjekt der sich auf europäischer Ebene herausbildenden supranationalen Herrschaftsordnung. Zudem verband die neben die nationalen Rechtsordnungen tretende Gemeinschaftsrechtsordnung alle Angehörigen der Mitgliedstaaten, die sie gleichermaßen berechtigte und verpflichtete. Zu Recht fußt daher das Konzept der Marktbürgerschaft, wie es *Hans Peter Ipsen* formulierte, auf diesem im Kontext eines völkerrechtlichen Zusammenschlusses von Staaten singulären Phänomen.[28] Das Europäische Bürgerrecht ist jedoch entgegen *Ipsen* nicht pauschal mit den aus der Marktteilnahme resultierenden Rechten gleichzusetzen, da dann jedwede gemeinschaftsrechtliche Berechtigung den Status als Europäischen Bürger konstituieren würde. Was diesen – abgesehen von der Subjektstellung in der Gemeinschaftsrechtsordnung – positiv kennzeichnet, ist mangels eines in der Europäischen Wirtschaftsgemeinschaft konsentierten Kanons an Bürgerrechten und wegen der Mannigfaltigkeit der unter dem Banner eines „Europa der Bürger" erhobenen integrationspolitischen Forderungen[29] weniger leicht zu bestimmen. Hinzuzurechnen ist jedenfalls die Möglichkeit der politischen Partizipation des Europäischen Bürgers auf Gemeinschaftsebene. Ihr prominentester Ausdruck ist – bei allen im Rahmen dieser Untersuchung nicht weiter zu vertiefenden Defiziten hinsichtlich der unmittelbaren demokratischen Legitimation der EU[30] – das Wahlrecht des Europäischen Bürgers zum Europäischen Parlament, das mit dem Akt des Rates

---

[28] Dazu bereits oben, 3. Teil A. I. 1. Zurückhaltend *C. Hillgruber*, HStR, Bd. 2, § 32, Rn. 99 ff.

[29] Ausführlich dazu bereits oben, 1. Teil B.

[30] Dazu mit unterschiedlicher Akzentuierung BVerfGE 89, 155 (182 ff.) – Maastricht; *A. Benz*, Demokratisches Regieren; *C. Calliess*, Optionen zur Demokratisierung der EU; *C. Grewe*, Demokratiefähigkeit der EU; *D. Grimm*, Braucht Europa eine Verfassung?, 36 ff.; *C. Hillgruber*, HStR, Bd. 2, § 32, Rn. 99 ff.; *P. M. Huber*, Demokratiefähigkeit der EU; *W. Kluth*, Demokratische Legitimation der EU; *G. Lübbe-Wolff*, VVDStRL 60 (2001), 246; *M. Nettesheim*, Demokratisierung der EU und Europäisierung der Demokratietheorie; *I. Pernice*, in: Dreier, Art. 23, Rn. 52 ff.; *U. Schliesky*, Legitime Herrschaftsgewalt; *C. Schönberger*, Unionsbürger, 495 ff.; *A. Tiedtke*, Demokratie in der EU; *M. Zuleeg*, Demokratiefähigkeit der EU.

zur Einführung allgemeiner unmittelbarer Wahlen der Abgeordneten der Versammlung[31] zur Europawahl 1979 eingeführt wurde.[32]

3. Der Europäische Bürger im Zentrum des europäischen Integrationsprojekts

Wie die im ersten Teil skizzierten, unter dem Banner eines „Europa der Bürger" erhobenen integrationspolitischen Desiderata zeigen, war die Europäische Bürgerschaft nicht nur Synonym der dem Europäer grundfreiheitlich vermittelten Rechtsstellung sowie von dessen politischer Partizipation im Europäischen Gemeinwesen. Vielmehr implizierte die Rede von einem Europa der Bürger auch, dem Einzelnen eine zentrale Rolle im europäischen Integrationsprojekt zuzuweisen: «Le citoyen à la une de l'Europe»[33]. Dazu zählte einmal, die Rechtsstellung des Einzelnen zu stärken, wovon Forderungen zeugen, den für defizitär erachteten Grundrechtsschutz des Individuums gegenüber dem Handeln der Gemeinschaftsorgane zu stärken[34]. Bereits der menschenrechtliche Charakter vieler Grundrechte verdeutlicht jedoch das darin zum Ausdruck kommende weite und auch diffuse Verständnis einer Europäischen Bürgerschaft.[35] Angemahnt wurde zum anderen ein bunter Strauß an Maßnahmen, die die europäische Integration im täglichen Leben der Bürger erfahrbar machen. Es sollte ein „bürgernahes Europa" geschaffen, die Identität der EU den

---

[31] ABl. L 278 vom 8.10.1976, S. 5. Zur Genese des Europäischen Parlamentes statt vieler *P. M. Huber*, in: Streinz, Art. 189, Rn. 2 ff.

[32] Vgl. zu diesem *P. M. Huber*, Europäische Integration, § 3, Rn. 25, § 12; *R. Streinz*, Europarecht, Rn. 324, 352 ff. Im Hinblick auf den doppelten Legitimationsstrang europäischer Hoheitsgewalt über das Europäische und die nationalen Parlamente [vgl. etwa BVerfGE 89, 155, LS 3a: „Nimmt ein Verbund demokratischer Staaten hoheitliche Aufgaben wahr und übt dazu hoheitliche Befugnisse aus, sind es zuvörderst die Staatsvölker der Mitgliedstaaten, die dies über die nationalen Parlamente demokratisch zu legitimieren haben. Mithin erfolgt demokratische Legitimation durch die Rückkoppelung des Handelns europäischer Organe an die Parlamente der Mitgliedstaaten; hinzu tritt – im Maße des Zusammenwachsens der europäischen Nationen zunehmend – innerhalb des institutionellen Gefüges der Europäischen Union die Vermittlung demokratischer Legitimation durch das von den Bürgern der Mitgliedstaaten gewählte Europäische Parlament."; *C. Hillgruber*, HStR, Bd. 2, § 32, Rn. 102 f.; *P. M. Huber*, in: Streinz, Art. 189, Rn. 7, 29; *ders.*, Demokratiefähigkeit der EU, 27 (39); *ders.*, Staatenverbund EU, 349 (365 f.)] stellt auch die Wahl zu den nationalen Parlamenten eine Form der politischen Partizipation des Europäischen Bürgers am Europäischen Gemeinwesen dar.

[33] So der Titel eines Beitrages von *A. Lhoest*, RMC 1975, 431, zu ersten Schritten hin zu einem Europa der Bürger.

[34] Zur Entwicklung des unionalen Grundrechtsschutzes *P. M. Huber*, Europäische Integration, § 8, Rn. 29 ff.; *R. Streinz*, Europarecht, Rn. 753 ff.

[35] Kritisch zur Einbeziehung daher *V. Lippolis*, European Citizenship, 317 (321); *C. Schönberger*, Unionsbürger, 198 ff.; *R. C. A. White*, 54 ICLQ (2005), 885 (902). Siehe ferner *J. Pomoell*, EU Citizenship in Focus, 61 ff.

Bürgern gegenüber gestärkt und so deren Akzeptanz erhöht sowie das Zusammengehörigkeitsgefühl der Europäer untereinander gefördert werden.[36]

II. Die Institutionalisierung einer Europäischen Bürgerschaft mit der Unionsbürgerschaft

Drei Dimensionen kennzeichneten die sich in der Europäischen Wirtschaftsgemeinschaft herausbildende Europäische Bürgerschaft: die grundfreiheitlich vermittelte Rechtsstellung des Europäischen Bürgers gegenüber den Mitgliedstaaten, dessen Einbindung in die sich konstituierende supranationale Herrschaftsordnung sowie die Idee eines Integrationsprojekts, in dessen Mittelpunkt der Einzelne steht. Diese drei Ebenen lassen sich auch in der mit dem Vertrag von Maastricht als Rechtsinstitut primärrechtlich verankerten Unionsbürgerschaft (Art. 17 I 1 EG) identifizieren.

Der Status als Unionsbürger ist akzessorisch zur Staatsangehörigkeit der Mitgliedstaaten ausgestaltet (Art. 17 I 2 EG), die er ergänzen, nicht aber ersetzen soll (Art. 17 I 3 EG). Ganz allgemein umschreibt Art. 17 II EG die Rechtsstellung des Unionsbürgers in der Unionsrechtsordnung, wonach die Unionsbürger die im EG-Vertrag vorgesehenen Rechte und Pflichten besitzen. Diese Norm darf entgegen ihres Verweischarakters allerdings nicht dahin missverstanden werden, dass nun jede unionsrechtlich begründete Berechtigung oder Verpflichtung zu einem Unionsbürgerrecht oder einer Unionsbürgerpflicht geadelt würde. Vielmehr ist Art. 17 II EG – ganz im Sinne des ursprünglichen Konzepts der Marktbürgerschaft *Hans Peter Ipsens* – zuvörderst als Ausdruck der Rechtssubjektivität des Unionsbürgers in der Unionsrechtsordnung zu verstehen.[37]

---

[36] Dazu oben, 1. Teil B., sowie insbesondere der Bericht *Tindemans* über die EU vom 29.12.1975, EG-Bulletin, Beilage 1/1976, S. 29, die Entschließung des EP zur EU vom 10.7.1975 ABl. C 179 vom 6.8.1975, S. 30, sowie der Bericht des *Adonnino*-Ausschusses, EG-Bulletin, Beilage 7/1985, S. 13 ff.

[37] Die Deutung dieser Vorschrift ist allerdings uneinheitlich. Während ihr einerseits als bloß deklaratorischer Verweis jede eigenständige Bedeutung abgesprochen wird (so etwa *M. Pelzner*, Unionsbürgerschaft und soziale Rechte, 29), betonen andere ihr identitätsstiftendes Moment, indem existierende Rechte nunmehr Unionsbürgern eingeräumt und dadurch auch in einen neuen Kontext gestellt würden [EK, Erster Bericht über die Unionsbürgerschaft vom 21.12.1993, KOM (1993) 702 endg., S. 2; *J. Handoll*, Free Movement, 285 (Rn. 9.88 f.)]. Des Weiteren wird in ihr eine Verbürgung des gleichheitsrechtlichen Status der Unionsbürger gesehen, da diese die im EG-Vertrag vorgesehenen *gleichen* Rechte und Pflichten hätten [*I. Pernice*, Verfassungsrechtliche Status, 177 (180)]. Schließlich ermögliche der Verweischarakter des Art. 17 II EG, die Unionsbürgerschaft mit an anderer Stelle verankerten, gleichwohl mit ihr konzeptionell zusammenhängenden Aspekten in Verbindung zu bringen, etwa mit dem Grundrechtsschutz [*J. Handoll*, Free Movement, 284 f. (Rn. 9.89 ff.)] oder dem

Systematisch der Unionsbürgerschaft zugeordnet und *ratione personae* auf Unionsbürger beschränkt[38] sind die in den Art. 18 ff. EG verbrieften Unionsbürgerrechte. Bereits ein flüchtiger Blick auf deren Wortlaut lässt die schon im Rahmen der Herausbildung einer Europäischen Bürgerschaft konstatierte horizontale und vertikale Dimension zu Tage treten: Die nunmehr als Unionsbürgerschaft institutionalisierte Zugehörigkeit zur Union wirkt sich nämlich nicht nur im Verhältnis des einzelnen Unionsbürgers zur Union aus, sondern zeitigt vor allem Konsequenzen für die Rechtsstellung des Unionsbürgers gegenüber den Mitgliedstaaten.[39] So wirken gegenüber diesen das allgemeine Freizügigkeitsrecht (Art. 18 EG) und der Inländerbehandlungsanspruch ausländischer Unionsbürger hinsichtlich des Wahlrechts bei Kommunalwahlen (Art. 19 I EG)[40] sowie zum Europäischen Parlament (Art. 19 II EG). Daneben sind die Mitgliedstaaten verpflichtet, Angehörigen anderer Mitgliedstaaten in Drittstaaten diplomatischen und konsularischen Schutz zu gewähren, sofern deren Heimatstaat dort nicht vertreten ist (Art. 20 EG)[41]. Im vertikalen Verhältnis, also zwischen der Union und ihren Bürgern kommt das Petitionsrecht (Art. 21 UA 1 EG), das Beschwerderecht zum Bürgerbeauftragten (Art. 21 UA 2 EG) sowie das Recht zu Eingaben bei Organen und sonstigen Einrichtungen der Union (Art. 21 UA 3 EG) zum Tragen. Nur beiläufig in Art. 19 II EG erwähnt, nicht aber formal, d.h. im Katalog der Art. 17 ff. EG, als Unionsbürgerrecht verankert, ist das bedeutendste Bürgerrecht, nämlich das Wahlrecht zum Europäischen Parlament (Art. 190 IV EG)[42]. Immerhin spricht nun Art. I-20 II UA 1 VVE davon, dass sich das Europäische Parlament aus Vertre-

---

Diskriminierungsverbot (so insbesondere die Rechtsprechung des EuGH, vgl. statt vieler Rs. C-85/96, Slg. 1998, I-2691, Rn. 62 – Martínez Sala; Rs. C-184/99, Slg. 2001, I-6193, Rn. 30 f. – Grzelczyk; Rs. C-209/03, Slg. 2005, I-2119, Rn. 31 – Dany Bidar). Kritisch zu Letzterem *S. Kadelbach*, Unionsbürgerschaft, 539 (552), da der Verweis in Art. 17 II EG mangels eines Systems der Bürgerrechte irreführend sei.

[38] Das in Art. 21 UA 1 verankerte Petitionsrecht steht allerdings gemäß Art. 194 EG auch Drittstaatsangehörigen zu; selbiges gilt für das in Art. 21 UA 2 erwähnte Beschwerderecht beim Bürgerbeauftragten (Art. 195 I EG).

[39] Zur doppelten Dimension *S. Kadelbach*, Unionsbürgerrechte, Rn. 34 ff.; *C. Schönberger*, Unionsbürger, 206 ff., 272 ff.

[40] Dazu ausführlich *C. Schönberger*, Unionsbürger, 433 ff.; *R. Schunda*, Wahlrecht von Unionsbürgern bei Kommunalwahlen.

[41] Zu diesem ausführlich *C. Schönberger*, Unionsbürger, 463 ff.; *C. Storost*, Diplomatischer Schutz. Siehe dazu auch das Grünbuch der EK „Der diplomatische und konsularische Schutz des Unionsbürgers in Drittländern“ vom 28.11.2006, KOM (2006) 712 endg.

[42] Dazu ausführlich *C. Schönberger*, Unionsbürger, 489 ff. In zwei jüngeren Entscheidungen, den Rs. C-145/04, n.n.v. – Spanien/Vereinigtes Königreich, und C-300/04, n.n.v. – Eman und Sevinger, hat der EuGH allerdings anerkannt, dass der Kreis der Wahlberechtigten zum EP nicht zwingend mit dem der Unionsbürger übereinstimmen muss, vielmehr auch Erweiterungen und Beschränkungen seitens der Mitgliedstaaten unionsrechtlich zulässig sein können.

tern der Unionsbürgerinnen und Unionsbürger zusammensetze, und kürt diese damit zu den Legitimationssubjekten unionaler Herrschaftsgewalt.[43] Nichtsdestoweniger unterstreicht die fehlende Einbeziehung des Wahlrechts zum Europäischen Parlament den fragmentarischen Charakter der in dem der Unionsbürgerschaft gewidmeten zweiten Teil des EG-Vertrages verankerten Unionsbürgerrechte,[44] die dementsprechend auch jenseits dieses Kataloges identifiziert werden.[45] Als mit der Unionsbürgerschaft – über die in den Art. 18–21 EG enthaltenen Rechte hinaus – verknüpft angesehen werden das primär die Mitgliedstaaten verpflichtende allgemeine Diskriminierungsverbot (Art. 12 EG)[46] und – womit die dritte Dimension der Bürgerschaft angesprochen ist, die Stärkung der Rechtsstellung des Einzelnen – der Grundrechtsschutz gegenüber der Union[47], die Garantie von Dienstleistungen von allgemeinem Interesse[48]

---

[43] Auf das begrenzte Legitimationspotential der Unionsbürgerschaft verwiesen wurde bereits oben, 3. Teil, A. I. 2. Siehe aber auch *T. Giegerich*, Unionsbürgerschaft, Rn. 8, nach dem das europäische Integrationsprojekt „primär, wenn auch nicht ausschließlich von den Unionsbürgerinnen und -bürgern getragen" wird.

[44] So etwa *J. Shaw*, 3 EPL (1997), 413 (417).

[45] Für einen darüber hinausgehenden Katalog siehe etwa *S. Magiera*, Der Rechtsstatus der Unionsbürger, 429 (432 ff.).

[46] So insbesondere die Rechtsprechung des EuGH, vgl. statt vieler Rs. C-85/96, Slg. 1998, I-2691, Rn. 62 – Martínez Sala: „[Art. 17 II EG] knüpft an den Status eines Unionsbürgers die im Vertrag vorgesehenen Pflichten und Rechte, darunter das in [Art. 12 EG] festgelegte Recht, im sachlichen Anwendungsbereich des Vertrages nicht aus Gründen der Staatsangehörigkeit diskriminiert zu werden."; Rs. C-184/99, Slg. 2001, I-6193, Rn. 30 f. – Grzelczyk; Rs. C-209/03, Slg. 2005, I-2119, Rn. 31 – Dany Bidar. Aus der Literatur *S. Douglas-Scott*, 18 YEL (1998), 29 (34 f.); *T. Oppermann*, Europarecht, § 24, Rn. 8; *C. Schönberger*, Unionsbürger, 385 f. Im Zuge der Regierungskonferenz von Maastricht wurden allerdings verschiedene Vorschläge, ein Diskriminierungsverbot im Katalog der Unionsbürgerrechte zu verankern, nicht aufgegriffen. Dazu *M. Degen*, DÖV 1993, 749 (752) und *M. Pechstein/A. Bunk*, EuGRZ 1997, 547 (553 f.), sowie ausführlich oben, 1. Teil B. III. 2. und 1. Teil B. III. 3. Einen Zusammenhang von Diskriminierungsschutz zum „Europa der Bürger" stellt bereits GA *Lenz*, in: Rs. 137/84, Slg. 1985, 2681 (2689) – Mutsch, her.

[47] Siehe dazu *C. Blumann*, Citoyenneté européenne et droits fondamentaux, 265; *S. Cassese*, Riv. Ital. Dir. Pubbl. Comunitario 1996, 869 (872); *U. Everling*, Auf dem Weg, 49 (57); *P. Fischer*, Unionsbürgerschaft, 237 (268 f.); *J. Handoll*, Free Movement, 284 (Rn. 9.84 mit Fn. 49); *W. Kluth*, ZAR 2006, 1 (6); *J. Leinen*, Unionsbürgerschaft und Grundrechtscharta; *E. A. Marias*, From Market to Union Citizen, 1 (3 f., 11 ff.); *J. Monar*, Unionsbürgerschaft, 203 (214 f.); *J.-D. Mouton*, La citoyenneté de l'Union, 19; *D. O'Keeffe/A. F. Bavasso*, Fundamental Rights; *S. O'Leary*, Evolving Concept, 311 f.; *dies.*, Reform of Union Citizenship, 81 (109 ff.); *dies.*, 32 CML Rev. (1995), 519; *H. U. J. d'Oliveira*, European Citizenship, 126 (133); *T. Oppermann*, Europarecht, § 24, Rn. 8; *J. Shaw*, Citizenship of the Union, 245 (311); *J. H. H. Weiler*, To be a European Citizen, 324 (334 ff.). Bereits für die nach Art. 3 des *Spinelli*-Vertragsentwurfes des Europäischen Parlamentes zur Gründung der EU – zu diesem siehe oben, 1. Teil B. I. 1. c) aa) – einzuführende Unionsbürgerschaft wurde ein Bezug zum unionalen Grundrechtsschutz hergestellt, vgl. *F. Capotorti/M. Hilf/F. Jacobs/J.-P. Jacqué*, EU-Kommentar, 48 f. Zurückhaltend dagegen *S. Douglas-Scott*, 18 YEL (1998), 29 (50 f.),

oder ein umfassender Schutz vor Diskriminierungen aus Gründen des Geschlechts, der Rasse, der ethnischen Herkunft, der Religion oder der Weltanschauung, einer Behinderung, des Alters oder der sexuellen Ausrichtung (Art. 13 EG)[49]. Ganz allgemein bringt diese mit der Unionsbürgerschaft angestrebte Zentralität des Individuums im europäischen Integrationsprojekt zum einen Art. 2 UA 1 3. SpS des EU-Vertrages zum Ausdruck, wonach Ziel der Unionsbürgerschaft eine Stärkung des Schutzes der Rechte und Interessen der Angehörigen der Mitgliedstaaten ist; zum anderen stellt die Union – in den Worten der Präambel des Grundrechteteils des VVE und denjenigen der Grundrechtecharta – „den Menschen in den Mittelpunkt ihres Handelns, indem sie die Unionsbürgerschaft ... begründet."[50]

Schließlich kommt auch der prozesshafte Charakter der Herausbildung der Europäischen Bürgerschaft in den Vertragsbestimmungen über die Unionsbürgerschaft zum Ausdruck: Die Evolutivklausel des Art. 22 UA 2 EG zeigt, dass die Unionsbürgerschaft auf Fortentwicklung angelegt ist.[51] Impulse hierzu werden immer wieder gegeben, etwa mit dem Forderungskatalog des Europäischen Parlamentes im Kontext der Regierungskonferenz des Jahres 1996, mit dem dem Konzept der EU-Bürgerschaft mehr Inhalt verliehen werden sollte.[52] Unter dem Banner der Unionsbürgerschaft angemahnt wurden beispielsweise ein Beitritt der Union zur EMRK oder die Entwicklung politischer Bürgerrechte unter anderem durch Maßnahmen zur Erleichterung der Teilnahme am politischen Leben eines Mitgliedstaats für die in diesem Staat wohnhaften

---

ders., Constitutional Law of the EU, 498 ff. (500: "not the hallmark, but part of the package"). Ablehnend *J. Kokott*, Freizügigkeit der Unionsbürger, 207 (211); *R. C. A. White*, 54 ICLQ (2005), 885 (902).

[48] So die EK in ihrem Grünbuch zu Dienstleistungen von allgemeinem Interesse, KOM (2003) 270 endg., S. 3: „Da diese Leistungen Rechte widerspiegeln, die die Bürger Europas in Anspruch nehmen können und sie Gelegenheit für den Dialog mit den Behörden im Rahmen des verantwortungsvollen Regierens in Europa bieten, stellen die Dienstleistungen von allgemeinem Interesse darüber hinaus einen Pfeiler der europäischen Staatsbürgerschaft dar". Den hergestellten Bezug erachtet *M. Ross*, 24 YEL (2004), 303 (311), keineswegs für zwingend.

[49] *S. Douglas-Scott*, 18 YEL (1998), 29 (34 f.); *J. Pomoell*, EU Citizenship in Focus, 76 f.; *J. Shaw*, 3 EPL (1997), 413 (425 ff.). Siehe dazu auch die Gleichbehandlungs- respektive Anti-Diskriminierungsrichtlinien 76/207/EWG, 2000/43/EG, 2000/78/EG sowie 2004/113/EG.

[50] Die Präambel der Grundrechtecharta spricht allerdings von Person, nicht Mensch.

[51] Den dynamischen Charakter betont auch *W. Kluth*, in: C/R-VVE, Art. I-10, Rn. 7.

[52] Siehe die Entschließung des Europäischen Parlaments zur Funktionsweise des Vertrages über die Europäische Union im Hinblick auf die Regierungskonferenz 1996 – Verwirklichung und Entwicklung der Union, ABl. C 151 vom 19.6.1995, S. 56. Vgl. ferner die Definition der Unionsbürgerschaft als „querschnittartiges Konzept der europäischen Integrationspolitik" durch den Ausschuss der Regionen in dessen Stellungnahme zum Thema „Unionsbürgerschaft" vom 17.2.2000, ABl. C 156 vom 6.6.2000, S. 12. Zu den unter dem Schlagwort Europäische Bürgerschaft erhobenen Forderungen siehe auch *J.-M. Acker* u.a., Citoyenneté Européenne, 324 (364 ff.); *J. H. H. Weiler*, 22 EL Rev. (1997), 150; *ders.*, Identity and Differentity, 1 (18 ff.); *ders.*, To be a European Citizen, 324 (348 ff.).

Unionsbürger. Bislang wurde allerdings weder von der Evolutivklausel des Art. 22 UA 2 EG Gebrauch gemacht noch der Katalog der Unionsbürgerrechte in den dem Vertrag von Maastricht nachfolgenden Vertragsänderungen – einschließlich des VVE – erweitert.

III. Der sich in der Rechtsprechung herausbildende Status als Unionsbürger

Die Unionsbürgerschaft wurde ganz wesentlich durch ihre im zweiten Teil näher skizzierte Entfaltung in der Rechtsprechung des Gerichtshofs konturiert. Im Hinblick auf diese wird das anfangs äußerst zurückhaltend bewertete Rechtsinstitut mittlerweile als „Gewährleistung von großer Tragweite“[53] qualifiziert: Nicht mehr von einer “pie in the sky”[54] oder „mehr Schein als Sein“[55] ist die Rede, sondern von der Unionsbürgerschaft als Europäische Sozialbürgerschaft[56]; gefeiert wird der neue Status der Angehörigen der Mitgliedstaaten ferner als einer der Gleichheit[57] und Freiheit[58]. Diese nicht unzutreffenden Charakterisierungen der Unionsbürgerschaft dürfen jedoch nicht zu Fehlschlüssen verleiten. Denn das in ihr schlummernde Potential hat sich um die Achse einer transnationalen Freizügigkeitsverbürgung, des allgemeinen Freizügigkeitsrechts, entwickelt. Dies prägt den Charakter der sich in der Rechtsprechung des Gerichtshofs abzeichnenden Unionsbürgerschaft ganz entscheidend. Zu tragen kommt diese dort nämlich primär im Verhältnis des Einzelnen zu den Mitgliedstaaten, nicht aber gegenüber der Union.[59] Damit knüpft der

---

[53] *D. H. Scheuing*, Freizügigkeit, 103 (104). Ähnlich *ders.*, EuR 2003, 744.

[54] *H. U. J. d'Oliveira*, European Citizenship, 126 (141).

[55] *J. Isensee*, EU – Mitgliedstaaten, 71 (93).

[56] Vgl. etwa *E. Eichenhofer*, Unionsbürgerschaft – Sozialbürgerschaft?, ZIAS 2003, 404; *C. Jacqueson*, Union citizenship and the Court of Justice: something new under the sun? Towards social citizenship, 27 EL Rev. (2002), 260; *C. Schönberger*, Unionsbürgerschaft als Sozialbürgerschaft ..., ZAR 2006, 226.

[57] Vgl. etwa *C. Closa*, A New Social Contract?, 5 f.; *ders.*, 32 CML Rev. (1995), 487 (505); *S. Douglas-Scott*, 18 YEL (1998), 29 (35); *ders.*, Constitutional Law of the EU, 485; *U. Haltern*, Schweizerische Zeitschrift für Politikwissenschaft 2005, 87 (101); *R. Höfler*, Aussenwirtschaft 2004, 303 (303, 311); *R. W. Davis*, 27 EL Rev. (2002), 121 (129 Fn. 45); *D. O'Keeffe*, Union Citizenship, 87 (102); *I. Pernice*, Verfassungsrechtliche Status, 177 (193 f.); *V. Sottili*, Contratto e impresa. Europa 1997, 710 (734 f.).

[58] GA *Jacobs*, in: EuGH, Rs. C-168/91, Slg. 1993, I-1191, Rn. 46 – Konstantinidis; *N. Reich/S. Harbacevica*, 40 CML Rev. (2003), 615 (634 f.); *D. H. Scheuing*, EuR 2005, 162 (179).

[59] *P. Magnette*, Citoyenneté européenne, 227 f.; *B. Nascimbene*, Riv. int. dir. uomo 1995, 246 (259); *M. Nettesheim*, Integration 2003, 428 (430); *S. O'Leary*, Reform of Union Citizenship, 81 (99); *dies.*, 32 CML Rev. (1995), 519 (537 f.); *H. U. J. d'Oliveira*, European Citizenship, 126 (147). Vgl. auch *S. Bartole*, Quaderni costituzionali 2000, 39 (52 ff.). Zum Beitrag

EuGH an das grundfreiheitliche Integrationsprogramm an,[60] für das Freizügigkeit und Europäische Bürgerschaft kein unbekanntes Paar waren. Vielmehr keimte Letztere in der Rechtsstellung *qua* marktfreiheitlicher Freizügigkeitsberechtigung – allerdings in unvollkommener Gestalt, da namentlich der persönliche Anwendungsbereich der Grundfreiheiten auf Marktteilnehmer beschränkt war und der Inländerbehandlungsanspruch des EWG-Ausländers Grenzen kannte.[61] Die im Vertrag von Maastricht angelegte und mit der im zweiten Teil skizzierten Rechtsprechung konsequent umgesetzte Verallgemeinerung des unionsrechtlichen Freizügigkeitsregimes bewirkte insoweit eine Vervollkommnung der Europäischen Bürgerschaft, worin die Quintessenz des in der Rechtsprechung entfalteten Status als Unionsbürger zu sehen ist. Die im Konzept der Unionsbürgerschaft angelegten Universalisierungstendenzen erweisen sich jedoch als begrenzt, wie nach wie vor bestehende Defizite des Freizügigkeits-*Acquis* unterstreichen.[62]

Unter diesem Blickwinkel einer sich um die Achse transnationaler Freizügigkeit vervollkommnenden Europäischen Bürgerschaft, die doch unvollkommen bleibt, ist die sich in der Rechtsprechung des Gerichtshofs herausbildende Unionsbürgerschaft als auf den Aspekten Freizügigkeit (1.), Gleichheit (2.), Solidarität (3.) und Freiheit (4.) aufbauender Status zu analysieren.

---

der Unionsbürgerschaft allgemein *U. K. Preuß*, 1 ELJ (1995), 267 (267 f.). Siehe nun aber auch EuGH, Rs. C-145/04, n.n.v. – Spanien/Vereinigtes Königreich, und C-300/04, n.n.v. – Eman und Sevinger, zum Wahlrecht zum EP.

[60] *F. Alcaro/G. Baldini*, Riv. Ital. Dir. Pubbl. Comunitario 2002, 445 (448 f.); *U. Häußler*, Integrationskonzepte, 53 (68); *M. La Torre*, Citizenship, Constitution and the EU, 435 (439); *V. Lippolis*, European Citizenship, 317 (321 f.); *P. Magnette*, Citoyenneté européenne, 227 f.; *J.-D. Mouton*, La citoyenneté de l'Union, 10; *E. Pérez Vera*, Citoyenneté de l'UE, 243 (390); *J. Shaw*, Citizenship of the Union, 245 (246 f.); *A. Wiener*, Developing Practice of 'European' Citizenship, 387 (394). *J. Monar*, Unionsbürgerschaft, 203 (212), sieht hierin ein Defizit, da „diese Rechte noch nicht die klare und unmittelbare Verbindung zwischen dem Bürger und der Unionsebene [konstituieren], die nationale staatsbürgerliche Rechte gewöhnlich mit der nationalstaatlichen Ebene öffentlicher Autorität herstellen." In diesem Sinne auch *G. Davies*, Nationality Discrimination in the Internal Market, 197: "We should identify the real strength of citizenship not in itself, but in the economic articles it has moulded in its image"; *N. Reich*, 7 ELJ (2001), 4 (23): "[C]itizenship has been a rather insignificant source of rights so far; it has been used to close certain gaps which an already-expanding case law left in the area of free movement. The truly important questions [charter of rights, position of third country nationals, interrelation between rights and duties] have not been answered, or rather, to some extent, not even been asked."

[61] Dazu ausführlich oben, 3. Teil A. I. 1. sowie 1. Teil A. II. 2. a).

[62] So auch *P. Magnette*, Citoyenneté européenne, 228.

1. Unionsbürgerliche Freizügigkeit

Das allgemeine Freizügigkeitsrecht war historisch gesehen Kernforderung eines „Europa der Bürger“[63] und wird auch heute als zentraler Bestandteil der Unionsbürgerschaft betrachtet,[64] gar als “l’anima dell’idea stessa della cittadinanza europea”[65]. Mit seiner Radizierung als Unionsbürgerrecht mit dem Vertrag von Maastricht und seiner Fortentwicklung in der Rechtsprechung des Gerichtshofs wurden die grundfreiheitlich vorgezeichneten Bahnen einer transnational wirkenden Verbürgung allerdings nicht verlassen, also kein eine unitarische Konzeption der Unionsbürgerschaft widerspiegelndes Freizügigkeitsrecht im Unionsgebiet begründet (a), sondern der persönliche Anwendungsbereich und Schutzumfang der zwischen den Mitgliedstaaten bestehenden unionsrechtlichen Freizügigkeitsverbürgung erweitert (b).

a) Freizügigkeit des Unionsbürgers im Unionsgebiet?

Das in Art. 18 I EG verankerte unionsbürgerliche Freizügigkeitsrecht entfaltet seine Schlagkraft weder im Unionsgebiet noch im Verhältnis des Einzelnen zur Union. Einer unitarischen Konzeptionalisierung steht schon entgegen, dass kein Unionsgebiet existiert,[66] in dem sich die Freizügigkeitsgarantie entfalten könnte. Selbst wenn man einen einheitlichen Raum konstruierte, auf den sich

---

[63] Vgl. hierzu oben, 1. Teil B. I.

[64] *F. Alcaro/G. Baldini*, Riv. Ital. Dir. Pubbl. Comunitario 2002, 445 (460): “nucleo forte della cittadinanza europea”; *P. Dollat*, Libre circulation, 131: «La reconnaissance et la définition de la citoyenneté de l’Union sont le corollaire politique de la liberté de circulation»; *P. Garrone*, SZIER 1993, 251 (257): «principal droit»; *P. Hilpold*, JBl. 2000, 93 (97): „Herzstück“ der Unionsbürgerschaft. Ebenso *U. Hühn*, ELR 2002, 358; *V. Lippolis*, Cittadinanza Europea, 111 f.: “cardine” [Angelpunkt]; *W. Maas*, 43 JCMS (2005), 1009 (1021 f.): “nucleus”; *S. Magiera*, Der Rechtsstatus der Unionsbürger, 429 (436): „Kerngehalt“; *D. O’Keeffe*, Union Citizenship, 87 (93): “cornerstone”; *ders./M. Horspool*, The Irish Jurist XXXI (1996), 145 (147); *H. U. J. d’Oliveira*, European Citizenship, 126 (132): “core and origin”; *ders.*, Union Citizenship, 58 (60): “central core”; *D. H. Scheuing*, Freizügigkeit, 103: „Basisrecht“ der Unionsbürgerschaft, eine Unionsbürgerschaft ohne Freizügigkeitsrecht habe ihren Namen nicht verdient; *J. Shaw*, Citizenship of the Union, 245 (246): “founded on free movement”; EK, Zweiter Bericht über die Unionsbürgerschaft vom 27.5.1997, KOM (1997) 230 endg., S. 19: „wichtigstes Merkmal der Unionsbürgerschaft“; Dritter Bericht über die Unionsbürgerschaft vom 7.9.2001, KOM (2001) 506 endg., S. 15: „das zentrale Recht“. Ähnlich *J. M. Broekman*, A Philosophy of EU Law, 283; *M. Everson*, Legacy of the Market Citizen, 73 (75); *U. Haltern*, Europarecht, 481; *ders.*, Europarecht und das Politische, 453; *J. D. Mather*, 11 EL Rev. (2005), 722 (742); *T. Oppermann*, EG-Angehörigkeit, 713 (720); *G. Schulz*, Freizügigkeit, 68; *J.-H. Strunz*, Freizügigkeit in der EU, 54 f.; *C. Vicenzi*, PL 1995, 259 (261).

[65] *R. Orrù*, Diritto pubblico comparato ed europeo 1999, 575 (577).

[66] *P. M. Huber*, Staatenverbund EU, 349 (351); *T. Oppermann*, Europarecht, § 4, Rn. 35 ff.; *A. Randelzhofer*, Marktbürgerschaft – Unionsbürgerschaft – Staatsbürgerschaft, 581 (591 f.).

das Freizügigkeitsrecht beziehen könnte, etwa in Gestalt des räumlichen Geltungsbereichs des Unionsrechts (Art. 299 EG) oder – in Anlehnung an den Wortlaut des Art. 18 I EG – eines aus dem Hoheitsgebiet aller Mitgliedstaaten gebildeten Territoriums, darf nicht übersehen werden, dass Art. 18 I EG nicht auf einen solchen bezogen ist, sondern die transnationale Migration, also die Freizügigkeit zwischen den Mitgliedstaaten, verbürgt.[67] Was schließlich die Freizügigkeitsberechtigung gegenüber der Union betrifft,[68] also die vertikale Dimension der Unionsbürgerschaft, so ist dieser eine nur geringe praktische Bedeutung beizumessen, da Mobilitätshindernisse regelmäßig nicht aus einem Handeln der Unionsorgane, sondern aus dem der Mitgliedstaaten resultieren.

b) Die Freizügigkeit des Unionsbürgers zwischen den Mitgliedstaaten: Neufundierung und Grenzen

Die Bedeutung des in Art. 18 I EG verankerten unionsbürgerlichen Freizügigkeitsrechts ist mithin nicht in einem Bezug auf das Unionsgebiet oder einer Berechtigung des Unionsbürgers gegenüber der Union zu suchen, sondern liegt im zwischenstaatlichen Bereich, namentlich in der aufenthaltsrechtlichen Position des Unionsbürgers in einem anderen Mitgliedstaat als dem seiner Herkunft. Bereits als Marktbürger war der Angehörige eines anderen Mitgliedstaates im Aufnahmemitgliedstaat nicht Ausländer, sondern genoss eine im Vergleich zu Drittstaatsangehörigen privilegierte Rechtsstellung, die der eines Inländers angenähert war.[69] Mit Einführung der Unionsbürgerschaft wird diese Privilegierung nunmehr als Rechtsinstitut fassbar,[70] nämlich im gemeinsamen Status von In- und Ausländer als Unionsbürger, an den das Aufenthaltsrecht geknüpft ist. Dieses berechtigt zudem nicht mehr bloß den Marktbürger als ökonomisch aktive Person, sondern jeden Unionsbürger. Diese Universalisierung des Freizügigkeitsrechts, also dessen Verankerung in einem allen Europäern gemeinen Status, formuliert den Anspruch der Einheitlichkeit, der Differenzierungen zwischen verschiedenen Kategorien von Unionsbürgern, also Erwerbs- und Nichterwerbstätigen (aa), sowie zwischen in- und ausländischen Unionsbürgern (bb) in Frage stellt.[71] Dieser wird von der gegenwärtigen Aus-

[67] Dazu oben, 2. Teil A. III. 3. b). Dies wird zwar im Schrifttum unter Verweis auf den Wortlaut des Art. 18 I EG und dessen Charakter als Bürgerrecht bestritten (ibid.), jedoch selbst wenn man auch die innerstaatliche Freizügigkeit als von dieser Norm erfasst ansähe, führte dies nicht zu einem einheitlichen Freizügigkeitsrecht im Hoheitsgebiet der Mitgliedstaaten, da der Aufenthalt im Herkunftsmitgliedstaat – unionsrechtlich anerkannt – anderen Regeln folgt, als der in den anderen Mitgliedstaaten.

[68] Zur Bindung der Union siehe ausführlich oben, 2. Teil A. II.

[69] Dazu ausführlich oben, 3. Teil A. I. 1.

[70] Vgl. *C. Schönberger*, AöR 129 (2004), 81 (117); *ders.*, Unionsbürger, 15 ff.

[71] Formuliert etwa bei *A. Iliopoulou*, RDUE 2004, 523 (525 ff.).

gestaltung des Freizügigkeitsregimes jedoch nicht vollends eingelöst, bleibt aber als Referenzrahmen für zukünftige Entwicklungen von Bedeutung.[72]

aa) Freizügigkeit für alle Unionsbürger?

Der EG-Vertrag, die neue Freizügigkeitsrichtlinie einschließlich deren Entstehungskontext und die Rechtsprechung des Gerichtshofs suggerieren die Existenz eines allgemeinen, in der Unionsbürgerschaft wurzelnden Freizügigkeitsrechts, mit dem das auf einer Differenzierung zwischen ökonomisch und nichtökonomisch motivierter Migration beruhende grundfreiheitliche Freizügigkeitsregime überwunden zu sein scheint. So sieht Art. 18 I EG ein allgemeines Freizügigkeitsrecht als Unionsbürgerrecht vor, das ausweislich seines Wortlautes jeden Unionsbürger berechtigt, ein Aspekt, der im ersten Erwägungsgrund der neuen Freizügigkeitsrichtlinie 2004/38 bekräftigt wird: „Die Unionsbürgerschaft verleiht jedem Bürger der Union das elementare und persönliche Recht, sich im Hoheitsgebiet der Mitgliedstaaten ... frei zu bewegen und aufzuhalten". Diese Neuradizierung kommt auch in der Begründung der Europäischen Kommission zum Richtlinienentwurf zum Ausdruck, nach der „... es eines neuen Ansatzes für die Ausübung der Rechte des Unionsbürgers bedarf, der auf eine einheitliche Regelung der Freizügigkeit im Sinne der Artikel 17 und 18 EG-Vertrag abstellt".[73] Und das Europäische Parlament betonte im Gesetzgebungsverfahren:

> Der zentrale Gedanke, auf dem die Richtlinie fußt, ist der Übergang von einem hauptsächlich wirtschaftlichen Begriff der Freizügigkeit in der Europäischen Union zu einer Vision, die mit dem Gedanken einer Europabürgerschaft und deren konkreter Ausübung zusammenhängt.[74]

Die Überwindung des ausschließlich ökonomisch basierten Freizügigkeitskonzepts klingt schließlich auch in der Rechtsprechung des Gerichtshofs an:

> Auch wenn der Gerichtshof vor Inkrafttreten des Vertrages über die Europäische Union ausgeführt hatte, dass das unmittelbar aus dem EG-Vertrag fließende Aufenthaltsrecht die Ausübung einer wirtschaftlichen Tätigkeit ... voraussetzt ..., wurde doch seither die Unionsbürgerschaft in den EG-Vertrag aufgenommen und durch Artikel 18 Absatz 1 EG jedem Unionsbürger ein Recht zuerkannt, sich im Hoheitsgebiet der Mitgliedstaaten frei zu bewegen und aufzuhalten.[75]

---

[72] Zu einem parallelen Verständnis des europäischen Konstitutionalisierungsprozesses vgl. *J. Bast*, Einheit und Differenzierung, 34 (55 ff.), der dem VVE den Charakter einer reflexiven Verfassung zuspricht, die normative Anforderungen an sich selbst formuliere, ohne diesen bereits jetzt vollends gerecht zu werden, und damit selbst ihre Weiterentwicklung programmiere.

[73] EK-Vorschlag Aufenthaltsrichtlinie, KOM (2001) 257 endg., ABl. C 270 v. 25.9.2001, S. 150, sub 1.2.

[74] Bericht des EP-Ausschusses für die Freiheiten und Rechte der Bürger, Justiz und innere Angelegenheiten zur Aufenthaltsrichtlinie vom 23.1.2003, A5-0009/2003, PE 319.238, S. 56.

[75] EuGH, Rs. C-413/99, Slg. 2002, I-7091, Rn. 81 – Baumbast und R.

Die in diesen Zitaten hervorgehobene Neufundierung der Freizügigkeit in der Unionsbürgerschaft darf jedoch nicht über die nach wie vor vorhandene Fragmentierung des Freizügigkeitsrechts hinwegtäuschen, was sowohl die fortbestehende Differenzierung zwischen ökonomisch und nicht-ökonomisch motivierter Migration als auch das Verständnis der Marktfreiheiten als separater Normkomplex unterstreichen.

Das Aufenthaltsrecht wirtschaftlich nicht aktiver Unionsbürger ist anders als das von Erwerbstätigen an ökonomische Kautelen geknüpft, die auch nach Einführung eines alle Angehörigen der Mitgliedstaaten umfassenden Unionsbürger-Status von Relevanz sind.[76] Immerhin bedingt die Anerkennung eines als Unionsbürgerrecht konstitutionalisierten allgemeinen Freizügigkeitsrechts, dass die sekundärrechtlichen Voraussetzungen in einem anderen Licht erscheinen, nämlich als Schranken einer primärrechtlichen Verbürgung. Damit unterliegen sie dem Grundsatz der Verhältnismäßigkeit, was angesichts des sich in den ökonomischen Kautelen widerspiegelnden legitimen Interesses der Mitgliedstaaten, ihre Haushalte vor einer finanziellen Überforderung zu schützen, zwar nicht zu deren Aufgabe im Grundsatz, jedoch einer Relativierung in Ausnahmefällen führt. Diese kommt nunmehr in Art. 14 III RL 2004/38 zum Ausdruck, wonach die Inanspruchnahme von Sozialhilfe durch Nichterwerbstätige nicht automatisch zu einer Ausweisung führen darf, eine solche vielmehr nur aufgrund einer umfassenden Interessenabwägung möglich ist.[77] Vollends gleichgestellt sind alle Unionsbürger immerhin mit Erwerb des Daueraufenthaltsrechts, eine der wesentlichen Neuerungen der RL 2004/38, nach regelmäßig fünfjährigem rechtmäßigem Aufenthalt im Aufnahmemitgliedstaat. Dieses kennt keine ökonomischen Aufenthaltsvoraussetzungen mehr.

Einen weiteren Beitrag zur Fragmentierung des unionsrechtlichen Freizügigkeitsregimes leisten Gerichtshof und das überwiegende Schrifttum dadurch, dass auch nach Einführung des allgemeinen Freizügigkeitsrechts das den Grundfreiheiten als Annexgewährleistung immanente Aufenthaltsrecht als *lex specialis* qualifiziert wird,[78] womit nicht nur der persönliche Anwendungsbereich des seinem Wortlaut nach alle Unionsbürger erfassenden Art. 18 I EG auf Nichterwerbstätige reduziert, sondern auch die Chance verpasst wird, die Ausdehnung des persönlichen Anwendungsbereichs der Grundfreiheiten und deren damit einhergehenden Konturenverlust zu überdenken.[79]

---

[76] Dazu ausführlich oben, 2. Teil A. IV. 4.

[77] Für diese gibt der 16. Erwägungsgrund der RL 2004/38 Direktiven vor. Dazu ausführlich oben, 2. Teil A. IV. 4. d) bb).

[78] Dazu ausführlich oben, 2. Teil A. I. 2. a).

[79] Zur gebotenen Neujustierung unten, 3. Teil B.

bb) Das Aufenthaltsrecht des Unionsbürgers im Aufnahmemitgliedstaat: Vom privilegierten Ausländer zum Quasi-Inländer?

Zuwandernde EU-Ausländer teilen mit den Angehörigen des Aufnahmemitgliedstaates den Status als Unionsbürger. Dieser einheitliche Status stellt Differenzierungen zwischen In- und EU-Ausländern hinsichtlich des Aufenthaltsrechts in Frage, eine Auffassung, die im Zuge des Gesetzgebungsverfahrens der neuen Freizügigkeitsrichtlinie nicht nur von der Europäischen Kommission artikuliert wurde, sondern die sich auch das Vertretungsorgan mitgliedstaatlicher Interessen, der Rat, zu eigen machte:

> Dieser Richtlinienvorschlag berücksichtigt die neue rechtliche und politische Sachlage, die durch die Einführung der Unionsbürgerschaft geschaffen wurde. Die Grundidee ist folgende: Die Freizügigkeit der Unionsbürger zwischen den Mitgliedstaaten sollte *mutatis mutandis* unter ähnlichen Bedingungen stattfinden, wie denjenigen, die für die Bürger eines Mitgliedstaats gelten, die sich innerhalb ihres eigenen Landes bewegen und ihren Wohnort wechseln.[80]

Blickt man auf das nunmehr unionsbürgerschaftlich radizierte Freizügigkeitsregime, so zeigt insbesondere der Fortbestand des *ordre-public*-Vorbehalts, ein Instrument des traditionellen Ausländerrechts, dass der Aufenthalt von EU-Ausländern nach wie vor anderen Regeln als der von Inländern folgt.[81] Allerdings wurde diese ohnehin schon restriktiv gehandhabte[82] Ausweisungsbefugnis der Mitgliedstaaten im Hinblick auf den gemeinsamen Status als Unionsbürger weiter beschnitten. So signalisierte zum einen der Gerichtshof, dass der *ordre-public*-Vorbehalt angesichts der Unionsbürgerschaft noch restriktiver als bisher gehandhabt werden müsse: Gebot der marktfreiheitliche Grundsatz der Freizügigkeit bereits eine enge Auslegung dieser Ausnahme, so fordere der Unionsbürgerstatus nunmehr eine *besonders* enge Auslegung des Vorbehalts.[83] In diesem Sinne unterwirft Art. 27 II der neuen Unionsbürgerrichtlinie 2004/38 aufenthaltsbeendende Maßnahmen dem Verhältnismäßigkeitsgrundsatz und gebietet eine umfassende Interessenabwägung. Gegenüber Daueraufenthaltsberechtigten ist die Möglichkeit der Ausweisung weiter beschränkt (Art. 28 II, III RL 2004/38), auch wenn sich das von der Europäischen Kommission ursprünglich geforderte umfassende Ausweisungsverbot nicht durchsetzen konn-

---

[80] EK-Vorschlag Aufenthaltsrichtlinie, KOM (2001) 257 endg., ABl. C 270 v. 25.9.2001, S. 150, sub 1.3. Wiederholt in Geänderter EK-Vorschlag Aufenthaltsrichtlinie, KOM (2003) 199 endg., ABl. C 76 v. 25.3.2004, S. 13, sub 1.1. Diese Formulierung griff auch der Rat auf, vgl. dessen Begründung zum Gemeinsamen Standpunkt (EG) Nr. 6/2004 zur neuen Aufenthaltsrichtlinie, ABl. C 54 v. 2.3.2004, S. 12, sub II. (Ziel). Vgl. auch EK, Zweiter Bericht über die Unionsbürgerschaft vom 27.5.1997, KOM (1997) 230 endg., S. 18, sowie *H. Groß*, ZAR 2005, 81 (82).

[81] Dies betont auch der EuGH, Rs. C-356/98, Slg. 2000, I-2623, Rn. 54 f. – Kaba I.

[82] Dazu näher oben, 1. Teil A. II. 1. b) aa).

[83] EuGH, Verb. Rs. C-482/01 und 493/01, Slg. 2004, I-5257, Rn. 64 f. – Orfanopoulos und Olivieri.

te.[84] Schließlich zeigt sich die Annäherung des Aufenthaltsrechts von EU-Ausländern an das von Inländern daran, dass der EU-ausländische Unionsbürger keine Aufenthaltserlaubnis mehr beantragen muss, sondern sich für drei Monate überschreitende Aufenthalte lediglich anzumelden hat (Art. 8 RL 2004/38). Auch wenn damit in der Sache keine Änderung gegenüber dem Freizügigkeits-*Acquis* verbunden ist, verdeutlicht die Ersetzung der Aufenthaltserlaubnis durch eine Anmeldung einen Paradigmenwechsel.

cc) Perspektiven unionsbürgerlicher Freizügigkeit

Betont man die Einheitlichkeit des Unionsbürgerstatus, muss der Freizügigkeits-*Acquis* allen Fortschritten zum Trotz enttäuschen:

La cittadinanza dell'Unione nasce con l'ambizione di elaborare uno *status* unitario, cui ineriscano specifichi diritti, al fine di superare la tradizionale impostazione secondo cui una persona rientra nell'ambito di applicazione del diritto comunitario in ragione dell'attività economica svolta, piuttosto che per un vincolo di appartenenza alla Comunità. Ciò nondimeno, finora la cittadinanza dell'Unione non ha prodotto quel salto qualitativo che pure prometteva, anche in ragione dell'approccio seguito dalla Corte.[85]

When measured against the normal political ideals that all members of a state should possess rights equally and that those rights should be absolute, the peoples of Europe can rightly feel betrayed by the new provisions ...[86]

Die damit formulierte Kritik an der in den ökonomischen Aufenthaltsvoraussetzungen zum Ausdruck kommenden nur beschränkten Solidarität zwischen den Mitgliedstaaten[87] mildert sich aber, wenn man diese – wie etwa *Christoph Schönberger* – verfassungsgeschichtlich und -vergleichend kontextualisiert.[88] So ist es zwar regelmäßig nicht für konsolidierte Bundesstaaten, aber doch für junge föderale Ordnungen – wie die Beispiele der Schweiz und der USA bis in das 20. Jahrhundert hinein und auch das des Bismarckreiches zeigen – kennzeichnend, Freizügigkeit ökonomisch nicht voraussetzungslos zu gewährleisten. Die Ausgestaltung intraföderaler Freizügigkeit korreliert vielmehr mit dem Grad der erreichten, sich in Bundesstaaten jedoch erst allmählich herausbildenden Solidarität zwischen den Gliedstaaten und deren Angehörigen. Die Unionsbürgerschaft am in konsolidierten Bundesstaaten anzutreffenden Idealtyp eines mit einer unbedingten Solidarität einhergehenden unbedingten Freizügigkeitsrechts zu messen, verkennt daher diesen spezifisch föderalen

---

[84] Art. 26 II EK-Vorschlag Aufenthaltsrichtlinie, KOM (2001) 257 endg., ABl. C 270 v. 25.9.2001, S. 150. Dazu näher oben, 2. Teil A. IV. 3.

[85] *A. Lang*, Diritto pubblico comparato ed europeo 2003, 848 (849). Siehe auch *M. Nettesheim*, Integration 2003, 428 (429); *U. K. Preuß*, Relevance of Citizenship, 11 (12).

[86] *D. Pollard*, Rights of Free Movement, 105 (106).

[87] Dazu *F. Wollenschläger*, Schicksalsgemeinschaft EU?

[88] *C. Schönberger*, Unionsbürger, 330 ff. Ähnlich *C. Tomuschat*, Unionsbürgerschaft, 73 (79).

Entwicklungsprozess, zumal die Union selbst nicht umverteilend tätig wird. Darüber hinaus sind ökonomische Kautelen selbst der Freizügigkeitsgewährleistung des Grundgesetzes nicht unbekannt, wie ein Blick auf Art. 11 GG zeigt. Denn das Freizügigkeitsrecht kann unter anderem dann eingeschränkt werden, wenn eine ausreichende Lebensgrundlage des Freizügigkeitswilligen nicht vorhanden ist und der Allgemeinheit daraus besondere Lasten entstehen würden (Art. 11 II 1. Alt. GG). Diese Schranke hat der Bundesgesetzgeber – vor kurzem durch das Bundesverfassungsgericht sanktioniert[89] – für Spätaussiedler im Gesetz über die Festlegung eines vorläufigen Wohnortes für Spätaussiedler (AusÜbsiedWoG) aktualisiert. Nach diesem kann auf öffentliche Hilfe angewiesenen Spätaussiedlern ein vorläufiger Wohnort zugewiesen werden (§ 2 AusÜbsiedWoG). Dessen Aufgabe zeitigt gemäß § 3a II AusÜbsiedWoG negative sozialrechtliche Konsequenzen, nämlich die Reduktion von Sozialleistungsansprüchen.

Nicht übersehen werden darf ferner, dass der Unionsbürgerstatus die nationale Staatsangehörigkeit nur komplementiert (Art. 17 I 3 EG), schon insoweit also einer Annäherung des Aufenthaltsrechts von In- und Ausländern Grenzen gesetzt sind.[90] Des Weiteren hat die Radizierung des Aufenthaltsrechts in der Unionsbürgerschaft dazu beigetragen, dass die aufenthaltsrechtliche Position Nichterwerbstätiger im Falle wirtschaftlicher Notlagen sowie nach hinreichender Integration deutlich verbessert wurde und die weiteren Restriktionen des *ordre-public* Vorbehalts den Aufenthaltsstatus von EU-Ausländern an den von Inländern angeglichen haben. Revolutionär sind beide Phänomene im Europäischen Rechtsraum freilich nicht, sah doch schon das Fürsorgeabkommen Ausweisungsschutz bei Bedürftigkeit im Falle sozialer Notlagen nach einer bestimmten Aufenthaltsdauer vor (Art. 7),[91] und beschnitt das Europäische Niederlassungsabkommen die Befugnis der Vertragsparteien, vom *ordre-public*-Vorbehalt gegenüber Angehörigen anderer Vertragsparteien Gebrauch zu machen (Art. 3).[92] Mit der Schlagkraft einer unionsrechtlichen Verbürgung sind diese völkerrechtlichen Abkommen – von der beschränkten Zahl ihrer Vertragsparteien einmal ganz abgesehen – freilich nicht zu vergleichen.

Nicht unterschätzt werden darf schließlich das mit dem einheitlichen Unionsbürgerstatus postulierte Ideal eines wirklich allgemeinen Freizügigkeitsrechts, das Differenzierungen zwischen erwerbs- und nichterwerbstätigen Unionsbürgern sowie In- und Ausländern unter Rechtfertigungsdruck stellt und die Fortentwicklung des Freizügigkeits-*Acquis* – wie die Entwicklung gezeigt hat – im Sinne einer Annäherung programmiert hat und weiterhin

---

[89] BVerfGE 110, 177. Ablehnend *M. Silagi*, ZAR 2004, 225.
[90] *R. Kovar*, Le droit du citoyen de l'UE de circuler, 1049 (1062 ff.).
[91] Zu diesem oben, 2. Teil A. I. 2. e) bb) (1).
[92] Zu diesem oben, 2. Teil A. I. 2. e) bb) (2).

programmieren wird.[93] In den Worten von Generalanwalt *Léger*: „Die Entwicklung des Gemeinschaftsrechts tendiert sicher zu einer Vereinheitlichung der Regelungen über die Freizügigkeit der Angehörigen der Mitgliedstaaten, wenn nicht gar zu einer einzigen Regelung auf diesem Gebiet“[94].

Von einer föderalen Verdichtung, wie sie in Entscheidungen des US Supreme Court zum intraföderalen "right to travel" zum Ausdruck kommt, ist die Europäische Union allerdings noch weit entfernt:

> [I]t is a privilige of citizenship of the United States ... to enter any state of the Union ... If national citizenship means less than this, it means nothing ... Does "indigence" ... constitute a basis for restricting the freedom of a citizen ... ? We should say now, and in no uncertain terms, that a man's mere property status, without more, cannot be used by a state to test, qualify, or limit his rights as a citizen of the United States.[95]

> [T]he right of persons to move freely from State to State occupies a more protected position in our constitutional system than does the movement of cattle, fruit, steel and coal across state lines ... The right to move freely from State to State is an incident of national citizenship ... But to allow such an exception [vermögensabhängiges Freizügigkeitsrecht] to be engrafted on the rights of national citizenship would be to contravene every conception of national unity ... It would permit those who were stigmatized by a State as indigents, paupers or vagabonds to be relegated to an inferior class of citizenship ... The result would be a substantial dilution of the rights of national citizenship, a serious impairment of the principles of equality.[96]

---

[93] Vgl. etwa *A. Iliopoulou*, RDUE 2004, 523 (557), die in der RL 2004/38 eine erste Antwort auf die aus der Unionsbürgerschaft resultierenden Anforderungen sieht; ferner *J. Bourrinet*, RMC 1992, 772 (775 f.): «À plus long aller, la réalisation d'une véritable Union européenne passe par la généralisation inconditionelle du droit de circuler ...»; *W. Kluth*, ZAR 2006, 1 (7), der der Unionsbürgerschaft ein Optimierungsgebot entnimmt; *F. Menegazzi Munari*, Cittadinanza Europea, 176 f.; *J. Monar*, Unionsbürgerschaft, 203, nach dem das Aufenthaltsrecht „noch nicht voll verwirklicht“ sei (211) und fortentwickelt werden müsse (213); ähnlich *ders.*, A Dual Citizenship in the Making, 167 (176 ff.); *S. O'Leary*, Evolving Concept, 99; *D. Pollard*, Rights of Free Movement, 105 (106); *de lege ferenda J.-H. Strunz*, Freizügigkeit in der EU, 171, 173; *H. Verschueren*, RMUE 1996, 83 (84); *J. H. H. Weiler*, To be a European Citizen, 324 (326): "(unrealized) promises of true free movement and residence".

[94] GA *Léger*, in: EuGH, Rs. C-215/03, Slg. 2005, I-1215, Rn. 49 – Oulane.

[95] Justice Jackson, in: Edwards v. California, 314 U.S. 160.

[96] Justice Douglas, in: Edwards v. California, 314 U.S. 160. Vgl. darüber hinaus zur parallel gelagerten Thematik im amerikanischen Verfassungsrecht *J. S. Alloy*, Georgia Law Review 36 (2002), 1083 (1095 ff.); *A. Graser*, ZaöRV 60 (2000), 367; *C. S. Maynard*, Case Western Law Reserve Law Review 51 (2000), 297; *A. P. van der Mei*, Ariz. J. Int'l & Comp. L. 18 (2001), 803 (807 ff.); *J. E. Nowak/R. D. Rotunda*, Constitutional Law, 362 ff., 1061 ff.; *G. M. Rosberg*, Free Movement of Persons in the US; *J. D. Varat*, Economic Integration and Interregional Migration in the US; *T. Zubler*, 31 Val. U. L. Rev. (1996/1997), 893. Aus der Rechtsprechung des Supreme Court vgl. Crandell v. Nevada, 73 U.S. 35, Edwards v. California, 314 U.S. 160; Shapiro v. Thompson, 394 U.S. 618; Starns v. Malkeson, 401 U.S. 985; Dunn v. Blumstein, 405 U.S. 330; Kusper v. Pontikes, 414 U.S. 51; Memorial Hospital v. Maricopa County, 415 U.S. 250; Sosna v. Iowa, 419 US 393; Zobel v. Williams, 457 U.S. 55;

2. *Unionsbürgerliche Gleichheit*

Die Unionsbürgerschaft wird weithin als ein Status der Gleichheit aller Unionsbürger gedeutet. Bereits zweieinhalb Jahre vor der ersten Entscheidung des Gerichtshofs zur Unionsbürgerschaft, der Rs. Martínez Sala, plädierte Generalanwalt *Philippe Léger* in der Rs. Boukhalfa für ein entsprechendes Verständnis:

> Es obliegt aber dem Gerichtshof, dem Begriff [Unionsbürgerschaft] seine volle Bedeutung zu geben. Wenn man sämtliche Konsequenzen zieht, die mit dem Begriff verbunden sind, müssen alle Unionsbürger unabhängig von ihrer Nationalität genau gleiche Rechte und Pflichten haben. In letzter Konsequenz soll dieser Begriff eine völlige Gleichstellung der Unionsbürger unabhängig von ihrer Nationalität ermöglichen. Diese Gleichstellung müsste in derselben Weise wirksam sein wie zwischen den Staatsangehörigen ein und desselben Staates.[97]

Der Gerichtshof war bereit, dieser auf dem Gleichheitsgedanken fußenden Konzeption der Unionsbürgerschaft zu folgen, und formulierte plakativ:

> Der Unionsbürgerstatus ist nämlich dazu bestimmt, der grundlegende Status der Angehörigen der Mitgliedstaaten zu sein, der es denjenigen unter ihnen, die sich in der gleichen Situation befinden, erlaubt, unabhängig von ihrer Staatsangehörigkeit und unbeschadet der insoweit ausdrücklich vorgesehenen Ausnahmen die gleiche rechtliche Behandlung zu genießen.[98]

Auch die Literatur betrachtet die Idee der Gleichheit aller Unionsbürger weithin als Fundament der Unionsbürgerschaft. *Ulrich Haltern* etwa formuliert, dass sich die Bürgerschaft wesentlich durch das „Postulat, dass die Bürger über die Grenzen hinweg gleich, jedenfalls nicht aufgrund unterschiedlicher Staatsangehörigkeit ungleich sind", definiere[99], *Sionaidh Douglas-Scott*, dass der Gleichheitssatz "a key feature of any account of European citizenship" sein müsse.[100]

Attorney General of N.Y. v. Soto-Lopez, 476 U.S. 898; Saenz v. Roe, 119 S.Ct. 1518. Zum Vergleich mit der Entwicklung in Deutschland *K. Sieveking*, The European Citizens' Right to Free Movement in its Democratic Dimension, 317 (326 f.). Rechtsvergleichend EU/USA vgl. *B. G. Garth*, Migrant Workers and Rights of Mobility in the EC and US; *A. P. van der Mei*, Fear for 'Social Tourism', 107 (117 ff.); *ders.*, Ariz. J. Int'l & Comp. L. 18 (2001), 803. Siehe ferner *E. Zoller*, 294 RdC 2002 (2003), 39 (153 ff.).

[97] GA *Léger*, in: EuGH, Rs. C-214/94, Slg. 1996, I-2253, Rn. 63 – Boukhalfa. Ähnlich GA *La Pergola*, in: Verb. Rs. C-4/95 und C-5/95, Slg. 1997, I-511, Rn. 50 – Stöber und Pereira. Angedeutet – mit Betonung auf der Stellung des Unionsbürgers in der Unionsrechtsordnung – bereits bei GA *Lenz*, in: Rs. C-91/92, Slg. 1994, I-3325, Rn. 53 – Faccini Dori.

[98] EuGH, Rs. C-184/99, Slg. 2001, I-6193, Rn. 31 – Grzelczyk. Ähnlich Rs. C-209/03, Slg. 2005, I-2119, Rn. 31 – Dany Bidar. Dem Wortlaut nach explizit noch auf das allgemeine Diskriminierungsverbot bezogen Rs. C-85/96, Slg. 1998, I-2691, Rn. 62 – Martínez Sala; implizit Rs. C-224/98, Slg. 2002, I-6191, Rn. 28 – D'Hoop; Rs. C-148/02, Slg. 2003, I-11613, Rn. 22 f. – Avello; Rs. C-138/02, Slg. 2004, I-2703, Rn. 61 – Collins.

[99] *U. Haltern*, Schweizerische Zeitschrift für Politikwissenschaft 2005, 87 (101).

[100] *S. Douglas-Scott*, 18 YEL (1998), 29 (35); *ders.*, Constitutional Law of the EU, 485. Ähnlich *C. Closa*, A New Social Contract?, 5 f.: "The legal status of citizenship serves the primary purpose of establishing equality among individuals … in the context of EU citizen-

Diese pauschale Verknüpfung von Gleichheit und Unionsbürgerschaft darf allerdings nicht – wie bei der Analyse der unionsbürgerlichen Freizügigkeit auch – den Blick dafür verstellen, dass sich Unionsbürgerrechte im Mehrebenensystem EU auf zwei verschiedenen Ebenen realisieren, nämlich zum einen vertikal im Verhältnis des Einzelnen zur Union, zum anderen horizontal, also hinsichtlich der Rechtsstellung des Unionsbürgers in den Rechtsordnungen der Mitgliedstaaten.[101] Die gemäß dieser Differenzierung zu unternehmende Analyse unionsbürgerlicher Gleichheit wird wiederum offen legen, dass die Bedeutung der Unionsbürgerschaft nicht auf der vertikalen (a), sondern der horizontalen Ebene (b) zu suchen ist. Die Herausbildung eines unitarisierenden, alle Hoheitsträger in der EU verpflichtenden unionsbürgerlichen Gleichheitssatzes zeichnet sich (noch) nicht ab (c).

a) Die Gleichheit der Unionsbürger innerhalb der Unionsrechtsordnung

Kernelement einer Bürgerschaft ist, dass die durch dieses Band Verbundenen von der Rechtsordnung, der sie gemeinsam unterworfen sind, gleich behandelt werden.[102] Unionsrechtlich anerkannt war dieser Grundsatz seit den Anfängen der Europäischen Gemeinschaften und damit lange vor der Institutionalisierung der Unionsbürgerschaft, und zwar in Gestalt des Gemeinschaftsgrundrechts „allgemeiner Gleichheitssatz". Dieses bietet Schutz vor sachlich nicht zu rechtfertigenden Ungleichbehandlungen der Angehörigen der Mitgliedstaaten seitens der Organe der Gemeinschaften.[103] Nachdem der Begriff der Marktbür-

---

ship, equality has to be understood as equality among nationalities"; *S. M. Damm*, Bürgergleichheit in Europa, 190 (190 f.); *ders.*, Gleichheitsschutz, 556, 573, 591 f.; *C. Delli*, Unionsbürgerschaft, 51: Die Unionsbürgerschaft postuliere die Gleichheit aller Bürger; *Y. Hangartner*, Bürgerrecht der EU, 695 (711); *M. Hilf*, EuR 1997, 347 (352 f.); *R. Höfler*, Aussenwirtschaft 2004, 303, die von dem der Unionsbürgerschaft innewohnenden Gedanken der transnationalen Gleichheit spricht (303), der zumindest aus verfassungstheoretischer Sicht wünschenswert sei (311); *C. Closa*, 32 CML Rev. (1995), 487 (505): "Conceptually, citizenship implies a fundamental equality among individuals", der dies in der Unionsbürgerschaft nicht realisiert sieht (506 f.); *R. W. Davis*, 27 EL Rev. (2002), 121 (129 Fn. 45); *D. O'Keeffe*, Union Citizenship, 87 (102): "Citizenship should ensure equal treatment"; *I. Pernice*, VVDStRL 60 (2001), 148 (167 f.); *ders.*, Verfassungsrechtliche Status, 177 (193 f.), der von dem der Unionsbürgerschaft immanenten Gleichheitssatz spricht; *V. Sottili*, Contratto e impresa. Europa 1997, 710 (734 f.): "l'attribuzione della cittadinanza è anzitutto attribuzione (o riconoscimento) di uno *status* comune. Essa richiede dunque l'eliminazione di tutte le forme di trattamento differenziato (o discriminatorio) fra i cittadini dei vari Stati ...". Zum Komplex Bürgerschaft und Gleichheit allgemein *M. Reddig*, Bürger jenseits des Staates?, 54 ff.

[101] Zu dieser Differenzierung für die marktfreiheitlichen Diskriminierungsverbote bereits *U. Everling*, Niederlassungsrecht, 131.

[102] So *C. Closa*, 32 CML Rev. (1995), 487 (505); *F. David*, RTDE 2003, 561 (575); *S. Kadelbach*, Unionsbürgerschaft, 539 (571).

[103] Zur Entwicklung des allgemeinen Gleichheitssatzes in der Rechtsprechung siehe EuGH, Verb. Rs. 117/76 und 16/77, Slg. 1977, 1753, Rn. 7 – Ruckdeschel, sowie bereits zuvor Verb.

gerschaft Eingang in den gemeinschaftsrechtlichen Diskurs gefunden hatte, schlug der EuGH in einem Urteil aus dem Jahre 1973 die Brücke von der „neuen" Bürgerschaft zum Gleichheitsgedanken, indem er den allgemeinen Gleichheitssatz als „Grundsatz der Gleichbehandlung aller Marktbürger" bezeichnete.[104] Anfang 1994, also kurz nach Einführung der Unionsbürgerschaft durch den Vertrag von Maastricht, scheint dann in dem Schlussantrag des Generalanwalts *Carl Otto Lenz* in der Rs. Faccini Dori ein entsprechendes Verständnis unionsbürgerlicher Gleichheit auf:

> Das Diskriminierungsargument gewinnt durch das Inkrafttreten des Vertrags von Maastricht und der im EG-Vertrag verankerten Unionsbürgerschaft noch an Gewicht ... Die Einführung einer Unionsbürgerschaft erweckt die Erwartung, daß die Unionsbürger jedenfalls vor dem Gemeinschaftsrecht gleich behandelt werden.[105]

Betrachtet man die im zweiten Teil entfaltete Rechtsprechung des Gerichtshofs zur Unionsbürgerschaft auf dieser Folie, so wird schnell deutlich, dass die von Generalanwalt *Lenz* angesprochene Gleichheit innerhalb der Unionsrechtsordnung von ihr nicht weiterentwickelt wird. Vor dem Hintergrund eines bereits in der Unionsrechtsordnung etablierten allgemeinen Gleichheitssatzes ist dies nicht weiter verwunderlich, da hier keine Schutzdefizite bestehen. Ein Plus durch das neue Institut der Unionsbürgerschaft ist lediglich insofern denkbar, als Ungleichbehandlungen, die offen oder verdeckt an das Kriterium der Staatsangehörigkeit anknüpfen, im Hinblick auf den gemeinsamen Status aller Europäer als Unionsbürger strengeren Rechtfertigungsanforderungen unterliegen. Insoweit ist der Spielraum für Differenzierung jedoch ohnehin beschränkt, so man die Bindung auch der Union an das in Art. 12 EG verankerte allgemeine Diskriminierungsverbot bejaht.[106]

b) Die Gleichheit der Unionsbürger innerhalb der mitgliedstaatlichen Teilrechtsordnungen

Ihre besondere Sprengkraft hat die Rechtsprechung des EuGH hinsichtlich der Gleichstellung aller Unionsbürger innerhalb der einzelnen mitgliedstaatlichen

---

Rs. 17 und 20/61, Slg. 1962, 655 (692 f.) – Kloeckner-Werke AG und Hoesch AG/Hohe Behörde der EGKS, und Rs. 37/64, Slg. 1965, 952 (970 ff.) – Mannesmann AG gegen Hohe Behörde der EGKS. Siehe auch *S. M. Damm*, Gleichheitsschutz, 299 ff.; *P. M. Huber*, Europäische Integration, § 8, Rn. 47 ff.; *H. D. Jarass*, EU-Grundrechte, § 24.

[104] EuGH, Rs. 131/73, Slg. 1973, 1555, Rn. 8 – Grosoli. Vgl. aber auch die Varianz in den ausländischen Sprachfassungen des Urteils, etwa in der französischen: «l'égalité de traitement de tous les ressortissants de celle-ci [la communauté]», der englischen: "equality of treatment for all within its [the community's] jurisdiction"; der italienischen: "parita di trattamento dei cittadini dell'intera comunita" oder der niederländischen: „gelijke behandeling van alle onderdanen in de gemeenschap".

[105] GA *Lenz*, in: EuGH, Rs. C-91/92, Slg. 1994, I-3325, Rn. 53 – Faccini Dori.

[106] So etwa *A. von Bogdandy*, G/H, Art. 12, Rn. 25 m.w.N.

Rechtsordnungen entfaltet.[107] Durch eine weite Auslegung des in Art. 12 EG verankerten allgemeinen Diskriminierungsverbotes im Hinblick auf die Unionsbürgerschaft und das als Unionsbürgerrecht verankerte allgemeine Freizügigkeitsrecht (Art. 18 EG) hat der Gerichtshof einen tatbestandlich umfassenden, wenn auch nicht absoluten Gleichbehandlungsanspruch des sich in einem anderen Mitgliedstaat als dem seiner Herkunft aufhaltenden Unionsbürgers mit den Angehörigen des Aufnahmemitgliedstaates geschaffen.[108] Damit lässt sich in Anlehnung an *Stephan Hobe* die Abschaffung der „Ausländerei" auf dem Gebiet der Union als Hauptanliegen unionsbürgerlicher Gleichheit begreifen.[109] Bereits mehr als zwei Jahrzehnte vor Verankerung der Unionsbürgerschaft als Rechtsinstitut mit dem Vertrag von Maastricht qualifizierte *Eberhard Grabitz* diese horizontale Rechtsgleichheit der Unionsbürger in seinem 1970 erschienenen visionären Werk „Europäisches Bürgerrecht" als zwingende

---

[107] *S. M. Damm*, Bürgergleichheit in Europa, 190 (196 ff.), plädiert allerdings dafür, dass der Diskriminierungsaspekt zwingend gleichheitsgrundrechtlich flankiert werden müsse.

[108] Dazu ausführlich oben, 2. Teil B. Zwar wird auch das allgemeine Diskriminierungsverbot in der Rechtsprechung des Gerichtshofs und der Literatur als Ausdruck des allgemeinen Gleichheitssatzes qualifiziert [vgl. EuGH, Rs. 1/72, Slg. 1972, 457, Rn. 19 – Frilli; Rs. 152/73, Slg. 1974, 153, Rn. 11 – Sotgiu; Rs. 810/79, Slg. 1980, 2747, Rn. 16 – Überschär; Rs. 147/79, Slg. 1980, 3005, Rn. 7 – Hochstrass; Rs. C-29/95, Slg. 1997, I-285, Rn. 14 – Pastoors; *A. Epiney*, in: C/R, Art. 12, Rn. 3; *dies.*, Umgekehrte Diskriminierungen, 99 f.; *K. Lenaerts*, CDE 1991, 1 (38): «Egalité et non-discrimination sont les expressions réciproques d'un principe»; *A. S. Mohn*, Gleichheitssatz, 30; *C. Schönberger*, Unionsbürger, 387; *M. Zuleeg*, in: von der Groeben/Schwarze, Art. 12, Rn. 1. Zum allgemeinen Gleichheitssatz vgl. *T. Tridimas*, Principle of Equality]. Hierin ist jedoch bloß ein Verweis auf die konzeptionelle Verwandtschaft des Art. 12 EG mit dem unionsrechtlichen Gleichheitssatz zu sehen, nicht aber eine etwa im Sinne von Spezialität zu verstehende rechtsdogmatische Aussage. Denn unverkennbar sind die Unterschiede beider Normen hinsichtlich des Adressatenkreises, der Rechtsfolge von Verstößen, der Rechtfertigungsmöglichkeiten von Ungleichbehandlungen oder der verbotenen Diskriminierungskriterien [so auch *A. von Bogdandy*, in: G/H, Art. 12, Rn. 5; *M. Dony*, Discriminations, 61 f.; *K. Feige*, Gleichheitssatz, 72; *M. Holoubek*, in: Schwarze, Art. 12, Rn. 6; *A. Mühl*, Diskriminierung und Beschränkung, 66 f.; *C. Schönberger*, Unionsbürgerschaft, 397 f.; *M. Zuleeg*, in: von der Groeben/Schwarze, Art. 12, Rn. 20. Von einem einheitlichen Gleichheitssatz geht wegen der Beliebigkeit in der Rechtsprechung des EuGH dagegen aus *U. Kischel*, EuGRZ 1997, 1 (4). Siehe auch EuGH, Rs. 149/77, Slg. 1978, 1365, Rn. 26 ff. – Defrenne III, in der eine umfassende Bindung der Mitgliedstaaten an den allgemeinen Gleichheitssatz verneint wird. Nach *H. P. Ipsen*, Europäisches Gemeinschaftsrecht, 591, „hat der Gleichheitssatz viele ‚Gesichter'"].

[109] *S. Hobe*, Der Staat 32 (1993), 245 (257 ff., 267). Auch *M. Condinanzi/A. Lang/B. Nascimbene*, Cittadinanza dell'Unione, 10, sehen den Hauptzweck der Unionsbürgerschaft in der Integration des EU-Ausländers in den Aufnahmemitgliedstaat. Ähnlich *G. Schulz*, Freizügigkeit, 68; *C. Schönberger*, Unionsbürgerschaft, 330: „Funktional bleibt die Vorschrift [Art. 18 EG] hingegen dem Integrationsprogramm der Grundfreiheiten verpflichtet". *H. F. Zacher*, Deutschland den Deutschen?, 639 (667), spricht vom Unionsbürger als potientiellem Mitglied der Inlandsgesellschaft.

Konsequenz der Einführung einer Zugehörigkeit zur Gemeinschaft, wie sie heute in der Unionsbürgerschaft zum Ausdruck kommt:

Für den modernen Staat ist die volle Rechtsgleichheit seiner Bürger schlechthin konstituierend. ... Wenn sich die Gemeinschaften zu einem Verband mit *eigener*, durch die Staatsangehörigkeit vermittelter oder unmittelbar bestehender Gemeinschaftsangehörigkeit seiner Bürger entwickeln sollten, wäre es deshalb nur selbstverständlich, in seine Verfassung ein gemeinsames europäisches Indigenat mit der Wirkung vollständiger rechtlicher Gleichstellung der Staatsbürger in die anderen Mitgliedstaaten aufzunehmen.[110]

Diesem Postulat entsprach das Gemeinschaftsrecht freilich bereits vor Institutionalisierung der Unionsbürgerschaft in bedeutendem Umfang. In ihrer Eigenschaft als Marktbürgern war den wirtschaftlich aktiven Angehörigen der Mitgliedstaaten nämlich eine weitgehende Gleichstellung mit Angehörigen des Aufnahmemitgliedstaates grundfreiheitlich garantiert.[111] In beschränktem Umfange galt dies auch für Studierende.[112] Diesen im Wesentlichen grundfreiheitlichen Diskriminierungsschutz hat der Gerichtshof durch seine Rechtsprechung zum unionsbürgerlichen Diskriminierungsverbot nun *ratione personae* komplettiert. Vorbehaltlich einer etwaigen Rechtfertigung und spezialgesetzlicher Ausschlüsse kann nun jeder Unionsbürger Gleichbehandlung mit den Angehörigen des Aufnahmemitgliedstaats verlangen.

Wie im Kontext des allgemeinen Freizügigkeitsrechts auch sind die damit einhergehenden Universalierungstendenzen wiederum beschränkt. Zum einen reduziert der Gerichtshof, worin ihm das überwiegende Schrifttum folgt, den persönlichen Anwendungsbereich des unionsbürgerlichen Diskriminierungsverbotes beträchtlich, indem er die grundfreiheitlichen Inländerbehandlungsgebote als *leges speciales* qualifiziert.[113] *Ratione personae* erfasst sind damit lediglich Nichterwerbstätige, und dies auch nur dann, wenn ihnen kein anderweitig begründeter Gleichbehandlungsanspruch zusteht, etwa als verbleibeberechtigte Arbeitnehmer. Damit wird auch in gleichheitsrechtlicher Hinsicht die Chance vergeben, die aus Marktteilnahme und Unionsbürgerschaft resultierende Rechtsstellung abzustimmen.[114] Zum anderen kennt auch der Gewährleistungsgehalt Grenzen. Denn einmal versteht der Gerichtshof den unionsbürgerlichen Gleichbehandlungsanspruch nicht absolut wie den grundfreiheitlichen, da er

---

[110] *E. Grabitz*, Europäisches Bürgerrecht, 111.

[111] Dazu oben, 3. Teil A. I. 1., und ausführlicher oben, 1. Teil A. II. 1. b).

[112] Dazu ausführlich oben, 1. Teil A. II. 2. a) bb) (2).

[113] EuGH, Rs. C-193/94, Slg. 1996, I-929, Rn. 22 – Skanavi; Rs. C-258/04, Slg. 2005, I-8275, Rn. 37 – Ioannidis; Rs. C-185/04, Slg. 2006, I-1453, Rn. 25 – Öberg; GA *Kokott*, in: Rs. C-286/03, Slg. 2006, I-1771, Rn. 114 f. – Hosse. Aus dem Schrifttum etwa *U. Becker*, ZESAR 2004, 496 (497); *M. Hilf*, in: G/H, Art. 18, Rn. 5, 7; *E. Klein/A. Haratsch*, JuS 1995, 7 (8). Dazu bereits ausführlich oben, 2. Teil B. II. 1. c) aa). Den in seiner Rechtsprechung bereits zuvor entwickelten Diskriminierungsschutz Studierender qualifiziert der Gerichtshof demgegenüber nur teilweise als speziell, dazu oben, 2. Teil B. II. 1. c) bb).

[114] Zur gebotenen Neujustierung ausführlich unten, 3. Teil B. IV.

weit reichende Rechtfertigungsmöglichkeiten für die Ungleichbehandlung ausländischer Unionsbürger eröffnet. Dies zeigt sich namentlich an der – in der Sache allerdings überzeugenden – Rechtsprechung zur Einbeziehung Nichterwerbstätiger in die nationalen Sozialleistungssysteme, die *sub specie* unionsbürgerliche Solidarität im Folgenden noch näher betrachtet wird. Des Weiteren haben sich die etwa von *Grabitz* formulierten[115] Erwartungen an eine umfassende Gleichstellung auch im Bereich politischer Rechte nur zum Teil realisiert. Zwar gewährleistet Art. 19 EG nunmehr in einem anderen Mitgliedstaat als dem ihrer Herkunft ansässigen Unionsbürgern das aktive und passive Wahlrecht bei Kommunalwahlen (Art. 19 I EG) und bei Wahlen zum Europäischen Parlament (Art. 19 II EG). Eine politische Partizipation auf höherer als kommunaler Ebene ist unionsrechtlich jedoch nicht vorgesehen, wie bereits ein Umkehrschluss zu Art. 19 EG nahe legt. Dieser wird zudem durch Art. 17 I 3 EG im Grundsatz bestätigt, nach dem die Unionsbürgerschaft die nationale Staatsbürgerschaft ergänzt, nicht aber ersetzt, womit ein Kernbereich exklusiv eigenen Staatsangehörigen zustehender Rechte anerkannt wird.[116] Auch die als Ausdruck des besonderen Treueverhältnisses zwischen Staatsangehörigem und Staat in den Art. 39 IV, 45 sowie 55 i.V.m. 45 EG vorgesehene Möglichkeit, eigenen Staatsangehörigen bestimmte Tätigkeiten in der öffentlichen Verwaltung vorzubehalten, besteht nach Einführung der Unionsbürgerschaft fort. Diese wurde als Ausnahme vom Grundsatz der Freizügigkeit allerdings bislang schon vom Gerichtshof restriktiv ausgelegt;[117] hier erscheint es im Gegensatz zu den politischen Rechten jedoch möglich, dass der EuGH wie beim *ordre-public*-Vorbehalt auch[118] und entsprechend im Schrifttum erhobener Forderungen[119] dem Unionsbürgerstatus durch weitergehende Einschränkungen Rechnung trägt.

---

[115] *E. Grabitz*, Europäisches Bürgerrecht, 88 ff., 110 ff.

[116] Dazu ausführlich oben, 2. Teil B. II. 2. a) dd) (2). Siehe im Schrifttum etwa *R. W. Davis*, 27 EL Rev. (2002), 121 (123 f.); *K. Doehring*, ZEuS 2001, 395 (399); *P. Garrone*, SZIER 1993, 251 (267); *K. Hailbronner*, ZaöRV 64 (2004), 603 (615); *N. Kotalakidis*, Unionsbürgerschaft, 156 ff.; *I. Pernice*, Verfassungsrechtliche Status, 177 (187); *D. H. Scheuing*, Freizügigkeit, 103 (139); *C. Tomuschat*, 37 CML Rev. (2000), 449 (457). Vgl. auch *K. Doehring*, VVDStRL 32 (1974), 7 (34 ff.); *J. Isensee*, VVDStRL 32 (1974), 49 (91 ff.). Anders aber *G. Ress*, JuS 1992, 985 (987), nach dem ein Europa der Bürger auch Diskriminierungen im staatsbürgerlich-politischen Bereich verbiete; *E. Grabitz*, Europäisches Bürgerrecht, 110 ff.; *R. C. A. White*, 54 ICLQ (2005), 885 (902). *De lege ferenda J. W. de Zwaan*, European Citizenship, 245 (254). Vgl. ferner GA *Jacobs*, in: EuGH, Rs. C-274/96, Slg. 1998, I-7637, Rn. 27 – Bickel und Franz; GA *La Pergola*, in: Rs. C-85/96, Slg. 1998, I-2691, Rn. 21 – Martínez Sala; *ders.*, in: Rs. C-356/98, Slg. 2000, I-2623, Rn. 54 – Kaba I.

[117] Dazu oben, 1. Teil A. II. 2. a) aa) (2).

[118] Dazu bereits oben, 3. Teil A. III. 1. b) bb) und 2. Teil A. IV. 3.

[119] Siehe dazu etwa *C. Blumann*, Citoyenneté européenne – Espoir et désillusion, 3 (20 ff.); *J. Handoll*, Free Movement, 286 (Rn. 9.93); *F. Menegazzi Munari*, Cittadinanza Europea, 110; *S. O'Leary*, Evolving Concept, 305; *R. C. A. White*, Workers, establishment, and services in the

Die aufgeworfenen Vorbehalte dürfen den Blick allerdings nicht dafür verstellen, dass der Gerichtshof den Gleichbehandlungsanspruch durch seine sehr integrationsfreundliche Rechtsprechung – einem allgemeinen Unionsbürgerstatus gemäß – persönlich umfassend ausgestaltet hat. Mit fortschreitender Integration eröffnet zudem das dynamisch ausgestaltete Konzept der Unionsbürgerschaft die Möglichkeit, unter Rückgriff auf die speziell dazu geschaffene Rechtsetzungsermächtigung des Art. 22 UA 2 EG weitere Unionsbürgerrechte hinzuzufügen.[120] Schließlich gilt auch hier *mutatis mutandis* das zum programmatischen Charakter der Unionsbürgerschaft im Kontext der Perspektiven unionsbürgerlicher Freizügigkeit Gesagte. Der allen Europäern gemeine Unionsbürgerstatus postuliert das Ideal der Gleichheit der dieser Gruppe Zugehörigen. Dieses stellt die *de lege lata* bestehenden Differenzierungen unter Rechtfertigungsdruck und wird damit der Fortentwicklung der unionsbürgerlichen Gleichheit den Weg weisen, wie es ihr diesen bereits in der Vergangenheit gewiesen hat.[121] Besonders folgenreich könnte sich insoweit die durch die neue Freizügigkeitsrichtlinie 2004/38 und auch die Rechtsprechung des Gerichtshofs geschaffene Kategorie des Daueraufenthaltsberechtigten respektive des hinreichend integrierten Unionsbürgers sein, der bereits jetzt eine weitgehende Gleichstellung mit Inländern genießt.

c) *Auf dem Weg zu einem unionsbürgerlichen Gleichheitssatz?*

Entsprechend der Mehrebenenstruktur der EU verwirklicht sich die unionsbürgerliche Gleichheit in doppelter Hinsicht: zum einen in Gestalt des schon lange anerkannten Gemeinschaftsgrundrechts allgemeiner Gleichheitssatz, das die Unionsbürger vor sachlich nicht zu rechtfertigenden Ungleichbehandlungen primär durch die Organe der Union schützt;[122] zum anderen verpflichten sowohl das unionsbürgerliche wie auch die grundfreiheitlichen Diskriminie-

EU, 86 f.; *ders.*, 16 EBLR (2005), 547 (550): "problematic"; *ders.*, 54 ICLQ (2005), 885 (889); *J. Wouters*, Citizenship and Free Movement, 25 (53). Anders *J. Pomoell*, EU Citizenship in Focus, 44 f.

[120] Ausführlich dazu oben, 2. Teil A. VI. 3.

[121] Dazu im Kontext der Perspektiven unionsbürgerlicher Freizügigkeit bereits oben, 3. Teil A. III. 1. b) cc). Für die grundfreiheitlichen Diskriminierungsverbote formulierte bereits *U. Everling*, Niederlassungsrecht, 3: „Wenn einmal in einem weiten Lebensbereich der Grundsatz der Gleichbehandlung in der Gemeinschaft verwirklicht ist, muß sich dies notwendig auch auf die anderen Bereiche auswirken, weil die Gleichbehandlung allmählich im öffentlichen Bewußtsein als selbstverständlich empfunden werden wird".

[122] In beschränktem Umfang binden die Gemeinschaftsgrundrechte auch die Mitgliedstaaten, und zwar jedenfalls dann, wenn diese Unionsrecht durchführen oder umsetzen. Ob darüber hinaus auch eine Bindung zu bejahen ist, wenn die Mitgliedstaaten die Grundfreiheiten beschränkende Maßnahmen erlassen, ist umstritten. Siehe dazu *P. M. Huber*, Europäische Integration, § 8, Rn. 55 ff.; *T. Kingreen*, in: C/R, Art. 6 EUV, Rn. 56 ff.; *D. H. Scheuing*, EuR 2005, 162; *R. Streinz*, Europarecht, Rn. 768.

rungsverbote die Mitgliedstaaten, ausländische Unionsbürger mit Inländern vorbehaltlich der vertraglich vorgesehenen Ausnahmen und etwaigen Rechtfertigungsmöglichkeiten gleich zu behandeln. Anders als in konsolidierten Bundesstaaten, wie dem durch das Grundgesetz konstituierten, ist es im Kontext der Europäischen Union jedoch nicht möglich, von einem im Unionsrecht wurzelnden einheitlichen Gleichheitssatz als Ausdruck unionsbürgerlicher Gleichheit zu sprechen, der die in der Union ausgeübte Hoheitsgewalt, also die unionale wie auch die mitgliedstaatliche, umfassend bindet. Zwar gewährleistet der unionsrechtliche allgemeine Gleichheitssatz allen Unionsbürgern die Gleichheit des Unionsrechts und vor dem Unionsrecht, für die mitgliedstaatlichen Teilrechtsordnungen existiert jedoch keine vergleichbare Verbürgung. Dies resultiert nicht primär aus der Beschränkung des gegenüber den Mitgliedstaaten zum Tragen kommenden unionsbürgerlichen Diskriminierungsverbotes auf ein bestimmtes Differenzierungskriterium, das der Staatsangehörigkeit. Vielmehr ist das „Defizit" in der Struktur der horizontalen Gleichheitsgarantie angelegt. Denn diese ist freizügigkeitsakzessorisch ausgestaltet, setzt also tatbestandlich einen grenzüberschreitenden Bezug voraus. Damit besteht namentlich kein eigenständiger gleichheitsrechtlicher Schutz im Verhältnis des Einzelnen zu seinem Heimatmitgliedstaat.[123] Dies zeigt sich insbesondere an der mittlerweile in zahlreichen Entscheidungen bestätigten Weigerung des Gerichtshofs, aufgrund des Rechtsinstituts der Unionsbürgerschaft seine Position hinsichtlich der bislang für unionsrechtlich zulässig erachteten sog. „Inländerdiskriminierung" zu überdenken.[124] In der Literatur wird dies teils unter Verweis auf den gemeinsamen Status von In- und Ausländer als Unionsbürger gefordert, der den gleichen Schutz für alle Unionsbürger impliziere, eine Unterscheidung von internen und grenzüberschreitenden Sachverhalten also verbiete.[125] Diesen Schritt hin zu einer Gleichheit aller Unionsbürger hat der

---

[123] In diesem Verhältnis greift freilich die vom EuGH entwickelte „Garantie gleicher rechtlicher Behandlung bei Ausübung der Freizügigkeit" – zu dieser ausführlich oben, 2. Teil C. II. 1. –, die dem Heimatmitgliedstaat untersagt, nachteilige Folgen an die Ausübung des Freizügigkeitsrechts zu knüpfen. Allerdings ist auch diese Verbürgung – wie bereits der Name verdeutlicht – freizügigkeitsakzessorisch ausgestaltet. Selbiges gilt für die Bindung des Heimatmitgliedstaates an den allgemeinen Gleichheitssatz auch gegenüber eigenen Staatsangehörigen für den Fall, dass die Grundfreiheiten beschränkende Maßnahmen getroffen werden, so man in dieser Konstellation eine Bindung an die Gemeinschaftsgrundrechte bejaht (dazu Fn. 122).

[124] EuGH, Verb. Rs. C-64/96 und C-65/96, Slg. 1997, I-3171, Rn. 22 – Uecker und Jacquet; Rs. C-148/02, Slg. 2003, I-11613, Rn. 26 – Avello; Rs. C-403/03, Slg. 2005, I-6421, Rn. 20 – Schempp. Ebenso die GA *Léger*, in: Rs. C-192/99, Slg. 2001, I-1237, Rn. 24 f. – Kaur, und *Poiares Maduro*, in: Rs. C-72/03, Slg. 2004, I-8027, Rn. 69 – Carbonati Apuani.

[125] *K.-D. Borchardt*, NJW 2000, 2057 (2059); *ders.*, Unionsbürgerschaft, 9 (15); *N. Dautzenberg*, BB 1993, 1563 (1565); *U. Everling*, Auf dem Weg, 49 (56); *Y. Hangartner*, Bürgerrecht der EU, 695 (710); *B. Hofstötter*, SJER 2004, 267 (276 f.); *T. Jürgensen/I. Schlünder*, AöR 121 (1996), 201 (226 f.); *N. Reich*, Bürgerrechte in der EU, 427 f.; *ders./S. Harbacevica*,

Gerichtshof allerdings (noch) nicht vollzogen.[126] Die im zweiten Teil erörterte Rechtsprechung erlaubt also nicht, von einem an den Status als Unionsbürger angeknüpften Gleichheitsrecht zu sprechen.[127] Unitarisierungstendenzen zu konstatieren sind allerdings für den auf Art. 13 EG gestützten, mitunter in den Kontext der Unionsbürgerschaft gestellten[128] Schutz vor Diskriminierungen aus anderen Gründen als dem der Staatsangehörigkeit sowie für die Verwirklichung der Gleichbehandlung von Mann und Frau, da die Gleichbehandlungs- bzw. Anti-Diskriminierungsrichtlinien 76/207/EWG, 2000/43/EG, 2000/78/EG und 2004/113/EG unabhängig von einem grenzüberschreitenden Bezug Anwendung finden. Dies gilt auch für den in Art. 141 I EG verankerten Grundsatz der Lohngleichheit von Männern und Frauen.

3. Unionsbürgerliche Solidarität

In einem Großteil der im zweiten Teil erörterten Entscheidungen zum unionsbürgerlichen Diskriminierungsverbot dehnte der Gerichtshof, mitunter in ausdrücklicher Abkehr von seiner früheren Rechtsprechung,[129] den gleichen Zugang zu bislang Inländern sowie grundfreiheitlich Freizügigkeitsberechtigten vorbehaltenen Sozialleistungen auf Nichterwerbstätige aus.[130] Vor diesem

---

40 CML Rev. (2003), 615 (633 ff.); *G. Schulz*, Freizügigkeit, 82 ff.; *E. Spaventa*, 41 CML Rev. (2004), 743 (771); *S. Staeglich*, ZEuS 2003, 485 (506 ff.); *R. C. A. White*, 16 EBLR (2005), 547 (556 f.); *ders.*, 54 ICLQ (2005), 885 (901). Weitere Nachweise, auch zur Gegenauffassung, oben, 2. Teil B. II. 2. a) bb) (2) (b).

[126] Deshalb zurückhaltend zum Innovationspotential der Unionsbürgerschaft *J. D. Mather*, 11 EL Rev. (2005), 722 (735).

[127] Ebenso *C. Closa*, 32 CML Rev. (1995), 487 (505 ff.); *ders.*, A New Social Contract?, 6, mit Verweis auf den in Art. 12 EG tatbestandlich geforderten Bezug zum Anwendungsbereich des EG-Vertrages, womit auch die unionsbürgerliche Gleichheit nicht Ausdruck eines persönlichen Status, sondern der Zielerreichung im Rahmen des EG-Vertrages sei [zum Diskriminierungsabbau als Ziel des durch das allgemeine Freizügigkeitsrecht (Art. 18 I EG) erweiterten Binnenmarktes oben, 2. Teil B. II. 2. a) cc) (3)]. Siehe ferner *I. Pernice*, Verfassungsrechtliche Status, 177 (186 f.), der den Rekurs auf die Unionsbürgerschaft im Rahmen des Art. 12 EG nur als argumentative Untermauerung begreift.

[128] Siehe oben, 3. Teil A. II.

[129] Vgl. zu Studienbeihilfen EuGH, Rs. C-209/03, Slg. 2005, I-2119 – Dany Bidar, gegenüber Rs. 39/86, Slg. 1988, 3161 – Lair, und Rs. 197/86, Slg. 1988, 3205 – Brown; zu Sozialleistungen für Arbeitsuchende zum einen Rs. C-258/04, Slg. 2005, I-8275 – Ioannidis, und Rs. C-138/02, Slg. 2004, I-2703 – Collins, gegenüber Rs. 316/85, Slg. 1987, 2811 – Lebon, zum anderen Rs. 66/77, Slg. 1977, 2311 – Kuyken, gegenüber Rs. C-224/98, Slg. 2002, I-6191 – D'Hoop.

[130] Unionsbürgerliche Solidarität wird hier demnach in Anlehnung an den Schlussantrag des GA *Fennelly*, in: EuGH, Rs. C-70/95, Slg. 1997, I-3395, Rn. 29 – Sodemare, verstanden, wonach „Solidarität auf sozialem Gebiet … es mit dem naturgemäß nicht kaufmännischen Vorgang der unfreiwilligen Subventionierung einer sozialen Gruppe durch eine andere zu tun [habe]." Das Solidaritätskonzept im Unionsrecht geht freilich darüber hinaus [zu diesem allgemein *C. Barnard*, EU Citizenship and the Principle of Solidarity, 157 (158 ff.); *R. Bieber*,

Hintergrund verwundert es nicht, dass als weitere wesentliche Komponente der Unionsbürgerschaft ihre soziale Dimension herausgestrichen wird, die Unionsbürgerschaft mitunter sogar in Anlehnung an das Bürgerschaftskonzept *T. H. Marshalls*[131] als Sozialbürgerschaft und damit als höchste Stufe bürgerlicher Partizipation gefeiert wird:[132]

The inclusion of a social imperative in the understanding of Union citizenship is a key element to its further development and can affect positively the whole integration process of the Community.[133]

[T]he *Sala* and *Grzelczyk* rulings ... paved the way for social citizenship.[134]

È certamente vero che ... la Corte dimostra un qualificato impegno sul versante della costruzione, attraverso il principio di non discriminazione applicato alla cittadinanza, di garanzie

---

Solidarität als Verfassungsprinzip der EU, 41 (43 ff.); *C. Calliess*, Subsidiaritäts- und Solidaritätsprinzip in der EU, 187 ff.; *P. Gussone*, Solidaritätsprinzip; *T. Hervey*, Social Solidarity; *T. Hieronymi*, Solidarität als Rechtsprinzip; *C. Tomuschat*, Solidarität in Europa, 729 (730 ff.)] und findet sich im VVE etwa als Grundlage der Union (Präambel des VVE, Art. I-2, I-3 III UA 2 f., I-3 IV VVE, Präambel der GRC und Teil II VVE), im Rahmen der GASP (Art. I-16 II, I-40 I, III-291 I, III-294 II VVE), in Gestalt der Solidaritätsklausel (Art. I-43, III-329 VVE), von Gemeinschaftsgrundrechten auf Solidarität (Art. II-87 ff. VVE), der gerechten Lastenverteilung im Bereich Asyl und Migration (Art. III-257 II, III-268 VVE) oder als Regel der Beschlussfassung im Rat (III-300 I VVE). Verwiesen sei ferner auf die Loyalitätspflicht (Art. 10 EG), den Gemeinschaftshaushalt (Art. 268 ff. EG), den wirtschaftlichen und sozialen Zusammenhalt (Art. 158 ff. EG) und die gemeinsame Agrarpolitik (Art. 32 ff. EG).

[131] *T. H. Marshall*, Citizenship and Social Class. Siehe zum Komplex (Europäische) Bürgerschaft und Solidarität auch *J. Habermas*, Postnationale Konstellation, 149 ff.; *M. Reddig*, Bürger jenseits des Staates?, 191 ff.

[132] *D. D'Alessandro*, Diritto pubblico comparato ed europeo 2002, 1638 (1639, 1642 f.); *S. Bode*, EuZW 2002, 637; *dies.*, EuZW 2003, 552 (553); *K.-D. Borchardt*, NJW 2000, 2057; *C. Delli*, Unionsbürgerschaft, 41 f.; *M. Ferrera*, Towards an 'Open' Social Citizenship?; *K. Hailbronner*, ZaöRV 64 (2004), 603 (612); *R. Höfler*, NVwZ 2002, 1206; *J. Pomoell*, EU Citizenship in Focus, 50 ff.; *R. Streinz*, Sozialpolitische Zuständigkeit der EU, 29 (31 f.); *A. del Valle Gálvez*, Ciudadanía, 207 (215 f.). Vgl. ferner die Titel der Aufsätze respektive Kapitel von *U. Becker*, ZESAR 2002, 8: „Unionsbürgerschaft und soziale Rechte"; *T. Faist*, 39 JCMS (2001), 37: "Social Citizenship in the European Union: Nested Membership"; *C. Jacqueson*, 27 EL Rev. (2002), 270: "...Towards social citizenship"; *C. Schönberger*, ZAR 2006, 226: „Unionsbürgerschaft als Sozialbürgerschaft ..."; *M. Zuleeg*, Rechtliche Zusammenhalt der EU, 159 f.: „Sozialgemeinschaft und Unionsbürgerschaft". Rechtsvergleichend zu den Systemen der sozialen Sicherheit in Europa *J. P. A. van Vugt*/*J. M. Peet*, Social Security and Solidarity in the EU. Zurückhaltend zu den mit der Unionsbürgerschaft verbundenen sozialen Fortschritten dagegen *M. La Torre*, Cittadinanza e ordine politico, 231 ff.; *P. B. Lehning*, 20 Law and Philosophy (2001), 239 (270 f.).

[133] *A. Iliopoulou*/*H. Toner*, 39 CML Rev. (2002), 609 (620).

[134] *C. Jacqueson*, 27 EL Rev. (2002), 260 (278).

che, letto secondo le classificazioni proprie delle costituzioni degli stati membri, possono essere ascritte al godimento di diritti fondamentali di tipo sociale.[135]

Die Unionsbürgerschaft beinhaltet die Idee transnationaler Solidarität.[136]

Diese Rede von der Unionsbürgerschaft als Sozialbürgerschaft darf, wie bei den Aspekten unionsbürgerliche Freizügigkeit und Gleichheit auch, nicht den Blick für die beiden Dimensionen der Unionsbürgerschaft verstellen, in denen sie zum Tragen kommt. Zu analysieren ist also zum einen der Solidaritätsanspruch des Unionsbürgers gegenüber der Union (a), zum anderen dessen Rechtsstellung in den einzelnen Mitgliedstaaten (b).

a) Der Solidaritätsanspruch des Unionsbürgers gegenüber der Union

Die Konzeptionalisierung der Unionsbürgerschaft als Sozialbürgerschaft erweckt die Vorstellung, dass aus der Stellung als Unionsbürger eine gewisse Mindestgarantie an sozialen Rechten gegenüber der Union folgt.[137] Diese Idee klingt in den gemeinschaftlichen Sozialvorschriften (Art. 136 ff. EG) sowie dem der Solidarität gewidmeten Kapitel IV der Grundrechtecharta respektive dem entsprechenden Titel IV des 2. Teils des VVE an.[138] Primär gegenüber der Union (II-111 VVE) gewährleistet sind dort in Zusammenhang mit dem Arbeitsleben stehende Rechte[139], der Schutz der Familie (Art. II-93 VVE), soziale Sicherheit und soziale Unterstützung (II-94 VVE), der Zugang zu Dienstleistungen von allgemeinem wirtschaftlichen Interesse (II-96 VVE) sowie der Gesundheits- (II-95 VVE), Umwelt- (II-97 VVE) und Verbraucherschutz

---

[135] *D. D'Alessandro*, Diritto pubblico comparato ed europeo 2002, 1638 (1642). Siehe *dies.*, ibid. (1639): "Cittadinanza, ... quale strumento atto a legare partecipazione politica, diritti fondamentali e doveri di solidarietà".

[136] *M. Reddig*, Bürger jenseits des Staates?, 191. Siehe ferner *C. Delli*, Unionsbürgerschaft, 42: „Der EuGH ist also daran, ein Konzept der Unionsbürgerschaft zu entwickeln, welches auf dem Gedanken der Solidarität und der sozialen Gleichheit beruht."; *M. Dougan/E. Spaventa*, 28 EL Rev. (2003), 699 (704): "Free movement law is being used ... to encourage novel expectations of welfare provisions, transcending national frontiers, which derive directly from the status of Union citizenship."

[137] Zu einem entsprechenden Verständnis sozialer Bürgerschaft *C. Newdick*, 43 CML Rev. (2006), 1645 (1646 ff.).

[138] Zu sozialen Rechten etwa *P. Gussone*, Solidaritätsprinzip, 152 ff.; *K. Hailbronner*, Arbeitsmarktzugang, 315 (325 f.); *T. Kingreen*, Gleichheitsgrundrechte und soziale Rechte, Rn. 56 ff.; *J. Pomoell*, EU Citizenship in Focus, 57 ff.; *A. Sajo*, ECLR 1 (2005), 38; *R. Winkler*, Grundrechte der EU, 52 ff.

[139] Recht auf Unterrichtung und Anhörung der Arbeitnehmerinnen und Arbeitnehmer im Unternehmen (II-87 VVE), Recht auf Kollektivverhandlungen und Kollektivmaßnahmen (II-88 VVE), Recht auf Zugang zu einem Arbeitsvermittlungsdienst (II-89 VVE), Schutz bei ungerechtfertigter Entlassung (II-90 VVE), gerechte und angemessene Arbeitsbedingungen (II-91 VVE) sowie Verbot der Kinderarbeit und Schutz der Jugendlichen am Arbeitsplatz (II-92 VVE).

(II-98 VVE). Art. II-94 III VVE, das Gemeinschaftsgrundrecht auf soziale Unterstützung, lautet etwa:

> Um die soziale Ausgrenzung und die Armut zu bekämpfen, anerkennt und achtet die Union das Recht auf eine soziale Unterstützung und eine Unterstützung für die Wohnung, die allen, die nicht über ausreichende Mittel verfügen, ein menschenwürdiges Dasein sicherstellen sollen, nach Maßgabe des Gemeinschaftsrechts und der einzelstaatlichen Rechtsvorschriften und Gepflogenheiten.

Angesichts der nur sehr beschränkten Zuständigkeit der EU im Bereich der Sozialpolitik[140], die jedenfalls kompetentiell nach wie vor überwiegend im Verantwortungsbereich der Mitgliedstaaten liegt, ist die Tragweite derartiger Gewährleistungen jedoch zurückhaltend zu bewerten,[141] einmal ganz abgesehen von ihren tatbestandlichen Relativierungen und der umstrittenen Bindungswirkung der Grundrechtecharta.[142] Ganz auszuschließen sind Konsequenzen der Solidaritätsgrundrechte für den Solidaritätsanspruch des Unionsbürgers freilich nicht, da diese Garantien zur Auslegung des Unionsrechts herangezogen werden könnten. Auch wenn etwa Art. II-94 III VVE nur nach Maßgabe des Gemeinschaftsrechts gewährleistet ist, erscheint eine zum allgemeinen Freizügigkeitsrecht parallele Entwicklung nicht unwahrscheinlich: Namentlich sekundärrechtliche Schranken und Ausgestaltungen könnten das Gemeinschaftsgrundrecht nicht nur konkretisieren, sondern zugleich in desssen Lichte ausgelegt werden und damit eine neue Tragweite erfahren. Wie dem auch sei, blickt man nun auf die im zweiten Teil entfaltete Rechtsprechung, die der Unionsbürgerschaft ein soziales Gesicht verliehen haben soll, ist wiederum zu konstatieren, dass diese keinen Beitrag zur sozialen Stellung des Unionsbürgers gegenüber einer umverteilend tätig werdenden Union geleistet hat.

b) Der Solidaritätsanspruch des Unionsbürgers im Aufnahmemitgliedstaat

Ihre sozialrechtliche Sprengkraft entfaltete die Unionsbürgerschaft vielmehr hinsichtlich der aus dem Zusammenspiel von allgemeinem Diskriminierungsverbot und Freizügigkeitsrecht resultierenden Pflicht der Mitgliedstaaten, ausländische Unionsbürger in ihre nationalen Sozialleistungssysteme einzubeziehen. Gegenüber grundfreiheitlich Freizügigkeitsberechtigten, also im We-

---

[140] *S. Leibfried*, Social Policy, 243 (246 ff.); *H. Obinger/ders./F. G. Castles*, Der Staat 44 (2005), 505 (519 ff.); *S. O'Leary*, Social Dimension, 156 (163 ff.); *T. Oppermann*, Europarecht, § 27, Rn. 12 ff.; *J. Pomoell*, EU Citizenship in Focus, 54 ff.; *R. Streinz*, Sozialpolitische Zuständigkeit der EU, 29 (33 ff.). Gegen die Entwicklung einer eigenständigen europäischen Sozialpolitik *M. Nettesheim*, Politische Gemeinschaft der Unionsbürger, 193 (205 f.).

[141] Siehe aber auch *M. Reddig*, Bürger jenseits des Staates?, 194, nach der die Grundrechtecharta „ein entscheidender Schritt hin zur Sicherung eines gemeinsamen Grundbestandes von sozialen Rechten in der Europäischen Union" ist.

[142] Dazu *K. Hailbronner*, Arbeitsmarktzugang, 315 (325 f.); *S. O'Leary*, Solidarity and Citizenship Rights, 39 (47 ff., 60 ff.); *E. Riedel*, in: Meyer, Art. 34 GRC, Rn. 21 ff.

sentlichen gegenüber Erwerbstätigen, bestand diese Verpflichtung als Preis für deren Beitrag zu Produktivität und Wohlstand im Aufnahmemitgliedstaat auch schon vor Einführung der Unionsbürgerschaft aufgrund der marktfreiheitlichen Diskriminierungsverbote, die der Gerichtshof weit und nahezu unbedingt verstand.[143] Die Universalisierung des Freizügigkeitsregimes durch die Einführung des allgemeinen Freizügigkeitsrechts nahm der Gerichtshof in der im zweiten Teil ausführlich erörterten Rechtsprechung zum Anlass, auch den Diskriminierungsschutz *ratione personae* entsprechend zu erweitern. Konsequenz dieser Rechtsprechung ist ein *tatbestandlich* umfassender, obgleich nicht absoluter Gleichbehandlungsanspruch aller Unionsbürger auch hinsichtlich des Zugangs zu bislang Inländern und grundfreiheitlich Freizügigkeitsberechtigten vorbehaltenen Sozialleistungen.[144]

Es ist nicht weiter verwunderlich, dass diese Ausdehnung des unionsbürgerlichen Solidaritätsanspruchs nicht nur als stimmige Fortentwicklung des Unionsbürgerstatus begrüßt, sondern auch die aus ihr resultierenden Gefahren für die nationalen Sozialsysteme betont werden.[145] Im Ergebnis ist dieser Rechtsprechung jedoch zuzustimmen: Aus dogmatischer Sicht hat sie die Grenzen der anerkannten Interpretationsmethoden respektive der zulässigen Rechtsfortbildung nicht verlassen, und in der Sache findet sie ihre Stütze im Unionsbürgerstatus, der alle Angehörigen der Mitgliedstaaten verbindet. Aufgrund dieses gegenüber drittstaatsangehörigen Ausländern privilegierten, gemeinsamen Status können Unionsbürger nicht als der Solidargemeinschaft im Aufnahmemitgliedstaat gänzlich nichtzugehörig betrachtet werden; gleichzeitig steht deren Status als auch Ausländer einer vollständigen Gleichstellung mit Inländern entgegen. Diesen beiden Polen unionsbürgerlicher Solidarität tragen die tatbestandlich umfassende Gleichbehandlungspflicht einerseits und die auf Rechtfertigungsebene zulässigen temporalen, qualitativen und quantitativen Abstufungen der Einbeziehung andererseits Rechnung.

Diese rechtsprechungsinduzierte Fortentwicklung unionsbürgerlicher Solidarität ist aufgrund der funktionalen Grenzen, die der Rechtsprechungstätigkeit innewohnen, indes nicht unproblematisch. Hierauf wies *Jean-Claude Scholsem* schon im Zusammenhang mit dem richterrechtlich angestoßenen gleichen Zugang zum Hochschulstudium hin:

> Mais, par la force des choses, le juge est plus fait pour abattre des obstacles que pour construire des solutions nouvelles. Sa réponse ne peut souvent être qu'un «second best». Peut-on dès lors

---

[143] Dazu ausführlich oben, 1. Teil A. II. 1. b). In eingeschränktem Umfang galt dies auch für Studierende, dazu oben, 1. Teil A. II. 2. a) bb) (2).

[144] Ausführlich dazu oben, 2. Teil B., zu den Schranken 2. Teil B. II. 3.

[145] *S. Bode*, EuZW 2002, 637 (638 f.); *C. Calliess*, ZaöRV 64 (2004), 665; *H. Linhart/ O. Adolph*, NDV 2004, 282 (285); *G. Meier*, EuZW 2001, 33; *I. Niemann*, EuR 2004, 946 (949); *M. Scheffer*, ZRP 2003, 55; *R. Streinz*, JuS 2002, 1218 (1219 f.); *K. Strick*, NJW 2005, 2182 (2186 f.).

écarter le risque de voir certaines solutions s'imposer pour ainsi dire mécaniquement, sous le contrecoup de l'abolition d'anciennes mesures étatiques, mais sans discussion, sans idées ni volontés communes quant aux meilleures solutions à adopter? La question ne peut être éludée. En toute hypothèse, jamais une bonne jurisprudence ne remplacera une bonne politique.[146]

Im Rahmen der vorliegenden Arbeit kann die hieraus resultierende Problematik nur angedeutet werden.[147] Die Antwort der einzelfallbasierten Rechtsprechung kann immer nur sein, die Erstreckung der Sozialleistung anzuordnen oder abzulehnen, eine Antwort, die angesichts der Offenheit des Konzepts der abgestuften Integration zudem oft nicht hinreichend deutlich erfolgen wird. Ob aber die Soziallasten der Migration nicht besser anders zu verteilen sind, kann nur im Wege der – zudem demokratisch legitimierten – Gesetzgebung geklärt werden: Verbleibt es auch im Ergebnis bei der nach einer gewissen Aufenthaltsdauer vom Gerichtshof vorgezeichneten Belastung des Aufnahmemitgliedstaates, bestehen Erstattungsansprüche gegenüber dem Heimatmitgliedstaat oder aus einem unionsweiten Lastenausgleich? Die durch die Rechtsprechung angestoßene Notwendigkeit legislativer Koordinierung wird umso deutlicher, vergegenwärtigt man sich, dass die eventuelle Einbeziehung des EU-Ausländers in das nationale Sozialleistungssystem nur die eine Seite der Medaille ist. Die Frage nach dem Beginn der nunmehr auch wohnsitzbasierten Mitgliedschaft in der Solidargemeinschaft des Aufnahmemitgliedstaates zieht nämlich zwangsläufig die Frage nach dem Ausscheiden aus der des Heimatmitgliedstaates nach sich: Überträgt man dem Aufnahmemitgliedstaat eine umfassende Verantwortung für einen ausländischen Unionsbürger im sozialen Bereich, fragt sich, ob die Verantwortung des Heimatstaates nunmehr endet. Richterliche Vorgaben existieren auch für den zweiten Aspekt, nämlich das ebenfalls Art. 18 I EG entnommene Gebot der Gleichbehandlung (von Inländern) bei Ausübung des Freizügigkeitsrechts, das eine grundsätzliche Exportierbarkeit von Sozialleistungen fordert.[148] Die erforderliche Abstimmung beider

[146] *J.-C. Scholsem*, CDE 1989, 306 (324). Ähnlich *S. Bode*, EuZW 2003, 552 (557); *dies.*, EuZW 2005, 279 (280); *dies.*, Europarechtliche Gleichbehandlungsansprüche Studierender, 243 f., 359 f.; *A. von Bogdandy/S. Bitter*, Unionsbürgerschaft und Diskriminierungsverbot, 309 (315 f.); *M. Dougan*, 42 CML Rev. (2005), 943 (985); *T. Helms*, GPR 2005, 36 (38); *R. Kanitz/P. Steinberg*, EuR 2003, 1013 (1024); *M. Moore*, 39 CML Rev. (2002), 807 (836 f.); *C. Schönberger*, Unionsbürger, 352. Der Gerichtshof ist sich dieser Problematik bewusst, sieht sich jedoch gleichzeitig verpflichtet, Rechtsschutz zu gewähren, vgl. EuGH, Rs. 1/72, Slg. 1972, 457, Rn. 20 ff. – Frilli.

[147] Zur Problematik und zu möglichen Lösungen *A. P. van der Mei*, EU Law and Education, 219; *ders.*, Free Movement, 422 ff.; *ders.*, Freedom of Movement for Students, 167; *C. Schönberger*, Unionsbürger, 349 ff.; *V. Sottili*, Contratto e impresa. Europa 1997, 710 (722).

[148] Zu deren Grenzen bereits oben, 2. Teil C. II. 2. b) bb), sowie *F. Wollenschläger*, EuZW 2006, 503 (504 ff.).

Ansprüche kann eine auf den konkreten Fall und damit einen der beiden Aspekte bezogene Rechtsprechung nicht leisten.

Schließlich darf das prekäre Verhältnis von rechtlich geforderter Solidarität und deren tatsächlichen Grundlagen nicht aus dem Auge verloren werden. Juristisch betrachtet hat die Rechtsprechung des Gerichtshofs zweifelsohne zu einer erheblichen Ausdehnung des Solidaritätsanspruchs des einzelnen Unionsbürgers im Aufnahmemitgliedstaat geführt. Diese normativen Vorgaben dürfen jedoch auch als Leitbild keinen zu großen Graben zu der von Inländern tatsächlich akzeptierten Solidarität gegenüber ausländischen Unionsbürgern öffnen. Denn dies gefährdet die Akzeptanz der Rechtsprechung und begründet damit entgegen der rechtlich geforderten Extension die Gefahr einer Schwächung der unionsbürgerlichen Solidarität.[149] Dieser Gefahr hat der EuGH durch die Einräumung weit reichender Rechtfertigungsmöglichkeiten entgegengewirkt, was natürlich nichts an der grundsätzlich gebotenen Einbeziehung ändert. Zudem darf nicht übersehen werden, dass bereits die Grundfreiheiten erhebliche Solidaritätspflichten begründen: Erinnert sei an die Kerngewährleistung der Arbeitnehmerfreizügigkeit, dass Inländern keine Arbeitsplätze vorbehalten werden dürfen, oder die geforderte soziale Gleichstellung des Arbeitnehmers mit Inländern. Gleiches gilt für die jüngst bestätigte, Mitte der 1980er Jahre begründete Rechtsprechung des Gerichtshofs zum Hochschulzugang.

c) *Perspektiven unionsbürgerlicher Solidarität*

Trotz der mit der Rechtsprechung des EuGH einhergehenden Universalisierung des Anspruchs auf soziale Solidarität im Aufnahmemitgliedstaat bleibt die dem Unionsbürger *qua* seiner Unionsbürgerschaft geschuldete Solidarität beschränkt. Die den Mitgliedstaaten eröffneten Rechtfertigungsmöglichkeiten für die nur gestufte Einbeziehung nichterwerbstätiger Unionsbürger in die nationalen Solidarsysteme spiegeln nicht nur – entsprechend dem bloß ergänzenden Charakter der Unionsbürgerschaft (Art. 17 I 3 EG) – den Unterschied zum Inländer als vollwertigem Mitglied der nationalen Solidargemeinschaft wider, sondern auch den zum erwerbstätigen Unionsbürger, dessen Solidaritätsanspruch jedenfalls nach geltendem Unionsrecht nicht vergleichbar relativiert wird.[150] In der Sache ist dies jedoch gerechtfertigt, um primär wohlfahrtsstaatlich motivierte Wanderungsbewegungen Nichterwerbstätiger zu verhindern und dem lediglich graduell wachsenden Integrationsanspruch des nicht-

---

[149] *C. Barnard*, EU Citizenship and the Principle of Solidarity, 157 (174 f.); *S. Bode*, EuZW 2002, 637 (639); *M. Dougan*, 31 EL Rev. (2006), 613 (623); *K. Hailbronner*, 42 CML Rev. (2005), 1245 (1264 ff.); *ders.*, JZ 2005, 1138 (1143 f.). Vgl. auch *V. Lippolis*, European Citizenship, 317 (323).

[150] Dazu jüngst EuGH, Rs. C-258/04, Slg. 2005, I-8275, Rn. 35 f. – Ioannidis. Zur Fragmentierung siehe *M. Dougan/E. Spaventa*, 28 EL Rev. (2003), 699 (712). Zur Begrenztheit *C. Barnard*, 42 CML Rev. (2005), 1465 (1477 f., 1488).

erwerbstätigen Unionsbürgers in die Gesellschaft des Aufnahmemitgliedstaats Rechnung zu tragen. Des Weiteren ist zu berücksichtigen, dass aufgrund der Stellung als Unionsbürger kein sozialer Mindeststandard im Aufnahmemitgliedstaat gesichert ist, sondern entsprechend der Logik eines unionsbürgerlichen Diskriminierungsverbotes nur derivative Teilhabeansprüche – niemals aber originäre Leistungsrechte – begründet werden.[151] Eine weitere Konsequenz der Radizierung des Solidaritätsanspruchs im unionsbürgerlichen Diskriminierungsverbot ist, dass dieser dessen freizügigkeitsakzessorischen Charakter teilt. Unionsbürgerliche Solidarität ist also nicht dem Unionsbürger an sich geschuldet, sondern nur dem Mobilen. Die Verankerung der Sozialleistungsansprüche im unionsbürgerlichen Diskriminierungsverbot schwächt ferner das weithin vertretene Konzept einer sozialen Unionsbürgerschaft, da das Diskriminierungsverbot hinsichtlich des von ihm erfassten Regelungsgegenstandes neutral ist. Strukturell identische Gleichbehandlungsansprüche wurden vielmehr auch im Straf- und Strafverfahrensrecht, Steuerrecht, Internationalen Privatrecht (Namensrecht) und Zwangsvollstreckungsrecht begründet.

Dennoch ist mit dem allgemeinen Institut der Unionsbürgerschaft der Fortentwicklung unionsbürgerlicher Solidarität ein Weg vorgezeichnet, wie dies auch beim Freizügigkeitsrecht und Gleichbehandlungsanspruch der Fall war.[152] Bereits *de lege lata* steigt der Solidaritätsanspruch mit zunehmender Integration des ausländischen Unionsbürgers in den Aufnahmemitgliedstaat. Mit hinreichender Integration im Sinne der Rechtsprechung des Gerichtshofs respektive mit Erlangung des Daueraufenthaltsstatus gemäß der neuen Freizügigkeitsrichtlinie 2004/38 ist die Endstufe erreicht. Denn ab diesem Zeitpunkt sind Inländer und ausländischer Unionsbürger unabhängig vom ökonomischen Status gleichgestellt, womit dem Aufnahmemitgliedstaat eine umfassende Verantwortung im sozialen Bereich auch für ausländische Unionsbürger auferlegt wird.

---

[151] *E. Eichenhofer*, ZIAS 2003, 404 (407) spricht von zivilen Teilhabechancen; *S. Kadelbach*, Unionsbürgerschaft, 539 (565); *ders.*, JZ 2005, 1163 (1164); *T. Kingreen*, Sozialstaatsprinzip im europäischen Verfassungsverbund, 418; *S. O'Leary*, Options for reform, 31; *F. Wollenschläger*, Schicksalsgemeinschaft EU?, 238 (239). Eine leistungsrechtliche Dimension bejahte *K.-D. Borchardt*, NJW 2000, 2057 (2059 f.), später jedoch aufgeben, vgl. *ders.*, EuZW 2001, 321.

[152] Siehe etwa *C. Barnard*, EU Citizenship and the Principle of Solidarity, 157 (174): "[T]rue Union Citizenship will only be realised when there is genuine solidarity between the citizens of all 25 Member States of the kind found in the national systems"; *S. Douglas-Scott*, Constitutional Law of the EU, 512: "[T]here will be no effective enjoyment of meaningful social rights as part of Community citizenship until equality in the field of social benefits is divorced from the role played by the citizen in the process of economic integration"; *S. O'Leary*, Evolving Concept, 99.

Bis der EuGH das gegenseitige Füreinander-Einstehen der Unionsbürger ähnlich blumig wie der U.S. Supreme Court in der Rs. Edwards v. California umschreibt, wird allerdings noch einige Zeit vergehen:

But this does not mean that there are no boundaries to the permissible area of State legislative activity. There are. And none is more certain than the prohibition against attempts on the part of any single State to isolate itself from difficulties common to all of them by restraining the transportation of persons and property across its borders. It is frequently the case that a State might gain a momentary respite from the pressure of events by the simple expedient of shutting its gates to the outside world. But, in the words of Mr. Justice Cardozo: "The Constitution was ... framed under the dominion of a political philosophy less parochial in range. It was framed upon the theory that the peoples of the several states must sink or swim together, and that in the long run prosperity and salvation are in union and not division."[153]

4. Unionsbürgerliche Freiheit

Eine Sicherung und Verbesserung der freiheitsrechtlichen Position der Angehörigen der Mitgliedstaaten war nicht nur ein von Anfang an mit der Idee einer „Europäischen Bürgerschaft" eng verknüpftes Anliegen.[154] Vielmehr wird auch heute – entsprechend dem in Art. 2 UA 1 3. SpS EU verankerten Ziel der Unionsbürgerschaft, den Schutz der Rechte und Interessen der Angehörigen der Mitgliedstaaten zu stärken – der Bogen von der Unionsbürgerschaft zum Schutz der Grundrechte der Unionsbürger geschlagen.[155] Im Mehrebenensystem EU, in dem die Freiheit des Unionsbürgers Beeinträchtigungen sowohl von unionaler als auch mitgliedstaatlicher Seite ausgesetzt ist, sind diese beiden Ebenen wiederum analytisch streng zu trennen. Zu untersuchen sind also die Auswirkungen der Unionsbürgerschaft auf die freiheitsrechtliche Position des Unionsbürgers gegenüber der Union einerseits (a) und den einzelnen Mitgliedstaaten andererseits (b).

a) Die freiheitsrechtliche Position des Unionsbürgers gegenüber der Union

Die freiheitsrechtliche Position des Unionsbürgers gegenüber der Union zu sichern, ist Aufgabe der Gemeinschaftsgrundrechte. Diese dem EWG-Vertrag unbekannte Normkategorie entwickelte der Gerichtshof ab dem Ende der 1960er Jahre in seiner Rechtsprechung als Reaktion auf die Erkenntnis, dass Freiheitsgefährdungen auch von Gemeinschaftsorganen ausgehen können. Diesen wurde nämlich aufgrund der zwischenzeitlich anerkannten unmittelbaren Anwendbarkeit des Gemeinschaftsrechts die Möglichkeit eingeräumt, direkt in Rechtspositionen der Angehörigen der Mitgliedstaaten einzugreifen. Methodisch qualifizierte der EuGH die Gemeinschaftsgrundrechte als Teil der

---

[153] Edwards v. California, 314 U.S. 160 (173 f.).
[154] Näher dazu oben, 1. Teil B. I.
[155] Nachweise in Fn. 47.

von ihm zu wahrenden allgemeinen Rechtsgrundsätze[156] und zog die gemeinsamen Verfassungsüberlieferungen der Mitgliedstaaten sowie internationale Verträge zum Schutz der Menschenrechte, insbesondere die EMRK, als Rechtserkenntnisquellen heran[157]. Mit dem Vertrag von Maastricht wurde diese kontinuierlich ausgeweitete Rechtsprechung in Art. 6 II EU kodifiziert[158] und am 7.12.2000 vom Europäischen Rat in Nizza eine allerdings noch unverbindliche Charta der Grundrechte feierlich proklamiert. Diese wurde geringfügig modifiziert in den zweiten Teil des noch nicht von allen Mitgliedstaaten ratifizierten Verfassungsvertrages übernommen.

Das ursprüngliche Nichtvorhandensein sowie die zu Tage tretenden Defizite des Grundrechtsschutzes, namentlich das Fehlen eines geschriebenen Grundrechtskataloges und die dem EuGH angelastete Unterordnung der Gemeinschaftsgrundrechte unter die Integrationsziele[159], führten dazu, dass unter dem Banner eines „Europa der Bürger" Forderungen nach entsprechenden Fortschritten erhoben wurden. Die damit hergestellte Verbindung von Grundrechtsschutz und „Europäischer Bürgerschaft" erklärt sich vor dem Hintergrund, dass entsprechend dem Anliegen eines „Europa der Bürger" dem Europäischen Bürger und seinen Rechten eine zentrale Rolle im europäischen Integrationsprozess beigemessen werden sollte.[160] Obgleich *prima facie* nicht aus den Verträgen ersichtlich, lässt sich der Schutz der Grundrechte des Unionsbürgers gegenüber der Union auch als Aspekt der Unionsbürgerschaft begreifen. Denn diese zielt ihrer historischen Herkunft entsprechend gemäß Art. 2 UA 1 3. SpS EU auf eine Stärkung des Schutzes der Rechte und Interessen der Angehörigen der Mitgliedstaaten und wird in der Präambel sowohl der Grundrechtecharta als auch des Grundrechtsteils des Verfassungsvertrages als Ausdruck dessen verstanden, dass der Mensch im Mittelpunkt des Handelns der Union steht, weshalb diese dessen Grundrechte wahren muss.[161]

---

[156] Erstmals anerkannt in EuGH, Rs. 29/69, Slg. 1969, 419, Rn. 7 – Stauder. Aus der Anfangszeit vgl. ferner Rs. 11/70, Slg. 1970, 1125, Rn. 4 – Internationale Handelsgesellschaft; Rs. 25/70, Slg. 1970, 1161, Rn. 22 – Koester, Berodt und Co.

[157] EuGH, Rs. 4/73, Slg. 1974, 491, Rn. 13 – Nold. Für den Rekurs auf die nationalen Verfassungstraditionen siehe bereits zuvor Rs. 11/70, Slg. 1970, 1125, Rn. 4 – Internationale Handelsgesellschaft.

[158] Zur Entwicklung des unionalen Grundrechtsschutzes vgl. statt vieler *P. M. Huber*, Europäische Integration, § 8, Rn. 29 ff.; *J. Kühling*, Grundrechte, 583 (586 ff.); *S. O'Leary*, Solidarity and Citizenship Rights, 39 (42 ff.); *V. Skouris*, DÖV 2006, 89 (91 ff.); *R. Streinz*, Europarecht, Rn. 412 ff., 753 ff.; *C. Walter*, Geschichte und Entwicklung der Europäischen Grundrechte und Grundfreiheiten, Rn. 19 ff.

[159] Dazu *P. M. Huber*, Europäische Integration, § 8, Rn. 67 ff.; *J. Kühling*, Grundrechte, 583 (583 ff.).

[160] Vgl. dazu oben, 1. Teil B. I.

[161] Entsprechend betont auch die Literatur den Zusammenhang von Unionsbürgerschaft und Grundrechtsschutz, vgl. Fn. 47.

In diese Tradition reiht sich die im zweiten Teil entfaltete Rechtsprechung des Gerichtshofs – wie bereits die untersuchten Aspekte unionsbürgerliche Freizügigkeit, Gleichheit und Solidarität zeigen – nicht ein. Denn ihr zentrales Anliegen ist nicht die Rechtsstellung des Unionsbürgers gegenüber der Union, sondern gegenüber den Mitgliedstaaten. Selbst wenn man eine Bindung auch der Union an Art. 18 I EG bejaht,[162] so wäre die praktische Tragweite dieser Gewährleistung minimal, da Mobilitätshindernisse regelmäßig nicht von unionaler Seite ausgehen.

b) Die freiheitsrechtliche Position des Unionsbürgers gegenüber den Mitgliedstaaten

Der freiheitsrechtliche Gehalt ist vielmehr im Verhältnis des Einzelnen gegenüber den Mitgliedstaaten zu suchen. Führt hier die Stellung als Unionsbürger zu einer Mindestgarantie an Freiheitsrechten, von der derjenige profitiert, der von seinem Freizügigkeitsrecht Gebrauch macht, wie dies im antike Traditionen aufgreifenden[163] Schlussantrag des Generalanwalts *Jacobs* in der Rs. Konstantinidis anklingt?

> Ich bin der Meinung, daß ein Gemeinschaftsangehöriger, der sich als Arbeitnehmer oder Selbständiger ... in einen anderen Mitgliedstaat begibt, Anspruch nicht nur darauf hat, seinem Gewerbe oder Beruf nachzugehen und dieselben Lebens- und Arbeitsbedingungen vorzufinden wie Angehörige des Gastlandes; er darf außerdem davon ausgehen, daß er, wohin er sich in der Europäischen Gemeinschaft zu Erwerbszwecken auch begibt, stets in Einklang mit einer gemeinsamen Ordnung von Grundwerten behandelt wird, insbesondere denen, die in der Europäischen Menschenrechtskonvention niedergelegt sind. Mit anderen Worten, er ist berechtigt, zu sagen „civis europeus sum" und sich auf diesen Status zu berufen, um sich jeder Verletzung seiner Grundrechte zu widersetzen.[164]

Die Garantie eines derartigen Mindeststandards ist im Status als Unionsbürger, so wie er unionsrechtlich vorgezeichnet ist, allerdings nicht enthalten[165] und lässt sich auch nicht über den Umweg des unionsbürgerlichen Freizügigkeitsrechts oder der Gemeinschaftsgrundrechte konstruieren. Als Freiheitsrecht steht Art. 18 I EG zwar nicht zu rechtfertigenden Eingriffen in das Recht, sich grenzüberschreitend fortzubewegen, in das Aufenthaltsrecht im Aufnahmemitgliedstaat sowie direkten und schweren Beeinträchtigungen der transnationalen Mobilität entgegen. Darüber hinaus gewährt er jedoch keinen freiheitsrechtli-

---

[162] Dazu oben, 2. Teil A. II.

[163] Acta Pauli, 23, 25. 27 f.; 25, 11 f.; Cic. Verr. 2, 5, 147.

[164] GA *Jacobs*, in: EuGH, Rs. C-168/91, Slg. 1993, I-1191, Rn. 46 – Konstantinidis. Zustimmend *B. Hofstötter*, SJER 2004, 267 (276 f.); *N. Reich/S. Harbacevica*, 40 CML Rev. (2003), 615 (634 f.); *D. H. Scheuing*, EuR 2005, 162 (179). Ablehnend *J. Kühling*, Grundrechte, 583 (609 f.). Siehe ferner *P. Eeckhout*, 39 CML Rev. (2002), 945 (969 ff.); *U. Haltern*, Europarecht und das Politische, 372 ff.

[165] So auch *T. Jürgensen/I. Schlünder*, AöR 121 (1996), 201 (226 f.).

chen Schutz. Das eng mobilitätsbezogene Verständnis der freiheitsrechtlichen Komponente des Art. 18 I EG verbietet nämlich, in jeder nationalen Regelung, die dem Einzelnen einen Nachteil auferlegt, ein Mobilitätshindernis zu sehen und das unionsbürgerliche Freizügigkeitsrecht so zu einer umfassenden Freiheitsgewährleistung auszubauen.[166] Eine solche bezwecken auch nicht die Gemeinschaftsgrundrechte, die umfassend nur die Hoheitsgewalt der Union binden, nicht aber die der Mitgliedstaaten. Letztere sind nur dann an die Gemeinschaftsgrundrechte gebunden, wenn sie – in den Worten des EuGH – „im Anwendungsbereich des Gemeinschaftsrechts" handeln[167] oder – in den Worten von Art. 51 I 1 GRC und Art. II-111 I 1 VVE – Unionsrecht durchführen, eine in ihrer Reichweite allerdings umstrittene Bindung.[168] Bejaht man diese nicht nur für die Umsetzung sowie den Vollzug von Sekundärrecht, sondern mit einer expansiven Rechtsprechung des Gerichtshofs auch in Fällen, in denen die Mitgliedstaaten Grundfreiheiten beschränken,[169] weitet sich dementsprechend die Bindung der Mitgliedstaaten, und dies um so mehr, um so weiter die Grundfreiheiten tatbestandlich verstanden werden. Dies ändert jedoch nichts am Grundsatz der unionsrechtlich vorgezeichneten, nur partiellen Bindung der Mitgliedstaaten an die Gemeinschaftsgrundrechte.

Dieses restriktive Verständnis unionsbürgerlicher Freiheit entspricht auch dem Charakter des Primärrechts als Teilverfassung im europäischen Verfassungsraum.[170] Demnach darf das Primärrecht nicht wie das nationale Verfassungsrecht alle Bereiche zu durchdringen beanspruchen, sondern muss die von Art. 6 III EU geschützte Verfassungsautonomie der Mitgliedstaaten achten.[171] Schutz vor Beeinträchtigungen der Freiheit der Unionsbürger durch die einzelnen Mitgliedstaaten ist also auf mitgliedstaatlicher Ebene, namentlich in den nationalen Grundrechten, zu suchen, die durch die ebenfalls anwendbaren Gewährleistungen der EMRK ergänzt werden.

---

[166] Dazu ausführlich oben, 2. Teil C. II. 2.

[167] EuGH, Rs. C-260/89, Slg. 1991, I-2925, Rn. 42 ff. – ERT.

[168] Siehe dazu *P. Eeckhout*, 39 CML Rev. (2002), 945; *P. M. Huber*, Europäische Integration, § 8, Rn. 55 ff.; *T. Jürgensen/I. Schlünder*, AöR 121 (1996), 201; *T. Kingreen*, in: C/R, Art. 6 EUV, Rn. 56 ff.; *D. H. Scheuing*, EuR 2005, 162; *R. Streinz*, Europarecht, Rn. 768; *J. H. H. Weiler*, Fundamental Rights and Fundamental Boundaries; *R. Winkler*, Grundrechte der EU, 119 ff.

[169] So etwa EuGH, Rs. C-260/89, Slg. 1991, I-2925, Rn. 42 ff. – ERT; Rs. C-368/95, Slg. 1997, I-3689, Rn. 24 – Familiapress. Kritisch dazu etwa *P. M. Huber*, Europäische Integration, § 8, Rn. 59 ff. Zustimmend dagegen z.B. *J. Kühling*, Grundrechte, 583 (609); *D. H. Scheuing*, EuR 2005, 162 (177 ff.). Zu weiteren möglichen Bindungskonstellationen vgl. *D. H. Scheuing*, EuR 2005, 162 (164 ff.).

[170] Zum Charakter des Primärrechts als Teilverfassung *P. M. Huber*, VVDStRL 60 (2001), 194 (208 f.). Siehe ferner *P. Häberle*, Europäische Verfassungslehre, 221 ff.

[171] Dazu auch *A. von Bogdandy/S. Bitter*, Unionsbürgerschaft und Diskriminierungsverbot, 309 (321 f.). Ebenso *R. Kanitz/P. Steinberg*, EuR 2003, 1013 (1023 f.), unter Betonung des Verbundcharakters der Europäischen Verfassung.

IV. Fazit

Die sich von den Anfängen der wirtschaftlichen Integration des Kontinents an herausbildende Europäische Bürgerschaft schien in drei Dimensionen auf. Die Europäische Bürgerschaft konstituierte einmal die grundfreiheitlich vermittelte Rechtsstellung des Europäers, aufgrund derer die nationale Staatsangehörigkeit und nationale Grenzen für die Inhaberschaft traditionell Inländern vorbehaltener oder in ihrer Entstehung territorial gebundener Rechte an Bedeutung verloren. Die Europäische Bürgerschaft kennzeichnete des Weiteren die Stellung des Europäischen Bürgers als Rechtssubjekt des sich konstituierenden Europäischen Gemeinwesens einschließlich der in diesem Rahmen bestehenden politischen Partizipationsmöglichkeiten. Die Europäische Bürgerschaft war schließlich Synonym für ein Europäisches Integrationsprojekt, in dessen Mittelpunkt das Individuum „Europäischer Bürger" mit seinen Rechten und Bedürfnissen stehen sollte: «Le citoyen à la une de l'Europe»[172].

Der am 1.11.1993 in Kraft getretene Vertrag von Maastricht verankerte diese bereits in der Europäischen Wirtschaftsgemeinschaft identifizierbare Europäische Bürgerschaft formal im Unionsrecht. Mit ihm fand die allen Angehörigen der Mitgliedstaaten verliehene Unionsbürgerschaft als Rechtsinstitut Eingang in den EG-Vertrag. Auch sie reflektiert die skizzierten drei Dimensionen einer Europäischen Bürgerschaft: Rechte, die die Stellung des Unionsbürgers in den einzelnen Mitgliedstaaten betreffen, wie etwa das allgemeine Freizügigkeitsrecht (Art. 18 I EG) oder die freizügigkeitsakzessorische Gleichstellung von EU-Ausländern und Inländern bei Wahlen zu kommunalen Vertretungskörperschaften und dem Europäischen Parlament (Art. 19 EG); Momente, die die Stellung des Unionsbürgers als Teil des Europäischen Gemeinwesens kennzeichnen, wie dessen Rechtssubjektivität in der Gemeinschaftsrechtsordnung (Art. 17 II EG), das Wahlrecht zum Europäischen Parlament (Art. 190 IV EG) oder das Petitionsrecht (Art. 21 UA 1 EG); schließlich das Anliegen, durch die Unionsbürgerschaft den Schutz der Rechte und Interessen der Unionsbürger zu stärken (Art. 2 UA 1 3. SpS EU). Sowohl der Begriff „Unionsbürgerschaft" als auch das unitarisch geprägte Vorverständnis der nationalen Staatsangehörigkeit dürfen mithin nicht dazu verleiten, die Bedeutung der Unionsbürgerschaft ausschließlich im Verhältnis zwischen den Bürgern und der Einheit, der sie angehören zu suchen, d.h. zwischen Unionsbürgern und Union.[173]

[172] So der Titel des Beitrages von *A. Lhoest*, RMC 1975, 431.

[173] Vgl. *P. Magnette*, Citoyenneté européenne, 227; *J. Monar*, Unionsbürgerschaft, 203 (204 f.); *A. Wiener*, Developing Practice of 'European' Citizenship, 387 (391 f.). Zurückhaltend *T. Oppermann*, Vom Markt- zum EG-Bürger?, 87 (93), der die Gemeinschaftsangehörigkeit nicht im Sinne einer „Europäischen Staatsangehörigkeit" begreift, sondern als „informelle juristische Kurzformel für einen europäischen Annex zur Staatsangehörigkeit der Mitgliedstaaten". Gegen eine Betrachtung im Sinne einer Staatswerdung Europas auch *J. H. H. Weiler*,

Die zunächst überwiegend zurückhaltend qualifizierte Unionsbürgerschaft, ein – so etwa *d'Oliveira* – "symbolic plaything without substantive content"[174], hat sich namentlich durch ihre Ausgestaltung in der Rechtsprechung des Gerichtshofs als äußerst bedeutende Gewährleistung entpuppt. Deren Konsequenzen betreffen aufgrund ihrer Entfaltung um die Achse des allgemeinen Freizügigkeitsrechts herum allerdings nur die horizontale Dimension der Europäischen Bürgerschaft, d.h. die Rechtsstellung des Individuums gegenüber den Mitgliedstaaten. Hierfür zeichneten bereits die Marktfreiheiten den Weg vor: Um die nationalen Teilmärkte zu einem Gemeinsamen Markt zu integrieren, gewährleisten die Personenverkehrsfreiheiten jedem Angehörigen der Mitgliedstaaten das Recht, überall in der Gemeinschaft eine selbstständige oder unselbstständige Erwerbstätigkeit unter gleichen Voraussetzungen wie Inländer aufzunehmen. Verbunden war dies mit einem gesicherten Aufenthaltsrecht, einem weit reichenden Inländerbehandlungsanspruch sowie freiheitsrechtlichem Mobilitätsschutz. Unter dem Mantel dieses grundfreiheitlichen Freizügigkeitsregimes sollte sich graduell und namentlich in einer mehr an Integrationsfortschritten denn dem Wortlaut des Vertrages und den Vorstellungen der Vertragsparteien orientierten Rechtsprechung des Gerichtshofes eine besondere Rechtsstellung der transnational wirtschaftlich tätigen Angehörigen der Mitgliedstaaten entwickeln. Diese konnte insofern als Frühform einer Europäischen Bürgerschaft gedeutet werden, als zu Gunsten des sich etablierenden Status als gemeinschaftsrechtlich Freizügigkeitsberechtigter die nationale Staatsangehörigkeit an Bedeutung verlor. Um sich in fremden Hoheitsgebieten aufhalten und dort eine Erwerbstätigkeit ausüben zu dürfen oder an der nationalen Solidargemeinschaft teilzuhaben, alles traditionell Inländern vorbehaltene Rechtspositionen, war nämlich die Eigenschaft als Staatsangehöriger nicht mehr entscheidend, wenn auch keine vollständige Gleichstellung von EWG-Ausländer und Inländer erfolgte.[175] Dieser im Vergleich zum Nicht-EWG-

---

The State »über alles«, 1651 (1685). Zu einer unitarischen Konzeptionalisierung siehe aber die Aussage des damaligen spanischen Europa-Staatssekretärs *P. Solbes Mira*, RMC 1991, 168 (169): «Dans le mesure où une nouvelle instance de pouvoir politique, dans ce cas l'Union politique, viendrait s'ajouter aux États nationaux, il conviendrait, en effet, de procéder de la même façon que dans le cas des États nationaux et de définir, en des termes juridiques clairs les droits et les devoirs des individuels affectés par les décisions de ce pouvoir», ferner *A. Bleckmann*, DVBl. 1992, 335 (336 f.); *M. Pechstein*, in: Streinz, Art. 2 EUV, Rn. 12; *J.-H. Strunz*, Freizügigkeit in der EU, 51.

[174] So *H. U. J. d'Oliveira*, European Citizenship, 126 (147), und viele andere (siehe oben, Einführung). Mitunter wurde allerdings auch das in der Unionsbürgerschaft liegende Potential betont, dazu ebenfalls die Einführung.

[175] Die privilegierte Position des EU-Ausländers spiegelt sich auch im Kontext der EMRK wider. Die nach deren Art. 16 mögliche Beschränkung der politischen Tätigkeit von Ausländern findet auf Angehörige anderer Mitgliedstaaten nämlich keine Anwendung, vgl. EGMR, Nr. 15773 und 15774/89, Serie A, Nr. 314-A, Rn. 64 – Piermont/Frankreich. Auf das Institut der Unionsbürgerschaft konnte der EGMR allerdings *ratione temporis* nicht abstellen.

Ausländer privilegierte, aber dennoch nicht gänzlich dem des Inländers angenäherte Status, der sich unter dem Mantel marktfreiheitlicher Freizügigkeit herausbildete, kristallisiert sich nunmehr in der allen Angehörigen der Mitgliedstaaten gemeinen Unionsbürgerschaft. In ihr hat er eine formal-unionsrechtliche Anerkennung und Fortentwicklung erfahren: Die weitgehende Gleichstellung von EU-Ausländer und Inländer lässt sich als Konsequenz der gemeinsamen Zugehörigkeit aller Angehörigen der Mitgliedstaaten zur Gemeinschaft der Unionsbürger deuten. Mit seiner im zweiten Teil entfalteten Rechtsprechung hat der Gerichtshof nun nichts anderes gemacht, als die mit der Einführung des allgemeinen Freizügigkeitsrechts im EG-Vertrag angelegte Verallgemeinerung des Freizügigkeitsrechts konsequent nachzuvollziehen. Damit knüpft er an das grundfreiheitliche Integrationsprogramm an, dessen Reichweite *ratione personae* verallgemeinert und *ratione materiae* verbreitert wird. Die im Konzept der Unionsbürgerschaft liegenden Universalisierungstendenzen haben sich allerdings als begrenzt erwiesen.

Der durch dieses Rechtsinstitut bedingte wesentliche Integrationsfortschritt ist die Verallgemeinerung des unionsrechtlichen Freizügigkeitsregimes, also die einem allgemeinen Unionsbürgerstatus gemäße, jedenfalls konzeptionelle Durchbrechung des Konnexes von Freizügigkeit und ökonomischer Aktivität. Verbreitert hat sich der *Acquis* insofern, als mit der RL 2004/38 ein voraussetzungsloses, nach fünfjährigem Aufenthalt erworbenes Daueraufenthaltsrecht geschaffen wurde, der die Ausländerstellung des Unionsbürgers reflektierende *ordre-public*-Vorbehalt weiter zurückgedrängt wurde und schließlich auch Verbesserungen hinsichtlich der Gleichstellung im politischen Bereich zu verzeichnen sind, wenn auch nur auf kommunaler Ebene. Manche Defizite des Marktbürgerstatus, die man im Zuge der Einführung einer Europäischen Bürgerschaft zu überwinden hoffte, wurden allerdings perpetuiert: Dies lässt sich an der fortbestehenden Möglichkeit, ausländische Unionsbürger aus Gründen der öffentlichen Ordnung, Sicherheit und Gesundheit auszuweisen, genauso ablesen wie an dem nach wie vor bestehenden Ausschluss des Unionsbürgers von hoheitlichen Tätigkeiten und politischer Partizipation jenseits der kommunalen Ebene. Verwiesen sei ferner auf die nicht vollends realisierte Gleichstellung von erwerbstätigen und nicht wirtschaftlich aktiven Unionsbürgern, die ihren Ausdruck im Fortbestand der ökonomischen Aufenthaltsvoraussetzungen und des nur eingeschränkten Solidaritätsanspruchs der Letzteren findet.

Diese Begrenztheit des Status als Unionsbürger unterstreicht, dass die in der Staatsangehörigkeit zum Ausdruck kommende grundlegende Bindung des Staatsangehörigen an seinen Heimatstaat in dem durch eine mehrfache Zugehörigkeit des Individuums gekennzeichneten Mehrebenensystem EU nicht ihre Bedeutung verloren hat. Dieser komplementäre Charakter der Unionsbürgerschaft ist auch unionsrechtlich vorgezeichnet. Dies zeigt Art. 17 I 3 EG, nach dem die Unionsbürgerschaft die nationale Staatsangehörigkeit nur ergänzt, nicht aber ersetzt;[176] ferner umfasst die durch Art. 6 III EU geschützte nationale Identität der Mitgliedstaaten auch deren besondere Beziehung zu ihren Angehörigen, die Personalhoheit.[177] Nichtsdestoweniger ist der Unionsbürgerstatus auf Fortentwicklung angelegt, wie nicht nur ein positiv-rechtlicher Blick auf die Evolutivklausel des Art. 22 UA 2 EG zeigt, sondern auch das dem Unionsbürgerstatus als einem allgemeinen Status immanente Ideal gleicher Rechte, das Differenzierungen zwischen erwerbs- und nichterwerbstätigen Unionsbürgern sowie In- und Ausländern unter Rechtfertigungsdruck stellt und damit Weiterentwicklungen programmiert hat und weiterhin programmieren wird.[178]

Die Einbettung der Unionsbürgerschaft in das durch multiple Angehörigkeitsbeziehungen gekennzeichnete Mehrebenensystem Europäische Union, in dem die mitgliedstaatliche zudem die grundlegende ist, erklärt, warum sowohl vom unitarischen Vorverständnis der nationalen Staatsangehörigkeit geprägte als auch post-nationale Deutungen enttäuschen müssen,[179] und warum föderale Analysen mehr zu überzeugen vermögen. Mit *Olivier Beaud* lässt sich die in der Rechtsprechung entwickelte Tradition der Unionsbürgerschaft als föderalismustypisch deuten. Nach diesem kennzeichne eine Föderation, dass den Angehörigen der Bundesstaaten spezifische Rechte in ihrer Eigenschaft als Bundesangehörige eingeräumt werden (föderale Rechte, federative rights), die sie gegenüber anderen Bundesstaaten als denen, denen sie angehören, geltend machen können. Diese wurzeln im föderalen Prinzip selbst und folgen daraus, dass ein Bundesstaat die Angehörigen der anderen Bundesstaaten nicht als Fremde ansehen kann.[180]

B. Von der markt- zur unionsbürgerlichen Freizügigkeit

Mit der Einführung des allgemeinen Freizügigkeitsrechts durch den Vertrag von Maastricht ist eine Akzentverschiebung im bis dahin marktfreiheitlich dominierten Freizügigkeitsregime angelegt. Das Band von Freizügigkeit und ökonomischer Betätigung wurde jedenfalls konzeptionell durchtrennt, Freizü-

---

[176] Zum komplementären Charakter der Unionsbürgerschaft *G. Palombella*, 3 IJCL (2005), 357 (369 f.).

[177] *S. Kadelbach*, Unionsbürgerrechte, Rn. 102; *T. Oppermann*, Europarecht, § 24, Rn. 10.

[178] Dazu bereits oben, 3. Teil A. III. 1. b) cc). Exemplarisch *W. Kluth*, ZAR 2006, 1 (7), der der Unionsbürgerschaft ein auch an den Gemeinschaftsgesetzgeber gerichtetes Optimierungsgebot entnimmt.

[179] *C. Schönberger*, AöR 129 (2004), 81 (114 f.).

[180] *O. Beaud*, Nationality within a Federation, 314 (323 ff.). Umfassend *C. Schönberger*, Unionsbürger, der die Unionsbürgerschaft als gestuftes Angehörigkeitsverhältnis deutet. Den Bezug zu einem Indigenat stellen her *T. Giegerich*, Unionsbürgerschaft, Rn. 12; *T. Oppermann*, Europarecht, § 25, Rn. 4; *E. Pérez Vera*, Citoyenneté de l'UE, 243 (390, 393).

gigkeit ist seitdem allen Unionsbürgern zweckfrei gewährleistet. Dadurch, dass der Gerichtshof Art. 18 I EG nicht nur streng wortlautorientiert als Recht auf Ein- und Ausreise sowie physische Präsenz im Aufenthaltsmitgliedstaat verstand, sondern daneben einen umfassenden Inländerbehandlungsanspruch sowie einen weiten freiheitsrechtlichen Gewährleistungsgehalt anerkannte, erscheint das allgemeine Freizügigkeitsrecht nunmehr als *lex generalis* zu den Marktfreiheiten. Welche Bedeutung, so mag man fragen, kommt den speziellen Personenverkehrsfreiheiten damit noch zu? Welche Konsequenz hat dies darüber hinaus für die Normkategorie „Grundfreiheit", deren zentrales Moment gerade der Bezug zu einer ökonomischen Aktivität war?

Aufbauend auf einer kurzen Skizze der Entwicklung des Freizügigkeitsrechts vom Instrument der Marktintegration zum Unionsbürgerrecht (I.) soll das Verhältnis von allgemeiner und marktfreiheitlicher Freizügigkeit untersucht werden (II.). Beide Aspekte der Freizügigkeit lassen sich begrifflich der Normkategorie „Grundfreiheit" zuordnen, da für diese nicht der erwerbswirtschaftliche Bezug, sondern deren spezifische Integrationsfunktion konstitutiv ist; auch haben die Marktfreiheiten wegen ihres speziellen und weitergehenden Gewährleistungsgehalts nicht ihre praktische Bedeutung eingebüßt (III.). Innerhalb des Freizügigkeitsregimes ist allerdings eine Neujustierung von ökonomischer und allgemeiner Freizügigkeit erforderlich (IV.).

I. Von der marktfreiheitlichen Faktormobilität zur unionsbürgerlichen Freizügigkeit

1. Die ökonomische Grundierung des Freizügigkeitsrechts in der Europäischen Wirtschaftsgemeinschaft

Freizügigkeit in der Europäischen Wirtschaftsgemeinschaft war primär die der ökonomisch aktiven Personen und diente der Verwirklichung des lange Zeit im Zentrum des europäischen Integrationsprojektes stehenden Gemeinschaftsziels, einen Gemeinsamen Markt zu errichten (Art. 2 EWGV). Nach Art. 3 lit. c EWGV diente diesem unter anderem die Beseitigung der Hindernisse für den freien Personenverkehr gemäß den Bestimmungen des EWG-Vertrages, d.h. nach Maßgabe der Arbeitnehmer-, Niederlassungs- und Dienstleistungsfreiheit. Diese gewährleisteten den Angehörigen der Mitgliedstaaten das Recht, in einem anderen Mitgliedstaat eine selbstständige oder unselbstständige Erwerbstätigkeit aufzunehmen; damit verbunden waren ein gesichertes Aufenthaltsrecht sowie ein weit reichender Anspruch auf Gleichbehandlung mit den Angehörigen des Aufnahmemitgliedstaates. Im Laufe der Zeit erweiterten die Personenverkehrsfreiheiten ihre anti-protektionistische Stoßrichtung und standen als sog. „Beschränkungsverbote" auch sonstigen berufsbezogenen Mobilitätshindernissen sowohl des Herkunfts- als auch des Aufnahmemitgliedstaates entgegen. Wenn auch mit der Zeit nicht mehr ausschließlich ökonomisch erklärbare Momente sichtbar wurden – etwa in Gestalt der passiven Dienstleistungsfreiheit oder der Mobilitätsrechte Studierender –, so blieb das gemeinschaftsrechtliche Freizügigkeitsregime dennoch im Grundsatz ökonomisch radiziert. Daran änderte auch das mit der Einheitlichen Europäischen Akte vom 1.7.1987 eingeführte Binnenmarktziel nichts, da auch der freie Personenverkehr im Binnenmarkt nur nach Maßgabe des EG-Vertrages, also der Marktfreiheiten, gewährleistet war.[181] Diese ökonomische Ausrichtung des grundfreiheitlichen Freizügigkeitsregimes umschreibt der Gerichtshof in ständiger Rechtsprechung damit, dass

> sämtliche Vertragsbestimmungen über die Freizügigkeit den Gemeinschaftsangehörigen die Ausübung jeder Art von Berufstätigkeit im Gebiet der Gemeinschaft erleichtern sollen und Maßnahmen entgegenstehen, die die Gemeinschaftsangehörigen benachteiligen könnten, wenn sie im Gebiet eines anderen Mitgliedstaats eine wirtschaftliche Tätigkeit ausüben wollen.[182]

2. Unionsbürgerliche Freizügigkeit

Das Bild änderte sich mit Einführung des allgemeinen Freizügigkeitsrechts durch den am 1.11.1993 in Kraft getretenen Vertrag von Maastricht. Nunmehr war jedem Unionsbürger unabhängig von einer wirtschaftlichen Betätigung ein transnationales Freizügigkeitsrecht eingeräumt. Damit erhielt zugleich die Personenverkehrsfreiheit im Binnenmarkt eine neue Bedeutung, da nunmehr der freie Personenverkehr nach Maßgabe des EG-Vertrages auch den nicht-ökonomisch motivierten umfasst, der in Art. 18 EG verankert ist. Bemerkenswert an der nun folgenden Entwicklung des unionsbürgerlichen Freizügigkeitsrechts ist, dass dieses nicht eng an seinem Wortlaut orientiert auf die Aspekte grenzüberschreitende Fortbewegung und das Aufenthaltsrecht in einem anderen Mitgliedstaat beschränkt wurde, sondern sich zu einer „Grundfreiheit ohne Markt" entwickelte, d.h. zu einer den Grundfreiheiten strukturell verwandten Gewährleistung, die allerdings auf das Moment der Erwerbstätigkeit verzichtet: Wie die wirtschaftlichen Grundfreiheiten auch gewährleistet sie die grenzüberschreitende Fortbewegung, ein Aufenthaltsrecht in einem anderen Mitgliedstaat, einen Anspruch auf Inländerbehandlung im Aufnahmemitgliedstaat sowie den Schutz vor sonstigen Mobilitätshindernissen. Der Gerichtshof bezeichnet dabei das unionsbürgerliche Freizügigkeitsrecht nicht nur explizit als *lex generalis* zu den Marktfreiheiten;[183] vielmehr weist die Rechtsprechung auch in der Sache unverkennbare Parallelen auf. Erinnert sei an den beiden Verbür-

---

[181] Dazu wie auch zur Gegenansicht ausführlich oben, 1. Teil B. II. 2.

[182] EuGH, Rs. C-415/93, Slg. 1995, I-4921, Rn. 94 – Bosman.

[183] EuGH, Rs. C-193/94, Slg. 1996, I-929, Rn. 22 – Skanavi; Rs. C-348/96, Slg. 1999, I-11, Rn. 29 f. – Calfa; Rs. C-100/01, Slg. 2002, I-10981, Rn. 26 – Olazabal; Rs. C-92/01, Slg. 2003, I-1291, Rn. 18, 20 – Stylianakis.

gungen gemeinen Streit um deren unmittelbare Anwendbarkeit[184] sowie sich identisch stellende und beantwortete Detailfragen wie nach dem Diskriminierungsbegriff[185], der Anwendbarkeit auch gegenüber dem Herkunftsmitgliedstaat[186] oder der Rolle des Freizügigkeitsrechts als Kompetenzschranke[187].[188]

II. Der Befund: Unionsbürgerliche und marktfreiheitliche Freizügigkeit zwischen Trennung, Befruchtung und Abrundung

Das marktfreiheitliche Freizügigkeitsregime der Europäischen Wirtschaftsgemeinschaft erfuhr mit Gründung der Europäischen Union durch den Vertrag von Maastricht eine Neuradizierung: Freizügigkeit gewährleistet Art. 18 I EG nunmehr *allgemein*, also jedem Unionsbürger, und *zweckfrei*, also unabhängig von einer wirtschaftlichen Betätigung. Dennoch geht der marktfreiheitliche Freizügigkeits-*Acquis* jedenfalls nach der Rechtsprechung des Gerichtshofs nicht im unionsbürgerlichen auf. Der EuGH trennt die beiden Rechtsmassen im Prinzip vielmehr strikt (1.), wenn auch eine gewisse gegenseitige Befruchtung nicht übersehbar ist (2.). Aus der Perspektive des Binnenmarktes stellt sich die vom Gerichtshof geschaffene „Grundfreiheit ohne Markt" als Abrundung, gar als Überwindung des ökonomisch dominierten Freizügigkeitsregimes dar (3.).

1. Trennung

Dadurch, dass der Gerichtshof die unionsbürgerliche Freizügigkeit als *lex generalis* zu den Marktfreiheiten qualifiziert, erkennt er zwar prinzipiell an, dass Letztere ein besonderer Ausdruck des allen Unionsbürgern gewährleisteten freien Personenverkehrs innerhalb der Union sind. Die ihnen zuerkannte Spezialität führt jedoch gleichzeitig zu einer Marginalisierung des in der Unionsbürgerschaft radizierten allgemeinen Freizügigkeitsrechts, da damit die *ratione personae* nahezu allumfassenden Marktfreiheiten die Hauptfreizügigkeitsgewährleistung bleiben, obgleich diese das Aufenthaltsrecht nur als Aspekt

---

[184] Siehe dazu oben, 1. Teil A. II. 1. a) sowie 2. Teil A. I. 1.

[185] EuGH, Rs. C-209/03, Slg. 2005, I-2119, Rn. 51 – Dany Bidar.

[186] EuGH, Rs. C-378/97, Slg. 1999, I-6207, Rn. 22 f. – Wijsenbeek.

[187] EuGH, Rs. C-135/99, Slg. 2000, I-10409, Rn. 33 – Elsen; Rs. C-148/02, Slg. 2003, I-11613, Rn. 25 – Avello; Rs. C-403/03, Slg. 2005, I-6421, Rn. 19 – Schempp.

[188] Verwiesen sei darüber hinaus auf den Grundsatz, dass Verstöße gegen aufenthaltsrechtliche Vorschriften keine unverhältnismäßigen Sanktionen nach sich ziehen dürften (EuGH, Rs. C-378/97, Slg. 1999, I-6207, Rn. 44 – Wijsenbeek), oder auf den Hinweis, dass die VO 1408/71 nicht nur der Gewährleistung der Grundfreiheiten, sondern auch des allgemeinen Freizügigkeitsrechts diene (EuGH, Rs. C-135/99, Slg. 2000, I-10409, Rn. 35 – Elsen; implizit auch Rs. C-28/00, Slg. 2002, I-1343, Rn. 44, 49 – Kauer).

einer wirtschaftlichen Betätigung gewährleisten. Die in Art. 18 I EG radizierte unionsbürgerliche Freizügigkeit ist also die Nichterwerbstätiger, sofern jenen nicht ohnehin schon eine grundfreiheitliche Freizügigkeitsberechtigung zusteht, etwa als Kind eines Wanderarbeitnehmers oder als ehemaliger Erwerbstätiger. Neben diesem formalen Aspekt verdeutlicht die Rechtsprechung, dass die Freizügigkeit der von Art. 18 I EG Erfassten in ihrem Gewährleistungsumfang hinter der marktfreiheitlichen zurückbleibt und damit anderen Regeln folgt. Dies resultiert aus der zwischen den Unionsbürgern verschiedener Staatsangehörigkeit nur in begrenztem Umfange bestehenden Solidarität. Verwiesen sei insoweit zum einen auf die bis zum Erwerb des Daueraufenthaltsrechts fortbestehenden ökonomischen Aufenthaltsvoraussetzungen, zum anderen auf die weit reichende Möglichkeit, die Nichteinbeziehung nicht wirtschaftlich aktiver Unionsbürger in die nationalen Sozialleistungssysteme zu rechtfertigen. Damit kontrastiert das in der Rechtsprechung zu den Grundfreiheiten entwickelte unbedingte Gleichbehandlungsgebot von In- und Ausländern im sozialen Bereich.

2. Befruchtung

Trotz dieser strikten Trennung zwischen der auf Art. 18 EG gestützten Freizügigkeit Nichterwerbstätiger und dem wirtschaftlich aktive Personen erfassenden marktfreiheitlichen Freizügigkeitsregime lässt sich eine gewisse Befruchtung des Letzteren durch den neuen Status auch grundfreiheitlich Freizügigkeitsberechtigter als Unionsbürger nicht verkennen. So wurde einmal deren aufenthaltsrechtliche Position gestärkt. Dies zeigt sich an der strikteren Handhabung des *ordre-public*-Vorbehalts im Hinblick auf die Unionsbürgerschaft, an der Ablösung des Erfordernisses einer Aufenthaltsgenehmigung zugunsten einer bloßen Anmeldung sowie der möglichen Verdichtung des Aufenthaltsrechts zu einem Daueraufenthaltsrecht mit allen damit verbundenen Privilegien. Des Weiteren hat der grundfreiheitliche Inländerbehandlungsanspruch Arbeitsuchender vor dem Hintergrund des in der Rechtsprechung entwickelten, *ratione personae* umfassenden unionsbürgerlichen Diskriminierungsverbots eine bedeutende Erweiterung erfahren: Nunmehr steht auch dieser Personengruppe ein Gleichbehandlungsanspruch hinsichtlich des Zugangs zu Sozialleistungen zu. Schließlich wird sich faktisch ein einheitliches Freizügigkeitsrecht entwickeln. Der mit der neuen Freizügigkeitsrichtlinie 2004/38 verfolgte Ansatz, das Freizügigkeitsrecht Erwerbs- und Nichterwerbstätiger einheitlich zu kodifizieren, weist – trotz aller in ihr zum Ausdruck kommenden Fragmentierung – in diese Richtung. Auch macht die Berechtigung jedermanns eine Abgrenzung zwischen marktfreiheitlicher und unionsbürgerlicher Freizügigkeit in gewissem Umfange entbehrlich. Davon zeugen einige Entscheidungen des Gerichtshofs, in denen etwa im Tenor ein Verstoß sowohl gegen Art. 18 EG als auch gegen eine

Grundfreiheit festgestellt wird,[189] Art. 18 EG explizit als eine der Grundfreiheiten qualifiziert wird[190] oder nationale Regelungen pauschal als möglicher Verstoß gegen die „Freizügigkeit" geprüft werden[191]. Auch die Europäische Kommission geht mitunter dazu über, einen Verstoß gegen Art. 18 EG parallel neben den Grundfreiheiten zu rügen.[192] Begrenzt ist dieses Unitarisierungspotential freilich insofern, als nach wie vor Unterschiede zwischen dem Freizügigkeitsrecht Erwerbs- und Nichterwerbstätiger bestehen, namentlich hinsichtlich der ökonomischen Voraussetzungen des Aufenthaltsrechts und der Grenzen des Solidaritätsanspruchs. Nur wenn diese im jeweiligen Fall nicht zum Tragen kommen, kann damit auf ein einheitliches Freizügigkeitsrecht abgestellt werden.

*3. Die Abrundung des marktfreiheitlichen Freizügigkeits-*Acquis

Als weitere analytische Perspektive sei die vom Gerichtshof entwickelte „Grundfreiheit ohne Markt" aus Sicht des bislang primär ökonomisch orientierten Freizügigkeitsregimes betrachtet. Die marktfreiheitliche Ausrichtung des Freizügigkeits-*Acquis* determinierte dessen Grenzen *ratione materiae* und *personae*: Personen, die nicht als Akteure des Gemeinsamen Marktes auftraten, waren genauso wenig erfasst wie Sachverhalte, die sich zwar durch ein grenzüberschreitendes Moment, jedoch ein solches nicht wirtschaftlicher Art auszeichneten. Mit der Einführung des allgemeinen Freizügigkeitsrechts wurden diese beiden Lücken geschlossen.[193]

Bei der Erweiterung des persönlichen Anwendungsbereichs des unionsrechtlichen Freizügigkeitsregimes lassen sich die beiden Fälle unterscheiden, dass Personen erstmals in den Genuss einer unionsrechtlichen Freizügigkeitsverbürgung kommen, sowie dass die Rechtsposition bereits teilweise vom Unionsrecht erfasster Personengruppen bedeutend erweitert wurde. Als Beispiel für den ersten Aspekt sei auf die Rechtssachen Martínez Sala und Trojani verwiesen, in denen der schon lange nicht mehr erwerbstätigen Frau *Martínez Sala* respektive dem nicht erwerbstätigen Herrn *Trojani* ein Gleichbehandlungsanspruch hinsichtlich des Zugangs zu Sozialleistungen zugesprochen wurde. In die zweite

---

[189] EuGH, Rs. C-274/96, Slg. 1998, I-7637 – Bickel und Franz; Rs. C-135/99, Slg. 2000, I-10409 – Elsen; Rs. C-28/00, Slg. 2002, I-1343 – Kauer.

[190] EuGH, Rs. C-357/98, Slg. 2000, I-9265, Rn. 25 – Yiadom; Rs. C-224/98, Slg. 2002, I-6191, Rn. 29 – D'Hoop; Rs. C-148/02, Slg. 2003, I-11613, Rn. 24 – Avello; Rs. C-224/02, Slg. 2004, I-5763, Rn. 17 – Pusa.

[191] EuGH, Rs. C-364/01, Slg. 2003, I-15013, Rn. 75 – Barbier.

[192] So in der Klageschrift der EK in der Rs. C-520/04 (Turpeinen), mitgeteilt in ABl. C 57 vom 5.3.2005, S. 17, und in der Rs. C-152/05 (EK/Deutschland), mitgeteilt in ABl. C 132 vom 28.5.2005, S. 18.

[193] Siehe zur „Ergänzung der Marktfreiheiten" durch Art. 18 I EG auch *A. Cordewener*, Grundfreiheiten und Steuerrecht, 358 ff.

Kategorie fallen zwei Personengruppen, nämlich Studierende und erstmals Arbeitsuchende. Studierenden stand nach der Rechtsprechung des Gerichtshofs eine auf das allgemeine Diskriminierungsverbot in Verbindung mit den gemeinschaftlichen Bildungsvorschriften gestützte, wenn auch eingeschränkte Freizügigkeitsgarantie zu, die den gleichen Zugang zu Hochschulen sowie ein ausbildungsbezogenes, von der Erfüllung ökonomischer Voraussetzungen abhängiges Aufenthaltsrecht umfasste. In der Rs. Grzelczyk wurden die ökonomischen Aufenthaltsvoraussetzungen nicht nur restriktiv ausgelegt, sondern der Studierenden zustehende Gleichbehandlungsanspruch auf Sozialhilfe ausgedehnt. Eine weitere Ausdehnung erfuhr der Gleichbehandlungsanspruch in der Rs. Bidar, in der er in ausdrücklicher Abkehr von der früheren Rechtsprechung auf Studienbeihilfen erstreckt wurde. Schließlich bestimmte der Gerichtshof auch die Position erstmalig Arbeitsuchender neu. Das vor Einführung der Unionsbürgerschaft primär marktfreiheitlich-ökonomisch geprägte Freizügigkeitsregime in der Gemeinschaft spiegelte sich in deren janusköpfigen Rechtsstellung im Aufnahmemitgliedstaat wider. Als nur, aber auch potentielle Akteure des Binnenmarktes genossen sie zwar ein voraussetzungsloses grundfreiheitliches Aufenthaltsrecht (Art. 39 III lit. a und b EG), jedoch lediglich einen beschränkten Anspruch auf Gleichbehandlung mit Inländern. Dieser umfasste, wie der Gerichtshof in der Rs. Lebon ausdrücklich entschied[194], insbesondere nicht den gleichen Zugang zu sozialen Vergünstigungen, der Arbeitnehmern vorbehalten war (vgl. Art. 2 und 5 VO 1612/68 einerseits, Art. 7 II VO 1612/68 andererseits).[195] Diese Beschränkung gab der Gerichtshof in Anbetracht des sich herausbildenden unionsbürgerlichen Diskriminierungsverbotes in den Rs. Collins und Ioannidis auf. Geht man von einem tatbestandlich umfassend gewährleisteten Gleichbehandlungsanspruch Nichterwerbstätiger aus, stellt sich die restriktive Handhabung des gleichen Zugangs Arbeitsuchender zu sozialen Vergünstigungen als systemwidrig dar:

> Angesichts der Einführung der Unionsbürgerschaft und angesichts der Auslegung, die das Recht der Unionsbürger auf Gleichbehandlung in der Rechtsprechung erfahren hat, ist es nicht mehr möglich, vom Anwendungsbereich des Artikels [39 II EG], der eine Ausprägung des in Artikel [12 EG] garantierten tragenden Grundsatzes der Gleichbehandlung ist, eine finanzielle Leistung auszunehmen, die den Zugang zum Arbeitsmarkt eines Mitgliedstaats erleichtern soll.[196]

Zur zweiten Fallgruppe, den Grenzen *ratione materiae*: Als die transnationale Mobilität gewährleistende Normen setzen die Grundfreiheiten tatbestandlich einen grenzüberschreitenden Bezug des unter sie zu subsumierenden Sachver-

---

[194] EuGH, Rs. 316/85, Slg. 1987, 2811, Rn. 25 ff. – Lebon.

[195] Dazu ausführlich oben, 1. Teil A. II. 2. a) aa) (3) (a), sowie *F. Wollenschläger*, EuZW 2005, 665 (665 f.).

[196] EuGH, Rs. C-138/02, Slg. 2004, I-2703 Rn. 51 ff. – Collins. Bestätigt in Rs. C-258/04, Slg. 2005, I-8275, Rn. 22 – Ioannidis.

halts voraus. Dies ist allerdings nur eine notwendige, aber keine hinreichende Bedingung. Denn das primär an der Faktormobilität ausgerichtete marktfreiheitliche Freizügigkeitsregime verlangt, dass der grenzüberschreitende Bezug wirtschaftlicher Natur ist. Mit der Anerkennung einer „Grundfreiheit ohne Markt" verlor das wirtschaftliche Moment jedoch seine Bedeutung, wie die im Folgenden erörterten Rechtssachen zeigen.

Frau *D'Hoop*, eine belgische Staatsangehörige, die in Frankreich ihr Abitur erworben hatte, begehrte in ihrem Heimatstaat ein Überbrückungsgeld für erstmals Arbeitsuchende, das ihr aufgrund des fehlenden Schulabschlusses im Inland versagt wurde. Ende 1977 musste der Gerichtshof in der identisch gelagerten Rs. Kuyken noch feststellen, dass dieser Ausschluss unionsrechtlich mangels Bezuges zum ökonomischen Freizügigkeitsregime nicht zu beanstanden ist:

> Es bleibt zu prüfen, ob eine nationale Regelung, die bei jungen Arbeitslosen, die niemals eine Beschäftigung hatten, für die Begründung eines Anspruchs auf Arbeitslosenunterstützung Voraussetzungen der im Vorlageurteil angegebenen Art aufstellt, als mit dem Diskriminierungsverbot und dem Grundsatz der Freizügigkeit der Arbeitnehmer innerhalb der Gemeinschaft unvereinbar angesehen werden kann. Nach den Akten gilt die Voraussetzung einer an einer vom belgischen Staat errichteten, anerkannten oder subventionierten Unterrichtsanstalt zurückgelegten Ausbildungszeit unterschiedslos für belgische Staatsangehörige wie für Angehörige der übrigen Mitgliedstaaten. Auf eine Person, die sich zu Ausbildungszwecken in einen anderen Mitgliedstaat begeben hat ..., sind auch die [Art. 39 EG] ..., nicht anwendbar.[197]

Nach Einführung des allgemeinen Freizügigkeitsrechts ließ sich an diesem Ausschluss freilich nicht mehr festhalten, da der Erwerb des Schulabschlusses in einem anderen Mitgliedstaat als Gebrauchmachen von dieser Freiheit zu qualifizieren ist, woran der Herkunftsmitgliedstaat keine nachteiligen Konsequenzen knüpfen darf. Dieser Ungleichbehandlung steht Art. 18 I EG – je nach Lesart in seiner freiheitsrechtlichen Komponente oder als Verbot materieller Diskriminierungen – entgegen.

Ein strukturell vergleichbares Problem warf die Rs. Werner auf. In dieser stellte sich die Frage, ob die Niederlassungsfreiheit einer steuerrechtlichen Regelung entgegensteht, nach der eigenen Staatsangehörigen, die ihre Berufstätigkeit im Inland ausüben und die ausschließlich oder fast ausschließlich dort ihre Einkünfte erzielen oder Vermögen besitzen, dann, wenn sie nicht im Inland wohnen, eine höhere Steuerbelastung auferlegt wird, als wenn sie dort wohnen. In seinem Anfang 1993 ergangenen Urteil verneinte der Gerichtshof dies, da mangels *wirtschaftlich* relevantem grenzüberschreitenden Bezug die Niederlassungsfreiheit nicht einschlägig sei: „Der einzige über den nationalen Rahmen hinausweisende Aspekt ist die Tatsache, daß der Kläger in einem anderen Mitgliedstaat wohnt als dem, in dem er seine Berufstätigkeit aus-

[197] EuGH, Rs. 66/77, Slg. 1977, 2311, Rn. 20 ff. – Kuyken.

übt"[198]. Mit Einführung des allgemeinen Freizügigkeitsrechts, das die grenzüberschreitende Verlagerung auch bloß des Wohnsitzes erfasst, lässt sich an dem in der Entscheidung Werner gefundenen Ergebnis nicht mehr festhalten. Dies zeigt etwa die im Juli 2005 entschiedene Rs. Schempp, die die Ausgestaltung der steuerlichen Berücksichtigung von Unterhaltsleistungen an geschiedene Ehegatten im deutschen EStG zum Gegenstand hatte. Wohnt der Unterhaltsempfänger nämlich im EU-Ausland, so sind Unterhaltsleistungen nur dann abzugsfähig, wenn diese im Aufnahmemitgliedstaat zu versteuern sind. Damit kann der Abzug von Unterhaltsleistungen im Falle eines Umzugs des geschiedenen Ehegatten in einen anderen Mitgliedstaat versagt bleiben, wohingegen er stets möglich ist, wenn der geschiedene Ehegatte in Deutschland verbleibt. Obwohl auch hier jegliche ökonomische Motivation für den Grenzübertritt fehlte, konnte der Gerichtshof den Sachverhalt nunmehr am unionsrechtlichen Freizügigkeitsregime messen, wenn auch mit negativem Ergebnis. Denn der Umzug der früheren Ehefrau von Deutschland nach Österreich ist als Ausübung des in Art. 18 I EG verankerten allgemeinen Freizügigkeitsrechts nunmehr gemeinschaftsrechtlich relevant.[199]

Aus Perspektive des marktfreiheitlichen Freizügigkeitsregimes wird an diesen Entscheidungen die Abrundungsfunktion der „Grundfreiheit ohne Markt" deutlich. Da das Freizügigkeitsrecht durch Art. 18 I EG nunmehr jedermann und zweckfrei gewährleistet ist, konnten *ratione personae* und *materiae* bestehende Lücken des Freizügigkeitsschutzes geschlossen werden. Damit hat sich die ökonomische Komponente des Freizügigkeitsrechts deutlich relativiert.

III. Die Normkategorie „Grundfreiheit" angesichts der Erosion ihres ökonomischen Elements

Mit der Herausbildung einer „Grundfreiheit ohne Markt" hat der Status des Freizügigkeitswilligen als Erwerbstätiger sowie der ökonomische Charakter der grenzüberschreitenden Migration an Bedeutung für die Möglichkeit verloren, sich auf die unionsrechtliche Freizügigkeitsverbürgung zu berufen. Diese wirtschaftliche Komponente ist jedoch zentrales Tatbestandsmerkmal der Grundfreiheiten, die als Kern des Binnenmarktes (Art. 3 I lit. c, 14 II EG)

---

[198] EuGH, Rs. C-112/91, Slg. 1993, I-429, Rn. 16 – Werner. Vgl. auch die der Rs. C-470/04, n.n.v. – N., zugrunde liegende Konstellation, die der Gerichtshof allerdings an der Niederlassungsfreiheit maß.

[199] EuGH, Rs. C-403/03, Slg. 2005, I-6421, Rn. 18 ff. – Schempp. Siehe auch GA *Léger*, in: Rs. C-152/03, Slg. 2006, I-1711, Rn. 65 – Ritter-Coulais. Den zuletzt genannten Fall beurteilte der Gerichtshof allerdings am Maßstab der Arbeitnehmerfreizügigkeit, nicht anhand des ratione temporis nicht einschlägigen Art. 18 I EG. Siehe des Weiteren *A. Cordewener*, Grundfreiheiten und Steuerrecht, 358 ff.

angesehen werden,[200] als „rechtlich-normative Umsetzung eines Liberalisierungsprogramms, das auf den Zusammenschluss der nationalen Märkte der Mitgliedstaaten gerichtet ist“[201]. Angesichts der Erosion ihres ökonomischen Elements ist nunmehr zum einen zu untersuchen, ob an der Normkategorie Grundfreiheit als eigenständige Gewährleistung überhaupt noch festgehalten werden kann oder nicht vielmehr allgemeine und marktfreiheitliche Freizügigkeit in einem Freizügigkeitsgrundrecht aufgehen. Anders gewendet: Sollten in einer Europäischen Union, in der der Gemeinsame Markt keine überzeugende Vision für die weitere Integration mehr darstellt (*Armin von Bogdandy*),[202] die diesem Integrationsziel verpflichteten Grundfreiheiten nicht – wie *Horst Dreier* erwägt – als „eine Art Eierschale der EU-Evolution einfach abgelegt werden“?[203] Ist die Doppelgleisigkeit von Grundrechten und Grundfreiheiten mit *Wolfgang Hoffmann-Riem* nicht zukunftsfähig?[204] Zum anderen stellt sich aus der Binnenperspektive unionsrechtlicher Freizügigkeit die Frage, welche praktische Relevanz den Marktfreiheiten angesichts ihrer Unterfütterung durch die *lex generalis* allgemeines Freizügigkeitsrecht überhaupt noch zukommt.

Die erste Frage ist vor dem Hintergrund der spezifischen Integrationsfunktion der Grundfreiheiten (1.) zu verneinen. Denn dieser ist auch das kontrovers eingeordnete unionsbürgerliche Freizügigkeitsrecht verpflichtet, obgleich unter Verzicht auf ein ökonomisches Moment im Tatbestand. Das unionsbürgerliche Freizügigkeitsrecht kann damit als „Grundfreiheit ohne Markt“ qualifiziert werden (2.). Mit der Elimination des ökonomischen Elementes im unionsrechtlichen Freizügigkeitsregime verbunden ist freilich ein Paradigmenwechsel

---

[200] *P. Behrens*, EuR 1992, 145; *L. Daniele*, 22 EL Rev. (1997), 191; *M. Eberhartinger*, EWS 1997, 43; *T. Kingreen/R. Störmer*, EuR 1998, 263 (266); *P.-C. Müller-Graff*, Grundfreiheiten und Gemeinschaftsgrundrechte, 1281 (1285 ff.); *P. Oliver*, Les quatre libertés et les droits fondamentaux, 355; *I. Pernice*, Grundrechtsgehalte, 125; *ders./F. Mayer*, in: G/H, nach Art. 6 EUV, Rn. 265; *R. Streinz*, Konvergenz der Grundfreiheiten, 199 (204).

[201] *P. Behrens*, EuR 1992, 145. Siehe auch *T. Körber*, Grundfreiheiten und Privatrecht, 74 ff.

[202] *A. von Bogdandy*, JZ 2001, 157 (170).

[203] *H. Dreier*, in: ders., Vorb., Rn. 49. Nach *J. Gebauer*, Grundfreiheiten, 218, sei „[f]ür die Grundfreiheiten ... nicht auszuschließen, dass Art. 39 EGV oder die Grundfreiheiten insgesamt unter dem Einfluss des Art. 18 Abs. 1 EGV ihre Funktion und Struktur verändern“. Auch *E. Spaventa*, 41 CML Rev. (2004), 743 (768 ff.), sieht die Rechtfertigung für neuere Entscheidungen des EuGH nicht mehr im Binnenmarktkonzept, sondern in der Unionsbürgerschaft. Vgl. ferner *S. Staeglich*, ZEuS 2003, 485, nach der man sich darauf einzustellen habe, dass die Freizügigkeitsvorschriften von der Unionsbürgerschaft „erheblich beeinflusst werden, bzw. sich evtl. sogar als überflüssig erweisen könnten“. Siehe schließlich *B. Wilkinson*, 1 EPL (1995), 417 (436), der auf die englische Entscheidung in der Rs. ex parte Vitale verweist, in der der Richter feststellte, dass Art. 18 EG verstanden als absolutes Freizügigkeitsrecht die Arbeitnehmerfreizügigkeit wertlos ("nugatory") mache.

[204] So *W. Hoffmann-Riem*, EuGRZ 2002, 473 (480).

im europäischen Integrationsprogramm. Für dieses sind die Marktfreiheiten, um die zweite Frage zu beantworten, auch weiterhin von Bedeutung (3.).

1. Die spezifische Integrationsfunktion der Grundfreiheiten

Im Kontext der europäischen Einigung kam den Grundfreiheiten eine spezifische Integrationsfunktion zu, nämlich durch eine Beförderung der transnationalen Faktormobilität zur Errichtung des Gemeinsamen Marktes beizutragen. Dementsprechend war ihr Gewährleistungsgehalt an der Beseitigung transnationaler Mobilitätshindernisse ausgerichtet. Die Personenverkehrsfreiheiten räumen jedem Angehörigen der Mitgliedstaaten das Recht ein, in einem anderen Mitgliedstaat unter denselben Voraussetzungen wie dessen Angehörige eine selbstständige oder unselbstständige Erwerbstätigkeit auszuüben sowie Dienstleistungen zu erbringen oder zu empfangen. Dies setzt ein ebenfalls vom Schutzbereich der Grundfreiheiten erfasstes gesichertes Aufenthaltsrecht im Aufnahmemitgliedstaat voraus. Des Weiteren profitierten die Freizügigkeitsberechtigten von einem kontinuierlich erweiterten Gleichbehandlungsanspruch mit den Angehörigen des Aufnahmemitgliedstaates. Im Laufe der Zeit entwickelte sich zudem ein Mobilitätsschutz jenseits des Gebotes der Inländerbehandlung. Als weit verstandene Diskriminierungsverbote sowie als sog. „Beschränkungsverbote", also in ihrer freiheitsrechtlichen Dimension, stehen die Grundfreiheiten auch sonstigen berufsbezogenen Mobilitätshindernissen sowohl des Herkunfts- als auch des Aufnahmemitgliedstaates entgegen.[205]

Aufgrund ihrer spezifischen Integrationsfunktion, Hemmnisse für die transnationale Mobilität zu beseitigen, und ihres damit korrelierenden Gewährleistungsgehalts unterscheidet sich die Normkategorie „Grundfreiheit" ganz wesentlich von den zunächst in der Rechtsprechung des EuGH entwickelten, mittlerweile in der GRC und in Teil II des VVE verankerten Gemeinschaftsgrundrechten. Zwar teilen beide Verbürgungen den Charakter eines unionsrechtlich eingeräumten subjektiven Rechts. Während Letztere jedoch primär die Stellung des einzelnen Unionsbürgers gegenüber der Unionsgewalt betreffen, zielen die Grundfreiheiten auf eine Beseitigung der vorwiegend von den Mitgliedstaaten ausgehenden[206] Mobilitätshindernisse, die einer grenzüberschreitenden wirtschaftlichen Tätigkeit entgegenstehen.[207]

Der Blick für diesen kategorialen Unterschied darf nicht durch die seit einiger Zeit in der Literatur währende Diskussion über den grundrechtlichen Charakter der Grundfreiheiten verstellt werden, die durch deren Fortentwicklung zu subjektiven Rechten ausgelöst wurde.[208] Ob Grundfreiheiten materiell

[205] Siehe zum Gewährleistungsgehalt der Marktfreiheiten ausführlich oben, 1. Teil A. II.

[206] Dazu oben, 2. Teil A. II.

[207] Dies betonen auch *P.-C. Müller-Graff*, Grundfreiheiten, 363 (376 f.); *V. Skouris*, DÖV 2006, 89; *R. Winkler*, Grundrechte der EU, 26 ff.

[208] Umfassend dazu *J. Gebauer*, Grundfreiheiten, 264 ff.

als Grundrechte qualifiziert werden können, wird in der Literatur kontrovers beurteilt.[209] Als entscheidendes Gegenargument wird vorgebracht, dass bei den Grundfreiheiten anders als bei Grundrechten nicht die Gewährleistung subjektiver Rechte im Vordergrund stünde, sondern deren nach wie vor instrumentaler Charakter. Grundfreiheiten verbürgten nicht zweckfrei individuelle Rechtspositionen, sondern stünden als Konstitutionsprinzipien des Gemeinsamen Marktes respektive des Binnenmarktes im Dienst der Realisierung dieser Gemeinschaftsziele.[210] Eine Berechtigung des Einzelnen folge hieraus lediglich als Reflex.[211] Die Gegenauffassung misst dieser (ursprünglich) objektiv-rechtlichen Konzeptionalisierung der Grundfreiheiten keine entscheidende Bedeutung bei. Maßgeblich sei vielmehr, dass diese Gewährleistungen vom Gerichtshof in den Rang subjektiver Rechte gehoben wurden und im Dienst auch von Individualinteressen stünden.[212] In besonderem Maße verdeutlichen dies die Personenverkehrsfreiheiten. Deren Gewährleistungsgehalt hat nämlich nicht nur eine

---

[209] Befürwortend *A. Bleckmann*, Die Freiheiten des Gemeinsamen Marktes als Grundrechte, 665 (667 – Grundrechte oder grundrechtsähnliche Rechte); *A. Borrmann*, Berufsfreiheit im deutschen Verfassungs- und europäischen Gemeinschaftsrecht, 263 ff.; *O. Due/C. Gulmann*, Community Fundamental Rights, 405 (407 f.); *C. Walter*, Geschichte und Entwicklung der Europäischen Grundrechte und Grundfreiheiten, Rn. 49. Jedenfalls für die Personenverkehrsfreiheiten *G. C. Jonathan*, RMC 1978, 74 (78); *M. Nettesheim*, NVwZ 1996, 342 (345); *M. Notthoff*, RIW 1995, 541 (544 f.); *I. Pernice*, Grundrechtsgehalte, 125 ff. Zumindest für die Arbeitnehmerfreizügigkeit *A. von Bogdandy*, JZ 2001, 157 (165 f.); *C. Grabenwarter*, EuGRZ 2004, 563 (568). Ablehnend dagegen *U. Everling*, Von der Freizügigkeit der Arbeitnehmer zum Europäischen Bürgerrecht, 81 (102); *J. Gebauer*, Grundfreiheiten, 346 ff.; *C. Kombos*, 12 EPL (2006), 433 (435); *A. Mühl*, Diskriminierung und Beschränkung, 237 f.; *I. Pernice/F. Mayer*, in: G/H, nach Art. 6 EUV, Rn. 265; *H. C. Röhl*, Jura 2006, 321 (322); *A. Schultz*, Gemeinschaftsgrundrechte und Grundfreiheiten, 106 ff.; *M. Zuleeg*, in: von der Groeben/Schwarze, Art. 3, Rn. 3. Zumindest kritisch wegen der konzeptionellen Gleichsetzung *J. Coppel/A. O'Neill*, 29 CML Rev. (1992), 669 (689 ff.). Von einer Grundrechtsähnlichkeit sprechen neben dem erwähnten *A. Bleckmann*, Die Freiheiten des Gemeinsamen Marktes als Grundrechte, 665 (667), *M. Franzen*, in: Streinz, Art. 39, Rn. 4; *S. Griller*, Grundrechtsschutz in der EU und in Österreich, 7 (10 – zumindest grundrechtsähnlich); *W. Hummer*, Grundrechte, 72 ff.; *T. Körber*, Grundfreiheiten und Privatrecht, 112; *H.-W. Rengeling*, Freizügigkeit, 973 (983); *G. Schulz*, Freizügigkeit, 96 f.; *V. Skouris*, DÖV 2006, 89 (93). Nach den unterschiedlichen Gewährleistungsgehalten der Grundfreiheiten differenzierend *K. Preedy*, Bindung Privater an Grundfreiheiten, 148 ff.

[210] *M. Franzen*, in: Streinz, Art. 39, Rn. 4; *J. Gebauer*, Grundfreiheiten, 346 ff.; *C. Kombos*, 12 EPL (2006), 433 (435); *G. Nicolaysen*, EuR 2003, 719 (737 f.); *ders.*, Grundrechtsschutz in der EU, 15 (35 f.); *I. Pernice/F. Mayer*, in: G/H, nach Art. 6 EUV, Rn. 265; *H.-W. Rengeling*, Freizügigkeit, 973 (983).

[211] *C. Kombos*, 12 EPL (2006), 433 (435); *G. Nicolaysen*, EuR 2003, 719 (738); *ders.*, Grundrechtsschutz in der EU, 15 (37); *D. Schindler*, Kollision von Grundfreiheiten und Gemeinschaftsgrundrechten, 148 ff., 177 f.

[212] *A. Bleckmann*, Die Freiheiten des Gemeinsamen Marktes als Grundrechte, 665 (666 f.); *H.-W. Rengeling/P. Szczekalla*, Grundrechte in der EU, § 3, Rn. 149; *P. Szczekalla*, Gemeinschaftsgrundrechte und EG-Grundfreiheiten, 79 (88 f.).

möglichst effektive Allokation der Ressource Arbeit im Blick, sondern auch die Person des grenzüberschreitend Tätigen. In diesem Sinne formulierte *Pierre Pescatore*: "Basic to these diverse forms of freedom is a philosophy that is inspired by a regard for private initiative and the free development of the human person as far as economic and professional acitivities are concerned."[213] Zum Ausdruck kommt dieses Verständnis auch im geltenden Unionsrecht, nämlich im dritten Erwägungsgrund der die Arbeitnehmerfreizügigkeit konkretisierenden VO 1612/68:

Die Freizügigkeit ist ein Grundrecht der Arbeitnehmer und ihrer Familien; die Mobilität der Arbeitskräfte innerhalb der Gemeinschaft soll für den Arbeitnehmer eines der Mittel sein, die ihm die Möglichkeit einer Verbesserung der Lebens- und Arbeitsbedingungen garantieren und damit auch seinen sozialen Aufstieg erleichtern, wobei gleichzeitig der Bedarf der Wirtschaft der Mitgliedstaaten befriedigt wird.

2. Das unionsbürgerliche Freizügigkeitsrecht im System subjektiver Rechte des Unionsrechts

Bislang ist es weder in der Literatur noch in der Rechtsprechung gelungen, Einigkeit hinsichtlich der Einordnung des unionsbürgerlichen Freizügigkeitsrechts in das System subjektiver Rechte des Gemeinschaftsrechts zu erzielen (a). Strukturell bleibt es dem marktfreiheitlichen Integrationsprogramm verpflichtet und erweist sich damit als „Grundfreiheit ohne Markt" (b).

a) Die kontroverse Qualifikation des unionsbürgerlichen Freizügigkeitsrechts

Die bislang in Literatur und Rechtsprechung unternommene Einordnung des unionsbürgerlichen Freizügigkeitsrechts ist schillernd.[214] Dieses wird verstanden als „Freiheitsrecht"[215], „Grundsatz der Gemeinschaft"[216], «Droit fondamental en faveur des citoyens de l'Union»[217], „Grundfreiheit"[218], „Grundrecht"[219], „Politi-

---

[213] *P. Pescatore*, 18 Am.J.Comp.L. (1970), 343 (349). Vgl. ferner *N. Reich*, Bürgerrechte in der EU, 180. Ausführlich zur entsprechenden Entwicklung der Personenverkehrsfreiheiten oben, 1. Teil A. I.

[214] Offen gelassen von *H.-W. Rengeling*, Freizügigkeit, 973 (987).

[215] So GA *La Pergola*, in: EuGH, Rs. C-85/96, Slg. 1998, I-2691, Rn. 15, 18 – Martínez Sala.

[216] EuGH, Rs. C-274/96, Slg. 1998, I-7637, Rn. 13 – Bickel und Franz.

[217] GA *Cosmas*, in: EuGH, Rs. C-378/97, Slg. 1999, I-6207, Rn. 95 – Wijsenbeek; GA *Geelhoed*, in: Rs. C-413/99, Slg. 2002, I-7091, Rn. 105 – Baumbast und R. Ähnlich *P. Dollat*, Libre circulation, 133.

[218] EuGH, Rs. C-357/98, Slg. 2000, I-9265, Rn. 25 – Yiadom; Rs. C-148/02, Slg. 2003, I-11613, Rn. 24 (sowie Rn. 28) – Avello („Grundfreiheiten, namentlich ... die ... in Art. 18 EG verliehene Freiheit"); GA *Geelhoed*, in: Rs. C-413/01, Slg. 2003, I-13187, Rn. 76 – Ninni-Orasche; GA *Kokott*, in: Rs. C-192/05, n.n.v., Rn. 34 – Tas-Hagen; *N. Dautzenberg*, BB 1993, 1563 (1568) – kurz darauf allerdings Bezeichnung als „Grundrecht"; *K. Dienelt*, Freizügigkeit, Rn. 84; *T. Fetzer*/*T. Groß*, EWS 2005, 373 (374); *K. Füßer*, DÖV 1999, 96 (100 ff.);

sche Grundfreiheit"[220], „Bürgerrecht"[221], „Bürgerfreiheit"[222], „Unionsbürgerliche Grundfreiheit"[223], „unionsbürgerliches Freiheitsrecht"[224], „aus dem ökonomischen Kontext gelöste Grundfreiheit"[225], "genuine non-economic right of a political character"[226], als „seiner ursprünglich spezifisch ökonomischen Zielsetzung entkleidetes generelles Aufenthaltsrecht"[227] oder schlicht als „Recht sui generis"[228]. Ferner wird geäußert, dass mit Einfügung des Art. 18 EG die

---

J. Kokott, Freizügigkeit der Unionsbürger, 207 (214); *J. Ziekow*, Freizügigkeit des Unionsbürgers, 101 (111), der zwischen der in Art. 18 I EG enthaltenen Grundfreiheit und dem in Art. 45 GRC verankerten Grundrecht trennt. Ähnlich *B. Schöbener*, in: KK-GRC, Art. 45, Rn. 5: Grundfreiheit insoweit Mitgliedstaaten gebunden; Grundrecht, insoweit Union gebunden.

[219] *N. Dautzenberg*, BB 1993, 1563 (1568) – kurz zuvor allerdings Bezeichnung als „Grundfreiheit"; *A. Hatje*, in: Schwarze, Art. 18, Rn. 1; *M. Hilf*, in: G/H, Art. 18, Rn. 1; *S. Kadelbach*, Unionsbürgerrechte, Rn. 40; *ders.*, Unionsbürgerschaft, 539 (554); *W. Kluth*, in: C/R, Art. 18, Rn. 9; *ders.*, ZAR 2006, 1 (5 mit Fn. 52); *ders.*, in: C/R-VVE, Art. I-10, Rn. 22: zumindest auch Grundrecht; *R. Kovar*, Le droit du citoyen de l'UE de circuler, 1049 (1060): «droit fondamental»; *S. Magiera*, in: Streinz, Art. 18, Rn. 10; *A. Mattera*, DUE 1999, 431 (453 f.): "diritto fondamentale"; *I. Pernice*, in: Dreier, Art. 11, Rn. 5; *M. Rossi*, AöR 127 (2002), 612 (619); *ders.*, JZ 2002, 351 (352 m. Fn. 15); *G. Schulz*, Freizügigkeit, 96 ff.; *S. Staeglich*, ZEuS 2003, 485 (508); *J.-H. Strunz*, Freizügigkeit in der EU, 73 f.; *C. Timmermans*, Lifting the Veil, 195 (201): "fundamental right"; *J. Wolf*, JZ 1993, 594 (597); *U. Wölker/G. Grill*, in: von der Groeben/Schwarze, Vorbem. zu den Artikeln 39 bis 41 EG, Rn. 10; EK, in: EuGH, Rs. C-365/02, Slg. 2004, I-7183, Rn. 23 – Lindfors; EK, Dritter Bericht über die Unionsbürgerschaft vom 7.9.2001, KOM (2001) 506 endg., S. 13: „persönliches Grundrecht"; ebenso Bericht der Kommission an den Rat und das Europäische Parlament betreffend die Durchführung der Richtlinien 90/364, 90/365 und 93/96 (Aufenthaltsrecht) vom 17.3.1999, KOM (1999) 127 endg., S. 5; GA *Colomer*, in: Rs. C-408/03, Slg. 2006, I-2647, Rn. 33, 46 – EK/Belgien; GA *Geelhoed*, in: Rs. C-209/03, Slg. 2005, I-2119, Rn. 45 – Dany Bidar.

[220] BVerwGE 110, 40 (53); *M. Haag*, in: GTE, Art. 18, Rn. 4; *J.-G. Iken*, Personenfreizügigkeit, 29; *M. Pelzner*, Unionsbürgerschaft und soziale Rechte, 22 f.

[221] *N. Kotalakidis*, Unionsbürgerschaft, 169; GA *Geelhoed*, in: Rs. C-403/03, Slg. 2005, I-6421, Rn. 17 – Schempp; *U. Schneider*, Unionsbürger, 106. GA *Jacobs*, in: EuGH, Rs. C-96/04, Slg. 2006, I-3561, Rn. 54 – Standesamt Niebüll; GA *La Pergola*, in: Verb. Rs. C-4/95 und C-5/95, Slg. 1997, I-511, Rn. 51 – Stöber und Pereira.

[222] *U. Becker*, EuR 1999, 522.

[223] *D. H. Scheuing*, EuR 2003, 744 (745) mit Verweis auf die Rs. Yiadom (EuGH, Rs. C-357/98, Slg. 2000, I-9265, Rn. 25) und D'Hoop (Rs. C-224/98, Slg. 2002, I-6191, Rn. 29). Ähnlich *S. Magiera*, Der Rechtsstatus der Unionsbürger, 429 (437): „Grundfreiheit der Unionsbürger".

[224] *A. von Bogdandy/S. Bitter*, Unionsbürgerschaft und Diskriminierungsverbot, 309 (320).

[225] *T. Kingreen*, EuGRZ 2004, 570 (572). Ähnlich *S. Magiera*, Der Rechtsstatus der Unionsbürger, 429 (441): „nicht wirtschaftsbezogene Grundfreiheit".

[226] *E. A. Marias*, From Market to Union Citizen, 1 (17).

[227] *S. Hobe*, Der Staat 32 (1993), 245 (255).

[228] *P. Kubicki*, EuR 2006, 489 (498).

Freizügigkeit zum „Grundrecht" erklärt wurde[229], wodurch eine Erweiterung des Art. 18 EG zum grundlegenden Recht für jeden Unionsbürger stattgefunden habe.[230] Schließlich wird differenziert zwischen Grundfreiheiten und der durch Art. 18 EG verliehenen Freiheit[231] respektive Grundfreiheiten und dem aus Art. 18 EG folgenden „Recht"[232], dem durch Art. 18 EG verliehenen „Anspruch … auf freie Bewegung und freien Aufenthalt in einem anderen Mitgliedstaat"[233] oder Grundfreiheiten und nicht binnenmarktbezogenen subjektiven Grundrechten wie Art. 18 (und 12, 141) EG[234].

Die Divergenzen hinsichtlich der Einordnung des allgemeinen Freizügigkeitsrechts sind nicht weiter verwunderlich, da sich dieses *prima facie* einer Einordnung in die herkömmlichen unionsrechtlichen Kategorien subjektiver Rechte entzieht. Einerseits weist es Affinitäten zur Normkategorie „Grundfreiheit" auf. Genauso wie die Grundfreiheiten stellt Art. 18 I EG eine primär gegenüber den Mitgliedstaaten zum Tragen kommende Verbürgung dar und weist einen parallel strukturierten Gewährleistungsgehalt auf: Art. 18 I EG gewährleistet die grenzüberschreitende Fortbewegung und ein Aufenthaltsrecht in anderen Mitgliedstaaten, schützt in Verbindung mit Art. 12 EG vor Diskriminierungen im Aufnahmemitgliedstaat und steht sonstigen, die Freizügigkeit beschränkenden Maßnahmen entgegen. Rechtsprechung und überwiegendes Schrifttum verstehen Art. 18 I EG daher als *lex generalis* zu den Marktfreiheiten, deren Gewährleistungen er *ratione personae* und *materiae* erweitert.[235] Schließlich bleibt auch der scheinbar zweckfreie Art. 18 I EG insofern einem wirtschaftlichen Integrationsprogramm verpflichtet, als die ökonomischen Aufenthaltsvoraussetzungen und der abgeschwächte Solidaritätsanspruch Nichterwerbstätiger zeigen, dass auch hier die Spielregeln einer ökonomischen Zielen verpflichteten Gemeinschaft gelten.[236] Die Nähe zur Normkategorie

---

[229] *A. Mattera*, DUE 1999, 431 (453 f.); GA *Tizzano*, in: EuGH, Rs. C-200/02, Slg. 2004, I-9925, Rn. 73 – Chen/Zhu. Vgl. auch *T. Schilling*, EuGRZ 2000, 3 (6): „zumindest grundrechtsähnliche Freizügigkeitsverbürgung".

[230] GA *Geelhoed*, in: EuGH, Rs. C-456/02, Slg. 2004, I-7573, Rn. 17 – Trojani.

[231] EuGH, Rs. C-135/99, Slg. 2000, I-10409, Rn. 33 – Elsen; Rs. C-184/99, Slg. 2001, I-6193, Rn. 33 – Grzelczyk; Rs. C-403/03, Slg. 2005, I-6421, Rn. 19 – Schempp. Begriffliche Gleichsetzung dagegen in EuGH, Rs. C-148/02, Slg. 2003, I-11613, Rn. 24 – Avello („...Grundfreiheiten, namentlich ... die ... in Art. 18 EG verliehene Freiheit").

[232] EuGH, Rs. C-224/02, Slg. 2004, I-5763, Rn. 17 – Pusa; GA *Stix-Hackl*, in: Rs. C-197/02, nicht veröffentlicht, da aus dem Register gestrichen, Rn. 1 – EK/Spanien.

[233] GA *Geelhoed*, in: EuGH, Rs. C-209/03, Slg. 2005, I-2119, Rn. 22 – Dany Bidar.

[234] *M. Rossi*, JZ 2002, 351 (352 m. Fn. 15).

[235] Dazu ausführlich oben, 2. Teil A. I. 2. a).

[236] *G. de Búrca*, Report on Citizenship, 31 (51); *S. Carrera*, 11 EL Rev. (2005), 699 (716); *M. Condinanzi/A. Lang/B. Nascimbene*, Cittadinanza dell'Unione, 33; *J. Gebauer*, Grundfreiheiten, 214 f.; *V. Lippolis*, Cittadinanza Europea, 113, 122; *R. Muñoz*, Mise en œuvre de la libre circulation des citoyens, 221 (231 f.); *M. Nettesheim*, Integration 2003, 428 (429). Die

„Grundfreiheit“ wird jedoch andererseits durch die in der Anerkennung eines allgemein und zweckfrei gewährleisteten Freizügigkeitsrechts liegende Überwindung des wirtschaftlichen Integrationskonzepts in Frage gestellt, wie dies in den erwähnten Bezeichnungen als politische oder aus dem ökonomischen Kontext gelöste Grundfreiheit zum Ausdruck kommt. So ist Art. 18 I EG zum einen systematisch den Unionsbürgerrechten zugeordnet und firmiert sowohl in der Grundrechtecharta (Art. 45 GRC) als auch dem Grundrechtsteil des Verfassungsvertrages (Art. II-105 VVE) als „Bürgerrecht“. Auch zahlreiche nationale Verfassungen kennen ein eigenen Staatsangehörigen eingeräumtes Freizügigkeitsrecht als klassisches Freiheitsgrundrecht (vgl. etwa Art. 11 GG,[237] Art. 16 I der italienischen Verfassung oder Art. 19 der spanischen Verfassung). Schließlich, und hierin liegt ein kategorialer Unterschied, verzichtet Art. 18 I EG auf ein erwerbswirtschaftliches Element im Tatbestand. Art. 18 I EG schützt also nicht die Mobilität von Produktionsfaktoren, sondern die Freiheit der Person;[238] anders als im Kontext der Marktfreiheiten stand trotz der umstrittenen unmittelbaren Anwendbarkeit von Anfang an die subjektive Gewährleistung und nicht die Indienstnahme für die Realisierung von Gemeinschaftszielen – die insbesondere grundfreiheitlich umzusetzende Errichtung des Gemeinsamen Marktes – im Vordergrund.[239]

b) Das unionsbürgerliche Freizügigkeitsrecht als „Grundfreiheit ohne Markt“

Betrachtet man den im zweiten Teil entwickelten Gewährleistungsgehalt des unionsbürgerlichen Freizügigkeitsrechts, so sind die strukturellen Parallelen dieser Verbürgung mit den Freiheiten des Personenverkehrs unverkennbar.[240] Anders als die Einordnung als Unionsbürgerrecht dies nahe legen könnte und anders als ein Gemeinschaftsgrundrecht befasst sich Art. 18 EG nicht, jedenfalls nicht als Kern der Gewährleistung, mit der Stellung des einzelnen Unionsbürgers gegenüber der Union, sondern entfaltet – wie die Grundfreiheiten auch – seine Wirkung im Mehrebenensystem EU horizontal, also gegenüber den Mitgliedstaaten. Die strukturelle Verwandtschaft zeigt sich des Weiteren an der Freizügigkeitsakzessorietät beider Gewährleistungen, also an dem tat-

---

Überwindung des wirtschaftlichen Integrationskonzepts betont dagegen *R. Orrù*, Diritto pubblico comparato ed europeo 1999, 575 (577 f.).

[237] Vgl. zur Freizügigkeit im deutschen Verfassungsrecht etwa *P. Kunig*, Jura 1990, 306; *D. Merten*, Freizügigkeitsrecht; *B. Pieroth*, JuS 1985, 81; *J. Ziekow*, Freizügigkeit und Aufenthalt.

[238] *A. Hatje*, in: Schwarze, Art. 18, Rn. 12; *R. Kovar*, Le droit du citoyen de l'UE de circuler, 1049 (1065); *K. Preedy*, Bindung Privater an Grundfreiheiten, 142; *H. Rothfuchs*, Personenverkehrsfreiheiten, 182, 245 f.; *G. Schulz*, Freizügigkeit, 98 f.

[239] Siehe auch *G. Schulz*, Freizügigkeit, 98 f.

[240] Die strukturelle Parallele betont auch *H. D. Jarass*, EU-Grundrechte, § 20, Rn. 22; *C. Schönberger*, Unionsbürger, 330: „Funktional bleibt die Vorschrift [Art. 18 EG] hingegen dem Integrationsprogramm der Grundfreiheiten verpflichtet“.

bestandlich erforderlichen grenzüberschreitenden Element. Schließlich laufen die Gewährleistungsgehalte von Art. 18 I EG und den Personenverkehrsfreiheiten gleich. Genauso wie diese räumt Art. 18 I EG ein Aufenthaltsrecht in anderen Mitgliedstaaten ein, schützt in Verbindung mit dem allgemeinen Diskriminierungsverbot des Art. 12 EG vor Ungleichbehandlungen gegenüber Angehörigen des Aufnahmemitgliedstaates und steht in seiner materiell-diskriminierungsrechtlichen respektive freiheitsrechtlichen Dimension auch sonstigen, nicht auf einer Diskriminierung aufgrund der Staatsangehörigkeit beruhenden Mobilitätshindernissen entgegen.[241]

Ein gravierender Unterschied zu den Marktfreiheiten ist allerdings nicht von der Hand zu weisen: Das unionsbürgerliche Freizügigkeitsrecht verzichtet sowohl *ratione personae* als auch *materiae* auf das Tatbestandsmerkmal der Erwerbstätigkeit, womit es sich, um den Titel der Arbeit aufzugreifen, als „Grundfreiheit ohne Markt" erweist. Auch wenn dieser tatbestandliche Bezug zum Gemeinsamen Markt respektive zum Binnenmarkt ein ganz wesentliches Charakteristikum der Marktfreiheiten ist, spricht dessen Fehlen nicht gegen ein grundfreiheitliches Verständnis der unionsbürgerlichen Freizügigkeit. Denn beide Normen zielen auf die Förderung transnationaler Mobilität sowie auf die Integration des von seinem Freizügigkeitsrecht Gebrauch machenden Unionsbürgers in den Aufnahmemitgliedstaat. Dass die unionsbürgerliche Freizügigkeit im Gegensatz zur marktfreiheitlichen kein ökonomisches Moment mehr kennt, übersetzt demgegenüber nur den mit der Gründung der Europäischen Union erreichten Integrationsfortschritt in den Bereich des unionsrechtlichen Freizügigkeitsregimes. In einer auf die Errichtung eines Gemeinsamen Marktes fokussierten Europäischen Wirtschaftsgemeinschaft stand die Freizügigkeit im Dienst der Marktintegration und war demgemäß primär ökonomisch ausgerichtet. Auf dem Weg in eine auch Politische Union hat sie diesen Fokus dann immer mehr verloren und ist nun allgemein und zweckfrei gewährleistet. Nichts geändert hat dies jedoch an ihrer sich im spezifisch grundfreiheitlichen Gewährleistungsgehalt widerspiegelnden Aufgabe, die innergemeinschaftliche Mobilität zu fördern und die Integration des Unionsbürgers in die Gesellschaft des Aufnahmemitgliedstaates sicherzustellen. Die Freizügigkeit wurde lediglich aus ihrer ökonomischen Verankerung in der Marktintegration gelöst. Damit ist an der Normkategorie „Grundfreiheit" auch weiterhin festzuhalten. Völlig zu Recht spricht daher der derzeitige Präsident des Europäischen Gerichtshofs, *Vassilios Skouris*, von einer

> den Grundfreiheiten innewohnende[n] Anlage zur Entwicklung einer umfassenden, von wirtschaftlichen Aspekten unabhängigen Personenverkehrsfreiheit hin, zu der insbesondere die Unionsbürgerschaft in den letzten Jahren viel beigetragen hat. In diesem Sinne bezieht sich die Rede der Grundfreiheiten von „Personen" auf alle Unionsbürger und es wird ihnen allen

---

[241] Dazu ausführlich oben, 2. Teil.

Freizügigkeit gewährleistet, ob sie sich aus wirtschaftlichen oder aus anderen Gründen in einen anderen Mitgliedstaat begeben und dort aufhalten.[242]

Greift man die Diskussion nach dem grundrechtlichen Charakter der Grundfreiheiten nochmals auf, so kommt man, auch wenn man bislang Entsprechendes für die Marktfreiheiten verneinte, nicht umhin, einem in der Unionsbürgerschaft radizierten und zweckfrei, also unabhängig von einer ökonomischen Betätigung gewährleisteten Freizügigkeitsrecht die Qualität als Grundrecht zuzusprechen. Ein irgendwie gearteter instrumentaler Charakter dieser Gewährleistung ist nämlich nicht mehr ersichtlich, wie Generalanwalt *Cosmas* in der Rs. Wijsenbeek unterstrich:

> Dieser Artikel [18 EG] ist von der gleichen *am Menschen ausgerichteten Betrachtungsweise* inspiriert wie die anderen Bestimmungen des Regelwerks, zu dem er gehört. Eine Gruppe von Personen, die Unionsbürger, werden Inhaber eines bestimmten Rechts – im vorliegenden Fall des Rechts, sich im Hoheitsgebiet der Mitgliedstaaten frei zu bewegen und aufzuhalten – unabhängig von der Frage, ob mit dem Genuß dieses Rechts die Förderung anderer Bestrebungen oder Ziele der Gemeinschaft einhergeht oder nicht. Hierin liegt einer der wesentlichen Unterschiede zwischen Artikel [18] und den Artikeln [39 ff.] des Vertrages. Diese haben zugunsten der Angehörigen der Mitgliedstaaten eine *funktionale* Möglichkeit geschaffen, die ihnen eingeräumt wurde, damit sie sie zur Schaffung eines Gemeinsamen Marktes einsetzen, dessen Ziel es lediglich war, den Personen die Ausübung ihrer wirtschaftlichen Tätigkeit unter besseren Bedingungen zu ermöglichen. Artikel [18 EG] schafft demgegenüber zugunsten der Angehörigen der Mitgliedstaaten eine Möglichkeit *substantiellen Charakters*, d. h. ein wirkliches und wahrhaftiges Recht, das der autonomen Verwirklichung eines Zieles des Inhabers selbst dient und nicht zugunsten der Gemeinschaft oder des Erfolgs ihrer Ziele gilt.[243]

Dennoch wäre es wegen der spezifischen Integrationsfunktion der – auch aus dem wirtschaftlichen Kontext gelösten – Grundfreiheiten verfehlt, diese nunmehr pauschal als Grundrechte zu qualifizieren und damit deren gegenüber Gemeinschaftsgrundrechten andersartige Zielsetzung zu verschleiern.

3. Der Paradigmenwechsel im grundfreiheitlichen Integrationskonzept

Die Anerkennung einer „Grundfreiheit ohne Markt" führt zu einem Paradigmenwechsel im unionsrechtlichen Freizügigkeitsregime. Die auf den Abbau nationaler Grenzen und der Unterscheidung von In- und EU-Ausländern zielende Freizügigkeitsverbürgung ist nunmehr jedem Unionsbürger zweckfrei gewährleistet. Dies spiegelt den Fortschritt der europäischen Integration wider, der die wirtschaftliche Einigung zwar nach wie vor zentrales, aber nicht mehr

---

[242] *V. Skouris*, DÖV 2006, 89 (90). Vgl. auch *R. Winkler*, Grundrechte der EU, 26 ff., der die Grundfreiheiten als Integrationsrechte von den EU-Grundrechten abgrenzt.

[243] GA *Cosmas*, in: EuGH, Rs. C-378/97, Slg. 1999, I-6207, Rn. 83 f. – Wijsenbeek. Zurückhaltend aber *M. Jeffery*, Comp. Lab. L. & Pol'y J. 23 (2001/02), 211 (215 ff., 230 f.).

allein im Vordergrund stehendes Anliegen ist.[244] Mit diesem Wandel geht zugleich eine Erweiterung des Binnenmarktkonzepts einher, das gemäß Art. 3 I lit. c EG durch die Beseitigung der Hindernisse für den freien Personenverkehr nach Maßgabe des EG-Vertrages gekennzeichnet ist. War es bislang – entgegen mancher Stimme in der Literatur[245] – mangels einer von einem ökonomischen Bezug gelösten, allgemeinen Freizügigkeitsgarantie nicht möglich, auch den freien Personenverkehr Nichterwerbstätiger als vom Binnenmarkt umfasst anzusehen, hat die primärrechtliche Verankerung des allgemeinen Freizügigkeitsrechts den Wandel gebracht. Der freie Personenverkehr nach Maßgabe des EG-Vertrages im Sinne des Art. 3 I lit. c EG ist nun nämlich auch der Nichterwerbstätiger.[246]

Fraglich ist indes, ob dieser Paradigmenwechsel im grundfreiheitlichen Integrationsprogramm im Begriff des „Binnenmarktes" adäquaten Ausdruck findet. Zwar wurde das mit der Einheitlichen Europäischen Akte eingeführte Binnenmarktziel, wie erwähnt, von Anfang an mit dem freien Personenverkehr auch unabhängig von einer ökonomischen Betätigung in Verbindung gebracht, ein Binnenmarktverständnis, das jedenfalls seit Verankerung des allgemeinen Freizügigkeitsrechts mit der Maastrichter Vertragsrevision auch dem geltenden Unionsrecht zugrunde liegt. Dennoch evoziert der Begriff Binnen*markt* die Vorstellung einer rein wirtschaftlichen Integration, die mittlerweile überwunden wurde. Deshalb ist es vorzugswürdig, den Begriff des Binnenmarktes durch den eines Binnenraumes zu ersetzen.

Einen Bezug von Raum und freiem Personenverkehr stellt das mit dem Amsterdamer Vertrag verankerte Integrationsziel eines Raumes der Freiheit, der Sicherheit und des Rechts her: In diesem ist u.a. der freie Personenverkehr gewährleistet (Art. 2 4. SpS EU).[247] Nach seiner Ausgestaltung im vierten Teil des EG-Vertrages (Art. 61 ff. EG) hat die im Raum der Freiheit, der Sicherheit und des Rechts gewährleistete Freizügigkeit jedoch vornehmlich die Aspekte Bewegungsfreiheit einschließlich des Abbaus von Grenzkontrollen im Blick

---

[244] Siehe auch *K. Mortelmans*, 40 CML Rev. (2003), 771 (776 f.): "recent judgments ... indicate that a new dimension of the Single Market is under construction. This dimension goes back to the basics of European Integration: free movement of persons in order to create a peaceful world. The late European Coal and Steel Treaty gave legal 'Authority' to a friendly invasion of miners and their families. The European Treaties, since Amsterdam and Nice, give citizens of Europe and their families ... a right to stay in what is still a land of Cockaigne"; *J. W. de Zwaan*, European Citizenship, 245 (264). Zur Kompetenzerweiterung auf europäischer Ebene etwa *P. M. Huber*, AöR 116 (1991), 210 (210 f.).

[245] Dazu oben, 1. Teil B. II. 2.

[246] Vgl. in diesem Sinne auch GA *Cosmas*, in: EuGH, Rs. C-378/97, Slg. 1999, I-6207, Rn. 95 – Wijsenbeek: „Artikel [18 EG] bringt für das Gemeinschaftsrecht eine ‚Überwindung' der bisher allgemein anerkannten Konzeption des Grundsatzes der Freizügigkeit mit sich".

[247] Zu diesem statt vieler *J. Monar*, Konzeption des Raumes der Freiheit, der Sicherheit und des Rechts.

(siehe Art. 62 Nr. 1 EG), den Abbau von darüber hinausgehenden Mobilitätshindernissen dagegen nur sektoriell (Art. 65 EG). Ferner schließt sie anders als Art. 18 I EG auch den freien Personenverkehr von Drittstaatsangehörigen mit ein. Wegen der spezifischen Zielsetzung des Binnenmarkts respektive -raums, die Bedeutung nationaler Grenzen für Unionsbürger durch die Gewährleistung eines gesicherten Aufenthaltsrechts und das Verbot direkter und schwerer Beeinträchtigungen der transnationalen Mobilität bzw. das Verbot der Schlechterstellung inländischer Sachverhalte gegenüber solchen mit grenzüberschreitendem Bezug zu relativieren sowie Unterscheidungen zwischen In- und EU-Ausländern abzubauen, empfiehlt es sich nicht, den freien Personenverkehr im Binnenmarkt respektive -raum nunmehr dem neueren Integrationsziel Raum der Freiheit, der Sicherheit und des Rechts zuzuordnen, auch wenn dieser zweifelsohne das Binnenmarkt(raum)ziel komplementiert.[248] Diese Unterscheidung kommt auch in der Differenzierung in den Zielbestimmungen der Gemeinschaft zum Ausdruck (siehe Art. 3 I lit. c EG einerseits, Art. 3 I lit. d EG andererseits).

Abschließend sei aus der Binnenperspektive unionsrechtlicher Freizügigkeit die Frage aufgeworfen, ob das beschriebene Aufgehen von marktfreiheitlicher und allgemeiner Freizügigkeit in der unionsrechtlichen Gewährleistung des freien Personenverkehrs zu einem Bedeutungsverlust der Marktfreiheiten führt, wie etwa *Gareth Davies* konstatiert:

> ...[S]ince [Art. 18, 12 EG] are as broadly worded as the economic rights, the economic Treaty articles do become entirely superfluous. One may rely on them as a matter of *lex specialis* legal form, but the limits of their scope become entirely unimportant, since where they stop citizenship will pick up.[249]

Diese Frage ist jedoch zu verneinen. Denn den wirtschaftlichen Grundfreiheiten kommt, auch wenn sie nur noch *leges speciales* gegenüber einer auf das Moment der Erwerbstätigkeit verzichtenden allgemeinen Freizügigkeitsgewährleistung sind, die spezifische Funktion der Marktintegration zu. Dies privilegiert die von ihnen Berechtigten gegenüber den übrigen Freizügigkeitsberechtigten, womit ihnen ihre praktische Relevanz nicht abgesprochen werden kann. Näher zu bestimmen ist allerdings der gegenüber der unionsbürgerlichen Freizügigkeit spezifische Gewährleistungsgehalt der Marktfreiheiten. Dies soll im folgenden Abschnitt unternommen werden.

---

[248] Siehe etwa *W. Kahl*, in: C/R, Art. 14, Rn. 21 (Verklammerung); *L. Schmahl*, in: Schwarze, Vorbem. Art. 61–69 EG, Rn. 2; *W. Weiß*, in: Streinz, Art. 61, Rn. 11 f.; *M. Zuleeg*, in: Schwarze, Art. 2 EU, Rn. 5.

[249] *G. Davies*, Nationality Discrimination in the Internal Market, 189.

IV. Neujustierung des Freizügigkeitsregimes

Durch die Herausbildung einer „Grundfreiheit ohne Markt“ wurden die wirtschaftlichen Grundfreiheiten durch eine *lex generalis* unterfüttert. Vor diesem Hintergrund stellt sich die Frage, wie die unionsbürgerliche *lex generalis* von den marktfreiheitlichen *leges speciales* abzugrenzen ist, um diesen Verbürgungen, deren ökonomische Konturen im Laufe der Zeit verschwommen sind, wieder einen abgrenzungsscharfen Gewährleistungsgehalt zu verleihen. Drei Aspekte verdienen dabei besondere Beachtung: Erstens die Frage nach der ausschließlichen Radizierung des Fortbewegungs- und Aufenthaltsrechts in Art. 18 EG, zweitens die Reichweite des marktfreiheitlichen Diskriminierungsschutzes in Abgrenzung zum unionsbürgerlichen Diskriminierungsverbot sowie drittens die Reichweite der wirtschaftlichen Grundfreiheiten *ratione personae.*

1. Radizierung des Freizügigkeitsrechts in Art. 18 EG

Das grundfreiheitlich gewährleistete Recht, in einem anderen Mitgliedstaat selbstständig oder unselbstständig tätig zu werden, Waren zu kaufen oder zu verkaufen respektive dort Dienstleistungen zu erbringen oder zu empfangen, wäre wertlos, dürfte sich die betreffende Person nicht in dem anderen Mitgliedstaat aufhalten. Dementsprechend garantieren alle Grundfreiheiten ein gesichertes Aufenthaltsrecht im Aufnahmemitgliedstaat. Die Arbeitnehmerfreizügigkeit sieht ein solches explizit vor (Art. 39 III lit. c EG), den übrigen Marktfreiheiten wird eine entsprechende Gewährleistung implizit entnommen.[250] Verbürgt war das transnationale Fortbewegungs- und Aufenthaltsrecht allerdings nicht um seiner selbst, sondern lediglich um der Ermöglichung einer grenzüberschreitenden Erwerbstätigkeit willen. Dieser nur akzessorische Charakter erklärt die Umschreibung der Mobilitätsgarantie als „Annexgewährleistung“ respektive „Begleitrecht“.[251]

Mit der primärrechtlichen Verankerung des Art. 18 I EG existiert nunmehr eine Norm, die das Freizügigkeitsrecht nicht mehr als Aspekt einer ökonomischen Betätigung, sondern als Konsequenz der allen Angehörigen der Mitgliedstaaten gemeinen Unionsbürgerschaft allgemein und zweckfrei einräumt. Dieser Wandel legt nahe, die grenzüberschreitende Fortbewegung sowie das Aufenthaltsrecht in einem anderen Mitgliedstaat nunmehr als von Art. 18 I EG

---

[250] Dazu ausführlich oben, 1. Teil A. II. 1. b) aa).

[251] *U. Becker*, EuR 1999, 522 (523); *W. Kluth*, in: C/R, Art. 18, Rn. 1, 10; *T. Oppermann*, Europarecht, § 25, Rn. 33; *H.-W. Rengeling*, Freizügigkeit, 973 (976, 992). Dieses Verständnis kritisiert *H. Toner*, 23 YEL (2004), 275 (294 f.), jedenfalls für die Arbeitnehmerfreizügigkeit, die ein Aufenthaltsrecht explizit beinhaltet (Art. 39 III lit. c EG). An dessen unselbstständigem Charakter ändert dies freilich nichts.

geschützt anzusehen.[252] Diesen Ansatz hat sich jedoch weder die Rechtsprechung des Gerichtshofs noch das überwiegende Schrifttum zu Eigen gemacht, die die marktfreiheitlichen Freizügigkeitsgewährleistungen als *leges speciales* gegenüber dem allgemeinen Freizügigkeitsrecht begreifen.[253] Damit wurde vor dem Hintergrund der *ratione personae* weit reichenden grundfreiheitlichen Freizügigkeitsgewährleistung die Bedeutung des Art. 18 I EG deutlich relativiert. Angesichts der beschriebenen, mit Art. 18 I EG bezweckten und erfolgten Aufwertung des Schutzgutes „Freizügigkeit" ist die vom EuGH und dem überwiegenden Schrifttum vertretene Auffassung zu revidieren und das Recht auf grenzüberschreitende Fortbewegung und das Aufenthaltsrecht in anderen Mitgliedstaaten dem allgemeinen Freizügigkeitsrecht zuzuordnen.[254] Statt ein von Griechenland gegenüber einer EU-Ausländerin verhängtes lebenslanges Aufenthaltsverbot wegen Drogenkonsums pauschal als Verstoß gegen die Gesamtheit der Personenverkehrsfreiheiten (Art. 39, 43, 49 f. EG) zu verstehen, hätte es in der Rs. Calfa mehr überzeugt, das allgemeine Aufenthaltsrecht des Art. 18 I EG als Prüfungsmaßstab heranzuziehen.[255] In der Sache wären mit dieser Neuradizierung freilich keine Änderungen verbunden, da insbesondere die ökonomischen Kautelen für Nichterwerbstätige fortbestehen. Insofern diese nicht relevant sind, wird sich Art. 18 I EG auch auf Basis der derzeit herrschenden Meinung faktisch zum Hauptfreizügigkeitsrecht entwickeln, da er einen Auffangtatbestand darstellt[256] und somit Abgrenzungsschwierigkeiten reduziert[257].

2. Differenzierung zwischen erwerbstätigkeitsbezogener und statusbezogener Gleichheit

Um eine möglichst weit reichende Gleichstellung der Freizügigkeitsberechtigten mit den Angehörigen des Aufnahmemitgliedstaates sicherzustellen, hat der

---

[252] In diesem Sinne etwa *A. Lang*, Diritto pubblico comparato ed europeo 2003, 848 (849); *B. Schöbener*, in: KK-GRC, Art. 45, Rn. 19.

[253] Dazu ausführlich oben, 2. Teil A. I. 2. a).

[254] Im Kontext der Arbeitnehmerfreizügigkeit *de lege lata* problematisch ist freilich die ausdrückliche Gewährleistung der Freizügigkeit in Art. 39 III lit. b und c EG, die normtheoretisch als *leges speciales* gegenüber Art. 18 I EG zu qualifizieren sind.

[255] Kritisch zum Nichtaufgreifen des Art. 18 EG *M. Doppelhammer*, 24 EL Rev. (1999), 621 (625 f.); *R. Orrù*, Diritto pubblico comparato ed europeo 1999, 575 (583). Ähnlich *A. Lang*, Diritto pubblico comparato ed europeo 2003, 848 (849), für EuGH, Rs. C-100/01, Slg. 2002, I-10981 – Olazabal, die die Arbeitnehmereigenschaft des Klägers als "contingente" qualifiziert. Gleiches gilt auch für die Rs. C-215/03, Slg. 2005, I-1215 – Oulane.

[256] *D. H. Scheuing*, Freizügigkeit, 103 (124 f.); *ders.*, EuR 2003, 744 (765 f.). Exemplifizieren lässt sich das am Vorgehen des EuGH, Verb. Rs. C-502/01 und 31/02, Slg. 2004, I-6483, Rn. 32 – Gaumain-Cerri und Barth.

[257] *D. Martin/E. Guild*, Free Movement, 99; *D. H. Scheuing*, Freizügigkeit, 103 (124); *C. Schönberger*, Unionsbürger, 325.

Gerichtshof die zumindest dem Wortlaut des EWG-Vertrages nach rein auf eine Erwerbstätigkeit bezogenen grundfreiheitlichen Diskriminierungsverbote zu einem umfassenden, faktisch allein an die Ansässigkeit des Erwerbstätigen im Aufnahmemitgliedstaat geknüpften Anspruch auf Inländerbehandlung entwickelt.[258] Vor dem Hintergrund des auf Art. 12 i.V.m. 18 EG gestützten, tatbestandlich umfassenden unionsbürgerlichen Diskriminierungsverbotes fragt sich allerdings, ob an dieser weiten Auslegung des grundfreiheitlich vermittelten Gleichbehandlungsanspruchs noch festzuhalten ist. Gerichtshof und überwiegendes Schrifttum stellen diese Frage nicht, indem sie die grundfreiheitlichen Diskriminierungsverbote als *leges speciales* gegenüber dem unionsbürgerlichen Diskriminierungsverbot qualifizieren.[259] Damit zementieren sie den überkommenen Freizügigkeits-*Acquis*. Dem steht jedoch nicht nur der beschäftigungsbezogene Wortlaut der grundfreiheitlichen Diskriminierungsverbote (vgl. Art. 39 II, 43 UA 1 S. 1, 50 UA 3 EG) entgegen, sondern auch der mit der weiten Auslegung einhergehende Konturenverlust. Angesichts der Existenz des unionsbürgerlichen Diskriminierungsverbots ist hierfür auch die Notwendigkeit entfallen. Es ist in der Sache überzeugender, einen Anspruch auf Inländerbehandlung hinsichtlich nicht mit der Ausübung einer Erwerbstätigkeit unmittelbar zusammenhängender Aspekte auf das an den Aufenthalt im Aufnahmemitgliedstaat angeknüpfte unionsbürgerliche Diskriminierungsverbot zu stützen, statt einen eher weniger als mehr einleuchtenden ökonomischen Bezug herzustellen. Als Beispiel dienen mögen die als Folgeerscheinung der Arbeitnehmerfreizügigkeit qualifizierte Registrierung von Sportbooten[260] oder der in dem für Inländer privilegierten Zugang zu Immobilienkrediten für Privatwohnungen oder zu Sozialwohnungen gesehene Wettbewerbsnachteil für EWG-ausländische Selbstständige gegenüber inländischen Konkurrenten:

Bei einer natürlichen Person setzt die Ausübung einer beruflichen Tätigkeit nicht nur die Möglichkeit voraus ... Zugang zu Räumlichkeiten zu erhalten, von denen aus die Tätigkeit betrieben werden kann, sondern auch die Möglichkeit, eine Wohnung zu beziehen. Hieraus folgt, dass Beschränkungen, die in den wohnungsrechtlichen Vorschriften, die am Ort der Ausübung der Tätigkeit gelten, enthalten sind, die Ausübung der Tätigkeit behindern können. Um die vollständige Gleichheit im Wettbewerb zu sichern, ist es deshalb erforderlich, dass Angehörige eines Mitgliedstaats, die in einem anderen Mitgliedstaat eine selbständige Tätigkeit auszuüben wünschen, dort unter den gleichen Voraussetzungen eine Wohnung beziehen können wie ihre Mitbewerber, die Angehörige des letztgenannten Staates sind. Daher sind nicht nur Beschränkungen des Rechts auf Zugang zu Wohnungen, sondern auch sämtliche Beschränkungen des Rechts auf Inanspruchnahme der verschiedenen Vergünstigungen, die den

---

[258] Dazu ausführlich oben, 1. Teil A. II. 1. b) bb) (1).

[259] Dazu ausführlich oben, 2. Teil B. II. 1. c) aa).

[260] EuGH, Rs. C-334/94, Slg. 1996, I-1307, Rn. 20 ff. – EK/Frankreich; Rs. C-151/96, Slg. 1997, I-3327, Rn. 13 ff. – EK/Irland.

eigenen Staatsbürgern zur Milderung der damit verbundenen finanziellen Belastungen gewährt werden, als Behinderung der beruflichen Tätigkeit selbst anzusehen.[261]

Gleiches lässt sich für den Gleichbehandlungsanspruch hinsichtlich des Zugangs zu bestimmten Sozialleistungen sagen, der aus dem Erwerb eines Metrotickets oder einem Restaurantbesuch im Ausland folgt, d.h. aus der Inanspruchnahme von Dienstleistungen.[262]

Aufgrund der gemeinsamen Zugehörigkeit von EU-Ausländer und Inländer zur Gemeinschaft der Unionsbürger kann der Angehörige eines Mitgliedstaates der Gesellschaft des Aufnahmemitgliedstaates nicht als gänzlich unzugehörig betrachtet werden und profitiert daher von einem tatbestandlich umfassenden, wenn auch nicht absoluten Gleichbehandlungsanspruch mit Inländern. Dieser und nicht ein entfernter ökonomischer Bezug erscheint als belastbarer Ansatz für das allein an die Ansässigkeit des Unionsbürgers im Aufnahmemitgliedstaat geknüpfte Inländerbehandlungsgebot. Damit kann das Verhältnis der grundfreiheitlichen Diskriminierungsverbote zum unionsbürgerlichen neu bestimmt werden: Erstere verbleiben zwar nach wie vor *leges speciales*, sind in ihrem Anwendungsbereich aber streng beschäftigungsbezogen zu konzipieren – ganz im Sinne von Art. 39 II EG, nach dem die Arbeitnehmerfreizügigkeit „die Abschaffung jeder auf der Staatsangehörigkeit beruhenden unterschiedlichen Behandlung der Arbeitnehmer der Mitgliedstaaten in Bezug auf Beschäftigung, Entlohnung und sonstige Arbeitsbedingungen" umfasst.

Was ist damit gewonnen, verbleibt es doch im Ergebnis bei der grundsätzlich umfassenden Gleichbehandlungspflicht, die lediglich partiell neu fundiert wird? Zum einen ist, wie bereits dargelegt, eine überzeugendere Basis für den Inländerbehandlungsanspruch gefunden. Zum anderen werden den Mitgliedstaaten ganz im Sinne des Konzepts gestufter Solidarität Gestaltungsspielräume hinsichtlich der Einbeziehung – auch wirtschaftlich aktiver Unionsbürger – in die nationalen Sozialleistungssysteme eröffnet, die im Rahmen der vom Grundsatz unbedingter Solidarität geprägten Grundfreiheiten nicht bestehen. Ermöglicht wird damit eine Neuverteilung sozialer Verantwortung zwischen Heimat- und Aufnahmemitgliedstaat. Daraus muss nicht zwingend das *prima facie* paradoxe Ergebnis resultieren, dass mit Einführung der Unionsbürgerschaft ein partieller Rückschritt im Freizügigkeits-*Acquis* einhergeht. Denn im Rahmen der Rechtfertigung bleibt der Status als ökonomischer Akteur auch beim Konzept gestufter Solidarität von Gewicht.

---

[261] EuGH, Rs. 63/86, Slg. 1988, 29, Rn. 15 f. – EK/Italien. Siehe auch Rs. 305/87, Slg. 1989, 1461, Rn. 21 f. – EK/Griechenland; Rs. C-111/91, Slg. 1993, I-817, Rn. 17 – EK/Luxemburg. Ebenfalls kritisch *S. Robin-Olivier*, Principe d'Égalité, 379 f. Dazu bereits oben, 1. Teil A. II. 1. b) bb) (1) (b).

[262] EuGH, Rs. C-186/87, Slg. 1989, 195, Rn. 17 f. – Cowan. Dazu bereits oben, 1. Teil A. II. 2. a) bb) (1). Für eine Neufundierung auch *C. Barnard*, EU Citizenship and the Principle of Solidarity, 157 (175 ff.).

3. Konturierung der wirtschaftlichen Grundfreiheiten ratione personae

Zu Zeiten der Europäischen Wirtschaftsgemeinschaft, zu denen im Wesentlichen die Qualifikation als Akteur des Gemeinsamen Marktes über die Freizügigkeitsberechtigung mit all ihren Vorteilen entschied, war die Tendenz zu einer weiten, wenn auch nicht schrankenlosen Auslegung des persönlichen Anwendungsbereiches der Personenverkehrsfreiheiten in der Rechtsprechung des Gerichtshofs unverkennbar.[263]

Dies zeigt sich zum einen am weiten Begriff des Arbeitnehmers, der zwar die Ausübung einer tatsächlichen und echten Tätigkeit impliziert, die keinen so geringen Umfang haben darf, dass sie als völlig untergeordnet und unwesentlich anzusehen ist.[264] Die an Produktivität, Vergütung und Arbeitszeit gestellten Mindestvoraussetzungen sind jedoch gering. Davon zeugt die Einbeziehung von Personen, die lediglich zwölf Stunden pro Woche arbeiten oder neben ihrem Lohn staatlicherseits auf eine – als Konsequenz der Qualifikation als Arbeitnehmer unionsrechtlich gebotene – Einkommensergänzung angewiesen sind.[265] Nachdem angesichts des unionsbürgerlichen Aufenthaltsrechts und Diskriminierungsverbots die Notwendigkeit entfallen ist, den Status eines Arbeitnehmers innezuhaben, um in den persönlichen Anwendungsbereich des unionsrechtlichen Freizügigkeitsregimes zu fallen, und das Unionsrecht eine Unterscheidung vorgibt zwischen marktfreiheitlich berechtigten Personen, die *qua* Erwerbstätigkeit über ausreichende Existenzmittel verfügen und daher ein ökonomisch unbedingtes Aufenthaltsrecht besitzen, und solchen, die keiner Erwerbstätigkeit nachgehen und daher als Aufenthaltsvoraussetzung wirtschaftlich selbstständig sein müssen, sind diejenigen Personen, deren Erwerbstätigkeit nicht ihren Lebensunterhalt deckt, der ersten Fallgruppe zuzuordnen und daher hinsichtlich des Aufenthaltsrechts und der Statusgleichheit aus der Arbeitnehmerfreizügigkeit auszugliedern.[266] Missliche Konsequenz dieser Neuqualifika-

---

[263] Dazu ausführlich oben, 1. Teil A. II. 2. a).

[264] EuGH, Rs. 53/81, Slg. 1982, 1035, Rn. 16, 21 – Levin; Rs. 344/87, Slg. 1989, 1621, Rn. 13 – Bettray.

[265] EuGH, Rs. 53/81, Slg. 1982, 1035, Rn. 11 ff. – Levin; Rs. 139/85, Slg. 1986, 1741, Rn. 11 ff. – Kempf; Rs. C-317/93, Slg. 1995, I-4625, Rn. 19 – Nolte. Näher dazu oben, 1. Teil A. II. 2. a) aa).

[266] *A. Lang*, Diritto pubblico comparato ed europeo 2003, 848 (849); *C. Schönberger*, Unionsbürger, 425. Vgl. auch die Minderheitenansicht des MdEP *Schmidt* in Empfehlung des EP-Ausschuss für die Freiheiten und Rechte der Bürger, Justiz und innere Angelegenheiten für die zweite Lesung der Aufenthaltsrichtlinie vom 23.2.2004, A5-0090/2004, PE 339.588, S. 6: „Derzeit reicht es aus, zehn Stunden wöchentlich zu arbeiten, um in das Sozialversicherungssystem eines neuen Mitgliedstaates aufgenommen zu werden. Die Anforderung sollte deshalb eher lauten, dass die Person in der Lage sein muss, sich durch Arbeit versorgen zu können. Deshalb habe ich versucht, allgemeine alle EU-Bürger betreffende Bestimmungen einzuführen, wonach die Definition der Arbeit so geändert wird, dass es durch Arbeit möglich sein muss,

tion ist freilich, dass die Rechtsposition der aus den Marktfreiheiten ausgegliederten Personen geschwächt wird, da die marktfreiheitlich Freizügigkeitsberechtigten von einem stärkeren, da ökonomisch voraussetzungslosen Aufenthaltsrecht, sowie einem stärkeren Solidaritätsanspruch im Aufnahmemitgliedstaat profitieren. Dies ist jedoch als Konsequenz der erwähnten, im Unionsrecht angelegten Differenzierung zwischen finanziell Selbstständigen und Personen, die dies nicht sind, hinzunehmen. Gemindert wird die Schwächung der Rechtsposition zudem dadurch, dass Art. 6 RL 2004/38 nunmehr ein dreimonatiges, voraussetzungsloses Aufenthaltsrecht gewährt. Ein weites Verständnis ist dagegen beim nach wie vor der Arbeitnehmerfreizügigkeit zuzuordnenden Gleichbehandlungsanspruch indiziert, da maßgeblich für diesen die Ausübung irgendeiner Beschäftigung ist.

Der persönliche Anwendungsbereich des grundfreiheitlichen Freizügigkeitsregimes hat zum anderen durch die Kategorie des passiven Dienstleistungsempfängers eine bedeutende Erweiterung erfahren. Die bloße Inanspruchnahme von Dienstleistungen, die mit nahezu jedem Aufenthalt in einem anderen Mitgliedstaat zwangsläufig verbunden ist, sei es in Gestalt eines Restaurantbesuchs, Hotelaufenthalts oder der Benutzung öffentlicher Verkehrsmittel, verleiht jedem Aufenthalt in einem anderen Mitgliedstaat grundfreiheitlichen Schutz, wenn auch der Gerichtshof der Aufenthaltsdauer Grenzen gesetzt hat.[267] Umso weniger der Aufenthalt von der Entgegennahme einer spezifischen Dienstleistung geprägt war – man vergleiche etwa die Inanspruchnahme einer medizinischen Dienstleistung mit der des öffentlichen Nahverkehrs gelegentlich eines Aufenthaltes bei Bekannten –, umso mehr näherte sich die passive Dienstleistungsfreiheit einem allgemeinen Aufenthaltsrecht. Vor dem Hintergrund des durch Art. 18 EG allgemein und zweckfrei eingeräumten Freizügigkeitsrechts bedarf es nun grundsätzlich keines Rekurses auf die ökonomischen Grundfreiheiten mehr, um von der unionsrechtlichen Freizügigkeitsverbürgung zu profitieren. Damit kann die zu weit gehende, nicht überzeugende Konstruktion eines privilegierten Aufenthaltsrechts *qua* Dienstleistungsempfang aufgegeben werden.[268] Diese Konsequenz hat der Gemeinschaftsgesetzgeber mit der neuen Aufenthaltsrichtlinie 2004/38 nunmehr gezogen.[269] Dies wird jedoch regelmäßig ohne praktische Auswirkungen bleiben, da für Aufenthalte von bis zu drei Monaten ein voraussetzungsloses Aufenthaltsrecht für jeden Unions-

sich selbst zu versorgen. Für Pensionäre und Studenten ist das bereits so. Dann wäre Freizügigkeit für Arbeitskräfte in der EU möglich, ohne dass Zuwendungen missbraucht werden".

[267] Dazu ausführlich oben, 1. Teil A. II. 2. a) bb) (1).

[268] *C. Barnard*, EU Citizenship and the Principle of Solidarity, 157 (175 ff.); *A. von Bogdandy/S. Bitter*, Unionsbürgerschaft und Diskriminierungsverbot, 309 (318); *A. Lang*, Diritto pubblico comparato ed europeo 2003, 848 (849); *D. H. Scheuing*, Freizügigkeit, 103 (123 f.); *C. Schönberger*, Unionsbürger, 325 f. Siehe auch *H. Toner*, 7 M.J.E.C.L. (2000), 158 (165 f.).

[269] Vgl. Art. 7 I lit. a RL 2004/38. Näher dazu oben, 2. Teil A. III. 2. b) aa).

bürger besteht (Art. 6 RL 2004/38) und eine Berufung auf die passive Dienstleistungsfreiheit für nicht nur vorübergehende Aufenthalte, was bei einer Aufenthaltsdauer von mehr als drei Monaten grundsätzlich nicht anzunehmen ist, auch bislang ausschied. Unstimmig ist allerdings die damit verbundene Ausklammerung der drei Monate übersteigenden Inanspruchnahme einer konkreten Dienstleistung – etwa im medizinischen oder privat-schulischen Bereich –, da dieser Aufenthalt durch einen spezifisch ökonomischen Aufenthaltszweck geprägt ist. Die mit der Änderung verbundene praktische Konsequenz, dass sich der Dienstleistungsempfänger selbst unterhalten können und über eine Krankenversicherung verfügen muss sowie nur von einem beschränkten Zugang zu beitragsunabhängigen Sozialleistungen profitiert, ist wegen des vorübergehenden Charakters des Aufenthalts jedoch hinzunehmen. Was das dienstleistungsfreiheitliche Diskriminierungsverbot betrifft, so sind entsprechend der oben entwickelten Abgrenzung dienstleistungsbezogene Diskriminierungen unter Art. 49 f. EG zu fassen, im Übrigen ist das unionsbürgerliche Diskriminierungsverbot heranzuziehen. Aus Letzterem folgt damit etwa der mit Inländern gleichberechtigte Zugang des Herrn *Cowan* zu Opferentschädigungsansprüchen, Erstere gebieten identische Eintrittspreise für alle Unionsbürger in italienischen oder spanischen Museen.

Rückblick und Ausblick

Durch die wirtschaftliche Integration des Kontinents die Grundlagen für einen immer engeren Zusammenschluss der europäischen Völker zu schaffen, war nach der Präambel des EWG-Vertrages Anliegen der 1958 gegründeten Europäischen Wirtschaftsgemeinschaft. Als 1993 die europäische Integration durch Gründung der Europäischen Union auf eine neue Stufe gehoben werden sollte, verlieh man dieser über die Jahre gewachsenen engen personalen Verbundenheit der Angehörigen der Mitgliedstaaten wie auch ihrer Stellung als Subjekte des sich konstituierenden supranationalen Gemeinwesens dadurch Ausdruck, dass ihnen eine Unionsbürgerschaft zuerkannt wurde. Jeder Angehörige eines der mittlerweile 27 Mitgliedstaaten ist seitdem zugleich Unionsbürger. Diesen Status, dem lange Zeit allenfalls eine symbolische Bedeutung beigemessen wurde, hat der Gerichtshof seit dem Ende der 1990er Jahre in einer äußerst kontroversen Rechtsprechung aus seinem Dornröschenschlaf erweckt: Die Unionsbürgerschaft, der eben noch „[m]ehr Schein als Sein"[1] attestiert wurde, firmiert plötzlich als „der grundlegende Status der Angehörigen der Mitgliedstaaten"[2].

Die diesen Anschauungswandel bewirkende Rechtsprechung im Hinblick auf das sich in ihr abzeichnende Konzept der Unionsbürgerschaft zu analysieren, war Anliegen dieser Untersuchung. Als Dreh- und Angelpunkt der Entwicklung hat sich das an der Spitze des Katalogs der Unionsbürgerrechte stehende allgemeine Freizügigkeitsrecht (Art. 18 I EG) erwiesen. Dieses hat der Gerichtshof nach dem Vorbild der Personenverkehrsfreiheiten modelliert, die seit Inkrafttreten der Römischen Verträge 1958 als Kerngewährleistung des Gemeinschaftsrechts die Mobilität des Produktionsfaktors Arbeit sicherstellten. Mit der Neufundierung des Freizügigkeitsrechts in der allen Angehörigen der Mitgliedstaaten gemeinen Unionsbürgerschaft hat diese ursprünglich im Dienst der Realisierung des zentralen Integrationsziels der Europäischen Wirtschaftsgemeinschaft, der Errichtung eines Gemeinsamen Marktes, stehende Verbürgung eine beträchtliche Verallgemeinerung *ratione personae* und Verbreiterung *ratione materiae* erfahren (A.). Damit stellt sich das allgemeine Freizügigkeitsrecht als *lex generalis* zu den Marktfreiheiten, als „Grundfreiheit ohne Markt", dar, was zu einem Paradigmenwechsel im grundfreiheitlichen Integrationsprogramm führt (B.). Dass sich die Unionsbürgerschaft ausgerechnet im unions-

[1] *J. Isensee*, EU – Mitgliedstaaten, 71 (93).

[2] Vgl. statt vieler EuGH, Rs. C-184/99, Slg. 2001, I-6193, Rn. 31 – Grzelczyk.

rechtlichen Freizügigkeitsregime herausbilden sollte, überrascht nur auf den ersten Blick. Denn von Anfang der europäischen Integration an identifizierte man Elemente einer Europäischen Bürgerschaft in der Rechtsstellung der Angehörigen der Mitgliedstaaten *qua* gemeinschaftsrechtlichem Freizügigkeitsrecht. Allerdings konstituiert diese nur einen Aspekt der multidimensionalen Unionsbürgerschaft, die darüber hinaus den Unionsbürger als Bürger der Union erfasst sowie für ein europäisches Integrationsprojekt steht, dessen Zentrum der Einzelne bildet (C.). Mit Blick auf die weitere Integration fragt sich allerdings, ob die auf dem Gedanken der besonderen personalen Verbundenheit der Angehörigen der Mitgliedstaaten fußende Unionsbürgerschaft zukunftsfähig ist (D.).

A. Freizügigkeit diesseits und jenseits der Marktintegration

I.

Um die nationalen Teilmärkte – entsprechend dem im Zentrum des europäischen Integrationsprojekts stehenden Anliegen – in einen Gemeinsamen Markt zu integrieren, musste die Mobilität des Produktionsfaktors Arbeit innerhalb der Gemeinschaft hergestellt werden. Zu diesem Zweck sah der EWG-Vertrag die Freizügigkeit der Arbeitskräfte und das Niederlassungsrecht Selbstständiger vor, mit denen die Hindernisse für den freien Personenverkehr beseitigt werden sollten. Die mit dem EWG-Vertrag übernommene völkerrechtliche Verpflichtung der Mitgliedstaaten, den freien Personenverkehr zu liberalisieren, entwickelte sich zu einer Gewährleistung von nicht vorauszusehender Tragweite. Aufgrund der den Grundfreiheiten zugesprochenen unmittelbaren Anwendbarkeit fanden sich die Angehörigen der Mitgliedstaaten als Subjekte einer neuen, sie jenseits nationaler Grenzen verbindenden Rechtsordnung wieder. Die beschäftigungsbezogen formulierten grundfreiheitlichen Diskriminierungsverbote hat der Gerichtshof zu einem effektiven, nahezu umfassenden und unbedingten Inländerbehandlungsanspruch des EWG-Ausländers ausgebaut, womit die Bedeutung der nationalen Staatsangehörigkeit schwand. Schließlich verloren mitgliedstaatliche Grenzen nicht nur aufgrund des gesicherten Aufenthaltsrechts des EWG-Ausländers an Bedeutung, sondern auch im Hinblick auf die über reine Inländerbehandlungsgebote hinaus ausgelegten Marktfreiheiten: Diese stehen nämlich sowohl direkten und schweren Behinderungen der transnationalen Mobilität als auch der Schlechterstellung grenzüberschreitender gegenüber rein inländischen Sachverhalten entgegen.

Als im Mehrebenensystem EWG operierende Rechte der Teilnehmer des Gemeinsamen Marktes war die durch die Marktfreiheiten vermittelte Rechtsstellung freilich in verschiedener Hinsicht beschränkt. Allen voran zu nennen ist die Fokussierung auf Marktteilnehmer, die jedoch ab Mitte der 1980er Jahre durch die Einbeziehung Studierender und quasi jedermanns *qua* passiver Dienstleistungsfreiheit deutlich relativiert wurde – dies allerdings nur um den Preis einer gegenüber Erwerbstätigen schwächeren Rechtsposition. Des Weiteren verlor die nationale Staatsangehörigkeit nicht ihre grundlegende Bedeutung, wovon die Existenz des *ordre-public*-Vorbehalts, ein traditionelles Instrument des Ausländerrechts, die versagte Gleichbehandlung von In- und EWG-Ausländern in der politischen Sphäre oder der verwehrte Zugang zu einer Beschäftigung in der öffentlichen Verwaltung zeugen.

II.

Wollte man auf der Makroebene den Charakter des europäischen Integrationsprojekts als Wirtschaftsgemeinschaft überwinden und diese zu einer Politischen Union fortentwickeln, musste sich dies auf der Mikroebene der Instrumente der Integration widerspiegeln: Die auf Marktteilnehmer und Marktteilnahme zugeschnittenen Personenverkehrsfreiheiten, mit denen zwecks Errichtung des Gemeinsamen Marktes Hindernisse für die transnationale Mobilität des Faktors Arbeit abgebaut werden sollten, mussten ihre ökonomische Ausrichtung verlieren. Dies erklärt, warum die Einführung eines allgemeinen und zweckfreien, d.h. jeden Angehörigen der Mitgliedstaaten unabhängig von einer wirtschaftlichen Betätigung berechtigenden Freizügigkeitsrechts als zentrales Element der im Kontext der Realisierung einer Politischen Union angemahnten Europäischen Bürgerschaft angesehen wurde. Mit dem Vertrag von Maastricht fand ein solches schließlich Eingang in das Primärrecht. Der entscheidende Beitrag des Gerichtshofs lag nun darin, Art. 18 I EG nicht streng an dessen Wortlaut orientiert auf die Aspekte transnationale Bewegungsfreiheit und Aufenthaltsrecht in anderen Mitgliedstaaten beschränkt, sondern diesem in Einklang mit primärrechtlichen Vorgaben das marktfreiheitliche Integrationsprogramm zugrunde gelegt zu haben: Dieses zielt auf den Abbau transnationaler Mobilitätshindernisse einschließlich eines Verbotes von Diskriminierungen aufgrund der Staatsangehörigkeit.

1.

Art. 18 I EG ist in Einklang mit dem ganz überwiegenden Schrifttum und der Rechtsprechung des EuGH als unmittelbar anwendbare Norm zu qualifizieren. Hierfür streitet seine grammatikalische, historische, systematische und teleologische Auslegung. Obwohl Art. 18 I EG seinem Wortlaut nach jeden Unionsbürger berechtigt, bleibt sein praktischer Anwendungsbereich gering: Denn der EuGH qualifiziert die wirtschaftlich aktive Personen berechtigenden Marktfreiheiten als *leges speciales*. Art. 18 I EG erfasst demnach lediglich Nichterwerbstätige, und diese auch nur dann, wenn sie sich nicht ohnehin schon auf eine Grundfreiheit berufen können, etwa als studierende Kinder von Wanderarbeitnehmern oder als im Ruhestand verbleibeberechtigte Selbstständige. Mittelbar strahlt die Existenz der unionsbürgerlichen Freizügigkeitsgarantie allerdings auf den marktfreiheitlichen Freizügigkeits-*Acquis* aus, was etwa der verbesserte Diskriminierungsschutz Arbeitsuchender dokumentiert.

2.

Die Neufundierung des Aufenthaltsrechts im *allen* Angehörigen der Mitgliedstaaten gemeinen Status als Unionsbürger konnte nicht ohne Konsequenzen für dieses bleiben. Zwar enthielt das Unionsrecht auch zuvor eine *ratione personae* umfassende Freizügigkeitsgarantie. Deren Grenzen spiegelten jedoch die unterschiedliche Rechtsstellung von In- und Ausländern (*ordre-public*-Vorbehalt) respektive erwerbstätigen und wirtschaftlich nicht aktiven Personen (ökonomische Aufenthaltsvoraussetzungen der zwischenzeitlich außer Kraft getretenen, durch die RL 2004/38 ersetzten RL 90/364, 90/365 und 93/96) wider. Diese Differenzierungen hat die Einführung des Art. 18 I EG nicht eingeebnet, da dieser die im Primär- und Sekundärrecht enthaltenen Schranken ausdrücklich in Bezug nimmt. Gleichwohl steht das durch die Einführung eines als Unionsbürgerrecht konstitutionalisierten allgemeinen Freizügigkeitsrechts veränderte normative Umfeld ihrer unveränderten Fortgeltung entgegen. So geht der EuGH zu Recht davon aus, dass die ökonomischen Aufenthaltsvoraussetzungen angesichts ihres legitimen Ziels, die finanziellen Interessen der Mitgliedstaaten zu schützen, nach wie vor im Grundsatz Geltung beanspruchen; sie sind jedoch im Lichte des unionsbürgerlichen Freizügigkeitsrechts zu sehen, das sie nicht unverhältnismäßig beschränken dürfen. Die neue Aufenthaltsrichtlinie 2004/38 setzt diese Vorgabe primärrechtskonform um: Aufenthalte von bis zu drei Monaten sind voraussetzungslos möglich (Art. 6 RL 2004/38), wobei eine unangemessene Inanspruchnahme von Sozialleistungen im Aufnahmemitgliedstaat diesen zur Ausweisung berechtigt. Bei Aufenthalten über drei Monaten muss sich der nichterwerbstätige Unionsbürger finanziell selbst unterhalten können (Art. 7 I lit. b und c RL 2004/38); aufenthaltsbeendende Maßnahmen dürfen jedoch keine automatische Reaktion auf das Nichterfüllen der ökonomischen Aufenthaltsvoraussetzungen und die Abhängigkeit von Sozialhilfe sein (Art. 14 III RL 2004/38), sondern erst nach einer umfassenden Abwägung ergriffen werden. Diese strukturiert der 16. Erwägungsgrund der RL 2004/38, der etwa Höhe und Dauer der Inanspruchnahme von Sozialleistungen, die bisherige Aufenthaltsdauer oder die persönlichen Umstände des Betroffenen für abwägungserheblich erklärt. Wesentliche Neuerung der Richtlinie ist das nach fünfjährigem ununterbrochenen und rechtmäßigen Aufenthalt erworbene Daueraufenthaltsrecht, das keine ökonomischen Voraussetzungen kennt und damit dem Aufnahmemitgliedstaat eine umfassende soziale Verantwortung auferlegt (Art. 16 RL 2004/38). Des Weiteren gebietet die Neufundierung des Freizügigkeitsrechts in der Unionsbürgerschaft eine restriktivere Handhabung des *ordre-public*-Vorbehalts. Auch dies setzt die RL 2004/38 in primärrechtskonformer Weise um: Eine Ausweisung ist nämlich nur unter Berücksichtigung des Verhältnismäßigkeitsgrundsatzes, also einer umfassenden Interessenabwägung, möglich (Art. 27 II RL 2004/38): Der Aufnahmemitgliedstaat muss „insbesondere die Dauer des Aufenthalts des Betroffenen im Hoheitsgebiet, sein Alter, seinen Gesundheitszustand, seine familiäre und wirtschaftliche Lage, seine soziale und kulturelle Integration im Aufnahmemitgliedstaat und das Ausmaß seiner Bindungen zum Herkunftsstaat" berücksichtigen (Art. 28 I RL 2004/38). Mit zunehmender Aufenthaltsdauer wird die Befugnis, Unionsbürger auszuweisen, weiter eingeschränkt: Gegenüber Daueraufenthaltsberechtigten sind nur *schwerwiegende* Gründe der öffentlichen Sicherheit und Ordnung berücksichtigungsfähig (Art. 28 II RL 2004/38); Unionsbürger, die sich bereits seit zehn Jahren im Aufnahmemitgliedstaat aufgehalten haben, können darüber hinaus nur aus zwingenden Gründen der öffentlichen Sicherheit ausgewiesen werden (Art. 28 III RL 2004/38).

3.

Macht der Unionsbürger von seinem allgemeinen Freizügigkeitsrecht Gebrauch, befindet er sich im Anwendungsbereich des Gemeinschaftsrechts und kann damit unter Berufung auf das allgemeine Diskriminierungsverbot (Art. 12 EG) Gleichbehandlung mit den Angehörigen des Aufnahmemitgliedstaates verlangen. Dieser Inländerbehandlungsanspruch ist tatbestandlich umfassend angelegt. Restriktive, einen Zusammenhang von Aufenthaltsrecht und Gegenstand der Gleichbehandlung fordernde Ansätze sind nicht nur mangels Abgrenzungstauglichkeit abzulehnen, sondern namentlich wegen des mit der Einführung des Art. 18 I EG erweiterten Binnenmarktziels, Hindernisse nunmehr auch für den freien Personenverkehr Nichterwerbstätiger möglichst umfassend zu beseitigen. Primär- oder primärrechtskonformes Sekundärrecht können den Inländerbehandlungsanspruch explizit oder implizit begrenzen, was insbesondere für mit der nationalen Staatsangehörigkeit untrennbar verknüpfte Rechtspositionen gilt. Des Weiteren sind Ungleichbehandlungen von In- und Ausländern rechtfertigungsfähig, um dem Interesse der Mitgliedstaaten, über Gestaltungsspielräume für legitime Differenzierungen zu verfügen,

Rechnung zu tragen. Dies ist nach der Rechtsprechung des Gerichtshofs dann der Fall, wenn die Ungleichbehandlung „auf objektiven, von der Staatsangehörigkeit der Betroffenen unabhängigen Erwägungen beruh[t] und in einem angemessenen Verhältnis zu dem Zweck [steht], der mit den nationalen Rechtsvorschriften zulässigerweise verfolgt wird"[3]. Diese Formel ist für das jeweils betroffene Sachgebiet zu konkretisieren.

Wegen des auf Nichterwerbstätige beschränkten Anwendungsbereichs des Art. 18 I EG steht auf Rechtfertigungsebene die Frage nach der Nichterwerbstätigen geschuldeten Solidarität durch Angehörige des Aufnahmemitgliedstaates im Vordergrund. Dem Status als Unionsbürger entspricht das Konzept abgestufter Solidarität: Diesen teilen EU-Ausländer und Inländer, was Erstere gegenüber drittstaatsangehörigen Ausländern privilegiert und ihrem gänzlichen Ausschluss aus der Solidargemeinschaft des Aufnahmemitgliedstaats entgegensteht. Eine vollständige Gleichstellung verbietet allerdings ihre Eigenschaft als auch Ausländer. Angezeigt ist damit eine nach Aufenthaltsdauer, Art der erstrebten Vergünstigung und Höhe der Inanspruchnahme gestufte Einbeziehung in das nationale Solidarsystem.

Das in der Rechtsprechung entwickelte unionsbürgerliche Diskriminierungsverbot kodifiziert die neue Aufenthaltsrichtlinie 2004/38 in Art. 24, der allerdings unglücklich formuliert ist. Dessen Reichweite und Grenzen entsprechen der bisherigen Rechtsprechung, die für den Inländerbehandlungsanspruch Nichterwerbstätiger hinsichtlich Sozialhilfe und Studienbeihilfen konkretisiert wird: Gleicher Zugang zu Sozialhilfe kann in den ersten drei Monaten des Aufenthalts nicht beansprucht werden, wobei von da an bis zum Erwerb des Daueraufenthaltsrechts aus einer unangemessenen Inanspruchnahme aufenthaltsrechtliche Konsequenzen gezogen werden können; Studienbeihilfen unter den für Inländern geltenden Voraussetzungen können demgegenüber nur Daueraufenthaltsberechtigte verlangen.

4.

Der von Art. 18 I EG gewährleistete freiheitsrechtliche Mobilitätsschutz geht schließlich, wie bei den Marktfreiheiten auch, über das Fortbewegungs- und Aufenthaltsrecht hinaus. Von seinem Schutzbereich erfasst sind demnach nicht nur deren Versagung, sondern auch deren Behinderung. Diese weite tatbestandliche Konturierung fordern der Grundsatz praktischer Wirksamkeit und die Zielvorgabe des Art. 3 I lit. c EG, Hindernisse für den freien Personenverkehr auch Nichterwerbstätiger möglichst umfassend zu beseitigen. Um dem Charakter des Art. 18 I EG als Freizügigkeits-, nicht aber als Freiheitsrecht

[3] Statt vieler EuGH, Rs. C-274/96, Slg. 1998, I-7637, Rn. 27 – Bickel und Franz.

Rechnung zu tragen und eine Aushöhlung der unionsrechtlich anerkannten Regelungsautonomie der Mitgliedstaaten zu verhindern, ist der Gewährleistungsgehalt allerdings streng freizügigkeitsorientiert zu konturieren. Tatbestandlich erfasst Art. 18 I EG mithin nicht jede nationale Maßnahme, die die Ausübung des Freizügigkeitsrechts behindern oder weniger attraktiv machen könnte, sondern ausschließlich direkte oder schwere Eingriffe in die transnationale Mobilität. Art. 18 I EG in diesem Sinne beschränkende Maßnahmen sind einer Rechtfertigung aus zwingenden Gründen des Allgemeininteresses zugänglich, sofern sie in nicht diskriminierender Weise angewandt werden, geeignet sind, die Verwirklichung des mit ihnen verfolgten Zieles zu gewährleisten, und nicht über das hinausgehen, was zur Erreichung dieses Zieles erforderlich ist.

III.

Die sich als Konsequenz der Einführung der Unionsbürgerschaft abzeichnende Stärkung der aufenthalts- und gleichheitsrechtlichen Position namentlich Nichterwerbstätiger war unionsrechtlich vorgezeichnet. Dadurch, dass die ökonomischen Aufenthaltsvoraussetzungen für Nichterwerbstätige nach wie vor grundsätzlich Geltung beanspruchen und lediglich eine abgestufte Inländerbehandlung geboten ist, wird dem legitimen Interesse der Mitgliedstaaten Rechnung getragen, wohlfahrtsstaatlich motivierten Wanderungsbewegungen entgegenzuwirken. Ohnehin hat sich das innergemeinschaftliche Migrationspotential angesichts der bestehenden Mobilitätshindernisse – etwa sprachlicher oder kultureller Art – bislang als schwach erwiesen. Kritisiert man die integrationsfreundliche Rechtsprechung des Gerichtshofs, dürfen – abgesehen von ihrer Unionsrechtskonformität – zwei Aspekte nicht übersehen werden. Zum einen ist die Entwicklung angesichts der in der Europäischen Wirtschaftsgemeinschaft entfalteten Rechtsstellung *qua* gemeinschaftsrechtlicher Freizügigkeitsberechtigung sowie den über Jahrzehnte artikulierten Erwartungen an eine Europäische Bürgerschaft nicht überraschend. Schon 1970 formulierte *Eberhard Grabitz* in seiner visionären Schrift „Europäisches Bürgerrecht“: „Wenn sich die Gemeinschaften zu einem Verband mit *eigener*, durch die Staatsangehörigkeit vermittelter oder unmittelbar bestehender Gemeinschaftsangehörigkeit seiner Bürger entwickeln sollten, wäre es deshalb nur selbstverständlich, in seine Verfassung ein gemeinsames europäisches Indigenat mit der Wirkung vollständiger rechtlicher Gleichstellung der Staatsbürger in die anderen Mitgliedstaaten aufzunehmen.“[4] Zum anderen haben die Mitgliedstaaten die Rechtsprechung des Gerichtshofs in der neuen Aufenthaltsrichtlinie 2004/38

[4] *E. Grabitz*, Europäisches Bürgerrecht, 111.

kodifiziert. Dieser Gemeinschaftsrechtsakt sieht zudem ein nach fünfjährigem rechtmäßigen Aufenthalt erworbenes Daueraufenthaltsrecht vor, das an keinerlei Voraussetzungen geknüpft ist und den Unionsbürger umfassend in den Aufnahmemitgliedstaat – mit allen sozialstaatlichen Konsequenzen – integriert. Problematisch am neuen Aufenthaltsregime ist freilich die in das Aufenthaltsrecht hineingetragene Rechtsunsicherheit, die das Abwägungserfordernis bei aufenthaltsbeendenden Maßnahmen sowie das Konzept einer „gestuften Integration" in die nationalen Sozialsysteme generieren.

B. Das allgemeine Freizügigkeitsrecht als „Grundfreiheit ohne Markt"

I.

Angesichts der Auslegung des allgemeinen Freizügigkeitsrechts als *lex generalis* zu den Marktfreiheiten ist weder die Eigenschaft als Erwerbstätiger noch der ökonomische Charakter der grenzüberschreitenden Migration für die Berufung auf den unionsrechtlichen Freizügigkeitsschutz entscheidend: Jeder Unionsbürger hat nunmehr das Recht, sich in anderen Mitgliedstaaten als dem seiner Herkunft aufzuhalten. Verbunden damit sind ein weit reichender Inländerbehandlungsanspruch im Aufnahmemitgliedstaat und freiheitsrechtlicher Mobilitätsschutz.

Trotz dieser Erosion des bislang für die Grundfreiheiten zentralen ökonomischen Moments haben die Grundfreiheiten als Normkategorie ihre Bedeutung nicht eingebüßt. Den Marktfreiheiten kam eine spezifische Funktion im europäischen Integrationsprojekt zu, nämlich primär von den Mitgliedstaaten ausgehende transnationale Mobilitätshindernisse im Interesse der Marktintegration abzubauen. Diese Zielsetzung unterscheidet sie von den in der Rechtsprechung des Gerichtshofs entwickelten Gemeinschaftsgrundrechten, die in erster Linie die Stellung des Unionsbürgers gegenüber der Unionsgewalt betreffen. Das unionsbürgerliche Freizügigkeitsrecht ist dem grundfreiheitlichen Integrationsprogramm verpflichtet, die Bedeutung der nationalen Staatsangehörigkeit und die mitgliedstaatlicher Grenzen zu relativieren und damit strukturell der Normkategorie „Grundfreiheit" zuzuordnen. Dieser Qualifikation widerspricht nicht der Verzicht auf das – für die Marktfreiheiten zentrale – wirtschaftliche Moment im Tatbestand des Art. 18 I EG. Dessen Fehlen dokumentiert lediglich den mit der Gründung der Europäischen Union erreichten Integrationsfortschritt: In dieser ist die wirtschaftliche Einigung zwar nach wie vor ein zentrales, aber nicht mehr das allein im Vordergrund stehende Integrationsziel. Am grundfreiheitlichen Anliegen, die innergemeinschaftliche Mobilität zu fördern und die Integration des Freizügigkeitsberechtigten in den Aufnahmemitgliedstaat sicherzustellen, hat dies jedoch nichts geändert. Damit ist an der Normkategorie Grundfreiheit auch weiterhin festzuhalten. Da das Freizügigkeitsrecht nunmehr seinen instrumentellen Charakter als Vehikel der Marktintegration verloren hat, kann ihm ein grundrechtlicher Gehalt nicht mehr abgesprochen werden.

Konsequenz dieses Paradigmenwechsels im grundfreiheitlichen Integrationsprogramm ist eine Erweiterung des Binnenmarktkonzepts. Der Binnenmarkt, ein Raum, der durch die Beseitigung der Hindernisse für den freien Personenverkehr nach Maßgabe des EG-Vertrages gekennzeichnet ist (Art. 14 II EG), umfasst seit der Einführung des allgemeinen Freizügigkeitsrechts auch die Freizügigkeit Nichterwerbstätiger. Um dies auch terminologisch zu verdeutlichen, empfiehlt es sich, den Begriff des Binnenmarktes durch den des Binnenraumes zu ersetzen.

II.

Die Marktfreiheiten haben, obgleich sie sich nur noch als *leges speciales* gegenüber dem unionsbürgerlichen Freizügigkeitsrecht darstellen, wegen der privilegierten Position der nach ihnen Freizügigkeitsberechtigten ihre Bedeutung nicht eingebüßt. Die Herausbildung eines unionsbürgerlichen Freizügigkeitsrechts als *lex generalis* zu den Marktfreiheiten erfordert jedoch Neujustierungen im unionsrechtlichen Freizügigkeitsregime, um sowohl der Neuradizierung des Freizügigkeitsrechts in der Unionsbürgerschaft adäquat Rechnung zu tragen als auch den Marktfreiheiten schärfere Konturen zu verleihen. Dementsprechend ist erstens das Aufenthaltsrecht *jedes* Unionsbürgers auf Art. 18 I EG zu stützen und für Erwerbstätige nicht mehr als Annexgewährleistung den Marktfreiheiten zu entnehmen. Zweitens ist zwischen erwerbstätigkeitsbezogener und Statusgleichheit des Unionsbürgers zu differenzieren: Die bislang weit ausgelegten marktfreiheitlichen Diskriminierungsverbote sind ihrem Wortlaut entsprechend auf die Erwerbssphäre zu beschränken; im Übrigen folgt der Inländerbehandlungsanspruch des Unionsbürgers aus dem auf Art. 18 i.V.m. 12 EG gestützten unionsbürgerlichen Diskriminierungsverbot. Die weit ausgelegten Marktfreiheiten sind drittens *ratione personae* schärfer zu konturieren.

C. Konturen der Unionsbürgerschaft

I.

Dass die Unionsbürgerschaft in der Rechtsprechung des Gerichtshofs ausgerechnet im unionsrechtlichen Freizügigkeitsregime zu Tage treten sollte, ist nur auf den ersten Blick überraschend. Auch wenn eine Europäische Bürgerschaft erst mit dem Vertrag von Maastricht institutionalisiert wurde, sah man diese bereits im gemeinschaftsrechtlichen Freizügigkeitsregime vorgezeichnet. Dieses ist als Gewährleistung, die – in den Worten des EuGH – „den Gemeinschaftsangehörigen die Ausübung von beruflichen Tätigkeiten aller Art im Gebiet der Gemeinschaft erleichtern [soll] und ... solchen Maßnahmen entgegen[steht], die die Gemeinschaftsangehörigen benachteiligen könnten, wenn sie eine Erwerbstätigkeit in einem anderen Mitgliedstaat ausüben wollen"[5], nur unvollkommen beschrieben. Vielmehr verlieh es den transnational wirtschaftlich tätigen Angehörigen der Mitgliedstaaten eine besondere Rechtsstellung, die insofern als Frühform einer Europäischen Bürgerschaft gedeutet werden kann, als zu Gunsten der marktfreiheitlich vermittelten Rechtsstellung die Bedeutung der nationalen Staatsangehörigkeit und die nationaler Grenzen relativiert wurde: Um sich in anderen Mitgliedstaaten aufhalten und dort eine Erwerbstätigkeit ausüben zu dürfen oder an der nationalen Solidargemeinschaft teilzuhaben, alles traditionell Inländern vorbehaltene oder zumindest vorbehaltbare Rechte, war die Eigenschaft als Staatsangehöriger nämlich nicht mehr entscheidend. Allerdings erfolgte keine vollständige Gleichstellung von EWG-Ausländern und Inländern: Davon zeugen nicht nur die – graduell gelockerte – Beschränkung des Freizügigkeitsrechts auf Marktteilnehmer, sondern auch der *ordre-public*-Vorbehalt sowie die Ausklammerung von politischen Rechten und von einer Beschäftigung in der öffentlichen Verwaltung aus dem Inländerbehandlungsgebot.

Mit dem Rechtsinstitut der Unionsbürgerschaft lässt sich dieser gegenüber drittstaatsangehörigen Ausländern privilegierte, nicht aber die Eigenschaft als Inländer gänzlich ersetzende Status begrifflich fassen. Dieser hat mit der Unionsbürgerschaft eine formal-unionsrechtliche Anerkennung erfahren und wurde durch sie gleichzeitig fortentwickelt: Anerkennung, da sich die weitgehende Gleichstellung von EU-Ausländern und Inländern als Konsequenz der gemeinsamen Zugehörigkeit aller Angehörigen der Mitgliedstaaten zur Gemeinschaft der Unionsbürger deuten lässt; Fortentwicklung, da im In- und EU-Ausländern sowie wirtschaftlich aktiven und inaktiven Personen gemeinen Status als Unionsbürger eine Verallgemeinerung und Verbreiterung des Freizü-

[5] Siehe statt vieler EuGH, Rs. C-464/02, Slg. 2005, I-7929, Rn. 34 – EK/Dänemark.

gigkeits-*Acquis* angelegt ist. Dementsprechend wurde der Konnex von Freizügigkeit und ökonomischer Aktivität konzeptionell durchtrennt und die Rechtsstellung von In- und EU-Ausländern weiter angenähert. Dies unterstreichen das mit der RL 2004/38 eingeführte voraussetzungslose, nach fünfjährigem Aufenthalt erworbene Daueraufenthaltsrecht, die weitere Zurückdrängung des die Ausländerstellung des Unionsbürgers widerspiegelnden *ordre-public*-Vorbehalts und die hinsichtlich der Gleichstellung im politischen Bereich erzielten Fortschritte, die jedoch auf die kommunale Ebene beschränkt bleiben. Dies zeigt bereits, dass sich das dem Konzept der Unionsbürgerschaft immanente Universalisierungspotential nur in begrenztem Umfange realisierte. Nach wie vor können ausländische Unionsbürger aus Gründen der öffentlichen Ordnung, Sicherheit und Gesundheit ausgewiesen werden, nach wie vor sind sie von hoheitlichen Tätigkeiten sowie von der politischen Partizipation jenseits des Kommunalwahlrechts ausgeschlossen und nach wie vor geht die Rechtsstellung des Unionsbürgers als Marktteilnehmer über die des Unionsbürgers als Unionsbürger hinaus, was sich am Fortbestand der ökonomischen Aufenthaltskautelen und an dem nur eingeschränkten Solidaritätsanspruch des Unionsbürgers *qua* Unionsbürgerschaft ablesen lässt.

Die durch die Staatsangehörigkeit begründete Bindung des Individuums an seinen Heimatstaat hat demnach trotz Einführung der Unionsbürgerschaft nicht ihre grundlegende Bedeutung verloren. Ungeachtet aller Universalisierungstendenzen ist dieser nur komplementäre Charakter der Unionsbürgerschaft allerdings primärrechtlich vorgegeben: Gemäß Art. 17 I 3 EG ergänzt diese die nationale Staatsangehörigkeit, ersetzt sie aber nicht. Des Weiteren sichert Art. 6 III EU die nationale Identität der Mitgliedstaaten, wozu auch deren exklusive Beziehung zu ihren Angehörigen als Ausdruck der Personalhoheit zählt. Nichtsdestoweniger kommt der Unionsbürgerschaft ein evolutiver Charakter zu: Dies verdeutlicht nicht nur ein positiv-rechtlicher Blick auf Art. 22 UA 2 EG, in dem ihre Entwicklungsoffenheit angelegt ist, sondern auch das mit dem Unionsbürgerstatus als einem allgemeinen Status postulierte Ideal gleicher Rechte. Dieses stellt Differenzierungen zwischen erwerbs- und nichterwerbstätigen Unionsbürgern sowie In- und EU-Ausländern unter Rechtfertigungsdruck und hat damit die Weiterentwicklung des *Acquis* programmiert. Genauso wird es diese auch weiterhin programmieren.

II.

Bildet sich die Unionsbürgerschaft um die Achse einer die Mitgliedstaaten verpflichtenden transnationalen Freizügigkeitsgarantie heraus, determiniert der Status als Unionsbürger ausschließlich das Verhältnis des Einzelnen gegenüber den Mitgliedstaaten. Dieser der Rechtsprechung zugrunde liegende horizontale

Ansatz darf durch eine undifferenzierte Rede von der Unionsbürgerschaft als Status der Freizügigkeit, Gleichheit, Solidarität und Freiheit nicht verdunkelt werden. Vielmehr ist entsprechend dem Charakter der Europäischen Union als Mehrebenensystem zwischen der Stellung des Unionsbürgers gegenüber den Mitgliedstaaten einerseits und der Union andererseits zu trennen. Dass sich die Entfaltung der Unionsbürgerschaft in der Rechtsprechung auf Erstere beschränkte, heißt allerdings nicht, dass die Unionsbürgerschaft den Unionsbürger als Bürger der Union, d.h. als (Legitimations-)Subjekt des sich konstituierenden supranationalen Gemeinwesens, nicht im Blick hätte. Vielmehr ist das vertikale Verhältnis des Unionsbürgers zur Union neben der Rechtsstellung des Unionsbürgers in den Mitgliedstaaten der andere Eckpfeiler der Unionsbürgerschaft, genauso wie auch schon zu Zeiten der Europäischen Wirtschaftsgemeinschaft Elemente einer Europäischen Bürgerschaft im Verhältnis der „Gemeinschaftsangehörigen" zur Gemeinschaft identifiziert wurden. Aufgrund der unmittelbaren Anwendbarkeit des Unionsrechts ist der Unionsbürger Subjekt der die einzelnen Angehörigen der Mitgliedstaaten über nationale Grenzen hinweg verbindenden Unionsrechtsordnung. Auf dieser Subjektstellung, durch die der Unionsbürger in unmittelbare Beziehung zur Union tritt, fußte bereits das von *Hans Peter Ipsen* entwickelte Konzept der Marktbürgerschaft; in Art. 17 II EG hat die Rechtssubjektivität des Unionsbürgers in der Unionsrechtsordnung nunmehr ihre formelle Anerkennung erfahren. Von elementarer Bedeutung für die vertikale Ebene ist ferner die politische Partizipation des Unionsbürgers am Europäischen Gemeinwesen, die wesentlich durch das Wahlrecht des Unionsbürgers zum Europäischen Parlament realisiert wird.

III.

Die Unionsbürgerschaft steht schließlich für ein europäisches Gemeinwesen, dessen Mittelpunkt das Individuum bildet. Seit den Anfängen der europäischen Integration wurden unter dem Banner der angemahnten Europäischen Bürgerschaft respektive einem „Europa der Bürger" diffuse integrationspolitische Desiderata geltend gemacht, die darauf zielten, dem Einzelnen eine zentrale Rolle im europäischen Integrationsprojekt zuzuweisen: «Le citoyen à la une de l'Europe»[6]. Hierzu zählten etwa Forderungen nach einer Stärkung des für defizitär erachteten Grundrechtsschutzes. Dieses Anliegen teilt die mit dem Vertrag von Maastricht institutionalisierte Unionsbürgerschaft. Davon zeugen deren Ziele, den Schutz der Rechte und Interessen der Unionsbürger zu stärken (Art. 2 UA 1 3. SpS EU) sowie „den Menschen in den Mittelpunkt … [des] Handelns [der Union]" zu stellen (Präambel Teil II VVE).

---

[6] *A. Lhoest*, RMC 1975, 431.

D. Die Bedeutung der Unionsbürgerschaft für die weitere Integration – Schlussbetrachtung

Der Charakter der Europäischen Union als Mehrebenensystem spiegelt sich nicht zuletzt in der gestuften Angehörigkeit des Individuums wider, die in der Koexistenz von nationaler Staatsangehörigkeit und Unionsbürgerschaft zum Ausdruck kommt. Was für mitgliedstaatliche und Unionsrechtsordnung ganz allgemein gilt, nämlich die gegenseitige Verzahnung im Sinne einer „Auffang- und Kooperationsordnung"[7] , trifft auch auf die beiden Angehörigkeitsverhältnisse zu. So kommt weder die nationale Staatsangehörigkeit ausschließlich im Verhältnis des Individuums zu seinem Heimatmitgliedstaat zum Tragen noch erschöpft sich die Unionsbürgerschaft darin, lediglich die Stellung des Einzelnen gegenüber der Union zu determinieren. Einerseits öffnet die Unionsbürgerschaft die nationale Staatsangehörigkeit insofern, als traditionell Inländern vorbehaltene, zumindest aber vorbehaltbare Rechte wie das Aufenthaltsrecht oder die Teilhabe an der nationalen Solidargemeinschaft auf ausländische Unionsbürger erstreckt werden. Andererseits determiniert die nationale Staatsangehörigkeit, wer Unionsbürger ist, und setzt der Gleichstellung des Unionsbürgers mit Inländern und damit der Tragweite der Unionsbürgerschaft Grenzen (Art. 6 III EU, Art. 17 I 3 EG).

Löst sich dieses auf dem Zusammenspiel der Angehörigkeit des Individuums zu Mitgliedstaat und Union basierte System nunmehr auf? Mit der Verleihung eines allen Angehörigen der Mitgliedstaaten gemeinen Status unterstreicht die im Zuge der Maastrichter Vertragsrevision eingeführte Unionsbürgerschaft die seit den Anfängen der europäischen Integration Ende der 1950er Jahre immer enger gewordene Union der Völker Europas. Konkreter Ausdruck dieser engen personalen Verbundenheit ist die erwähnte partielle Relativierung der Bedeutung der nationalen Staatsangehörigkeit. Die damit einhergehende Privilegierung ist die der Angehörigen der Mitgliedstaaten.[8] Ausgeklammert bleibt damit die zahlenmäßig nicht unbedeutende Gruppe der in der Union lebenden Drittstaatsangehörigen, was der Unionsbürgerschaft den Vorwurf der Exklusion einträgt. Als ungerechtfertigt angeprangert wird insbesondere, dass sich langfristig in einem Mitgliedstaat aufhaltende Drittstaatsangehörige gegenüber erst für einen kurzen Zeitraum anwesenden Unionsbürgern schlechter gestellt seien.[9] Diese Schlechterstellung ist freilich Konsequenz der nur zwischen den

---

[7] Dazu *P. M. Huber*, VVDStRL 60 (2001), 194 (209 ff.).

[8] Siehe auch *T. Giegerich*, Unionsbürgerschaft, Rn. 31, nach dem die Unionsbürgerschaft als „Ausdruck einer Präferenz für die Staatsangehörigen der Mitgliedstaaten gegenüber Drittstaatsangehörigen" zu verstehen ist.

[9] *G. de Búrca*, Report on Citizenship, 31 (56 f.); *F. David*, RTDE 2003, 561 (570 ff.); *S. Douglas-Scott*, 18 YEL (1998), 29 (39 f.); *ders.*, Constitutional Law of the EU, 489 ff.; *T. Kostakopoulou*, CJEL 5 (1999), 389 (406 f.); *B. Nascimbene*, Riv. int. dir. uomo 1995,

Staatsangehörigen der Mitgliedstaaten bestehenden engen personalen Verbundenheit.

Neuere Entwicklungen im Unionsrecht deuten darauf hin, dass dieses personale zu Gunsten eines territorialen Integrationskonzepts aufgegeben wird. Ablesen lässt sich dies zum einen am Assoziationsrecht. Mitunter wird nämlich gefordert, die sich als Konsequenz der Unionsbürgerschaft darstellende restriktivere Handhabung des *ordre-public*-Vorbehalts auch auf assoziationsbegünstigte türkische Staatsangehörige auszudehnen.[10] Dieser Ansatz verkennt jedoch, dass die gestärkte aufenthaltsrechtliche Position aus dem gemeinsamen Status von EU-Ausländern und Inländern als Unionsbürger resultiert, den türkische Staatsangehörige gerade nicht teilen. In diese Richtung weisen zum anderen das mit dem Vertrag von Amsterdam eingeführte Ziel der Schaffung eines Raumes der Freiheit, der Sicherheit und des Rechts, der auch den freien Personenverkehr Drittstaatsangehöriger einschließt, sowie jüngere Gemeinschaftsrechtsakte, die die Rechtsstellung von Drittstaatsangehörigen betreffen. So fußt die RL 2003/109, deren Anliegen es ist, die Rechtsstellung der langfristig aufenthaltsberechtigten Drittstaatsangehörigen zu verbessern,[11] ausweislich ihres zweiten Erwägungsgrundes auf dem Gedanken, die Rechtsstellung dieser Personengruppe an die der Unionsbürger anzunähern. Mit der Richtlinie soll ferner – so der 18. Erwägungsgrund – „der Binnenmarkt als Raum, in dem Freizügigkeit für jedermann gewährleistet ist, Realität" werden. Obgleich sich vielfältige, auch strukturelle Parallelen finden, bleibt die Rechtsstellung der langfristig aufenthaltsberechtigten Drittstaatsangehörigen jedoch hinter der der Unionsbürger zurück.

Konzeptionell begnügt sich die Richtlinie nicht damit, langfristig aufenthaltsberechtigten Drittstaatsangehörigen bestimmte Rechte einzuräumen, vielmehr sind Letztere – wie im Kontext der Unionsbürgerschaft – Ausfluss eines neuen Status, dem des langfristig Aufenthaltsberechtigten, der nach

---

246 (251 ff.); *D. O'Keeffe*, Union Citizenship, 87 (104 ff.); *H. U. J. d'Oliveira*, European Citizenship, 126 (141 ff.); *ders.*, Union Citizenship, 58 (77 ff.); *M. Reddig*, Bürger jenseits des Staates?, 46, 187 f.; *N. Reich*, 7 ELJ (2001), 4 (15 ff.); *J. Shaw*, Citizenship of the Union, 245 (299 ff.); *dies.*, 61 MLR (1998), 293 (304 f.); *K. Sieveking*, The European Citizens' Right to Free Movement in its Democratic Dimension, 317 (327 f.). Ablehnend zu einer Erstreckung der Unionsbürgerschaft auf Drittstaatsangehörige *C. Schönberger*, Unionsbürger, 292 ff. Kritisch schon zuvor *R. Streinz*, ZfRV 1991, 98 (113).

[10] So etwa *M. Akyürek*, Unionsbürgerrichtlinie, These 4.

[11] Dazu *N. Reich*, 11 EL Rev. (2005), 675 (694 ff.). Siehe ferner den – zwischenzeitlich zurückgezogenen (ABl. C 64 vom 17.3.2006, S. 8) – Vorschlag der EK für eine Richtlinie des Rates über die Bedingungen für die Einreise und den Aufenthalt von Drittstaatsangehörigen zur Ausübung einer unselbständigen oder selbständigen Erwerbstätigkeit (ABl. C 332 vom 27.11.2001, S. 248), sowie die RL 2004/114 über die Bedingungen für die Zulassung von Drittstaatsangehörigen zur Absolvierung eines Studiums oder zur Teilnahme an einem Schüleraustausch, einer unbezahlten Ausbildungsmaßnahme oder einem Freiwilligendienst.

fünfjährigem ununterbrochenen und rechtmäßigen Aufenthalt im Hoheitsgebiet eines Mitgliedstaates erworben werden kann (Art. 4 I).[12] Die Zuerkennung dieser Rechtsstellung erfolgt jedoch nicht automatisch, sondern nur auf Antrag (Art. 4 I, 7); sie ist an das Vorhandensein zur Existenzsicherung ausreichender, fester und regelmäßiger Einkünfte sowie eines umfassenden Krankenversicherungsschutzes geknüpft (Art. 5 I) und steht unter einem *ordre-public*-Vorbehalt (Art. 6). Die grundsätzlich dauerhaft angelegte Rechtsstellung (Art. 8 I, 9) beinhaltet einen Inländerbehandlungsanspruch im Aufenthaltsstaat, der jedoch nicht wie das unionsbürgerliche Diskriminierungsverbot umfassend angelegt ist, sondern die Bereiche, in denen Gleichbehandlung verlangt werden kann, enumerativ aufzählt (Art. 11 I). Hierzu zählt etwa die Aufnahme einer Erwerbstätigkeit (Art. 11 I lit. a) sowie sozialer Schutz (Art. 11 I lit. d), wobei Letzterer allerdings auf Kernleistungen beschränkbar ist (Art. 11 IV). Mit der Rechtsstellung als langfristig Aufenthaltsberechtigter einher geht ein starker Ausweisungsschutz, der aufenthaltsbeendende Maßnahmen nur bei einer gegenwärtigen, hinreichend schweren Gefahr für die öffentliche Sicherheit oder Ordnung zulässt (Art. 12 I) und eine umfassende Interessenabwägung verlangt (Art. 12 III). Wirtschaftliche Erwägungen taugen nicht zur Aktualisierung des *ordre-public*-Vorbehalts (Art. 12 II). Von dieser privilegierten Rechtsstellung im Aufenthaltsstaat zu unterscheiden sind die Regelungen für die Freizügigkeit des langfristig Aufenthaltsberechtigten innerhalb der Union (Kapitel III). Diese ist prinzipiell gewährleistet, allerdings an vielfältige Kautelen geknüpft (Art. 14 ff.), etwa an den Bedarf an Arbeitskräften, wenn die Aufnahme einer Erwerbstätigkeit im Drittstaat beabsichtigt ist (Art. 14 II lit. a, III, IV).

Damit haben weder Staatsangehörigkeit noch die auf ihr aufbauende Unionsbürgerschaft an Exklusivität verloren. Tendenzen hin zu deren Relativierung sind im Konzept des Raumes der Freiheit, der Sicherheit und des Rechts sowie in der Richtlinie 2003/109 dennoch unverkennbar.

[12] Eine statusrechtliche Bedeutung verneint *C. Schönberger*, Unionsbürger, 298.

Literaturverzeichnis

Jean-Marie Acker, Christian Dijoux, Jean-Louis Girodolle, Maria-José Gomez, Paule Guillot, Ivan Luben, Ahmed Madkour, Matthieu Pigasse, Stanislas Pottier und *Yves Struillou*, Citoyenneté Européenne, in: Ecole nationale d'administration (Hrsg.), Mise en œuvre du traité de Maastricht et construction européenne, Bd. 1, Paris 1994, 324 (*J.-M. Acker* u.a., Citoyenneté Européenne)

Roberto Adam, Prime riflessioni sulla cittadinanza dell'Unione, Riv. Dir. Int. 1992, 622

Metin Akyürek, Mittelbare Auswirkungen der Unionsbürgerrichtlinie auf assoziationsrechtlich begünstigte Drittstaatsangehörige. Thesenpapier des Vortrags auf dem 24. Migrationspolitischen Forum zum Thema „Unionsbürgerrichtlinie – Aufenthaltsrecht und soziale Rechte –" des Forschungszentrums für internationales und europäisches Ausländer- und Asylrecht am 7.11.2005 in Berlin, http://migration.uni-konstanz.de/content/center/events/de/events/mpf24/Vortrag_MetinAkyuerek.pdf (22.5.2006) (*M. Akyürek*, Unionsbürgerrichtlinie)

Siegbert Alber, Tendenzen der neueren Rechtsprechung des EuGH, ZEuS 2003, 1

Siegbert Alber und *Lothar Schneider*, Gewitterwolken über dem Ausländergesetz, DÖV 2004, 313

Albertina Albors-Llorens, Anmerkung zu EuGH, Rs. C-85/96 – Martínez Sala, C.L.J. 1998, 461

Francesco Alcaro und *Gianni Baldini*, Profili evolutivi della Cittadinanza europea: «verso un diritto privato comunitario»?, Riv. Ital. Dir. Pubbl. Comunitario 2002, 445

Daniele D'Alessandro, Cittadinanza e disoccupazione. La Corte di Lussemburgo tra la discriminazione dei propri cittadini ad opera degli Stati membri, la costruzione di uno status civitatis europeo ed i limiti di una concezione geograficamente determinata della cittadinanza, Diritto pubblico comparato ed europeo 2002, 1638

Iveta Alexovičová, The Right of Citizens of the Union and their Family Members to Move and Reside Freely within the Territory of the Member States, in: Hildegard Schneider (Hrsg.), Migration, Integration and Citizenship. A Challenge for Europe's Future, Bd. I, Free Movement Rights of European Citizens and the Nationality of the Member States, Maastricht 2005, 73 (*I. Alexovičová*, Right of Free Movement)

J. S. Alloy, "158-County Banishment in Georgia": Constitutional Implications under the State Constitution and the Federal Right to Travel, Georgia Law Review 36 (2002), 1083

Stephanie Armbrecht, Ansprüche ausländischer Studenten auf Ausbildungsförderung in einem EU-Mitgliedstaat – Die Erweiterung der sozialen Rechte von Studenten durch den EuGH, in: Institut für Völkerrecht der Universität Göttingen, Abteilung Europarecht (Hrsg.), Göttinger Online-Beiträge zum Europarecht, Nr. 20, Göttingen 2005 (*S. Armbrecht*, Ausbildungsförderung)

– Ausbildungsförderung für Studenten – gleicher Zugang für Unionsbürger?, ZEuS 2005, 175

Anthony Arnull und *F. G. Jacobs*, Applying the Common Rules on the Free Movement of Persons – The role of the national judiciary in the light of the jurisprudence of the European Court of Justice, in: Henry G. Schermers u.a. (Hrsg.), Free Movement of Persons in Europe, Dordrecht 1991, 272 (*A. Arnull/F. G. Jacobs*, Applying the Common Rules)

Carlos A. Ball, The Making of a Transnational Capitalist Society: The Court of Justice, Social Policy, and Individual Rights Under the European Community's Legal Order, 37 Harv. Int'l LJ (1996), 307

Catherine Barnard, Anmerkung zu EuGH, Rs. C-209/03 – Bidar, 42 CML Rev. (2005), 1465

– EU Citizenship and the Principle of Solidarity, in: Michael Dougan und Eleanor Spaventa (Hrsg.), Social Welfare and EU Law, Oxford 2005, 157 (*C. Barnard*, EU Citizenship and the Principle of Solidarity)

– Fitting the remaining pieces into the goods and persons jigsaw?, 26 EL Rev. (2001), 35

– The Substantive Law of the EU. The Four Freedoms, Oxford 2004 (*C. Barnard*, The Four Freedoms)

Sergio Bartole, La cittadinanza e l'identità europea, Quaderni costituzionali 2000, 39

Jürgen Bast, Einheit und Differenzierung der Europäischen Verfassung – der Verfassungsvertrag als reflexive Verfassung, in: Yvonne Becker, Marie-Louise Bovenkerk, Kathrin Groh, Florian Gröblinghoff, Lars Gußen, Vanessa Hellmann, Martin Klein, Süleyman Kolcu, Claudia Menzel und Jörg Philipp Terhechte (Hrsg.), Die Europäische Verfassung – Verfassungen in Europa, Baden-Baden 2005, 34 (*J. Bast*, Einheit und Differenzierung)

Ulrich Battis, Freizügigkeit und Beschäftigung in der öffentlichen Verwaltung, in: Siegfried Magiera (Hrsg.), Das Europa der Bürger in einer Gemeinschaft ohne Binnengrenzen, Baden-Baden 1990, 47 (*U. Battis*, Öffentliche Verwaltung)

Olivier Beaud, The Question of Nationality within a Federation: A Neglected Issue in Nationality Law, in: Randall Hansen und Patrick Weil (Hrsg.), Dual Nationality, Social Rights and Federal Citizenship in the U.S. and Europe. The Reinvention of Citizenship, New York 2002, 314 (*O. Beaud*, Nationality within a Federation)

Ulrich Becker, Anmerkung zu EuGH, Rs. C-138/02 – Collins, ZESAR 2004, 496

– Arbeitnehmerfreizügigkeit, in: Dirk Ehlers (Hrsg.), Europäische Grundrechte und Grundfreiheiten, 2. Aufl. Berlin 2005, 257 (*U. Becker*, Arbeitnehmerfreizügigkeit)

– Freizügigkeit in der EU – auf dem Weg vom Begleitrecht zur Bürgerfreiheit, EuR 1999, 522

– Unionsbürgerschaft und soziale Rechte, ZESAR 2002, 8

Jolanda Emmilien Beenen, Citizenship, Nationality and Access to Public Service Employment. The Impact of European Community Law, Groningen 2001 (*J. E. Beenen*, Access to Public Service Employment)

Peter Behrens, Die Konvergenz der wirtschaftlichen Freiheiten im europäischen Gemeinschaftsrecht, EuR 1992, 145

Mark Bell, Anti-discrimination law and the European Union, Oxford 2002 (*M. Bell*, Anti-discrimination law and the EU)

Joxerramon Bengoetxea, The Scope for Discretion, Coherence and Citizenship, in: Ola Wiklund (Hrsg.), Judicial Discretion in European Perspective, Stockholm 2003, 48 (*J. Bengoetxea*, The Scope for Discretion, Coherence and Citizenship)

Silke Benjes, Die Personenverkehrsfreiheiten des EWG-Vertrages und ihre Auswirkungen auf das deutsche Verfassungsrecht, Baden-Baden 1992 (*S. Benjes*, Personenverkehrsfreiheiten)

Myriam Benlolo, Les fondements juridiques de la citoyenneté européenne, Nanterre 2003 (*M. Benlolo*, Fondements juridiques de la citoyenneté européenne)

Arthur Benz, Politikwissenschaftliche Diskurse über demokratisches Regieren im europäischen Mehrebenensystem, in: Hartmut Bauer, Peter M. Huber und Karl-Peter Sommermann (Hrsg.), Demokratie in Europa, Tübingen 2005, 253 (*A. Benz*, Demokratisches Regieren)

Guido van den Berghe und *Christian H. Huber*, European Citizenship, in: Roland Bieber, Albert Bleckmann, Francesco Capotorti u.a. (Hrsg.), Das Europa der zweiten Generation. Gedächtnisschrift für Christoph Sasse, Bd. II, Kehl am Rhein/Straßburg 1981, 755 (*G. van den Berghe/C. H. Huber*, European Citizenship)

Nick Bernard, Multilevel Governance in the European Union, Den Haag 2002 (*N. Bernard*, Multilevel Governance in the EU)

Nicolas Bernard, Discrimination and free movement in EC Law, 45 ICLQ (1996), 82

Ulf Bernitz und *Hedvig Lokrantz Bernitz*, Human Rights and European Identity: The debate about European Citizenship, in: Philip Alston (Hrsg.), The European Union and Human Rights, Oxford 1999, 505 (*U. Bernitz/H. Lokrantz Bernitz*, Human Rights and European Identity)

Roland Bieber, „Besondere" Rechte für die Bürger der Europäischen Gemeinschaften, EuGRZ 1978, 203

– Solidarität als Verfassungsprinzip der Europäischen Union, in: Armin von Bogdandy und Stefan Kadelbach, Solidarität und Europäische Integration. Kollquium zum 65. Geburtstag von Manfred Zuleeg, Baden-Baden 2001, 41 (*R. Bieber*, Solidarität als Verfassungsprinzip der EU)

Andrea Biondi, In and Out of the Internal Market – Recent Developments on the Principle of Free Movement, 19 YEL (1999/2000), 469

Nicholas Blake, Family Life in Community Law: The Limits of Freedom and Dignity, in: Elspeth Guild (Hrsg.), The Legal Framework and Social Consequences of Free Movement of Persons in the European Union, Den Haag 1999, 7
(*N. Blake*, Familiy Life)

Albert Bleckmann, Der Vertrag über die Europäische Union, DVBl. 1992, 335

– Die Freiheiten des Gemeinsamen Marktes als Grundrechte, in: Roland Bieber, Albert Bleckmann, Francesco Capotorti u.a. (Hrsg.), Das Europa der zweiten Generation. Gedächtnisschrift für Christoph Sasse, Bd. II, Kehl am Rhein/Straßburg 1981, 665 (*A. Bleckmann*, Die Freiheiten des Gemeinsamen Marktes als Grundrechte)

Claude Blumann, Citoyenneté européenne et droits fondamentaux en droit de l'Union européenne entre concurrence et complémentarité, in: Libertés, Justice, Tolérance. Mélanges en hommage au Doyen Gérard Cohen-Jonathan, Bd. 1, Brüssel 2004, 265 (*C. Blumann*, Citoyenneté européenne et droits fondamentaux)

– La citoyenneté européenne (bientôt dix ans) – Espoir et désillusion, in: Volker Epping, Horst Fischer und Wolfgang Heintschel von Heinegg (Hrsg.), Brücken bauen und begehen. Festschrift für Knut Ipsen zum 65. Geburtstag, München 2000, 3 (*C. Blumann*, Citoyenneté européenne – Espoir et désillusion)

– L'Europe des Citoyens, RMC 1991, 283

Ernst-Wolfgang Böckenförde, Diskussionsbeiträge, VVDStRL 32 (1974), 134; 142

Ingolf Bode, Die Diskriminierungsverbote im EWG-Vertrag, Göttingen 1968 (*I. Bode*, Diskriminierungsverbote)

Stephanie Bode, Anmerkung zu EuGH, Rs. C-224/98 – D'Hoop, EuZW 2002, 637

– Anmerkung zu EuGH, Rs. C-413/99 – Baumbast und R, EuZW 2002, 767

– Anmerkung zu EuGH, Rs. C-209/03 – Dany Bidar, EuZW 2005, 279

– Europarechtliche Gleichbehandlungsansprüche Studierender und ihre Auswirkungen in den Mitgliedstaaten. Zur Reichweite des Diskriminierungsverbotes im Hochschulbereich unter besonderer Berücksichtigung der Unionsbürgerschaft, Baden-Baden 2005 (*S. Bode*, Europarechtliche Gleichbehandlungsansprüche Studierender)

– Von der Freizügigkeit zur sozialen Gleichstellung aller Unionsbürger – Zur Wirkung und Reichweite von Art. 18 EG in der Rechtsprechung des EuGH, EuZW 2003, 552

Armin von Bogdandy, Grundrechtsgemeinschaft als Integrationsziel? Grundrechte und das Wesen der Europäischen Union, JZ 2001, 157

Armin von Bogdandy und *Stephan Bitter*, Unionsbürgerschaft und Diskriminierungsverbot. Zur welchselseitigen Beschleunigung der Schwungräder unionaler Grundrechtsjudikatur, in: Charlotte Gaitanides, Stefan Kadelbach und Gil Carlos Rodríguez Iglesias (Hrsg.), Europa und seine Verfassung. Festschrift für Manfred Zuleeg zum siebzigsten Geburtstag, Baden-Baden 2005, 309 (*A. von Bogdandy/S. Bitter*, Unionsbürgerschaft und Diskriminierungsverbot)

Manfred Boni, Freizügigkeit und Integration. Struktur und Bedeutung der Arbeitsmarktverflechtung zwischen den Mitgliedstaaten der Europäischen Wirtschaftsgemeinschaft, Frankfurt am Main u.a. 1976 (*M. Boni*, Freizügigkeit und Integration)

Klaus-Dieter Borchardt, Der sozialrechtliche Gehalt der Unionsbürgerschaft, NJW 2000, 2057

– Kosten, nichts als Kosten?, EuZW 2001, 321

– Unionsbürgerschaft und soziale Ansprüche, in: Armin von Bogdandy und Stefan Kadelbach (Hrsg.), Solidarität und Europäische Integration, Kollquium zum 65. Geburtstag von Manfred Zuleeg, Baden-Baden 2001, 9 (*K.-D. Borchardt*, Unionsbürgerschaft)

Alexandra Borrmann, Der Schutz der Berufsfreiheit im deutschen Verfassungsrecht und im europäischen Gemeinschaftsrecht: eine rechtsvergleichende Studie, Berlin 2002 (*A. Borrmann*, Berufsfreiheit im deutschen Verfassungs- und europäischen Gemeinschaftsrecht)

Jacques Bourrinet, Vers une citoyenneté européenne. Aspects économiques, RMC 1992, 772

Emmanuelle Bribosia, Les discriminations fondées sur la nationalité dans l'Union Européenne à la lumière de la protection des droits fondamentaux, in: dies., Emmanuelle Dardenne, Paul Magnette und Anne Weyembergh (Hrsg.), Union Européenne et Nationalités. Le principe de non-discrimination et ses limites, Brüssel 1999, 189 (*E. Bribosia*, Discriminations)

Alexander Brigola, Das System der EG-Grundfreiheiten: Vom Diskriminierungsverbot zum spezifischen Beschränkungsverbot, München 2004 (*A. Brigola*, Grundfreiheiten)

Ellen Brinch Jørgensen, Union Citizens – Free movement and non-discrimination, Århus 1996 (*E. Brinch Jørgensen*, Union Citizens)

Gisbert Brinkmann, Soziale Rechte von Unionsbürgern nach der Unionsbürgerrichtlinie, EuroAS 2006, 168

Jan M. Broekman, A Philosophy of European Union Law, Leuven 1999 (*J. M. Broekman*, A Philosophy of EU Law)

Philippe de Bruycker, Vers un statut des ressortissant des pays tiers dans le traité d'Amsterdam: Libre circulation ou discrimination?, in: Emmanuelle Bribosia, Emmanuelle Dardenne, Paul Magnette und Anne Weyembergh (Hrsg.), Union Européenne et Nationalités. Le principe de non-discrimination et ses limites, Brüssel 1999, 227 (*P. de Bruycker*, Vers un statut)

Gráinne de Búrca, Report on further development of citizenship in the European Union, in: Referate für den 1. Europäischen Juristentag Nürnberg 2001, Baden-Baden 2001, 39 (*G. de Búrca*, Report on Citizenship)

– The Role of Equality in European Community Law, in: Alan Dashwood und Síofra O'Leary (Hrsg.), The Principle of Equality in Community Law, London 1997, 13 (*G. de Búrca*, Role of Equality)

Christian Calliess, Diskussionsbeitrag, ZaöRV 64 (2004), 665

– Optionen zur Demokratisierung der Europäischen Union, in: Hartmut Bauer, Peter M. Huber und Karl-Peter Sommermann (Hrsg.), Demokratie in Europa, Tübingen 2005, 281 (*C. Calliess*, Optionen zur Demokratisierung der EU)

– Subsidiaritäts- und Solidaritätsprinzip in der Europäischen Union: Vorgaben für die Anwendung von Art. 5 (ex-Art. 3b) EGV nach dem Vertrag von Amsterdam, 2. Aufl. Baden-Baden 1999 (*C. Calliess*, Subsidiaritäts- und Solidaritätsprinzip in der EU)

Christian Calliess und *Matthias Ruffert* (Hrsg.), Kommentar des Vertrages über die Europäische Union und des Vertrages zur Gründung der Europäischen Gemeinschaft – EUV/EGV –, 2. Aufl. Neuwied 2002 (C/R)

– Verfassung der Europäischen Union. Kommentar der Grundlagenbestimmungen (Teil I), München/Wien 2006 (C/R-VVE)

Mercedes Candela Soriano, Libre circulation et séjour dans l'U.E.: la directive 2004/38 au regard des droits de l'homme, J.T.D.E. 2005, 193

Francesco Capotorti, *Meinhard Hilf*, *Francis Jacobs* und *Jean-Paul Jacqué*, Der Vertrag zur Gründung der Europäischen Union. Kommentar zum Entwurf des Europäischen Parlaments, Baden-Baden 1986 (*F. Capotorti/M. Hilf/F. Jacobs/J.-P. Jacqué*, EU-Kommentar)

Joseph H. Carens, Citizenship and Civil Society: What Rights for Residents?, in: Randall Hansen und Patrick Weil (Hrsg.), Dual Nationality, Social Rights and Federal Citizenship in the U.S. and Europe. The Reinvention of Citizenship, New York 2002, 100 (*J. H. Carens*, What Rights for Residents?)

Jean-Yves Carlier, Anmerkung zu EuGH, Rs. C-200/02 – Chen/Zhu, 42 CML Rev. (2005), 1121

– Le devinir de la libre circulation des personnes dans l'Union Européenne: Regard sur la directive 2004/38, CDE 2006, 13

Sergio Carrera, What Does Free Movement Mean in Theory and Practice in an Enlarged EU?, 11 EL Rev. (2005), 699

Sabino Cassese, La Cittadinanza Europea e le Prospettive di Sviluppo dell'Europa, Riv. Ital. Dir. Pubbl. Comunitario 1996, 869

Florence Chaltiel, L'ordre public devant la Cour de justice des Communautés européennes. À propos de l'arrêt Olazabal du 26 novembre 2002, RMC 2003, 120

Claus Dieter Classen, Auf dem Weg zu einer einheitlichen Dogmatik der EG-Grundfreiheiten? Absolute und relative Gehalte der Grundfreiheiten, EWS 1995, 97

– Die Grundfreiheiten im Spannungsfeld von europäischer Marktfreiheit und mitgliedstaatlichen Gestaltungskompetenzen, EuR 2004, 416

Adrian Cloer, Anmerkung zu EuGH, Rs. C-403/03 – Schempp, EWS 2005, 366

Carlos Closa, A New Social Contract? EU Citizenship as the Institutional Basis of a New Social Contract: Some Sceptical Remarks, EUI – RSC Working Paper 1996/48, Florenz 1996 (*C. Closa*, A New Social Contract?)

– Citizenship of the Union and Nationality of Member States, 32 CML Rev. (1995), 487

– EU Citizenship at the 1996 IGC, in: Randall Hansen und Patrick Weil (Hrsg.), Dual Nationality, Social Rights and Federal Citizenship in the U.S. and Europe. The Reinvention of Citizenship, New York 2002, 293 (*C. Closa*, EU Citizenship at the 1996 IGC)

– The concept of citizenship in the Treaty on European Union, 29 CML Rev. (1992), 1137

Ninon Colneric, Der Begriff des Arbeitnehmers in der Rechtsprechung des EuGH, in: dies., David Edward, Jean-Pierre Puissochet und Dámaso Ruiz-Jarabo Colomer (Hrsg.), Une communauté de droit. Festschrift für Gil Carlos Rodríguez Iglesias, Berlin 2003, 385 (*N. Colneric*, Begriff des Arbeitnehmers)

Massimo Condinanzi, *Alessandra Lang* und *Bruno Nascimbene*, Cittadinanza dell'Unione e libera circolazione delle persone, Milano 2003 (*M. Condinanzi/A. Lang/B. Nascimbene*, Cittadinanza dell'Unione)

Patricia Conlan, EC Free Movement of Persons. From Messina to Amsterdam and beyond, via Rome, Luxembourg and Maastricht, in: Claus Dieter Classen, Armin Dittmann, Frank Fechner, Ulrich M. Gassner und Michael Kilian (Hrsg.), „In einem vereinten Europa dem Frieden der Welt zu dienen …". Liber amicorum Thomas Oppermann, Berlin 2001, 551 (*P. Conlan*, Free Movement of Persons)

Sabine Conrad, Auf dem Weg zu einer europäischen Bürgerschaft – Dimensionen und Entwicklung, in: Bernd Schulte und Werner Mäder (Hrsg.), Die Regierungskonferenz Maastricht II. Perspektiven für die Sozialgemeinschaft, Bonn 1996, 5 (*S. Conrad*, Europäische Bürgerschaft)

– Bürger Europas in einem Europa der Bürger, in: Peter Clever und Bernd Schulte (Hrsg.), Bürger Europas, Bonn 1996, 200 (*S. Conrad*, Bürger Europas)

Vlad Constantinesco, La citoyenneté de l'Union, in: Jürgen Schwarze (Hrsg.), Vom Binnenmarkt zur Europäischen Union, Baden-Baden 1993, 25 (*V. Constantinesco*, Citoyenneté de l'Union)

Jason Coppel und *Aidan O'Neill*, The European Court of Justice: Taking Rights Seriously?, 29 CML Rev. (1992), 669

Richard Corbett, The Treaty of Maastricht. From Conception to Ratification: A Comprehensive Reference Guide, Harlow 1993 (*R. Corbett*, Treaty of Maastricht)

Axel Cordewener, Europäische Grundfreiheiten und nationals Steuerrecht. „Konvergenz" des Gemeinschaftsrechts und „Kohärenz" der direkten Steuern in der Rechtsprechung des EuGH, Köln 2002 (*A. Cordewener*, Grundfreiheiten und Steuerrecht)

Cathryn Costello, Anmerkung zu EuGH, Rs. C-348/96 – Donatella Calfa, 37 CML Rev. (2000), 817

– Market Access All Areas – the Treatment of Non-discriminatory Barriers to the Free Movement of Workers, 27 LIEI (2000), 267

Wolfgang Cremer, Unterhaltsstipendien für Studierende aus anderen Mitgliedstaaten nach dem Grzelczyk-Urteil des EuGH – Ausbildungsförderung für alle?, WissR 2003, 128

Sven Mirko Damm, Bürgergleichheit in Europa – Zur wechselbezüglichen Entwicklung von Unionsbürgerschaft und europarechtlichem Gleichheitsschutz, in: Rupert Scholz (Hrsg.), Europa der Bürger? Nach der Euro-Einführung und vor der EU-Erweiterung – Zwischenbilanz und Perspektive. Veröffentlichungen der Hanns Martin Schleyer-Stiftung, Bd. 60, Köln 2002, 190 (*S. M. Damm*, Bürgergleichheit in Europa)

– Menschenwürde, Freiheit, komplexe Gleichheit: Dimensionen grundrechtlichen Gleichheitsschutzes. Der Gleichheitssatz im Europäischen Gemeinschaftsrecht sowie im deutschen und US-amerikanischen Verfassungsrecht, Berlin 2006 (*S. M. Damm*, Gleichheitsschutz)

Luigi Daniele, Non-discriminatory restrictions to the free movement of persons, 22 EL Rev. (1997), 191

Norbert Dautzenberg, Der Vertrag von Maastricht, das neue Grundrecht auf allgemeine Freizügigkeit und die beschränkte Steuerpflicht der natürlichen Person, BB 1993, 1563

Franck David, La citoyenneté de l'Union, statut fondamental des ressortissants des Etats membres, RTDE 2003, 561

Gareth Davies, 'Any Place I hang my hat?' or: Residence is the New Nationality, 11 ELJ (2005), 43

– Nationality Discrimination in the European Internal Market, Den Haag 2003 (*G. Davies*, Nationality Discrimination in the Internal Market)

Roy W. Davis, Citizenship of the Union … rights for all?, 27 EL Rev. (2002), 121

Martina R. Deckert und *Werner Schroeder*, Anmerkung zu EuGH, Rs. C-190/98 – Graf, JZ 2001, 88

Manfred Degen, Die Unionsbürgerschaft nach dem Vertrag über die europäische Union unter besonderer Berücksichtigung des Wahlrechts, DÖV 1993, 749

Chantal Delli, Das Wesen der Unionsbürgerschaft. Überlegungen anhand des Falls Rudy Grzelczyk gegen Centre public d'aide sociale d'Ottignies-Louvain-la-Neuve. Basler Schriften zur Europäischen Integration Nr. 69, Basel 2004 (*C. Delli*, Unionsbürgerschaft)

Otto Depenheuer, „Nicht alle Menschen werden Brüder". Unterscheidung als praktische Bedingung von Solidarität. Eine rechtsphilosophische Erwägung in praktischer Absicht, in: Josef Isensee (Hrsg.), Solidarität in Knappheit. Zum Problem der Priorität, Berlin 1998, 41 (*O. Depenheuer*, „Nicht alle Menschen werden Brüder")

Guy Desolre, Le Principe de Non-discrimination, la Liberté de Circulation et les Facilités Linguistiques en Matière Judiciaire, CDE 2000, 311

Klaus Dienelt, Freizügigkeit nach der Osterweiterung, München 2004 (*K. Dienelt*, Freizügigkeit)

Karl Doehring, Die Europäische Union aus der Sicht des Bürgers, ZEuS 2001, 395

– Die staatsrechtliche Stellung der Ausländer in der Bundesrepublik Deutschland, VVDStRL 32 (1974), 7

Patrick Dollat, Libre circulation des personnes et citoyenneté européenne: enjeux et perspectives, Brüssel 1998 (*P. Dollat*, Libre circulation)

Marianne Dony, Les discriminations fondées sur la nationalité dans la jurisprudence de la cour de justice des communautés européennes, in: Emmanuelle Bribosia, Emmanuelle Dardenne, Paul Magnette und Anne Weyembergh (Hrsg.), Union Européenne et Nationalités. Le principe de non-discrimination et ses limites, Brüssel 1999, 45 (*M. Dony*, Discriminations)

Martina Doppelhammer, Explusion: a test case for European Union citizenship?, 24 EL Rev. (1999), 621

Michael Dougan, Fees, Grants, Loans and dole Cheques: Who covers the Costs of migrant Education within the EU?, 42 CML Rev. (2005), 943

– Free Movement: The Workseeker as Citizen, CYELS 2001, 93

– Legal Developments, 43 JCMS (2005), 89

– The constitutional dimension to the case law on Union Citizenship, 31 EL Rev. (2006), 613

Michael Dougan und *Eleanor Spaventa*, Educating Rudy and the (non-)English Patient: The Double-Bill on Residency Rights under Article 18 EC, 28 EL Rev. (2003), 699

– 'Wish You Weren't Here...'. New Models of Social Solidarity in the European Union, in: dies. (Hrsg.), Social Welfare and EU Law, Oxford 2005, 181 (*M. Dougan/E. Spaventa*, New Models of Social Solidarity in the EU)

Sionaidh Douglas-Scott, In Search of Union Citizenship, 18 YEL (1998), 29

– Constitutional Law of the EU, London 2002 (*S. Douglas-Scott*, Constitutional Law of the EU)

Tony Downes, Market Citizenship: Functionalism and Fig-leaves, in: Richard Bellamy und Alex Warleigh (Hrsg.), Citizenship and Governance in the European Union, London 2001, 93 (*T. Downes*, Market Citizenship)

Horst Dreier (Hrsg.), Grundgesetz. Kommentar, 2. Aufl., Bd. 1. Art. 1–19, Tübingen 2004; Bd. 2. Art. 20–82, Tübingen 2006 (Dreier)

Pierre Duclos, L'Européen: Exploration d'une catégorie juridique naissante, RGDIP 65 (1961), 260

Ole Due und *Claus Gulmann*, Community Fundamental Rights as Part of National Law, in: Seminario Giuridico della Università di Bologna, Scritti in Onore di Giuseppe Federico Mancini, Vol. II. Diritto dell'Unione Europea, CLXXIX, Milano 1998, 405 (*O. Due/C. Gulmann*, Community Fundamental Rights)

– Restrictions à la libre circulation intracommunautaire et situations purement internes, in: Ninon Colneric, David Edward, Jean-Pierre Puissochet und Dámaso Ruiz-Jarabo Colomer (Hrsg.), Une communauté de droit. Festschrift für Gil Carlos Rodríguez Iglesias, Berlin 2003, 377 (*O. Due/C. Gulmann*, Restrictions à la libre circulation intracommunautaire)

Andrew Durand, European Citizenship, EL Rev. 1979, 3
Dominik Düsterhaus, Bidar und BAföG: Nachlese zum Urteil EuGH, EuZW 2005, 277 – Bidar m. Anm. Bode, EuZW 2005, 325
– Studierende Unionsbürger: Entwicklung und Bedeutung einer besonders privilegierten Rechtsstellung, Integration 2006, 122

Michael Eberhartinger, Konvergenz und Neustrukturierung der Grundfreiheiten, EWS 1997, 43
Piet Eeckhout, The EU Charter of Fundamental Rights and the federal question, 39 CML Rev. (2002), 945
Johann Egger, Die neue Aufenthaltsrichtlinie der EU, in: Michael Wollenschläger, Eckhard Kreßel und ders. (Hrsg.), Recht – Wirtschaft – Kultur. Herausforderungen an Staat und Gesellschaft im Zeitalter der Globalisierung. Festschrift für Hans Hablitzel zum 60. Geburtstag, Berlin 2005, 95 (*J. Egger*, Die neue Aufenthaltsrichtlinie)
Claus-Dieter Ehlermann, The Internal Market following the Single European Act, 24 CML Rev. (1987), 361
Dirk Ehlers, Allgemeine Lehren, in: ders. (Hrsg.), Europäische Grundrechte und Grundfreiheiten, 2. Aufl. Berlin 2005, 177 (*D. Ehlers*, Allgemeine Lehren)
– Die Grundfreiheiten des europäischen Gemeinschaftsrechts (Teil I), Jura 2001, 266
– Die Grundfreiheiten des europäischen Gemeinschaftsrechts (Teil II), Jura 2001, 482
Eberhard Eichenhofer, Unionsbürgerschaft – Sozialbürgerschaft?, ZIAS 2003, 404
Eberhard Eichenhofer und *Constanze Abig*, Zugang zu steuerfinanzierten Sozialleistungen nach dem Staatsangehörigkeitsprinzip?, Münster 2004 (*E. Eichenhofer/C. Abig*, Zugang zu Sozialleistungen)
Thomas Eilmansberger, Zur Reichweite der Grundfreiheiten des Binnenmarktes (1. Teil), JBl. 1999, 345
– Zur Reichweite der Grundfreiheiten des Binnenmarktes (2. Teil), JBl. 1999, 434
Evelyn Ellis, Social Advantages: A new lease of life?, 40 CML Rev. (2003), 639
Karsten Engsig Sørensen, Abuse of rights in community law: A principle of substance or merely rhetoric?, 43 CML Rev. (2006), 423
Astrid Epiney, Die Entwicklung der Rechtsprechung des EuGH im Jahr 2005, NVwZ 2006, 1244
– Neuere Rechtsprechung des EuGH in den Bereichen institutionelles Recht, allgemeines Verwaltungsrecht, Grundfreiheiten, Umwelt- und Gleichstellungsrecht, NVwZ 2004, 555
– Neuere Rechtsprechung des EuGH in den Bereichen institutionelles Recht, allgemeines Verwaltungsrecht, Grundfreiheiten, Umwelt- und Gleichstellungsrecht, NVwZ 2004, 1067
– Umgekehrte Diskriminierungen. Zulässigkeit und Grenzen der discrimination à rebours nach europäischem Gemeinschaftsrecht und nationalem Verfassungsrecht, Köln 1995 (*A. Epiney*, Umgekehrte Diskriminierungen)
Astrid Epiney, *Robert Mosters* und *Sarah Theuerkauf*, Die Rechtsprechung des EuGH zur Personenfreizügigkeit, SJER 2004, 2005, 41
Andrew Evans, Union Citizenship and the Constitutionalization of Equality in EU Law, in: Massimo La Torre (Hrsg.), European Citizenship: An Institutional Challenge, Den Haag 1998, 267 (*A. Evans*, Constitutionalization of Equality in EU Law)
– Union Citizenship and the Equality Principle, in: Allan Rosas und Esko Antola (Hrsg.), A Citizens' Europe. In Search of a New Order, London 1995, 85 (*A. Evans*, Union Citizenship and the Equality Principle)
A. C. Evans, European Citizenship, MLR 45 (1982), 497
– European Citizenship: A Novel Concept in EEC Law, 32 Am.J.Comp.L. (1984), 679

Ulrich Everling, Auf dem Weg zu einem europäischen Bürger? Aspekte aus rechtswissenschaftlicher Sicht, in: Rudolf Hrbek (Hrsg.), Bürger und Europa, Baden-Baden 1994, 49 (*U. Everling*, Auf dem Weg)
– Das Niederlassungsrecht im Gemeinsamen Markt, Berlin 1963 (*U. Everling*, Niederlassungsrecht)
– Die Stellung des Bürgers in der Europäischen Gemeinschaft, ZfRV 1992, 241
– Von der Freizügigkeit der Arbeitnehmer zum Europäischen Bürgerrecht, in: Gert Nicolaysen und Hans-Jürgen Rabe (Hrsg.), Europäisches Arbeits- und Sozialrecht, EuR-Beiheft I/1990, 81 (*U. Everling*, Von der Freizügigkeit der Arbeitnehmer zum Europäischen Bürgerrecht)
– Wirtschaftsfreiheit im europäischen Binnenmarkt – Anspruch und Realität –, in: Jürgen Schwarze (Hrsg.), Wirtschaftsverfassungsrechtliche Garantien für Unternehmen im europäischen Binnenmarkt, Baden-Baden 2001, 11 (*U. Everling*, Wirtschaftsfreiheit)
Michelle Everson, The Legacy of the Market Citizen, in: Jo Shaw und Gillian More (Hrsg.), New legal dynamics of the EU, Oxford 1995, 73 (*M. Everson*, Legacy of the Market Citizen)

Thomas Faist, Social Citizenship in the European Union: Nested Membership, 39 JCMS (2001), 37
Marc Fallon, Les droits accessoires à l'exercice des activités économiques de la personne, Annales de droit de Louvain 1993, 235
Sonja Feiden, Die Bedeutung der „Keck"-Rechtsprechung im System der Grundfreiheiten. Ein Beitrag zur Konvergenz der Freiheiten, Berlin 2003 (*S. Feiden*, Die „Keck"-Rechtsprechung im System der Grundfreiheiten)
Konrad Feige, Der Gleichheitssatz im Recht der EWG, Tübingen 1973 (*K. Feige*, Gleichheitssatz)
Rudolf Feik, Unionsbürgerschaft und Aufenthaltsrecht. Speziell: Das Aufenthaltsrecht der nicht-erwerbstätigen Unionsbürger, in: Ewald Wiederin (Hrsg.), Neue Perspektiven im Ausländerrecht, Wien 1996 (*R. Feik*, Unionsbürgerschaft und Aufenthaltsrecht)
Maurizio Ferrera, Towards an 'Open' Social Citizenship? The New Boundaries of Welfare in the European Union, in: Gráinne de Búrca (Hrsg.), EU Law and the Welfare State. In Search of Solidarity, Oxford 2005, 11 (*M. Ferrera*, Towards an 'Open' Social Citizenship?)
Thomas Fetzer und *Thomas Groß*, Anmerkung zu EuGH, Rs. C-147/03 – Europäische Kommission/Österreich, EWS 2005, 373
Hans Georg Fischer, Die Unionsbürgerschaft, EuZW 1992, 566
– Die Unionsbürgerschaft, in: Georg Ress und Torsten Stein (Hrsg.), Vorträge, Reden und Berichte aus dem Europa-Institut, Nr. 269, Saarbrücken 1992 (*H. G. Fischer*, Unionsbürgerschaft)
Klemens H. Fischer, Der Vertrag von Nizza. Text und Kommentar einschließlich der konsolidierten Fassung des EUV und EGV sowie des Textes der EU-Charta der Grundrechte, Baden-Baden 2001 (*K. H. Fischer*, Vertrag von Nizza)
Peter Fischer, Die Unionsbürgerschaft. Ein neues Konzept im Völker- und Europarecht, in: Herbert Haller, Christian Kopetzki, Richard Novak u.a. (Hrsg.), Festschrift für Günther Winkler, Wien 1997, 237 (*P. Fischer*, Unionsbürgerschaft)
Andreas Follesdal, Union Citizenship: Unpacking the Beast of Burden, 20 Law and Philosophy (2001), 313
Nicholas Forwood und *Mark Clough*, The Single European Act and Free Movement. Legal Implications of the Provisions for the Completion of the Internal Market, 11 EL Rev. (1986), 383

Fritz Franz, Das Völkerrecht als Quelle des innerdeutschen Aufenthalts- und Niederlassungsrechts der Fremden, DVBl. 1965, 457

Walter Frenz, Handbuch Europarecht, Bd. 1. Europäische Grundfreiheiten, Berlin 2004 (*W. Frenz*, Europäische Grundfreiheiten)

Sybilla Fries und *Jo Shaw*, Citizenship of the Union: First Steps in the European Court of Justice, 4 EPL (1998), 533

Jochen Abr. Frowein und *Wolfgang Peukert*, Europäische Menschenrechts-Konvention. EMRK-Kommentar, 2. Aufl. Kehl 1996 (*J. Abr. Frowein/W. Peukert*, EMRK)

Maximilian Fuchs, Koordinierung oder Harmonisierung des europäischen Sozialrechts?, ZIAS 2003, 379

Klaus Füßer, Grundrecht auf wirtschaftliche Freizügigkeit und Art. 8a EGV als Auffangbeschränkungsverbot des Gemeinschaftsrechts, DÖV 1999, 96

Ted Oliver Ganten, Die Drittwirkung der Grundfreiheiten. Die EG-Grundfreiheiten als Grenze der Handlungs- und Vertragsfreiheit im Verhältnis zwischen Privaten, Berlin 2000 (*T. O. Ganten*, Drittwirkung der Grundfreiheiten)

Marie José Garot, A new basis for European Citizenship: Residence?, in: Massimo La Torre (Hrsg.), European Citizenship: An Institutional Challenge, Den Haag 1998, 229 (*M. J. Garot*, A new basis for European Citizenship: Residence?)

– La Citoyenneté de l'Union Européenne, Paris 1999 (*M. J. Garot*, Citoyenneté de l'Union)

Pierre Garrone, La libre circulation des personnes. Liberté de mouvement, égalité, liberté économique. Etude de droit communautaire et suisse, Zürich 1993 (*P. Garrone*, Libre Circulation)

– Les droits du citoyen européen: l'acquis communautaire et l'apport de traité de Maastricht, SZIER 1993, 251

Bryant G. Garth, Migrant Workers and Rights of Mobility in the European Community and the United States: A Study of Law, Community, and Citizenship in the Welfare State, in: Mauro Cappelletti, Monica Seccombe und Joseph H. H. Weiler (Hrsg.), Integration Through Law. Europe and the American Federal Experience, Vol. 1, Book 3, Berlin und New York 1986, 85 (*B. G. Garth*, Migrant Workers and Rights of Mobility in the EC and US)

Andrea Gattini, La Non Discriminazione di Cittadini Communitari nell'Uso della Lingua nel Processo Penale: Il Caso Bickel, Riv. Dir. Int. 82 (1999), 106

Jochen Gebauer, Die Grundfreiheiten des EG-Vertrags als Gemeinschaftsgrundrechte, Berlin 2004 (*J. Gebauer*, Grundfreiheiten)

Rudolf Geiger, EUV/EGV. Vertrag über die Europäische Union und Vertrag zur Gründung der Europäischen Gemeinschaft, 4. Aufl. München 2004 (*R. Geiger*, EUV/EGV)

Thomas Giegerich, Unionsbürgerschaft, politische Rechte, in: Reiner Schulze und Manfred Zuleeg (Hrsg.), Europarecht. Handbuch für die deutsche Rechtspraxis, Baden-Baden 2006, § 9 (*T. Giegerich*, Unionsbürgerschaft)

Hans-Joachim Glaesner, Die Einheitliche Europäische Akte – Versuch einer Wertung –, in: Jürgen Schwarze (Hrsg.), Der Gemeinsame Markt. Bestand und Zukunft in wirtschaftsrechtlicher Perspektive, Baden-Baden 1987, 9 (*H.-J. Glaesner*, Einheitliche Europäische Akte)

Sabine Gleß, Vorrang des Gemeinschaftsrechts gegenüber nationalem Strafrecht, NStZ 1999, 315

Christian Gloria, Der Staat im Völkerrecht, in: *Knut Ipsen*, Völkerrecht, 4. Aufl. München 1999, 222 (*C. Gloria*, Staat)

Ralph Göbel-Zimmermann, Problemanzeigen des Aufenthaltsrechts von Unionsbürgern und ihrer Familienangehörigen unter besonderer Berücksichtigung aufenthaltsbeendender Maßnahmen, in: Kay Hailbronner (Hrsg.), 30 Jahre Freizügigkeit in Europa, Heidelberg 1998, 41 (*R. Göbel-Zimmermann*, Aufenthaltsrecht von Unionsbürgern)

Oxana Golynker, Jobseekers' rights in the European Union: challenges of changing the paradigm of social solidarity, 30 EL Rev. (2005), 111

– Student loans: the European concept of social justice according to Bidar, 31 EL Rev. (2006), 390

Niklas Görlitz, Struktur und Bedeutung der Rechtsfigur der mittelbaren Diskriminierung im System der Grundfreiheiten. Zugleich der Versuch einer Abgrenzung zwischen mittelbaren Diskriminierungen und allgemeinen Beschränkungen, Baden-Baden 2003 (*N. Görlitz*, Mittelbare Diskriminierung)

Ece Göztepe-Çelebi, Die Unionsbürgerschaft und ihre Fortentwicklung im Hinblick auf die politischen Rechte, Münster 2001 (*E. Göztepe-Çelebi*, Unionsbürgerschaft)

Christoph Grabenwarter, Auf dem Weg in die Grundrechtsgemeinschaft?, EuGRZ 2004, 563

Rasso Graber, Die unmittelbare Drittwirkung der Grundfreiheiten. Eine Untersuchung anhand einer Auslegung des EG-Vertrages, der Rechtsprechung des Gerichtshofs und der Folgen einer angenommenen unmittelbaren Drittwirkung, München 2002 (*R. Graber*, Drittwirkung der Grundfreiheiten)

Eberhard Grabitz, Die Einheitliche Europäische Akte: Rechtliche Bewertung, Integration 1986, 95

– Die Grundrechte der Europäischen Union. Das Europa der Bürger?, in: Heinrich Schneider und Wolfgang Wessels (Hrsg.), Auf dem Weg zur Europäischen Union? Diskussionsbeiträge zum Tindemans-Bericht, Bonn 1977, 167 (*E. Grabitz*, Europa der Bürger)

– Europäisches Bürgerrecht zwischen Marktbürgerschaft und Staatsbürgerschaft, Köln 1970 (*E. Grabitz*, Europäisches Bürgerrecht)

Eberhard Grabitz und *Meinhard Hilf* (Hrsg.), Das Recht der Europäischen Union, Stand: 30. Ergänzungslieferung März 2006 (G/H)

Alexander Graser, Dezentrale Wohlfahrtsstaatlichkeit im föderalen Binnenmarkt? Eine verfassungs- und sozialrechtliche Untersuchung am Beispiel der Vereinigten Staaten von Amerika, Berlin 2001 (*A. Graser*, Dezentrale Wohlfahrtsstaatlichkeit)

– Do Hard Cases Make Bad Law? Zur Entscheidung des U.S. Supreme Court in Saenz v. Roe, ZaöRV 60 (2000), 367

Nicholas Green, *Trevor C. Hartley* und *John A. Usher*, The Legal Foundations of the Single European Market, Oxford 1991 (*N. Green/T. C. Hartley/J. A. Usher*, Legal Foundations)

Christopher Greenwood, Nationality and the Limitis of the Free Movement of Persons in Community Law, 7 YEL (1987), 185

Constance Grewe, Demokratie ohne Volk oder Demokratie der Völker? – Zur Demokratiefähigkeit der Europäischen Union, in: Josef Drexl, Karl F. Kreuzer, Dieter H. Scheuing und Ulrich Sieber (Hrsg.), Europäische Demokratie, Baden-Baden 1999, 59 (*C. Grewe*, Demokratiefähigkeit der EU)

Stefan Griller, Grundrechtsschutz in der EU und in Österreich, in: Verhandlungen des zwölften österreichischen Juristentages Wien 1994, Bd. I/2. Verfasungsrecht. Rechtsetzung unter besonderer Bedachtnahme auf den demokratischen und rechtsstaatlichen Aspekt, Wien 1995, 7 (*S. Griller*, Grundrechtsschutz in der EU und in Österreich)

Dieter Grimm, Braucht Europa eine Verfassung?, München 1995 (*D. Grimm*, Braucht Europa eine Verfassung?)

Hans von der Groeben, Aufbaujahre der Gemeinschaft. Das Ringen um den Gemeinsamen Markt und die Politische Union (1958–1966), Baden-Baden 1982 (*H. von der Groeben*, Aufbaujahre)

Hans von der Groeben und *Jürgen Schwarze* (Hrsg.), Kommentar zum Vertrag über die Europäische Union und zur Gründung der Europäischen Gemeinschaft, 6. Aufl. Baden-Baden 2004 (von der Groeben/Schwarze)

Hans von der Groeben, *Jochen Thiesing* und *Claus-Dieter Ehlermann* (Hrsg.), Kommentar zum EU-, EG-Vertrag, 5. Aufl. Baden-Baden 2004 (GTE)

Gerard-René de Groot, The Relationship between the Nationality Legislation of the Member States of the European Union and European Citizenship, in: Massimo La Torre (Hrsg.), European Citizenship: An Institutional Challenge, Den Haag 1998, 115 (*G.-R. de Groot*, Nationality Legislation)

– Towards a European Nationality Law, in: Hildegard Schneider (Hrsg.), Migration, Integration and Citizenship. A Challenge for Europe's Future, Bd. I. Free Movement Rights of European Citizens and the Nationality of the Member States, Maastricht 2005, 13 (*G.-R. de Groot*, Towards a European Nationality Law)

– Zum Verhältnis der Unionsbürgerschaft zu den Staatsangehörigkeiten in der Europäischen Union, in: Peter-Christian Müller-Graff (Hrsg.), Europäisches Integrationsrecht im Querschnitt, Baden-Baden 2003, 67 (*G.-R. de Groot*, Verhältnis der Unionsbürgerschaft zu den Staatsangehörigkeiten)

Helene Groß, Das Gesetz über die allgemeine Freizügigkeit von Unionsbürgern, ZAR 2005, 81

Thomas Gross, Integration of Immigrants: The Perspective of European Community Law, EJML 2005, 145

Rainer Grote und *Thilo Marauhn* (Hrsg.), Konkordanzkommentar zum europäischen und deutschen Grundrechtsschutz, Tübingen 2006 (KK-EMRK/GG)

Jürgen Grunwald, Der Mensch im Gemeinschaftsrecht, in: Forschungsinstitut für Europarecht der Karl-Franzens-Universität Graz (Hrsg.), Europa der Bürger, Graz 1994, 15 (*J. Grunwald*, Der Mensch im Gemeinschaftsrecht)

Peter Gussone, Das Solidaritätsprinzip in der Europäischen Union und seine Grenzen, Berlin 2006 (*P. Gussone*, Solidaritätsprinzip)

Peter Häberle, Das Grundgesetz als Teilverfassung im Kontext der EU/EG – eine Problemskizze, in: Dieter Dörr, Udo Fink, Christian Hillgruber, Bernhard Kempen und Dietrich Murswiek (Hrsg.), Die Macht des Geistes. Festschrift für Hartmut Schiedermair, Heidelberg 2001, 81 (*P. Häberle*, Grundgesetz als Teilverfassung)

– Europäische Verfassungslehre, 4. Aufl. Baden-Baden 2006 (*P. Häberle*, Europäische Verfassungslehre)

Jürgen Habermas, Die postnationale Konstellation und die Zukunft der Demokratie, in: ders., Die postnationale Konstellation. Politische Essays, Frankfurt am Main 1998, 91 (*J. Habermas*, Postnationale Konstellation)

Kay Hailbronner, Arbeitsmarktzugang und Anspruch auf soziale Leistungen im europäischen Ausländerrecht, in: Klaus Dicke, Stephan Hobe, Karl-Ulrich Meyn, Anne Peters, Eibe Riedel, Hans-Joachim Schütz und Christian Tietje (Hrsg.), Weltinnenrecht. Liber amicorum Jost Delbrück, Berlin 2005, 315 (*K. Hailbronner*, Arbeitsmarktzugang)

– Der Ausländer in der deutschen Sozialordnung, VSSR 1992, 77

– Die neuere Rechtsprechung zum EG-Freizügigkeitsrecht, ZAR 1988, 3

– Die soziale Dimension der EG-Freizügigkeit, EuZW 1991, 171

– Die Unionsbürgerrichtlinie und der ordre public, ZAR 2004, 301

– Die Unionsbürgerschaft und das Ende rationaler Jurisprudenz durch den EuGH?, NJW 2004, 2185

– Diskriminierungsverbot, Unionsbürgerschaft und gleicher Zugang zu Sozialleistungen, ZaöRV 64 (2004), 603

– Diskussionsbeitrag, ZaöRV 64 (2004), 668

– Europa 1992 – Freizügigkeit für Studenten und Auszubildende in der Europäischen Gemeinschaft, JuS 1991, 9
– Migrationspolitik und Rechte der Drittstaatsangehörigen in der Europäischen Union, ZAR 2002, 83
– Neue Entwicklungen im Personenverkehr für Unionsbürger und Angehörige assoziierter Staaten, ZAR 2002, 7
– Neue Richtlinie zur Freizügigkeit der Unionsbürger, ZAR 2004, 259
– Union Citizenship and Access to Social Benefits, 42 CML Rev. (2005), 1245
– Unionsbürgerschaft und Zugang zu den Sozialsystemen, JZ 2005, 1138

Kay Hailbronner und *Günter Renner*, Staatsangehörigkeitsrecht, 4. Aufl. München 2005 (*K. Hailbronner/G. Renner*, Staatsangehörigkeitsrecht)

Stephen Hall, Determining the Scope *ratione personae* of European Citizenship: Customary International Law Prevails for Now, 28 LIEI (2001), 355
– Loss of Union Citizenship in Breach of Fundamental Rights, 21 EL Rev. (1996), 129
– Nationality, Migration rights and Citizenship of the Union, Dordrecht u.a. 1995 (*S. Hall*, Citizenship of the Union)

Walter Hallstein, Der Schuman-Plan, Frankfurt am Main 1951 (*W. Hallstein*, Schuman-Plan)

Ulrich Haltern, Das Janusgesicht der Unionsbürgerschaft, Schweizerische Zeitschrift für Politikwissenschaft 2005, 87
– Europarecht. Dogmatik im Kontext, Tübingen 2005 (*U. Haltern*, Europarecht)
– Europarecht und das Politische, Tübingen 2005 (*U. Haltern*, Europarecht und das Politische)

John Handoll, Free Movement of Persons in the EU, Chichester 1995 (*J. Handoll*, Free Movement)

Yvo Hangartner, Das Bürgerrecht der Europäischen Union, in: Peter Forstmoser, Hans Caspar von der Crone, Rolf H. Weber und Dieter Zobl (Hrsg.), Der Einfluss des europäischen Rechts auf die Schweiz. Festschrift für Professor Roger Zäch zum 60. Geburtstag, Zürich 1999, 695 (*Y. Hangartner*, Bürgerrecht der EU)

Trevor C. Hartley, La Libre Circulation des Etudiants en Droit Communautaire, CDE 1989, 325

Karina Häußler, Eigenheimzulage auch für im EU-Ausland belegene Häuser und Wohnungen?, FR 2005, 872

Ulf Häußler, Die Verwirklichung der Integrationskonzepte in Völker-, Europa- und Verfassungsrecht, in: Konrad Sahlfeld, Martina Caroni, Anna Chudozilov, Michael Girsberger, Stephan Hördegen, Lucy Keller, Stefan Leutert und Daniela Thurnherr (Hrsg.), Integration und Recht. 43. AssÖR: 43. Assistententagung Öffentliches Recht. Luzern 2003, München 2003, 53 (*U. Häußler*, Integrationskonzepte)

Martin Hedemann-Robinson, An Overview of Recent Legal Developments at Community Level in relation to Third Country Nationals Resident within the European Union, with Particular Reference to the Case Law of the European Court of Justice, 38 CML Rev. (2001), 525

Markus Heintzen, Fremde in Deutschland, Der Staat 36 (1997), 327

Tobias Helms, Europarechtliche Vorgaben zur Bestimmung des Namensstatus von Doppelstaatlern, GPR 2005, 36

Martin Henssler und *Matthias Kilian*, Die Ausübung hoheitlicher Gewalt i.S.d. Art. 45 EG, EuR 2005, 192

Rémy Hernu, Principe d'Égalité et Principe de Non-Discrimination dans la Jurisprudence de la Cour de Justice des Communautés Européennes, Paris 2003 (*R. Hernu*, Égalité et Non-Discrimination)

Tamara Hervey, Social Solidarity: A Buttress Against Internal Market Law, in: Jo Shaw (Hrsg.), Social law and policy in an evolving European Union, Oxford 2000, 31 (*T. Hervey*, Social Solidarity)

Burkhard Hess, Die Konstitutionalisierung des europäischen Privat- und Prozessrechts, JZ 2005, 540

Jörg Heyer, Diskriminierungs- und Beschränkungsverbot im Rahmen der gemeinschaftsrechtlichen Arbeitnehmerfreizügigkeit, Köln 1996 (*J. Heyer*, Arbeitnehmerfreizügigkeit)

Tonia Hieronymi, Solidarität als Rechtsprinzip in der Europäischen Union, Frankfurt am Main 2003 (*T. Hieronymi*, Solidarität als Rechtsprinzip)

Meinhard Hilf, Amsterdam – Ein Vertrag für die Bürger?, EuR 1997, 347

Christian Hillgruber, Der Nationalstaat in der überstaatlichen Verflechtung, in: Josef Isensee und Paul Kirchhof (Hrsg.), Handbuch des Staatsrechts der Bundesrepublik Deutschland, Bd. II. Verfassungsstaat, 3. Aufl. Heidelberg 2004, § 32 (*C. Hillgruber*, HStR, Bd. 2, § 32)

Peter Hilpold, Hochschulzugang und Unionsbürgerschaft. Das Urteil des EuGH vom 7.7.2005 in der Rechtssache C-147/03, Kommission gegen Österreich, EuZW 2005, 647

– Unionsbürgerschaft und Sprachenrechte in der EU – Das Vorabentscheidungsverfahren Bickel und Franz, JBl. 2000, 93

Chris Hilson, Discrimination in Community free movement law, 24 EL Rev. (1999), 445

Stephan Hobe, Die Unionsbürgerschaft nach dem Vertrag von Maastricht, Der Staat 32 (1993), 245

Michael Hoffmann, Die Grundfreiheiten des EG-Vertrags als koordinationsrechtliche und gleichheitsrechtliche Abwehrrechte, Baden-Baden 2000 (*M. Hoffmann*, Grundfreiheiten als koordinationsrechtliche und gleichheitsrechtliche Abwehrrechte)

Wolfgang Hoffmann-Riem, Kohärenz der Anwendung europäischer und nationaler Grundrechte, EuGRZ 2002, 473

Rosemarie Höfler, Europa auf dem Weg zu einer sozialen Union? Die EuGH-Rechtsprechung zu unionsrechtlichen Ansprüchen auf Sozialhilfe, NVwZ 2002, 1206

– Freizügigkeit und soziale Gleichheit im Unionsrecht: Eine Herausforderung für die nationalen Sozialsysteme, Aussenwirtschaft 2004, 303

Bernhard Hofstötter, A cascade of rights, or who shall care for little Catherine? Some reflections on the Chen case, 30 EL Rev. (2005), 548

– Die aufenthaltsrechtliche Dimension der Unionsbürgerschaft im Spiegel aktueller Entwicklungen, SJER 2004, 2005, 267

Peter M. Huber, Bundesverfassungsgericht und Europäischer Gerichtshof als Hüter der Gemeinschaftsrechtlichen Kompetenzordnung, AöR 116 (1991), 210

– Demokratie ohne Volk oder Demokratie der Völker? - Zur Demokratiefähigkeit der Europäischen Union -, in: Josef Drexl, Karl F. Kreuzer, Dieter H. Scheuing und Ulrich Sieber (Hrsg.), Europäische Demokratie, Baden-Baden 1999, 27 (*P. M. Huber*, Demokratiefähigkeit der EU)

– Der Staatenverbund der Europäischen Union, in: Jörn Ipsen, Hans-Werner Rengeling, Jörg Manfred Mössner und Albrecht Weber (Hrsg.), Verfassungsrecht im Wandel. Festschrift zum 180jährigen Bestehen des Carl-Heymanns-Verlags, Köln 1995, 349 (*P. M. Huber*, Staatenverbund EU)

– Europäisches und nationales Verfassungsrecht, VVDStRL 60 (2001), 194

– Recht der Europäischen Integration, 2. Aufl. München 2002 (*P. M. Huber*, Europäische Integration)

Uta Hühn, Freizügigkeit und Unionsbürgerschaft nach Art. 18 EG, ELR 2002, 358

Waldemar Hummer, Grundrechte und grundrechtsähnliche Verbürgungen in den Europäischen Gemeinschaften – Versuch einer Systematisierung und gegenseitigen Abgleichung, in: Fritz Schwind (Hrsg.), Aktuelle Fragen zum Europarecht aus der Sicht in- und ausländischer Gelehrter, Wien 1986, 60 (*W. Hummer*, Grundrechte)

Jan-Gerrit Iken, Personenfreizügigkeit: Tendenzen und Entwicklungen in den Rechtskreisen der Schweiz und der EU, Zürich 2003 (*J.-G. Iken*, Personenfreizügigkeit)

Anastasia Iliopoulou, Le nouveau droit de séjours des citoyens de l'Union et des membres de leur famille: la directive 2004/38/CE, RDUE 2004, 523

Anastasia Iliopoulou und *Helen Toner*, A new approach to discrimination against free movers? *D'Hoop v Office National de l'Emploi*, 28 EL Rev. (2003), 389

– Anmerkung zu EuGH, Rs. C-184/99 – Grzelczyk, 39 CML Rev. (2002), 609

Hans Peter Ipsen, Europäisches Gemeinschaftsrecht, Tübingen 1972 (*H. P. Ipsen*, Europäisches Gemeinschaftsrecht)

Hans Peter Ipsen und *Gert Nicolaysen*, Haager Konferenz für Europarecht und Bericht über die aktuelle Entwicklung des Gemeinschaftsrechts, NJW 1964, 339

Knut Ipsen, Individualschutz im Völkerrecht, in: ders., Völkerrecht, 4. Aufl. München 1999, 668 (*K. Ipsen*, Individualschutz)

Josef Isensee, Die staatsrechtliche Stellung der Ausländer in der Bundesrepublik Deutschland, VVDStRL 32 (1974), 49

– Europäische Union – Mitgliedstaaten. Im Spannungsfeld von Integration und nationaler Selbstbehauptung, Effizienz und Idee, in: Konferenz der deutschen Akademien der Wissenschaften. Akademie der Wissenschaften und der Literatur Mainz (Hrsg.), Europa – Idee, Geschichte, Realität. 2. Symposion der deutschen Akademien der Wissenschaften, Mainz 1996 (*J. Isensee*, EU – Mitgliedstaaten)

– Nachwort. Solidarität – sozialethische Substanz eines Blankettbegriffs, in: ders. (Hrsg.), Solidarität in Knappheit. Zum Problem der Priorität, Berlin 1998, 97 (*J. Isensee*, Solidarität)

Catherine Jacqueson, Union citizenship and the Court of Justice: something new under the sun? Towards social citizenship, 27 EL Rev. (2002), 260

Michael Jaensch, Die unmittelbare Drittwirkung der Grundfreiheiten. Untersuchung der Verpflichtung von Privatpersonen durch Art. 30, 48, 52, 59, 73b EGV, Baden-Baden 1997 (*M. Jaensch*, Drittwirkung der Grundfreiheiten)

Bernd Janssen, Das Europa der Bürger – Der „kleine Bruder" im Abseits. Zur Arbeit des Adonnino-Ausschusses, Integration 1985, 165

Hans D. Jarass, A Unified Approach to the Fundamental Freedoms, in: Mads Andenas und Wulf-Henning Roth (Hrsg.), Services and free movement in EU law, Oxford 2002, 141 (*H. D. Jarass*, A Unified Approach to the Fundamental Freedoms)

– Die Grundfreiheiten als Grundgleichheiten, in: Ole Due (Hrsg.), Festschrift für Ulrich Everling, Bd. I, Baden-Baden 1995, 593 (*H. D. Jarass*, Grundfreiheiten als Grundgleichheiten)

– Elemente einer Dogmatik der Grundfreiheiten, EuR 1995, 202

– Elemente einer Dogmatik der Grundfreiheiten II, EuR 2000, 705

– EU-Grundrechte. Ein Studien- und Handbuch, München 2005 (*H. D. Jarass*, EU-Grundrechte)

Mark Jeffery, The Free Movement of Persons within the European Union: Moving from Employment Rights to Fundamental Rights, Comp. Lab. L. & Pol'y J. 23 (2001/02), 211

G. Cohen Jonathan, La Cour des Communautés Européennes et les Droits de l'Homme, RMC 1978, 74

Lambert Jungmann, Die Freizügigkeit von Arbeitnehmern aus EG-Staaten in der Bundesrepublik Deutschland, Mainz 1984 (*L. Jungmann*, Freizügigkeit von Arbeitnehmern)

Thomas Jürgensen und *Irene Schlünder*, EG-Grundrechtsschutz gegenüber Maßnahmen der Mitgliedstaaten, AöR 121 (1996), 201

Stefan Kadelbach, Anmerkung zu EuGH, Rs. C-209/03 – Dany Bidar, JZ 2005, 1163

– Die Unionsbürgerrechte, in: Dirk Ehlers (Hrsg.), Europäische Grundrechte und Grundfreiheiten, 2. Aufl. Berlin 2005, 553 (*S. Kadelbach*, Unionsbürgerrechte)

– Staatsbürgerschaft – Unionsbürgerschaft – Weltbürgerschaft, in: Josef Drexl, Karl F. Kreuzer, Dieter H. Scheuing und Ulrich Sieber (Hrsg.), Europäische Demokratie, Baden-Baden 1999, 89 (*S. Kadelbach*, Staatsbürgerschaft – Unionsbürgerschaft – Weltbürgerschaft)

– Union Citizenship, Jean Monnet Working Paper No. 9/03, http://www.jeanmonnetprogram.org/papers/03/030901-04.html (22.06.2005).

– Unionsbürgerschaft, in: Armin von Bogdandy (Hrsg.), Europäisches Verfassungsrecht, Berlin 2003, 539 (*S. Kadelbach*, Unionsbürgerschaft)

Bettina Kahil-Wolff und *Robert Mosters*, Das Abkommen über die Freizügigkeit EG – Schweiz, EuZW 2001, 5

Evangelos I. Kaldellis, Freedom of Establishment versus Freedom to Provide Services: An Evaluation of Case-law Developments in the Area of Indistinctly Applicable Rules, 28 LIEI (2001), 23

Roger Kampf, Die „richtige" Rechtsgrundlage der Richtlinie über das Aufenthaltsrecht der Studenten, EuR 1990, 393

Thorsten Kingreen, Das Sozialstaatsprinzip im europäischen Verfassungsverbund. Gemeinschaftsrechtliche Einflüsse auf das deutsche Recht der gesetzlichen Krankenversicherung, Tübingen 2003 (*T. Kingreen*, Sozialstaatsprinzip im europäischen Verfassungsverbund)

– Die Struktur der Grundfreiheiten des europäischen Gemeinschaftsrechts, Berlin 1999 (*T. Kingreen*, Struktur der Grundfreiheiten)

– Gleichheitsgrundrechte und soziale Rechte, in: Dirk Ehlers (Hrsg.), Europäische Grundrechte und Grundfreiheiten, 2. Aufl. Berlin 2005, 479 (*T. Kingreen*, Gleichheitsgrundrechte und soziale Rechte)

– Grundfreiheiten, in: Armin von Bogdandy (Hrsg.), Europäisches Verfassungsrecht, Berlin 2003, 631 (*T. Kingreen*, Grundfreiheiten)

– Theorie und Dogmatik der Grundrechte im europäischen Verfassungsrecht, EuGRZ 2004, 570

– Verbot der Diskriminierung wegen der Staatsangehörigkeit, in: Dirk Ehlers (Hrsg.), Europäische Grundrechte und Grundfreiheiten, 2. Aufl. Berlin 2005, 374 (*T. Kingreen*, Diskriminierungsverbot)

Thorsten Kingreen und *Rainer Störmer*, Die subjektiv-öffentlichen Rechte des primären Gemeinschaftsrechts, EuR 1998, 263

Uwe Kischel, Zur Dogmatik des Gleichheitssatzes in der Europäischen Union, EuGRZ 1997, 1

Eckart Klein, Diskussionsbeitrag, ZaöRV 64 (2004), 666

Eckart Klein und *Andreas Haratsch*, Das Aufenthaltsrecht der Studenten, die Unionsbürgerschaft und intertemporales Gemeinschaftsrecht, JuS 1995, 7

– Neuere Entwicklungen des Rechts der Europäischen Gemeinschaften – 2. Teil –, DÖV 1994, 133

Winfried Kluth, Die demokratische Legitimation der Europäischen Union. Eine Analyse der These vom Demokratiedefizit der Europäischen Union aus gemeineuropäischer Verfassungsperspektive, Berlin 1995 (*W. Kluth*, Demokratische Legitimation der EU)

– Reichweite und Folgen der Europäisierung des Ausländer- und Asylrechts. – Zwischenbilanz eines strukturellen Wandels und seiner Auswirkungen auf das Ausländer- und Asylrecht und seine Methode –, ZAR 2006, 1

Christian Kohler, Verständigungsschwierigkeiten zwischen europäischem Gemeinschaftsrecht und IPR, in: Heinz-Peter Mansel (Hrsg.), Festschrift für Erik Jayme, Bd. 1, München 2004, 445 (*C. Kohler*, Verständigungsschwierigkeiten)

Christian Koenig und *Ulrike Steiner*, Die Vereinbarkeit nachvertraglicher Wettbewerbsverbote mit der Arbeitnehmerfreizügigkeit des EG-Vertrags, NJW 2002, 3583

Juliane Kokott, Die Freizügigkeit der Unionsbürger als neue Grundfreiheit, in: Pierre-Marie Dupuy, Bardo Fassbender, Malcolm N. Shaw und Karl-Peter Sommermann (Hrsg.), Völkerrecht als Weltordnung – Common Values in International Law. Festschrift für Christian Tomuschat, Kehl 2006, 207 (*J. Kokott*, Freizügigkeit der Unionsbürger)

– Die Staatsangehörigkeit als Unterscheidungsmerkmal für soziale Rechte von Ausländern, in: Kay Hailbronner (Hrsg.), Die allgemeinen Regeln des völkerrechtlichen Fremdenrechts. Bilanz und Ausblick an der Jahrtausendwende. Beiträge anläßlich des Kolloquiums zu Ehren von Prof. Dr. Karl Doehring aus Anlaß seines 80. Geburtstages am 17. März 1999 in Konstanz, Heidelberg 1999, 25 (*J. Kokott*, Staatsangehörigkeit als Unterscheidungsmerkmal für soziale Rechte)

Costas Kombos, Fundamental Rights and Fundamental Freedoms: A Symbiosis on the Basis of Subsidiarity, 12 EPL (2006), 433

Torsten Körber, Grundfreiheiten und Privatrecht, Tübingen 2004 (*T. Körber*, Grundfreiheiten und Privatrecht)

Rey Koslowski, Intra-EU Migration, Citizenship and Political Union, 32 JCMS (1994), 367

Theodora Kostakopoulou, Citizenship, identity and immigration in the European Union: between past and future, Manchester 2001 (*T. Kostakopoulou*, Citizenship, identity and immigration)

– Nested "old" and "new" citizenship in the European Union: bringing out the complexity, CJEL 5 (1999), 389

Nikolaos Kotalakidis, Von der nationalen Staatsangehörigkeit zur Unionsbürgerschaft. Die Person und das Gemeinwesen, Baden-Baden 2000 (*N. Kotalakidis*, Unionsbürgerschaft)

Robert Kovar, Le droit du citoyen de l'Union Européenne de circuler et de séjourner librement sur le territoire des Etats membres, in: Libertés, Justice, Tolérance. Mélanges en hommage au Doyen Gérard Cohen-Jonathan, Bd. 2, Brüssel 2004, 1049 (*R. Kovar*, Le droit du citoyen de l'UE de circuler)

Robert Kovar und *Denys Simon*, La citoyenneté européenne, CDE 1993, 283

Christian Krane, Freier Personenverkehr und Kontrollen an den EU-Binnengrenzen. – Über den Vorschlag der Kommission der Europäischen Gemeinschaften zu einem Gemeinschaftskodex für das Überschreiten der Grenzen durch Personen –, DÖV 2005, 936

Hans Krück, Die Entwicklung der Grundfreiheiten des Gemeinschaftsrechts in der Rechtsprechung des Gerichtshofes: Vorstufe einer Unionsbürgerschaft, in: Forschungsinstitut für Europarecht der Karl-Franzens-Universität Graz (Hrsg.), Europa der Bürger, Graz 1994, 133 (*H. Krück*, Grundfreiheiten: Vorstufe einer Unionsbürgerschaft)

Hanno Kube, Zugang zu steuerfinanzierten Sozialleistungen nach dem Staatsangehörigkeitsprinzip? Rezension zu „Zugang zu steuerfinanzierten Sozialleistungen nach dem Staatsangehörigkeitsprinzip? Eberhard Eichenhofer unter Mitwirkung von Constanze Abig, Lit Verlag, 2004", NZS 2006, 480

Philipp Kubicki, Die subjektivrechtliche Komponente der Unionsbürgerschaft, EuR 2006, 489

Jürgen Kühling, Grundrechte, in: Armin von Bogdandy (Hrsg.), Europäisches Verfassungsrecht, Berlin 2003, 583 (*J. Kühling*, Grundrechte)

Philip Kunig, Das Grundrecht auf Freizügigkeit, Jura 1990, 306

Bjørn Kunoy, A Union of National Citizens: The Origins of the Court's Lack of *Avant-Gardisme* in the *Chen* Case, 43 CML Rev. (2006), 179

Hanns Jürgen Küsters, Die Gründung der Europäischen Wirtschaftsgemeinschaft, Baden-Baden 1982 (*H. J. Küsters*, Gründung der EWG)

Paul Lagarde, Anmerkung zu EuGH, Rs. C-148/02 – Avello, Rev. crit. dr. i. p. 2004, 192

Alessandra Lang, Divieto di soggiorno parziale e riserva di ordine pubblico, Diritto pubblico comparato ed europeo 2003, 848

Caroline Laske, The Impact of the Single European Market on Social Protection for Migrant Workers, 30 CML Rev. (1993), 515

Massimo La Torre, Citizenship, Constitution and the European Union, in: ders. (Hrsg.), European Citizenship: An Institutional Challenge, Den Haag 1998, 435 (*M. La Torre*, Citizenship, Constitution and the EU)

– Cittadinanza e ordine politico. Diritti, crisi della sovranità e sfera pubblica: una prospettiva europea, Turin 2004 (*M. La Torre*, Cittadinanza e ordine politico)

Birgit Laubach, Bürgerrechte für Ausländer und Ausländerinnen in der Europäischen Union. Unionsbürger und Drittstaatsangehörige – Ein Vergleich, Baden-Baden 1999 (*B. Laubach*, Bürgerrechte für Ausländer in der EU)

Finn Laursen und *Sophie Vanhoonacker* (Hrsg.), The Intergovernmental Conference on Political Union. Institutional Reforms, New Policies and International Identity of the European Community, Maastricht 1992 (*F. Laursen/S. Vanhoonacker*, Intergovernmental Conference)

Moris Lehner, Das Territorialitätsprinzip im Licht des Europarechts, in: Rudolf Gocke, Dietmar Gosch und Michael Lang (Hrsg.), Körperschaftsteuer. Internationales Steuerrecht. Doppelbesteuerung. Festschrift für Franz Wassermeyer zum 65. Geburtstag, München, 2005, 241 (*M. Lehner*, Territorialitätsprinzip)

Percy B. Lehning, European Citizenship: Towards a European Identity?, 20 Law and Philosophy (2001), 239

Stephan Leibfried, Social Policy. Left to the Judges and the Markets?, in: Helen Wallace, William Wallace und Mark A. Pollack (Hrsg.), Policy-Making in the European Union, 5. Aufl. Oxford 2005, 243 (*S. Leibfried*, Social Policy)

Jo Leinen, Unionsbürgerschaft und Grundrechtscharta für Europa, in: Heinrich-Böll-Stiftung (Hrsg.), Europäische Verfassung, Grundrechte und Unionsbürgerschaft, Brüssel 1999, 69 (*J. Leinen*, Unionsbürgerschaft und Grundrechtscharta)

Paul Leleux, The Role of the European Court of Justice in Protecting Individual Rights in the Context of the Free Movement of Persons and Services, in: Terrance Sandalow und Eric Stein (Hrsg.), Courts and Free Markets. Perspectives from the United States and Europe, Bd. 2, Oxford 1982, 385 (*P. Leleux*, Free Movement of Persons)

Koen Lenaerts, Education in European Community Law after "Maastricht", 31 CML Rev. (1994), 7

– L'égalité de traitement en droit communautaire. Un principe unique aux apparences multiples, CDE 1991, 3

Carl Otto Lenz, Diskussionsbeitrag, ZaöRV 64 (2004), 666

– EG-Vertrag. Kommentar zu dem Vertrag zur Gründung der Europäischen Gemeinschaften, in der durch den Amsterdamer Vertrag geänderten Fassung, 2. Aufl. Köln 1999 [Lenz (1999)]

– EG-Vertrag. Kommentar zu dem Vertrag zur Gründung der Europäischen Gemeinschaften, in der durch den Amsterdamer Vertrag geänderten Fassung, 3. Aufl. Köln 2003 [Lenz (2003)]

Peggy Letzner, Sozialhilfe für Student aus anderem Mitgliedstaat – EuGH, EuZW 2002, 52, JuS 2003, 118

Lionello Levi-Sandri, Die Freizügigkeit der Arbeitnehmer in der Europäischen Gemeinschaft, EG-Bulletin 11/1968, 5

Jean-Philippe Lhernould, L'accès aux prestations sociales des citoyens de l'Union européenne, Droit Social 2001, 1103

André Lhoest, Le citoyen à la une de l'Europe, RMC 1975, 431

Hagen Lichtenberg, Freizügigkeit und Bildungswesen in der Europäischen Gemeinschaft an der Schwelle zum gemeinsamen Binnenmarkt, in: Jürgen F. Baur, Klaus J. Hopt und K. Peter Mailänder (Hrsg.), Festschrift für Ernst Steindorff zum 70. Geburtstag am 13. März 1990, Berlin 1990, 1269 (*H. Lichtenberg*, Freizügigkeit und Bildungswesen in der EG)

Josef Franz Lindner, Anmerkung zu EuGH, Rs. C-209/03 – Dany Bidar, BayVBl. 2005, 498

Helmut Linhart und *Olgierd Adolph*, Einstieg in die Sozialhilfewanderung in der Europäischen Union? Ein Diskussionsbeitrag, NDV 2004, 282

Ralf Lippert, Gleichbehandlung bei sozialen Vergünstigungen und Arbeitnehmerfreizügigkeit in der Europäischen Gemeinschaft – Eine Analyse von Art. 7 II VO (EWG) Nr. 1612/68 auf der Basis der Rechtsprechung des Europäischen Gerichtshofes –, Augsburg 1993 (*R. Lippert*, Gleichbehandlung)

Vincenzo Lippolis, European Citizenship: What it is and what it could be, in: Massimo La Torre (Hrsg.), European Citizenship: An Institutional Challenge, Den Haag 1998, 317 (*V. Lippolis*, European Citizenship)

– La Cittadinanza Europea, Bologna 1994 (*V. Lippolis*, Cittadinanza Europea)

Christian Lohse, Einfluss ausländischer ESt auf Pfändungsfreigrenzen, IStR 2005, 64

Gertrude Lübbe-Wolff, Europäisches und nationales Verfassungsrecht, VVDStRL 60 (2001), 246

Monique Luby, Anmerkung zu EuGH, Rs. C-85/96 – Martínez Sala, JDI 1999, 557

– Anmerkung zu EuGH, Rs. C-224/98 – D'Hoop, JDI 2003, 596

Carole Lyons, A Voyage round Article 8: An Historical and Comparative Evaluation of the Fate of European Union Citizenship, 17 YEL (1997), 135

Willem Maas, The Genesis of European Rights, 43 JCMS (2005), 1009

Miguel Poiares Maduro, Europe's Social Self: „The Sickness Unto Death", in: Jo Shaw (Hrsg.), Social law and policy in an evolving European Union, Oxford 2000, 325 (*M. P. Maduro*, Europe's Social Self)

– Harmony and Dissonance in Free Movement, in: Mads Andenas und Wulf-Henning Roth (Hrsg.), Services and free movement in EU law, Oxford 2002, 41 (*M. P. Maduro*, Harmony and Dissonance in Free Movement)

Siegfried Magiera, Der Rechtsstatus der Unionsbürger, in: Klaus Dicke, Stephan Hobe, Karl-Ulrich Meyn, Anne Peters, Eibe Riedel, Hans-Joachim Schütz und Christian Tietje (Hrsg.), Weltinnenrecht. Liber amicorum Jost Delbrück, Berlin 2005, 429 (*S. Magiera*, Der Rechtsstatus der Unionsbürger)

Paul Magnette, La citoyenneté européenne. Droits, politiques, institutions, Paris 1999 (*P. Magnette*, Citoyenneté européenne)

G. Federico Mancini, The Free Movement of Workers in the Case-Law of the European Court of Justice, in: Deidre Curtin und David O'Keeffe (Hrsg.), Constitutional Adjudication in European Community and National Law. Essays for the Hon. Mr. Justice T. F. O'Higgins, Dublin 1992, 67 (*G. F. Mancini*, Free Movement of Workers)

– The making of a constitution for Europe, 26 CML Rev. (1989), 595

Hermann von Mangoldt, *Friedrich Klein* und *Christian Starck* (Hrsg.), Kommentar zum Grundgesetz, Bd. 1. Art. 1–19, 5. Aufl. 2005 (vM/K/S)

Giuliano Marenco, Pour une interpretation traditionelle de la notion de mesure d'effet équivalent à une restriction quantitative, CDE 1984, 291

Tung-Laï Margue, L'Europe des citoyens: des droits économiques à la citoyenneté européenne, RMUE 1995, 97

Franz Marhold (Hrsg.), Das neue Sozialrecht der EU, Wien 2005 (*F. Marhold*, Das neue Sozialrecht der EU)

Epaminondas A. Marias (Hrsg.), European Citizenship, Maastricht 1994 (*E. A. Marias*, Citizenship)

– From Market Citizen to Union Citizen, in: ders. (Hrsg.), European Citizenship, Maastricht 1994 (*E. A. Marias*, From Market to Union Citizen)

T. H. Marshall, Citizenship and Social Class, in: ders. und Tom Bottomore, Citizenship and Social Class, London 1992, 1 (*T. H. Marshall*, Citizenship and Social Class)

Denis Martin, A Big Step Forward for Union Citizens, but a Step Backwards for Legal Coherence, EJML 2002, 136

– Anmerkung zu EuGH, Rs. C-135/99 – Elsen, EJML 2001, 257

– Comments on Florus Ariël Wijsenbeek (Case C-378/97 of 21 September 1999) and Arblade (Joined cases C-369/96 and C-376/96 of 23 November 1999), EJML 2000, 101

– Comments on Ritter-Coulais (Case C-152/03 of 21 February 2006) and Ioannidis (Case C-258/04 of 15 September 2005), EJML 2006, 231

Denis Martin und *Elspeth Guild*, Free Movement of Persons in the European Union, London 1996 (*D. Martin/E. Guild*, Free Movement)

– The Europeanization of Welfare – The Domestic Impact of Intra-European Social Security, 43 JCMS (2005), 1027

Serena Marzucchi, Anmerkung zu EuGH, Rs. C-413/99 – Baumbast und R, Giurisprudenza italiana 2003, 861

James D. Mather, The Court of Justice and the Union Citizen, 11 EL Rev. (2005), 722

Alfonso Mattera, «Civis europaeus sum». La libertà di circolazione e di soggiorno dei cittadini europei e la diretta applicabilità dell'articolo 18 (ex articolo 8A) del trattato CE, DUE 1999, 431

– La liberté de circulation et de séjour des citoyens européens et l'applicabilité directe de l'article 8 A du traité CE, in: Gil Carlos Rodríguez Iglesias, Ole Due, Romain Schintgen und Charles Elsen (Hrsg.), Mélanges en hommage à Fernand Schockweiler, Baden-Baden 1999, 413 (*A. Mattera*, Liberté de circulation)

– La libre circulation des travailleurs à l'intérieur de la CE, RMUE 1993, 47

Franz C. Mayer, Die Warenverkehrsfreiheit im Europarecht – eine Rekonstruktion, EuR 2003, 793

Christopher S. Maynard, Nine-headed Caesar: The Supreme Court's Thumbs-up approach to the right to travel, Case Western Law Reserve Law Review 51 (2000), 297

Elisabeth Meehan, Citizenship and the European Union, in: Zentrum für Europäische Integrationsforschung (Hrsg.), Discussion Paper C 63, Bonn 2000 (*E. Meehan*, Citizenship and the EU)

Anne Pieter van der Mei, Comments on Akrich (Case C-109/01 of 23 September 2002) and Collins (Case C-138/02 of 23 March 2004), EJML 2004, 277

– EU Law and Education: Promotion of Student Mobility versus Protection of Education Systems, in: Michael Dougan und Eleanor Spaventa (Hrsg.), Social Welfare and EU Law, Oxford 2005, 219 (*A. P. van der Mei*, EU Law and Education)

– Freedom of Movement for Students: In Search of a More Satisfactory Balance between the Goal to Promote Student Mobility and the Need to Protect Education Systems, in: Hildegard Schneider (Hrsg.), Migration, Integration and Citizenship. A Challenge for Europe's Future, Bd. I. Free Movement Rights of European Citizens and the Nationality of the Member States, Maastricht 2005, 167 (*A. P. van der Mei*, Freedom of Movement for Students)

– Freedom of Movement for Indigents: A Comparative Analysis of American Constitutional Law and European Community Law, Ariz. J. Int'l & Comp. L. 18 (2001), 803

– Free Movement of Persons within the European Community. Cross-Border Access to Public Benefits, Oxford 2003 (*A. P. van der Mei*, Free Movement)

– Residence and the Evolving Notion of European Union Citizenship, Comments on, Baumbast and R v. Secretary of State for Home Department, 17 September 2002 (Case C-413/99), EJML 2003, 419

– Union Citizenship and the 'De-Nationalisation' of the Territorial Welfare State. Comments on Case C-456/02 *Trojani* and Case C-209/03 *Bidar*, EJML 2005, 203

– Union Citizenship, Freedom of Movement and the Fear for 'Social Tourism', in: Hildegard Schneider (Hrsg.), Migration, Integration and Citizenship. A Challenge for Europe's Future, Bd. I. Free Movement Rights of European Citizens and the Nationality of the Member States, Maastricht 2005, 107 (*A. P. van der Mei*, Fear for 'Social Tourism')

Gert Meier, Die Ost-Erweiterung der Europäischen Union und die verschwiegenen Kosten, EuZW 2001, 33

Francesca Menegazzi Munari, Cittadinanza Europea: una promessa da mantenere, Turin 1996 (*F. Menegazzi Munari*, Cittadinanza Europea)

Detlef Merten, Der Inhalt des Freizügigkeitsrechts (Artikel 11 des Grundgesetzes), Berlin 1970 (*D. Merten*, Freizügigkeitsrecht)

Jochen Meulman und *Henri de Waele*, Funding the Life of Brian: Jobseekers, Welfare Shopping and the Frontier of European Citizenship, 31 LIEI (2004), 275

Jürgen Meyer (Hrsg.), Kommentar zur Charta der Grundrechte der Europäischen Union, Baden-Baden 2003 (Meyer)

Jean Mischo, Les restrictions à la liberté d'établissement: La nécessité d'une clarification, in: Gil Carlos Rodríguez Iglesias, Ole Due, Romain Schintgen und Charles Elsen (Hrsg.), Mélanges en hommage à Fernand Schockweiler, Baden-Baden 1999, 445 (*J. Mischo*, Restrictions à la liberté d'établissement)

Astrid Sybille Mohn, Der Gleichheitssatz im Gemeinschaftsrecht, Kehl am Rhein 1990 (*A. S. Mohn*, Gleichheitssatz)

Maren Möller, Die Entwicklung des Rechts der Unionsbürger auf Freizügigkeit und freien Aufenthalt und seine Bedeutung in der Rechtsprechung des Europäischen Gerichtshofes, Kiel 2004 (*M. Möller*, Freizügigkeit)

Jörg Monar, A Dual Citizenship in the Making: The Citizenship of the European Union and its Reform, in: Massimo La Torre (Hrsg.), European Citizenship: An Institutional Challenge, Den Haag 1998, 167 (*J. Monar*, A Dual Citizenship in the Making)

– Die politische Konzeption des Raumes der Freiheit, der Sicherheit und des Rechts: Vom Amsterdamer Vertrag zum Verfassungsentwurf des Konvents, in: Peter-Christian Müller-Graff (Hrsg.), Der Raum der Freiheit, der Sicherheit und des Rechts, Baden-Baden 2005, 29 (*J. Monar*, Konzeption des Raumes der Freiheit, der Sicherheit und des Rechts)

– Die Unionsbürgerschaft als konstitutives Element des Unionssystems, in: Rudolf Hrbek (Hrsg.), Die Reform der Europäischen Union: Positionen und Perspektiven anläßlich der Regierungskonferenz, Baden-Baden 1997, 203 (*J. Monar*, Unionsbürgerschaft)

Anne de Moor, Article 7 of the Treaty of Rome Bites, 48 MLR (1985), 452

Matthew Moore, Freedom of Movement and Migrant Workers' Social Security: An overview of the Case Law of the Court of Justice, 1992–1997, 35 CML Rev. (1998), 409

– Freedom of Movement and Migrant Workers' Social Security: An overview of the Case Law of the Court of Justice, 1997–2001, 39 CML Rev. (2002), 807

Juliana Mörsdorf-Schulte, Europäische Impulse für Namen und Status des Mehrstaaters, IPRax 2004, 315

Kamiel Mortelmans, Book Review, 40 CML Rev. (2003), 771

Markus Möstl, Grenzen der Rechtsangleichung im europäischen Binnenmarkt. Kompetentielle, grundfreiheitliche und grundrechtliche Schranken des Gemeinschaftsgesetzgebers, EuR 2002, 318

Jean-Denis Mouton, La citoyenneté de l'Union: passé, présent et avenir, in: Georg Ress und Torsten Stein (Hrsg.), Vorträge, Reden und Berichte aus dem Europa-Institut. Nr. 282, Saarbrücken 1996 (*J.-D. Mouton*, La citoyenneté de l'Union)

Alexander Mühl, Diskriminierung und Beschränkung. Grundansätze einer einheitlichen Dogmatik der wirtschaftlichen Grundfreiheiten des EG-Vertrages, Berlin 2004 (*A. Mühl*, Diskriminierung und Beschränkung)

Elise Muir, Statut et droits du demandeur d'emploi-travailleur-citoyen: confusion ou rationalisation? Arrêt du 23 mars 2004, Brian Francis Collins contre Secretary of State for Work and Pensions (C-138/02, non encore publié), RDUE 2004, 249

Peter-Christian Müller-Graff, Die konstitutionelle Rolle der binnenmarktlichen Grundfreiheiten, in: Heribert Franz Köck, Alina Lengauer und Georg Ress (Hrsg.), Europarecht im Zeitalter der Globalisierung. Festschrift für Peter Fischer, Wien 2004, 363 (*P.-C. Müller-Graff*, Grundfreiheiten)

– Grundfreiheiten und Gemeinschaftsgrundrechte, in: Hans-Joachim Cremer, Thomas Giegerich, Dagmar Richter und Andreas Zimmermann (Hrsg.), Festschrift für Helmut Steinberger, Berlin 2002 (*P.-C. Müller-Graff*, Grundfreiheiten und Gemeinschaftsgrundrechte)

Rodolphe Muñoz, La mise en œuvre de la libre circulation des citoyens et des membres de leurs familles. La consécration d'une approche pas à pas, in: Paul Demaret, Inge Govaere und Dominik Hanf (Hrsg.), 30 Years of European Legal Studies at the College of Europe/30 ans d'études juridiques européennes au Collège d'Europe. Liber Professorum 1973–74 – 2003–04, Brüssel 2005, 221 (*R. Muñoz*, Mise en œuvre de la libre circulation des citoyens)

Bruno Nascimbene, Il trattamento dello straniero nel diritto internazionale ed europeo, Mailand 1984 (*B. Nascimbene*, Trattamento dello straniero)

– Profili della cittadinanza dell'Unione Europea, Riv. int. dir. uomo 1995, 246

Martin Nettesheim, Demokratisierung der Europäischen Union und Europäisierung der Demokratietheorie – Wechselwirkungen bei der Herausbildung eines Europäischen Demokratieprinzips, in: Hartmut Bauer, Peter M. Huber und Karl-Peter Sommermann (Hrsg.), Demokratie in Europa, Tübingen 2005, 143 (*M. Nettesheim*, Demokratisierung der EU und Europäisierung der Demokratietheorie)

– Die europarechtlichen Grundrechte auf wirtschaftliche Mobilität, NVwZ 1996, 342

– Die politische Gemeinschaft der Unionsbürger, in: Alexander Blankenagel, Ingolf Pernice und Helmuth Schulze-Fielitz (Hrsg.), Verfassung im Diskurs der Welt. Liber Amicorum für Peter Häberle zum siebzigsten Geburtstag, Tübingen 2004, 193 (*M. Nettesheim*, Politische Gemeinschaft der Unionsbürger)

– Die Unionsbürgerschaft im Verfassungsentwurf – Verfassung des Ideals einer politischen Gemeinschaft der Europäer, Integration 2003, 428

Christopher Newdick, Citizenship, Free Movement and Health Care: Cementing Individual Rights by Corroding Social Solidarity, 43 CML Rev. (2006), 1645

Dietmar Nickel und *Roland Bieber*, Europäische Grund- und Bürgerrechte. Kolloquium des Europäischen Parlamentes „Besondere Rechte und Charta für Bürgerrechte der EG", 26.-28. Oktober 1978 in Florenz, EuGRZ 1979, 21

Gert Nicolaysen, Die gemeinschaftsrechtliche Begründung von Grundrechten, EuR 2003, 719

– Entwicklungslinien und Perspektiven des Grundrechtsschutzes in der EU – Die gemeinschaftsrechtliche Begründung von Grundrechten –, in: Thomas Bruha, Carsten Nowak und Hans Arno Petzold (Hrsg.), Grundrechtsschutz für Unternehmen im europäischen Binnenmarkt. Forum Wissenschaft und Praxis zum Internationalen Wirtschaftsrecht, Baden-Baden 2004, 15 (*G. Nicolaysen*, Grundrechtsschutz in der EU)

Matthias Niedobitek, Studienbeihilfen und Unionsbürgerschaft. Zum Urteil des Europäischen Gerichtshofs vom 15. März 2005 in der Rechtssache C-209/03 – Dany Bidar, RdJB 2006, 105

Ingo Niemann, Von der Unionsbürgerschaft zur Sozialunion? – Anmerkung zum Urteil des EuGH vom 23. März 2004, Rs. C-138/02 (Collins) –, EuR 2004, 946

Georg Nolte, Gleichheit und Nichtdiskriminierung, in: Rüdiger Wolfrum (Hrsg.), Gleichheit und Nichtdiskriminierung im nationalen und internationalen Menschenrechtsschutz, Heidelberg 2003, 235 (*G. Nolte*, Gleichheit und Nichtdiskriminierung)

Martin Notthoff, Grundrechte in der Europäischen Gemeinschaft – Herleitung, Gewährleistungsintensität und Einschränkungsmöglichkeiten europäischer Grundrechte am Beispiel der Berufsfreiheit, RIW 1995, 541

Meinhard Novak, Anmerkung zu EuGH, Rs. C-274/96 – Bickel und Franz, EuZW 1999, 84

John E. Nowak und *Ronald D. Rotunda*, Constitutional Law, 7. Aufl. 2004, 1061 ff. (§14.38) (*J. E. Nowak/R. D. Rotunda*, Constitutional Law)

Pieter van Nuffel, L'Europe des citoyens: vers un droit de séjour généralisé, RMUE 1991, 89

Mylène Nys, Une liberté de circulation incomplète, in: Paul Magnette (Hrsg.), De l'étranger au citoyen. Construire la citoyenneté européenne, Brüssel 1997, 103 (*M. Nys*, Une liberté de circulation incomplète)

Herbert Obinger, *Stephan Leibfried* und *Francis G. Castles*, Beipässe für ein „Soziales Europa": Lehren aus der Geschichte des westlichen Föderalismus, Der Staat 44 (2005), 505

Walter Obwexer, Anmerkung zu EuGH, Rs. C-184/99 – Grzelczyk, EuZW 2002, 56

David O'Keeffe, Equal Rights for Migrants: the Concept of Social Advantages in Article 7(2) Regulation 1612/68, 5 YEL (1985), 93

– Judicial Interpretation of the Public Service Exception to the Free Movement of Workers, in: Deidre Curtin und ders. (Hrsg.), Constitutional Adjudication in European Community and National Law. Essays for the Hon. Mr. Justice T. F. O'Higgins, Dublin 1992, 89 (*D. O'Keeffe*, Public Service Exception)

– Trends in the Free Movement of Persons within the European Communities, in: James O'Reilly (Hrsg.), Human Rights and Constitutional Law. Essays in honour of Brian Walsh, Dublin 1992, 263 (*D. O'Keeffe*, Trends in Free Movement)

– Union Citizenship, in: ders. und Patrick M. Twomey (Hrsg.), Legal Issues of the Maastricht Treaty, London 1994, 87 (*D. O'Keeffe*, Union Citizenship)

David O'Keeffe und *Antonio F. Bavasso*, Four Freedoms, one Market and National Competence: In Search of a Dividing Line, in: dies. (Hrsg.), Judicial Review in European Law. Liber Amicorum in Honour of Lord Slynn of Hadley, Den Haag/London/Boston 2000 (*D. O'Keeffe/A. F. Bavasso*, Four Freedoms, one Market and National Competence)

– Fundamental Rights and the European Citizen, in: Massimo La Torre (Hrsg.), European Citizenship: An Institutional Challenge, Den Haag 1998, 251 (*D. O'Keeffe/A. F. Bavasso*, Fundamental Rights)

David O'Keeffe und *Margot Horspool*, European Citizenship and the Free Movement of Persons, The Irish Jurist XXXI (1996), 145

Síofra O'Leary, European Communities and EEA, Putting Flesh on the Bones of European Union Citizenship, 24 EL Rev. (1999), 68

– European Union citizenship. The options for reform, London 1996 (*S. O'Leary*, Options for reform)

– Solidarity and Citizenship Rights in the Charter of Fundamental Rights of the European Union, in: Gráinne de Búrca (Hrsg.), EU Law and the Welfare State. In Search of Solidarity, Oxford 2005, 39 (*S. O'Leary*, Solidarity and Citizenship Rights)

– The Evolving Concept of Community Citizenship. From the Free Movement of Persons to Union Citizenship, Den Haag 1996 (*S. O'Leary*, Evolving Concept)

– The Free Movement of Persons and Services, in: Paul Craig und Gráinne de Búrca (Hrsg.), The Evolution of EU Law, Oxford 1999, 377 (*S. O'Leary*, Free Movement)

– The Options for the Reform of European Union Citizenship, in: dies. und Teija Tiilikainen (Hrsg.), Citizenship and Nationality Status in the New Europe, London 1998, 81 (*S. O'Leary*, Reform of Union Citizenship)

– The Principle of Equal Treatment on Grounds of Nationality in Article 6 EC. A lucrative source of rights for Member State nationals?, in: Alan Dashwood und dies. (Hrsg.), The Principle of Equality in Community Law, London 1997, 105 (*S. O'Leary*, Equal Treatment)

– The relationship between community citizenship and the protection of fundamental rights in community law, 32 CML Rev. (1995), 519

– The Social Dimension of Community Citizenship, in: Allan Rosas und Esko Antola (Hrsg.), A Citizens' Europe. In search of a new order, London 1995, 156 (*S. O'Leary*, Social Dimension)

Álvaro Castro Oliveira, Workers and Other Persons: Step-by-Step from Movement to Citizenship – Case Law 1995–2001, 39 CML Rev. (2002), 77

Hans Ulrich Jessurun d'Oliveira, European Citizenship: Its Meaning, Its potential, in: Renaud Dehousse (Hrsg.), Europe after Maastricht, München 1994, 126 (*H. U. J. d'Oliveira*, European Citizenship)

– Nationality and the European Union after Amsterdam, in: David O'Keeffe und Patrick M. Twomey, Legal Issues of the Amsterdam Treaty, Oxford 1999, 395 (*H. U. J. d'Oliveira*, Nationality and the EU after Amsterdam)

– Union Citizenship: Pie in the Sky?, in: Allan Rosas und Esko Antola (Hrsg.), A Citizens' Europe. In search of a new order, London 1995, 58 (*H. U. J. d'Oliveira*, Union Citizenship)

Peter Oliver, Les quatre libertés et les droits fondamentaux, in: Georges Vandersanden und Aline de Walsche (Hrsg.), Mélanges en hommage à Jean-Victor Louis, Bd. I, Brüssel 2003, 355 (*P. Oliver*, Les quatre libertés et les droits fondamentaux)

– Some Further Reflections on the Scope of Articles 28–30 EC, 36 CML Rev. (1999), 783

Peter Oliver und *Wulf-Henning Roth*, The Internal Market and The Four Freedoms, 41 CML Rev. (2004), 407

Helen Oosterom-Staples, Anmerkung zu EuGH, Rs. C-138/02 – Collins, 42 CML Rev. (2005), 205

Thomas Oppermann, Diskussionsbeitrag, VVDStRL 32 (1974), 137

– Europarecht, 3. Aufl. München 2005 (*T. Oppermann*, Europarecht)

– Sinn und Grenzen einer EG-Angehörigkeit, in: Kay Hailbronner, Georg Ress und Torsten Stein (Hrsg.), Staat und Völkerrechtsordnung. Festschrift für Karl Doehring, Berlin 1989, 713 (*T. Oppermann*, EG-Angehörigkeit)

– Vom Marktbürger zum EG-Bürger?, in: Gert Nicolaysen und Helmut Quaritsch (Hrsg.), Lüneburger Symposion für Hans Peter Ipsen zur Feier des 80. Geburtstages, Baden-Baden 1988, 87 (*T. Oppermann*, Vom Markt- zum EG-Bürger?)

Romano Orrù, Una decisione importante (ma senza "coraggio") in materia di limiti alla libertà di circolazione per motivi di ordine pubblico, Diritto pubblico comparato ed europeo 1999, 575

Federico Ortino, From 'non-discrimination' to 'reasonableness': a paradigm shift in international economic law?, Jean Monnet Working Paper 01/05, New York 2005 (*F. Ortino*, From 'non-discrimination' to 'reasonableness')

Francesco Palermo, The Use of Minority Languages: Recent Developments in EC law and Judgements of the ECJ, 8 M.J.E.C.L. (2001), 299

Elisabetta Palici di Suni Prat, L'uso della lingua materna tra tutela delle minoranze e parità di trattamento nel diritto comunitario, Diritto pubblico comparato ed europeo 1999, 171

Gianluigi Palombella, Whose Europe? After the constitution: A goal-based citizenship, 3 IJCL (2005), 357

Matthias Pechstein, Anmerkung zu EuGH, Rs. C-109/04 – Kranemann, JZ 2005, 943

Matthias Pechstein und *Artur Bunk*, Das Aufenthaltsrecht als Auffangrecht, EuGRZ 1997, 547

Steve Peers, Dazed and confused: family members' residence rights and the Court of Justice, 26 EL Rev. (2001), 76

– Key Legislative Developments on Migration in the European Union, EJML 2002, 85

– Key Legislative Developments on Migration in the European Union, EJML 2004, 243

– Towards Equality: Actual and Potential Rights of Third Country Nationals in the European Union, 34 CML Rev. (1997), 7

Maren Pelzner, Unionsbürgerschaft und soziale Rechte. Konsequenzen aus der Rechtssache Martínez Sala und der Einführung der Unionsbürgerschaft, Saarbrücken, Univ., Magisterarbeit, 2000 (*M. Pelzner*, Unionsbürgerschaft und soziale Rechte)

Frans Pennings, Inclusion and Exclusion of Persons and Benefits in the New Co-ordination Regulation, in: Michael Dougan und Eleanor Spaventa (Hrsg.), Social Welfare and EU Law, Oxford 2005, 241 (*F. Pennings*, The New Co-ordination Regulation)

Elisa Pérez Vera, Citoyenneté de l'Union Européenne, Nationalité et Condition des Étrangers, 261 RdC 1996 (1998), 243 (*E. Pérez Vera*, Citoyenneté de l'UE)

Ingolf Pernice, Der verfassungsrechtliche Status der Unionsbürger im Vorfeld des Vertrages über eine Verfassung für Europa, in: Ninon Colneric, David Edward, Jean-Pierre Puissochet und Dámaso Ruiz-Jarabo Colomer (Hrsg.), Une communauté de droit. Festschrift für Gil Carlos Rodríguez Iglesias, Berlin 2003, 177 (*I. Pernice*, Verfassungsrechtliche Status)

– Europäisches und nationales Verfassungsrecht, VVDStRL 60 (2001), 148

– Grundrechtsgehalte im europäischen Gemeinschaftsrecht. Ein Beitrag zum gemeinschaftsimmanenten Grundrechtsschutz durch den Europäischen Gerichtshof, Baden-Baden 1980 (*I. Pernice*, Grundrechtsgehalte)

Pierre Pescatore, Die „Einheitliche Europäische Akte". Eine ernste Gefahr für den Gemeinsamen Markt, EuR 1986, 153

– Diskussionsbeitrag, ZaöRV 64 (2004), 667

– Fundamental Rights and Freedoms in the System of the European Communities, 18 Am.J.Comp.L. (1970), 343

– Les objectifs de la communauté européenne comme principes d'interprétation dans la jurisprudence de la Cour de Justice. Contribution à la doctrine de l'interprétation téléologique des traités internationaux, in: Centre interuniversitaire de Droit public et de l'Université Libre de Bruxelles (Hrsg.), Miscellanea W. J. Ganshof van der Meersch: Studia ab discipulis amicisque in honorem egregii professoris edita, Brüssel 1972, 325 (*P. Pescatore*, Objectifs de la communauté comme principes d'interprétation)

Gulielmus Peterson, M. Tulli Ciceronis orationes. Divinatio in Q. Caecilium. In C. Verrem. Recognovit brevique adnotatione critica instruxit. Editio altera recognita et emendata, 2. Aufl. Oxford 1917 (Cic. Verr.)

Werner Pfeil, Historische Vorbilder und Entwicklung des Rechtsbegriffs der „Vier Grundfreiheiten" im Europäischen Gemeinschaftsrecht, Frankfurt am Main 1998 (*W. Pfeil*, Vorbilder und Entwicklung)

Roger Picard, L'Unité Européenne par l'Intercitoyenneté, Paris 1948 (*R. Picard*, Unité par Intercitoyenneté)

Bodo Pieroth, Das Grundrecht der Freizügigkeit, JuS 1985, 81

Richard Plender, "An Incipient Form of European Citizenship", in: Francis Geoffrey Jacobs (Hrsg.), European Law and the Individual, London, 1976, 39 (*R. Plender*, Incipient Form of Citizenship)

– Citizenship and Immigration, 16 EBLR (2005), 559

– Quo vadis? Nouvelle orientation des règles sur la libre circulation des personnes suivant l'affaire Akrich, CDE 2004, 261

Stefan Plötscher, Der Begriff der Diskriminierung im Europäischen Gemeinschaftsrecht. Zugleich ein Beitrag zur einheitlichen Dogmatik der Grundfreiheiten, Berlin 2003 (*S. Plötscher*, Diskriminierung)

David Pollard, Rights of Free Movement, in: Nanette A. Neuwahl und Allan Rosas (Hrsg.), The European Union and human rights, Den Haag 1995, 105 (*D. Pollard*, Rights of Free Movement)

Jutta Pomoell, European Union Citizenship in Focus, Helsinki 2000 (*J. Pomoell*, EU Citizenship in Focus)

Kara Preedy, Die Bindung Privater an die europäischen Grundfreiheiten. Zur sogenannten Drittwirkung im Europarecht, Berlin 2005 (*K. Preedy*, Bindung Privater an Grundfreiheiten)

Nikos Prentoulis, On the Technology of Collective Identity: Normative Reconstruction of the Concept of EU Citizenship, 7 ELJ (2001), 196

Ulrich K. Preuß, Problems of a Concept of European Citizenship, 1 ELJ (1995), 267

– The Relevance of the Concept of Citizenship for the Political and Constitutional Development of the EU, in: ders. und Ferran Requejo (Hrsg.), European Citizenship, multiculturalism, and the state, Baden-Baden 1998, 11 (*U. K. Preuß*, Relevance of Citizenship)

Reinhard Rack, Die Rechtsstellung von Angehörigen dritter Staaten in der Europäischen Gemeinschaft, in: Siegfried Magiera (Hrsg.), Das Europa der Bürger in einer Gemeinschaft ohne Binnengrenzen, Baden-Baden 1990, 125 (*R. Rack*, Rechtsstellung)

Patrick Rambaud, L'évolution de la libre circulation des personnes, Wien 1999 (*P. Rambaud*, Libre circulation)

Christian Ranacher, Grundfreiheiten und Spürbarkeitstheorie. Überlegungen zu den Konsequenzen des Urteils in der Rs Graf/Filzmoser für die Dogmatik der Grundfreiheiten, ZfRV 2001, 95

Albrecht Randelzhofer, Marktbürgerschaft – Unionsbürgerschaft – Staatsbürgerschaft, in: ders., Rupert Scholz und Dieter Wilke (Hrsg.), Gedächtnisschrift für Eberhard Grabitz, München 1995, 581 (*A. Randelzhofer*, Marktbürgerschaft – Unionsbürgerschaft – Staatsbürgerschaft)

Melanie Reddig, Bürger jenseits des Staates? Unionsbürgerschaft als Mittel europäischer Integration, Baden-Baden 2005 (*M. Reddig*, Bürger jenseits des Staates?)

Norbert Reich, A European Constitution for Citizens: Reflections on the rethinking of Union and Community Law, 3 ELJ (1997), 131

– Bürgerrechte in der Europäischen Union, Baden-Baden 1999 (*N. Reich*, Bürgerrechte in der EU)

– 'System der subjectiven öffentlichen Rechte' in the Union: A European Constitution for Citizens of Bits and Pieces, in: Academy of European Law (Hrsg.), Collected Courses of the Academy of European Law. 1995 European Community Law, Bd. 6, Buch 1, Den Haag 1998, 157 (*N. Reich*, A European Constitution for Citizens)

– The Constitutional Relevance of Citizenship and Free Movement in an Enlarged Union, 11 EL Rev. (2005), 675

– Union Citizenship – Metaphor or Source of Rights?, 7 ELJ (2001), 4

Norbert Reich und *Solvita Harbacevica*, Citizenship and family on trial: A fairly optimistic overview of recent court practice with regard to free movement of persons, 40 CML Rev. (2003), 615

Jörn Reinhardt und *Dominik Düsterhaus*, Verfassungsgemäß, aber gemeinschaftswidrig? Zur Neufassung des deutschen Gesetzes über den europäischen Haftbefehl und der damit einhergehenden Inländerprivilegierung, NVwZ 2006, 432

Marion-Angela Reitmaier, Inländerdiskriminierung nach dem EWG-Vertrag. Zugleich ein Beitrag zur Auslegung von Art. 7 EWGV, Kehl am Rhein 1984 (*M.-A. Reitmaier*, Inländerdiskriminierung)

Hans-Werner Rengeling, Freizügigkeit in der Europäischen Union – Grundfreiheit und Grundrecht für den Unionsbürger, in: Hans-Wolfgang Arndt, Max-Emanuel Geis und Dieter Lorenz (Hrsg.), Staat – Kirche – Verwaltung. Festschrift für Hartmut Maurer zum 70. Geburtstag, München 2001, 973 (*H.-W. Rengeling*, Freizügigkeit)

Hans-Werner Rengeling und *Peter Szczekalla*, Grundrechte in der Europäischen Union. Charta der Grundrechte und allgemeine Rechtsgrundsätze, Köln 2004 (*H.-W. Rengeling/P. Szczekalla*, Grundrechte in der EU)

Georg Ress, Die Europäische Union und die neue juristische Qualität der Beziehungen zu den Europäischen Gemeinschaften, JuS 1992, 985

Cornelia Richter, Staatliche Förderung der Riester-Rente demnächst vor dem Europäischen Gerichtshof?, IStR 2006, 429

Reinhard Riegel, Zum Anwendungsbereich der Art. 48ff. EWGV, NJW 1978, 468

Sophie Robin-Olivier, Le Principe d'Égalité en Droit Communautaire. Étude à partir des libertés économiques, Aix en Provence 1999 (*S. Robin-Olivier*, Principe d'Égalité)

Pierre Rodière, Libre circulation des personnes et citoyenneté européenne dans la jurisprudence de la Cour de justice, RTDE 2006, 163

Nicola Rogers und *Rick Scannell*, Free Movement of Persons in the Enlarged European Union, London 2005 (*N. Rogers/R. Scannell*, Free Movement)

Hans Christian Röhl, Die Warenverkehrsfreiheit (Art. 28 EGV), Jura 2006, 321

Gerald M. Rosberg, Free Movement of Persons in the United States, in: Terrance Sandalow und Eric Stein (Hrsg.), Courts and Free Markets. Perspectives from the United States and Europe, Bd. 2, Oxford 1982, 275 (*G. M. Rosberg*, Free Movement of Persons in the US)

Malcolm Ross, The Europeanization of Public Services Supervision: Harnessing Competition and Citizenship?, 24 YEL (2004), 303

Michael Rossi, Anmerkung zu EuGH, Rs. C-184/99 – Grzelczyk, JZ 2002, 351
– Beschränkungen der Ausreisefreiheit im Lichte des Verfassungs- und Europarechts, AöR 127 (2002), 612
– Das Diskriminierungsverbot nach Art. 12 EGV, EuR 2000, 197
Wulf-Henning Roth, Die Grundfreiheiten im Verfassungsentwurf, in: Jürgen Schwarze (Hrsg.), Der Verfassungsentwurf des Europäischen Konvents. Verfassungsrechtliche Grundstrukturen und wirtschaftsverfassungsrechtliches Konzept, Baden-Baden 2004, 313 (*W.-H. Roth*, Die Grundfreiheiten im Verfassungsentwurf)
Hermann Rothfuchs, Die traditionellen Personenverkehrsfreiheiten des EG-Vertrages und das Aufenthaltsrecht der Unionsbürger. Eine Gegenüberstellung der vertraglichen Gewährleistungen, Frankfurt am Main 1999 (*H. Rothfuchs*, Personenverkehrsfreiheiten)
Thomas Rüfner, Berücksichtigung der im EU-Ausland zahlbaren Einkommenssteuer bei der Berechnung der Pfändungsgrenzen – EuGH, Urt. v. 29. April 2004 in der Rechtssache C-224/02 (Heikki Antero Pusa/Osuuspankkien Keskinäinen Vakuutusyhtiö), GPR 2004, 293

Christoph J. M. Safferling, Anmerkung zu EuGH, Rs. C-274/96 – Bickel und Franz, AJIL 2000, 155
András Sajo, Social Rights: A Wide Agenda, ECLR 1 (2005), 38
Florian Sander, Die Unionsbürgerschaft als Türöffner zu mitgliedstaatlichen Sozialversicherungssystemen? – Überlegungen anlässlich des Trojani-Urteils des EuGH –, DVBl. 2005, 1014
Andreas Sattler, Allgemeiner Gleichheitssatz und spezielle Gleichheitssätze in der Rechtsprechung des Europäischen Gerichtshofs, in: Jörn Ipsen und Edzard Schmidt-Jortzig (Hrsg.), Recht – Staat – Gemeinwohl. Festschrift für Dietrich Rauschning, Köln 2001, 251 (*A. Sattler*, Gleichheitssätze)
Christine Sauerwald, Die Unionsbürgerschaft und das Staatsangehörigkeitsrecht in den Mitgliedstaaten der Europäischen Union, Frankfurt am Main 1996 (*C. Sauerwald*, Unionsbürgerschaft)
Haimo Schack, Anmerkung zu EuGH, Verb. Rs. C-92/92 und C-326/92 – Phil Collins u.a., JZ 1994, 144
Hans-Eckart Scharrer, Die Einheitliche Europäische Akte: Der Binnenmarkt, Integration 1986, 108
Markus Scheffer, Die Magnetwirkung der Sozialleistungssysteme und die EU-Osterweiterung, ZRP 2003, 55
– Eine aktuelle Bestandsaufnahme der EU-Osterweiterung unter besonderer Berücksichtigung der Unionsbürgerschaft und ihrer sozialrechtlichen Ansprüche, Hamburg 2004 (*M. Scheffer*, EU-Osterweiterung)
Dieter H. Scheuing, Die Freizügigkeit der Unionsbürger in der Europäischen Union, in: Horst Dreier, Hans Forkel und Klaus Laubenthal (Hrsg.), Raum und Recht, Festschrift 600 Jahre Würzburger Juristenfakultät, Berlin 2002, 103 (*D. H. Scheuing*, Freizügigkeit)
– Freedom of Movement as a Union Citizens' Right, in: Peter-Christian Müller-Graff und Christoph Ritzer (Hrsg.), Dieter H. Scheuing. Europäisches öffentliches Recht. Ausgewählte Beiträge, 145 (*D. H. Scheuing*, Freedom of Movement)
– Freizügigkeit als Unionsbürgerrecht, EuR 2003, 744
– Zur Grundrechtsbindung der EU-Mitgliedstaaten, EuR 2005, 162
Rudolf Schiedermair und *Michael Wollenschläger*, Handbuch des Ausländerrechts der Bundesrepublik Deutschland, Stand: 41. Ergänzungslieferung September 2006 (*R. Schiedermair/M. Wollenschläger*, Ausländerrecht)

Theodor Schilling, Bestand und allgemeine Lehren der bürgerschützenden allgemeinen Rechtsgrundsätze des Gemeinschaftsrechts, EuGRZ 2000, 3

Dierk Schindler, Die Kollision von Grundfreiheiten und Gemeinschaftsgrundrechten: Entwurf eines Kollisionsmodells unter Zusammenführung der Schutzpflichten- und der Drittwirkungslehre, Berlin 2001 (*D. Schindler*, Kollision von Grundfreiheiten und Gemeinschaftsgrundrechten)

Utz Schliesky, Das gemeinsame Fundament: Legitime Herrschaftsgewalt im europäischen Mehrebenensystem, in: Jost Delbrück und Dorothee Einsele (Hrsg.), Wandel des Staates im Kontext europäischer und internationaler Integration, Baden-Baden 2006, 71 (*U. Schliesky*, Legitime Herrschaftsgewalt)

Catherine Schmitter, Droits économiques, sociaux, politiques et différences de traitement entre les ressortissant de pays tiers et les ressortissants communautaires, in: Emmanuelle Bribosia, Emmanuelle Dardenne, Paul Magnette und Anne Weyembergh (Hrsg.), Union Européenne et Nationalités. Le principe de non-discrimination et ses limites, Brüssel 1999, 151 (*C. Schmitter*, Ressortissant de pays tiers)

Hartmut Schneider, Zum Funktionswandel der Grundfreiheiten des EGV und zu seinen Auswirkungen auf das nationale Recht, NJ 1996, 512

Heinrich Schneider und *Wolfgang Wessels*, Auf dem Weg zur Europäischen Union? Diskussionsbeiträge zum Tindemans-Bericht, Bonn 1977 (*H. Schneider/W. Wessels*, Tindemans-Bericht)

Ulrich Schneider, Die Rechte- und Pflichtenstellung des Unionsbürgers, Münster 2000 (*U. Schneider*, Unionsbürger)

Fernand Schockweiler, La dimension humaine et sociale de la Communauté Européenne, RMUE 1993, 11

– La portée du principe de non-discrimination de l'article 7 du traité CEE, RDE 1991, 3

Jean-Claude Scholsem, A propos de la libre circulation des étudiants: vers und fédéralisme financier européen?, CDE 1989, 306

Christoph Schönberger, Die Europäische Union als Bund. Zugleich ein Beitrag zur Verabschiedung des Staatenbund-Bundesstaat-Schemas, AöR 129 (2004), 81

– Die Unionsbürgerschaft als Sozialbürgerschaft. Aufenthaltsrecht und soziale Gleichbehandlung von Unionsbürgern im Regelungssystem der Unionsbürgerrichtlinie, ZAR 2006, 226

– Unionsbürger. Europas föderales Bürgerrecht in vergleichender Sicht, Tübingen 2006 (*C. Schönberger*, Unionsbürger)

Thomas Schotten, Die Auswirkungen des Europäischen Gemeinschaftsrechts auf den Zugang zum öffentlichen Dienst in der Bundesrepublik Deutschland, Köln 1994 (*T. Schotten*, Zugang zum öffentlichen Dienst)

Frank Schreiber, Die Bedeutung des Gleichbehandlungsanspruchs aus Art. 12 i.V.m. Art. 18 EGV für Grundsicherungsleistungen (SGB II und SGB XII), ZESAR 2006, 423

Werner Schroeder, Der praktische Fall – Europarecht: Auslandsstudium mit Hindernissen, JuS 1995, 1010

Wilhelm Schubart und *Carl Schmidt* (Hrsg.), Acta Pauli, Glückstadt 1936 (Acta Pauli)

Alexander Schultz, Das Verhältnis von Gemeinschaftsgrundrechten und Grundfreiheiten des EGV, Berlin 2005 (*A. Schultz*, Gemeinschaftsgrundrechte und Grundfreiheiten)

Guido Schulz, Freizügigkeit für Unionsbürger, Frankfurt am Main 1997 (*G. Schulz*, Freizügigkeit)

Regine Schunda, Das Wahlrecht von Unionsbürgern bei Kommunalwahlen in Deutschland, Frankfurt am Main 2002 (*R. Schunda*, Wahlrecht von Unionsbürgern bei Kommunalwahlen)

Olivier de Schutter, Le Concept de Discrimination dans la Jurisprudence de la Cour de Justice des Communautés Européennes (Égalité de Traitement et Liberté de Circulation), in: Emmanuelle Bribosia, Emmanuelle Dardenne, Paul Magnette und Anne Weyembergh (Hrsg.), Union Européenne et Nationalités. Le principe de non-discrimination et ses limites, Brüssel 1999, 11 (*O. de Schutter*, Concept de Discrimination)

Peter Schütterle, Die Inländerbehandlungsklausel in den klassischen Handels- und Niederlassungsverträgen der Bundesrepublik Deutschland. Inhalt, Anwendungsbereich und Grenzen unter besonderer Berücksichtigung des Aufenthaltsrechts, München 1970 (*P. Schütterle*, Inländerbehandlungsklausel)

Raimund Schütz, Europaweite Freizügigkeit ohne demokratische Kontrolle? Überwachung der Anwendung der Schengen II-Konvention durch die nationalen Parlamente, AöR 120 (1995), 509

Jürgen Schwarze (Hrsg.), EU-Kommentar, Baden-Baden 2000 (Schwarze)

Michael Schweitzer, Art. 12 EGV – Auf dem Weg zum „allgemeinen" Gleichheitssatz?, in: Hans-Wolfgang Arndt (Hrsg.), Völkerrecht und deutsches Recht. Festschrift für Walter Rudolf zum 70. Geburtstag, München 2001, 189 (*M. Schweitzer*, Art. 12 EGV)

Martin Seidel, Die Dienstleistungsfreiheit in der neuesten Rechtsentwicklung, in: Jürgen Schwarze (Hrsg.), Der Gemeinsame Markt. Bestand und Zukunft in wirtschaftsrechtlicher Perspektive, Baden-Baden 1987, 113 (*M. Seidel*, Dienstleistungsfreiheit)

Sibylle Seyr und *Hans-Christian Rümke*, Das grenzüberschreitende Element in der Rechtsprechung des EuGH zur Unionsbürgerschaft – zugleich eine Anmerkung zum Urteil in der Rechtssache Chen, EuR 2005, 667

Prakash Shah, British Nationals under Community Law: The Kaur Case, EJML 2001, 271

Jo Shaw, Citizenship of the Union: Towards Post-National Membership?, in: Academy of European Law (Hrsg.), Collected Courses of the Academy of European Law. 1995 European Community Law, Bd. 6, Buch 1, Den Haag 1998, 245 (*J. Shaw*, Citizenship of the Union)

– European Union Citizenship: the IGC and Beyond, 3 EPL (1997), 413

– The Interpretation of European Union Citizenship, 61 MLR (1998), 293

Niamh Nic Shuibhne, Free Movement of Persons and the wholly internal rule: time to move on?, 39 CML Rev. (2002), 731

– The free movement of goods and Article 28 EC: an evolving framework, 27 EL Rev. (2002), 408

Mario Sica, Verso la cittadinanza europea, Florenz 1979 (*M. Sica*, Cittadinanza europea)

Angelika Siehr, Die Deutschenrechte des Grundgesetzes. Bürgerrechte im Spannungsfeld von Menschenrechtsidee und Staatsmitgliedschaft, Berlin 2001 (*A. Siehr*, Deutschenrechte)

Klaus Sieveking, Freizügigkeit und soziale Sicherung – Elemente eines Europäischen Bürgerrechts, in: Ludwig Krämer, Hans-W. Micklitz und Klaus Tonner (Hrsg.), Law and diffuse Interests in the European Legal Order – Recht und diffuse Interessen in der Europäischen Rechtsordnung. Liber amicorum Norbert Reich, Baden-Baden 1997, 483 (*K. Sieveking*, Freizügigkeit und soziale Sicherung)

– The European Citizens' Right to Free Movement in its Democratic Dimension. The Socio-political Meaning of a Social Right, in: John Milios, Louka Katseli und Theodore Pelagidis (Hrsg.), Rethinking Democracy and the Welfare State, Athen 1999, 317 (*K. Sieveking*, The European Citizens' Right to Free Movement in its Democratic Dimension)

Michael Silagi, Art 11 GG und § 3a WoZuG - zur Festschreibung der Einschränkung der Freizügigkeit im Wohnortzuweisungsgesetz durch das Bundesverfassungsgericht, ZAR 2004, 225

Dorte Sindbjerg Martinsen, Social Security Regulation in the EU: The De-Territorialization of Welfare?, in: Gráinne de Búrca (Hrsg.), EU Law and the Welfare State. In Search of Solidarity, Oxford 2005, 89 (*D. Sindbjerg Martinsen*, Social Security Regulation)

Vassilios Skouris, Das Verhältnis von Grundfreiheiten und Grundrechten im Europäischen Gemeinschaftsrecht, DÖV 2006, 89

Jukka Snell, Goods and Services in EC Law. A study of the relationship between the freedoms, Oxford 2002 (*J. Snell*, Goods and Services)

Helge Sodan, EU-Osterweiterung und soziale Sicherungssysteme, JZ 2002, 53

Pedro Solbes Mira, La Citoyenneté Européenne, RMC 1991, 168

José Martínez Soria, Das Recht auf Sicherung des Existenzminimums, JZ 2005, 644

– Die Unionsbürgerschaft und der Zugang zu sozialen Vergünstigungen, JZ 2002, 643

Valeria Sottili, Cittadinanza europea e libertà economiche, Contratto e impresa. Europa 1997, 710

Paul-Henri Spaak, Bericht der Delegationsleiter an die Aussenminister vom 21.04.1956. Regierungsausschuss, eingesetzt von der Konferenz von Messina, unter Vorsitz von Paul-Henri Spaak („Spaak-Bericht“) (Spaak-Bericht)

Eleanor Spaventa, From Gebhard to Carpenter: Towards a (non-)economic European Constitution, 41 CML Rev. (2004), 743

Simone Staeglich, Rechte und Pflichten aus der Unionsbürgerschaft, ZEuS 2003, 485

Helen Staples, The Legal Status of Third Country Nationals Resident in the European Union, Den Haag 1999 (*H. Staples*, Legal status of Third Country Nationals)

Statistisches Bundesamt, Statistisches Jahrbuch 2005, Wiesbaden 2005 (*Statistisches Bundesamt*, Statistisches Jahrbuch 2005)

Torsten Stein, Aufenthalt und aufenthaltsbeendende Maßnahmen gegenüber Fremden, in: Kay Hailbronner (Hrsg.), Die allgemeinen Regeln des völkerrechtlichen Fremdenrechts. Bilanz und Ausblick an der Jahrtausendwende. Beiträge anläßlich des Kolloquiums zu Ehren von Prof. Dr. Karl Doehring aus Anlaß seines 80. Geburtstages am 17. März 1999 in Konstanz, Heidelberg 1999, 53 (*T. Stein*, Aufenthalt)

– Aufenthaltsrecht und aufenthaltsbeendende Maßnahmen in Deutschland, in: Kay Hailbronner (Hrsg.), 30 Jahre Freizügigkeit in Europa, Heidelberg 1998, 29 (*T. Stein*, Aufenthaltsrecht)

Ernst Steindorff, Der Gleichheitssatz im Wirtschaftsrecht des Gemeinsamen Marktes, Berlin 1965 (*E. Steindorff*, Gleichheitssatz)

Josephine Steiner, Anmerkung zu EuGH, Rs. 293/83 – Gravier, 10 EL Rev. (1985), 348

– The Right to Welfare: Equality and Equity under Community Law, 10 EL Rev. (1985), 21

Juerg Steiner, Drawing the Line: Uses and Abuses of Article 30 EEC, 29 CML Rev. (1992), 749

Christian Storost, Diplomatischer Schutz durch EG und EU? Die Berücksichtigung von Individualinteressen in der europäischen Außenpolitik, Berlin 2005 (*C. Storost*, Diplomatischer Schutz)

Rudolf Streinz, Anmerkung zu EuGH, Rs. C-224/98 – D'Hoop, JuS 2002, 1218

– Anmerkung zu EuGH, Rs. C-456/02 – Trojani, JuS 2005, 1118

– Einreise, Aufenthalt und Ausweisung von EG-Ausländern, ZfRV 1991, 98

– (Hrsg.), EUV/EGV. Vertrag über die Europäische Union und Vertrag zur Gründung der Europäischen Gemeinschaft, München 2003 (Streinz)

– Europarecht, 7. Aufl. Heidelberg 2005 (*R. Streinz*, Europarecht)

– Konvergenz der Grundfreiheiten. Aufbau der Differenzierungen des EG-Vertrags und der Unterscheidung zwischen unterschiedlichen und unterschiedslosen Maßnahmen? Zu Tendenzen der Rechtsprechung des EuGH, in: Hans-Wolfgang Arndt (Hrsg.), Völkerrecht und deutsches Recht. Festschrift für Walter Rudolf zum 70. Geburtstag, München 2001, 199 (*R. Streinz*, Konvergenz der Grundfreiheiten)

– Sozialpolitische Zuständigkeit der EU im Rahmen der offenen Methode der Koordinierung, in: Eberhard Eichenhofer (Hrsg.), Offene Methode der Koordinierung im Sozialrecht, Wiesbaden 2005, 29 (*R. Streinz*, Sozialpolitische Zuständigkeit der EU)

Arnold Streit, Das Abkommen über den Europäischen Wirtschaftsraum, NJW 1994, 555

Kerstin Strick, Ansprüche alter und neuer Unionsbürger auf Sozialhilfe und Arbeitslosengeld II, NJW 2005, 2182

Jan-Henning Strunz, Die Freizügigkeit der Personen in der Europäischen Union, Münster 2005 (*J.-H. Strunz*, Freizügigkeit in der EU)

Brita Sundberg-Weitman, Discrimination on Grounds of Nationality. Free Movement of Workers and Freedom of Establishment under the EEC Treaty, New York 1977 (*B. Sundberg-Weitman*, Discrimination)

Peter Szczekalla, Wirtschaftliche Gemeinschaftsgrundrechte und EG-Grundfreiheiten – Grundrechte *und* -freiheiten ernst genommen –, in: Thomas Bruha, Carsten Nowak und Hans Arno Petzold (Hrsg.), Grundrechtsschutz für Unternehmen im europäischen Binnenmarkt. Forum Wissenschaft und Praxis zum Internationalen Wirtschaftsrecht, Baden-Baden 2004, 79 (*P. Szczekalla*, Gemeinschaftsgrundrechte und EG-Grundfreiheiten)

Hans Claudius Taschner, Free Movement of Students, Retired Persons and Other European Citizens. A Difficult Legislative Process, in: Henry G. Schermers u.a. (Hrsg.), Free Movement of Persons in Europe, Dordrecht 1991, 427 (*H. C. Taschner*, Free Movement)

Peter J. Tettinger und *Klaus Stern* (Hrsg.), Kölner Gemeinschaftskommentar zur Europäischen Grundrechte-Charta, München 2006 (KK-GRC)

Evelyne Tichadou, Der Schutz des Touristen in der Rechtsprechung des Europäischen Gerichtshofs, ZEuS 2002, 299

Andreas Tiedtke, Demokratie in der Europäischen Union. Eine Untersuchung der demokratischen Legitimation des europäischen Integrationsprozesses vom Vertrag von Amsterdam bis zum Entwurf einer Europäischen Verfassung, Berlin 2005 (*A. Tiedtke*, Demokratie in der EU)

Christian Tietje, Niederlassungsfreiheit, in: Dirk Ehlers (Hrsg.), Europäische Grundrechte und Grundfreiheiten, 2. Aufl. Berlin 2005, 284 (*C. Tietje*, Niederlassungsfreiheit)

Christiaan Timmermans, Lifting the Veil of Union Citizens' Rights, in: Ninon Colneric, David Edward, Jean-Pierre Puissochet und Dámaso Ruiz-Jarabo Colomer (Hrsg.), Une communauté de droit. Festschrift für Gil Carlos Rodríguez Iglesias, Berlin 2003, 195 (*C. Timmermans*, Lifting the Veil)

Antonio Tizzano (Hrsg.), Trattati dell'Unione Europea e della Comunità Europea, Mailand 2004 (Tizzano)

Christian Tomuschat, Anmerkung zu EuGH, Rs. C-85/96 – Martínez Sala, 37 CML Rev. (2000), 449

– Freizügigkeit nach deutschem Recht und Völkerrecht, DÖV 1974, 757

– Le Principe de Proportionnalité: Quis iudicabit? L'affaire Watson, CDE 1977, 97

– Solidarität in Europa, in: Francesco Capotorti, Claus-Dieter Ehlermann, Jochen Abr. Frowein, Francis Geoffrey Jacobs, Tim Koopmans und Robert Kovar (Hrsg.), Du droit international au droit de l'intégration. Liber Amicorum Pierre Pescatore, Baden-Baden 1987, 729 (*C. Tomuschat*, Solidarität in Europa)

– Staatsbürgerschaft – Unionsbürgerschaft – Weltbürgerschaft, in: Josef Drexl, Karl F. Kreuzer, Dieter H. Scheuing und Ulrich Sieber (Hrsg.), Europäische Demokratie, Baden-Baden 1999, 73 (*C. Tomuschat*, Unionsbürgerschaft)

Helen Toner, Anmerkung zu EuGH, Rs. C-192/99 – Kaur, 39 CML Rev. (2002), 881

– Immigration of Unmarried Partners as Obstacles to Free Movement Under Community Law, 15 Immigration Asylum and Nationality Law Journal (2001), 207

– Judicial Interpretation of European Union Citizenship – Transformation or Consolidation, 7 MJ (2000), 158

– Non-discriminatory Obstacles to the Exercise of Treaty Rights – Articles 39, 43, 49, and 18 EC, 23 YEL (2004), 275

– Partnership Rights, Free Movement, and EU Law, Oxford 2004 (*H. Toner*, Partnership Rights, Free Movement, and EU Law)

– Passport controls at borders between Member States, 25 EL Rev. (2000), 415

Takis Tridimas, The Application of the Principle of Equality to Community Measures, in: Alan Dashwood und Síofra O'Leary (Hrsg.), The Principle of Equality in Community Law, London 1997, 214 (*T. Tridimas*, Principle of Equality)

Luca Trifone, La libera circolazione dei lavoratori ed il limite dell'ordine pubblico nella nuova direttiva N. 2004/38, Diritto Comunitario e degli Scambi Internazionali 2005, 7

Alina Tryfonidou, C-200/02, *Kunqian Catherine Zhu and Man Lavette Chen* v. *Secretary of State for the Home Department*: Further Cracks in the 'Great Wall' of the European Union?, 11 EPL (2005), 527

Philipp Tschäpe, Die Übergangsbestimmungen zur Arbeitnehmerfreizügigkeit und zum Grundstücksverkehr im Rahmen der EU-Osterweiterung. Zugleich ein Beitrag zum Konzept eines veränderungsfesten Kerns des Gemeinschaftsrechts, Baden-Baden 2004 (*P. Tschäpe*, Übergangsbestimmungen)

Helene Urth, Building a Momentum for the Integration of Third-country Nationals in the European Union, EJML 2005, 163

Alejandro del Valle Gálvez, Extranjería, Ciudadanía, Fronteras y Tribunal de Luxemburgo, in: Ninon Colneric, David Edward, Jean-Pierre Puissochet und Dámaso Ruiz-Jarabo Colomer (Hrsg.), Une communauté de droit. Festschrift für Gil Carlos Rodríguez Iglesias, Berlin 2003, 207 (*A. del Valle Gálvez*, Ciudadanía)

Jonathan D. Varat, Economic Integration and Interregional Migration in the United States Federal System, in: Mark Tushnet (Hrsg.), Comparative Constitutional Federalism. Europe and America, Westport 1990, 21 (*J. D. Varat*, Economic Integration and Interregional Migration in the US)

Joe Verhoeven, Les citoyens de l'Europe, Annales de droit de Louvain 1993, 165

Herwig Verschueren, Libre circulation des personnes et protection sociale minimale, RMUE 1996, 83

Christopher Vicenzi, European Citizenship and Free Movement Rights in the United Kingdom, PL 1995, 259

Ugo Villani, La cittadinanza dell'Unione europea, in: Studi in Ricordo di Antonio Filippo Panzera, Bd. 2, Bari 1995, 1001 (*U. Villani*, Cittadinanza dell'UE)

Wolfgang Graf Vitzthum, Der Staat der Staatengemeinschaft. Zur internationalen Verflechtung als Wirkungsbedingung moderner Staatlichkeit, Paderborn 2006 (*W. Graf Vitzthum*, Staat der Staatengemeinschaft)

Stefan Völker, Passive Dienstleistungsfreiheit im Europäischen Gemeinschaftsrecht, Berlin 1990 (*S. Völker*, Passive Dienstleistungsfreiheit)

Uwe Volkmann, Solidarität – Programm und Prinzip der Verfassung, Tübingen 1998 (*U. Volkmann*, Solidarität)

Joos P. A. van Vugt und *Jan M. Peet* (Hrsg.), Social Security and Solidarity in the European Union. Facts, Evaluations and Perspectives, Heidelberg 2000 (*J. P. A. van Vugt/J. M. Peet*, Social Security and Solidarity in the EU)

Christian Walter, Geschichte und Entwicklung der Europäischen Grundrechte und Grundfreiheiten, in: Dirk Ehlers (Hrsg.), Europäische Grundrechte und Grundfreiheiten, 2. Aufl. Berlin 2005, 1 (*C. Walter*, Geschichte und Entwicklung der Europäischen Grundrechte und Grundfreiheiten)

Philippa Watson, Anmerkung zu EuGH, Rs. 293/83 – Gravier, 24 CML Rev. (1987), 89

Stephen Weatherill, After Keck: Some thoughts on how to clarify the clarification, 33 CML Rev. (1996), 885

– Anmerkung zu EuGH, Rs. 186/87 – Cowan, 26 CML Rev. (1989), 563

– Recent Case Law concering the Free Movement of Goods: Mapping the Frontiers of Market Deregulation, 36 CML Rev. (1999), 51

Albrecht Weber, Menschenrechte – Texte und Fallpraxis, München 2004 (*A. Weber*, Menschenrechte)

Dennis M. Weber, Anmerkung zu EuGH, Verb. Rs. C-64/96 und C-65/96 – Uecker und Jacquet, 35 CML Rev. (1998), 1437

Joseph H. H. Weiler, Citizenship and Human Rights, in: Jan A. Winter, Deidre M. Curtin, Alfred E. Kellermann und Bruno de Witte (Hrsg.), Reforming the Treaty on European Union - The Legal Debate -, Den Haag 1996, 57 (*J. H. H. Weiler*, Citizenship and Human Rights)

– European Citizenship – Identity and Differentity, in: Massimo La Torre (Hrsg.), European Citizenship: An Institutional Challenge, Den Haag 1998, 1 (*J. H. H. Weiler*, Identity and Differentity)

– Fundamental Rights and Fundamental Boundaries: On the Conflict of Standards and Values in the Protection of Human Rights in the European Legal Space, in: ders., The constitution of Europe: "Do the new clothes have an emperor" and other essays on European integration, Cambridge 1999, 102 (*J. H. H. Weiler*, Fundamental Rights and Fundamental Boundaries)

– Les droits des citoyens européens, RMUE 1996, 35

– The Constitution of the Common Market Place: Text and Context in the Free Movement of Goods, in: Paul Craig und Gráinne de Búrca (Hrsg.), The Evolution of EU Law, Oxford 1999, 349 (*J. H. H. Weiler*, Text and Context in the Free Movement of Goods)

– The European Union Belongs to its Citizens. Three Immodest Proposals, 22 EL Rev. (1997), 150

– The State »über alles«. Demos, Telos and the German Maastricht Decision, in: Ole Due (Hrsg.), Festschrift für Ulrich Everling, Bd. II, Baden-Baden 1995, 1651 (*J. H. H. Weiler*, The State »über alles«)

– The Transformation of Europe, in: ders., The Constitution of Europe. "Do the new Clothes have an Emperor?" and other Essays on European Integration, Cambridge 1999, 10 (*J. H. H. Weiler*, The Transformation of Europe)

– To be a European Citizen: Eros and Civilization, in: ders., The constitution of Europe: "Do the new clothes have an emperor?" and other essays on European integration, Cambridge 1999, 324 (*J. H. H. Weiler*, To be a European Citizen)

Friedl Weiss und *Frank Wooldridge*, Free Movement of Persons within the European Community, The Hague 2002 (*F. Weiss/F. Wooldridge*, Free Movement)

Volker Westphal und *Edgar Stoppa*, Die EU-Osterweiterung und das Ausländerrecht, InfAuslR 2004, 133

Robin C. A. White, Free Movement, Equal Treatment, and Citizenship of the Union, 54 ICLQ (2005), 885

– The Citizen's Right to Free Movement, 16 EBLR (2005), 547

– Workers, establishment, and services in the European Union, Oxford 2004 (*R. C. A. White*, Workers, establishment, and services in the EU)

Antje Wiener, European Citizenship Practice, Colorado 1998 (*A. Wiener*, European Citizenship Practice)

– Promises and Resources – The Developing Practice of 'European' Citizenship, in: Massimo La Torre (Hrsg.), European Citizenship: An Institutional Challenge, Den Haag 1998, 387 (*A. Wiener*, Developing Practice of 'European' Citizenship)

Brian Wilkinson, Towards European Citizenship? Nationality, discrimination and free movement of workers in the European Union, 1 EPL (1995), 417

Luzius Wildhaber, The right of residence of the foreign spouse. An example of fruitful cooperation between coexistent human rights protection systems in Europe, in: Gerardus Josephus Maria Corstens, W. J. M. Davids und M. J. Veldt-Foglia (Hrsg.), Europeanisiering van het Nederlands Recht. Opstellen aangeboden aan Mr. W. E. Haak, Den Haag 2004 (*L. Wildhaber*, Right of residence of the foreign spouse)

Peter von Wilmowsky, Zugang zu den öffentlichen Leistungen anderer Mitgliedstaaten (Das Integrationskonzept des EWG-Vertrages in der Leistungsverwaltung), ZaöRV 50 (1990), 231

Klaus Winkel, Der Ausbau der Freizügigkeit des Marktbürgers durch die Rechtsprechung des Europäischen Gerichtshofs, NJW 1975, 1057

Roland Winkler, Die Grundrechte der Europäischen Union. System und allgemeine Grundrechtslehren, Wien 2006 (*R. Winkler*, Grundrechte der EU)

Joachim Wolf, Die Revision des Grundgesetzes durch Maastricht. Ein Anwendungsfall des Art. 146 GG, JZ 1993, 594

Ferdinand Wollenschläger, Anmerkung zu EuGH, Rs. C-456/02 – Trojani, EuZW 2005, 309

– Anmerkung zu EuGH, Rs. C-258/04 – Ioannis Ioannidis, EuZW 2005, 665

– Anmerkung zu EuGH, Rs. C-406/04 – De Cuyper, EuZW 2006, 503

– Migration und Osterweiterung: Der unionsrechtliche Rahmen innergemeinschaftlicher Freizügigkeit, AWR-Bulletin 44 (2006), 178

– Schicksalsgemeinschaft EU? Reichweite und Grenzen unionsbürgerlicher Solidarität, in: Hanns Martin Schleyer-Stiftung (Hrsg.), Globale Wirtschaft – nationale Verantwortung: Wege aus dem Druckkessel. Ein Almanach junger Wissenschaftler, Köln 2005, 238 (*F. Wollenschläger*, Schicksalsgemeinschaft EU?)

– Studienbeihilfen für Unionsbürger?, NVwZ 2005, 1023

Michael Wollenschläger, Freizügigkeit und Aufenthaltsfreiheit, in: Sebastian M. Heselhaus und Carsten Nowak (Hrsg.), Handbuch der Europäischen Grundrechte, München 2006, § 15 (*M. Wollenschläger*, Freizügigkeit)

Jan Wouters, European Citizenship and the Case-Law of the Court of Justice of the European Communities on the Free Movement of Persons, in: Epaminondas A. Marias (Hrsg.), European Citizenship, Maastricht 1994, 25 (*J. Wouters*, Citizenship and Free Movement)

Hans F. Zacher, Deutschland den Deutschen?, in: Michael Brenner, Peter M. Huber und Markus Möstl (Hrsg.), Der Staat des Grundgesetzes – Kontinuität und Wandel. Festschrift für Peter Badura zum siebzigsten Geburtstag, Tübingen 2004, 639 (*H. F. Zacher*, Deutschland den Deutschen?)

Katja S. Ziegler, Integration und Ausgrenzung im Lichte der Migrationspolitik der Europäischen Union – die „Festung Europa"?, in: Konrad Sahlfeld, Martina Caroni, Anna Chudozilov, Michael Girsberger, Stephan Hördegen, Lucy Keller, Stefan Leutert und Daniela Thurnherr (Hrsg.), Integration und Recht. 43. AssÖR: 43. Assistententagung Öffentliches Recht. Luzern 2003, München 2003, 127 (*K. S. Ziegler*, Integration und Ausgrenzung)

Jan Ziekow, Die Freizügigkeit des Unionsbürgers, in: Oliver Dörr (Hrsg.), Ein Rechtslehrer in Berlin. Symposium für Albrecht Randelzhofer, Berlin 2004, 101 (*J. Ziekow*, Freizügigkeit des Unionsbürgers)

- Über Freizügigkeit und Aufenthalt, Tübingen 1997 (*J. Ziekow*, Freizügigkeit und Aufenthalt)

Elisabeth Zoller, Aspects internationaux du droit constitutionnel. Contribution à la théorie de la fédération d'Etats, 294 RdC 2002 (2003), 39

Todd Zubler, The Right to Migrate and Welfare Reform: Time for Shapiro v. Thompson to Take a Hike, 31 Val. U. L. Rev. (1996/1997), 893

Manfred Zuleeg, Betrachtungen zum Gleichheitssatz im Europäischen Gemeinschaftsrecht, in: Jürgen F. Baur, Peter-Christian Müller-Graff und ders. (Hrsg.), Europarecht – Energierecht – Wirtschaftsrecht. Festschrift für Bodo Börner zum 70. Geburtstag, Köln 1992, 473 (*M. Zuleeg*, Gleichheitssatz)

– Demokratie ohne Volk oder Demokratie der Völker? – Zur Demokratiefähigkeit der Europäischen Union, in: Josef Drexl, Karl F. Kreuzer, Dieter H. Scheuing und Ulrich Sieber (Hrsg.), Europäische Demokratie, Baden-Baden 1999, 11 (*M. Zuleeg*, Demokratiefähigkeit der EU)

– Der rechtliche Zusammenhalt der Europäischen Union, Baden-Baden 2004 (*M. Zuleeg*, Rechtliche Zusammenhalt der EU)

– Die Einwirkung des Europäischen Gemeinschaftsrechts auf die deutsche Pflegeversicherung, DVBl. 1997, 445

– Die Grundfreiheiten des Gemeinsamen Marktes im Wandel, in: Ole Due (Hrsg.), Festschrift für Ulrich Everling, Bd. II, Baden-Baden 1995, 1717 (*M. Zuleeg*, Grundfreiheiten im Wandel)

Jaap W. de Zwaan, European Citizenship: Origin, Contents and Perspectives, in: Deirdre Curtin, Alfred E. Kellermann und Steven Blockmans (Hrsg.), The EU Constitution: The Best Way Forward?, Den Haag 2005, 245 (*J. W. de Zwaan*, European Citizenship)

Fundstellennachweis

Europäisches Sekundärrecht

Erasmus-Beschluss	Beschluss 87/327/EWG des Rates vom 15. Juni 1987 über ein gemeinschaftliches Aktionsprogramm zur Förderung der Mobilität von Hochschulstudenten (ERASMUS) (ABl. L 166 vom 25.6.1987, S. 20)
RL 1513/61/EWG	Richtlinie betreffend die Verwaltungsverfahren und -praktiken für Aufnahme, Beschäftigung und Aufenthalt der Arbeitnehmer eines Mitgliedstaats und ihrer Familienangehörigen in den anderen Mitgliedstaaten der Gemeinschaft (ABl. P 80 vom 13.12.1961, S. 1513)
RL 64/220/EWG	Richtlinie 64/220/EWG des Rates vom 25. Februar 1964 zur Aufhebung der Reise- und Aufenthaltsbeschränkungen für Staatsangehörige der Mitgliedstaaten innerhalb der Gemeinschaft auf dem Gebiet der Niederlassung und des Dienstleistungsverkehrs (ABl. P 56 vom 4.4.1964, S. 845)
RL 64/221/EWG	Richtlinie 64/221/EWG des Rates vom 25. Februar 1964 zur Koordinierung der Sondervorschriften für die Einreise und den Aufenthalt von Ausländern, soweit sie aus Gründen der öffentlichen Ordnung, Sicherheit oder Gesundheit gerechtfertigt sind (ABl. P 56 vom 4.4.1964, S. 850)
RL 64/240/EWG	Richtlinie 64/240/EWG des Rats vom 25. März 1964 zur Aufhebung der Reise- und Aufenthaltsbeschränkungen für Arbeitnehmer der Mitgliedstaaten und ihrer Familienangehörigen innerhalb der Gemeinschaft (ABl. P 64 vom 17.4.1964, S. 981)
RL 68/360/EWG	Richtlinie 68/360/EWG des Rates vom 15. Oktober 1968 zur Aufhebung der Reise- und Aufenthaltsbeschränkungen für Arbeitnehmer der Mitgliedstaaten und ihre Familienangehörige innerhalb der Gemeinschaft (ABl. L 257 vom 19.10.1968, S. 13)
RL 72/194/EWG	Richtlinie 72/194/EWG des Rates vom 18. Mai 1972 über die Erweiterung des Geltungsbereichs der Richtlinie vom 25.2.1964 [zur ...] auf die Arbeitnehmer, die von dem Recht, nach Beendigung einer Beschäftigung im Hoheitsgebiet eines Mitgliedstaates

	verbleiben zu können, Gebrauch machen (ABl. L 121 vom 26.5.1972, S. 32)
RL 73/148/EWG	Richtlinie 73/148/EWG des Rates vom 21. Mai 1973 zur Aufhebung der Reise- und Aufenthaltsbeschränkungen für Staatsangehörige der Mitgliedstaaten innerhalb der Gemeinschaft auf dem Gebiet der Niederlassung und des Dienstleistungsverkehrs (ABl. L 172 vom 28.6.1973, S. 14)
RL 75/34/EWG	Richtlinie 75/34/EWG des Rates vom 17. Dezember 1974 über das Recht der Staatsangehörigen eines Mitgliedstaates, nach Beendigung der Ausübung einer selbständigen Tätigkeit im Hoheitsgebiet eines anderen Mitgliedstaates zu verbleiben (ABl. L 14 vom 20.1.1975, S. 10)
RL 75/35/EWG	Richtlinie 75/35/EWG des Rates vom 17. Dezember 1974 zur Erweiterung des Geltungsbereichs der Richtlinie 64/221/EWG [zur ...] auf Staatsangehörige eines Mitgliedstaates, die von dem Recht, nach Beendigung einer selbständigen Tätigkeit im Hoheitsgebiet eines Mitgliedstaates zu verbleiben, Gebrauch machen (ABl. L 14 vom 20.1.1975, S. 14)
RL 76/207/EWG	Richtlinie 76/207/EWG des Rates vom 9. Februar 1976 zur Verwirklichung des Grundsatzes der Gleichbehandlung von Männern und Frauen hinsichtlich des Zugangs zur Beschäftigung, zur Berufsbildung und zum beruflichen Aufstieg sowie in bezug auf die Arbeitsbedingungen (ABl. L 39 vom 14.2.1976, S. 40)
RL 90/364/EWG	Richtlinie 90/364/EWG des Rates vom 28. Juni 1990 über das Aufenthaltsrecht (ABl. L 180 vom 13.7.1990, S. 26)
RL 90/365/EWG	Richtlinie 90/365/EWG des Rates vom 28. Juni 1990 über das Aufenthaltsrecht der aus dem Erwerbsleben ausgeschiedenen Arbeitnehmer und selbständig Erwerbstätigen (ABl. L 180 vom 13.7.1990, S. 28)
RL 90/366/EWG	Richtlinie des Rates vom 28. Juni 1990 über das Aufenthaltsrecht der Studenten (ABl. L 180 vom 13.7.1990, S. 30)
RL 93/96/EWG	Richtlinie 93/96/EWG des Rates vom 29. Oktober 1993 über das Aufenthaltsrecht der Studenten (ABl. L 317 vom 18.12.1993, S. 59)
RL 93/109/EG	Richtlinie 93/109/EG des Rates vom 6. Dezember 1993 über die Einzelheiten der Ausübung des aktiven und passiven Wahlrechts bei den Wahlen zum Europäischen Parlament für Unionsbürger

	mit Wohnsitz in einem Mitgliedstaat, dessen Staatsangehörigkeit sie nicht besitzen (ABl. L 329 vom 30.12.1993, S. 34)
RL 94/80/EG	Richtlinie 94/80/EG des Rates vom 19. Dezember 1994 über die Einzelheiten der Ausübung des aktiven und passiven Wahlrechts bei den Kommunalwahlen für Unionsbürger mit Wohnsitz in einem Mitgliedstaat, dessen Staatsangehörigkeit sie nicht besitzen (ABl. L 368 vom 31.12.1994, S. 38)
RL 2000/43/EG	Richtlinie 2000/43/EG des Rates vom 29. Juni 2000 zur Anwendung des Gleichbehandlungsgrundsatzes ohne Unterschied der Rasse oder der ethnischen Herkunft (ABl. L 180 vom 19.7.2000, S. 22)
RL 2000/78/EG	Richtlinie 2000/78/EG des Rates vom 27. November 2000 zur Festlegung eines allgemeinen Rahmens für die Verwirklichung der Gleichbehandlung in Beschäftigung und Beruf (ABl. L 303 vom 2.12.2000, S. 16)
RL 2003/109/EG	Richtlinie 2003/109/EG des Rates vom 25. November 2003 betreffend die Rechtsstellung der langfristig aufenthaltsberechtigten Drittstaatsangehörigen (ABl. L 16 vom 23.1.2004, S. 44)
RL 2004/38/EG	Richtlinie 2004/38/EG des Europäischen Parlaments und des Rates vom 29. April 2004 über das Recht der Unionsbürger und ihrer Familienangehörigen, sich im Hoheitsgebiet der Mitgliedstaaten frei zu bewegen und aufzuhalten, zur Änderung der Verordnung (EWG) Nr. 1612/68 und zur Aufhebung der Richtlinien 64/221/EWG, 68/360/EWG, 72/194/EWG, 73/148/EWG, 75/34/EWG, 75/35/EWG, 90/364/EWG, 90/365/EWG und 93/96/EWG (ABl. L 158 vom 30.4.2004, S. 77; berichtigte Fassung in ABl. L 229 vom 29.6.2004, S. 35)
RL 2004/113/EG	Richtlinie 2004/113/EG des Rates vom 13. Dezember 2004 zur Verwirklichung des Grundsatzes der Gleichbehandlung von Männern und Frauen beim Zugang zu und bei der Versorgung mit Gütern und Dienstleistungen (ABl. L 373 vom 21.12.2004, S. 37)
RL 2004/114/EG	Richtlinie 2004/114/EG des Rates vom 13. Dezember 2004 über die Bedingungen für die Zulassung von Drittstaatsangehörigen zur Absolvierung eines Studiums oder zur Teilnahme an einem Schüleraustausch, einer unbezahlten Ausbildungsmaßnahme oder einem Freiwilligendienst (ABl. L 375 vom 23.12.2004, S. 12)

VO Nr. 15	Verordnung Nr. 15 über die ersten Maßnahmen zur Herstellung der Freizügigkeit der Arbeitnehmer innerhalb der Gemeinschaft (ABl. P 57 vom 26.8.1961, S. 1073)
VO 38/64	Verordnung Nr. 38/84/EWG des Rats vom 25. März 1964 über die Freizügigkeit der Arbeitnehmer innerhalb der Gemeinschaft (ABl. P 64 vom 17.4.1964, S. 965)
VO 1612/68	Verordnung (EWG) Nr. 1612/68 des Rates vom 15. Oktober 1968 über die Freizügigkeit der Arbeitnehmer innerhalb der Gemeinschaft (ABl. L 257 vom 19.10.1968, S. 2)
VO 1251/70	Verordnung (EWG) Nr. 1251/70 der Kommission vom 29.06.1970 über das Recht der Arbeitnehmer, nach Beendigung einer Beschäftigung im Hoheitsgebiet eines Mitgliedstaats zu verbleiben (ABl. L 142 vom 30.6.1970, S. 24)
VO 1408/71	Verordnung (EWG) Nr. 1408/71 des Rates vom 14. Juni 1971 zur Anwendung der Systeme der sozialen Sicherheit auf Arbeitnehmer und Selbständige sowie deren Familienangehörige, die innerhalb der Gemeinschaft zu- und abwandern (ABl. L 149 vom 5.7.1971, S. 2; konsolidierte Fassung in ABl. L 28 vom 30.1.1997, S. 1)
VO 883/2004	Verordnung (EG) Nr. 883/2004 des Europäischen Parlaments und des Rates vom 29. April 2004 zur Koordinierung der Systeme der sozialen Sicherheit (ABl. L 166 vom 30.4.2004, S. 1; berichtigte Fassung in ABl. L 200 vom 7.6.2004, S. 1)
VO 635/2006	Verordnung (EG) Nr. 635/2006 der Kommission vom 25. April 2006 zur Aufhebung der Verordnung (EWG) Nr. 1251/70 über das Recht der Arbeitnehmer, nach Beendigung einer Beschäftigung im Hoheitsgebiet eines Mitgliedstaats zu verbleiben (ABl. L 112 vom 26.4.2006, S. 9)

Sonstige Akte

GRC	Charta der Grundrechte der Europäischen Union. Vom Europäischen Rat am 7.12.2000 in Nizza feierlich proklamiert (ABl. C 364 vom 18.12.2000, S. 1)
VVE	Vertrag über eine Verfassung für Europa (ABl. C 310 vom 16.12.2004, S. 1)

Dokumente der Europäische Kommission

Erster Bericht über die Unionsbürgerschaft vom 21.12.1993, KOM (1993) 702 endg.

Zweiter Bericht über die Unionsbürgerschaft vom 27.5.1997, KOM (1997) 230 endg.

Bericht der Kommission an den Rat und das Europäische Parlament betreffend die Durchführung der Richtlinien 90/364, 90/365 et 93/96 (Aufenthaltsrecht) vom 17.3.1999, KOM (1999) 127 endg.

Vorschlag für eine Richtlinie des Rates über die Bedingungen für die Einreise und den Aufenthalt von Drittstaatsangehörigen zur Ausübung einer unselbständigen oder selbständigen Erwerbstätigkeit, KOM (2001) 386 endg.

Dritter Bericht über die Unionsbürgerschaft vom 7.9.2001, KOM (2001) 506 endg.

Zweiter Bericht der Kommission an den Rat und das Europäische Parlament betreffend die Durchführung der Richtlinien 90/364, 90/365 und 93/96 (Aufenthaltsrecht) vom 5.3.2003, KOM (2003) 101 endg.

Mitteilung der Kommission an das Europäische Parlament gemäß Artikel 251 Absatz 2 Unterabsatz 2 EG-Vertrag betreffend den vom Rat angenommenen gemeinsamen Standpunkt im Hinblick auf den Erlass einer Richtlinie des Europäischen Parlaments und des Rates über das Recht der Unionsbürger und ihrer Familienangehörigen, sich im Hoheitsgebiet der Mitgliedstaaten frei zu bewegen und aufzuhalten, SEK (2003) 1293 endg.

Vierter Bericht über die Unionsbürgerschaft vom 26.10.2004, KOM (2004) 695 endg.
Anlage SEK (2004) 1280

Dokumente des Ausschusses der Regionen

Stellungnahme des Ausschusses der Regionen zum Thema „Unionsbürgerschaft“ vom 17.2.2000 (2000/C 156/03), ABl. C 156 vom 6.6.2000, S. 12

Internationale Abkommen

EWG-Übereinkommen über die gerichtliche Zuständigkeit und die Vollstreckung gerichtlicher Entscheidungen in Zivil- und Handelssachen vom 27. September 1968 (EuGVÜ), ABl. L 299 vom 31.12.1972, S. 32

Sachregister

Ferdinand Wollenschläger
Verteilungsverfahren

Die staatliche Verteilung knapper Güter: Verfassungs- und unionsrechtlicher Rahmen, Verfahren im Fachrecht, bereichsspezifische verwaltungsrechtliche Typen und Systembildung

In den unterschiedlichsten Sachbereichen obliegt es der Verwaltung, knappe Güter in Konkurrenzsituationen zu verteilen, etwa Studienplätze, öffentliche Aufträge oder Telekommunikationsfrequenzen. Dieser Aufgabe dienende Verwaltungsverfahren lassen sich trotz der Heterogenität der Materien als neuer Verfahrenstyp deuten: als Verteilungsverfahren.
Ferdinand Wollenschläger analysiert den verfassungs-, europa- sowie einfachrechtlichen Rahmen der staatlichen Verteilungstätigkeit, arbeitet die Grundstrukturen ausgewählter Verfahren des Fachrechts heraus und entfaltet auf dieser Basis den Typ »Verteilungsverfahren«. Mit dieser bereichsspezifischen Weiterentwicklung der Verfahrenslehre, die gleichzeitig dem allgemeinen Verfahrensrecht neue Perspektiven erschließt, ist nicht nur eine für Wissenschaft und Praxis gleichermaßen bedeutsame Ordnungsleistung erbracht; vielmehr gestattet die Typenbildung eine Bewertung existenter Verteilungsverfahren und stellt dem Gesetzgeber Bausteine für die Gestaltung neuer Modelle zur Verfügung.

»Solange es Arbeiten dieser Güte gibt, wird man an der Sinnhaftigkeit des Habilitationsverfahrens als Qualifikation für eine wissenschaftliche Tätigkeit kaum zweifeln können. Die vorliegende Arbeit zeichnet ihren Verfasser als einen Rechtswissenschaftler aus, von dem auch in Zukunft noch einiges zu hören sein wird. Es handelt sich, dies sei abschließend bemerkt, um ein wirklich vorzüglich geschriebenes Werk.«
Heinrich Amadeus Wolff Bayerische Verwaltungsblätter 2011, 321–322

»Insgesamt bleibt festzuhalten, dass die Arbeit von *Wollenschläger* einen beeindruckenden Beitrag zu einer Einzelprobleme übergreifenden Lösung eines zentralen Problems des modernen Verfassungsrechts bietet.«
Florian Becker Die Verwaltung 2012, 296–298

2010. XXX, 759 Seiten
(Jus Publicum 196).
ISBN 978-3-16-150484-6
Leinen
eBook

Staat und Demokratie

Beiträge zum XVII. Deutsch-Italienischen Verfassungskolloquium

Herausgegeben von Ferdinand Wollenschläger und Luca De Lucia

Der Band enthält die Beiträge zum XVII. Deutsch-Italienischen Verfassungskolloquium, das im März 2016 in Augsburg stattfand. Wissenschaftlerinnen und Wissenschaftler aus beiden Ländern befassen sich mit dem Staatsverständnis aus deutscher und italienischer Perspektive sowie dem Demokratieprinzip in der Europäischen Union. Weitere Beiträge thematisieren aktuelle Entwicklungen in Rechtsprechung und Gesetzgebung. Rückblicke auf die seit 1977 stattfindenden Kolloquien runden den Band ab.

Inhaltsübersicht:

2016. VIII, 189 Seiten.
ISBN 978-3-16-154770-6
fadengeheftete Broschur

Mohr Siebeck
Tübingen
info@mohr.de
www.mohr.de